LA
SAINTE BIBLE

TEXTE DE LA VULGATE, TRADUCTION FRANÇAISE EN REGARD

AVEC COMMENTAIRES

THÉOLOGIQUES, MORAUX, PHILOLOGIQUES, HISTORIQUES, ETC., RÉDIGÉS D'APRÈS LES MEILLEURS TRAVAUX ANCIENS ET CONTEMPORAINS

LES LIVRES DES ROIS

INTRODUCTION CRITIQUE ET COMMENTAIRES

Par M. l'abbé CLAIR, prêtre du diocèse d'Autun

TRADUCTION FRANÇAISE par M. l'abbé BAYLE

Docteur en Théologie

Professeur d'Éloquence sacrée à la Faculté de Théologie d'Aix.

TOME PREMIER

Ignoratio Scripturarum, ignoratio Christi est.
S. Jérôme.

PARIS
P. LETHIELLEUX, ÉDITEUR,
4, RUE CASSETTE, ET RUE DE RENNES, 75.

LA
SAINTE BIBLE

LES LIVRES DES ROIS

I

IMPRIMATUR

† J. Hipp. Card. Guibert, archiepiscopus Parisiensis.

Parisiis, die 29 maii 1879.

Pour donner une idée de l'esprit dans lequel notre travail a été conçu et exécuté, nous ne croyons pas pouvoir mieux faire que d'emprunter à saint Bernard (Ép. CLXXIV, n. 9), la protestation suivante :

« *Romanæ præsertim Ecclesiæ auctoritati atque examini, totum hoc, sicut et cætera quæ ejusmodi sunt, universa reservo, ipsius, si quid aliter sapio, paratus judicio emendare.* »

PROPRIÉTÉ DE L'ÉDITEUR

LES LIVRES DES ROIS. — I.

LA SAINTE BIBLE

TEXTE DE LA VULGATE, TRADUCTION FRANÇAISE EN REGARD

AVEC COMMENTAIRES

THÉOLOGIQUES, MORAUX, PHILOLOGIQUES, HISTORIQUES, ETC., RÉDIGÉS D'APRÈS LES MEILLEURS TRAVAUX ANCIENS ET CONTEMPORAINS

LES LIVRES DES ROIS

INTRODUCTION CRITIQUE ET COMMENTAIRES

Par M. l'abbé CLAIR, prêtre du diocèse d'Autun

TRADUCTION FRANÇAISE par M. l'abbé BAYLE

Docteur en Théologie

Professeur d'Éloquence sacrée à la Faculté de Théologie d'Aix.

TOME PREMIER

Ignoratio Scripturarum, ignoratio Christi est.
S. Jérôme.

PARIS
P. LETHIELLEUX, ÉDITEUR,
4, RUE CASSETTE, ET RUE DE RENNES, 75.

1884
(*Tous droits réservés.*)

LES LIVRES DES ROIS

PRÉFACE

PREMIÈRE PARTIE

LES LIVRES DE SAMUEL

ou

LES DEUX PREMIERS LIVRES DES ROIS

I

SUJET, CONTENU, DIVISIONS ET BUT DES LIVRES DE SAMUEL

Dans la Vulgate et les Septante, les livres de Samuel sont réunis à ceux des Rois ou des Royaumes ; mais dans le texte hébreu, ils forment un ouvrage à part et à juste titre, car nous aurons occasion de montrer que les livres de Samuel, ou deux premiers des Rois, ne sont ni du même auteur, ni de la même époque que les deux derniers livres des Rois.

D'autre part, dans le principe, les deux livres de Samuel n'en formaient qu'un, ce qui nous est attesté par les manuscrits hébreux et par plusieurs témoignages. On lit dans le Talmud : שמואל כתב ספרו *Schemouel kathaḇ siphro*, « Samuel a écrit son livre » (1). Βασιλειῶν πρώτη, δευτέρα, dit Origène (2) παρ' αὐτοῖς ἐν Σαμουήλ, ὁ Θεόκλητος, « premier, second des royaumes, parmi lesquels un de Samuel. » C'est seulement au seizième siècle que Daniel Bomberg introduisit dans les éditions du texte hébreu, la division adoptée par les Septante qui, les premiers, réunirent au livre des Rois מלכים *mélachim*, l'ouvrage intitulé *Samuel*, שמואל, sous la dénomination commune de « Livres des Royaumes », βίβλοι βασιλειῶν, et de deux livres en

---

(1) Baba bathra, fol. 14 b.
(2) Apud Euseb. *Hist. Eccl.* l. VI, c. xxv ; Cf. Hieron. *prolog. galeat* ; Cyrill. Hierosol. *Catech.* l. IV, c. xxxiv.

firent quatre. Chacun des deux ouvrages primitifs contient l'histoire d'un double royaume, c'est-à-dire, les livres de Samuel, l'histoire des règnes de Saül et de David; les livres des Rois, l'histoire des deux royaumes de Juda et d'Israël. Par conséquent, la dénomination de « livres des Royaumes », a sa raison d'être, bien qu'elle soit moins naturelle et moins ancienne que celles du texte hébreu.

Le titre primitif « Livres de Samuel » ou simplement « Samuel » est d'ailleurs suffisamment justifié; car si le prophète Samuel n'a pas composé l'ouvrage en entier, il n'en est pas moins le principal personnage de la période embrassée par l'historien, en qualité de libérateur de son peuple et de fondateur de la monarchie. Comme le dit Abarbanel (1), « quæ in utroque libro occurrunt, omnia ad Samuelem certo modo referri possunt, etiam Saulis ac Davidis gesta, quia uterque a Samuele unctus opus veluti manuum ejus fuerint. »

Non-seulement Samuel termine la période des Juges, fonde la monarchie en Israël et sacre les deux premiers rois, mais il dirige par ses conseils les actes de Saül et de David et donne à la royauté sa véritable signification théocratique. Comme le dit le Dr Keil (2), « le titre de notre ouvrage (Livres de Samuel), n'est pas seulement motivé par ce fait que dans la première moitié (le premier Livre) l'historien nous raconte les actes du prophète Samuel, mais aussi par le rôle de Samuel dont l'esprit forme l'âme du véritable royaume en Israël, ou signifie encore que la royauté terrestre du royaume de Dieu en Israël, obtient force et durée par l'esprit du Seigneur qui vivait dans le prophète. La division de l'ouvrage en deux livres est d'ailleurs assez naturellement indiquée par le sujet. En effet, le premier livre se termine par la mort de Saül; or, cet événement forme le point de départ d'une nouvelle évolution dans l'histoire du développement de la royauté. » En résumé, c'est Samuel qui commence, quoique non de sa propre autorité, l'œuvre de transformation qui fit passer Israël de l'état purement théocratique à l'état politico ou basilico-théocratique, et c'est encore lui qui parachève ce changement important, car Saül et David ne furent que ses continuateurs et ses instruments.

Les livres de Samuel contiennent l'histoire du peuple d'Israël, ou plutôt du développement du gouvernement théocratique en Israël, depuis la fin de l'époque des Juges, jusqu'aux dernières années de David et embrassent une période d'environ 125 ans, comprise entre les années 1140 et 1015 avant J.-C. L'auteur évidemment s'est proposé d'exposer les faits qui se sont succédé depuis la judicature d'Héli jusqu'à la mort de David, et en particulier de raconter l'histoire des origines de la royauté. Naturellement l'enseignement moral ne fait point défaut; mais il est visible qu'il ne vient pas en première ligne, et que l'historien l'a subordonné au récit des événements pour rester fidèle à son rôle de narrateur.

Le premier livre qui fait pour ainsi dire suite au livre des Juges et, tout au moins, s'y rattache directement, traite de la judicature du prophète Samuel et du gouvernement de Saül. La période dont il s'agit pourrait se diviser en trois époques, sous ces trois titres : 1° Judicature

---

(1) *Præfat. in libr. Sam.* f. 74, apud *Carpzovium* Introduct. 212.
(2) *Biblischer Commentar, Einleitung,* p. 1.

de Samuel, 1, vii; 2° Règne de Saül depuis son élection jusqu'à sa réprobation, viii,-xv; 3° Luttes de Saül contre David et sa fin.

Samuel fut le restaurateur de la théocratie tant au-dedans qu'au dehors, c'est-à-dire, le libérateur et le réorganisateur de son pays. Au temps où commence le premier livre, le sanctuaire, qui était à Silo, était déshonoré par la conduite impie des fils du grand-prêtre Héli dont la faiblesse ne saurait être complètement excusée par l'âge, et, d'autre part, le peuple israélite était courbé sous le joug des Philistins, car la judicature de Samson n'avait été que le commencement de la délivrance, Jug. xiii, 5. Chaque tribu s'isolant pour vivre à part, et séparant ses intérêts particuliers de ceux de la nation, le lien politique était brisé aussi bien que le lien religieux, car le culte divin était abandonné, le sacerdoce corrompu, l'idolâtrie en progrès et, à sa suite, l'impiété et l'immoralité grandissaient; en un mot le désordre était partout.

Samuel avait donc une double tâche à remplir, c'est-à-dire, il avait tout d'abord à régénérer son peuple, puis à lui faire reconquérir son indépendance. En effet, conformément à l'essence même de son gouvernement et de sa constitution, le peuple israélite ne pouvait et ne devait pas être délivré de l'esclavage de ses ennemis, avant d'avoir été délivré de la servitude du péché et de l'idolâtrie. Or, la perte de l'arche d'alliance qui ébranla la confiance mal entendue que l'on mettait en ce gage sensible de la présence de Dieu et de ses faveurs, et l'humiliation profonde qui en résulta, donnèrent à réfléchir et préparèrent les voies à la conversion de la nation.

C'est au moment de la vocation de Samuel que la justice divine s'appesantit à la fois sur le sacerdoce dégénéré et sur le sanctuaire profané. Toutefois, le premier livre ne commence pas avec la vocation du prophète, mais par l'histoire de sa naissance et par la peinture sommaire de l'état du culte sous la judicature d'Héli. Cette introduction se termine par l'annonce des châtiments qui devaient fondre sur la maison d'Héli, i-ii. Nous voyons ensuite Samuel appelé à la dignité de prophète, iii, les décrets de la justice divine s'accomplir sur la maison d'Héli et sur le sanctuaire, iv, la puissance de Dieu se révéler sur les ennemis de son peuple, en les châtiant pour le vol de l'Arche d'Alliance; puis, les Israélites remporter sur leurs oppresseurs une victoire signalée, grâce aux prières de Samuel, vii, 14; enfin, cette première époque se termine par un exposé des plus sommaires du gouvernement de Samuel en qualité de Juge, vii, 15-17.

Dans la seconde époque, nous assistons à la transformation du gouvernement théocratique, c'est-à-dire, aux négociations qui eurent lieu entre le peuple et le prophète pour l'établissement de la royauté, au sacre de Saül et à son élection par le peuple, viii-xii. Nous trouvons ensuite quelques courtes notices sur le gouvernement de Saül, et l'histoire assez détaillée de ses premiers combats avec les Philistins et de la guerre qu'il soutint contre les Amalécites, guerre qui fut l'occasion de sa réprobation xiii-xv.

La troisième époque, enfin, nous expose l'histoire de Saül d'une manière assez explicite, particulièrement ses luttes avec David et sa fin, xvi-xxii. En effet, l'historien nous fait connaître les circonstances du sacre de David, sa victoire sur Goliath, sa situation auprès du roi, les longues persécutions qu'il eut à endurer de la part de Saül, et nous fait assister à l'exécution graduelle du plan divin à l'égard des deux rivaux, pour l'instruction des impies et l'avertissement des justes.

Le second livre est consacré à l'histoire du règne de David, où l'on pourrait distinguer quatre périodes :

La première comprend le règne de David sur Juda à Hébron et sa lutte avec Isboseth, fils de Saül, qui avait été établi roi par Abner sur les autres tribus, I-IV.

Dans la seconde, David devient roi de tout Israël et affermit solidement son trône par la conquête de la citadelle de Sion et l'élévation de Jérusalem au rang de capitale, par le transfert de l'Arche d'Alliance à Jérusalem, par sa résolution de construire un temple au Seigneur, ce qui lui valut la promesse que son royaume durerait éternellement; enfin, par la soumission de tous les ennemis d'Israël, V-VIII, 14. A la suite sont annexés. premièrement, une liste des grands officiers de la couronne, VIII, 15-18, et en second lieu, un récit des faveurs accordées par David à la maison de Saül en la personne de Miphiboseth, IX.

La troisième période commence avec la guerre contre les Ammonites et les Syriens; mais l'événement capital qui la signale, c'est l'adultère de David avec Bethsabée, lequel fut suivi du meurtre d'Urie, crimes qui furent punis par l'inceste d'Amnon et la double révolte d'Absalon et de Siba, X-XX.

Enfin la quatième période est consacrée aux dernières années du règne de David. Le récit de l'expiation du crime de Saül envers les Gabaonites, et celui des différents exploits des capitaines de David pendant les guerres contre les Philistins, XXI, servent, pour ainsi-dire, de préparation au cantique dans lequel le saint roi remercie Dieu de l'avoir délivré de la main de tous ses ennemis XXII, et à ses dernières paroles, XXIII, 1-7.

On trouve à la suite une liste des héros de David, XXIII, 8-39, et l'histoire du dénombrement et de la peste, XXIV, dont la place à la fin du travail s'explique aisément, car l'expiation de la faute que David avait commise lui fournit l'occasion d'élever un autel sur l'emplacement même du temple futur. Si la mort de David n'est point mentionnée à la fin du second livre, comme on pourrait s'y attendre, c'est sans doute parce que l'auteur était contemporain des faits, et aussi parce que le règne proprement dit du saint roi pourrait être considéré comme terminé. D'ailleurs, avant de mourir, David transmet le trône à son fils Salomon et cet événement sert tout naturellement d'introduction aux deux livres des Rois. Par conséquent, les derniers moments de David se rapportent plutôt à l'ouvrage qui est la continuation des livres de Samuel.

D'après ce rapide exposé, on peut se faire une idée de l'importance des faits qui sont contenus dans les deux livres de Samuel, et qui peuvent se résumer dans ces deux principaux : la rénovation de l'alliance du peuple avec Dieu, et la réorganisation de la constitution ou plutôt de la vie politique par l'alliance du prophétisme et de la royauté.

Trois personnages principaux occupent la scène et concourent à l'œuvre commune; aussi peut-on partager l'ouvrage tout entier en trois parties principales, la première contenant l'histoire de Samuel réformateur de la théocratie et fondateur de la royauté, I Sam. I-VII; la seconde, l'histoire de Saül et de son gouvernement jusqu'à sa mort, I Sam. VIII-XXXI la troisième, l'histoire du règne de David, II Sam. 1-XXIV. On peut encore établir d'autres divisions et subdivisions, et c'est pourquoi, pour plus de clarté, nous avons dressé le tableau suivant :

PREMIÈRE PARTIE.

Samuel ou Histoire d'Israël sous la conduite du prophète Samuel, I Sam. i-vii.
Première division. Les commencements de Samuel, I Sam. i-iii.
I. Naissance de Samuel. Sa consécration au Seigneur. Cantique d'Anne, I S. i-ii, 10.
II. Services de Samuel dans le Tabernacle et conduite impie des fils d'Héli. Annonce des jugements de Dieu sur Héli et sa maison, I S. ii, 11-36.
III. Vocation de Samuel à la dignité de prophète et commencements de son ministère, iii.
Deuxième division. Samuel juge et prophète I S. iv, 1-vii, 17.
I. Guerre avec les Philistins. Perte de l'Arche d'Alliance. Mort d'Héli et de ses fils, iv, 1-22.
II. Humiliation des Philistins par l'Arche d'Alliance, v-vii, 1.
  A. L'Arche d'Alliance chez les Philistins, v.
  B. Renvoi de l'Arche d'Alliance. Sa réception en Israël, vi-vii, 1.
III. Conversion d'Israël au Seigneur par le ministère de Samuel et victoire sur les Philistins. Exposé sommaire de la judicature de Samuel, vii, 2-17.

DEUXIÈME PARTIE.

Histoire de Saül et de son règne jusqu'à sa mort, I Sam. viii-xxxi.
Première division. La royauté de Saül depuis son élection jusqu'à sa réprobation, viii-xv.
Première subdivision. Fondation de la royauté en Israël, viii-xii.
I. Les Israélites demandent un roi, viii.
II. Sacre de Saül par Samuel, ix-x, 16.
III. Election de Saül et confirmation de son autorité, x, 17-xi.
  A. Election de Saül par le sort, x, 17-27.
  B. Victoire de Saül sur les Ammonites, xi, 1-11.
  C. Acceptation de Saül par tout le peuple, xi, 12-15.
IV. Discours final de Samuel, xii.
Deuxième subdivision. Règne de Saül jusqu'à sa réprobation, xiii-xv.
I. Guerre contre les Philistins, xiii-xiv, 46.
II. Autres guerres de Saül. Notice sur sa famille, xiv, 47-52.
III. Guerre contre les Amalécites. Réprobation de Saül en punition de sa désobéissance, xv.
Deuxième division. Chute de Saül et élection de David, ou Histoire de Saül depuis sa réprobation jusqu'à sa mort, xvi-xxxi.
Première subdivision. Commencements de David, xvi.
I. Election et sacre de David. xvi, 1-13.
II. David calme les agitations de Saül en jouant de la harpe, xvi, 14-23,
Deuxième subdivision. Nouvelle guerre de Saül contre les Philistins. Exploits de David et conséquences qui en résultent, xvii-xviii.
I. Goliath provoque les Israélites au combat, xvii, 1-11.
  David et Goliath, xvii, 2-54.
III. David à la cour de Saül; son amitié avec Jonathas. Saül le prend en haine et attente à sa vie, xv, 35-xviii, 30.

Troisième subdivision. Fuite de David devant Saül qui le persécute et le poursuit, xix-xxvii, 12.
I. Jonathas intercède pour David auprès de son père. Nouvelles tentatives de Saül contre David qui s'enfuit à Rama auprès de Samuel, xix.
II. Jonathas tente de nouveau, mais sans succès, de réconcilier son père avec David, xx.
III. David s'enfuit à Nobe auprès d'Achimélech, puis à Geth, auprès d'Achis, roi des Philistins, xxi.
IV. David parcourt en fugitif le pays de Juda et le pays de Moab. Saül massacre les prêtres de Nobe, xxii.
V. David délivre Ceila. Grâce à la protection de Dieu, il échappe à la trahison des habitants de Ziph et aux embûches de Saül dans le désert de Maon, xxiii.
VI. David épargne Saül dans la caverne d'Engaddi, xxiv.
VII. Mort de Samuel. Histoire de Nabal et d'Abigaïl, xxv.
VIII. Nouvelle trahison des Ziphéens. David épargne de nouveau Saül, xxvi.
IX. David se réfugie à Siceleg, dans le pays des Philistins, xxvii.

Quatrième subdivision. Saül succombe dans sa lutte contre les Philistins, xxviii-xxx.
I. David dans l'armée des Philistins. Saül, effrayé des suites de la guerre, consulte la pythonisse d'Endor, xxviii.
II. Les Philistins éloignent David de leur armée; il retourne à Siceleg, xxix.
III. David venge sur les Amalécites le pillage et l'incendie de Siceleg, xxx.
IV. Mort de Saül et de ses fils dans le combat livré aux Philistins; leur sépulture, xxxi.

TROISIÈME PARTIE.

David, II Samuel.

Première division. David règne sur Juda, Isboseth sur Israël, i-iv.
David règne sur Juda, Isboseth sur Israël, i-iv.
I. David après la mort de Saül, i.
  A. David apprend la mort de Saül, i, 1-16.
  B. Elégie de David sur la mort de Saül et de Jonathas, i, 17-27.
II. Lutte entre David, roi de Juda, et Isboseth, roi d'Israël, ii-iii, 39.
  A. David est sacré roi de Juda et fixe sa résidence à Hébron, ii, 1-7.
  B. Isboseth est établi roi d'Israël, par Abner, ii, 8-11.
  C. Lutte entre les partisans de David et ceux d'Isboseth, ii, 12-iii, 6.
  D. Abner se sépare d'Isboseth. Chute définitive de la maison de Saül, iii, 7-21.
  E. Abner est assassiné par Joab, général de David, iii, 22-39.
III. David devient roi de tout Israël, iv-v, 5.
  A. Assassinat d'Isboseth, iv.
  B. David est sacré roi sur tout Israël, v, 1-5.

Seconde division. David règne sur tout Israël, v, 6-xxiv.

Première subdivision. La royauté de David dans toute sa puissance et dans tout son éclat, v, 6-ix.
I. Affermissement du royaume de David, v, 6-vi.
  A. Prise de la citadelle de Sion sur les Jébuséens; Jérusalem, capitale du royaume, v, 6-16.
  B. Victoires de David sur les Philistins, v, 17-25.
  C. L'Arche d'Alliance est transportée solennellement dans la citadelle de Sion, vi.
II. David fait le projet de bâtir un temple. Confirmation de la royauté dans la maison de David, vii.
  A. Projets de David, vii, 1-3.
  B. Révélations et promesses divines, vii, 4-17.
  C. Cantique d'actions de grâces de David, vii, 18-29.
III. Guerres et victoires de David. Ses principaux officiers, viii.
  A. Soumission des Philistins et des Moabites, viii, 1-2.

B. Soumission du roi de Soba et des Syriens de Damas, VIII, 3-14.
　C. Liste des grands officiers de la couronne, VIII, 15-18.
IV. Conduite miséricordieuse de David envers la maison de Saül, dans la personne de Miphiboseth, IX.

Deuxième subdivision. Le royaume de David dans sa décadence, X-XX.
I. Guerre contre les Syriens et les Ammonites, X.
　A. Occasion de la guerre contre les Ammonites, X, 1-5.
　B. Victoire de Joab sur les Syriens et les Ammonites confédérés, X, 6-14.
　C. Victoire de David sur les Syriens, X, 15-19.
II. Les fautes de David et de ses fils, XI-XIV.
　A. Siége de Rabbath Ammon. Adultère de David, XI.
　B. Reproches de Nathan à David, XII, 1-14.
　C. Pénitence de David, XII, 15-25.
　D. Conquête de Rabbath et punition des Ammonites, XII, 26-31.
　E. Inceste d'Amnon, XIII, 1-21.
　F. Assassinat d'Amnon par Absalon, XIII, 22-33.
　G. Fuite d'Absalon, XIII, 34-39.
　H. Retour d'Absalon et sa réconciliation avec son père, XIV.
　　a. Ruse de Joab; la femme de Thécua, XIV, 1-20.
　　b. Retour d'Absalon à Jérusalem, grâce à l'influence de Joab, XIV, 21-28.
　　c. Absalon oblige Joab à obtenir sa réconciliation avec son père, XIV, 29-38.
III. La révolte d'Absalon, XV-XVIII.
　A. Absalon se révolte contre son père et usurpe l'autorité royale, XV, 1-13.
　B. Fuite de David devant Absalon, XV, 14-XVI.
　　a. David s'enfuit de Jérusalem, XV, 14-21.
　　b. David traverse le Cédron et renvoie à Jérusalem les prêtres avec l'Arche, XV, 22-29.
　　c. Achithophel et Chusaï, XV, 30-37.
　　d. La trahison de Séba envers Miphiboseth, XVI, 1-4.
　　e. Séméi injurie David, XVI, 5-14.
　　f. Entrée d'Absalon à Jérusalem; il suit le conseil d'Achitophel, XVI, 15-23.
　C. Les conseils d'Achitophel sont annihilés par ceux de Chusaï, XVII, 1-23.
　　a. Chusaï annihile les conseils d'Achitophel, XVII, 1-14.
　　b. David est informé de ce qui se passe. Fin terrible d'Achitophel, XVII, 15-23.
　D. La guerre civile, XVII, 24-XVIII.
　　a. Préparatifs de guerre, XVII, 24-XVIII, 5.
　　b. Combat dans la forêt d'Ephraïm et mort d'Absalon, XVIII, 6-18.
　　c. David est informé de la victoire de ses troupes et de la mort d'Absalon. Ses plaintes sur la mort d'Absalon, XVIII, 19-32.
IV. Rétablissement de l'autorité royale, XIX-XX.
　A. David reprend possession de son royaume, XIX, 1-40.
　　a. Douleur de David; reproches de Joab, XIX, 1-8.
　　b. Préparatifs pour la rentrée de David à Jérusalem, XIX, 9-15.
　　c. Retour de David sous la conduite des hommes de Juda avec trois épisodes, XIX, 16-40.
　　　1º Séméi, obtient sa grâce, XIX, 16-23.
　　　2º Miphiboseth s'excuse, XIX, 24-30.
　　　3º Berzellaï vient saluer le roi au passage du Jourdain, XIX, 31-40.
　B. Mécontentement d'Israël et révolte de Séba, XIX, 41-XX, 26.
　　a. Lutte entre Juda et Israël au sujet de la réception et du retour du roi, XIX, 41-44.
　　b. Révolte de Séba, XX, 1-22.
　　c. Liste des grands officiers de la couronne, XX, 23-26.

Troisième subdivision. Conclusion du règne de David, XXI-XXIV.
I. Famine en punition de la faute de Saül envers les Gabaonites; expiation, XXI, 1-14.

II. Guerres contre les Philistins; exploits des héros de David, xxi, 15-22
III. Cantique d'actions de grâces de David, pour les victoires remportées sur ses ennemis, xxii.
IV. Dernières paroles de David, xxiii, 1-7.
V. Les héros de David, xxiii, 8-39.
VI. Le dénombrement du peuple et la peste, xxiv.
A. David pèche en faisant le dénombrement du peuple, xxiv, 1-10.
B. Dieu châtie David et son peuple par la peste, xxiv, 11-17.
C. David élève un autel sur l'aire d'Aréuna où fut plus tard construit le temple, xxiv, 18-25.

Après avoir exposé le sujet et les divisions de l'ouvrage, nous parlerons maintenant du but de l'auteur. Or, il ne faudrait pas penser que l'historien ait voulu simplement mettre en regard l'un de l'autre Saül et David, pour nous faire comprendre ce que devait être un roi selon le cœur de Dieu, en nous montrant les fautes dans lesquelles il ne doit pas tomber, et les qualités qu'il doit avoir. Pour nous résumer, l'auteur n'a pas eu pour but unique de nous présenter en Saül le type du mauvais roi, et en David, l'idéal du souverain théocratique. En effet, le fait capital de la période dont nous nous occupons est l'établissement de la royauté; par conséquent, il est naturel d'admettre que l'historien a cherché à raconter l'histoire du développement et de la marche de la théocratie depuis la fin de l'époque des Juges jusqu'à la fin du règne de David. En un mot, nous ne sommes pas en présence de l'œuvre d'un moraliste, mais d'un travail purement historique, où le récit des faits porte en lui-même son enseignement. Nous allons d'ailleurs nous en convaincre en résumant l'ouvrage et en faisant ressortir l'unité des différentes parties qui le composent.

Nous sommes à la fin de la période des Juges. Pendant la judicature du grand-prêtre Héli, une pieuse femme vient à Silo pour demander à Dieu la cessation de sa stérilité, I Rois, I, 1-18. Sa prière est exaucée et elle enfante un fils qu'elle nomme Samuel et qu'elle consacre au Seigneur, I Rois, 19-28. Elle remercie ensuite Dieu de la grâce qu'elle a obtenue, I Rois, II, 1-10. Le jeune Samuel, que sa mère a laissé auprès du tabernacle, prélude à la mission qu'il doit remplir plus tard, tandis que l'impiété des fils d'Héli et la faiblesse de leur père attirent sur eux et leur maison les menaces de la colère divine, I Rois, II, 11-36. Aussi, malgré sa jeunesse, Samuel est choisi pour annoncer à Héli la ruine de sa maison et dès lors il est élevé à la dignité de prophète, I Rois, III. Or, les menaces ne tardent pas à recevoir leur accomplissement : les Israélites sont vaincus, l'Arche sainte tombe aux mains des Philistins, les fils d'Héli périssent dans le combat et leur père les suit dans la tombe, terminant ses jours par une fin tragique, I Rois, IV. Mais les Philistins n'ont pas lieu de se réjouir longtemps de leur victoire, et ils apprennent à leurs dépens que c'est le Dieu d'Israël, qui les a fait triompher et qui leur a livré son sanctuaire, dans le but de châtier son peuple infidèle. Aussi, à la suite des malheurs et des fléaux que l'Arche leur attire, ils se décident à la renvoyer en Israël, I Rois, V-VI. Les Israélites reçurent l'Arche avec de grands transports d'allégresse et la déposèrent à Gabaa; mais ce ne fut que vingt ans après que Samuel les convertit au Seigneur et les délivra du joug des Philistins, ce qui confirma son autorité sur le peuple pendant toute sa vie, I Rois, VII. Samuel avait donc opéré à la fois la réforme civile et la réforme religieuse, c'est-à-dire, réorganisé la nation et restauré le culte ; mais le peuple, au lieu de marcher dans la voie qui lui était tracée, voulut un roi pour le défendre contre ses ennemis, et le prophète, sur l'ordre du Seigneur, accueillit sa demande, I Rois, VIII.

Saül, fils de Cis, de la tribu de Benjamin, est choisi par Dieu pour être le premier roi des Israélites, et, pendant qu'il était à la recherche des ânesses de son père, il se rencontre providentiellement avec Samuel, I Rois, XI. Il est sacré par le prophète, élu par les sorts dans l'assemblée générale de la nation, et toutefois c'est seulement après la délivrance de Jabès de Galaad, assiégée par les Ammonites, que tout le peuple l'accepte et l'acclame, I Rois, X-XI. C'est alors que Samuel, en résignant ses fonctions de juge, justifie sa conduite devant son peuple et lui donne de sages conseils pour l'avenir, I Rois, XII.

Maintenant nous allons voir Saül à l'œuvre ; mais il ne faut pas oublier qu'il reste sous la direction du prophète. Il ne tarde pas à commettre une première faute avant d'engager la lutte contre les Philistins, en offrant l'holocauste sans attendre l'arrivée de Samuel et, pour ce fait, il est réprouvé. Toutefois l'issue de la campagne est heureuse, et Jonathas se couvre de gloire, mais désobéit à son père sans le savoir, et n'échappe à la mort que par la protection du peuple, I Rois, XIII-XIV. Mais dans la guerre contre Amalec, Saül est de nouveau désobéissant en épargnant le roi Agag, et cette fois il est rejeté définitivement, XV. Dieu donc, ayant réprouvé Saül, ordonne à Samuel de sacrer David, le plus jeune fils d'Isaï, lequel bientôt est mis en présence de Saül, son rival, dont il calme les fureurs en jouant de la harpe, XVI. Une nouvelle guerre fournit bientôt à l'élu du Seigneur l'occasion de montrer son courage et d'attirer sur lui les regards du peuple. En effet, David triomphe du géant Goliath qui provoquait les Israélites au combat, et cette victoire mémorable est le signal de la fuite et de la défaite des Philistins, XVII. Le fils d'Isaï s'attire ensuite l'amitié de Jonathas et Saül, pour récompenser sa valeur, le met à la tête de ses guerriers ; mais le roi devient bientôt jaloux de la gloire de David, cherche d'abord à le percer de sa lance, puis à lui faire perdre la vie dans des entreprises périlleuses, enfin, conçoit contre lui une haine irréconciliable, XVIII ; Jonathas tente inutilement de calmer son père, qui de nouveau attente à la vie de David ; or, ce dernier s'enfuit alors à Rama, auprès de Samuel, où son ennemi ne peut rien contre lui, XIX. Une nouvelle tentative de Jonathas auprès de Saül n'ayant pas réussi, David, averti par son ami, cherche son salut dans la fuite, XX. Il se réfugie d'abord avec les siens à Nobé, où il est assisté par Achimélech ; puis à Geth dans la caverne d'Odollam, dans le pays de Moad ; enfin, sur l'avis du prophète, dans la forêt de Hareth sur le territoire de Juda, tandis que Saül, ayant appris ce qui s'était passé à Nobé, fait massacrer les prêtres et tous les habitants de la ville. Abiathar seul échappa et alla rejoindre David, XXI-XXII. Alors, Saül commence à poursuivre son ennemi en règle et cherche à le surprendre dans Céila ; mais David, averti par le Seigneur des intentions des habitants, se retira dans le désert de Ziph, où il ne tarda pas à être cerné avec sa troupe ; mais, heureusement pour lui, l'annonce d'une invasion des Philistins obligea son ennemi de s'éloigner, XXIII. Au retour de son expédition, Saül poursuit de nouveau David dans le désert d'Engaddi ; mais il tombe, sans s'en douter, aux mains de son ennemi qui l'épargne, acte de générosité qui l'émeut jusqu'aux larmes, mais ne lui fait point changer ses desseins, xxiv. David fut donc réduit à errer de place en place dans le désert de Juda, manquant parfois de moyens de subsistance. C'est dans ces circonstances que Nabal de Maon ayant repoussé sa demande, il résolut de se venger; mais il fut désarmé par les prévenances et les prières d'Abigaïl, xxv. Une seconde fois David épargne Saül et se contente d'emporter sa lance et sa coupe pour lui prouver qu'il ne veut pas attenter à sa vie, xxvi. Toutefois, voyant sa position désespérée, il se décide à passer sur le territoire des Philistins et se rend à Geth auprès d'Achis qui le reçoit avec empressement et lui assigne Siceleg pour sa résidence et celle des siens, xxvii. En conséquence, il était tombé sous la dépendance du prince philistin et il allait être forcé de marcher avec lui contre les Israélites, lorsque les autres chefs du pays, se défiant des Hébreux, obligèrent Achis à renvoyer David à Siceleg avec ses guerriers. De son côté Saül, sur ces entrefaites, alla consulter la pythonisse d'Endor, parce qu'il était effrayé des suites de la guerre, et il reçut de la bouche même de Samuel la confirmation de sa réprobation et l'annonce de sa fin prochaine, xxviii-xxix. Il livra néanmoins bataille aux Philistins; mais ses fils ayant péri, il se perça de son épée pour ne pas tomber entre les mains de ses ennemis, xxxi. Pendant ce temps, David se mettait à la poursuite des Amalécites qui avaient pillé Siceleg pendant son absence, les surprenait à son tour et leur enlevait tous les prisonniers et tout le butin qu'ils emmenaient avec eux, xxx.

Saül, par sa conduite, avait donc compromis l'établissement de la royauté en Israël; mais David, son successeur, eut la gloire de consolider cette institution. A la nouvelle de la mort de son ennemi, il s'affligea profondément et sincèrement de la perte du défenseur d'Israël et de Jonathan, son fils, II Rois, i. Il rentra ensuite sur le territoire de Juda et fut reconnu roi de cette tribu à Hébron; mais en même temps, Abner plaçait Isboseth, fils de Saül, à la tête d'Israël. La guerre civile s'en suivit et Abner fut vaincu, II Rois, ii. Toutefois, la lutte continua encore et se termina par la défection d'Abner qui, mécontent d'Isboseth, se sépara de lui et s'entremit pour ramener à David les tribus d'Israël, iii. Peu après Isboseth fut assassiné et c'est ainsi que prirent fin les discordes civiles et que David réunit sous son sceptre toutes les tribus d'Israël, iv. David est donc sacré roi sur tout Israël et accepté par le peuple; peu après il s'empare de la citadelle de Sion, fait de Jérusalem sa capitale et bat les Philistins à deux reprises, v. Mais pour faire de sa capitale le centre religieux de tout le peuple, il fait transporter solennellement l'Arche d'alliance dans la citadelle de Sion et la fait déposer dans un nouveau tabernacle, vi. Il forme ensuite le projet de construire un temple digne de la majesté divine; mais le prophète Nathan vint lui annoncer de la part du Seigneur que cet honneur était réservé à son successeur et que toutefois, en récompense de ses bonnes intentions, son royaume durera éternellement, vii. Suit un exposé des guerres par lesquelles David affermit son royaume qui était aussi le royaume de Dieu et le fit respecter des peuples voisins. En même temps, au milieu des splendeurs de son règne, il n'oubliait pas les promesses qu'il avait faites à Jonathas et prenait en pitié le dernier rejeton de la maison de Saül, viii-ix. Cet épisode clôt naturellement la première période du gouvernement de David.

Ce prince avait donc élevé le royaume d'Israël à un haut degré de puissance et tout avait prospéré entre ses mains; mais l'excès du bonheur l'entraîna au mal et la seconde moitié de son règne fut de beaucoup moins brillante que la première. David eut d'abord à soutenir une guerre dangereuse contre les Syriens et les Ammonites qui furent vaincus, x. Mais, étant resté à Jérusalem, pendant que Joab assiégeait la capitale des Ammonites, il se rendit coupable d'adultère avec Bethsabée, et bientôt de meurtre, car il fit périr Urie, le mari de sa complice, en l'exposant aux coups des ennemis sous les murs de Rabba, xi. Il fut sévèrement réprimandé par le prophète Nathan qui lui annonça les malheurs qui devaient fondre sur sa maison et la mort prochaine du fils né de Bethsabée, lequel en effet ne tarda pas à succomber, xii. La justice divine continua à sévir, car Amnon, premier né de David, déshonora ensuite sa sœur Thamar et, par vengeance, Absalon son frère le fit périr dans un festin, puis s'enfuit à Gessur, xiii. Plus tard, Joab se servit d'une ruse pour obtenir le rappel d'Absalon et, deux ans après, réussit même à le réconcilier avec son père, xiv. Mais Absalon ne profita de sa rentrée en grâce que pour tramer une conjuration. Bientôt même il se met ouvertement en révolte, usurpe l'autorité royale et prend possession de Jérusalem, car, dès les premiers moments, David s'était résolu à quitter sa capitale et à se retirer au-delà du Jourdain, xv. Aussitôt après son entrée dans la capitale, Absalon complète son usurpation et sa révolte, en suivant le conseil d'Achitophel, c'est-à-dire, en entrant auprès des concubines de son père. Heureusement Chusaï s'empare de la confiance du fils rebelle et fait prévaloir son avis sur celui d'Achitophel qui voulait qu'on poursuivît sans tarder le roi fugitif. De la sorte David eut le temps de se préparer à la lutte, xvi-xvii. Une bataille s'engage dans la forêt d'Ephraïm et Absalon est vaincu et prend la fuite. Mais sa tête s'embarrasse dans les branches d'un arbre et Joab accourt et le met à mort malgré les ordres de David, xviii. David pleure la mort de son fils; cependant il se rend aux conseils de Joab et bientôt après il reprend possession de son royaume repasse le Jourdain et rentre à Jérusalem, escorté par toute la tribu de Juda. Cependant il reste des mécontents et Séba en profite pour fomenter et provoquer une sédition; mais la révolte est promptement comprimée par la défaite et la mort de son auteur, xix-xx.

Ces événements occupèrent sans doute la première partie de la seconde moitié du règne. Lorsque la tranquillité fut rétablie, David profita de ses dernières années pour fortifier son royaume et travailler à l'organiser à l'intérieur. De plus, il s'occupa à préparer la construction du temple et à restaurer et à réglementer le culte divin, toutes choses qui sont exposées plus en détail dans les Paralipomènes, tandis que nous n'avons ici que quelques notices détachées en forme d'appendice. Il est d'abord question de la famine qui eut lieu dans le pays en punition de l'attentat commis par Saül contre les Gabaonites, puis de l'expiation de cette faute, xxi. Suivent le cantique par lequel David remercie Dieu de l'avoir délivré de ses ennemis, et les dernières paroles du saint roi. On y trouve annéxée une liste des héros de David avec la mention des exploits de quelques-uns d'entre eux, xxii-xxiii. Enfin le deuxième livre se termine par le récit du dénombrement du peuple et de celui de la peste qui en fut le châtiment et qui fournit à David l'occasion d'élever un autel sur l'emplacement du temple futur, xxiv.

Après cet exposé, il nous sera plus facile de faire ressortir l'unité de plan et de conception de notre ouvrage. Et, d'abord, si nous considérons le caractère des livres de Samuel, nous remarquerons sans peine une particularité assez frappante et qui a déjà été relevée par plusieurs auteurs et en dernier lieu par Mgr Meignan (1). En effet, les détails biographiques, les faits personnels, les actes de la vie commune occupent une place importante et hors de toute proportion avec le récit sommaire et incomplet des grands événements de l'histoire, des entreprises de Saül et de David et des guerres longues et dangereuses qu'ils eurent à soutenir. Plus tard nous tirerons les conséquences de ce fait intéressant; mais pour le moment, nous nous contenterons de montrer que la particularité signalée n'autorise point à conclure que l'auteur a simplement voulu écrire la biographie plus ou moins complète de Samuel, Saül et David, les trois principaux personnages de la période embrassée et qui occupent tout naturellement le premier plan. De plus nous ferons observer que le caractère spécial de l'ouvrage ne s'explique point par la nature des documents qui ont servi à sa composition.

En effet, bien que nous ne puissions connaître au juste quelles étaient l'étendue et la nature des documents en question, nous pouvons, en comparant le récit des guerres de David contre les Ammonites et les Syriens avec celui des Paralipomènes (2), nous convaincre que l'historien s'est contenté de faire les choix qui lui convenaient, puisque l'auteur des Paralipomènes nous fournit sur plusieurs points des détails complémentaires dont la vérité est universellement admise et qu'il a puisés aux mêmes sources. Il est donc certain que notre auteur n'a pu ignorer, par exemple, les travaux d'organisation dont s'occupa David dans les dernières années de son règne, non plus que les préparatifs qu'il fit pour la construction du temple (3). Nous nous expliquons de même pourquoi il se borne parfois à faire allusion à certains faits supposés connus, sans nous instruire plus au long. C'est ainsi que nous apprenons indirectement et incidemment que le Tabernacle fut transporté de Silo, où il était encore au temps d'Héli (4), à Nobé où David se réfugia et où le grand-prêtre Achimélech lui donna les pains de proposition (5); que Saül avait massacré les Gabaonites et que cette faute fut expiée sous David (6); que les magiciens et les nécromanciens avaient été chassés du pays par Saül (7); enfin que les Bérothites s'enfuirent à Géthaïm (8). Ces exemples suffisent pour nous prouver que l'auteur était bien au courant des faits de la période dont il s'occupe et qu'il en savait plus long qu'il n'a jugé à propos de nous en communiquer. Évidemment donc il n'a pas puisé uniquement à des sources biographiques, mais à des documents d'un caractère plus général, à des documents contemporains, riches en détails personnels et généralement moins connus du public que les événements plus importants. Enfin, les réflexions qui

---

(1) Les *prophéties messianiques contenues dans les deux premiers livres des Rois*, pp. 7 et 8.
(2) II Rois, VIII et X; I Paral. XVIII et XIX.
(3) I Paral. XXII-XVIII,
(4) I Rois, I, 39.
(5) I Rois, XXI, 4 et suiv.
(6) II Rois, XXI.
(7) I Rois, XVIII, 3.
(8) II Rois, IV, 3.

vont suivre feront reconnaître que l'auteur est plus qu'un simple biographe.

D'autre part, en effet, le caractère spécial des livres de Samuel ne permet point de les considérer comme un travail de compilation, car ce serait méconnaître entièrement le plan et le but de l'auteur, lesquels se révèlent distinctement dans la méthode, dans le choix et l'agencement des matériaux. Ce qui montre positivement que l'écrivain a fait une œuvre originale, qu'il a eu un plan bien défini, c'est le groupement des faits, sans respect parfois pour l'ordre chronologique, qui d'ordinaire préside à la composition. Dans l'histoire de Saül, par exemple, nous trouvons d'abord l'énumération des guerres de ce prince et en particulier la mention de la défaite des Amalécites (1). Cependant, plus loin (2), l'auteur revient sur ses pas et raconte avec des détails caractéristiques la guerre contre les Amalécites, parce qu'il voulait faire ressortir un fait d'une importance capitale non-seulement pour l'histoire de Saül, mais pour celle de la royauté. En effet, ce fut pendant cette campagne que le premier roi d'Israël, en contrevenant aux ordres divins, commit en quelque sorte le crime de forfaiture et encourut sa réprobation. Dans l'histoire de David nous constaterons avec plus d'évidence encore que l'ordre chronologique a été sacrifié au groupement méthodique des faits. En effet, nous rencontrons, en premier lieu (3), l'énumération de toutes les guerres de David avec les peuples étrangers, y compris les guerres contre les Ammonites et les Syriens, avec l'indication des dépouilles remportées sur l'ennemi. Cependant c'est un peu plus loin (4) que l'historien nous raconte la guerre contre les Syriens et les Ammonites, nous en fait connaître la cause et les péripéties, sans que nous puissions d'ailleurs ignorer pourquoi il fait ce retour en arrière. Il voulait nous parler de l'adultère de David, faute dont les conséquences furent aussi importantes que malheureuses, et pour ce motif, il s'est trouvé conduit tout naturellement à nous rendre compte des circonstances qui l'ont accompagnée et occasionée. De plus, on peut remarquer que l'histoire de Saül et celle de David se partagent, pour ainsi dire, en deux périodes dont la similitude ne saurait être méconnue. Or, non-seulement la réprobation de Saül et la faute de David sont dans les deux cas le point de départ d'une nouvelle période et sont complétement mises en évidence, mais, de plus, chacune des deux premières périodes se termine par des notices sur les guerres, sur la famille du roi et sur les grands officiers de la couronne (5). L'auteur a suivi à peu près la même méthode à propos de Samuel, car après avoir signalé la victoire que les Israélites remportèrent sur les Philistins (6), il a inséré un résumé des actes de la judicature du prophète avant de passer au récit de l'établissement de la royauté. Cependant Samuel vécut encore presque toute la durée du règne de Saül, sacra ce prince et même son successeur. Désormais l'historien ne parlera du prophète qu'autant qu'il sera mêlé aux évé-

---

(1) I Rois. xiv, 47, 48.
(2) Ibid. xv.
(3) II Rois, viii.
(4) Ibid. x-xii.
(5) I. Rois, xiv, 47-52 ; II Rois, viii.
(6) I Rois vii, 15-17.

nements du règne de Saül. Or, ces données sous forme de résumé trahissent une méthode, une idée intentionnelle et ne portent point en elles le cachet de la compilation. Elles servent donc uniquement à terminer, ou, si l'on veut, à arrondir chacune des périodes et forment comme des points de repère, sans porter préjudice à la liaison des parties et sans briser l'unité de composition.

Il arrive parfois que certains faits ne semblent se rattacher ni à ce qui précède, ni à ce qui suit; mais toutefois il est facile avec un peu d'attention de saisir les points de rapport et de découvrir pour quelle cause l'auteur les a placés en tel ou tel endroit. Citons des exemples : la première moitié du règne de David se termine par le récit des faveurs que ce prince accorde à Miphiboseth (1). Or, évidemment nous avons là une sorte d'appendice destiné à montrer comment David, parvenu au faîte de la gloire et de la puissance, n'oublia pas les devoirs de la reconnaissance non plus que les promesses faites à Jonathas son ami (2). Par conséquent le morceau en question se trouve bien à sa place et clôt dignement la période la plus glorieuse du règne de David. Quant à la conclusion même de l'ouvrage (3), elle semble au premier abord un assemblage confus de faits qui n'ont entre eux aucune relation, et pourtant il n'en est point tout à fait ainsi. Il est évident, en premier lieu, que le cantique de David et ses dernières paroles (4) sont le morceau capital de cette partie. Or, si nous rencontrons auparavant le récit de la famine causée par la faute de Saül envers les Gabaonites et celui de l'expiation de cette même faute (5), c'est que ces faits n'avaient pu trouver place ailleurs et que l'auteur cependant tenait à montrer, d'une part, comment Dieu avait puni le crime de Saül sur sa descendance, de l'autre, comment David, obligé de livrer les descendants de Saül, avait néanmoins pris soin de les faire ensevelir honorablement. Quant aux notices qui précèdent le cantique de David (6), et à la liste des héros qui suit les dernières paroles du saint roi (7), on peut les considérer comme l'encadrement du morceau principal. Enfin, si le récit du dénombrement du peuple et de la peste qui en fut le châtiment occupe le dernier chapitre de l'ouvrage (8), c'est parce que David à cette occasion érigea un autel qui consacra l'emplacement du temple dont la construction devait être l'œuvre capitale de Salomon, son fils et son successeur.

Mais si nous passons maintenant à l'examen du contenu de l'ouvrage, nous arriverons à en déterminer le caractère essentiel avec plus de précision encore. Dès le commencement nous voyons que la mère de Samuel, dans son cantique, fait une allusion prophétique à la puissance future de l'oint du Seigneur, en prévision de l'établissement de la royauté (9). Nous remarquerons encore que l'expression « Dieu des armées », se rencontre au

---

(1) II Rois, ix.
(2) Cf. I Rois, xix. 1-7, xx.
(3) II Rois, xxi-xxiv.
(4) II Rois, xxii et xxiii, 1-7.
(5) II Rois, xix, 1-44.
(6) II Rois, xxi, 15-22.
(7) II Rois, xxiii, 8-39.
(8) II Rois, xxiv.
(9) I Rois, ii, 10.

premier chapitre (1), et que son emploi, d'ailleurs fréquent, doit avoir sa raison d'être. Israël, en effet, appartenait à Dieu ; mais en prenant place parmi les royaumes de ce monde, ce fut le royaume de Dieu lui-même qui passa au rang des puissances terrestres et qui eut à combattre et à vaincre par la force du Tout-Puissant, les royaumes des ennemis de Dieu. C'est alors que Dieu se manifeste comme le Dieu des armées, comme celui à qui doivent se soumettre non-seulement les puissances célestes, mais aussi les peuples et les monarchies de ce monde. Aussi bien, sous Saül et David, les nations païennes en firent l'expérience. Le premier était vainqueur partout où il se tournait, « quocumque se verterat superabat (2) », et quant à David, il rendit tributaires toutes les nations voisines, parce que Dieu lui accordait la victoire partout où il allait (3). Aussi Salomon, son fils, eut sous sa puissance tous les royaumes compris entre l'Euphrate et la frontière d'Egypte. Mais la royauté en Israël ne pouvait être par elle-même une force et une puissance, ne pouvait faire triompher des ennemis du dehors que si le roi continuait à être l'instrument de Dieu, n'usant du pouvoir qui lui avait été concédé que conformément à la volonté du Très-Haut, et en son nom. Or, la possession de l'autorité engendre facilement l'orgueil, et les rois d'Israël étaient comme les autres, sujets par nature à céder à la tentation, à faire peu de cas, dans l'exercice de leur puissance, de l'autorité de Dieu et de ses ordres. Aussi le Seigneur suscita les prophètes, organes de son esprit, pour assister les rois, et leur communiquer ses desseins et ses volontés. C'est pour cette raison que la formation du prophétisme, comme puissance spirituelle, précéda l'établissement de la royauté qui devait trouver un appui solide en cette institution, mais aussi une résistance puissante à l'arbitraire et à la tyrannie. Samuel fut appelé à la dignité de prophète pour arracher le peuple à l'idolâtrie, le ramener à son Dieu et renouveler la vie religieuse par la fondation des écoles de prophètes, parce que le sacerdoce s'était montré infidèle à sa mission. Or, même avant la vocation de ce prophète célèbre, un homme de Dieu fait connaître à Héli que la justice divine frappera le sacerdoce dégénéré, et prédit encore que Dieu suscitera un prêtre fidèle dont il édifiera et affermira la maison et qui marchera toujours devant son Christ (4). Mais annoncer ce prêtre fidèle qui marchera devant l'oint du Seigneur, c'est prophétiser la royauté et indiquer son importance pour le développement du royaume de Dieu sur la terre... Ces prédictions au sujet de l'oint du Seigneur, avant et après la naissance de Samuel, indiquent la relation intime du prophétisme et de la royauté, et l'on doit en même temps reconnaître que l'auteur, en les mentionnant, avait en vue la transformation future de l'état d'Israël et que son intention n'était pas précisément d'écrire les biographies de Samuel, de Saül et de David, mais plutôt l'histoire des origines et de l'établissement de la royauté dans la période où la nation israélite, sortant de son abaissement et de sa décadence, s'était élevée à la puissance d'un royaume et avait obligé ses ennemis à s'humilier devant elle.

---

(1) I Rois, i, 3.
(2) I Rois, xiv, 48.
(3) II Rois, viii, 14.
(4) I Rois, ii, 27-36.

En adoptant Israël pour son peuple, le Seigneur lui avait annoncé en termes formels qu'il serait un royaume sacerdotal : « Et vos eritis mihi in regnum sacerdotale (1). » Il est bien vrai que cette promesse n'a reçu son parfait accomplissement que sous le règne du Messie; cependant elle devait se réaliser aussi dans le peuple israélite selon la mesure de l'économie de l'ancienne Alliance. Israël devait donc être non-seulement un peuple sacerdotal, mais aussi un peuple royal; non-seulement former une communauté vouée à Dieu et consacrée à son service, mais aussi le royaume de Dieu sur terre. Par conséquent l'établissement de la royauté n'est pas seulement une évolution féconde en résultats, mais un progrès considérable et qui fait époque dans la marche d'Israël vers le but que lui imposait sa vocation. Ce n'est pas ici le lieu d'examiner si la royauté était en soi une institution absolument nécessaire pour que la nation israélite pût vivre et se développer, et surtout remplir sa destinée. Il nous suffit donc pour l'instant de constater que, par le fait des circonstances, il y eut progrès, et que ce progrès fut le gage qu'Israël atteindrait sa fin, puisque le Seigneur promit à David d'affermir à jamais son trône (2). Par cette promesse Dieu conclut une éternelle alliance avec son Christ et c'est à cette alliance que David se reporte au déclin de ses jours, c'est sur elle que se fondent ses paroles prophétiques au sujet de ce dominateur des hommes, du juste dominateur dans la crainte de Dieu (3). Ainsi donc la fin de l'ouvrage rappelle le commencement, et la prédiction d'Anne (4) s'est réalisée, dans la royauté de David, symbole et gage de la royauté du Messie, fils de David. Telle est la pensée qui a guidé l'auteur dans la composition de son ouvrage. Toutefois nous allons facilement nous rendre compte qu'à côté du but principal il en a eu un secondaire qui s'y rattache d'ailleurs intimement. Dès le début, il nous dépeint la décadence du culte divin sous Héli et nous savons par les faits, que la sentence prononcée sur la maison du grand-prêtre atteignit aussi le Tabernacle, la maison de Dieu (5). Nous voyons aussi que David tira de son obscurité l'Arche d'alliance dont on s'était peu occupé du temps de Saül, la fit transporter dans la capitale de son royaume sur la montagne de Sion, fit ériger pour elle un nouveau tabernacle et en fit le centre du culte divin (6).

Plus tard, lorsque Dieu lui eut accordé le repos après l'avoir fait triompher de ses ennemis, il eut la pensée de lui élever un temple pour être la demeure de son nom (7). Enfin, le Seigneur lui ayant refusé l'honneur de mettre son dessein à exécution, et toutefois, lui ayant promis que son fils construirait l'édifice qu'il avait projeté, il consacra sur la fin de son règne l'emplacement du temple futur sur le mont Moria, en y élevant un autel (8). De cette façon encore la fin de l'ouvrage rappelle le commencement, preuve évidente que l'auteur a travaillé d'après un plan bien étudié d'avance. Au reste, ce fut à l'époque où David forma le projet de construire

---

(1) Ex. xix, 5 et 6.
(2) II Rois, vii, 12-16.
(3) II Rois, xxi, 1-7.
(4) I Rois, ii, 10.
(5) I Rois, ii, 17, 32; Cf. ibid. iv vi, 19-vii, 2, xxii, 11-19.
(6) II Rois, vi, 12-17.
(7) II Rois, vii.
(8) II Rois, xxiv, 25.

un temple et à cette occasion qu'il reçut la promesse de l'affermissement de son royaume (1). Par conséquent tout nous porte à conclure que notre historien a eu principalement en vue de nous décrire le développement historique de la théocratie ou du gouvernement divin, développement qui se résume à cette époque dans l'établissement et l'affermissement de la royauté, et que c'est la pensée mère qui l'a dirigé dans le choix et dans l'emploi de ses matériaux.

Les détails circonstanciés qu'il nous fournit sur la naissance et la jeunesse de Samuel, sur les vicissitudes de la vie de David, sont aussi en parfait rapport avec le but qu'il se propose, tel que nous l'avons défini, attendu que la vie et les actes des deux personnages en question étaient d'une importance fondamentale pour la formation de la royauté en Israël. Samuel, en effet, est le modèle et le type du prophète ; en lui se personnifie l'esprit du prophétisme, et son exemple montre quelles doivent être la conduite des prophètes et leur situation vis à vis de la royauté... D'autre part, c'est en faisant passer David par les épreuves les plus pénibles et les plus variées que le Seigneur forma le souverain de son royaume, le prince de son peuple, auquel il put, malgré ses fautes, conserver sa faveur et ses grâces, car David, élevé à l'école de l'adversité et toujours ferme dans sa foi, sut se repentir à temps et supporter avec résignation les châtiments de la justice divine dont il se reconnaissait digne.

Ainsi donc, toutes les parties de l'œuvre concourent au développement de l'idée principale et démontrent l'unité de plan et de méthode.

Nous allons d'ailleurs passer en revue les objections par lesquelles on a cherché à prouver que les livres de Samuel n'étaient qu'un assemblage factice et plus ou moins incohérent de plusieurs morceaux émanant d'auteurs différents, et, à la suite, nous examinerons les prétendues contradictions que l'on a cru remarquer dans l'ouvrage.

Selon Thénius (2), les passages suivants, I Rois VII, 15-17; XIV, 47-52; II Rois VIII, 15-18; XX, 23-26, sont les conclusions de morceaux bien distincts. Mais s'il est bien vrai, comme le fait remarquer Keil (3), que ces passages affectent la forme des résumés et ressemblent à des conclusions, rien ne prouve pourtant que les auteurs différents ou prétendus tels aient voulu ainsi condenser brièvement ce qui leur était particulièrement connu au sujet des personnes dont ils écrivaient l'histoire. En effet, il n'est point question, par exemple, dans I Rois VII, 15-17 de la fin de Samuel. C'est donc la période des Juges qui finissait avec le ch. VII, tandis que celle de la royauté commence avec le ch. VIII. De même l'histoire de Saül ne se termine pas au ℣. 54 du ch. XIV, du même livre, car les ℣℣. 47 à 52 donnent une idée générale de son règne, tandis que le ch. XV et les suivants contiennent le récit de la réprobation de ce prince, origine et point de départ de la seconde époque de son règne. On peut donc considérer que les ch. VIII, à XIV, comprennent la première partie de l'histoire de Saül et les ch. XV à XXXI, la seconde. De même encore si nous passons à l'histoire de David nous verrons que les ℣℣. 15 à 18 du ch. VIII du second livre ne sont point la conclusion d'un écrit spécial sur le règne de David,

---

(1) II Rois, VII, 16.
(2) Die Bücher Sam. p. 10.
(3) Lehrbuch der historisch-critischen Einleint. etc. p. 200, 2.

mais signalent simplement l'époque où la puissance de ce roi atteignit son apogée, dans le but d'y rattacher le récit de ses fautes et des maux qui fondirent sur sa maison. Nous avons, pour ainsi dire, un point culminant, un faîte de partage, avec le progrès ascensionnel, d'un côté, et de l'autre, la décadence progressive. Le chapitre IX sert alors de transition entre les deux époques. Enfin les ch. XXI à XXIV qui nous donnent la troisième partie de l'histoire de David et qui renferment encore quelques événements importants qui n'ont point trouvé place ailleurs, sont bien la conclusion naturelle de tout l'ouvrage. Par conséquent les ℣℣. 23 à 26 du ch. XX ne sont point la fin d'un travail particulier. On voit donc combien il serait faux de conclure de I Rois IX, 6, que l'auteur de ce ch. IX n'avait pas connaissance de la judicature de Samuel; de I Rois XIV, 47, que l'auteur de ce morceau ignorait l'élection de Saül par les sorts (X, 17 et suiv.) et sa confirmation à Galgala (XI, 14, et suiv.). La première assertion est en effet réfutée par I Rois IX, 11-13, et la seconde ne s'appuie que sur une fausse interprétation du ℣. 47 du ch. XIV, verset que Thénius rend de la sorte : Ainsi Saül est arrivé à la souveraineté.

Quant aux contradictions, on a prétendu en relever un grand nombre ; mais nous verrons que ces prétentions sont peu fondées en droit.

Nous lisons I Rois, VII, 13 : « Et humiliati sunt Philisthiim, nec apposuerunt ultra ut venirent in terminos Israel. Facta est itaque manus Domini super Philisthæos, cunctis diebus Samuelis. » Cependant nous voyons ailleurs que le peuple demande un roi pour le délivrer des Philistins, et que ces derniers opprimèrent encore Israël pendant le reste de la vie de Samuel (1). Mais, en réalité, la contradiction est purement imaginaire, car, dans la première moitié du verset cité, il n'est point dit que les Philistins furent à jamais empêchés de revenir. Si l'auteur dit : « Nec apposuerunt ultra ut venirent in terminos Israel », c'est-à-dire, ils ne renouvelèrent plus leurs attaques, rien n'oblige à entendre qu'ils ne pénétrèrent plus dans le territoire d'Israël tant que vécut le prophète. En effet, le sens précis de ces paroles doit sans doute être déterminé par ce qui suit : « Facta est itaque manus... », ce qui indique que les Philistins ne cessèrent pas d'être hostiles aux Israélites, et cherchèrent à les subjuguer, mais que Dieu protégea son peuple et lui accorda la victoire. Si la main du Seigneur fut sur les Philistins, c'est qu'il y eut des combats entre eux et les Israélites et que les premiers tentèrent des invasions. Par conséquent la première partie du verset doit être entendue non pas dans le sens absolu, mais dans le sens relatif, car autrement il y aurait contradiction entre le commencement et la fin, ce qui n'est point admissible. En résumé les mots *cunctis diebus Samuelis*, se rapportent à la seconde partie du verset, et l'on doit donc comprendre que les Philistins s'abstinrent pendant un temps de renouveler leurs attaques, lequel temps écoulé, ils recommencèrent à faire la guerre à Israël. Toute sa vie, Saül eut à soutenir la lutte contre les Philistins (2); mais ces victoires montrent bien que la main du Seigneur fut sur ce peuple, tant que vécut Samuel qui mourut peu avant Saül, et que la promesse du ch. IX, ℣. 16 se trouva

---

(1) I Rois, X, 5, XIII, 5 et suiv., XVII, 1 et suiv.
(2) I Rois, XIV, 52.

réalisée. Nous voyons bien, il est vrai, I Rois XIII, 19 et suiv., que les Israélites se trouvaient dans un état misérable et sous le joug des Philistins; mais c'était le résultat de l'occupation momentanée du pays mentionnée ὑὑ. 5 et 6, et il n'en n'est pas moins vrai que l'assertion déjà plusieurs fois citée, se trouve justifiée une fois de plus, car plus loin l'auteur nous raconte comment Dieu vint en aide à son peuple (1).

Samuel fut juge toute sa vie, nous est-il dit, I Rois VII, 15, et cependant nous apprenons par I Rois VIII, 1 et suiv., XII, 2 et suiv., qu'il délégua son autorité à ses fils. Mais si Samuel établit ses fils juges, nous ne voyons pas qu'il se soit démis de son emploi. Il s'était donc associé ses fils pour lui venir en aide à cause de son âge avancé, et si les anciens du peuple viennent se plaindre à lui et lui demander un roi (2), cette démarche prouve justement qu'il avait conservé la direction générale des affaires du pays. Un autre passage (3) montre d'ailleurs clairement qu'il remplissait encore les devoirs de sa charge, pendant que ses fils étaient juges. Bien plus, Samuel conserva son autorité même sous Saül et ne cessa pas de la faire valoir avec force en toute occasion, sans que Saül ait jamais eu la pensée de se révolter contre une pareille ingérence et de reprocher au prophète une usurpation de fonctions.

Pour légitimer la demande qu'ils font d'un roi, les Israélites allèguent une première fois la mauvaise conduite des fils de Samuel, et une seconde le danger qui les menace de la part du roi des Ammonites (4). Mais il n'y a pas là contradiction, car les deux motifs mis en avant sont liés l'un à l'autre, sans s'exclure. Le peuple en effet avait besoin pour faire la guerre avec succès d'une direction unique et forte, ce qu'il ne pouvait attendre de Samuel déjà vieilli et de ses fils, mais seulement d'un homme revêtu de l'autorité royale, et qui par là se trouverait en état de résister victorieusement aux rois des nations païennes (5). D'ailleurs, il est à présumer que Saül, après sa consécration était retourné à ses occupations habituelles (6). Par conséquent l'attaque des Ammonites rappela de nouveau aux Israélites qu'ils avaient besoin d'un roi pour les guider. Ce qui confirme cette manière de voir, c'est que le peuple, après la victoire remportée sur les Ammonites, vit dans cet heureux événement une déclaration de Dieu lui-même en faveur de Saül et reconnut solennellement le roi que Samuel avait choisi et sacré (7). La royauté se trouva ainsi définitivement constituée par l'accord nouveau du peuple, de Saül et de Samuel.

Ne peut-on concilier I Rois IX, 1, X, 16 avec VIII et X, 17-27, passages où nous lisons d'une part que Saül fut sacré secrètement en vertu d'une révélation divine, et qu'il fut choisi par les sorts à la demande du peuple? Evidemment la chose est possible, car l'un n'exclut pas l'autre, et l'on ne saurait être autorisé, comme le fait Thénius (8) à poser le dilemme suivant:

---

(1) I Rois, XIV, 23; Cf. Comment. ibid. v, 13.
(2) I Rois, VIII, 4.
(3) I Rois. XII, 2 et suiv.
(4) I Rois, VIII, 5, XII, 12.
(5) Cf. VIII, 20.
(6) I Rois, X, 26, XI, 5.
(7) I Rois, XI, 14-15.
(8) Comment. p. 43. 2 Auflage.

ou le prophète a tenté Dieu, ou il s'est rendu coupable de charlatanisme. En effet, dans un cas comme dans l'autre, tout s'est fait sous l'inspiration divine. Le choix par les sorts avait donc aussi sa raison d'être, car c'est par cette voix que Dieu fit connaître au peuple assemblé quel était celui qu'il avait déjà élu et fait sacrer pour être son représentant légitime. Au ch. VIII, ỹ. 7 et suiv., Samuel, d'après des indications supérieures désapprouve la demande des Israélites et cherche à les détourner de leur projet; mais comme ils insistent, il reçoit l'ordre de se conformer à leurs désirs et il sacre Saül (1). Toutefois la cérémonie de l'élection par le sort n'était point chose superflue, car, si la première révélation était suffisante pour le prophète, elle ne l'était pas pour le peuple qui, à son tour, avait besoin de connaître d'une manière expresse la volonté de Dieu. Comme le remarque Ewald (2), si l'on réfléchit que l'usage des sorts était commun à cette époque, on trouvera que l'ensemble du récit ne contient que la vérité. Ce n'était pas assez de la rencontre secrète de Samuel et de Saül pour faire accepter ce dernier par le peuple, mais il fallait que, dans une assemblée solennelle, l'esprit de Dieu désignât celui qui avait été choisi pour être l'homme du Seigneur.

Comparons maintenant I Rois XI, 14, 15, et XIII, 8, avec X, 8. Ici la contradiction existerait et serait insoluble si l'on admettait que les paroles de Samuel du ch. X, ỹ. 8 : « Et descendes ante me in Galgala, etc. » sont pour Saül un ordre de se rendre aussitôt à Galgala et d'y attendre le prophète pendant sept jours. On ne pourrait faire concorder ce passage ni avec XI, 14 et 15 où nous apprenons que Samuel et Saül sont allés ensemble à Galgala, ni avec XIII, 8, puisque d'après XIII, 1, deux ans s'étaient déjà écoulés depuis le sacre de Saül. Les uns supposent que le ỹ. 8 du ch. X n'est pas à sa place; d'autres que que tout le passage depuis X, 17 à XII, 25 a été ajouté au document primitif. Mais nous ne nous attarderons pas, bien entendu, à discuter ces hypothèses toutes gratuites et sans vraisemblance et nous ferons seulement remarquer qu'il est impossible qu'il s'agisse XI, 14 et XIII, 8, d'un seul et même fait, car on ne comprendrait pas que Saül, dont l'élection était restée secrète (3) eût acquis assez d'autorité pour rassembler tout Israël autour de lui, avant d'avoir été proclamé publiquement par Samuel et avant d'avoir mérité la confiance du peuple par quelque action d'éclat. Par conséquent, la meilleure manière, ce semble, d'éliminer la difficulté, c'est de donner au ỹ. 8 du ch. X le sens conditionnel : « Si tu descends... », ou : « Quand tu descendras... », ce que le texte hébreu permet facilement et ce à quoi le latin ne s'oppose pas absolument. C'est la solution adoptée par Erdmam (4), par Ewald (5), et par Keil (6). Saül élu par Dieu pour délivrer son peuple du joug des Philistins devait comprendre que sa mission était de sauvegarder la puissance royale en face de l'ennemi. Mais, en l'instruisant de ses obligations, Samuel le prévient d'avoir

---

(1) I Rois, VIII, 21, IX-X, 16.
(2) Geschichte des Volka Israel, etc. III, p. 33, 3e édit.
(3) I Rois, X, 1 et 16.
(4) Die Bücher Sam. Einlemt. pp. 10 et 11.
(5) Geschichte des Volkes Israel, 3e éd. p. 41.
(6) Comment. p. 57.

à se garder d'usurper les fonctions du ministère prophétique, tout en remplissant les devoirs de sa charge, c'est-à-dire de ne pas faire offrir de lui-même les sacrifices pour le peuple, avant d'entreprendre la guerre. « Galgala, dit Ewald, était alors selon tous les indices, un des lieux les plus saints d'Israël et le véritable centre de toute la nation. Son importance déjà ancienne s'accrut encore d'autant plus que les Philistins étendaient leur domination si loin à l'ouest que le centre du royaume dut être reculé jusqu'aux rives du Jourdain. C'est là que le peuple devait se rassembler dans les grandes circonstances; c'est de là qu'il devait partir pour faire la guerre, après avoir offert les victimes et s'être sanctifié (1). » Or l'importance de Galgala une fois admise, importance que tout confirme, on comprend encore mieux que l'avertissement donné à Saül a la valeur d'une règle de conduite, qu'on peut formuler ainsi : Si tu descends à Galgala, c'est-à-dire, quand tu te rendras à l'assemblée du peuple réuni pour aller combattre les Philistins sous ta conduite et pour s'y préparer par des sacrifices, tu attendras mon arrivée et tu ne feras pas immoler les victimes, et tu ne commenceras pas la guerre de ton propre mouvement. Brenz avait déjà adopté la même explication et nous la reproduisons à cause de sa clarté : « Non autem sentiendum est, quod Samuel præcipiat Sauli, ut mox, in eo temporis momento a se abeat, ad Galgal descendat et illic septem diebus expectet, sed quod hoc facere debeat, posteaquam et publica sorte in regem electus et devictis Ammonitis in regno confirmatus est, adeoque paraturus bellum adversus Philistinos, propter quos potissimum Saul ad regnum vocatus erat. Hic est ergo sensus mandati Samuelis : Hoc potissimum nomine vocatus es ad regnum, ut liberes Israelem de tyrannide Philistinorum; cum igitur hoc opus agressurus es descende in Galgal et expecta ibi septem diebus, donec ego ad te venero; tunc enim offeres holocaustum, non tamen antequam ad te venero, et indicabo tibi, quid agendum sit, quo Philistini hostes nostri superentur; de hac autem re scriptum est infra capite decimo tertio, ubi audiemus Saulem hoc mandatum violasse. »

D'après I Rois, xiv, 47, Saül, porte le texte hébreu, s'empara de la royauté, לכד, lakad, ce qui semble ne pas s'accorder avec x, 17 et suiv., et xi, 14 et 15. Mais il faut réfléchir que, les Philistins occupant la plus grande partie du pays au moment où Saül fut appelé à la royauté, l'expression לכד, accepit, s'explique le plus simplement du monde. En effet, c'est après avoir vaincu les Philistins que Saül posséda sur Israël la souveraineté réelle et effective que n'avaient pu lui conférer ni son sacre, ni son élection, ni son acceptation par le peuple assemblé.

David était déjà écuyer de Saül, et Saül connaissait sa famille et son pays (2); cependant David, malgré sa qualité d'écuyer, s'éloigne au moment où ses fonctions auraient dû le retenir auprès du roi (3). De plus, il nous est représenté un peu plus loin comme étranger au métier des armes, et comme étant venu à l'armée par pure curiosité (4). Mais ce qui sur-

---

(1) Geschichte de Volkes... p. 42.
(2) Rois, xvi, 18-23.
(3) I Rois, xvii, 15.
(4) Ibid. v, 33 et 28.

prend bien davantage c'est qu'il paraisse n'être connu ni de Saül, ni d'Abner (1).

Or, il n'est point difficile de répondre à chacune de ces difficultés.

En premier lieu, il faut considérer que, si David fut nommé écuyer de Saül, sa fonction propre n'était point de porter les armes, mais de calmer l'esprit du roi en jouant de la harpe. Il s'agit donc d'un titre purement honorifique qui avait été accordé au jeune fils d'Isaï en récompense de ses services. Aussi ne faut-il pas s'étonner que Saül, au moment d'aller à la guerre, renvoie David chez son père et que David reprenne ses occupations d'autrefois, d'autant plus que le roi avait évidemment d'autres écuyers éprouvés dans les combats et que David jusque là n'ayant pris part à aucune guerre, n'avait pu trouver l'occasion de déployer sa bravoure. On comprend donc que Saül fasse remarquer à David qu'il est incapable de lutter avec Goliath (2). Quant aux paroles du frère aîné de David (3), elles sont évidemment inspirées par la jalousie et l'orgueil et ne peuvent nullement infirmer le récit du ch. xvi.

Enfin, il est très-vrai que la question de Saül à Abner est de nature à étonner (4); mais ici, comme ailleurs, il ne faut pas s'en tenir à l'apparence. « Il y a là une difficulté, dit Mgr Meignan (5), mais elle s'évanouit bientôt quand on y réfléchit; et plus d'une solution s'offre d'elle-même à l'esprit. Les princes, les chefs de grandes maisons connaissent-ils toujours la famille et même le nom de ceux qui les servent? David était à un âge où des changements considérables et rapides surviennent non-seulement dans les traits du visage, mais aussi dans les proportions du corps... L'habit et les allures du joueur de harpe n'étaient point ceux du berger allant au combat et revenant fier et acclamé. Saül était d'ailleurs préoccupé d'une chose grave. Il avait promis au vainqueur de Goliath sa fille Michol. Il lui importait extrêmement de savoir quelles seraient au juste les conséquences d'une telle faveur, si ce gendre qu'il allait se donner ne serait point quelque jour, à raison de sa famille et de ses antécédents, un embarras, voire même un compétiteur à la faveur populaire et peut-être au trône... L'intelligence de Saül n'était-elle pas d'ailleurs déjà affaiblie par les sombres jalousies, les manies auxquelles il était en proie? Enfin on ne lit pas au ch. xvii que Saül ne reconnaît nullement David, mais seulement qu'il ne savait plus de qui il était fils, *de qua progenie*. C'est en effet le seul objet de la question de Saül. » C'est bien aussi notre avis, car toute autre conjecture nous paraîtrait sujette à de graves objections et nous pensons que l'examen du texte permet seul de résoudre la difficulté d'une manière satisfaisante. Ceci posé, la question de Saül ne peut contenir rien de méprisant pour la personne de David; elle indiquerait plutôt l'étonnement, car on pourrait peut-être admettre que le roi, ne s'attendant pas à un pareil exploit de la part de son joueur de harpe, ait pu se tromper ou avoir des doutes sur la personnalité du héros. Mais il est de beaucoup plus vraisemblable que la question de Saül concerne uniquement la famille de

---

(1) Ibid. v, 55 et suiv.
(2) I Rois, xvii, 33.
(3) Ibid. v. 28.
(4) Ibid. v, 55.
(5) *Les prophéties contenues dans les deux premiers livres des Rois*, p. 61.

David, et d'ailleurs sa forme même : « De qua stirpe descendit hic adolescens, Abner? » rend cette supposition à peu près certaine. Il n'est point improbable que Saül eût oublié quelle était la famille de David et même le nom de son père, et probablement Abner n'avait jamais été au courant de ces questions. Comme Saül avait promis sa fille au vainqueur de Goliath et que sa famille devait être exemptée d'impôts, on s'explique pourquoi il voulut se faire renseigner d'une façon plus précise, car il avait besoin de savoir autre chose que le nom du père de David et le lieu de sa naissance.

Il est vrai que la réponse de David ne contient que ces deux seules indications, mais peut-être pouvaient-elles suffire en ces circonstances, en admettant que la famille d'Isaï fût suffisamment connue; mais il est à présumer et il semble même certain, d'après les paroles du ỳ. 1, du ch. xviii, « Et factum est cum complesset loqui ad Saül », que la réponse ne nous a pas été transmise en entier. L'auteur du passage qui s'étend de I Rois, xvii, 55 à xviii, 5, ne pouvait ignorer le récit contenu dans le ch. xvi (ỳ. 14-23), et par conséquent ne pouvait pas se mettre en contradiction avec ce qui précède. En effet, le ỳ. 2 du ch. xviii : « Tulitque cum Saul in die illa, et non concessit ei ut reverteretur in domum patris sui, » fait évidemment allusion au ỳ. 15 du ch. xvii. De même cette remarque du ỳ. 12, de ce dernier chapitre, « David autem erat filius viri Ephrathæi, de quo supra dictum est », en hébreu « et David (était) fils de cet Ephrathéen » présuppose nécessairement ce qui a été dit précédemment (1). Avant de déclarer une difficulté insoluble, il serait on le voit, plus prudent de tenir compte de la vraisemblance. Il n'est donc pas utile de considérer avec plusieurs auteurs les passages suivants, I Rois xvii, 12-31 et 54-xviii, 5, comme des interpolations. Il est vrai que les ỳỳ. 11-41 et 55-58, ne se trouvent pas dans les Septante; mais l'autorité de cette version ne suffit pas pour les rejeter. Enfin, si l'auteur répète xvii, 12, ce qu'il a déjà fait connaître xvi, 6 et suiv., cette répétition n'a rien d'insolite et est particulière au génie sémitique.

Un certain nombre de prétendues contradictions n'offrent pas la moindre difficulté. Ainsi David a pu apporter la tête de Goliath à Jérusalem, car nous savons que cette ville était habitée par les Israélites, bien avant la conquête de la citadelle de Sion (2).

David emporte les armes de Goliath dans sa tente, et plus tard l'épée du géant se trouve à Nobé (3). Mais, au fait, on ne voit pas où se trouverait la contradiction, car il n'est point dit que David ait eu l'intention de garder chez lui les armes de Goliath.

Saül, dit-on, aurait retenu David auprès de lui, d'après xviii, 2, et l'aurait mis à la tête des gens de guerre, tandis que, d'après les ỳỳ. 9 et 10 du même chapitre, il ne l'aurait pas regardé d'un bon œil, « rectē oculis, » et aurait même attenté à sa vie au retour de la guerre contre les Philistins. Mais ce n'est pas ainsi qu'il faut entendre le récit de l'historien et qu'il faut relier les faits entre eux. Après la défaite de Goliath, Saül prit David à son service et ne lui permit plus de retourner dans la maison

---

(1) Rois, xvi, 14-23.
(2) Cfr. Jos. xv, 63; Jug. i, 21.
(3) I Rois, xvii, 54, xxi, 9.

de son père; mais bientôt après, les honneurs et les louanges qu'on décerna à David, au retour de la campagne, l'irritèrent tellement que dorénavant il vit le jeune héros de mauvais œil et que le jour suivant il tenta, dans un accès de fureur, de le percer de sa lance; enfin il l'éloigna de lui en lui donnant un commandement, parce qu'il le craignait à cause de ses succès.

David en redemandant Michol à Isboseth s'exprime ainsi : « Redde uxorem meam Michol, quam despondi mihi centum præputiis Philisthiim (1), » ce qui n'est pas d'accord avec I Rois, xviii, 27, mais l'est avec le ⅄. 18 du même chapitre. David veut donc seulement signaler à Isboseth ce que Saül lui avait demandé pour Michol.

Les paroles de Jonathas et les remarques de David (2) semblent en contradiction avec xix, 2 et suiv., car David, après ce qui s'était passé, ne pouvait penser à aller s'asseoir à la table royale (xx, 5 et suiv.), et Saül de son côté ne devait pas s'attendre à ce que David viendrait (Ibid., ⅄. 26 et suiv.). Mais si Jonathas, aussi bien que David, ne pouvait ignorer ce qui s'était passé, il pouvait supposer, en fils respectueux, que son père avait agi dans un moment de fureur, contrairement à sa bonté naturelle, et que dans le fond du cœur il ne nourrissait point à l'égard de son ami une haine mortelle. Grâce aux circonstances et à la bonne opinion que Jonathas avait du caractère de son père, il se trouvait autorisé à dire que jusqu'alors celui-ci n'avait rien fait sans lui en donner connaissance. Il pouvait donc conclure que si Saül avait eu l'intention bien arrêtée de faire mourir David, il en eût été informé, et il avait raison de rassurer son ami. D'autre part on peut supposer que, dans l'intervalle qui s'était écoulé entre les deux conversations, Jonathas avait fait tous ses efforts pour amener une réconciliation, qui dès lors devait paraître possible à David, bien que médiocrement vraisemblable, à en juger du moins par ses paroles (3). Enfin on comprend même que Saül ait pu admettre que David paraîtrait à sa table, le jour de la nouvelle lune. En effet, plus d'une fois déjà David avait éprouvé les effets de la fureur de Saül et cependant il s'était réconcilié avec son ennemi et avait oublié le passé (4). D'ailleurs, le roi, dans son aveuglement, pouvait avoir foi dans la confiance et l'obéissance de David, car après que ses accès de fureur avaient disparu, il ne laissait pas voir ses mauvaises passions, et couvrait ses pensées meurtrières sous de spécieux prétextes.

Enfin, pour terminer la série des contradictions plus ou moins apparentes, il faut remarquer que David a dû se réfugier deux fois auprès d'Achis, roi ou satrape de Geth. Il est facile de concilier I Rois, xxii, 10-15 et xxii, 1-5 avec xxvii, 4 et suiv., xxix, 1 et suiv., et rien n'autorise à supposer que la première fuite de David auprès d'Achis (xxii, 10 et suiv.) ne soit que le récit de la seconde défiguré par la tradition. Le Ps. xxxiii, qui commence ainsi : « David, cum immutavit vultum suum coram Achimelech », confirme d'ailleurs la vérité historique du passage contenu dans le ch. xxi.

---

(1) II Rois, iii, 14.
(2) I Rois, xx, 2, 7 et suiv.
(3) Ibid. xx, 1-3, 5-7.
(4) I Rois, xviii et xix.

Il nous reste à soumettre à l'examen les récits qui font ou qui semblent faire double emploi. Il est question en deux passages (1), d'un géant nommé Goliath. Or, d'après le premier, c'est David qui l'aurait vaincu, et d'après le second, ce serait Elchanan, le fils de Jaaré-Orgim de Bethléhem, celui que la Vulgate appelle *Adeodatus filius Saltus polymitarius*. On a cherché, Botcher entre autres (2), à démontrer l'identité d'Elchanan et de David, dans le but de montrer que le second récit se confondrait avec le premier. Mais le texte ne nous permet pas d'admettre, bien loin de nous y obliger, que les deux récits concernent les mêmes faits et les mêmes personnages, car Elchanan est désigné et qualifié d'une manière trop précise, pour que nous puissions le confondre avec David. Il n'est point d'ailleurs invraisemblable qu'il ait existé à deux époques différentes deux géants portant le même nom, nom que le premier avait rendu célèbre. On lit, au surplus, dans le passage parallèle (3) : « Elchanan, le fils de Jaïr, frappa Zachmi, le frère de Goliath de Geth, dont la lance. » (texte hebr.). Or quelle que soit la vraie leçon et de quelque façon que l'on concilie les deux textes, il paraît bien certain qu'il ne faut confondre ni les faits ni les personnes (4).

Si l'on compare I Rois, XVIII, 10 et suiv. avec XIX, 9 et suiv., on peut être tenté de croire que le second récit n'est que la répétition du premier et que l'un ou l'autre n'est pas à sa place. Cependant rien n'empêche que le même fait se soit reproduit une ou même plusieurs fois, et à peu près dans les mêmes circonstances. Ne voyons-nous pas d'ailleurs un peu plus loin (5), que Saül chercha aussi dans une autre occasion à percer Jonathas de sa lance? Enfin, les conséquences des deux accès de fureur ne furent pas les mêmes pour David, comme il est aisé de le constater.

La réprobation de Saül nous est racontée en deux endroits (6); mais les circonstances et les détails n'étant pas les mêmes, nous pouvons être assurés qu'il s'agit d'une double désobéissance de Saül. Nous voyons, d'ailleurs, que la seconde désobéissance fut punie plus sévèrement que la première, et mérita à Saül sa réprobation définitive. La première, en effet, pouvait jusqu'à un certain point trouver une excuse dans le concours des circonstances. Aussi le châtiment qui en fut la conséquence n'était pas en soi la réprobation immédiate du coupable, mais pouvait être différée jusqu'à sa mort. C'est ce que donnent à entendre les paroles suivantes : « Nequaquam regnum tuum ultra consurget. Quæsivit Dominus sibi virum juxta cor suum : et præcepit ei Dominus... (7). Mais la seconde désobéissance était beaucoup plus grave, et elle est jugée tout autrement, parce que Saül était cette fois sans excuse, et qu'il aggrava sa faute en cherchant à la rejeter sur le peuple. C'est pourquoi le Seigneur dit à Samuel : « Pænitet me quod constituerim Saul regem : quia dereliquit me, et verba mea opere non implevit (8). » Et l'historien ajoute :

(1) I Rois, XVII, 4 et II Rois, XXI, 19.
(2) *Neue exeget. Kretische Alhrenlese zum, Alt. Test.* II Sam. XXI, 19.
(3) I Paral. XX, 5.
(4) Cfr. Comment. II Rois, XXI, 19.
(5) I Rois, XX, 32.
(6) I Rois, XIII, 8-14 et XV, 10-26.
(7) I Rois, XIII. 14.
(8) I Rois, XV, 11.

« Et Samuel contristatus est, et clamavit ad Dominum tota nocte. » Non-seulement le prophète déclara à deux reprises à Saül que le Seigneur l'avait rejeté pour être roi d'Israël, « abjecit te Dominus ne sis rex... projecit te Dominus ne sis rex super Israel (1), » mais il s'éloigna de lui et ne le vit plus jusqu'à sa mort, « car Samuel pleurait Saül, et le Seigneur se repentait d'avoir établi Saül roi d'Israël (2). »

Il est fait mention deux fois du proverbe « num et Saul inter prophetas (3). » Mais une simple lecture suffit pour acquérir la conviction qu'il s'agit de deux circonstances différentes dans lesquelles ce proverbe trouva son application. La première donna naissance au proverbe lui-même, « propterea versum est in proverbium », tandis que la seconde ne fit que le confirmer, car on lit dans le texte hébreu : « c'est pourquoi on dit... », ce qui est rendu inexactement dans la Vulgate par « unde exivit proverbium. »

Selon Thénius (4), les deux récits où il est question de la double trahison des Ziphéens et de la double action généreuse de David envers Saül (5), se rapportent à un seul et même fait. Il en donne pour raison que les deux passages concordent pour la substance et que Saül serait une monstruosité morale si, de propos délibéré, il eût attenté une seconde fois à la vie de celui qui l'avait épargné. Mais ces arguments sont loin d'être péremptoires. En effet, comme le dit Niegelsbach (6), cité par Erdmann (7), « que David soit venu deux fois sur la colline d'Hachila, près de Ziph, la chose est vraisemblable, en la nature de cette contrée; que les Ziphéens aient découvert et trahi deux fois sa retraite, c'est tout à fait naturel, parce qu'ils étaient en bonnes relations avec Saül; mais que Saül ait marché une seconde fois contre David, le fait est psychologiquement explicable, sans que Saül soit pour cela une monstruosité morale. La haine de Saül était si profondément enracinée que l'acte généreux de David n'avait fait que la refouler sans l'extirper. » Au reste, Saül resterait quand même une monstruosité morale, fait remarquer Keil (8), puisque, malgré la conduite magnanime de David, il n'en continua pas moins à le poursuivre sur tout le territoire d'Israël et l'obligea à s'enfuir chez les Philistins (9). Ce même chapitre XXVII prouve de plus que le repentir de Saül ne fut guère durable et ne l'arrêta pas longtemps dans ses tentatives de poursuite. L'accord des deux récits se réduit en somme à peu de chose, et l'on ne peut pas en tirer d'autres conclusions que les deux suivantes : premièrement, que les Ziphéens ont trahi deux fois la retraite de David sur la colline d'Hachila; secondement, que David épargna deux fois Saül quand il aurait pu s'en débarrasser impunément. Mais différentes furent les suites de chaque trahison, différentes aussi les circonstances dans lesquelles Saül se trouva à la merci de celui qu'il persécutait. A la suite de la

---

(1) Ibid. ⅴ. 23 et 26.
(2) Ibid. ⅴ. 35 (hebr.).
(3) Rois, x, 11 et 12, xix, 24.
(4) Comment. p. 120.
(5) I Rois, xxiii, 19-xxiv, 23, xxvi.
(6) *Die Bücher, Sam.* in Herzogs, *Real-Encyclop.* Bed. xxiii, p. 402.
(7) *Die Bücher, Sam. Einleint.* p. 13.
(8) *Lehrbuch der hist. Krit. Einleint.* § 52, p. 205.
(9) I Rois, xxvii, 1.

première trahison, David se trouva en si grand danger avec les siens dans le désert de Maon et si bien cerné par la troupe de Saül, qu'il ne dût son salut qu'à une nouvelle invasion des Philistins, laquelle obligea le roi d'Israël à renoncer à son entreprise pour marcher à la rencontre des envahisseurs (1). Après la seconde trahison, au contraire, c'est Saül qui court le danger de perdre la vie dans son camp sur la colline d'Hachila, puisque David, accompagné d'Abisaï, pénétra jusqu'à son ennemi pendant que tout dormait. Ainsi donc ce fut sur la colline d'Hachila, dans le camp même du roi, que David respecta l'oint du Seigneur, tandis que la première fois la scène s'était passée dans la caverne d'Enggadi où Saül était entré et où, à son insu, David se trouvait caché (2). Il est vrai que chaque fois David repousse le conseil que lui donnaient ses gens, et que chaque fois Saül, en apprenant ce qui s'est passé, manifeste momentanément son repentir. Mais là encore se remarquent des différences caractéristiques, tout à fait en rapport avec les circonstances. La première fois Saül est si touché qu'il élève la voix en pleurant, déclare à David qu'il est plus juste que lui. etc., enfin lui fait jurer de ne pas détruire sa race (3). La seconde fois son endurcissement paraît plus complet, bien qu'il reconnaisse encore avoir péché et avoir agi d'une manière insensée, bien qu'il assure ne vouloir plus chercher à nuire à David et qu'il avoue que celui-ci réussira dans toutes ses entreprises (4). Les paroles de David ne sont pas non plus les mêmes dans les deux cas (5). Enfin on comprend aisément que David ait respecté deux fois la vie de Saül, justement parce qu'il redoutait de toucher à l'oint du Seigneur; et, d'autre part, l'état particulier de Saül et la mobilité extrême de ses pensées expliquent suffisamment qu'il ait été chaque fois pour un instant sous l'influence d'un bon sentiment.

Nous avons déjà parlé plus haut de la double fuite de David auprès d'Achis (6). Nous ajouterons que les différences entre les deux récits sont si grandes qu'il n'est point possible qu'il s'agisse du même événement. La première fois David arrive seul auprès d'Achis, et la seconde fois avec ses femmes, ses enfants et une suite nombreuse. La première fois il est bientôt reconnu et il ne doit son salut qu'à sa présence d'esprit et à sa résolution de contrefaire l'insensé; aussi son séjour chez les Philistins fut-il alors de courte durée (7). La seconde fois, au contraire, il se fixe avec sa famille à Siceleg, qui lui est assignée pour résidence, et il entreprend plusieurs expéditions contre des peuplades ennemies, sur les frontières méridionales de Chanaan, ce qui lui attire la bienveillance d'Achis. En résumé, les différences sont si grandes que l'on ne peut pas admettre que le premier récit soit le même que le second, mais défiguré par la tradition.

La mort de Saül est mentionnée deux fois (8); mais ce n'est pas une raison pour en conclure à l'existence d'un double document où aurait puisé le rédacteur définitif. En effet, la répétition du ch. xxviii, se pré-

---

(1) Rois. xxiii, 23-28.
(2) I Rois, xxiv, 4 et suiv.
(3) Ibid. 17-22.
(4) Ibid. xxvi, 21-25.
(5) Cfr. ibid. xxvi, 10-16, xxiv, 18-20, 22-24.
(6) I Rois, xxi,, 10-15, xxvii, 4 et suiv.
(7) I Rois, xxii, 1.
(8) I Rois, xxvi, 1. et xxviii, 3.

sente incidemment comme pour servir d'introduction et d'éclaircissement au récit qui va suivre, de même que la remarque par laquelle l'auteur nous apprend que Saül avait chassé du pays les magiciens et les nécromanciens.

La mort de Saül est racontée diversement; mais la contradiction n'est qu'apparente, ainsi que nous l'expliquons en son lieu dans le commentaire. Ewald (1) prétend que de bonne heure il circula différentes versions au sujet de la mort de Saül, et voit là deux récits anciens émanant de deux auteurs différents dont l'un fait assister le malheureux roi à ses derniers moments par un écuyer fidèle et consciencieux, l'autre par un païen indifférent et cruel. Nous aurions là le reflet de deux opinions contraires au sujet de Saül, dont l'une lui serait favorable et l'autre hostile. L'un des auteurs aurait eu pour but de dire tout le bien possible, tandis que l'autre n'aurait cherché qu'à nuire à sa mémoire. Mais cette hypothèse n'est que le produit d'une imagination féconde et mal réglée, car il est visible que l'Amalécite s'est attribué faussement ce qu'il n'avait pas fait, dans le but de mériter la reconnaissance de David et de recevoir une forte récompense pour avoir rapporté les bijoux dont il s'était emparé (2).

Selon Gramberg (3), les deux expéditions de David contre les Syriens (4) n'en feraient qu'une, sous prétexte que les Syriens n'auraient pu se relever sitôt de leur défaite et qu'il n'est point question de leur révolte au ch. x, bien que la Syrie eût été précédemment soumise, comme nous l'apprend le ch. VIII, ⅴ. 6. Mais il est difficile à une pareille distance des événements d'apprécier les ressources de la Syrie, et nous sommes plutôt autorisés à croire que c'était un royaume assez puissant (5). Quant à la révolte des Syriens, il était assez inutile de la mentionner, attendu qu'il va de soi qu'ils profitèrent de la première occasion favorable pour secouer le joug. Cette occasion se présenta tout naturellement lorsque les Ammonites furent en guerre avec David. D'ailleurs nous voyons par x, 6, que les Syriens ne furent en cette circonstance que les alliés des Ammonites. Ewald aussi (6) soutient l'identité des deux guerres contre les Syriens, et il en donne pour raison que les Etats d'Adarézer, le roi syrien de Soba, ne confinaient pas immédiatement au royaume d'Israël, et que par conséquent il n'a pu faire la guerre à David que conjointement avec un peuple plus voisin des Israélites. D'après x-xiii, les Syriens auraient donc pris exemple sur les Ammonites, et la guerre contre ces derniers mentionnée seulement incidemment dans le résumé des grandes guerres (7), aurait été racontée plus loin en détail à cause de l'histoire d'Urie. Mais d'après VIII, 3, on comprend suffisamment que David se soit trouvé directement aux prises avec les Syriens, sans qu'il soit nécessaire de supposer que ce fut à l'occasion d'une guerre avec un autre peuple. David trouvait avantage à étendre son royaume jusqu'à l'Euphrate, le grand fleuve

---

(1) *Geschichte der Volkes Israel*, III, pp. 446, 447.
(2) Cfr. II Rois, 1 et suiv.
(3) *Religions ideen*, II, 488.
(4) Rois, VIII, et X-XII.
(5) Cfr. Ibid. VIII, 5 et suiv.
(6) *Geschichte der Volkes Israel*, 121, 200, 205.
(7) II Rois, VIII, 12.

de l'Asie occidentale, chose qui se comprend de soi; mais, ayant rencontré sur son chemin le roi de Soba, il lui livra bataille et le défit complétement. Il est vrai toutefois que la guerre contre les Ammonites, mentionnée brièvement au ch. VIII, n'est racontée plus au long dans les ch. X-XII, qu'à cause des événements qui eurent lieu à la même époque. Mais si la guerre de Syrie, signalée VIII, 3, eût coïncidé avec celle des Ammonites, il serait surprenant que cette coïncidence n'eût pas été relevée à cette occasion. Tout au contraire, ces deux guerres sont mentionnées séparément. Donc, il n'y a pas de confusion possible et David eut deux fois à combattre les Syriens.

Nous le voyons donc de plus en plus, rien ne contredit sérieusement l'opinion d'après laquelle les livres de Samuel sont un ouvrage original dont l'auteur, tout en s'aidant des documents qu'il avait à sa disposition, a travaillé d'après un plan bien arrêté, sans se contenter d'assembler, à la suite l'un de l'autre, divers fragments sans liaison entre eux, le tout sans la moindre critique et au risque de se contredire ou de se répéter inutilement. C'est donc en vain que l'on fera remarquer que certaines parties sont traitées avec des développements qui ressemblent à de la biographie, par exemple, II Rois X-XX, tandis que d'autres au contraire contrastent par leur brièveté et ressemblent à un tableau chronologique, entre autres les passages suivants, II Rois, V, 1-16, VIII, XXI, 15-22, XXIII, 8-39. Or, pour II Rois, V, 1-16, l'assertion n'est pas suffisamment exacte, car on raconte assez au long comment David fut reconnu à Hébron roi de tout Israël, et comment il se prépara à faire de Jérusalem sa capitale, en en chassant les Jébuséens. Quant aux autres passages, il est vrai que ce ne sont pour ainsi dire que des notices statistiques. Or, il convient de considérer d'abord de quoi il est question dans ces notices, avant de chercher pourquoi l'auteur s'est borné à de si brèves indications. Nous trouvons, en premier lieu (1), quelques renseignements généraux sur la vie et le règne de David et l'énumération de ses femmes et de ses enfants; puis, plus loin, le résumé sommaire de ses guerres avec l'étranger, celui des combats soutenus contre les Philistins, enfin la liste de ses héros (2). Or, que peut-on raisonnablement en conclure? Est-on pour cela en droit de ne voir dans l'ouvrage qu'une compilation plus ou moins habile? Peut-on exiger d'un auteur qu'il traite toutes les parties de son œuvre avec le même développement? Cette remarque générale pourrait suffire, mais si nous passons aux détails, nous comprendrons, par exemple, du premier coup, que l'écrivain n'avait nul besoin pour son but de donner une histoire complète des femmes et des enfants de David, ce qui d'ailleurs lui eût été peut-être impossible. Au moment où l'historien raconte que David fut reconnu roi à Hébron, il donne quelques indications sur son âge et sur la durée de son règne (3), et s'il ne s'est pas étendu plus longuement sur ces questions, c'est que ce n'était point l'occasion, non plus que d'exposer en détail comment David s'établit à Jérusalem avec sa famille et sa maison. Au ch. VIII, il n'entrait pas évidemment dans le plan de l'auteur de narrer par le menu toutes les guerres de David avec l'étranger; il s'est donc

---

(1) II Rois, v, 4, 5, 13-16.
(2) Ibid. VIII, XXI, 15-22, XXIII, 8-39.
(3) Ibid. v, 4, 5.

contenté d'en tracer un précis qui d'ailleurs n'est nullement sec, mais se distingue au contraire par la force et la vivacité du coloris. On retrouve d'ailleurs, XXI, 15-22, une esquisse du même genre. Enfin, quant à la liste des héros du ch. XXIII, on ne saurait à cause d'elle traiter l'auteur de simple compilateur, et d'autant moins que les ch. XXI-XXIV sont pour ainsi dire une sorte d'appendice au second livre.

Dans le fait, des différences de rédaction de ce genre ne sauraient porter préjudice à l'unité de l'ouvrage, mais tout au plus prouver que l'écrivain a puisé à diverses sources, ce que l'on peut avouer sans difficulté. D'ailleurs, on comprend du reste que, pour les notices chronologiques, biographiques et statistico-historiques, il ait eu besoin de recourir à des documents spéciaux.

Enfin l'unité des livres de Samuel se trouve confirmée par celle du style. Si l'on y trouve nombre d'expressions déjà usitées dans les livres plus anciens, en revanche, beaucoup d'autres sont toutes nouvelles. On peut citer les suivantes : יהוה צבאות *Jéhovah* tsebaoth, « Dieu des armées (1); » נחלת יהוה, *nakhalath Jéhovah*, « l'héritage du Seigneur », pour désigner le peuple d'Israël (2); כהיעשה אלהים, *coh iaasé Elohim* etc. « hæc faciat Deus et hæc addat... » (3); מלכות, *malkouth* « royaume » (4); enfin cette expression tout à fait originale « tinnient aures ejus (5) », sans parler de plusieurs autres qui se retrouvent dans les ouvrages postérieurs. C'est à tort d'ailleurs que l'on prétendrait reconnaître deux styles différents, car les remarques que l'on a pu faire à ce sujet ne prouvent qu'une chose, c'est que l'auteur avait connaissance des écrits qui avaient paru avant lui, et si certaines expressions, comme, par exemple, אשמרות, *aschamroth* (6), ne se présentent qu'une fois, c'est que l'occasion de les employer de nouveau ne s'est pas présentée. En résumé, les critiques compétents conviennent que le style des livres de Samuel est parfaitement classique, et pur de tout élément araméen, ce qui est le signe distinctif des écrits de la période classique. Il n'en est pas de même, par exemple, dans les deux derniers livres des Rois. Nous en parlerons d'ailleurs plus au long dans un autre article.

Pour terminer, il nous reste à dire quelques mots des morceaux poétiques qui se rencontrent dans les livres de Samuel plus fréquemment que dans les autres livres historiques. Nous remarquons d'abord le cantique d'Anne (7) qui mériterait, vu son importance, une étude spéciale, car c'est à la fois un hymne et une prophétie (8). Non seulement il attire l'attention sur la naissance de Samuel et fait comprendre que la vie et les œuvres de ce grand prophète ont leur signification particulière et répondent aux vues de la Providence, mais de plus il jette une vive lumière sur

---

(1) I Rois, 1, 3, 11, IV, 4.
(2) I Rois, XXVI. 19 ; II Rois, XX, 19, XXI, 3.
(3) I Rois, III, 17, XIV, 44, XX, 13, etc.
(4) I Rois, XX, 31.
(5) I Rois, III, 11.
(6) Rois, XI, 11 ; Cfr. Ex. XIV, 24 ; Jug. VII, 9.
(7) Ibid. II, 1-40.
(8) Cf. Mgr Meignan, *Les Prophéties contenues dans les deux premiers livres des Rois*, p. 71 et suiv.

l'avenir. Les paroles empruntées à un chant populaire (1) nous expliquent pourquoi la jalousie et l'envie s'éveillèrent dans le cœur de Saül. L'élégie de David sur la mort de Saül et de Jonathas (2) nous témoigne quelle était la générosité de l'âme de David. Mais en même temps ce morceau est en soi très-caractéristique, attendu que Saül y est considéré à un point de vue tout particulier, théocratique si l'on peut parler ainsi, c'est-à-dire au point de vue des services qu'il avait rendus et qu'il était en état de rendre au peuple israélite. C'est pour cette raison que David célèbre la bravoure de son persécuteur et le chante comme un héros. Les autres morceaux poétiques de David sont l'élégie sur la mort d'Abner, la prière qu'il adressa au Seigneur après les promesses qu'il en reçut, son cantique d'action de grâces, enfin ses dernières paroles (3).

Or, selon Hævernick (4), ces morceaux poétiques forment, pour ainsi dire, les points d'appui de l'histoire, la charpente du récit. C'est évidemment une opinion toute particulière, et au surplus complétement gratuite, car si l'on compare, pour l'étendue, ces passages avec ceux qui sont complétement historiques, on arrive à une conclusion toute contraire. En effet, ils font corps avec le récit et, bien que pièces ou documents historiques, ils n'ont pas précisément pour but de servir de preuves à l'appui des dires de l'auteur, mais de donner plus de vie et de clarté à la narration.

En résumé, si l'on ne peut s'attendre à trouver dans les livres de Samuel un art et une méthode qu'on ne saurait exiger d'une époque si reculée, il serait aussi souverainement injuste d'exagérer les défauts de composition et de chercher à plaisir des contradictions et des redites.

II

DE L'AUTHENTICITÉ DES LIVRES DE SAMUEL

Nous commencerons par poser en principe que les livres de Samuel remontent à une haute antiquité et qu'on ne saurait, par conséquent, faire des quatre livres des Rois un seul et même ouvrage, ainsi que l'ont pensé quelques auteurs modernes, parmi lesquels on peut citer Eichhorn (5), Jahn (6), de Herbst (7), et de Wette (8), lequel d'ailleurs s'est rétracté dans son introduction (9). Il faudrait alors admettre que les quatre livres des Rois auraient reçu leur forme définitive tout au moins dans la première moitié de la Captivité, dans les derniers temps ou même immédiatement, si l'on en croit les auteurs précités. Les livres des Rois seraient donc écrits d'après un même plan, et formeraient une histoire suivie, puisqu'ils auraient pour objet de raconter les vicissitudes de la monarchie chez les Hébreux, ses origines et sa chute, ses gloires et ses revers.

---

(1) I Rois, xviii, 6 et suiv.
(2) II Rois, i, 17-27.
(3) II Rois, iii, 33, 34, vii, 18-29, xxii, xxiii, 1 7.
(4) *Einleit.* ii, 1, p. 121.
(5) *Einleitung*, § 468, p. 527 et suiv.
(6) p. 232 et suiv.
(7) *Einleit.* ii, 1, p. 139 et suiv.
(8) *Beitrage*, i, p. 43 et suiv.,
(9) *Einleitung*, i, 85.

Mais c'est là une conception fausse, et cette opinion paraît à Mgr Meignan (1) « mal fondée et inadmissible. » C'est aussi l'avis de la plupart des commentateurs contemporains, parmi lesquels nous pouvons citer Ghiringhello (2), Keil (3). Erdmann (4) de sorte que la question paraît actuellement définitivement jugée.

« Le plan des deux premiers livres des Rois, dit Mgr Meignan, consiste à raconter : 1° les faits relatifs à la judicature de Samuel; 2° les faits relatifs à Saül fidèle, à Saül rejeté par Dieu; 3° les faits relatifs à David avant sa chute et les faits relatifs à David après sa chute... Le plan des deux derniers livres des Rois semble celui de toutes les annales. » Comme nous l'avons déjà fait remarquer dans un précédent article, l'auteur des livres de Samuel a adopté pour méthode de grouper les faits entre eux souvent sans tenir compte de l'ordre chronologique, ce qui n'est point le cas dans les deux derniers livres des Rois.

Sans doute il y a connexion entre les deux ouvrages, puisque l'un fait suite à l'autre; mais ce fait ne prouve rien, car l'auteur des deux derniers livres s'étant proposé de continuer l'œuvre de son devancier, il n'est point étonnant qu'il ait pu et même dû se conformer aux idées et jusqu'à un certain point à la manière de son devancier.

En résumé, les deux écrivains ont travaillé au même point de vue, c'est-à-dire, au point de vue théocratique, et leurs œuvres ont cela de commun, qu'elles contiennent l'histoire de la royauté; mais les différences sont nombreuses et caractéristiques. Nous allons nous attacher à les faire ressortir en condensant les remarques des auteurs à ce sujet.

Ce qui frappe tout d'abord dans les deux derniers livres des Rois, c'est que l'auteur ne manque jamais de citer les sources où il a puisé, tandis que le fait est très-rare dans les deux premiers. On en conclut avec raison que l'un des historiens était déjà éloigné des événements, tandis que l'autre en était très-rapproché. L'auteur des livres des Rois sent le besoin de s'appuyer sur les documents déjà anciens dont il s'est servi et de les citer en témoignage de sa véracité, tandis que celui des livres de Samuel écrit d'après ses souvenirs ou des documents contemporains et parle de faits déjà connus de ses lecteurs et dont un certain nombre s'étaient passés sous leurs yeux.

Dans les livres de Samuel, il est rarement fait allusion à la loi de Moïse et seulement d'une manière indirecte, tandis que ces allusions se rencontrent dans les livres des Rois et même avant la découverte de l'exemplaire de la loi sous Josias (5).

Dans les premiers, les divers sanctuaires autres que le Tabernacle sont toujours mentionnés sans aucun blâme et sans qu'on indique qu'ils déplaisaient à Dieu; mais dans les seconds, au contraire, le culte des hauts lieux est toujours représenté comme illégal, preuve évidente que dans l'intervalle il s'était opéré un changement notable non-seulement dans les idées, mais dans les faits.

---

(1) *Les prophéties contenues dans les deux premiers livres des Rois*, p. 5.
(2) *De Libris historicis antiqui fœd.* p. 214 et suiv.
(3) Cf. III Rois, II, 3; IV Rois, XIV, 6, XVII, 37.
(4) Leibuch, § 53. p. 207.
(5) Comment. p. 36.

Les livres de Samuel contiennent de longues citations poétiques, tandis que l'auteur des livres des Rois se contente de renvoyer aux documents dont il s'est servi, ou n'en donne que de courts extraits. On ne rencontre pas non plus dans le premier ouvrage certaines formules si fréquentes dans le second, celle-ci par exemple : « Et fit le bien » ou « le mal en présence du Seigneur. »

Quant au style, il n'est certainement pas le même, car on convient que, dans les livres des Rois, il se rencontre fréquemment des traces du dialecte araméen, ce qui n'a pas lieu dans les livres de Samuel, car toutes les formes ou expressions que l'on a signalées se trouvent déjà dans les écrits précédents. D'ailleurs, les livres des Rois contiennent un assez bon nombre d'expressions ou de locutions particulières que nous énumérons dans la IIe partie de cette introduction. En résumé on peut dire que tout montre que l'un des ouvrages a été composé au temps de l'exil, tandis que, dans l'autre, rien ne rappelle cette époque.

Qu'importe que le second continue le premier? Ce n'est point là une preuve qu'ils soient de la même époque.

On peut encore relever une particularité déjà remarquée, par plusieurs exégètes contemporains, laquelle vient corroborer les réflexions précédentes.

Les livres de Samuel sont extrêmement riches en détails biographiques, à ce point que l'on pourrait croire au premier abord que leur auteur a eu pour but d'écrire les biographies de Samuel, de Saül et de David... Au contraire, le récit proprement dit des guerres de Saül ressemble, dit Thénius, à une table chronologique. On en conclut naturellement que l'auteur était très-rapproché des événements et que ces contemporains étaient parfaitement au courant des faits publics importants, puisqu'il n'a pas jugé à propos de les leur rappeler. Personne, en effet, ne pouvait ignorer à cette époque les diverses péripéties des expéditions guerrières qui avaient signalé les règnes de Saül et de David; mais il en était autrement pour les faits moins importants, connus seulement d'un petit nombre et qui pourtant étaient de nature à intéresser la plupart des lecteurs et dont la signification avait quelque valeur. Il était, en effet, bien naturel que l'on recherchât, après la mort des deux fondateurs de la monarchie, les moindres détails concernant leur vie et leurs actes. Les livres de Samuel ressemblent donc quelque peu à des mémoires, dont le caractère essentiel est d'épuiser les détails biographiques, de s'y arrêter avec complaisance, et de traiter les faits historiques avec une grande sobriété et le plus souvent d'une manière incidente.

Nous avons déjà d'ailleurs remarqué, dans un précédent chapitre, que notre auteur s'est contenté de faire parfois simplement allusion à certains faits publics qu'il connaissait évidemment, comme le transport de l'Arche à Silo, le meurtre des Gabaonites par Saül et l'exil des magiciens et des nécromanciens. Apparemment s'il n'a pas donné d'autres explications, c'est parce que ses contemporains comprenaient suffisamment et n'avaient pas besoin d'être instruits davantage.

S'il s'agit maintenant de déterminer d'une manière précise l'époque de la composition des livres de Samuel et le nom de leur auteur, nous devons convenir que la chose est à peu près impossible.

En premier lieu, l'auteur ne pouvait pas être contemporain dans le sens strict du mot, puisque la période dont il s'occupe embrasse un espace de cent ans et peut-être plus, autant du moins qu'on peut en juger, l'âge de Samuel ainsi que la durée du règne de Saül nous étant inconnus (1). L'explication de certaines expressions ou de certaines coutumes de l'époque de Samuel et de David (2), ainsi que la formule « jusqu'à ce jour (3), » montrent également que l'auteur n'était pas à proprement parler un contemporain, mais sans rien nous dire de plus positif. La distinction entre Juda et Israël (4) ne nous fournit également aucun renseignement précis, attendu qu'elle existait déjà du temps de David (5), et par la force même des choses, attendu que David, dans les commencements ne régna que sur la tribu de Juda, et que les autres tribus restèrent attachées sept ans et demi à Isboseth, sous le nom générique d'Israël, et, plus tard, formèrent pendant quelque temps un royaume distinct sous la conduite d'Absalon.

D'après II Rois, v, 5, on peut tout au moins affirmer que l'auteur écrivait après la mort de David, puisqu'il nous donne la durée de son règne. Toutefois la mort du saint roi n'est point mentionnée, ce qui pourrait d'abord étonner et même faire supposer que l'œuvre est restée inachevée; mais il ne doit pas en être ainsi, et l'omission de ce fait important doit avoir une autre cause. Il faut en effet remarquer que David, avant de mourir, transmet le trône à son fils, et que son règne finit à proprement parler à ce moment même. L'auteur, en conduisant son récit jusqu'aux derniers jours du saint roi, avait donc atteint son but et n'a pas jugé utile d'aller plus loin. Mais doit-on admettre l'explication donnée par Hævernick (6)? Nous n'oserons nous prononcer. Selon cet auteur, l'historien était contemporain de David, et c'est pour cette raison qu'il n'a pas cru nécessaire de rappeler des faits et des détails que tout le monde connaissait. Mais cette manière de voir n'est pas sans présenter le flanc à la critique, car l'auteur évidemment n'écrivait pas exclusivement pour ses contemporains, et s'il se fût laissé guider par des considérations semblables, il eût omis bon nombre d'autres faits, ou même eût arrêté son travail beaucoup plus tôt. Il est donc plus probable, croyons-nous, qu'il a omis les derniers moments de David, parce que les faits qui les ont précédé immédiatement font partie déjà du règne de Salomon, et qu'il n'aurait pu y toucher sans être obligé d'empiéter pour ainsi dire sur un terrain qu'il ne voulait pas aborder.

Mais le texte suivant « facta est Siceleg regum Juda, usque in diem hanc (7), » nous semble combattre l'hypothèse précédente, et en même temps nous indiquer que les livres de Samuel n'ont point été composés avant le schisme des dix tribus. Selon Hævernick (8), l'expression « rois de Juda », devrait s'interpréter « rois issus de la tribu de Juda et régnant sur la tribu de Juda »; mais cette traduction en interprétation nous paraît

---

(1) V. I Rois, xiii, 1.
(2) I Rois, ix, 9; II Rois, xiii, 18.
(3) I Rois, v, 5, vi, 18, xxx, 25; II Rois, iv, 3, vi, 8, xviii, 18.
(4) I Rois, xv, 8, xvii, 52, xviii, 46; II Rois, iii, 10, xxiv, 1.
(5) II Rois, ii, 9, 10, v, 1-5, xix, 41, xx, 22.
(6) *Hævern.* p. 145.
(7) I Rois, xxvii, 6.
(8) *Hævern.* p. 141.

bien douteuse, *serh fraglich*, dit le Dr Keil, tandis que le Dr Erdmann n'hésite pas à la déclarer « insoutenable », *inchaltbar*. Tout bien considéré, nous croyons devoir nous écarter de l'opinion de Mgr Meignan (1), et nous croyons que cette expression « rois de Juda » au pluriel, désigne, dans le passage cité, les tribus fidèles par opposition aux tribus schismatiques, attendu qu'elle serait, quoi qu'on en dise, tout à fait insolite, si elle ne s'appliquait qu'à David et à Salomon, qui, nulle part d'ailleurs, ne sont désignés sous le nom de rois de Juda, bien que le premier n'ait régné pendant un temps que sur cette seule tribu. En somme, l'explication que nous avons rapportée nous paraît au fond plus ingénieuse que solide, ajoutons peu naturelle, car assurément elle ne se présente pas d'elle-même à l'esprit et on a quelque peine à s'y habituer.

Il est donc plus probable, à notre humble avis, que les livres de Samuel ont été composés après le schisme de Jéroboam, mais peu après, c'est-à-dire, dans les commencements du xe siècle avant notre ère et ici nous sommes heureux de nous appuyer de l'autorité du savant évêque de Châlons, dont nous nous permettrons de citer un passage qui résume bien l'état de la question : « Tout critique, dit Mgr Meignan (2), tout archéologue qui aura soumis à une étude attentive les livres de Samuel, avouera que dans cet ouvrage, le style et les idées, la peinture des hommes et des événements, les préoccupations qui s'y trahissent, les événements qu'on y rappelle, se rapportent merveilleusement au temps de David ou de Salomon. »

Deux faits peuvent d'ailleurs corroborer notre opinion. Nous lisons I Rois, v, 2 et suiv., que l'Arche ayant été prise par les Philistins et transportée dans le temple de Dagon, on trouva une première fois le dieu gisant à terre, et que, ayant été relevé, le lendemain il était étendu sur le seuil, la tête et les deux mains coupées. Or, l'auteur fait à ce sujet cette réflexion : « Propter hanc causam non calcant sacerdotes Dagon, et omnes qui ingrediuntur templum ejus, super limen Dagon, in Azoto, usque in hodiernum diem. » Or on peut penser légitimement que ces paroles autorisent à croire que celui qui les écrivait, ne vivait pas plusieurs siècles après l'événement en question, car de semblables précautions ne sont pas longtemps observées, et l'oubli se fait vite sur les causes qui les ont introduites. Enfin tout porte à croire que les temples de cette époque étaient assez mal construits, si nous en jugeons d'après l'histoire de Samson (3), et que leur durée n'était pas longue.

Ailleurs (4), il est dit : « Et fugerunt Berothitæ in Gethaim, fueruntque ibi advenæ usque ad tempus illud. » Or, il est probable que cette fuite ne datait pas de très-loin, car les Bérothites n'ont pas pu rester indéfiniment dans une contrée étrangère, sans se mélanger à la population indigène.

« En résumé, dit le Dr Keil (5), le sujet et le langage de nos livres accusent les premiers temps qui ont suivi le partage du royaume, puisque nulle part il n'est fait allusion à la ruine des deux royaumes et encore

---

(1) *Les prophéties*, p. 9.
(2) Ibid. p. 10.
(3) I Jug. xvi, 29-30.
(4) II Rois, iv, 3.
(5) *Biblisch. Comment.* p. 9.

moins à la captivité, et que la diction et le style sont entièrement classiques et purs de chaldaïsmes et de formes plus modernes, comme on en rencontre dans les écrits de la période chaldaïque et de celle de la captivité. »

Enfin, ce qui confirme une fois de plus que les livres de Samuel ont été écrits peu après le schisme, c'est que le culte du Seigneur en dehors du tabernacle de l'Alliance, c'est-à-dire sur les hauts lieux, ne reçoit aucun blâme et même nous est représenté non-seulement comme toléré, mais comme agréable au Seigneur (1). Sans doute avant la construction du temple, on pouvait alléguer quelque excuse en faveur de l'usage général, plaider les circonstances atténuantes; mais ce qui surprendrait, c'est que l'auteur, s'il eût vécu longtemps après Salomon, n'eût pas tout au moins fait allusion au changement qui était survenu.

Thénius (2), s'appuyant sur deux passages des Septante (3), en conclut que les livres de Samuel ont été composés sous Roboam. La chose est possible, et nous ne verrons pas d'inconvénient à le croire; mais malheureusement les preuves manquent pour démontrer l'hypothèse en question, car les additions des traducteurs alexandrins sont loin d'avoir en général une grande autorité.

En résumé, nous pourons constater, en dehors des conjectures que deux points sont généralement considérés comme bien établis, l'un que les livres de Samuel ont été écrits après la mort de David, l'autre qu'ils ont très-certainement été rédigés avant la captivité. Telles sont les deux limites extrêmes que l'on ne peut dépasser. La citation que nous avons faite plus haut : « Propter quam causam facta est... (4) » a plus que jamais force de preuve. L'expression « rois de Juda », montre en effet que le royaume de Juda existait encore au moment où l'auteur écrivait. Mais quant à l'époque précise de la composition des Livres de Samuel, nous manquons de preuves directes pour la déterminer, et nous ne pouvons arriver à la connaître d'une manière approximative que par voie d'induction et de conjecture, ainsi que nous l'avons exposé. Toutefois la plupart des exégètes contemporains conviennent de l'ancienneté de notre ouvrage et n'en reculent pas la date longtemps après le schisme des dix tribus; plusieurs même, ne trouvant pas dans le texte déjà cité : « Et facta est... etc. » une indication suffisante, pensent que l'auteur vivait et écrivait sous Salomon.

Quant à l'auteur, il est resté complétement inconnu; toutefois on admet communément aujourd'hui qu'il était prophète. Selon Ewald (5), il était aussi lévite, attendu qu'au milieu des plus graves événements, il s'occupe des destinées de l'Arche, des lévites et des prêtres, et que, sur les questions de ce genre, il fait preuve de connaissances spéciales. Mais la démonstration n'est pas concluante, attendu qu'un prophète n'avait pas besoin d'être lévite pour être au courant de tout ce qui concerne la religion et ses ministres, ni même pour s'y intéresser sciemment. Il est d'ailleurs à

---

(1) I Rois, VII, 5 et suiv., IX, 13, X, 3, XIV, 35; II Rois, XXIV, 8-25.
(2) *Die Bücher Samuel*, etc. p. 14.
(3) II Rois, VIII, XIV, 27.
(4) I Rois, XXVII, 6.
(5) *Geseluchte des Volkes Israel*, etc. I. p. 211.

remarquer que dans nos livres le sacerdoce se trouve relégué à l'arrière-plan, tandis que le prophétisme joue un rôle prépondérant.

Quoiqu'il en soit, il est certain que notre historien était parfaitement renseigné, non-seulement sur les grands événements, mais même sur les faits de la vie privée, puisqu'il entre dans des détails circonstanciés sur la naissance de Samuel et particulièrement sur la vie de David. Thénius pense qu'il devait occuper une position importante, et conjecture que ce pourrait bien être Ira de Jaïr, secrétaire de David, ou le prophète Nathan; mais ce sont là des hypothèses purement conjecturales dénuées de toute preuve. Ce que l'on ne saurait nier, c'est que l'auteur a dû puiser ses enseignements dans des documents contemporains, ou même auprès de certaines personnes qui avaient joué un rôle sous le règne de David.

Les Talmudistes [1], S. Grégoire [2], S. Athanase dans sa Synopte, S. Isidore [3], etc. admettent que Samuel est l'auteur des vingt-quatre premiers ch. du L. I et que Gad et Nathan auraient achevé l'ouvrage. Mais cette hypothèse est aujourd'hui généralement rejetée et ne s'appuie que sur le passage suivant des Paralipomènes : « Gesta autem David regis priora, et novissima, scripta sunt in libro Samuelis Videntis, et in libro Nathan prophetæ, atque in volumine Gad Videntis. » Mais ce texte est loin de motiver de semblables conjectures, ainsi qu'on peut s'en convaincre à une simple lecture; car, après les réflexions que nous avons déjà faites, il est impossible de supposer que les livres de Samuel ont été formés par la juxta-position de trois ouvrages différents. Déjà D. Calmet avait déclaré futiles les conjectures en question et fait remarquer par diverses citations que Samuel ne pouvait avoir écrit les vingt-quatre chapitres qu'on lui attribue. Non-seulement le prophète n'aurait pas fait de lui l'éloge que nous y lisons [4], mais il n'aurait certainement pas dit : « Olim in Israël sic loquebatur unusquisque vadens consulere Deum : Venite et eamus ad Videntem. Qui enim propheta dicitur hodie, vocabatur olim Videns [5]. » Un écrivain ne s'avise pas en effet d'expliquer à ses contemporains des expressions dont ils n'ignorent point la signification, et surtout n'emploie pas le mot « olim » à cette occasion. L'unité de l'œuvre d'ailleurs s'oppose à la pluralité des auteurs. Toutefois, il est plus que probable que l'historien a mis à contribution les ouvrages de Samuel, de Nathan et de Gad, et il est permis de penser qu'il en a inséré des extraits dans son livre.

Un grand nombre de rabbins attribuent les quatre livres des Rois au prophète Jérémie, parce que son livre a quelque ressemblance avec les livres des Rois; mais cette ressemblance indique seulement que l'auteur des deux derniers livres des Rois connaissait les œuvres de Jérémie et que Jérémie à son tour connaissait les livres de Samuel.

Pour terminer cet article il nous reste à signaler plutôt qu'à réfuter les assertions de quelques écrivains allemands. Selon Schrader [6] et Ewald [7],

---

[1] *Baba bathra,* p. 14, b.
[2] *Proleg. ad libr. I Reg.*
[3] Lib. VI, *Orig.* c. II.
[4] I Rois, III, 19 et 20.
[5] I Rois, IX, 9.
[6] De Wettes, *Einleit.* § 200 et 201.
[7] *Geschichte des Volkes Israel,* etc. I, 195 et suiv.

les livres de Samuel auraient subi plusieurs remaniements successifs et on y reconnaîtrait les traces de trois auteurs qui auraient écrit chacun dans un sens différent. Certaines parties (I Rois I, 11, 11-34; III-VII, 1; IX-X, 16; XII-XIV XVII 1-53, 55. etc.) seraient l'œuvre du narrateur théocratique; d'autres (I Rois II, 1-10, 35 et suiv., VII, 2, 3, 5-17; VIII; X, 17-27; XI; XII, 1-16 etc.) appartiendraient au narrateur prophétique; d'autres enfin (1 Rois XII, 7-16, 20-21, 22, 23; II Rois XXII, 1-51) au Deutéronomiste. Dans la seconde moitié de la captivité, nos livres auraient été remaniés et retouchés une dernière fois par un lévite, qui aurait réuni en un seul corps d'ouvrage les Juges, Ruth, les livres de Samuel et des Rois. On voit par ce simple exposé que de pareilles hypothèses sont purement du domaine de la fantaisie, qu'elles échappent à l'analyse comme à la critique puisqu'elles ne sont que des affirmations tout à fait gratuites et sans vraisemblance.

Au jugement de Stahelin (1), les morceaux suivants : I Rois III, VII, VIII, X, 17-20; XI, XII, XIV, 47 et suiv., XV, XVII, XVIII, XX, XXVI, 28, 29; XXIX, et XXX, seraient de l'auteur qui aurait composé le Pentateuque et tout le second livre d'un prophète du temps d'Ezéchias : hypothèse moins excentrique, mais tout aussi arbitraire que les précédentes et que nous croyons suffisamment réfutée par toutes les remarques que nous avons faites précédemment.

III

INTÉGRITÉ, VÉRACITÉ, CANONICITÉ DES LIVRES DE SAMUEL

Les livres de Samuel sont dans le même cas que les livres historiques dont nous nous sommes déjà occupé; on peut y relever certaines fautes de copistes, particulièrement dans la transcription des nombres et des noms propres; mais l'intégrité substantielle du texte est généralement reconnue.

Cependant Thénius a prétendu que le texte hébreu était corrompu en un grand nombre de passages et s'est occupé de le corriger d'après la version des Septante et la Vulgate. Or, selon le Dr Keil (2), l'erreur de Thénius provient de ce qu'il n'a pas compris la simplicité et la naïveté du récit, où parfois certains faits sont exposés longuement et en détail, tandis qu'en d'autres endroits l'auteur, ayant particulièrement en vue le fait principal, mentionne brièvement les détails accessoires ou même les passe entièrement sous silence, s'en remettant à la sagacité du lecteur pour suppléer à ce qu'il ne dit pas. Thénius en même temps n'a pas réfléchi que l'autorité critique des Septante n'est pas grande et que leurs corrections et additions sont suspectes; enfin il n'a pas fait attention que dans les passages où le texte primitif est évidemment défectueux ou corrompu, par exemple les suivants I Rois VI, 19; XIII, 1; II Rois XXI, 19, les anciennes versions, les Septante en tête, n'ont pas une meilleure leçon à nous offrir. Néanmoins l'auteur mentionné a essayé, dans son premier commentaire (3),

---

(1) (*Einleit.*) § 26 et suiv.
(2) *Biblischer Comment.* p. 10.
(3) *Die Bücher Sam. erklart Kurzgef. exeget. Handbuch,* IV Liefer. Leipsick. 184.

de corriger le texte massorétique en 385 endroits, tantôt d'après les anciennes versions, en particulier celle des Septante, tantôt d'après ses propres conjectures. Mais déjà Fr. Bœttcher (1) a rejeté un grand nombre de ces corrections, nous dit le Dʳ Keil, l. c. comme inutiles, non fondées et même grammaticalement impossibles. Plus récemment, un autre auteur, Jul. Welhausen (2) a mis à jour le défaut de critique de Thénius et a montré que, pour corriger le texte original, il avait mis à profit certaines traductions de certains passages, lesquelles sont mises en regard de la leçon véritable de la version des Septante, mais appartiennent à une version plus récente. En outre, il s'est servi pour la comparaison avec la Vulgate d'une ancienne édition de Bâle de l'an 1491 et il ne lui est pas même venu en pensée que, dans le cours des siècles, certains passages de la version italique se soient glissés dans le texte de S. Jérôme, particulièrement dans les endroits où la Vulgate, outre le sens massorétique, en donne un autre conforme à celui des Septante. En effet, le P. Vercellone (3) a donné des preuves authentiques de ces intrusions, si l'on peut parler ainsi, de l'Italique dans la Vulgate, et cependant Thénius, dans la seconde édition de son commentaire en 1864, n'en a pas tenu compte. Malgré tout, Bœttcher et Welhausen admettent comme Thénius que le texte des Livres de Samuel est mauvais et proposent des corrections qui sont considérées par les commentateurs comme sans utilité et sans fondement, ainsi que nous aurons l'occasion de le montrer dans le commentaire.

Il paraît donc plus raisonnable de penser, avec Ed. Bœhl (4), que les divergences des Septante d'avec le texte hébreu sont l'œuvre d'un auteur targumiste qui aura cherché à éclaircir les obscurités et à aplanir les inégalités de la traduction grecque.

Au reste, aucun des livres de l'Ancien Testament ne nous est parvenu, on le comprend sans peine, dans un état d'irréprochable intégrité, car un certain nombre de fautes se sont glissées dans le texte par la négligence des copistes et il n'est pas toujours facile de les corriger ni même de les reconnaître. Mais on ne saurait prouver que les livres de Samuel auraient été moins lus que d'autres, par exemple Josué, les Juges et les Rois, et que par suite ils auraient été copiés et revus avec moins d'attention; et on ne démontrerait pas davantage que les traducteurs grecs se sont attachés à rendre le texte hébreu avec une exactitude toute diplomatique, une fidélité religieuse, et encore moins que les Juifs d'Alexandrie avaient autant de respect et de soin pour leurs livres nationaux que les Juifs de Palestine.

Thénius ayant cherché à montrer la littéralité de la traduction des Septante par des exemples (5), Welhausen s'exprime ainsi à ce propos : « On se tromperait si l'on considérait cette littéralité comme sans exception, et encore plus si l'on faisait honneur du caractère de l'œuvre à l'exactitude scrupuleuse et religieuse des traducteurs. Comment expliquerait-on que cette exactitude scrupuleuse se soit montrée dans la traduction et non

---

(1) *Neue exeg. Krit Aehrenlese zum A. T.* I Abth. Leipsick, 1863, p. 83 et suiv.
(2) *Der Text. der Bücher Sam. untersucht*, Gottingue 1872.
(3) *Variæ lect. Vulg. lat. Biblios*, édit. V. 17 Rom. 1864.
(4) *Faschungea nach einer, Volksbibel zûr Zeit Jesu*, Wien, 1873, 134 et suiv.
(5) *Die Bücher Sam*, etc. p. 19.

dans la conservation du texte original (1)? » Plus loin (2) : « Si une partie des Juifs (ceux de Palestine) ont traité leurs saints livres nationaux avec un soin minutieux, et si les autres (les Juifs hellénistes) se sont attachés à les traduire avec une exactitude diplomatique, avec une fidélité religieuse, l'existence des différences dans les recensions est un effet du hasard qui défie toute logique. » Les assertions de Thénius sont en effet, dit le Dr Keil, en complète contradiction avec le caractère du Judaïsme d'Alexandrie et sa manière de traiter les saints livres. Aussi bien si l'on examine sans parti pris les passages où les Septante sont en divergence avec le texte hébreu, on reconnaîtra sans peine que la plupart des additions et des omissions sont le fait des traducteurs, qui ont voulu corriger le texte original à leur manière, soit en l'abrégeant, soit en l'allongeant, soit en adoucissant certaines expressions qui leur paraissaient choquantes, et que leurs méprises et leurs fausses interprétations sont loin de prouver l'exactitude de leur traduction. L'occasion ne nous manquera pas, dans le cours de notre travail, de signaler les incorrections de la version grecque et de démontrer la justesse des observations précédentes.

Pour conclure, nous traduisons le passage suivant de Bœhl (3) que nous trouvons dans le savant commentaire du Dr Keil (4) : « Welhausen lui-même cite des passages qui, selon sa propre expression, portent la marque du Targum (p. 106); l'exemple est tiré de la traduction des Septante de I Sam. XVII. 36. De plus Welhausen, à propos de I Sam. XIV, 42, considère ce dernier passage comme une addition faite dans l'esprit d'une époque postérieure et provenant du ℣. 45 (p. 95). Nous pourrions aussi considérer l'amplification des Septante au ℣. 41 comme un remplissage targumiste et en vérité très-maladroit. Un semblable remplissage se trouve ch. XIII, ℣. 15. Si de plus, I Sam. XXI, 9, l'expression « derrière l'éphod » a été omise par une sorte de timidité, qu'est-ce autre chose que la manière du Targum? De même on a omis, I Sam. XVIII, 27, le compte des prépuces, ce qui est tout à fait dans le genre des corrections du Targum; à Goliath, il n'est attribué que quatre coudées au lieu de six, I Rois XVII, 5. Le correcteur se montre préoccupé de la majesté du roi terrestre I Sam. XV, 12, 15; XI, 5, et à bien plus forte raison de la majesté de celui du ciel. Celle-ci est sauvegardée dans le passage suivant I Sam. XV, 29 où le mot נצח, *netsakh* (triomphateur) n'a pas été rendu comme peu convenable pour Dieu (comme dans Onkélos) et on lit : καὶ διαιρεθήσεται Ἰσραὴλ εἰς δύο (et Israël sera partagé en deux.) La même main se trahit I, 14 où, au lieu d'Héli, c'est le serviteur du grand-prêtre qui parle grossièrement à Anne. Tout ce premier chapitre des livres de Samuel est un modèle dans le genre des Targums, ℣. 5, 6, 8, 11, 18, 21, 24. On voit comment le correcteur s'est appliqué à donner des éclaircissements, à établir des liaisons et à éviter les inégalités qui se présentent dans la leçon massorétique, parce que la brièveté souvent *baroque* (5) du texte lui préparait des difficultés comme à bien d'autres après lui. Au

---

(1) *Der Ten. den Bücher Sam*, etc. p. 10.
(2) Ibid. p. 16.
(3) *Forschungen*, etc. p. 132.
(4) *Biblischer Comment.* p. 12.
(5) Bien entendu, nous sommes loin de prendre cette expression à notre compte, ou de l'approuver.

ch. II, ℣. 80, c'est lui qui tient la plume, et il donne une réminiscence de Jér. IX, 23 et suiv.; pareille chose se reproduit ch. III, IV, 14 et suiv., et II Sam. XI, 22; XIV, 3. Il en est de même I Sam. V, 6; VI, 1; ici nous trouvons une sorte de parenthèse au sujet des rats (d'après le ℣. 5.). Au ch. X, ℣. 1, à la fin du texte hébreu se trouve annexée une véritable amplification targumiste qui est excellente comme exégèse, mais qui n'a pas de base dans le texte. Il faut en dire autant à propos de καὶ Ιωνάθαν τὸν υἱὸν αὐτοῦ, de II Sam. II, 5. C'est la même main qui a retranché au ch. XII, 28 le mot ויושיבום, vaïschiboum (et ils les firent habiter), ce qui peut se supporter dans le cours de la narration, mais qui a été changé par la main sévère du Targumiste et rapporté à Dieu. Des additions historiques de la main targumiste se trouvent II Sam. VIII, 7, 8; XIV, 27; XXIV, 25. » Ces réflexions sont pleines de justesse dans leur ensemble et suffisent pour montrer que l'autorité critique de la version des Septante est plus que douteuse. A cette occasion, nous ferons remarquer que, si l'auteur de la Vulgate a parfois marché sur les traces des traducteurs Alexandrins, il se rapproche cependant beaucoup plus du texte hébreu. En outre, il est très-probable, pour ne pas dire certain, que des additions ont été faites au travail de S. Jérôme, ainsi que nous l'avons vu plus haut. La traduction de la Vulgate ne présente pas non plus les lacunes importantes ni les adjonctions qui se rencontrent dans les Septante.

L'intégrité du texte étant donc admise et démontrée, il nous reste à traiter de la véracité de l'historien et de la valeur historique de son œuvre.

Nous avons déjà vu dans un précédent article que l'auteur avait eu pour but de nous exposer les origines de la monarchie chez les Hébreux et son établissement définitif, ce qui l'a conduit à s'étendre assez longuement sur la vie et les actes des trois personnages les plus remarquables de la période dont il s'occupe et qui ont travaillé à la transformation du gouvernement d'Israël. Ce serait donc faire fausse route que de supposer qu'il a eu uniquement l'intention de composer un ouvrage de morale pour l'instruction des successeurs de Saül et de David. « Les livres de Samuel, dit Mgr Meignan (1), ne ressemblent point aux fictions ingénieuses de l'auteur de *Télémaque*. Ils ne sont pas non plus une œuvre politique, un panégyrique ou une satire. On a dit que l'auteur s'était proposé quelque chose d'analogue aux parallèles de Plutarque; qu'il a voulu peindre, en les opposant l'un à l'autre, un bon et un mauvais roi; Saül et David. Cette hypothèse n'a rien de sérieux. » Elle ne résiste pas même à une simple lecture du texte. Nous voyons en effet que Saül fut appelé de Dieu aussi bien que David et de même sacré par Samuel, que, pendant un temps, il se montra fidèle à sa mission et à ses devoirs et qu'il avait les qualités nécessaires pour honorer la dignité dont il était revêtu, entre autres la bravoure et le patriotisme, puisque finalement il succomba pour la défense de son pays et refusa de survivre à la défaite de son armée. Aussi bien c'est en termes émus que David déplore la perte des deux héros, Saül et Jonathas, «plus rapides que les aigles, plus courageux que les lions (2). »

---

(1) *Les prophéties*, etc. p. 14.
(2) II Rois, I, 23.

L'historien ne nous fait point de Saül la peinture à laquelle on devrait s'attendre, s'il eût voulu en faire le type du despote et du tyran ; mais il se contente de nous le représenter comme un homme d'un caractère bizarre, victime de la jalousie et atteint d'une sombre mélancolie. Il ne s'étudie point à noircir ses actes ou ses intentions, mais raconte simplement les faits, sans ombre de passion et sans même les apprécier. D'autre part, il s'en faut qu'il fasse le panégyrique de David et qu'il cherche soit à pallier, soit à exaucer, soit à dissimuler ses fautes. Tout au contraire il s'étend avec une sorte de complaisance sur toutes les circonstances qui les ont précédées, accompagnées ou suivies et sur les châtiments qui en furent la conséquence. On n'a qu'à relire l'épisode de l'adultère de David avec Bethsabée ou simplement des reproches de Nathan (1), pour se convaincre que l'auteur n'a pas ménagé son héros et n'a pas craint de faire ressortir les circonstances aggravantes. Il est donc impossible d'invoquer le parti pris à son égard et de mettre en suspicion sa véracité d'historien, en l'accusant d'avoir chargé les couleurs, c'est-à-dire d'avoir exagéré à dessein les qualités ou les défauts de ses personnages. La conception la plus simple et la plus naturelle, la plus conforme au caractère de l'ouvrage, c'est que l'auteur a voulu instruire en racontant. Mais encore une fois il ne trahit aucune préoccupation à cet égard ; ce sont les faits seuls qui parlent et qui portent en eux-mêmes une leçon et un exemple.

Méconnaître donc le caractère purement historique des livres de Samuel, c'est aller à l'encontre de l'évidence ; car, entre toutes les œuvres historiques de l'Ancien Testament, ils se distinguent par la simplicité, la clarté et la vivacité du récit, par la peinture des caractères, par l'exactitude et la précision des détails en ce qui concerne les localités, les personnes et les circonstances accessoires. C'est d'ailleurs en vain, ainsi que nous l'avons déjà constaté, que l'on s'est efforcé d'y relever des contradictions. Tout nous oblige donc à conclure que nous avons un tableau fidèle et vivant de l'époque où s'accomplit ce changement mémorable qui fit passer Israël de la judicature à la royauté. D'ailleurs, il ne faut pas perdre de vue que les faits s'imposent, pour ainsi dire, d'eux-mêmes. L'établissement de la royauté est une vérité indiscutable ; Héli, Samuel, Saül, David ne sont pas des personnages imaginaires, et Joab, Abner, Jonathas, Isboseth, Miphiboseth, Absalon, Amnon, Thamar, Bethsabée, Urie ne sont pas non plus le produit de la fiction. L'auteur, nous l'avons déjà établi, était à proximité des événements et quand il en eût été éloigné, il ne lui en eût pas été plus facile de faire accepter par ses contemporains et leurs descendants comme œuvre historique et vraie le travail de son imagination. Il a soin d'ailleurs de nous indiquer les sources où il a puisé les éléments de ses informations, ce qui nous est un sûr garant qu'il n'a point voulu tromper ses premiers lecteurs et qu'il a cherché lui-même à s'éclairer.

Aussi bien on ne conteste pas les grands faits politiques racontés dans les livres de Samuel, non plus que l'existence des personnages principaux ou secondaires qui ont occupé la scène ; mais la pierre d'achoppement pour la critique moderne, c'est l'intervention directe de la Providence

---

(1) II Rois, XI, XII, 1-44.

dans les événements de l'histoire du peuple juif. D'autant plus audacieuse en ses affirmations quelles sont plus plus dénuées de preuves, cette critique prétendue savante nie systématiquement le merveilleux, et, procédant arbitrairement, se permet de contrôler nos Livres saints, non pas d'après des documents ou des monuments, mais selon des idées préconçues. Elle en rejette sans discussion toute une partie comme légendaire, et admet l'autre comme authentique et certaine. Or, il est absolument illogique et illégitime de scinder en deux l'histoire sacrée, nous dirons plus c'est la fausser entièrement et la rendre inexplicable. « L'histoire sainte, dit Mgr Meignan, depuis la sortie d'Egypte jusqu'aux Machabées, s'offre à nous avec un caractère qui la place au rang de l'histoire la plus sûre et la plus authentique. Les événements importants sont liés les uns aux autres, inséparables comme les fils d'un tissu. L'histoire des Hébreux forme un tout, duquel on ne peut, pour ainsi dire, rien retrancher et auquel on ne peut rien ajouter de considérable sans laisser des traces accusatrices. Le fil logique et continu des événements y permet constamment de monter ou de descendre d'un fait à l'autre avec autant de facilité que de certitude. »

Or, pour passer du général au particulier, on peut en dire tout autant à propos des livres de Samuel. Supprimez le merveilleux et vous n'avez plus qu'une œuvre informe, une série de faits isolés, sans cohésion et sans coordination aucune, une suite d'effets sans causes. Enfin, il nous sera bien permis de faire remarquer à ces critiques perspicaces qu'ils viennent trop tard. Comment! voilà toute une nation qui se présente à nous avec ses annales, monument historique comme il ne s'en rencontre chez aucun peuple, qui a veillé avec un soin scrupuleux à leur conservation, qui a toujours admis comme véridique tout ce qui y était contenu, les faits naturels comme les faits merveilleux, ce qui est dit à la louange de ses héros et d'elle-même, comme ce qui pouvait obscurcir ou diminuer leur gloire et la sienne, et c'est après tant d'années et à une si énorme distance des événements qu'on a l'audace de dire à tout un peuple : Vous vous trompez, faites y bien attention, tout n'est pas vrai dans votre histoire! vos historiens, vos pères en ont menti ou se sont laissé duper niaisement, ce qui d'ailleurs n'a pas lieu de surprendre, car ils étaient peu éclairés. Veuillez nous écouter et nous allons vous apprendre à discerner la vérité de l'erreur, l'histoire de la fable. On conviendra qu'un pareil langage est bien étrange et l'on est en droit de demander à ces docteurs à l'aide de quels documents nouveaux, connus d'eux seuls, ils tentent de reconstituer ou plutôt de mutiler l'histoire d'un peuple à l'encontre, non-seulement de ses traditions et de ses croyances héréditaires, mais de ses monuments, monuments écrits qui sont et resteront le chef-d'œuvre de l'esprit humain. On ne réussira pas à faire passer les Hébreux pour un peuple grossier et inculte et leurs historiens comme absolument dépourvus de sens critique. Toutefois il est bien certain que le plan et la méthode laissent parfois à désirer, et qu'aucune des parties de l'Ancien Testament, encore moins les plus anciennes, ne présente le caractère d'une œuvre étudiée, d'un travail littéraire dans la stricte acception au mot, par exemple, dans

---

(1) *Les Prophéties messian. Authenticité du Pentateuque*, p. 44.

le genre des historiens profanes. Ce défaut est certes aussi apparent dans les livres de Samuel qu'ailleurs, mais malgré tout, il n'y manque ni la vie, ni le mouvement, ni la couleur, et le pathétique et le sublime y coudoient la simplicité et la naïveté. Aucune œuvre n'est plus personnelle et ne l'est moins en même temps. Il semblerait en effet que l'histoire a été écrite au fur et à mesure des événements et par les personnages eux-mêmes qui ont occupé la scène, tant il y a de vérité et de naturel dans le récit, tant on remarque de précision et d'exactitude dans des détails d'un ordre inférieur. L'historien disparaît pour ainsi dire et laisse la parole aux faits. Ce ne serait pas exagérer que d'employer ici le terme de photographie. Aussi nul historien, quel qu'ait été son génie, ne s'est jamais élevé à une telle hauteur, n'a obtenu une pareille puissance d'effets, parce que l'art sera toujours au-dessous de la nature. Que l'on compare les historiens classiques les plus justement admirés et que l'on nous dise s'il en est un seul qui ait cet accent de vérité et de sincérité, qui soit moins préoccupé d'établir une thèse et d'embellir ou noircir ses personnages d'après un plan prémédité et des idées préconçues, en un mot, qui, plus que l'auteur des livres de Samuel, raconte pour raconter et non pour dogmatiser et philosopher.

Mais c'est assez, ce nous semble, de ces réflexions générales, qui pourtant, croyons-nous, sont de nature à frapper ceux qui liront nos livres avec un cœur droit et sans avoir l'esprit troublé par des préjugés et des opinions toutes faites. Nous allons donc entrer sur le terrain des faits et circonscrire notre étude au sujet spécial qui nous occupe, pour démontrer qu'il est impossible de séparer, dans les livres de Samuel, les faits merveilleux des faits naturels.

Pour comprendre la transformation qui s'est opérée dans le gouvernement du peuple d'Israël, il faut d'abord considérer les causes qui l'ont rendue nécessaire. Selon Ewald (1), ce qui manquait à la fin de la période des Juges et ce qui était devenu indispensable, c'était l'unité et la stabilité des pouvoirs politiques. Les malheurs des derniers siècles en avaient de plus en plus fait comprendre la nécessité et maintenant le temps était venu de faire adopter au peuple cette nouveauté.

Il y a là certainement un fonds de vérité, car il est vrai qu'à la fin de l'époque des Juges, les tribus tendaient de plus en plus à s'isoler et que tout était anarchie et désordre. Mais ce que les préjugés rationalistes n'ont pas permis à Ewald d'apercevoir, c'est que la faute en était aux Israélites eux-mêmes, et que l'état défectueux de leur vie sociale et politique ne doit point être imputé à l'imperfection de la constitution mosaïque. Cette constitution, en effet, n'était point aussi imparfaite qu'elle le paraît d'abord et qu'on le prétend, car « elle suppose, ainsi que le dit Mgr Meignan (2), dont le travail nous sert de guide en ce moment, un agent invisible, mais très-réel, qui complète le mécanisme du gouvernement et le rend efficace : cet agent est Dieu, Jéhovah. » Or, éliminer Dieu d'une constitution essentiellement théocratique, c'est, à vrai dire, une contradiction dans les termes; c'est se placer à un point de vue absolument faux et méconnaître

---

(1) *Geschichte des Volkes Israel*, etc. III, 4 et 3 édit.
(2) *Les prophéties Messianiques*, etc. p. 18.

la nature même du gouvernement qui jusqu'alors avait régi les Hébreux. Il n'est donc pas étonnant qu'on le trouve défectueux.

Il ne faut donc pas oublier que Dieu était, à proprement parler, le roi du peuple israélite, tandis que les Juges n'étaient que ses ministres, les exécuteurs de ses volontés. Par son intervention directe, Dieu assurait l'unité de la nation, la permanence du gouvernement ; le supprimer, c'est supprimer du même coup la théocratie elle-même, c'est-à-dire, ce qui fait le fond de l'histoire et de la constitution du peuple élu. Il faut prendre la constitution mosaïque telle quelle se présente et non point telle qu'on se la figure ; ce qui veut dire que, pour porter à son sujet un jugement sain et adéquat, il est nécessaire d'en saisir l'ensemble et d'en comprendre le mécanisme.

Toutefois, il est incontestable que la constitution mosaïque, au début de l'époque dans laquelle nous entrons, était devenue insuffisante ; mais c'était par les fautes et l'indiscipline des Israélites qui avaient éloigné Dieu de leurs affaires et, par suite, avaient perdu la direction dont ils avaient besoin, en punition de leur idolâtrie et de leurs prévarications. Le principe d'autorité ayant été méconnu et Dieu ayant abandonné son peuple, il n'y eut plus que trouble et confusion et l'état israélite ressembla à un vaisseau sans pilote et sans gouvernail.

Il aurait donc fallu, pour remédier au vice de la situation, que le peuple revînt à son Dieu et se mît de nouveau sous sa direction ; mais si la force et l'énergie lui manquaient pour renouer la chaîne interrompue de la tradition, s'il n'avait plus ni assez de foi, ni assez de vertu pour mettre sa confiance dans le Seigneur et pour lui rester invariablement fidèle, il lui fallait, pour échapper à l'intérieur à une dissolution imminente, et à l'extérieur aux dangers de l'invasion, il lui fallait subir la loi commune des nations qui l'environnaient, c'est-à-dire, avoir un roi qui fût le représentant visible de son chef invisible, qui pût le guider et marcher à sa tête, condenser en un mot les forces vives de la nation.

Mais ce n'est jamais sans des difficultés considérables, qu'un état social se transforme, car partout il faut compter avec les intérêts et même les passions des hommes, principalement de ceux qui, par leur position et leur naissance, restent attachés aux institutions qu'il s'agit de mettre à l'écart ou du moins d'améliorer et de compléter. Or, à l'époque de l'établissement de la royauté, l'autoité suprême appartenait au sacerdoce lévitique, ou, si l'on veut, au prophétisme, dans la personne de Samuel, de la tribu de Lévi, à la fois juge et prophète. Il fallait donc une abdication de la part des pouvoirs anciens pour laisser la place au pouvoir nouveau ; mais on sait par l'histoire et par une expérience journalière que les hommes ne se laissent point dépouiller de la moindre parcelle d'autorité qui leur a été départie. Dans l'ordre naturel des choses, il était donc impossible que la royauté pût s'établir autrement que par une révolution plus ou moins violente.

Mais ni la tradition ni l'histoire n'ont conservé trace d'un événement de ce genre, non plus que des troubles sanglants qui auraient dû l'accompagner. La royauté n'est point entrée en lutte avec le sacerdoce et le prophétisme, en un mot, il n'y a point eu compétition entre deux pouvoirs, envahissement et dépossession du plus faible par le plus fort, mais une simple transmission de l'autorité, laquelle s'est opérée de la manière la plus pacifique et la plus correcte. En effet, il ne faut pas oublier que c'est

Samuel, le dépositaire de l'autorité publique, qui choisit et sacre les deux premiers rois et favorise ainsi la nouvelle institution de tout le prestige de sa haute situation et de ses vertus. De toute nécessité, il nous faut donc admettre que la substitution de la royauté au sacerdoce n'a pas eu lieu d'une manière ordinaire. Or, si une transformation aussi radicale s'est faite sans violences et sans aucun trouble d'aucune sorte, c'est que Dieu est intervenu personnellement et miraculeusement, et qu'il a arrêté toute opposition et toute résistance de la part des dépositaires du pouvoir, ainsi que le racontent les livres de Samuel. La demande du peuple déplait d'abord au prophète; mais le prophète ayant consulté Dieu, Dieu lui répondit et lui ordonna de donner un roi aux Israélites (1). Par son intervention miraculeuse, le Seigneur imposait ainsi irrévocablement la monarchie. Or, les faits montrent par eux-mêmes que Samuel et le sacerdoce auraient pu essayer la résistance, et qu'ils auraient été suivis dans cette voie par une grande partie de la nation, car ce n'est pas au premier jour que la royauté prit pied et se fit accepter universellement, et Saül, dans les commencements, malgré sa consécration et son élection, malgré ses qualités personnelles, fut loin de réunir en sa faveur l'unanimité des suffrages (2).

D'ailleurs, tout se tient et s'enchaîne dans l'histoire du peuple israélite, et le présent à son origine dans le passé et prépare l'avenir; il ne faut donc pas oublier que la constitution mosaïque était le résultat d'un contrat passé entre Dieu et les Hébreux et quelle ne pouvait être changée sans le consentement des deux parties. Dieu était intervenu pour l'établir, il devait intervenir pour la modifier. « Pour introduire la législation mosaïque, dit Mgr Meignan (3), il avait fallu un Moïse thaumaturge. Pour introduire dans cette législation, un changement aussi grave que l'institution de la royauté il fallait un Samuel thaumaturge. Il est vrai que la possibilité de ce changement avait été prévue par Moïse (4); mais Dieu seul néanmoins pouvait décider de son opportunité et de son moment. Dieu seul pouvait briser les résistances. » On ne saurait mieux assurément poser l'état de la question et résumer la situation.

Enfin, il est impossible de nier que, dès le principe, les Hébreux n'aient considéré la royauté comme une institution divine, puisque la dignité royale était conférée par l'onction sainte. Dans l'histoire de David nous apprenons que *l'oint du Seigneur* était inviolable et, que porter les mains sur lui, eût passé pour un attentat sacrilége (5). Blasphémer Dieu et le roi, était un crime puni de mort (6).

Nous venons de le voir, la royauté par sa nature même et par les circonstances qui ont présidé à son établissement, n'a pu se fonder sans l'intervention miraculeuse; mais ce qui, sans cette même intervention, resterait tout aussi inexplicable, c'est le rôle et l'action des prophètes. Leur autorité et leur influence ne peuvent être contestées; elles s'étendent à la

---

(1) I Rois, vιιι, 5 et suiv. 22.
(2) I Rois, x, 26, 27, xι, 12.
(3) *Les prophét. messian*, etc. p. 13.
(4) Deut. xvιι, 15.
(5) I Rois, xxιv, 7 et 8, xxvι, 9-11.
(6) III Rois, xxι, 10, 13.

fois sur le peuple, le sacerdoce et la royauté, et, malgré les résistances et les contradictions, elles ont traversé les siècles et survécu à la ruine même de la monarchie. On a pu persécuter et tuer les prophètes, mais on n'a pas détruit le prophétisme qui a continué à vivre et à se développer en dépit des obstacles. Or, quelle est la cause d'un pareil phénomène ? Consultons l'histoire des Israélites et nous la trouverons aisément.

Ce peuple, ainsi qu'en témoignent ses traditions et ses livres, croyait fermement que les prophètes étaient en communication directe avec Dieu dont ils étaient les mandataires autorisés, qu'ils possédaient à la fois le don des prophéties et celui des miracles.

Il fallait avoir reçu une mission pour être prophète et ne l'était pas qui voulait, car ce n'était pas simplement une profession comme une autre. Il pouvait y avoir et il y eut de faux prophètes ; mais Moïse avait indiqué à quelles marques on reconnaîtrait le véritable prophète, celui qui réellement avait été appelé par Dieu : « Quod si tacita cogitatione responderis, lisons-nous dans le Deutéronome (1) : Quomodo possum intelligere verbum quod Dominus non est locutus? Hoc habebis signum : Quod in nomine Domini propheta ille prædixerit, et non evenerit : hoc Dominus non est locutus, sed per tumorem animi sui propheta confinxit; et idcirco non timebis eum. » Ainsi le prophète ne pouvait prétendre à se faire accepter avant d'avoir fait ses preuves. Il n'était point cru sur parole ; mais il était obligé de démontrer par ses œuvres, la réalité et la légitimité de sa mission. Les prophéties et les miracles par lesquels les prophètes prouvaient qu'ils étaient les envoyés de Dieu, étaient d'ailleurs des faits de nature à être constatés et vérifiés facilement. Si ces hommes n'avaient eu entre les mains que les ressources de la supercherie et du charlatanisme, pourrait-on s'expliquer leur influence persévérante, par exemple l'immense autorité et l'immense renommée de Samuel, d'Elie et d'Elisée, ces hommes qui se présentent à nous avec l'auréole de toutes les vertus que peuvent inspirer la religion et le patriotisme et dont le caractère est au-dessus d'indignes soupçons. L'histoire et la tradition sont unanimes à ce sujet, et, autant il est impossible de considérer les prophètes comme des hypocrites ou des personnages vulgaires, autant il est inadmissible que tout un peuple se soit fait illusion sur leur vie et leurs œuvres. Le paganisme a eu ses devins et ses magiciens; mais tout homme de bonne foi conviendra que la différence est énorme et que le parallèle est impossible. L'histoire d'ailleurs est là pour nous apprendre que leur rôle fut d'un ordre inférieur, leur puissance à peu près nulle et leurs œuvres plus que médiocres.

Au surplus, si nous examinons de plus près les circonstances dans lesquelles ont agi et parlé les prophètes, nous verrons d'abord que de tout temps ils ont été en butte aux contradictions et même aux persécutions de leurs contemporains, même pendant la captivité de Babylone. Or, s'ils avaient été pris en défaut, on n'eût pas manqué de s'en prévaloir et leur prestige eût été ruiné à tout jamais. Or, la tradition juive est complétement muette à cet égard et, tout au contraire, l'autorité des prophètes, non-seulement n'a subi ni déclin ni éclipse, mais n'a fait que grandir avec leur renommée pendant le cours des âges. Il y a donc là ou un fait divin,

---

(1) Deut. XVIII, 21-22.

ou un fait insolite et inexplicable; telle est la seule alternative. Or, comme nous ne pouvons admettre d'effet sans cause, nous conclurons que les prophètes ont prouvé leur mission par leurs œuvres et que Dieu a publiquement rendu témoignage en leur faveur.

En second lieu, fait digne de remarque, il y a eu aussi des prophètes dans le royaume schismatique des dix tribus. C'est en Israël qu'Elie, le plus puissant des prophètes, l'idéal même du prophète, et Elisée son disciple, ont vécu, ont opéré leurs miracles et révélé les secrets de l'avenir. Sans doute, l'auteur des deux derniers livres des Rois condamne le schisme, et cependant c'est lui qui nous raconte longuement la vie et les actes d'Elie et d'Elisée, et nous donne la plus haute idée de ces deux personnages. Il prend, en parlant d'eux, le ton de l'admiration et de la louange, et dans le livre de l'Ecclésiastique, nous trouvons résumée à ce sujet l'opinion de l'histoire et de la tradition (1). Or comment expliquer que les miracles et les prophéties des prophètes d'Israël aient obtenu créance en Juda, malgré la rivalité des deux royaumes? Comment se fait-il aussi que les prophètes de Juda n'aient point traité ceux d'Israël comme des imposteurs, puisqu'ils ont constamment condamné et anathématisé le schisme? Cependant c'est Israël qui possède les deux plus grands prophètes de la nation, et c'est un écrivain du royaume de Juda qui consacre leur renommée et met le sceau à leur réputation. Il y a donc là un problème insoluble, si l'on s'en tient purement aux doctrines ou plutôt aux préjugés du naturalisme et du rationalisme contemporains. Mais pour nous, la solution n'est point difficile, car le phénomène dont nous avons parlé montre simplement que l'autorité des prophètes était indépendante des temps, des lieux et des personnes, supérieur aux préjugés et aux entraînements de la passion, parce qu'elle émanait directement et visiblement de Celui dont la puissance n'est pas moindre sur la terre qu'elle n'est au ciel et ne s'y exerce pas moins librement.

Enfin, il est une dernière considération dont on ne saurait méconnaître la valeur. De sa nature, le schisme est un puissant dissolvant, et ne tarde pas à altérer et même à détruire le sens religieux. L'expérience n'en fut pas longue dans le royaume des dix tribus, où l'idolâtrie bien caractérisée ne tarda pas à succéder au culte illégitime. Pour enrayer les progrès du mal, les moyens ordinaires n'auraient pas suffi; aussi Dieu suscita-t-il ses prophètes qui surent tenir tête aux rois, aux prophètes et aux prêtres des faux dieux, et remporter sur les uns et les autres d'éclatantes victoires. D'où provenait la puissance de ces hommes, que ne recommandaient ni leur naissance, ni leur position sociale, sinon de l'éclat de leurs prophéties et de leurs miracles? Le génie d'un homme eût-il suffi non-seulement pour soutenir la lutte dans des conditions particulièrement désavantageuses, mais encore pour remporter la victoire sans le secours du miracle, c'est-à-dire sans le secours de l'intervenion même de Dieu? Si donc on exclut le merveilleux de l'histoire sainte, on n'expliquera pas comment le royaume d'Israël a pu, jusqu'à sa fin, conserver dans sa substance le gouvernement théocratique.

Naguère on exagérait à plaisir la science et l'habileté des prophètes,

---

(1) Cf. Eccli. XLVIII, 1 et suiv.

tandis que, d'autre part, on représentait les Israélites comme un peuple ignorant et crédule. Les prophètes avaient été des médecins savants, des physiciens d'un haut mérite, des prestidigitateurs hors ligne. Mais aujourd'hui, on reconnaît généralement le ridicule de ces inventions de haute fantaisie, et l'on se contente de dénaturer le récit de nos livres, et de rejeter sur le compte du mythe et de la légende, tous les faits dont l'explication est embarrassante. Mais c'est mutiler arbitrairement l'histoire sacrée, méconnaître la mission du peuple israélite et même sa raison d'être. En outre, il faut bien reconnaître qu'il y avait de vrais et de faux prophètes et que les Israélites savaient distinguer les uns et les autres, qu'ils avaient pour cela des règles fixes et sûres. Le système des rationalistes est donc en contradiction formelle avec les faits, puisque d'après eux cette distinction eût été impossible. Cependant les Hébreux ne prenaient pas le change, et nous savons par leur histoire qu'ils finissaient toujours par admettre l'autorité des vrais prophètes, tandis qu'ils lapidaient les autres. Ils ont pour un temps méprisé les avertissements salutaires qui leur étaient donnés, mais à l'heure de l'adversité ils ont reconnu leur erreur, et ils ont confessé dans les larmes la vérité des prophéties d'Isaïe et de Jérémie. Or, si la mission des prophètes n'avait rien de surnaturel, et si on les dépouille du merveilleux qui les entoure et qui les pénètre, que l'on veuille nous dire ce qu'il faut entendre par un vrai et un faux prophète, puisque de fait il y en a eu de vrais et de faux. On peut donc poser en principe, premièrement, que les Israélites ont toujours admis théoriquement, sinon pratiquement, l'autorité des prophètes, et secondement, qu'ils les ont toujours considérés comme les représentants immédiats de la divinité. Or, ne serait-ce pas un phénomène merveilleux et dépassant toute croyance, que tout un peuple se fût trompé grossièrement pendant des siècles, et cela en dépit de ses propres inclinations, qui le portaient à mépriser les conseils des prophètes, et, par conséquent, à révoquer en doute la légitimité de leur mission? On voit donc que les rationalistes, en cherchant à éluder une difficulté, se trouvent aux prises avec des contradictions et des impossibilités de toute sorte dont ils se contentent de ne pas tenir compte.

Passons maintenant aux faits qui sont relatifs aux personnes et aux institutions.

La fable et la légende ont leur caractère propre, et il n'est pas besoin d'un œil exercé pour voir que l'histoire a été embellie ou défigurée, ou bien que l'on est en plein dans le domaine de la fiction. « La légende échappe rarement, dit Mgr Meignan (1), dans les temps antiques surtout, aux énormités mensongères et aux contradictions. C'est une conséquence de son origine et de son mode de transmission. Elle naît et se développe dans l'ignorance et dans l'éloignement des faits et des lieux. La crédulité la propage : empreinte de bonne foi, elle reste étrangère aux ruses savantes du faussaire. En passant de bouche en bouche, la légende prend des additions incohérentes ; les pays sont confondus et les faits d'une époque sont peints avec des couleurs d'une autre époque. Les récits ne concordent ni quant aux noms, ni quant aux dates. Les littératures

---

(1) *Les prophéties messianiques*, etc. p. 33.

orientales et certains récits populaires du moyen âge offrent souvent ce phénomène. »

Mais il n'en est pas ainsi dans nos livres saints, et, en particulier, dans les récits des livres de Samuel, relativement à Samuel, Saül et David. Les faits miraculeux y sont indissolublement liés aux faits naturels dont la vérité n'est point contestée, à ce point qu'on ne saurait supprimer ni les uns ni les autres sans briser la trame de l'histoire. De plus, nulle part nous ne relevons la contradiction, pas même dans les livres historiques qui ont suivi. Il faudrait alors supposer que la main du fausssaire aurait passé partout, ce qui est d'une invraisemblance choquante, car il eût été facile en ce cas de faire disparaître un bon nombre de difficultés, dont la solution n'est pas toujours facile. Mais, tout au contraire, on ne remarque pas semblable préoccupation, et chaque écrivain, tout en étant au courant des œuvres de ses prédécesseurs, et en y faisant même allusion plus d'une fois, s'est borné à suivre sa voie, et n'a point eu souci d'éviter les obscurités, ou de chercher à mettre son travail en harmonie parfaite avec les écrits déjà subsistants.

Assurément, les prophéties et les miracles abondent, mais on ne saurait s'en étonner, si l'on réfléchit à la mission spéciale que le peuple avait reçue, et à la nature de sa constitution et de son gouvernement. En résumé, il faut accepter l'histoire du peuple israélite telle qu'elle est, ou, sous peine d'être taxé d'inconséquence, la rejeter tout entière en détail, puisque, sans le merveilleux, on ne peut expliquer ni son rôle, ni sa constitution, ni sa transformation politique, ni même son existence.

Mais, pour nous rapprocher davantage du sujet qui nous occupe, nous constaterons tout d'abord que Samuel est, à proprement parler, l'enfant du miracle, et que, de bonne heure, il se trouve en communication directe avec Dieu. C'est justement ce qui nous explique son ascendant sur le peuple, ce qui, sans le merveilleux, serait impossible. La naissance de ce personnage était obscure ; il n'était point grand-prêtre et, l'eût-il été, le sacerdoce en pleine décadence ne pouvait lui communiquer la considération dont il était lui-même dépourvu. Que l'on relise le récit de la naissance et des premières années de Samuel, et que l'on veuille bien nous dire si jamais la fable ou la légende ont jamais rien produit qui se distingue autant par le naturel, la sincérité, la naïveté, et en même temps par l'exactitude et la précision des détails, la peinture des caractères et d'une époque. Ce n'est pas ainsi que l'on invente de toutes pièces, ou que l'on transfigure en les dénaturant les faits du passé.

C'est parce que Samuel avait été entouré du merveilleux depuis sa naissance, et parce qu'il tenait sa puissance d'en haut que l'on réussit à s'expliquer son rôle prépondérant au moment de l'établissement de la monarchie et pendant le règne de Saül. Tout se tient dans son histoire et si l'on en supprime la première partie, la seconde ne se comprend plus ; elle manque de base et ressemble à un corps suspendu sans soutien et sans appui au-dessus du vide.

Si nous examinons ensuite l'histoire de Saül, nous verrons que les faits se présentent à nous dans un ordre logique et étroitement enchaînés les uns aux autres.

En premier lieu, les faits sont à leur place, tant, par exemple, l'avénement du premier roi que celui du second, et il ne viendra à personne l'idée d'en intervertir l'ordre et la suite.

D'autre part, l'établissement de la royauté en Israël ne saurait être contesté, et il en est de même des événements considérables qui en furent la conséquence immédiate et dont il était impossible de perdre le souvenir, tout autant que d'en travestir la physionomie véritable.

Si d'ailleurs nous portons notre attention sur les circonstances dans lesquelles le gouvernement d'Israël a subi une transformation aussi importante, nous verrons que le récit porte en lui-même un caractère ineffaçable de vérité. Pour que le premier roi réussisse à se faire accepter de la nation, il faut qu'il se distingue par certaines qualités qui, à toutes les époques et surtout dans les temps anciens, ont eu le don d'en imposer aux masses. Or, justement Saül, outre le courage et la force, se recommande par un extérieur propre à attirer les regards. Sa haute taille qui le met au-dessus de tous ses contemporains est, pour ainsi dire, le symbole de sa dignité nouvelle.

Des résistances étaient inévitables dans le cours ordinaire des choses; cependant nous apprenons qu'il n'y en eut pas et que toute velléité de résistance fut étouffée dès le principe, grâce à l'autorité de Samuel et à une série de miracles.

D'autre part, il était à craindre que le nouveau roi, enivré de ses succès et de sa puissance, ne tentât de secouer le joug du sacerdoce et du prophétisme et de se rendre complétement indépendant, en renversant la constitution théocratique. Or les faits nous montrent qu'il en eût été ainsi, si Dieu ne fût intervenu et n'eût châtié d'une manière exemplaire les désobéissances de Saül. Mais si l'on élimine le merveilleux du récit, que reste-t-il? et comment expliquer les diverses phases du règne de Saül? Il faut alors remplacer le texte écrit par des conjectures et construire tout un échafaudage d'hypothèses pour rattacher les faits entre eux et en déduire les effets et les causes. C'est le roman historique, genre dans lequel ont excellé plusieurs écrivains contemporains, mais qui n'est tout au plus qu'un exercice littéraire et doit être apprécié en conséquence. Pour notre part, nous trouvons intolérable qu'il ait des prétentions à la science.

Sans le merveilleux, sans l'intervention divine, comment expliquer que Saül, tout en conservant l'autorité suprême jusqu'à la fin de sa vie, ait été rejeté par Samuel, et que son successeur ait été désigné de son vivant sans sa participation et contre sa volonté? Si les choses s'étaient passées comme elles se passent d'ordinaire dans les changements de dynastie, l'histoire eût conservé le souvenir des révoltes et des dissensions qui auraient marqué la fin du règne de Saül. Il serait incroyable que des faits aussi naturels, aussi habituels eussent été non pas défigurés, mais totalement transformés et d'une manière sans exemple dans les annales des peuples. L'histoire du royaume schismatique d'Israël est là pour nous instruire, et nous montrer que le renversement d'une dynastie ne s'opérait point aussi tranquillement. Plus d'un a senti et prévu l'objection; mais personne ne s'est avisé de l'aborder de front. Il est plus facile de considérer comme non avenu tout ce que l'historien sacré nous raconte au sujet de l'élection et du sacre de David et de l'injuste conduite de Saül, et de transformer le premier en condottière italien du moyen-âge, entouré d'une bande de mécontents. Selon Ed. Reuss (1), à côté de Saül « il se forma peu à peu, et avec des chances d'abord bien moindres, un autre centre d'action, un pouvoir qui s'appuyait également sur les instincts batailleurs d'une population en partie nomade encore et surtout, à ce qu'il semble, sur la rivalité si profondément enracinée entre les deux portions principales de la nation, dont il a déjà été question. C'est peut-être cet antagonisme même qui valut à Saül, et après lui à son fils, la fidèle adhésion de ceux qui l'avaient d'abord élevé sur le pavois. Mais à la longue, il provoqua une véritable guerre civile. Le vaillant et heureux condottière des Judéens avait si bien su s'insinuer dans les bonnes grâces des sheiks de sa tribu, qu'ils le proclamèrent roi à son tour. » Franchement, après avoir lu ce résumé fantaisiste de l'histoire des premières années de David, on se demande si son auteur est doué du don de seconde vue. Pour nous, nous avons la faiblesse de nous en tenir à des documents plus anciens et plus autorisés. Ce n'est pas ainsi que l'historien des origines de la monarchie chez les Hébreux nous expose les faits et ce n'est pas non plus ainsi que les comprenait Josèphe. Il faut donc admettre le récit des événements tel que l'antiquité nous l'a légué et plus ces événements sont extraordinaires, plus leur caractère est certain. Comment croire que les Juifs se soient trompés si lourdement à ce sujet, lorsque nous voyons qu'ils ne se sont point mépris sur l'origine du schisme et sur les divers changements des dynasties du royaume d'Israël.

David, le successeur de Saül, fonde définitivement la monarchie; mais là encore, si l'on exclut le merveilleux, on ne comprendra guère comment le fils d'Isaï a pu arriver au trône. Cependant personne ne songe à contester les principaux actes de sa vie et de son règne. C'est chose assurée que le pays n'était plus sous le joug des Philistins lorsque David succéda à Saül. C'est bien lui qui s'est emparé de la citadelle de Sion et a fait de Jérusalem la capitale du royaume, et c'est bien sous son règne que les Iduméens encore puissants du temps de son prédécesseur devinrent tributaires. Enfin il est bien certain que David étendit sa domination jusqu'à l'Euphrate, puisque Salomon, le roi pacifique, ne fit point de conquêtes. Or, « si l'historien a su discerner le vrai et le faux dans la vie publique de David, pourquoi suspecter sa bonne foi ou douter de sa sagacité quand il s'agit de la partie plus intime de son existence, des causes qui l'amenèrent au pouvoir et de ses rapports avec Saül? Sur quels documents nouveaux ou sur quel principe de haute philosophie se fonde-t-on, pour promener la hache dans le domaine de l'histoire et pour y abattre tout ce qui offusque la vue, pour pratiquer l'élagage en grand? C'est d'ailleurs un travail ingrat où, si l'on retranche d'une main, on est obligé d'ajouter de l'autre, car les faits se tiennent si bien que toute lacune demande à être remplie et ne peut plus l'être que par le travail de l'imagination. Enfin nous ferons remarquer que, loin de pouvoir relever des contradictions et des incohérences dans les livres de Samuel, on est forcé de constater que les faits racontés dans un passage sont garantis par d'autres et que les Paralipomènes confirment dans l'ensemble et souvent dans les détails les livres de Samuel (2).

---

(1) *Hist. des Israël. depuis la conquête de la Palest. jusqu'à l'exil*, p. 22.
(2) Cf. I Rois, XXXI, et un Paral. X, 1-12; II Rois, V, 1-10 et I Paral. XI, 1-9; II Rois,

Les livres de Samuel sont donc vraiment un ouvrage historique et non point un mélange confus de vrai et de faux, de légende et d'histoire. Ils ne portent pas d'ailleurs l'empreinte du faussaire, car à première vue on s'aperçoit que l'auteur est sincère, n'emploie ni circonlocutions ni ambages, ne dogmatise point, ne disserte point et raconte les faits avec une netteté, un naturel et une aisance qui ne se rencontrent point dans les œuvres d'imagination et que les historiens les plus véridiques sont loin d'égaler.

Pour être complet, il nous resterait à noter les éléments d'informations que l'auteur a eus à sa disposition ; mais la longueur de ce travail nous fait penser qu'il vaut mieux en faire l'objet d'un chapitre spécial.

Quant à la canonicité des livres de Samuel, elle n'est point mise en question ; il suffit d'indiquer quelle est généralement admise ainsi que leur inspiration qui n'est niée que par les tenants du rationalisme.

IV

LES SOURCES ET LES MONUMENTS

Dans le chapitre précédent, nous nous sommes particulièrement attaché à démontrer que les livres de Samuel avaient essentiellement le caractère historique ; mais, à l'appui de cette vérité, il ne sera pas inutile de rechercher où l'auteur a puisé ses renseignements.

Ce que l'on admet communément c'est qu'il s'est servi de divers documents et qu'il en a même plusieurs fois reproduit des extraits ; mais on convient également qu'il est impossible de déterminer tous les écrits auxquels il a fait des emprunts, non plus que la totalité de ces emprunts.

Ceci posé, nous ferons remarquer que l'élément prophétique occupe une large place dans les livres de Samuel et nous en conclurons avec toute vraisemblance que leur auteur a utilisé des écrits prophétiques et en a cité des fragments.

Il faut en effet considérer que le développement du prophétisme par Samuel et sous Samuel, particulièrement au moyen des écoles des prophètes, coïncide justement avec le commencement de la période féconde en écrits historiques dont l'esprit est avant tout théocratique. Or, les prophètes étaient tout naturellement désignés par leur caractère et leur mission pour écrire l'histoire dans le sens théocratique, c'est-à-dire, pour présenter les faits comme le résultat des causes naturelles, mais plutôt comme la conséquence de l'activité humaine dirigée par Dieu pour l'accomplissement de ses desseins et de ses volontés. Aussi tous les livres qui nous sont cités dans les Paralipomènes comme des sources pour l'histoire

---

v, 14-25 et un Paral. xiv, 4-16 ; II Rois, vi, 1-11 et I Paral. xiii, 1-14 ; II Rois, vi, 12-23 et I Paral. xv, 25-29 ; II Rois, vii, et I Paral. xvii ; II Rois, viii et I Paral. xviii, ; II Rois, x, et I Paral. xix ; II Rois, xi, 1 et I Paral. xx, 1 ; II Rois, xii, 26 et I Paral. xx, 1 ; II Rois, xi, 30, 31 et I Paral. xx. 2, 3 ; II Rois, xxi, 15-22 et I Paral. xx, 4-8 ; II Rois, xxiii, 8-39 et I Paral. xi, 10-47 ; II Rois, xxiv, et I Paral, xxi, 1-27 ; II Rois, xxii. et Ps. xvii. On peut encore comparer I Rois. ii, 3, 5 avec Ps. cxii, 7 8, 9 ; II Rois, vii, 10-16, avec Ps. cxxxi, 11, 12 et lxxxviii, 19-37.

d'Israël depuis David jusqu'à Ezéchias sont des ouvrages historico-prophétiques. On peut discuter sur la question de savoir si le nom du prophète désigne chaque fois l'auteur du livre ou simplement le principal personnage qui en fait le sujet; mais, malgré tout, le caractère général de ces écrits n'en est pas moins certain. Nous voyons même, par un passage des Paralipomènes (1), que le prophète Isaïe a composé l'histoire d'Osias. L'auteur des deux derniers livres des Rois cite, comme autorités, le livre des annales de Salomon, le livre des annales des rois de Juda et celui des annales des rois d'Israël (2); mais les Paralipomènes nous apprennent que ces ouvrages étaient des collections d'écrits prophétiques dont les auteurs avaient été contemporains des faits qu'ils avaient racontés. En effet, l'auteur des Rois a certainement puisé à la même source que celui des Paralipomènes, comme on peut s'en convaincre par la comparaison de plusieurs passages qui sont évidemment des extraits d'un même ouvrage; or, tandis que l'un s'appuie sur le livre des annales de Salomon (3), l'autre renvoie aux « paroles », דברי, *dibre*, du prophète Nathan, aux « livres » (נבואה, *nebouah*, signifie *écrit prophétique*) d'Ahias le Silonite et aux « visions », חזות, *khazoth*, d'Addo le Voyant (4). Quand le premier invoque, pour l'histoire des rois de Juda, les annales de ce royaume (5), le second cite les « paroles » דברי *dibre*, du prophète Sémaias et d'Addo le Voyant; le « livre », littéralement « l'interprétation », מדרש, *midrasch*, du prophète Addo; les « paroles » de Jéhu, fils d'Hanani qu'il a insérées dans les livres des rois d'Israël; les « écrits » כתב *kathab*, du prophète Isaïe; les « paroles » des Voyants; la « vision » חזון *khazon*, d'Isaïe, fils d'Amos (6).

Nous ne rencontrons pas dans les livres de Samuel de renvois à des écrits précédents; mais il n'en faudrait pas conclure que l'auteur ne s'est pas servi de documents de ce genre, mais tout au plus qu'il a jugé inutile de les citer, sans doute parce qu'il était très-rapproché des évenements et qu'il n'avait pas besoin de fournir les moyens de contrôler ses dires. En effet, si les écrits des prophètes occupent une place aussi importante dans l'histoire de Salomon et de ses successeurs, on est tout naturellement conduit a conclure que des travaux semblables ont servi à composer l'histoire de David, et avec d'autant plus de raison que David s'est trouvé directement en rapport avec les prophètes, entre autres avec Samuel, Gad et Nathan. Si notrie historien n'a pas cité ses autorités, la raison, comme nous l'avons dit, n'est pas difficile à trouver. Il pouvait se dispenser de confirmer ses récits en invoquant des ouvrages que ses contemporains connaissaient aussi bien que lui. Tout autre était le cas des auteurs des derniers livres des Rois et des Paralipomènes. Il est incontestable qu'ils étaient à distance des faits; par conséquent il leur fallait prouver ce qu'ils avançaient et mettre leur lecteur en état de contrôler leurs assertions en leur indiquant les écrits déjà anciens dont on n'avait pas généralement connaissance ou seulement d'une manière imparfaite.

---

(1) II Paral. xxvi, 26.
(2) III Rois, xi, 41, xiv, 19, 29.
(3) III Rois, xi, 41.
(4) II Paral. ix, 29.
(5) III Rois, xiv, 29, xv, 7, xxii, 46; IV Rois, xv, 6, xx, 20, xxi, 25.
(6) II Paral. xii, 15, xiii, 22, xx, 34, xxvi, 22; xxxiii, 18, 32.

Mais, d'autre part, notre auteur n'a pas pu, en la longueur de la période dont il s'est occupé, être le contemporain et le témoin de tout ce qu'il raconte; il n'eût donc pas été en état de recueillir tant de détails si nets et si précis, si, outre la tradition orale, il n'avait pas eu à sa disposition des documents écrits très-circonstanciés.

Au reste, nous voyons que David s'est trouvé en relation étroite avec l'école des prophètes de Ramatha, et nous lisons même qu'il raconta tout ce que lui avait fait Saül (1). Nous sommes donc autorisés à admettre que les communications de Saül et de ses compagnons furent fidèlement conservées par écrit dans ces centres prophétiques, ce qui nous expliquerait l'abondance et la précision des détails contenus dans les ch. XIX, XX, XXII, XXV, XXVIII du premier livre. « Le séjour de David, dit Thénius (2), dans le séminaire des prophètes garantit le caractère historique spécialement de ce que notre livre raconte sur les rapports de David et de Jonathas dans ce chapitre (XIX), et quelques suivants, car il est très-vraisemblable qu'on écrivit les récits de David, et que la relation que nous trouvons ici, repose en partie du moins sur les notes qui furent prises en pareille circonstance. » Nous savons également qu'à Gabaa, la résidence de Saül, laquelle n'était pas éloignée de celle de Samuel, se trouvait une école de prophètes; nous pouvons donc conjecturer qu'en cet endroit, comme à Ramatha, on s'y est occupé d'historiographie théocratique et que l'auteur des livres de Samuel y a trouvé des matériaux pour l'histoire de Saül. Par suite, on peut admettre que tous les passages où il est question des événements de l'époque de Saül et de David, des paroles et des faits et gestes des prophètes, sont tirés de notices prophético-historiques; peut-être même faut-il en dire autant de tous ceux où nous voyons Dieu intervenir par sa parole et par ses actes dans la marche de l'histoire (3).

Si maintenant nous voulons préciser davantage et si nous nous demandons quels étaient ces documents historiques d'origine et de caractère prophétiques, nous pouvons tout d'abord penser qu'il est fait mention d'un écrit de ce genre dans I Rois, x, 25, passage où nous lisons ceci : « Locutus est autem Samuel ad populum legem regni, et scripsit in libro, et reposuit coram Domino. » Quel était le contenu de ce livre? C'est ce que l'auteur ne nous dit pas; mais évidemment il ne contenait pas uniquement la loi du royaume, telle qu'elle est indiquée, VIII, 11-17. Sans nul doute, outre les prescriptions déterminées par Samuel pour opposer une digue aux empiétements de la puissance royale, on devait y trouver l'exposition des devoirs et des droits du roi selon la règle de la volonté divine. L'existence de cet écrit, qui n'était pas entre les mains du public, mais était conservé à côté de la loi de Moïse, nous porte à conclure que Samuel, le fondateur et le chef des écoles de prophètes, a aussi composé des ouvrages et avant tout aura consigné par écrit ses oracles prophétiques et ses discours, ainsi que le firent plus tard les prophètes Gad et Nathan (4). Samuel, Gad

---

(1) I Rois, x, 5 et suiv.
(2) *Die Bücher Sam.* p. 89.
(3) I Rois, XIV, 18 et suiv. XXIII, 4 et suiv., XXX, 7 et suiv. ; II Rois, II, 1 et suiv., V, 4 et suiv., 18-25.
(4) Cfr. I Rois, XXII, 5; II Rois, XXIV, 11-14 et II Rois, VII et XII.

et Nathan sont les trois noms qui résument l'histoire prophétique au commencement de la période de la royauté.

Au reste, nous trouvons dans les Paralipomènes, l'énumération des sources prophétiques que l'auteur des livres de Samuel a sans nul doute mises à contribution. Voici en effet ce que nous y lisons : « Gesta autem David regis priora et novissima, scripta sunt in libro Samuelis Videntis, et in libro Nathan prophetæ, atque in volumine Gad Videntis : universique regni ejus, et fortitudinis, et temporum, quæ transierunt sub eo, sive in Israel, sive in cunctis regnis terrarum (1). » C'est ainsi que l'auteur des Paralipomènes termine la vie de David, qui concorde pour l'ensemble et les détails et souvent mot à mot, avec le récit des livres de Samuel. Il signale les ouvrages cités comme des travaux remarquables et surtout comme présentant des développements beaucoup plus considérables que ceux dans lesquels il a pu entrer. Evidemment il tient à indiquer ses autorités afin qu'on ne puisse mettre en suspicion ni sa véracité, ni sa fidélité. La nature des faits qu'il raconte et le contenu des documents sur lesquels il s'appuie, témoignent suffisamment de son intention et montrent que le mot דבר, *dibré* « paroles » n'a pas seulement le sens d'oracles ou de discours, mais aussi d'histoire et de récits. On peut laisser indécise une question secondaire, c'est-à-dire, celle de savoir si les noms des prophètes indiquent l'auteur ou simplement le sujet principal; mais, en tout cas, il s'agit bien d'ouvrages proprement dits et non pas d'extraits tirés d'un grand ouvrage, par exemple des annales des rois de Juda et d'Israël, ainsi que le prétend Bertheau (2). Selon d'autres (3), les noms des trois prophètes Samuel, Nathan et Gad, désigneraient les trois parties des livres de Samuel et leur serviraient de titres; mais c'est là une opinion à la fois bizarre et insoutenable. En effet, la forme même de la citation indique bien qu'il s'agit de trois ouvrages distincts, et d'ailleurs « les paroles de Nathan sont, dans un autre passage (4), tout spécialement invoquées à propos de l'histoire de Salomon. Or, il est bien évident qu'il est toujours question du même ouvrage et par conséquent « les paroles de Nathan » sont autre chose qu'une des trois parties des livres de Samuel, puisque ceux-ci s'arrêtent avant la mort de David, qu'ils ne mentionnent même pas, non plus que le couronnement de Salomon, lequel eut lieu du vivant de son père. C'est ainsi que raisonnent la plupart des exégètes contemporains (5).

Ainsi que nous l'avons vu, l'auteur des Paralipomènes s'appuie sur les trois ouvrages portant les noms de Samuel, de Nathan et de Gad, comme si c'était là la totalité des documents qu'on pouvait consulter pour écrire la vie de David. Cependant, si nous comparons ses récits avec ceux des livres de Samuel, nous constaterons qu'il parle de plusieurs choses dont il n'est point question dans ces derniers, particulièrement en ce qui con-

---

(1) I Paral. xxix, 29 et 30.
(2) *Die Bücher der Chronik, Einleit.* § 3.
(3) Carpzovius, *Introduct. II*, Michaelis I Paral. xiv, 29; Eichhorn, ii, p. 487 et suiv.; Movers, I Paral. p. 178; de Welte, *Einleit.* § 192, 6.
(4) II Paral. ix, 29.
(5) Cfr. Erdmann, *Comment. Einleit.* 29; Bleck, *Einleit.* 151; Hævernick, 122 et suiv.; Thenius, *die Bücher. Sam.* xvi; Keil; *Apolog. Vers. uber die Chronik,* 249 et suiv.

cerne le culte, les prêtres et les lévites. Seul il nous donne la liste des braves qui vinrent trouver David à Siceleg et des guerriers qui le proclamèrent roi à Hebron (1). Enfin, les préparatifs que fit David pour la construction du temple, le nombre et l'ordre des lévites et des prêtres, l'organisation de l'armée et des employés, les dernières dispositions que prit David avant sa mort, tous ces détails d'une importance au moins relative ne se rencontrent pas dans les livres de Samuel (2).

En second lieu les livres de Samuel relatent bien des faits ou des documents qui manquent dans les Paralipomènes, par exemple, l'histoire de Michol et de David, le récit des faveurs que David accorda à Miphiboseth, l'épisode de l'adultère de David avec Bethsabée, les reproches de Nathan et leurs effets, les désordres de la maison de David et la révolte d'Absalon, la révolte de Séba, l'expiation du crime de Saül envers les Gabaonites, les guerres avec les Philistins, enfin le cantique d'action de grâces et les dernières paroles de David (3).

En troisième lieu, nous remarquons dans les deux ouvrages un bon nombre de passages parallèles dont nous croyons utile de donner le tableau suivant :

1 Paral. x, 1-12.	I Rois, xxxi.
— xi, 1-9.	II Rois, v, 1-3, 6-10.
— xi, 10-47.	— xxiii, 8-39.
— xiii, 1-14.	— vi, 1-11.
— xiv, 1-7, 8-17.	— v, 11-16, 17-25.
— xv et xvi.	— vi, 12-23.
— xvii.	— vii.
— xviii.	— viii.
— xix.	— x.
— xx, 1-3.	— xi, 1, xii, 26-31.
— xx, 4-8.	— xxi, 18-22.
— xxi.	— xxiv.

Or, ainsi que le fait remarquer le D. Keil (4), non-seulement les passages parallèles des Paralipomènes complètent et amplifient les récits de Samuel, mais la relation de l'ouvrage plus moderne se distingue de celle du plus ancien de plusieurs manières : par l'orthographe et des changements de formes et de constructions, par l'usage de formes nouvelles, parfois simplement par l'explication d'une expression, par l'omission de certaines circonstances et des abbréviations, par l'addition de remarques explicatives, enfin par certaines réflexions et par des remarques finales. Nous aurons d'ailleurs l'occasion d'en parler plus au long dans l'introduction aux livres des Paralipomènes. Pour le moment, il nous suffira de conclure, de la comparaison des deux ouvrages, que les livres de Samuel sont certainement autre chose que la juxtaposition de trois écrits portant respectivement les noms de Samuel, de Nathan et de Gad, et qui, selon Graf (5), ne seraient que les trois parties constitutives de l'ouvrage dont nous nous occupons.

---

(1) I Paral. xii.
(2) Cfr. I Paral. xxii, xxiii-xxvi, xxvii.
(3) Cfr. II Rois, vi, 20-23, ix, xi, xii, xiv-xix, xx, xxi, 4-14, xxi, 15-17, xxii, xxiii, 1-7.
(4) *Lehrbuch*, etc. § 139, p. 444.
(5) *Die Geschichtlich. Bücher des Alt. Test.*

On ne peut non plus admettre avec Bleek (1) que l'auteur des Paralipomènes, en citant « les paroles de Samuel », ait eu en vue le travail qui porte actuellement le nom du prophète. Cette supposition est même absolument invraisemblable, attendu que Samuel ne peut pas être l'auteur des deux livres dits de Samuel, ni pour le tout, ni même pour la partie, puisque l'ouvrage forme un tout complet. Le texte des livres de Samuel est parfois reproduit presque mot à mot dans les Paralipomènes ; mais, d'autre part, on constate des différences non-seulement dans les passages parallèles, mais ailleurs, en ce qui concerne la vie de David. On doit donc conclure de ces ressemblances et de ces différences, non pas que l'auteur des Paralipomènes a consulté et suivi les livres de Samuel, mais plutôt que les deux auteurs ont puisé à une source commune, et qu'ils ont eu chacun leur but et leur méthode. Or, la source en question ne peut être autre chose que les écrits que cite l'auteur moins ancien, en garantie de la véracité de ses écrits.

Les deux historiens, comme on l'admet généralement, ont mis à profit les mêmes documents, et par suite, on ne saurait douter que l'auteur des livres de Samuel n'ait eu à sa disposition les écrits invoqués dans les Paralipomènes. Par conséquent, son œuvre porte tous les caractères désirables de crédibilité, puisque, pour écrire la vie de David, il ne pouvait utiliser de renseignements plus sûrs et plus authentiques que ceux qui étaient contenus dans les écrits portant les noms des trois prophètes qui avaient été en rapport intime avec David, avaient été, en partie du moins, témoins ou contemporains des faits et, pour le reste, avaient recueilli des informations précieuses dans les écoles des prophètes. Ainsi s'expliquent l'élément théocratico-prophétique, si l'on peut parler ainsi, des livres de Samuel, et leur caractère biographique, attendu que Samuel, Gad et Nathan avaient été en relation directe avec David et, par conséquent, devaient être bien renseignés sur les particularités de sa vie (2). Que les écrits qui portent les noms de ces trois prophètes, soient leur œuvre proprement dite, ou qu'ils renferment seulement leurs oracles et le récit de leurs actes, il n'en est pas moins vrai qu'ils sont la triple source historico-prophétique des livres de Samuel, et que ces trois documents distincts en ont fourni le fond et la substance, bien que nous ne puissions déterminer ni le nombre, ni l'étendue des emprunts.

Voici cependant ce qu'on peut considérer comme vraisemblable :

Les « paroles de Samuel » ont dû servir à raconter la vie de Saül, celle de David, la vie et les actes de Samuel. En effet, comme le remarque Keil (3), « Si les Paroles de Samuel renfermaient sur la vie publique de David des détails si précis, que l'auteur des Paralipomènes a pu les citer comme source, il va de soi que le même écrit a été la source principale pour la vie et les actes de Samuel et de Saül. » Si Samuel lui-même était l'auteur de l'ouvrage qui portait son nom, il est évident que les vingt-cinq premiers chapitres seulement du premier livre ont été composés d'après les renseignements émanant de lui. Mais, si au contraire, les « paroles de Samuel » designent un travail prophétique, qui avait pour

---

(1) *Einleit.* 151.
(2) Cfr. I Rois, XIX, 18, XXII, 5 ; II Rois, VII.
(3) *Lehrbuch*, etc. p. 178.

but d'exposer la vie et les œuvres de Samuel avec leurs conséquences, cet ouvrage naturellement devait embrasser les commencements du règne de David et ferait le fond d'une partie du second livre. En tout cas, on peut rapporter à cette source, tout ce qui concerne Samuel et ses rapports avec Saül et David, ainsi que les faits de la vie de ces deux rois qui sont en connexion avec les actes du prophète.

Aux « paroles de Nathan », l'auteur a dû emprunter tout ce qui a trait au prophète Nathan, et à ses rapports avec David dans les chapitres VII à XII inclusivement du second livre, et vraisemblablement ce qui suit jusqu'au ch. XX, c'est-à-dire, la réalisation de la prédiction de l'homme de Dieu (1).

Enfin, le ch. XXII, du second livre, depuis le ỹ. 11 doit avoir appartenu aux « paroles de Gad », et peut-être trouverait-on encore quelque trace de l'œuvre de ce prophète au v. 5 du ch. XXII, du premier livre.

En résumé, si les trois ouvrages en question étaient l'œuvre des prophètes sus-nommés, ils renfermaient le récit des événements dont les auteurs avaient été les témoins, et les livres de Samuel auraient été ainsi composés sur des témoignages contemporains. Comme le dit Théodoret, δῆλον τοίνυν, ὡς τῶν προφητῶν ἕκαστος συγγραφε τὰ ἐν τοῖς οἰκείοις πεπραγμένα καιροῖς, « il est évident que chacun des prophètes a écrit les faits survenus de son temps. »

Mais, outre les écrits prophétiques, l'auteur des livres de Samuel a dû consulter des ouvrages purement historiques, sortes d'annales contemporaines, et y faire de notables emprunts. On admet en effet généralement aujourd'hui qu'il a existé en Orient, depuis les temps les plus anciens, des chroniques d'Etat, où l'on inscrivait les événements au fur et à mesure, à leur date respective, et on ne saurait douter que le même usage n'ait été en vigueur chez les Hébreux, et qu'ils n'aient eu de bonne heure, comme les Assyriens et les Romains, des historiographes en titre, à l'état d'institution permanente. Moïse lui-même avait donné l'exemple en écrivant le récit des événements de son temps, et il est possible qu'il ait en cela imité l'exemple des Egyptiens.

Or il est question I Paral. XXVII, 24, des « fastes du roi David », en hébreu « les paroles des jours du roi David », דברי חיומים למלך דויד, *dibre haïamim David*. Nous n'avons d'ailleurs pour nous renseigner au sujet de ces fastes, que le passage en question où nous lisons que le nombre de ceux qui avaient été recensés par Joab, ne fut pas inséré dans les annales du roi David » *non est relatus in fastis regis David*, en hébreu « et le nombre מספר, *misphar* ne fut pas inséré dans le compte, מספד, des annales du roi David. » On voit donc qu'il s'agit là d'un travail historique sur le règne de David et dont le caractère était statistico-historique, comme on peut en juger par la manière dont on le cite et la place où on le cite. On peut donc supposer avec une quasi-certitude que le dénombrement qui précède le passage ci-dessus en provient (2). Selon Erdmann (3), le récit du dénombrement du peuple (4) a été composé au point de vue théocratico-prophétique et, par conséquent, doit avoir pour base l'ouvrage du pro-

---

(1) V. XII, 11.
(2) Cfr. I Paral. XXVII, 1-22.
(3) *Comment. Einleit.*
(4) Cfr. I Paral. XXI.

phète Gad (1), et ce serait également en raison du même point de vue que le compte du dénombrement n'a pu trouver place dans les annales du règne de David. Il en conclut que les annales du royaume où se trouvaient des notices sur l'armée, l'administration, les héros et les employés, étaient rédigées par des prophètes, ou au moins sous la direction des prophètes, et qu'il faut, par conséquent, ranger les annales de David parmi les sources prophétiques. Nous serions assez porté à adopter les conclusions de ce commentateur, sans admettre pourtant sa théorie, car il nous paraît plus simple et plus naturel de supposer que, si les comptes du dénombrement ne furent pas insérés dans les annales du royaume, ce fut d'après les ordres de David et pour des raisons qu'il est facile de saisir. Il faut se rappeler en effet que ce dénombrement fut une faute, et que David s'en étant enfin rendu compte, ne le fit pas achever.

Mais quand même les prophètes auraient été tout à fait étrangers à la rédaction des notices statistico-historiques dont nous avons supposé avec quelque raison l'existence, ils ont dû nécessairement s'en servir. On peut en effet considérer comme vraisemblable que le scribe סיפר *sapher* était chargé de ces sortes d'annotations officielles d'où seraient sorties par exemple, « les paroles des jours du roi David. »

On supposait autrefois que l'annaliste officiel du royaume était l'employé désigné sous l'appellation de מזכיר *mazkir* (2), et c'est sans doute ce qu'a compris le traducteur latin, puisqu'il a rendu מזכיר par *a commentariis*; mais cette opinion est aujourd'hui généralement abandonnée et on compare plutôt le *mazkir* au *magister memoriæ* des Romains de la décadence, ou au Waka-Nouwis de la cour des rois de Perse, personnage qui prend note de tout ce qui se passe autour du roi, donne connaissance à son souverain de tout ce qui arrive dans le royaume, revêt les ordres royaux de son visa, et consigne le tout dans un registre spécial (3). Nous aurons d'ailleurs l'occasion de traiter cette question plus au long dans l'introduction aux livres des Paralipomènes.

En somme, il paraîtrait donc très-probable que l'historiographie proprement dite était entre les mains des prophètes. Quant au מזכור, *mazkir*, dont le nom dérive d'ailleurs de הזכיר, *hizkir*, « in memoriam revocare », et est synonyme de μνήμων (celui qui rappelle), il était sans doute chargé de rappeler au roi les affaires à traiter et avait à lui donner des conseils. Donc s'il notait tout ce qui se passait d'important, c'était pour être en mesure de renseigner le roi au besoin et non pas pour faire œuvre d'historien. On ne devrait donc pas confondre les notes du chancelier du roi, du mazkir, destinées aux archives de l'état, avec les annales officielles du royaume dont la rédaction aurait été confiée aux prophètes et qui dès lors feraient aussi partie des sources prophétiques. Les « paroles des jours du roi David (4) » auraient été vraisemblablement, dans cette hypothèse, la collection des annotations des *Sopherim* (scribes), les chanceliers du royaume. On peut présumer que les listes des grands officiers de la couronne (5) auraient été

---

(1) V. II Rois, xxiv, 11.
(2) II Rois, viii, 16; Paral. xviii, 15.
(3) Cfr. Chardin, *Voyag.* v, p. 258.
(4) I Paral. xxvii, 24.
(5) II Rois, viii, 15-18, et xx, 23-26.

empruntées à cette source; mais toutefois il n'est certainement pas impossible que les noms de ces personnages eussent été connus des prophètes historiographes. D'autre part, ces derniers devaient probablement n'être pas bien au courant de certaines questions spéciales, par exemple, en ce qui concerne l'armée et la guerre; pour cette raison on peut supposer légitimement que l'énumération des guerres de David (1), celle des campagnes contre les Philistins (2) et la liste des héros (3), proviennent des archives du royaume.

Enfin outre les écrits historiques proprement dits, l'auteur des livres de Samuel a dû se servir aussi d'ouvrages purement poétiques. Il n'en cite qu'un expressément, à savoir, le livre des Justes auquel il a emprunté l'élégie de David sur la mort de David et de Jonathas (4). Probablement le livre des Justes était une collection de chants populaires sur les événements et les héros les plus remarquables de l'histoire d'Israël, mais on peut douter qu'il contînt aussi l'histoire suivie des faits et des personnages célébrés par les poètes. Outre l'élégie sur la mort de Saül et de Jonathas, l'auteur a encore inséré dans son œuvre d'autre morceaux poétiques, c'est-à-dire, le cantique d'Anne, l'élégie de David sur la mort d'Abner, son cantique d'actions de grâces et ses dernières paroles (5), qui tous probablement faisaient partie du recueil déjà mentionné, mais pouvaient aussi se trouver ailleurs.

L'auteur des livres de Samuel a donc puisé à trois sources différentes, c'est-à-dire à eu recours à des écrits prophétiques, à des documents annalistiques ou statistiques, enfin à la littérature poétique (6). En outre, il a pu encore avoir à sa disposition d'autres travaux que nous ne connaissons pas; mais ce que nous savons suffit pour nous faire conclure qu'il avait en main les matériaux nécessaires pour faire une œuvre vraiment historique.

Nous allons maintenant indiquer aussi rapidement que possible les passages qui paraissent être des reproductions d'auteurs contemporains, car on convient généralement que notre historien ne s'est pas contenté de s'inspirer des documents qu'il a consultés, mais que le plus souvent il les a reproduits fidèlement. C'est ce qu'indique la forme même de la composition où les transitions ont été négligées et où l'on remarque quelque chose de heurté. Le style est à peu près le même partout; mais il n'y a pas à s'en étonner, puisque tous les documents en question appartenaient à la même époque.

Or, en premier lieu, on doit penser que de nombreux fragments des écrits de Samuel ont été insérés dans l'ouvrage qui porte son nom. On peut donc lui attribuer la plus grande partie des premiers chapitres du premier livre, par exemple, l'histoire même de sa naissance où l'on rencontre des détails si précis, si touchants et si intimes, la scène de nuit pendant laquelle le prophète encore enfant entend la voix de Dieu qui lui

---

(1) II Rois, viii.
(2) II Rois, xxi, 15-22.
(3) Ibid. xxiii, 8-39.
(4) II Rois, i, 48.
(5) I Rois, ii, 1-10; II Rois, iii, 33, 34, xx, et xxiii, 7.
(6) Cfr. I Paral. xxix, 28-30, xxvii, 24 et II Rois, i, 18.

ordonne d'annoncer à Héli les vengeances du Seigneur. Seul il a pu être au courant de toutes les particularités qui sont contenues dans ce récit. On peut même croire que ces premiers chapitres sont de la propre main de Samuel et que nous les possédons dans leur forme première, ou peu s'en faut.

Nous pouvons ensuite citer comme un document contemporain et presque avec certitude la prédiction faite à Héli par un prophète inconnu (1). En effet, elle concerne une famille dont la prospérité ne fut que passagère et qui fut frappée et ruinée au temps même de Samuel, comme le prouve le ⅄. 3 du passage en question. Par conséquent cette prophétie date du temps de la splendeur de la famille d'Héli qui tomba peu après dans l'obscurité et dont on ne se serait pas occupé un siècle plus tard.

Nous signalerons encore avec la plupart des auteurs contemporains les nombreux dialogues conservés dans les livres de Samuel et qui se distinguent à première vue des discours des historiens classiques de l'antiquité par leur naturel et leur simplicité. On s'aperçoit aisément que ce ne sont point de simples exercices littéraires. A l'appui de nos dires nous allons en passer en revue un certain nombre.

La faiblesse et l'indulgence excessive du grand-prêtre Héli se remarquent tout d'abord, et cependant il adresse à Anne, la mère de Samuel, cette parole dure et injurieuse : « Usquequo ebria eris (2)? » Or comment se fait-il que l'auteur lui attribue ce reproche violent et immérité? Il y a là une sorte d'invraisemblance que les Septante, par exemple, ont voulu atténuer en mettant les paroles en question dans la bouche d'un serviteur du temple. Aussi plusieurs commentateurs se sont-ils ingéniés à les expliquer. Mais quant à l'auteur, il n'y a pas pensé, évidemment, parce qu'il a fidèlement rendu la vérité. Tout autre, dans un récit d'imagination n'eût pas manqué de faire conformer la réponse d'Héli à son caractère bien connu.

Nous citerons ensuite les entretiens d'Héli et de Samuel dont on remarquera sans peine le caractère, pour ainsi dire, confidentiel et le parfait naturel (3). Nous voyons en effet que Samuel enfant crut reconnaître la voix d'Héli, lorsque Dieu l'appela, et que le même pontife confesse sa faiblesse et se soumet avec résignation à la sentence divine, récit éminemment dramatique et saisissant malgré une simplicité antique. Rien qui vise à l'effet, rien qui trahisse l'apprêt ou la recherche. Certains détails ne peuvent même provenir que d'un témoin oculaire, par exemple, ce qui concerne la lampe du sanctuaire.

Enfin, on peut encore signaler nombre de dialogues et des discours qui n'ont pu être recueillis que par des témoins oculaires et dont nous nous contenterons d'indiquer la place (4). Mentionnons cependant tout spécialement l'élégie de David sur la mort de Saül et de Jonathas et celle sur la mort d'Abner qui, l'une et l'autre, ont certainement David pour auteur et furent évidemment composées immédiatement après la mort des person-

---

(1) Rois, II, 27-37.
(2) I Rois, I, 14.
(3) Ibid. III, 5-14, 16-18.
(4) Cfr. I Rois, IX, 5-10, 18-27, X, 1-18, XIII, 10-14, XV, 13-34, XVII, 28-30, 32-37, 43-46, XVIII, 17-18, XIX, 4-6, XX, 1-23, 27-39, 42-43, XXI, 2-10, XXIII, 16-18, XXIV, 9-23, XXV, 24-34, XXVI, 17-25; II Rois, VI, 20-22.

nages en question, enfin le cantique d'actions de grâces de David, cantique dont l'authenticité ne saurait être contestée (1).

Parmi les monuments qui subsistaient à l'époque où vivait l'auteur nous citerons :

1° Le temple de Dagon (2).

2° La « grande pierre » אבן גדילה ou אבל, *Eben* ou *Abel gedolah* « Abel magnus » (3), pierre monumentale qui existait encore du temps de Samuel.

3° La « Pierre du secours (Lapis adjutorii) *Ebenezer* אבן העזר (4), sorte de monument érigé par Samuel en souvenir de sa victoire sur les Philistins et qui évidemment devait être encore debout au temps de l'auteur et devait même être bien connu.

4° Le « champ des braves » (ager robustorum) » הצרים חלקת, *khelkhat hatt-sourim* (5), dont le nom conservait le souvenir du combat singulier qui s'était livré en cet endroit entre douze guerriers de l'armée de Joab, et douze de l'armée d'Abner.

5° Le monument désigné sous le nom de « Main d'Absalon » (Manus Absalom) en hébreu יד אבשלים, *iad Alischalom* (6).

6° L'endroit appelé « Percussio Ozæ » en hébreu עזה פרץ *herets cuzzah* (7), où Oza fut frappé par Dieu pour avoir porté sur l'arche une main téméraire.

7° La ville de Siceleg qui devint la propriété des rois de Juda depuis l'époque où elle fut cédée à David (8).

8° L'épée de Goliath conservée dans le tabernacle (9).

Enfin on peut encore invoquer à l'appui de la véracité des livres de Samuel les proverbes et les chants dont l'origine se rapporte à des faits de l'histoire (10) et les étymologies de certains noms de localités, noms dont le sens rappelait les événements qui s'y étaient passés, par exemple, la « Pierre de la Séparation » (Petram dividentem), en hébreu סלע המחלקית, *Sela hammakhlekoth* et *Baal Pharasim*, en hébreu בעלפרצים, *Baal Peratsim* « le lieu des défaites » ou « des ruptures », litt. « le maître des ruptures (11). »

Pour compléter les observations précédentes, il ne sera peut-être pas sans intérêt d'exposer les diverses hypothèses de la critique moderne au sujet de la composition de nos livres et de leurs sources, hypothèses qui se détruisent mutuellement et qui toutes partent d'un faux principe déjà suffisamment réfuté, c'est-à-dire présuposent des contradictions et des répétitions dans le texte. Nous empruntons au travail du Dr Erdmann (12), le résumé des divers systèmes des auteurs allemands tout en l'abrégeant.

---

(1) Cfr. II Rois, I, 18-27, III, 33-34, XXII.
(2) I Rois, V, 2.
(3) Ibid. VI, 18.
(4) Ibid. VII, 12.
(5) II Rois, II, 16.
(6) Ibid. XVIII, 18.
(7) Ibid VI, 8.
(8) I Rois, XXIII, 6.
(9) I Rois, XXI, 9.
(10) Cfr. I Rois, X, 11 et XIX, 24, XVIII, 7, XXI, 12, XXIX ; II Rois, V, 6-8.
(11) I Rois, XXIII, 28 ; II Rois, V, 20.
(12) *Die Bücher Sam. Einleit.* 33-35.

Selon Eichhorn (1), ce qui fait le fond du second livre de Samuel, c'est un ancien abrégé de l'histoire de David auquel on a fait plus tard des additions à l'aide de documents écrits. Quant au premier, il aurait été puisé dans une ancienne chronique sur Samuel et Saül et il s'y serait ajouté quelques éléments émanant de la tradition orale. Enfin de nouvelles additions puisées soit dans des documents écrits soit dans la tradition orale, auraient complété les deux livres et leur auraient donné leur forme actuelle. Bertholott (2) modifie quelque peu l'hypothèse précédente et admet quatre sources principales : 1° avec Eichhorn, pour I Rois XXXI, et II Rois v, une histoire sommaire du règne de David augmentée d'additions postérieures; 2° pour I Rois I-VII, une histoire de Samuel; 3° pour I Rois VIII-XVI, une histoire de Saül; 4° pour I Rois XVII-XXX, une histoire de David avant son avénement. Stahelin prétend qu'un ancien document qui doit être attribué à un Jéhoviste, fait le fond du premier livre. Le rédacteur y aurait fait d'importantes additions et serait l'auteur de tout le second livre. Gramberg (3) voit deux relations qui reproduisent la même chose, mais en se contredisant, qui marchent côte à côte dans une grande partie du premier livre jusqu'au second et qui ont été agencées ensemble par un compilateur. Graf (4) ne reconnaît comme parties originales et essentielles que I Rois XIII, 16-XIV, 52; XVII-XIX, 1-17; XX-XXII, XXIII-XXVI, XXVII-XXX. Tout le reste n'est qu'additions. Samuel a été imaginé pour en faire l'idéal de la puissance théocratique et prophétique. Tout ce qui concerne la judicature de ce prophète et celle d'Héli n'est qu'un poème et l'élection de Saül n'a pas d'autre origine que la signification de son nom « le demandé ». Dans le second livre, il fait la même distinction entre les parties constitutives de l'œuvre et les additions. Toutes ces hypothèses sont purement arbitraires et sont déjà suspectes par leur diversité et leur variété. Elles ont déjà été réfutées plusieurs fois, en particulier par de Wette, Hævernick et Thénius, et elles le sont suffisamment par l'ensemble des observations que nous avons déjà présentées.

Mais si Thénius affirme que les systèmes précédents donnent prise à des objections inéluctables, il faut en dire autant du sien. Il distingue en effet dans nos livres cinq parties essentielles et constitutives : 1° Une histoire de Samuel (I Rois I-VII), basée sur des renseignements provenant des écoles des prophètes et sur la tradition; 2° une histoire de Saül d'après la tradition, avec intercalation d'un écrit populaire (I Rois VIII, X, 17-27, XI, XII, XV, XVI, XVIII, 6-14, XXVI, XXVIII, 3-25, XXXI); 3° une ancienne histoire abrégée de Saül composée d'après d'anciens documents écrits et non altérée par la tradition dans son fonds historique (I Rois IX, X, 1-26, XIII, XIV); 4° une histoire de David qui a servi à amplifier l'histoire abrégée de Saül (I Rois XIV, 52, XVII, XVIII, (en partie), XIX, XX, XXI (en partie), XXII, XXIII (en partie), XXIV, XXV, XXVII, XXVIII, 1, 2, XXIX, XXX; II Rois 1-5 (en partie), VII, VIII); 5° une histoire spéciale de David, une quasi bio-

---

(1) *Einleit.* III, § 469, 471, 475.
(2) *Einleit.* p. 894 et suiv. 920 et suiv.
(3) *Krit. Untersuch. ub. Feut.* p. 442 et suiv.., 429 et suiv.
(4) *Geschichte der Religions ideen des A. Test.* II, 71 et suiv.
(5) *De librorum Sam. et Reg. compositione, scriptor.,* etc. Argentor, 1842.
(6) *Geschichte des Velkes, Israel,* etc. p. 193-244, 3 Aufl.

graphie pour la seconde partie de sa vie et particulièrement pour ce qui concerne sa vie de famille (II Rois XI, 2-27, XII, 1-25, XIII-XX).

Dans l'hypothèse d'Ewald, on devait admettre ce qu'il appelle le grand livre des Rois — das grosse Buch der Kœnige — c'est-à-dire un ouvrage considérable comprenant les Juges et Ruth, et dont les livres de Samuel et des Rois feraient partie intégrante. Ewald distingue d'abord un ancien écrit historique composé peu après Salomon, peut-être sous Asa, écrit composé de simples récits isolés avec quelques remarques éparses, travail caractérisé par l'abondance des détails et la véracité de l'exposition, particulièrement dans le récit des guerres, et dont on peut reconnaître des restes dans I Rois XIII, XIV, XXX, 26-31; II Rois VIII, et même Jug. XVII et suiv. XIX, XXI. Mais en outre, il existait un autre ouvrage composé, dans les temps qui suivirent l'avènement de Jéhu, par un écrivain prophétique qui était en même temps lévite. Cet écrivain, commençant avec la naissance et les œuvres de Samuel comme d'un point de départ nouveau pour l'histoire d'Israël, raconte au point de vue prophétique l'origine de la royauté à laquelle se rattachent d'ailleurs la vie et les actes de Samuel. On en retrouve des restes très-étendus et souvent dans leur forme originale dans les livres de Samuel et des Rois. On reconnaît encore visiblement l'ordonnance de l'ouvrage dans le premier livre de Samuel sous trois aspects principaux. Ces trois parties auraient été : 1° la vie de Samuel qui sert de base et d'introduction à l'histoire de l'établissement de la royauté (I Rois I-VII); 2° l'histoire de la royauté de Saül, terminée par un résumé (I Rois VIII-XIV); 3° le récit de la décadence de Saül et de l'élévation de David (I Rois XV-XXXI). Dans le second livre, on ne distingue plus aussi clairement la rédaction primitive, à cause des remaniements que ce livre a subis. Cependant on en retrouve encore les traits principaux dans ses trois parties consacrées à la vie de David. En premier lieu, la suite de l'histoire de David depuis la mort de Saül jusqu'à son exaltation comme roi sur tout Israël, est contenue dans II Rois I-VII. En second lieu, la seconde partie du travail comprenant l'histoire du milieu du règne de David à Jérusalem se serait conservée dans II Rois VIII, 1-14, 15-18, IX, X-XX, 22, XXI, 1-14, XXIV. Enfin, quant à la troisième période de la vie de David, appartiendraient à l'œuvre primitive II Rois XX, 25, 26 et XXII, XXIII, 1-7. Ce travail aurait été maintes fois retouché, d'une part augmenté, de l'autre abrégé, comme on peut le voir par des passages où il est fait allusion à des personnes et à des faits dont il n'a pas été question auparavant, par exemple par I Rois XIII; 2, XXX, 26-31. Entre I Rois XXIII et XXX, une grande partie de l'œuvre originale a été perdue et les ch. XXIV et XXVI, proviennent d'auteurs postérieurs. Les fragments XXIII, 8, 39 et XXI, 15-22, du même livre seraient tirés des « Journaux des rois ou des Annales du royaume ». Aux fragments des deux ouvrages précités se trouvent joints des extraits d'un autre ouvrage lequel, à en juger par les passages qui lui appartiennent (I Rois V-VIII et XXXI), n'avait pas un caractère prononcé et dont la rédaction était plus sèche et plus lâche. C'est de l'auteur de ce dernier ouvrage que proviendrait un long fragment des Juges (Jug. III, 7, XVI). Plus tard cette histoire des rois a été remaniée, comme le montrent l'histoire de Saül et celle de David dans leur rapprochement actuel (I Rois III, 15-17, XXIV, XXVI, XXVIII), car nous avons là des fragments de deux ou trois ouvrages postérieurs. Les histoires des Rois reçurent leur dernière forme graduellement et en deux fois, d'abord, peu après Josias, de la main du rédacteur deutéronomiste, qui, élaguant la matière historique d'après ses idées, abrégea les rédactions précédentes et rassembla les fragments des anciens ouvrages qui lui parurent utiles. Il prit pour base de son travail l'ouvrage du narrateur prophétique auquel il ajouta des matériaux tirés des autres écrits et en outre quelques additions de son fonds propre (I Rois VII, 3, 4, XII; III Rois II, 2-24). L'œuvre du rédacteur deutéronomiste subit un dernier remaniement de la part d'un auteur vivant dans la seconde moitié de la captivité et qui publia l'histoire de l'établissement de la royauté depuis I Rois jusqu'à III Rois II, d'après le travail précédent et presque sans y rien changer, tout en y ajoutant quelques fragments sur la vie de David. Mais il réunit en un seul corps d'ouvrage les Juges, Ruth, les livres de Samuel et ceux des Rois, fit de l'histoire de Ruth, qu'il avait composée, une préparation à l'histoire de David, à cause de la généalogie de ce roi; et du livre des Juges, l'introduction à tout le livre des Rois. Il agit ainsi à cause de la liaison qui existe entre l'histoire des Juges et celle des Rois. Cet auteur n'aurait donc fait que rallier la première moitié du grand travail sur les Rois, jusqu'à III Rois II, inclusivement; mais le reste serait, à proprement parler, son œuvre.

Tel est à peu près le résumé de l'hypothèse d'Ewald, qu'il n'est point facile de dégager des cinquante pages au moins qu'il a employées à la développer à grand renfort d'assertions toutes aussi hasardeuses et aussi peu prouvées les unes que les autres. Nous avons pu nous même nous rendre compte en cette occasion, comme en bien d'autres, de la manière de procéder de cet auteur, et il ne nous a point été difficile de nous apercevoir que le plus souvent il donne libre carrière à son imagination, commence par affirmer sans ombre de preuve et continue sa marche en basant de nouvelles affirmations sur les premières, comme si elles étaient des axiomes. Il en est de même ici, car, si le système de l'écrivain rationaliste ne pèche pas par la simplicité de la conception, d'autre part, il ne s'appuie que sur des suppositions et non point sur un terrain solide. En effet, les sources qui nous sont indiquées, I Paral. XXIX, 28-30 et XXVII, 24, ont pu suffire à l'auteur des livres de Samuel, même au point de vue prophétique, et il n'est point nécessaire de supposer un travail spécial auquel auraient été empruntés I Rois XIII, XIV, d'une part, et, de l'autre, XX, 26 et suiv., et II Rois VIII, car les notes manuscrites conservées dans les écoles des prophètes contenaient tous les détails possibles sur l'histoire de Saül, tandis que dans les annales de David (I Paral. XXVII, 24) on devait trouver des renseignements précis et complets sur les guerres de David. Quant à l'hypothèse d'une dernière et double rédaction du livre des Rois, d'une part, par un rédacteur deutéronomiste, de l'autre, par un compilateur de la deuxième moitié de la captivité, elle ne repose sur rien et suppose résolu ce qui est en question, c'est-à-dire, que le travail primitif des Rois s'étend jusqu'au ch. II inclusivement du troisième livre. Elle suppose de plus que les idées signalées comme *deutéronomistes*, par exemple, « revenir à Dieu de tout son cœur et le servir » (1), ne peuvent pas provenir des

---

(1) I Rois, VII, 3, XII, 20, 24.

« paroles de Samuel » et qu'il faut attribuer l'agencement et l'addition du fragment II Rois xxi-xxiv, au rédacteur qui a ordonné les matériaux jusqu'à xx, 26.

Enfin, la ressemblance du style des deux premiers chapitres du IIIe livre des Rois avec celui des livres de Samuel, peut s'expliquer très-aisément. Il est plus que probable, en effet, que l'auteur des Rois aura puisé à la même source que celui des livres de Samuel, c'est-à-dire, dans l'ouvrage du prophète Nathan.

Au reste, l'hypothèse d'Ewald se distingue des autres en ce qu'elle fait des livres de Samuel, jusqu'à III Rois ii, un tout unique, œuvre d'un historien prophète et ne morcèle pas le travail en en faisant une sorte de mosaïque composée de pièces de rapport; mais elle n'est pas plus fondée en raison, puisqu'elle ne repose ni sur des documents, ni sur les indications de nos livres, mais uniquement sur de vagues suppositions. Au lieu de procéder par de pures affirmations, nous avons cherché au moyen du texte même et des renseignements qu'il nous fournit, à nous rendre compte des documents que l'auteur des livres de Samuel a eus a sa disposition, et nous pensons qu'en l'absence de toutes autres données, c'est la marche la plus simple et la plus sûre, la seule même qui puisse donner un résultat utile.

Nous ne terminerons pas ce chapitre sans faire remarquer que, dans toutes les hypothèses que nous avons passées en revue, on admet toujours en principe que l'auteur des livres de Samuel, quel qu'il soit, s'est servi pour son travail de documents anciens et même contemporains ou peu s'en faut. Cet aveu nous suffit pour conclure de nouveau que notre historien est digne de foi et que sa véracité est à l'abri du soupçon.

V

LES ÉCOLES DES PROPHÈTES ET L'ÉVOCATION DE SAMUEL

Nous ne croyons pas devoir nous livrer à un travail spécial sur les différentes difficultés qui se présentent dans les livres de Samuel, car aucune, ce nous semble, ne demande de longs développements pour être résolue, et par conséquent nous renvoyons au commentaire où l'on trouvera l'exposé des objections et des réponses. Nous rappellerons en même temps que nous avons montré, dans le premier chapitre de cette introduction, la non existence de prétendues contradictions que l'on s'est attaché à découvrir dans les livres de Samuel. Nous nous bornerons donc pour le moment à l'examen de deux questions qui feront chacune le sujet d'un paragraphe spécial.

§ 1

Les écoles de prophètes.

L'histoire des écoles de prophètes peut se partager en deux périodes et reste d'ailleurs enveloppée d'une grande obscurité, car il n'est jamais fait allusion que d'une manière incidente à cette institution. L'origine même nous en est inconnue et nous ignorons aussi le nom de leur fondateur. Cependant on suppose avec quelque vraisemblance que ces écoles prirent naissance du temps de Samuel et que ce grand prophète en fut à la fois le créateur et l'inspirateur.

C'est ce que l'on peut déduire du passage où nous lisons que les révélations étaient rares avant Samuel « et sermo Domini erat pretiosus, non erat visio manifesta (1). » Mais comme il n'en fut plus ainsi durant la vie de Samuel et que l'existence des écoles de prophètes nous est révélée plus loin, on est donc autorisé à croire que ce grand prophète fut pour quelque chose dans ce changement. Pour la première fois nous voyons, au ch. x, ℣. 5 et 10 du premier livre, apparaître à Gabaa de Benjamin un chœur de prophètes qui descendent de la hauteur et vont à la rencontre de Saül. Le texte ne nous dit pas qu'ils eussent leur demeure à Gabaa; cependant on pourrait, remarque le Dr Keil, faire valoir pour l'affirmative le nom de גבעת האלהים, *gibeath haelohim* « la Gabaa » ou « la Hauteur de Dieu », appellation qui peut-être trouverait son origine dans l'existence du haut lieu qui se trouvait en cette localité et qui était célèbre entre tous. Quoiqu'il en soit, c'est seulement un peu plus loin, au ch. xix, ℣℣. 22 et 33, que nous voyons les prophètes réunis à Ramatha ou Rama, dans des demeures spéciales, les *Naioth*, ניות (habitation), mot qui a passé tel quel de l'hébreu dans la Vulgate et que les Septante ont transformé en Ναυὼθ. Samuel est le chef de la communauté (℣. 19), et ses membres sont appelés נביאים, *nebiim*, « prophètes ». Ils prophétisent sous la conduite de Samuel et leur inspiration est si puissante qu'elle se communique même aux étrangers, c'est-à-dire aux satellites envoyés par Saül, puis à Saül lui-même (2). C'est là que David s'était réfugié, qu'il trouva aide et protection et reçut sans doute aussi des consolations et des encouragements spirituels.

Après Samuel, il n'est plus question dans l'histoire des communautés des prophètes jusqu'à Elie et Elisée. Nous voyons alors apparaître sur la scène « les fils des prophètes », בני הנביאים, *bne haunbiim* (3), appellation qui indique que ces prophètes se trouvaient sous la direction d'un chef ou d'un maître en qualité de disciples. Des communautés de ce genre se rencontrent à Galgala, Béthel et Jéricho, sur le territoire des dix tribus, et elles étaient, ce semble, assez importantes par le nombre de ceux qui en faisaient partie (4). Nous voyons, en effet, que cent fils de prophètes habitaient en présence d'Elisée à Galgala, et quant à ceux de Béthel, ils ne devaient pas être moins nombreux, puisque cinquante d'entre eux suivirent Elie et Elisée vers le Jourdain (5). Ces deux passages suffiraient déjà à prouver que les fils des prophètes habitaient en commun, mais ce que nous lisons plus loin, au ch. vi, ℣. 1 et 2, lèverait tous les doutes, s'il pouvait y en avoir. Les fils des prophètes se plaignent à Elisée d'être trop à l'étroit et proposent d'aller sur les rives du Jourdain pour y construire un local plus spacieux : « Dixerunt autem filii prophetarum

---

(1) I Rois, iii, 4.
(2) I Rois, xix, 20-24.
(3) III Rois, xx, 35.
(4) Cfr. IV Rois, iv, 38-44, ii, 3-7, 15-18, vi, 1-7, ix, 1.
(5) Ibid. iv, 38 et 43, ii, 7 et 16.

ad Elisæum : Ecce locus, in quo habitamus coram te, angustus est nobis. Eamus usque ad Jordanem, et tollent singuli de silva materias singulas, ut ædificemus ibi locum ad habitandum ». Or, si les prophètes se sont fait construire une habitation plus vaste sur les bords du fleuve, évidemment ce ne peut pas être uniquement pour s'y réunir de temps à autre, pour y écouter les enseignements d'Elisée, mais bien *ad habitandum*, pour y vivre en commun, sous la conduite de leur maître, au moins pendant un certain temps. Comme plusieurs d'entre eux étaient mariés et habitaient chez eux (1), on peut présumer que les célibataires seuls vivaient habituellement en communauté. Il est probable que ces communautés étaient soumises à peu près à la même organisation aux deux époques de leur existence, sauf certaines différences; mais il est douteux qu'elles se soient continuées sans interruption depuis Samuel jusqu'à Elie. En effet, si nous voyons un grand nombre de prophètes au temps d'Elie (2), il ne s'en suit pas absolument qu'ils existaient déjà dès le commencement de sa mission ou même au moment de son entrée sur la scène de l'histoire. Trois ans auparavant, le prophète avait déjà paru devant Achab (3) et rien n'indique que sa mission publique date seulement de cette époque. Si sa première apparition est tout à fait soudaine et imprévue, il ne s'en suit point qu'il ait été, comme son disciple Elisée, subitement arraché à ses occupations habituelles et revêtu sans préparation aucune des fonctions prophétiques. La chose n'est même pas vraisemblable, car on n'en trouverait pas d'autre exemple. Elie aurait donc eu le temps, pendant la première partie de sa carrière publique, partie qui nous est restée inconnue, de restaurer les écoles de prophètes et de les fonder à nouveau, en y introduisant les changements commandés par les circonstances et les différences de temps et de lieux. A l'appui de cette hypothèse, on peut encore faire remarquer que, du temps d'Elie et d'Elisée, les écoles de prophètes ne se montrent que dans le royaume d'Israël, à Galgala, Béthel et Jéricho, et non pas dans le royaume de Juda, comme on serait en droit de s'y attendre, si elles eussent été la continuation directe de l'œuvre de Samuel. Enfin, le but et l'organisation de ces communautés paraissent différer quelque peu à chacune des deux époques. En effet, du temps de Samuel, ces communautés sont désignées par les expressions חבל הנביאים *habal haunbiim* ou להקת הנביאים *lalakath haunbiim* « agmen » ou « cœtus prophetarum », dans la Vulgate « grex » ou « cuneus » (4), et non point, comme dans la seconde période, par cette autre, בני הנביאים *bné haunbiim*, fils de prophètes », laquelle indiquerait peut-être des rapports plus étroits entre le maître et les disciples, une plus grande dépendance de la part de ces derniers. C'est alors seulement que la dénomination d'écoles de prophètes recevrait justement son application. On peut donc supposer que les nouvelles écoles, restaurées sur d'autres bases, étaient complètement sous la direction d'Elie et d'Elisée, et que les fils des prophètes recevaient un enseignement particulier et remplissaient, dans l'occasion, les missions dont leurs maîtres

---

(1) Ibid. IV 1 et suiv.
(2) III Rois, XVIII, 4 13.
(3) III Rois, XVII, 1.
(4) I Rois, X, 5, 10, XIX, 20.

les chargeaient (1). Par contre, les mots הבל *habal* et רחקת *hahakath*, « cœtus » ou « agmen », dans la Vulgate, « grex » ou « cuneus », indiqueraient simplement des réunions accidentelles, lesquelles avaient lieu sous la haute direction ou la présidence de Samuel, mais sans exclure une direction effective et une action personnelle sur le but et l'esprit de ces groupes de prophètes, ainsi que le prouve manifestement l'expression נצב עליהם *nitsab aléhem* « stantem super eos », comme nous lisons dans la Vulgate. En un mot, dans la première période, les écoles de prophètes ressembleraient plutôt à des associations libres, et, dans la seconde, à de véritables collèges soumis à une discipline et régis par des supérieurs. C'est au moins ce que nous pouvons conjecturer avec quelque vraisemblance au moyen des données bien insuffisantes qui sont à notre disposition.

Quant à la nature et au caractère de ces associations de prophètes les opinions sont loin d'être unanimes.

La plupart des Pères et des anciens commentateurs considèrent les communautés en question comme de véritables monastères. Voici comment s'exprime S. Jérôme (2) à ce sujet : « Filii prophetarum, quos monachos in V. T. legimus, ædificabant sibi casulas prope fluenta Jordanis, et turbis urbium relictis polenta et herbis agrestibus victitabant. » Ailleurs, se comptant parmi les moines, il dit : « Noster princeps Elias, noster Elisæus, nostri duces filii prophetarum. » Cassien (3) enseigne positivement que les prophètes Elie et Elisée ont jeté les fondements de la profession monastique. D. Calmet nous paraît avoir très-heureusement résumé l'opinion de la tradition à cet égard. Voici en effet ce que nous lisons dans son commentaire : « Erant illi vitæ genere et professione a reliquo populo distincti, ac potissimum labore manuum, studio ac ministerio, et laudibus Domini occupabantur. Non omnes quidem divinitus afflabantur, sed parebant prophetis quos superiori lumine afflatos esse omnes norant. Sal erant terræ, et lumen regionis, fulcrum religionis, et propugnaculum legum divinarum adversus crimina et licentiam cum principis, tum populi. Veram religionem penitus in Israele impia Jezabel subversura, nihil non movit, ut cœderet prophetas, viros nempe qui columnæ essent ac firmissimum religionis munimentum. » Corneille Lapierre pense à peu près de même, tout en paraissant restreindre encore davantage le rôle des fils de prophète, et les assimiler presque complètement à de véritables religieux. « Prophetæ hi, dit ce célèbre commentateur (4), non erant proprie dicti, qui futura prædicerent; sed erant viri religiosi, qui a turba secedentes vacabant Deo, illique hymnos et laudes concinebant, tum voce, tum instrumentis musicis : unde secum ducebant psalterium, citharam, tympanum et tibiam;... Erant tamen inter eos aliqui vere prophetæ, qui futura prænuntiarent, ut patet eo quod illi ipsi prænuntiarint Elisæo raptum Eliæ in cœlum, lib. IV, Reg. c. II, 3. » Il n'est pas probable, en effet, que tous fussent doués du don de prophétie; mais, en tout cas, rien ne nous montre que le nombre des privilégiés fût très restreint et consti-

---

(1) V. IV Rois, IX, 1 et suiv.
(2) *Epist. IV, ad Rustic. manach.* c. VII.
(3) Lib. I. c. II.
(4) In l. I Reg. c. X, v, 5.

tuat précisément l'exception. Il semblerait même, d'après ce que nous lisons I Rois, XIX, 20 et suiv., qu'en certaines circonstances, l'inspiration s'étendait à tous. David, s'étant réfugié auprès de Samuel à Ramatha, Saül en est informé et envoie ses gardes pour le saisir ; mais lorsque ceux-ci eurent vu la troupe des prophètes et Samuel à leur tête, l'Esprit du Seigneur descendit sur eux et ils commencèrent à prophétiser aussi : « qui cum vidissent cuneum prophetarum vaticinantium (hebreu : נביאים, *nebiim*), et Samuel stantem super eos, factus est etiam Spiritus Domini in illis et prophetare cœperunt (ויתנבאו *vaïtnabon*). » Un peu plus loin (1), il est dit aussi que Saül fut saisi de l'Esprit divin et se mit à prophétiser. De quelle nature était cette inspration? c'est ce qu'il serait téméraire de vouloir déterminer ; mais en tout cas, on voit assez clairement qu'il s'agit d'une inspiration vraiment surnaturelle, qu'elle eût été ou non accompagnée du don de prophétie. Il convient cependant de faire remarquer que le verbe hébreu נבא, *naba*, aux formes *niphal* et *hithpael*, qui sont d'ailleurs seules usitées, a généralement un sens assez bien déterminé ; aussi a-t-il été rendu une première fois par *vaticinari*, et une seconde par *prophetare*, dans le passage précédemment cité.

On sait communément que l'ordre des Carmes revendique pour ses patrons et ses ancêtres les prophètes Elie et Elisée. Les bulles des Souverains Pontifes Sixte IV, Jean XXII, Jules III, Pie V, Grégoire XIII, Sixte V et Clément VIII, confirment même ces prétentions et contiennent les mots suivants au sujet de ces religieux : « Tamquam religionis speculum et exemplar claritate fulgentes, sanctorumque prophetarum Eliæ et Elisæi, et aliorum patrum qui montem sanctum Carmel, juxta Eliæ fontem habitarunt, successionem hæreditariam tenentes. » Aussi Sixte Quint a permis aux Carmes d'honorer Elie et Elisée comme leurs patrons, d'instituer des fêtes et de réciter des offices propres en leur honneur. On peut donc supposer que les prophètes Elie et Elisée furent, jusqu'à un certain point, les fondateurs de la vie monastique ; rien ne s'oppose même à ce que le mont Carmel ait été le siège d'une école de prophètes, bien que le texte sacré n'en parle pas.

En résumé, nous admettrons que les écoles de prophètes avaient quelque ressemblance avec les ordres monastiques ; mais il n'est nullement prouvé que la comparaison soit parfaitement exacte et l'assimilation complète. Par conséquent, l'opinion des Pères et des anciens commentateurs ne nous semble ni entièrement vraie, ni entièrement fausse, mais se rapprocher très sensiblement de la vérité.

Tout autre est celle de Kranichfeld, qui a écrit un ouvrage spécial sur la matière (2). Selon cet auteur (3), les disciples des prophètes étaient « prophetæ Jehovæ veri et perfecti, qui a prophetis alias et alibi obviis ea re differunt, quod non dispersim extiterint et singulatim, sed munus obierunt numero uberiores atque viribus sociatis. » Un peu avant (4) il avait dit : « Antistitem autem quod prophetæ eligebant et quod Samuelem eligebant antistitem, factum est ad consociationem quamdam firmam

---

(1) Rois, XIX, 23 et 24.
(2) *De iis quæ in Testam. Vet. commemorantur, prophetarum societatibus*, Berul. 1864.
(3) Ibid. p. 45.
(4) Ibid. p. 35.

efficiendam, cui per ipsum Samuelem jam inde a pueris singulari cum Jehova familiaritate insignem, accedebat auctoritas quam maxime idonea, quæ ad finem illis viris Dei propositum cum successu tenderetur. » Or, la vérité doit se trouver entre les extrêmes. D'une part, il n'est pas possible d'admettre que les communautés de prophètes aient été tout à fait indépendantes, ce qui contredit l'expression de *filii prophetarum*, qui indique évidemment des rapports de sujétion et de dépendance. Il en est de même de cette autre, נצב עליהם, *nitsab aléhem*, « stantem super eos (1) », qui s'applique à Samuel et qui doit avoir sa raison d'être. Mais, d'autre part, si les communautés des prophètes ressemblaient aux ordres monastiques en ce qu'on y pratiquait la vie commune et qu'on s'y livrait à des exercices pieux en commun, le but propre et la fin du monachisme ou de la vie religieuse ne sont pas les mêmes, et seraient plutôt en contradiction avec la vocation des prophètes. En effet, les prophètes, en fuyant le bruit du monde et en se retirant dans la solitude, n'avaient pas précisément pour objet de s'isoler des choses terrestres et de se livrer à la contemplation, car les communautés de prophètes étaient avant tout des associations où l'on se préparait à agir sur le peuple, pour arrêter les progrès de l'idolâtrie et faire refleurir le culte du vrai Dieu. Les prophètes ne fuyaient donc le monde qu'autant que le monde leur était hostile et leur faisait opposition, puisque leur vocation propre était d'agir sur leurs contemporains par la parole et par l'action. Au contraire, le véritable but du religieux est de travailler en première ligne à sa propre sanctification, soit uniquement par la prière et la contemplation, soit aussi par les œuvres de charité, l'instruction, la prédication et le soin des malades. Le nom d'écoles de prophètes est donc parfaitement justifié; toutefois, ce n'est pas une raison pour supposer que les disciples des prophètes apprenaient la science des prophéties ou la science théologique, ainsi que le pensaient les rabbins, qui voyaient dans ces sortes de collèges des בתי מדרש, *bathé midrasch*, des écoles de théologie, litt. « des maisons d'interprétations. » Selon Vitringa (2), les disciples des prophètes étaient « philosophi vel, si vis, theologi et theologiæ candidati vel alumni, scientiæ rerum divinarum sedulo incumbentes sub ductu unius alicujus exercitati doctoris. » D'autres pensent qu'on formait dans ces écoles des maîtres ou des catéchistes pour instruire le peuple ; enfin les déistes anglais voient là de véritables collèges où on enseignait l'histoire, la rhétorique, la poésie, les sciences naturelles et la philosophie. De toutes les hypothèses, cette dernière est certainement la moins vraisemblable et la moins probable.

En fait, il est impossible de savoir en quoi consistait l'enseignement que recevaient les prophètes; mais, en tout cas, la chose est certaine, Dieu seul accorde le don de prophétie à qui bon lui semble et ce ne sont pas les leçons d'un maître, fut-il Elie ou Elisée, qui peuvent le communiquer. Toutefois ce don présuppose habituellement certaines dispositions morales et la connaissance approfondie de la loi et des révélations précédentes, en un mot, demande une préparation. Nous voyons bien que le prophète Elisée est appelé tout à coup à la vocation prophétique, à laquelle ne le

---

(1) I Rois, xix, 20.
(2) *De Synagoga veteri*, p. 350.

préparaient ni ses antécédents, ni ses occupations ordinaires; mais tel n'est pas le cas habituel. Nous avons là une exception, mais rien de plus, car le plus souvent Dieu demande une coopération de celui qu'il enrichit de ses faveurs. On est donc fondé à admettre, que la principale occupation des prophètes était l'étude de la loi et de l'histoire du peuple de Dieu, ou plutôt de la conduite de Dieu sur son peuple, à quoi il faut joindre la poésie et la musique sacrées, et des exercices spirituels destinés à développer l'enthousiasme prophétique.

Il paraît bien certain, en effet, que les prophètes étaient initiés d'une manière approfondie à la connaissance de leur nation, laquelle est aussi l'histoire de la révélation, car, à dater de Samuel, ce sont les prophètes qui écrivent l'histoire de leur temps. Ainsi nous savons que l'histoire de David fut successivement écrite par Samuel, Nathan et Gad: « Gesta autem David priora et novissima, scripta sunt in libro Samuelis Videntis, et in libro Nathan prophetæ, atque in volumine Gad Videntis (1). » L'histoire de Salomon fut écrite par le prophète Nathan, par Ahias le Sélonite et Addo le Voyant (2); celle de Roboam par le prophète Séméias et Addo le Voyant (3); celle d'Abia par Addo le prophète (4); celle de Josaphat par Jéhu, fils d'Hanani (5); celle d'Ozias par Isaïe (6); celle d'Ezéchias par le même (7); celle de Manassé, en partie du moins, par Hazaï (8). Il est même très-probable que les annales des rois de Juda et celles d'Israël dont il est souvent question étaient l'œuvre des prophètes, ou du moins avaient été rédigées d'après leurs écrits (9).

Quant à la musique, il est certain qu'elle n'était pas négligée, car nous voyons que le chœur des prophètes dût s'avancer à la rencontre de Saül au son des instruments (10). Mais toutefois il convient de remarquer que la musique ne servait pas précisément à accompagner les chants des prophètes; c'était plutôt un moyen préparatoire destiné à élever l'âme et à la disposer à recevoir les communications d'en haut (11). Comme le dit S. Justin (12), « excitat Ecclesiasticus cantus cum voluptate quadam animam ad flagrans ejus, quod carmine celebratur, desiderium, affectiones et concupiscentias carnis sedat: cogitationes malas inimicorum, quas cernere non est, suggestiones oborientes amolitur... » Theodoret (13) s'exprime ainsi au sujet du passage indiqué naguères: « David Levitas uti jussit citharis, et tibiis, et cymbalis, et aliis instrumentis. Utebantur autem ipsi spirituali Davidis modulatione. Ex his unum jussit accersiri propheta; illo autem psallente, quod erat agendum significavit gratia spiritus. »

Tout porte à croire aussi que les prophètes étudiaient la poésie, dont le

---

(1) I Paral. XXIX, 29.
(2) II Paral. IX, 29.
(3) Ibid. XII, 15.
(4) Ibid. XIII, 22.
(5) Ibid. XXII, 34.
(6) Ibid. XXVI, 22.
(7) Ibid. XXXII, 32.
(8) II Paral. XXXIII, 19.
(9) Cfr. II Paral. XX, 34, XXXII, 34, XLIII, 38.
(10) I Rois, X, 5.
(11) V. IV Rois, III, 15.
(12) Quæst. CVII.
(13) Quæst. XI.

langage est particulièrement propre à rendre les idées élevées, à reproduire les oracles prophétiques et, en général, les communications divines. David, comme on sait, fut en relation directe avec les prophètes à Rama ou Ramatha (1), et l'on n'ignore pas que, non seulement il donna à la poésie lyrique un nouvel élan, mais qu'il en fit une partie intégrante et essentielle du culte divin. Il est donc à supposer qu'il profita du milieu où il se trouvait pour s'instruire dans un art auquel il n'était point préparé par ses occupations antérieures.

Enfin, lorsque nous voyons les prophètes prophétiser en commun (2), nous devons penser que c'était là un de leurs exercices spirituels, lequel probablement consistait à louer Dieu en chantant ou en psalmodiant des psaumes et des hymnes.

Il nous reste à rechercher les causes qui ont amené la formation des écoles de prophètes. Or nous trouverons que ces écoles furent le produit du zèle de Samuel et d'Elie, et que leur fondation fut indiquée ou même commandée par les circonstances. L'époque de Samuel est particulièrement importante parce qu'elle sert de transition ou plutôt de préparation à un nouvel ordre de choses. Peu après que le prophète a reçu sa mission, la vengeance divine atteint à la fois le sacerdoce et le sanctuaire, qui avaient été déshonorés l'un et l'autre par les crimes ou la faiblesse des prêtres ; l'Arche d'alliance tombe aux mains des Philistins et le Tabernacle, désormais vide et dépouillé de la gloire du Seigneur, perd sa signification et son importance et cesse d'être le lieu privilégié où Dieu manifeste sa présence, rend ses oracles et répand ses bienfaits. Le centre et le foyer de la vie spirituelle ayant disparu, il était indispensable, pour remédier à cet état de choses, d'établir des rapports étroits entre ceux que la parole de l'envoyé de Dieu avait tirés de leur assoupissement. C'est pourquoi Samuel réunit les prophètes sous sa direction, non pas seulement dans le but de développer leur foi, mais pour se faire aider dans sa mission en les faisant travailler à répandre parmi le peuple la crainte de Dieu et le respect de la Loi.

La position d'Elie et d'Elisée dans le royaume des dix tribus était plus difficile encore, et leurs ressources beaucoup moindres, puisqu'ils ne pouvaient s'appuyer ni sur le sacerdoce ni sur le sanctuaire légitime de la nation. Ils furent donc conduits à réorganiser et probablement aussi à réformer les écoles des prophètes, afin de procurer des moyens de salut et d'édification aux fidèles adorateurs du vrai Dieu, et de suppléer au défaut du sacerdoce lévitique et du temple.

Des considérations d'une nature encore plus élevée nous feront apprécier davantage l'importance et le rôle des écoles de prophètes. Nous voyons les prophètes, réunis sous l'autorité de Samuel, saisis de l'Esprit de Dieu et cet Esprit se communiquer avec une grande puissance à ceux qui entrent en rapport avec eux (3). On peut donc en conclure que la fondation des écoles de prophètes fut un effet de la grâce divine qui se manifeste avec plus de force et d'abondance, là où le péché abonde, ainsi que nous l'enseigne l'Apôtre par les paroles suivantes : « Ubi autem abundavit delic-

---

(1) I Rois, xix, 19.
(2) I Rois, x, 5, xix, 20.
(3) I Rois, x 10 et xix, 20 et suiv.

tum, superabundavit gratia » (1). Dieu a suscité ses prophètes dans les temps où les apostasies étaient nombreuses, pour leur faire combattre l'idolâtrie avec vigueur; or, les écoles de prophètes ont eu le même but et doivent leur naissance aux mêmes causes providentielles. Organes de l'Esprit de Dieu, instruments de ses volontés et de ses desseins, elles ont lutté pour son honneur en union avec leurs chefs. Ce n'est donc pas par hasard et sans intention qu'il est parlé des écoles de prophètes au temps de Samuel et à celui d'Elie et d'Elisée. A chacune de ces époques l'idolâtrie avait une prédominance marquée, mais toutefois le peuple, pendant la première, était moins hostile aux prophètes que dans la seconde. En effet Samuel était à la fois juge et prophète et il conserva une autorité incontestée jusqu'à sa mort, même après la réprobation de Saül. Nous ne croyons même pas que ce dernier, au milieu de ses fureurs, ait jamais osé s'attaquer aux prophètes. Mais, au contraire, Elie et Elisée se trouvaient en face d'une dynastie qui cherchait à faire du culte de Baal la religion dominante du royaume, et ils avaient à combattre contre les prêtres des veaux d'or, les prophètes de Baal, dont ils ne triomphèrent que par des coups d'éclat. En résumé, il s'agissait d'un côté de faire comprendre au peuple son apostasie, de développer les germes de la vie spirituelle renaissante, et d'écarter les obstacles venant de la royauté; de l'autre, de retirer de l'idolâtrie un peuple qui y était adonné presque en entier et dont la foi était presque éteinte. Sans contredit, la seconde tâche offrait d'immenses difficultés; ce n'était donc pas trop, pour une pareille œuvre, de toute une phalange d'hommes dévoués et éprouvés, dont les efforts réunis pouvaient seuls opérer avec quelque efficacité et retarder de quelque temps la chute et la ruine de la nation. C'est ainsi que les différences de temps et de milieux durent sans nul doute influer sur l'organisation et le mode d'action des écoles de prophètes.

§ 2.

De l'évocation de Samuel et de son apparition à Saül.
(I Rois XXVIII, 11 et suiv.)

Les opinions des Pères à ce sujet peuvent se réduire à trois principales.

Les uns pensent que la pythonisse ou magicienne a trompé Saül de tous points et lui a fait croire à une apparition de Samuel, quand en réalité elle ne voyait personne.

D'autres admettent que Samuel s'est véritablement montré sous la forme humaine, mais diffèrent entre eux sur le mode d'apparition. La plupart tiennent que la vertu des formules évocatrices n'a pas eu le pouvoir d'obliger le prophète à manifester sa présence; ce serait donc par la permission spéciale de Dieu qu'il serait venu révéler au roi d'Israël que sa fin était proche. Cependant quelques-uns prétendent que le démon, avant la Rédemption, avait une assez grande puissance sur les âmes des saints et qu'il aurait pu forcer Samuel à obéir à l'invitation de la pythonisse. Enfin,

---

(1) Rom. v, 20.

d'après une troisième opinion, le démon aurait trompé à la fin et la magicienne et Saül.

Les avis des rabbins sont également assez partagés. Les uns voient là une supercherie de la magicienne, d'autres une illusion de Saül, d'autres l'œuvre du démon. L'opinion la plus singulière est celle de Manassé Ben Israël (1), qui attribue à certains esprits le pouvoir d'agir sur les âmes des morts, mais seulement pendant l'année qui suit leur départ de ce monde. La plupart cependant pensent comme les théologiens et les commentateurs catholiques qui, presque tous, admettent la réalité de l'apparition de Samuel dans le sens que nous exposerons plus loin.

Plusieurs Pères, nous l'avons dit, soutiennent que le démon força Samuel à reparaître parmi les vivants, entre autres Origène, qui s'exprime ainsi à ce sujet : « Si ergo talis tantusque vir erat sub terra et a pythonissa vocatus est, fateamur oportet dæmonem potestatem in prophetæ animam obtinuisse. » Selon Eustathe d'Antioche (2), « Origenes dixit, dæmonem non animam tantum prophetæ reduxisse, sed eduxisse pariter (ex inferis) alias sanctorum prophetarum animas. » Anastase d'Antioche dans son guide (3), suit Origène et formule ainsi son avis : « Sanctorum pariter et impiorum animæ in manu dæmonis erant, antequam Dominus ad inferna descendens exire inde justos præciperet. » Quant à S. Augustin, consulté sur cette question, il répond (4) qu'il ne s'étonne pas que le démon ait conduit l'âme de Samuel devant Saül, pas plus qu'il ne s'étonne qu'il ait conversé avec Dieu et lui ait demandé la permission de porter les mains sur Job, et qu'enfin il ait élevé Jésus-Christ sur le pinacle du temple. Si Jésus-Christ, sans dommage pour sa majesté et sa puissance, a permis à Satan de le tenter, s'il a supporté l'ignominie des chaînes et de la croix, est-il impossible que dans sa sagesse, il ait permis que l'âme d'un prophète obéît à des évocations magiques? Poursuivant sa démonstration il ajoute : « Cur anima boni hominis a malis viris evocata si venerit, amittere videretur dignitatem suam, cum et vivi plerique boni vocati ad malos veniant...., servato atque inconcusso decore virtutis suæ? » Cependant le grand Docteur dans un autre ouvrage (5) pense autrement et admet que Samuel vint expressément pour annoncer l'avenir à Saül, « nam Samuel propheta defunctus vivo Sauli etiam regi futura prædixit. » En ce cas le prophète n'aurait donc point été aux ordres du démon, mais aurait réellement prophétisé dans le sens ordinaire du mot, c'est-à-dire, par la permission de Dieu et avec la science divine.

Parmi ceux qui nient la réalité de l'apparition on peut compter en première ligne Tertullien (6) qui voit là l'imitation de la vérité par l'esprit immonde, *æmulationem veritatis a spiritu immundo*, et formule son opinion en ces termes : « Nec enim pythonissæ spiritui minus licuit animam Samuelis effingere, post Deum mortuos consulente Saule. Absit alioquin ut animam cujuslibet sancti, nedum prophetæ, a dæmonio credamus

---

(1) Resurrectio mort. l. II, c. v.
(2) *Dissert. de Engastrimytho.*
(3) Ὀδυγός, Quæst. 12.
(4) Lib II *divers. Quæst.* 9. & ad Dulcilium.
(5) *De Cura pro mortuis*, c. xv.
(6) *De Anima*, c. LXVII.

extractam, edocti quod ipse satanas transfiguretur in angelum lucis, nedum in hominem lucis. » S. Basile (1) et S. Grégoire de Nysse (2) soutiennent la même opinion. Ce dernier affirme même que le démon apparut sous la forme du prophète, escorté d'autres démons, ce qui fit dire à la Pythonisse (3) : « Deos vidi ascendentes de terra. » Quant à S. Jérôme, il suppose en divers passages que la magicienne a trompé Saül. En cet endroit notamment, il s'exprime ainsi : « Saul per incantationes et artes magicas visus est suscitasse Samuelem. » Au ch. VII d'Isaïe et au chapitre XIII d'Ezéchiel, il dit : « Qualis fuit illa, quæ visa est suscitasse animam Samuelis? » enfin au ch. VI de S. Matthieu : « In Samuelis phantasmate pythonissa loquitur ad Saulem. »

On pourrait encore citer d'autres Pères et des auteurs ecclésiastiques qui parlent dans le même sens. Plusieurs cependant refusent au démon le pouvoir d'avoir formé un spectre à la ressemblance de Samuel et prétendent qu'il fit paraître devant Saül une sorte de fantôme, puis, parlant directement au roi, lui annonça les maux qui l'attendaient. Nous aurons plus loin l'occasion de citer un texte où Théodoret expose cette opinion.

Parmi les théologiens, tous, jusqu'aux XVIIe siècle, ont vu dans l'apparition de Samuel un artifice du démon, y compris les pères de la Réforme, Luther et Calvin. Le premier, dans son ouvrage sur *l'Abus de la Messe* (4), dit à ce propos ; « Lorsque Samuel fut suscité par une devineresse ou une magicienne, c'était certainement un spectre du démon, non-seulement parce que l'Ecriture indique qu'une femme l'a fait apparaître, laquelle femme était remplie de démons, mais parce que la femme et Saül ont agi contre l'ordre divin en interrogeant les morts. » Calvin déclare de même (5) que le spectre seul de Samuel apparut, « siquidem certum est non fuisse verum Samuelem, neque enim unquam Deus permisisset suum prophetam talibus diabolicis conjurationibus subjici. En enim veneficam mortuos ex infernis evocantem : ecquis vero Deum arbitratur voluisse suum isti ignominiæ subjicere, quasi diabolus in sanctorum corpora et animas, quæ sunt in Dei tutela, potestatem haberet? Dicuntur enim sanctorum animæ quiescere et in Deo vivere, beatam resurectionem illam expectantes. Deinde vero, obsecro, Samuelne pallium suum in sepulchrum tulit? Ex quibus apparet, merum istud fuisse spectrum, mulierisque istius sensus elusos fuisse, ut Samuelem videre se, qui tamen non erat, arbitretur. » Mais, à partir du XVIIe siècle, une nouvelle opinion se fit jour. On prétendit que la pythonisse, ou plutôt la nécromancienne avait usé de ruse et trompé Saül, qu'elle n'avait aperçu ni Samuel ni son spectre, mais avait fait semblant de voir ce qu'elle ne voyait réellement pas (6). Développée par Van Dale (7), cette opinion fut universellement adoptée par les commentateurs hétérodoxes, à ce point que Thénius encore dans son commentaire considère comme absolument prouvé, non-seulement

---

(1) In c. VIII, Is.
(2) *Epist. ad Theodos. episc.*
(3) I Rois, XXVIII, 13.
(4) *Erles. Ausg. sammtl, Werke* Bd. 28, s. pag. 103.
(5) *Hom.* 100, op. édit. Amst. II, 448.
(6) Cfr. *Comment.* XXVIII, 7.
(7) *De Origine et progres. idololatriæ*, p. 620 et suiv., et *Dissert. de divination. idololatr. sub N. Test.*

que la magicienne a eu recours à l'imposture, mais que l'historien sacré lui-même est de cet avis. L'auteur du « Speaker's Commentary » pense que la magicienne était ventriloque et qu'elle se servit de ce talent tout particulier pour tromper Saül, c'est-à-dire pour répondre au lieu et place de Samuel qui réellement n'apparut pas. L'opinion d'Erdmann est des plus singulières et mériterait à ce titre seul d'être signalée. Dans son commentaire, qui est d'ailleurs un ouvrage remarquable, quoique parfois long et diffus, il cherche à établir que le fait de la prétendue apparition de Samuel doit s'expliquer par la divination païenne et que l'état de la magicienne avait de l'analogie avec celui des somnambules. Il affirme que, dans son extase, cette femme s'identifia avec Samuel et que, d'ailleurs, elle n'annonça à Saül rien de nouveau, rien d'inattendu, rien qui fût en dehors des prévisions humaines. Mais nous verrons plus loin que le texte ne favorise en aucune façon cette manière de voir. Quoiqu'il en soit la plupart des théologiens et des commentateurs protestants d'aujourd'hui (nous ne parlons pas des rationalistes) reconnaissent que le prophète Samuel apparut réellement, et que cette apparition ne fut pas l'œuvre de la magicienne et de son art, mais un miracle de la toute puissance de Dieu. C'est ainsi que pensent, avec plusieurs Pères, la grande majorité des commentateurs catholiques.

Si maintenant nous passons à la discussion proprement dite, nous ferons d'abord remarquer, avec D. Calmet (1) et beaucoup d'autres, que la lecture seule du texte nous porte à l'entendre dans le sens obvie et littéral et fait sur nous l'impression qu'elle a faite aux anciens. Les Septante, en effet, terminent ainsi le ⅴ. 13 du ch. x du livre I des Paralipomènes : ὅτι ἐπηρώτησε Σαουλ ἐν τῷ ἐγγαστριμύθῳ τοῦ ζητῆσαι, καὶ ἀπεκρίνατο αὐτῷ Σαμουὴλ ὁ προφήτης, « car Saül consulta par la (femme) ventriloque pour savoir, et le prophète Samuel lui répondit. » L'emploi du mot ἐγγαστρίμυθος, pour désigner la magicienne, ne préjudicie à rien et n'empêche pas que toute idée de supercherie ne soit exclue. L'auteur de l'Ecclésiastique est encore plus explicite (2), car, après avoir fait l'éloge de Samuel, il ajoute : « Et post hæc dormivit, et notum fecit regi, et ostendit illi finem vitæ suæ, et exaltavit vocem suam de terra in prophetia delere impietatem gentis », ce que rend suffisamment le texte des Septante : Καὶ μετὰ τὸ ὑπνῶσαι αὐτὸν προσφήτευσε, καὶ ὑπέδειξε βασιλεῖ τὴν τελευτὴν αὐτοῦ, καὶ ἀνύψωσεν ἐκ γῆς τὴν φωνὴν αὐτοῦ ἐν προφητείᾳ, ἐξαλεῖψαι ἀνομίαν λαοῦ. Ces paroles sont pour nous décisives et ne semblent pas laisser prise au doute. Quant à ceux qui n'admettent point la canonicité de l'Ecclésiastique, elles ont tout au moins pour eux la valeur d'un document historique, puisqu'elles sont l'expression fidèle de la tradition juive à une époque déjà reculée. L'historien Josèphe à son tour suppose formellement que la magicienne évoqua Samuel et que Samuel apparut réellement, sans que rien de sa part autorise à penser qu'il soupçonne quelque ruse ou quelque imposture. Voici en effet ce que nous lisons dans les Antiquités judaïques (3) : « Or cette femme, ignorant qui était Samuel, l'évoque hors des enfers. Mais lorsqu'il eut apparu, elle se trouble en apercevant un homme vénérable et majestueux, et, étonnée à cette vue : « N'es-tu pas

---

(1) *De Samuele per visum sauli objecto*, ad I Reg. XXVIII, 11-12.
(2) Eccli. XLVI, 23.
(3) *Ant. J. L.* VI, c. XIV, § 2.

le roi Saül? dit-elle, car Samuel le lui révéla; or Saül ayant fait un signe affirmatif et lui ayant demandé d'où provenait son trouble, elle dit qu'elle voyait monter (de terre) quelqu'un ayant l'aspect d'un Dieu. Il lui ordonna ensuite de lui dire quelle était la figure, l'habillement et l'âge de celui qu'elle voyait; elle répondit que c'était un vieillard d'un extérieur imposant, vêtu d'un manteau sacerdotal. A ces signes le roi reconnut Samuel et, se prosternant à terre, il lui rendit ses devoirs. » Il serait inutile de continuer la citation, car ces quelques lignes suffisent et au-delà pour nous révéler la pensée de l'historien qui évidemment n'a fait que se conformer à la tradition nationale.

Au reste, l'écrivain sacré ne nous parle pas de spectre, mais bien seulement et toujours de Samuel, comme si le prophète eût été présent en personne. En effet, nous lisons d'abord au ℣. 12 : « Cum autem vidisset mulier Samuelem, exclamavit voce magna, et dixit ad Saül : Quare imposuisti mihi? Tu es enim Saül. » Or ces paroles sont parfaitement claires et montrent avec évidence que l'auteur est loin de supposer une supercherie quelconque. L'opinion de Thénius, on le voit, est donc en contradiction formelle avec le texte. Plus loin, ℣℣. 15, 16 et suiv., c'est encore Samuel qui parle et qui est en scène, c'est Samuel qui prédit au roi sa triste fin et celle de sa famille, avec un accent d'autorité et de certitude qui suffirait pour écarter toute idée d'imposture. Ce n'est point la magicienne qui prophétise ainsi d'elle-même. Aurait-elle pu, d'ailleurs, même avec l'assistance du démon, annoncer ainsi l'avenir avec tant d'assurance et d'exactitude? On objecte bien, à la vérité, que Saül était désespéré et son armée découragée; mais ces indices ne pouvaient suffire pour prévoir qu'il périrait dans la bataille avec ses fils. Tout au plus pouvait-on conjecturer avec plus ou moins de probabilité que les Philistins remporteraient la victoire, ce qui était d'autant moins certain que rien n'indique que l'armée israélite fût envahie par l'épouvante ainsi que son chef. Si Saül sentit tout à coup la crainte lui pénétrer au cœur, c'est parce qu'il comprit alors pour la première fois que Dieu l'avait abandonné, et non pas parce qu'il crut ne pas pouvoir compter sur ses troupes comme par le passé. D'ailleurs, il faut considérer que, si la magicienne eût cherché à tromper Saül, elle s'y serait prise assez peu habilement, car, en lui parlant ainsi, c'était justement le moyen de faire manquer la prédiction. Il eût été très-naturel que Saül, vivement impressionné par ces révélations, eût refusé le combat et eût cherché son salut en faisant prudemment retraite. Mais, tout au contraire, nous voyons ce malheureux roi courir au-devant de sa perte, preuve certaine que la main de Dieu le poussait et que c'était bien le prophète qui lui avait révélé sa destinée. Au reste, qu'on le remarque bien, Samuel s'adresse directement à Saül, et nulle part il n'est insinué que la magicienne transmette elle-même au roi les paroles vraies ou supposées du prophète. En effet, nous lisons au ℣. 15 : « Dixit autem Samuel ad Saül », au ℣. 16 : « Et ait Samuel », enfin au ℣. 20 : « Extimuerat enim (Saul) verba Samuelis. » Ce dernier passage surtout ne suffirait-il pas pour prouver jusqu'à la dernière évidence que l'auteur croit à une véritable apparition de Samuel? Autrement, se serait-il exprimé d'une façon si nette et si positive et en termes qui prêtent aussi peu à l'équivoque? D'autre part est-il vraisemblable que la magicienne, si elle eût parlé d'elle-même, eût pris à tâche de n'annoncer au roi que des malheurs? Son intérêt ne lui commandait-il pas de chercher à flatter Saül et même à lui déguiser la vérité, au cas où elle eût été en mesure de la soupçonner, au moins en partie. Sans doute elle devait connaître le caractère du roi, et par conséquent elle avait à craindre d'attirer sur elle les effets de sa colère. Enfin, malgré le trouble profond dans lequel se trouvait Saül, il n'est guère possible qu'il se fût laissé tromper aussi grossièrement; d'ailleurs les deux hommes qui l'accompagnaient n'étaient point dans le même cas.

Mais si nous admettons que Samuel en personne ait paru devant Saül et se soit entretenu avec lui, nous refusons de croire que ce soit par la vertu des incantations de la magicienne et d'après les ordres de l'esprit du mal. C'est ce que plusieurs Pères avaient déjà compris, et Théodoret entre autres, car, au sujet du passage des Septante (1) rapporté plus haut, il s'exprime comme il suit (2) : Δῆλον τοίνυν ἐντεῦθεν, ὡς αὐτὸς ὁ τῶν ὅλων Θεὸς, σχηματίσας ὡς ἠβουλήθη τὸ εἶδος τοῦ Σαμουήλ, ἐξήνεγκε τὴν ἀπόφασιν, οὐ τῆς ἐγγαστριμύθου δρᾶσαι τοῦτο δυνηθείσης, ἀλλὰ τοῦ Θεοῦ καὶ διὰ τῶν ἐναντίων ἐξενεγκόντος τὴν ψῆφον, « il est évident par là que le Dieu de toutes choses, ayant formé comme il a voulu la figure de Samuel, a proféré la réponse; ce n'est pas la magicienne (litt. la ventriloque) qui a pu le faire, mais Dieu qui énonce ses sentences même par ses ennemis. » Nous ne nous arrêterons pas, bien entendu, à discuter l'hypothèse de Théodoret dans son ensemble; ce qui nous suffit, pour le moment, c'est de constater que, d'après ce père, l'apparition de Samuel fut l'œuvre de Dieu. Non-seulement, comme le fait remarquer D. Calmet, il serait assez extraordinaire que, dans l'Ecriture, on attribuât à Samuel ce qui serait l'œuvre du démon, sans que nous ayons le moyen d'éviter de nous tromper en ce point, mais il répugne encore davantage d'admettre que le démon ait quelques pouvoirs sur les âmes des justes, ou que Dieu se soit servi du ministère de son ennemi pour faire connaître ses volontés. D'ailleurs le récit donne clairement à entendre que la magicienne ne s'attendait pas à ce qui devait arriver, puisqu'il est dit qu'elle poussa un grand cri, après avoir vu Samuel, « exclamavit voce magna » (⅄. 12). Sans doute, elle a pu avoir l'intention de tromper Saül et peut-être habituellement le démon lui prêtait-il son concours; mais, dans le cas actuel, on voit bien que tout s'est passé autrement qu'elle ne pouvait le supposer et que l'intervention divine est manifeste. Nous devons donc conclure que la nécromancienne commença très-probablement ses évocations et ses sortiléges, mais que Dieu la prévint, et avant qu'elle eût fini, lui envoya réellement celui qu'elle se proposait, sincèrement ou non, d'évoquer. Dira-t-on que l'évocation des morts étant défendue par la Loi (3), Dieu ne pouvait faire paraître Samuel sous peine de donner créance à cette superstition et de l'approuver par le fait? Mais l'histoire nous rassure à cet égard et nous montre qu'il n'en fut rien, car l'évocation des morts resta toujours défendue (4), et nous ne voyons pas que l'exemple de Saül ait jamais été invoqué comme excuse. Il serait plus exact de dire que, dans la circonstance, Dieu voulut montrer à la magicienne et au roi qu'il ne laisse pas enfreindre impunément ses commandements. On ne saurait au reste re-

---

(1) I Paral. x, 13.
(2) Quæst. 63 in I Reg.
(3) Deut. xviii, 1; Is. viii, 19.
(4) Is. ibid.

fuser à Dieu la possibilité de susciter un mort et de lui donner la même apparence qu'il avait pendant sa vie. A la rigueur, on pourrait supposer que Dieu forma l'effigie de Samuel, et répondit lui-même; mais cette hypothèse, qui est celle de Théodoret, comme nous l'avons vu, nous semble décidément répugner à la lettre même du texte, et il est plus naturel de penser que l'âme de Samuel était présente sous la forme humaine d'autrefois.

Nous lisons dans l'Evangile (1) qu'Abraham refuse au mauvais riche d'envoyer Lazare dans la maison de ce réprouvé pour prêcher la pénitence à ses frères; mais on ne saurait tirer du contenu de cette parabole la moindre objection, car nous n'y voyons pas qu'il serait impossible en soi de susciter quelqu'un d'entre les morts, mais seulement que ce ne serait pas un moyen efficace de convertir les impies.

L'apparition de Samuel n'est pas d'ailleurs la seule dont l'histoire fasse mention et on peut même la comparer avec celles de Moïse et d'Elie dans la Transfiguration (2), tout en notant cette différence que Moïse et Elie apparurent *in majestate*, ἐν δόξῃ, « dans la gloire », tandis que Samuel, au contraire, se présente sous la forme ordinaire de son humanité avec le manteau du prophète. Mais, de même que la Transfiguration de Jésus-Christ était, pour ainsi dire, l'anticipation de la gloire dans laquelle il devait entrer après sa résurrection et son ascension, de même la majesté ou la gloire de Moïse et d'Elie étaient une transfiguration anticipée, le prélude de leur transfiguration dans le ciel. Il n'en pouvait pas être de même pour Samuel qui se montre revêtu du manteau du prophète pour annoncer encore une fois l'avenir et qui devait attendre encore longtemps avant d'être glorifié.

Les anges se montrent aussi sous la forme humaine (3), mais dans tous les cas ce n'est là qu'une enveloppe passagère qui sert à l'âme ou à l'esprit, c'est-à-dire, à l'ange pour se manifester aux hommes et communiquer avec eux; on ne saurait donc en conclure que les âmes des morts ont un corps immatériel.

Citons maintenant quelques passages des *Pères* en faveur de la vérité de l'apparition de Samuel. S. Augustin après avoir pesé les raisons pour et contre, a fini par incliner du côté de l'opinion que nous soutenons, car nous lisons dans un de ses ouvrages (4) : « Nam Samuel propheta defunctus vivo Sauli etiam regi futura prædixit », texte dont nous avons déjà fait ressortir la signification. S. Ambroise est peut-être plus précis encore : « Samuel, post mortem, secundum Scripturæ testimonium, futura non tacuit » (5). L'auteur d'un chant sur Marcion l'est certainement davantage :

> Mirificus Samuel cui reges ungere primum,
> Talibus in rotæ spatio laudabilis exit,
> Ut quoque post requiem prophetica pura tenet.

Quant à S. Thomas (6), il s'appuie sur le texte de l'Ecclésiastique et affirme

---

(1) Luc. XVI, 27 et suiv.
(2) Matt. XVII, 3 ; Luc. 30 et suiv.
(3) Gen. XVIII, 2 ; Jug. XIII, 3, 9.
(4) *De Cura pro mortuis*, c. XV.
(5) *In Luc.* c. I.
(6) 2-2, 9, 174, art 5, ad 4 et I p. 9 89, art. 8 ad 2.

que l'âme de Samuèl a fait connaître à Saül l'issue de la guerre, que Dieu lui avait révélée, et il ajoute qu'il faut voir là un oracle prophétique, puisque l'âme de Samuel n'était pas encore entrée dans la béatitude. A la suite, nous pouvons invoquer l'autorité de Sulpice Sévère (1), de Raban Maur (2), et de la plupart des commentateurs catholiques, entre autres Nicolas de Lyre, Denys le Chartreux, Cajétan, Sanctius, Bellarmin, Estius, Corneille Lapierre, D. Calmet etc., sans parler du plus grand nombre des exégètes protestants de nos jours.

En résumé et comme conclusion, nous considérerons comme certain que Samuel a véritablement apparu sous sa forme humaine et par la permission de Dieu ou plutôt par son ordre, pour annoncer à Saül sa fin prochaine et celle de ses fils, et que ni le démon, ni l'habileté de la magicienne ne furent pour rien dans ce fait étrange, dans lequel il faut voir exclusivement la main du Souverain Maître et dominateur de toutes choses.

VI

COMMENTATEURS

S. Jérôme a écrit des *Questions* sur les livres des Rois et des Paralipomènes; mais Bellarmin doute de l'authenticité de cet ouvrage qui est toutefois très-ancien, attendu que S. Jérôme n'en parle pas. On a aussi de Théodoret des *Questions* sur les deux premiers livres des Rois.

S. Augustin traite cinq questions des livres des Rois, et dans le L. XVII, de la *Cité de Dieu*, ch. IV, commente le cantique d'Anne. Il touche aussi à plusieurs passages dans dix de ses sermons *de Tempore* (196, 200, 201, 204, 206, 207, 210, 211), ainsi que dans l'homélie L.

Il existe un écrit sur les livres des Rois qui porte le nom de S. Eucher. Mais Bellarmin (*De Script. Eccles. Eucherio*), fait remarquer que l'auteur de ce travail citant S. Grégoire et renvoyant le lecteur aux *Morales* du même S. Grégoire, ne peut être S. Eucher qui vivait plus de cent ans avant S. Grégoire. L'auteur en question semble d'ailleurs avoir vécu peu après S. Grégoire pape, car on lit quelque part (3) : « Nostris nuper temporibus S. Gregorius Papa, Evangelicis roboratus eloquiis, Romanam rexit Ecclesiam, et reverendissimi Patres, Augustinus, Paulus et alii socii eorum, jubente illo, venerunt in Britanniam etc. » Comme Bède le Vénérable a traité certaines questions presque dans les mêmes termes, plusieurs soupçonnent qu'il est l'auteur de l'ouvrage attribué à S. Eucher.

Bède le Vénérable a composé des *Questions* sur les livres des Rois.

Angelomus, moine de l'ordre de S. Benoît, a écrit un *Commentaire tiré des Pères sur les quatre livres des Rois*, et s'occupe à la fin du sens littéral et du sens allégorique.

On peut encore ajouter, parmi les anciens, la plupart des auteurs que nous avons mentionnés précédemment en tête des livres de Josué et des

---

(1) *Hist. Sacra*, l. I.
(2) *In Eccli*, l. X, c. XII.
(3) L. III *Comment in lib. Reg.* c. XXII.

Juges, c'est-à-dire Nicolas de Lyre, Hugues de S. Victor etc., Sanctius, dont le Commentaire, qui a paru à Anvers en 1624, a été réimprimé dans le cours complet de Migne avec des notes et des éclaircissements, Ménochius, Corneille Lapierre etc.

Parmi les auteurs qui ont traité spécialement la matière, nous mentionnerons encore, J. Bugenhagen, *Annotationes in Deuter. et Sam.* Basil. 1524, et *Annotat. in libr. Sam.* Argentor. 1525; J. Menius. *Ewarralet in Sam. libr. prior.* 1532, Vileberg; Brentius, *Homil. in libr. I Sam.* Francforti, 1555; Pierre Martyr, *Comment. in II libr. Sam.* Tigur, 1567, 1575; C. Pellicanus, *Comment. in libr. Sam.* Tigur. 1582; V. Strigel, *Comment. in libr. Sam.* etc. Leipsick, 1591; Paul Laurentius, Gründl. *Auslegung über die zwei Bücher Sam.* Leipsick, 1616; Bonfrère, *Comment. in libr. Regum* etc. Thor. 1643; Seb. Schmid, *in libr. Sam. Comment.* Argentor. 1687. II t. IV; J. Ad. Osiander, *Comment. in I et II libr. Sam.* Tubingue, 1687; Dathe, *Libr. hist. vet. Test. Jos. Jud. Ruth, Sam.* etc. Halle, 1784; Hensler, *Elaüter. des ersten Buchs Sam.* Hamb. 1795; Maurer, *Komment.* Leipsick, 1835; Chr. H. Kallar, *Quæst. biblic. specim.* (de nonnullis prioris Sam. libri locis, qui interpolati esse dicuntur), Otlim, 1835; J. P. F. Kœnigsfeldt, *Annotat. in poster. libr. Sam. et prior. I Chronic. synoptice exposita,* Han. 1836; O. Thénius, *die Bücher Samuel, erklart,* 2. Aufl. Leipsick, 1864; Keil, *Bibl. Komment. über die prophet. Geschurlitsbücher des Alt. Test.* II, *die Buche Sam.* Leipsick, 1875; Eloi. Fr. David Erdmann, *die Bucher Samuelis otan le Theal. homil. Bibelwerk* de Lange, Bielefalot et Leipsick, 1873; Ed. Reuss, *Histoire des Israélites* etc. Paris, 1877; enfin le *Speakers Commentary,* Londres 1872.

La plupart des auteurs précédents se sont occupés aussi des livres des Rois proprement dits, ce qui nous dispensera de donner de nouveau la liste des commentateurs, à la fin de la deuxième partie de notre préface. Nous ferons seulement remarquer que l'auteur du commentaire sur les Rois dans le Bibelwertk de Lange est le D. Ch. W. Pæhr.

DEUXIÈME PARTIE

LES LIVRES DES ROIS

ou

LES IIIᵉ ET IVᵉ LIVRES DES ROIS

I

SUJET, BUT, DIVISIONS ET CONTENU DES DEUX DERNIERS LIVRES DES ROIS

Les IIIᵉ et IVᵉ livres des Rois, compris dans la classe des נביאים ראשנים, *nebiim rischonini*, « prophetæ priores », ainsi que Josué, les Juges et les livres de Samuel, ne formaient d'abord qu'un seul livre désigné par les premiers mots de l'ouvrage, והמלך דוד, *vehammélèke David*. C'est ce que nous apprend Origène dans Eusèbe (1) : Βασιλειῶν τρίτη, τεταρτη, ἐν ἑνὶ Οὐαμμέλεχ Δαβίδ, ὅπερ ἐστι βασιλεία Δαβίδ, « le troisième et le quatrième des royaumes ne font qu'un *livre, intitulé* Ouammélech, c'est-à-dire royauté, de David. » Toutefois, dans le canon de l'Ancien Testament, nos livres portent, et depuis longtemps, le nom de מלכים, *mlakim*, « les Rois. » « Quartus Melachim, dit S. Jérôme (2), id est, Regum, qui III et IV Regum volumine continetur. » Ce sont les Septante qui les premiers ont partagé l'ouvrage en deux livres, et qui, le considérant comme la suite du livre intitulé Samuel, ont réuni ensemble les deux ouvrages, et les ont partagés en quatre parties, sous le titre de βασιλείων α. β. γ. δ., « I, II, III et IV des Royaumes. » Cet arrangement a passé dans les versions latines qui étaient faites sur la traduction grecque, entre autres, dans l'Italique et plus tard dans la Vulgate, S. Jérôme, dans sa préface aux livres de Samuel et des Rois, a eu soin de faire remarquer que les Rois forment un ouvrage à part, et cependant il s'est conformé dans l'agencement des livres à l'usage établi, usage qui, par l'adoption de la Vulgate dans toute l'Eglise latine, est devenu général. C'est Daniel Bomberg qui, le premier, au commencement du XVIᵉ siècle, introduisit dans les bibles hébraïques la division actuellement admise, division qui, du reste, n'est pas très-rationnelle, attendu que le premier livre se termine au milieu du règne pourtant si court d'Ochozias.

Quoiqu'il en soit, le titre de l'ouvrage répond bien au sujet, car les livres des Rois contiennent, non pas précisément l'histoire de la théocratie en

---

(1) *Hist. ecclés.* VI, 25.
(2) *Prolog. galeat.*

général, avec la succession des rois, comme fil conducteur, comme le prétend Hævernick, mais plutôt l'histoire du gouvernement théocratique d'Israël sous les rois et, par suite, l'histoire de la royauté depuis l'avénement de Salomon jusqu'à sa chute, par la destruction de Jérusalem et la captivité du peuple. Dans la réalité ils embrassent une période de 455 ans, laquelle s'étend de 1015 à 560, attendu que l'ouvrage se termine la trente-septième année de la captivité de Joachin, la première du roi chaldéen Evilmérodach. L'histoire des rois en Israël, tel est donc le sujet capital, attendu que chaque royaume se personnifie dans la royauté et que le gouvernement des rois décide du sort de l'Etat. Le règne des rois sert, pour ainsi dire, de cadre historique et chronologique, pour l'exposé du développement de l'histoire du peuple hébreu et, d'autre part, les principales phases de la royauté déterminent trois périodes principales.

L'auteur semble avoir eu pour but, non pas d'écrire une simple chronique de la royauté, mais plutôt l'histoire de la théocratie, c'est-à-dire, d'exposer la conduite de Dieu à l'égard de son peuple et plus spécialement à l'égard des deux royaumes de Juda et d'Israël, selon les mérites de l'un et de l'autre. C'est pour cette raison qu'il s'étend avec tant de complaisance sur les événement du royaume d'Israël, événements qui d'ailleurs relèvent particulièrement du ministère prophétique. Dieu, en effet, par des châtiments répétés et par l'envoi fréquent de ses prophètes, a cherché à rappeler à lui le royaume apostat, et ne l'a livré aux Assyriens que lorsque toute espérance de conversion a été perdue. Le royaume de Juda ne tarda pas d'ailleurs à subir le même sort, parce que ses habitants tombèrent dans les mêmes égarements. C'est donc une erreur de penser que l'historien s'est proposé avant tout d'écrire l'histoire du royaume d'Israël et, incidemment, celle du royaume de Juda, ainsi que le prétend Eichorn (1).

On pourrait encore dire qu'il a voulu montrer comment Dieu a rempli la promesse qu'il avait faite à David (2) de maintenir le trône dans sa descendance. En effet, non-seulement il transmit le pouvoir à Salomon, mais, après le schisme des dix tribus, il conserva à la postérité de David une partie du royaume avec la ville de Jérusalem. Il chercha à ramener à l'observation de sa loi les tribus séparées par la parole et les actes des prophètes, aussi bien que par de sévères châtiments, jusqu'à ce que leur endurcissement définitif l'eût obligé à les chasser du pays. Mais, d'autre part, nous voyons aussi que, dans le royaume d'Israël, le Seigneur ne ménagea ni les avertissements, ni les menaces, ni les châtiments. Toutefois, malgré la sévérité des jugements qui atteignirent la nation israélite, la race de David resta sur le trône, et, même après la chute du royaume de Juda et la déportation du peuple à Babylone, Dieu ne laissa pas s'éteindre la lampe de son serviteur David, mais fit rétablir, après trente-sept années d'emprisonnement, le roi captif Joachin dans les honneurs de la royauté, témoignage prophétique par lequel il montrait qu'il maintiendrait inviolablement en faveur de son peuple les promesses faites à David. Pour se convaincre que l'auteur a bien réellement en vue de faire

---

(1) *Einleit.* III, 542.
(2) II Rois, VII, 12-15.

ressortir la perpétuité de la descendance de David sur le trône, il faut réfléchir que l'avénement de Salomon eut lieu en conformité de la promesse faite à son serviteur (1) ; puis lire, examiner et comparer les passages suivants, III Rois, II, 4, 24, 25, III, 6, VI, 12, VIII, 25 et suiv. IX, 5, XI, 12, 13, 34, 36, 39, XV, 4 ; IV Rois VIII, 19, XIX, 34, XX, 5, enfin XXV, 27-30, où nous trouvons la notice qui mentionne la délivrance de Joachin et son rétablissement dans les honneurs dus à la royauté.

L'élément prophétique, il est vrai, tient une grande place dans les livres des Rois ; mais ce n'est pas une raison suffisante pour leur trouver, avec Hævernick (2), Gésénius (3) et de Wette (4), une tendance *prophético-didactique*, en d'autres termes, pour affirmer que l'auteur s'est proposé de faire connaître qu'elles ont été l'influence et l'action des prophètes sur les événements publics pendant la période des rois ; ou encore pour admettre avec Kern (5) qu'il a voulu exposer l'histoire des rois d'Israël et de Juda dans ses rapports avec les exigences, les actes, les avertissements et les prédictions des prophètes. En effet, les livres des Rois, comme tous les autres livres historiques de l'Ancien Testament sans exception, ont jusqu'à un certain point le caractère prophético-didactique selon l'expression des auteurs allemands, c'est-à-dire, donnent une large part à l'élément prophétique, justement à cause de son importance et en raison même de son importance ; mais on ne saurait découvrir à un examen attentif cette prétendue tendance prophético-didactique dont on nous parle, ce qui revient à dire qu'il est impossible de restreindre le but de l'historien à l'exposé de l'histoire du prophétisme. Evidemment il s'élève plus haut et il cherche avant tout à montrer l'action de Dieu dans les événements, quels que soient les instruments dont il lui plaît de se servir. Dans le fait, le prophétisme ne peut se séparer de la royauté. Dieu le roi invisible mais réel de son peuple a communiqué son esprit à ses prophètes et leur a confié la mission de défendre sa Loi et de faire valoir sa justice devant les rois. Les prophètes étaient les conseillers et les guides naturels des représentants terrestres du roi céleste ; mais ils servaient aussi à les avertir et à les châtier et, au besoin, prouvaient par des signes non équivoques qu'ils étaient les organes et les ministres de la divinité. Aussi Dieu fait sacrer Saül et David par Samuel, et fait annoncer à ce dernier par le prophète Nathan, que son royaume subsisterait éternellement (6). Lorsque David pécha (7), ce furent les prophètes Nathan et Gad qui le menacèrent de la vengeance divine, puis, après son repentir, lui annoncèrent le pardon (8). C'est encore par l'entremise de Nathan que Salomon fut désigné pour être le successeur de David (9), qu'il fut sacré et intronisé malgré les intrigues d'Adonia (10). Dans la suite, nous voyons les prophètes n'intervenir

---

(1) III Rois, I.
(2) *Einleit.* II Theil, 2 Abth., 145-150.
(3) *Comment. Is.* I Theil, 934.
(4) § 249.
(5) *Bengels' ar. Archiv.* II, 2, 469 et suiv.
(6) II Rois, VI.
(7) II Rois, XI et XXIV.
(8) Ibid. XII, 1-15, XXIV, 1-19.
(9) Ibid. XII, 25.
(10) III Rois, I.

auprès des rois qui marchèrent dans les voies du Seigneur et ne les aider de leurs conseils que dans les grandes entreprises ou dans les cas difficiles. Mais il en fut tout autrement avec les rois idolâtres et impies, car ils leur firent une opposition si énergique et si persévérante qu'ils finirent par se faire écouter d'eux et de leur peuple. On doit donc envisager les prophètes comme les gardiens des droits de Dieu, le souverain invisible, les interprètes de ses volontés et de ses desseins, rôle glorieux qu'ils remplissent jusqu'à la captivité, sans connaître de défaillances.

A l'époque de Salomon, le prophétisme, pendant un assez long espace de temps, ne fait plus sentir son action et se trouve relégué à l'arrière plan, car c'est le Seigneur lui-même qui apparaît à deux reprises au fils de David, et après son avènement et après la dédicace du temple (1). Or, la raison de ce phénomène, de cette éclipse du prophétisme, si l'on peut parler ainsi, n'est point difficile à trouver. Tant que Salomon resta fidèle au Seigneur, il n'eut pas besoin d'être averti ; mais il dut en être autrement vers la fin de sa vie, car son apostasie lui mérita d'entendre des paroles menaçantes, et il est bien à croire que ce fut un prophète qui lui annonça la révolte et la séparation des dix tribus (2). Ce fut peut-être le prophète Ahias, le même qui avait prédit à Jéroboam son élévation future. Un peu plus tard, Jéroboam, pour consolider son trône, ayant transformé le schisme politique en schisme religieux, et fait du culte des veaux d'or une religion d'Etat, les prophètes blâmèrent sa conduite et celle de ses successeurs, et ne manquèrent jamais de prophétiser aux rois prévaricateurs la ruine de leurs dynasties. Lorsque l'impie Achab et Jézabel, son épouse, voulurent implanter dans le royaume le culte de Baal comme culte officiel, Elie engagea la lutte avec les prophètes et les serviteurs du dieu tyrien, et arrêta les progrès de l'apostasie en rétablissant les écoles des prophètes, institution qui suppléa à la privation du sacerdoce lévitique et du culte légitime. Mais, quoique l'action des prophètes ait été beaucoup plus sensible dans le royaume d'Israël, cependant il se trouva aussi à toute époque des prophètes en Juda, soit pour menacer les rois adonnés à l'idolâtrie des vengeances divines, soit pour aider de leurs conseils, de leurs exhortations et de leur influence les souverains dévoués au culte du vrai Dieu.

Il faut remarquer que les deux royaumes ne se trouvaient pas dans la même situation. Juda possédait le véritable sanctuaire national, le culte légitime et le sacerdoce lévitique ; de plus, grâce aux promesses divines, la royauté de la maison de David était solidement établie. Enfin, parmi les successeurs de Roboam, plusieurs se distinguèrent par leur piété et par leurs vertus. C'est pourquoi, par la force même des choses, le zèle des prophètes eut moins à s'exercer dans le royaume de Juda que dans celui d'Israël, où ils eurent continuellement à combattre l'idolâtrie.

Il ressort donc de ces considérations que l'action des prophètes occupe dans les livres des Rois la place importante et que l'histoire des Rois semble être reléguée au second plan. Cependant, malgré tout, nous avons bien, sinon l'histoire proprement dite de la royauté, tout au moins celle du royaume de Dieu ou de la théocratie sous le gouvernement des rois, car il ne faut pas oublier que la royauté en Israël n'a été qu'une des formes de

---

(1) III Rois, III, 5 et suiv., IX, 4 et suiv.
(2) III Rois, XI, 11 et suiv.

la théocratie. Il faut donc renoncer à cette prétendue tendance prophético-didactique et se contenter de voir les choses comme elles sont, c'est-à-dire, admettre qu'en fait l'histoire du prophétisme est inséparable de celle de la royauté, pour les raisons que nous avons indiquées.

La marche future et les destinées de la royauté avaient été indiquées d'avance par le prophète Nathan, lorsqu'il annonça à David les volontés du Seigneur dans les termes suivants : « Cumque completi fuerint dies tui et dormieris cum patribus tuis, suscitabo semen tuum post te, quod egredietur de utero tuo, et firmabo regnum ejus : ipse ædificabit domum nomini meo, et stabiliam thronum regni ejus usque in sempiternum, ego ero ei in patrem, et ipse erit mihi in filium : qui si inique aliquid gesserit, arguam eum in virga virorum, et in plagis filiorum hominum. Misericordiam autem meam non auferam ab eo, sicut abstuli a Saul, quem amovi a facie mea. Et fidelis erit domus tua et regnum tuum usque in æternum ante faciem tuam, et thronus tuus erit firmus jugiter (1). » La perpétuité de la royauté dans la maison de David, en vertu des promesses divines, telle est l'idée dominante, tel est le fil conducteur qui a guidé l'écrivain dans son travail. Il a voulu montrer par les faits comment Dieu avait été fidèle à sa parole, bien qu'il ait d'abord châtié la race de David et l'ait même rejeté plus tard, mais non pour toujours. En effet, Salomon s'étant écarté de la voie droite, malgré les grâces infinies qu'il avait reçues du Seigneur, il lui fut annoncé que son royaume serait divisé après sa mort, mais qu'il en resterait une partie à son fils à cause de David et de Jérusalem que Dieu avait choisie (2), et que Jéroboam ne règnerait que sur dix tribus (3). L'histoire des deux royaumes est la démonstration historique de cet oracle. D'ailleurs, pour montrer plus abondamment l'unité de plan et l'enchaînement des parties, nous ferons plus loin le résumé de l'ouvrage et nous discuterons ensuite les objections.

Le récit des livres des Rois se partage tout naturellement en trois périodes. La première renferme l'histoire du règne de Salomon (1015-975 avant Jésus-Christ), période pendant laquelle le royaume d'Israël atteignit l'apogée de sa grandeur et de sa puissance, puis commença à décliner vers la fin et à préparer les voies au schisme. La seconde commence avec le schisme, c'est-à-dire, avec le partage du royaume en deux royaumes, celui d'Israël et celui de Juda, et s'étend jusqu'à la destruction du premier, par conséquent de l'an 975 à l'an 722 avant Jésus-Christ. Enfin la troisième période comprend la suite de l'histoire du royaume de Juda jusqu'à sa ruine par les Chaldéens et à la captivité de Babylone, c'est-à-dire, correspond à l'intervalle qui va de 722 à 560 avant Jésus-Christ.

On peut encore faire plusieurs autres divisions et subdivisions; aussi, pour plus de commodité, nous avons dressé le tableau suivant :

PREMIÈRE PÉRIODE.

Le règne de Salomon, III Rois, i-xi.
I. Sacre, intronisation et avènement de Salomon, i-ii, 46.

---

(1) II Rois, vii, 12-16.
(2) III Rois, ix, 10-13.
(3) III Rois, xi, 37 et suiv.

A. Tentative d'Adonias pour s'emparer du trône; sacre et intronisation de Salomon, I.
B. Dernières paroles et mort de David, II, 1-12.
C. Avènement de Salomon et affermissement de son royaume, II, 13-46.
II. Commencements du règne de Salomon, III-IV.
A. Mariage de Salomon; sacrifice et vision à Gabaon, III, 1-15.
B. Jugement de Salomon, III, 16-28.
C. Officiers de Salomon; sa magnificence et sa sagesse, IV.
III. Les constructions de Salomon, V-IX.
A. Préparatifs pour la construction du temple, V.
B. Construction du temple, VI.
C. Construction du palais et fabrication des meubles du temple, VII.
D. Dédicace du temple, VIII.
E. Réponse du Seigneur à la prière de Salomon, IX, 1-9.
F. Notices sur les rapports de Salomon avec Hiram, sur ses constructions et sur les voyages d'Ophir, IX, 10-28.
IV. Gloire et magnificence de Salomon, X.
A. Visite de la reine de Saba, X, 1-13.
B. Richesses, magnificence et puissance de Salomon, X, 14-29.
V. Chute et fin de Salomon, XI.
A. Salomon épouse de nombreuses femmes étrangères et devient infidèle à Dieu, XI, 1-13.
B. Adversaires de Salomon; sa mort, XI, 14-43.

DEUXIÈME PÉRIODE.

Histoire des deux royaumes d'Israël et de Juda, jusqu'à la prise de Samarie et la dispersion des dix tribus, III Rois, XII. IV Rois, XVII.

Première époque. Du schisme des dix tribus à l'avènement d'Achab, III Rois, XII-XVI, 28.
I. Le schisme, III Rois, XII.
A. Révolte des dix tribus contre la maison de David, XII, 1-24.
B. Fondation du royaume d'Israël par Jéroboam, XII, 25-33.
II. Règne de Jéroboam en Israël, XIII-XIV, 20.
A. Dieu proteste, par le ministère d'un prophète, contre le culte des veaux d'or, XIII.
B. Le prophète Ahias prophétise contre Jéroboam et le royaume d'Israël; mort de Jéroboam, XIV, 1-20.
III. Le royaume de Juda sous Roboam, Abiam et Asa, XIV, 21; XV, 24.
A. Règne de Roboam, XIV, 21-31.
B. Règnes d'Abiam et d'Asa, XV, 1-24.
III. Le royaume d'Israël depuis Nadab jusqu'à Achab, XV, 25; XVI, 28.
A. Règnes de Nadab et de Baasa, XV, 25-XVI, 7.
B. Règnes d'Ela, de Zambri et d'Amri, XVI, 8-28.

Deuxième époque. De l'avènement d'Achab à la mort de Joram, d'Israël, et d'Ochozias, de Juda, XVI, 29-IV Rois X, 29.
I. Règne d'Achab d'Israël, III Rois, XVI, 29-XXII, 40.
A. Aperçu sommaire sur le règne d'Achab, XVI, 29-34.
B. Le prophète Elie pendant le règne d'Achab, XVII-XIX.
  a. Elie devant Achab, au torrent de Carith et à Sarepta, XVII.
  b. Rencontre d'Elie et d'Achab; victoire d'Elie sur les prophètes de Baal au Carmel, XVIII.
  c. Elie dans le désert et au mont Horeb; choix d'Elisée, son successeur, XIX.
C. Double victoire d'Achab sur Bénadad roi de Syrie, XX.

      a. Première victoire, xx, 1-22.
      b. Seconde victoire, xx, 23-43.
   D. Conduite d'Achab envers Naboth qu'il fait mourir pour s'emparer de sa vigne, xxi.
   E. Guerre d'Achab et de Josaphat contre les Syriens; mort d'Achab, xxii, 1-40.
II. Le royaume de Juda sous Josaphat et le royaume d'Israël sous Ochosias et Joram, III Rois, xxii, 41.-IV Rois iii.
   A. Règne de Josaphat, III Rois xxii, 41-51.
   B. Règne d'Ochosias; sa maladie et sa mort. III Rois, xxii, 52.-IV Rois i.
   C. Ascension d'Elie; première manifestation d'Elisée, IV Rois ii.
   D. Règne de Joram ; son expédition contre les Moabites de concert avec Josaphat, iii.
III. Les actes d'Elisée, IV Rois, iv-viii, 15.
   A. Divers miracles d'Elisée, iv.
      a. Multiplication de l'huile de la veuve, iv, 1-7.
      b. La Sunamite et son fils, iv, 8-37.
      c. Elisée rend saine une nourriture empoisonnée, iv, 38-41.
      d. Elisée nourrit cent de ses disciples avec vingt petits pains d'orge, iv, 42-44.
   B. Guérison du syrien Naaman et punition de Giézi, le serviteur d'Elisée, v.
   C. Elisée fait flotter le fer d'une hache ; il déjoue les plans des Syriens et frappe d'aveuglement ceux qui sont envoyés pour le prendre, vi, 1-23.
   D. Elisée pendant la famine et pendant le siège de Samarie, vi, 24-vii.
   E. Elisée fait rendre ses biens à la Sunamite; il prédit à Hazaël le trône de Syrie, viii, 1-15.
IV. Règnes de Joram et d'Ochozias, de Juda ; avènement de Jéhu, en Israël, viii, 16-x, 27.
   A. Règne de Joram, de Juda, viii, 16-24.
   B. Règne d'Ochozias, de Juda, viii, 25-29.
   C. Avènement de Jéhu, ix-x, 27.
      a. Sacre de Jéhu, ix, 1-10.
      b. Conjuration de Jéhu contre Joram, ix, 11-15.
      c. Meurtre de Joram. d'Israël, et d'Ochozias, de Juda, ix, 16-29.
      d. Mort de Jézabel, ix, 30-37.
      e. Extermination des fils d'Achab à Samarie, xi, 1-11.
      f. Extermination des frères d'Ochozias de Juda et des autres membres de la dynastie d'Achab, x, 12-17.
      g. Extermination des prophètes et des prêtres de Baal, x, 18-29.

Troisième époque. De l'avènement de Jéhu, en Israël, et d'Athalie, en Juda, jusqu'à la chute du royaume d'Israël, x, 28; xvii.
I. Règne de Jéhu, roi d'Israël, x, 28-36.
II. Tyrannie et chute d'Athalie ; couronnement de Joas, en Juda, xi.
III. Règne de Joas en Juda, xii.
IV. Règnes de Joachaz et de Joas d'Israël ; mort d'Elisée, xiii.
V. Règnes d'Amasias de Juda et de Jéroboam II d'Israël, xiv.
VI. Règnes d'Azarias, de Joatham et d'Achaz en Juda ; histoire du royaume d'Israël depuis Zacharie jusqu'à sa chute sous Osée, xv-xvii.
   A. Règne d'Azarias, de Juda, xv, 1-7.
   B. Règne de Zacharias, d'Israël, xv, 8-12.
   C. Règne de Sellum, xv, 13-16.
   D. Règne de Manahem, xv, 17-22.
   E. Règne de Phacéia, xv, 23-26.
   F. Règne de Phacée, xv, 27-31.
   G. Règne de Joatham de Juda 32-38.
   H. Règne d'Achaz de Juda, xvi.
   I. Règne d'Osée ; chute du royaume d'Israël, xvii.

TROISIÈME PÉRIODE.

Histoire du royaume de Juda, depuis la dispersion des dix tribus jusqu'à la captivité de Babylone, xviii-xxv.
1. Règne d'Ezéchias, xviii-xx.
   A. Appréciation du règne d'Ezéchias, xviii, 1-8.
   B. Invasion de Sennachérib; la ville de Jérusalem est menacée, xviii, 9-37.
   C. Délivrance de Jérusalem; destruction de l'armée assyrienne et mort de Sennachérib, xix.
   D. Maladie et guérison d'Ezéchias, xx, 1-11.
   E. Ambassade de Mérodach Baladan et imprudence d'Ezéchias, xx, 12-19.
   F. Mort d'Ezéchias, xx, 20-21.
II. Règnes de Manassé, d'Amon et de Josias, xxi-xxii, 30.
   A. Règne de Manassé, xxi, 1-18.
   B. Règne d'Amon, xxi, 19-26.
   C. Règne de Josias, xxii-xxiii, 30.
III. Le royaume de Juda depuis Joachaz jusqu'à sa ruine et à la destruction de Jérusalem et du temple, xxiii, 31 ; xxv.
   A. Règne de Joachaz, xxiii, 31-35.
   B. Règne de Joakim, xxiii, 36 ; xxiv, 7.
   C. Règne de Joachin, xxiv, 8-16.
   D. Règne de Sédécias, xxiv, 17 ; xxv, 7.
      a. Aperçu du règne de Sédécias, xxiv, 17-20.
      b. Siége et prise de Jérusalem ; Sédécias est emmené captif à Babylone, xxv, 1-7.
   E. Destruction de Jérusalem et du temple ; transportation du peuple à Babylone, xxv, 8-21.
   F. Godolias est établi gouverneur de Judée; il est assassiné et le peuple s'enfuit en Egypte, xxv, 22-26.
   G. Joachin est rendu à la liberté, et rétabli dans ses honneurs, xxv, 27-30.

David avait affermi le royaume d'Israël, et même l'avait élevé à un tel degré de puissance que les Etats voisins durent s'humilier devant lui. Selon les décrets divins, ce fut Salomon, le fils de Bethsabée, qui devint l'héritier du trône et dont le règne accrut encore la prospérité et la gloire de la nation israélite, au moins pour un temps.

Or, comme le règne de Salomon marque l'apogée de la royauté, on ne sera donc pas surpris que l'auteur lui accorde dans son œuvre une place en rapport avec son importance. Sous forme d'introduction, il nous apprend d'abord comment s'opéra la transmission du pouvoir, c'est-à-dire, comment Salomon fut sacré et reconnu ensuite par le peuple du vivant de David, malgré les intrigues d'Adonias et de ses partisans (i). David meurt ensuite, après avoir assuré l'exécution de ses dernières volontés et en faisant à son fils ses dernières recommandations; peu après, nous voyons comment Salomon mit à profit les conseils de son père et affermit de la sorte son trône (ii). Les ch. iii à x, sont consacrés à célébrer la magnificence, la sagesse et la gloire de Salomon. L'histoire proprement dite de ce règne célèbre commence par la mention du mariage de Salomon avec une princesse égyptienne.

Nous trouvons ensuite le récit du sacrifice solennel que le nouveau roi fit à Gabaon pour inaugurer son règne, celui de la vision qui en fut la conséquence. Dans cette vision, Dieu promit d'accorder la sagesse à l'héritier de David et bientôt une circonstance mémorable vint montrer à tout le peuple que la parole de Dieu n'avait pas été vaine (III). Après ce préambule, l'historien sacré commence l'exposition de la puissance et de la magnificence de Salomon, en énumérant les grands officiers de la couronne, en indiquant l'étendue et la prospérité du royaume, et en nous apprenant que la sagesse du roi avait répandu sa renommée parmi tous les peuples (IV). Nous voyons ensuite comment Salomon prépara la grande œuvre de son règne, c'est-à-dire, la construction du temple, et comment il s'entendit à cet effet avec Hiram, roi de Tyr (V). Après avoir achevé la maison du Seigneur, dont la description est contenue dans le ch. VI, Salomon construisit son palais; suivent l'énumération et la description des meubles du temple (VII). La cérémonie du transport de l'Arche dans le nouveau temple occupe tout le ch. VIII. Nous lisons ensuite que Dieu apparut une seconde fois à Salomon pour lui annoncer qu'il l'avait exaucé et lui donner de salutaires avertissements; puis nous apprenons quelles furent les ressources que Salomon eut à sa disposition pour subvenir aux frais de ses diverses constructions (IX). Enfin le chapitre X clôt dignement l'exposé de la magnificence et de la puissance de Salomon, par le récit de la visite de la reine de Saba et l'énumération des richesses du roi israélite. Malheureusement, vers la fin de sa vie, Salomon se livre sans retenue à l'amour des femmes et tombe dans l'idolâtrie; c'est le commencement, non-seulement de sa propre décadence, mais de celle de son royaume qui ne tardera pas à être divisé, selon la menace d'Abias le Silonite (XI). La prophétie reçut promptement son accomplissement, car, aussitôt après la mort de Salomon, Roboam, son fils et son successeur, vit les dix tribus d'Isrël se séparer de lui et constituer un nouveau royaume sous la conduite de Jéroboam, lequel, pour détourner ses sujets d'aller à Jérusalem, établit le culte des veaux d'or et en fit la religion officielle de l'Etat, (XII). Aussi bien un prophète vient montrer, par un signe, que ce culte nouveau déplaît à Dieu; mais ce prophète, à son tour, est puni de mort pour avoir transgressé les ordres du Seigneur (XIII). De plus Jéroboam apprend du prophète Abias que sa dynastie sera détruite. Quant à Roboam, son règne fut sans gloire et ses sujets offensèrent Dieu en se livrant à l'idolâtrie. L'historien poursuit ensuite concurremment l'histoire des deux royaumes jusqu'au règne d'Achab (XV-XVI). Là il s'étend longuement sur les actes du prophète Elie, nous le montre ressuscitant un mort et triomphant des prophètes de Baal qu'il fait périr par les mains du peuple (XVII-XVIII). Toutefois Elie fuit devant la colère de Jézabel et se retire au mont Horeb où il est favorisé d'une vision sublime et consolante. Bientôt après il choisit Elisée pour lui succéder et continuer son ministère (XIX). Vers cette époque, Achab, attaqué par Bénadad, roi de Syrie, fait prisonnier son ennemi, mais lui accorde imprudemment la liberté et, pour ce fait, est blâmé par un prophète (XX). Le prophète reparaît ensuite sur la scène pour prédire à Achab et à Jézabel, le châtiment qui les attend en punition du meurtre de Naboth (XXI). La prophétie se réalise, car Achab périt dans une nouvelle guerre contre les Syriens, dans laquelle il avait entraîné Josaphat, roi de Juda, lequel fit ce qui était agréable au Seigneur et eut pour successeur Joram, son fils. Enfin le dernier chapitre du premier livre de l'ouvrage (III des Rois) se termine par l'appréciation sommaire du règne d'Ochozias, fils d'Achab (XXII).

Le quatrième livre des Rois, ou le second livre de notre ouvrage, commence par le récit de l'accident arrivé à Ochozias et de la mort de ce prince, mort prédite par Elie (I). Le chapitre II nous fait assister à l'enlèvement au ciel du prophète Elie et aux débuts du ministère d'Elisée, son successeur. Les six chapitres suivants (III-VIII) contiennent le récit des actes et des miracles d'Elisée. Nous apprenons d'abord qu'il vient en aide aux rois de Juda et d'Israël, qui étaient sur le point de succomber avec leurs armées dans leur guerre contre les Moabites (III). Une série de miracles occupe le ch. IV, et le ch. V tout entier est consacré au récit de la guérison du syrien Naaman et de la punition de Giézi, le serviteur d'Elisée. Nous voyons ensuite que le prophète déjoue les plans des Syriens, qu'il frappe d'aveuglement ceux qui étaient venus pour le prendre et les livre au roi d'Israël; enfin qu'il annonce la délivrance de Samarie, ce qui a lieu comme il l'avait prédit (VI-VII). Le ch. VIII nous montre Elisée à Damas où il prédit à Hazaël qu'il sera roi de Syrie. Bientôt après il ordonne à un de ses disciples de sacrer Jéhu, roi d'Israël, et Jéhu, ayant conspiré contre Joram son maître, le met à mort avec Ochozias qui était venu le voir. Jéhu fait périr ensuite Jézabel qui est dévorée par les chiens, puis toute la famille d'Achab, en accomplissement de la prophétie d'Elie, et enfin les prêtres de Baal dont il anéantit le culte (IX-X). A la même époque, Athalie, dans le royaume de Juda, s'était emparée du pouvoir aussitôt après la mort d'Ochozias et avait fait massacrer toute la famille royale à l'exception de Joas, qui lui échappa et qui fut proclamé roi quelques années plus tard, à la suite d'un complot organisé par Joïada (XI). Joas s'occupa particulièrement des réparations du temple, périt assassiné et eut pour successeur Joachaz (XII). En Israël, la dynastie de Jéhu continue à régner et c'est sous Joas, son petit-fils, que mourut Elisée (XIII). Amasias, roi de Juda, venge d'abord la mort de son père, mais il est malheureux dans sa guerre contre Israël et périt lui-même de mort violente. A cette époque, Jéroboam était roi d'Israël et rendit de grands services à son peuple (XII). A Amasias, roi de Juda, succède Azarias qui est frappé de la lèpre; puis nous assistons aux troubles et aux désordres sanglants qui annoncent la chute du royaume d'Israël (XV). Vers le même temps régnait en Juda l'impie Achaz, qui marcha sur les traces des rois d'Israël (XVI). Enfin le royaume des dix tribus succombe sous le règne d'Osée, en punition des crimes de ses rois et de ses habitants. Le roi d'Assyrie s'empare de Samarie, transporte le peuple dans son empire et le remplace par des colons venus de la Chaldée (XVII). Ezéchias, fils d'Achaz, était alors roi de Juda et n'imita en rien la conduite de son père. Attaqué par Sennachérib, roi d'Assyrie, et assiégé dans sa capitale, il fut miraculeusement délivré par la destruction soudaine de l'armée assyrienne (XVIII-XIX). Tombé malade, il recouvre la santé, grâce à ses prières, et reçoit ensuite les ambassadeurs du roi de Babylone, auxquels il montre ses trésors, imprudence dont il est blâmé par le prophète Isaïe (XX). Manassé, son fils et son successeur, fut loin de marcher sur ses traces, s'adonna à toutes les abominations des païens et attira ainsi sur son royaume la colère du Seigneur; il fut fidèlement imité par son fils Manassé (XXI). Josias, fils d'Amon, fut au contraire un des plus pieux rois d'Israël. Il remit en honneur les préceptes de la Loi, abolit le culte des idoles et détruisit tous les sanctuaires profanes. Malheureusement il voulut s'opposer à la marche de Néchao, roi d'Egypte, qui s'avançait vers l'Euphrate et périt à la bataille de Mageddo. Il eut pour successeur son fils Joachaz, qui fut détrôné par Néchao et remplacé par Eliacim, son frère, lequel reçut de son protecteur le nom de Joakim (XXII-XXIII). Joakim, d'abord tributaire des Assyriens, se révolta ensuite et eut pour successeur Joachin, son fils. Ce dernier fut retenu en captivité par Nabuchodonosor, qui pilla le temple de Jérusalem et emmena captifs les principaux du pays. Le roi de Babylone établit ensuite roi de Juda, Matthanias, oncle de Joachin, sous le nom de Sédécias. Or, Sédécias, à son tour, s'étant révolté contre Nabuchodonosor, fut assiégé dans sa capitale, fait prisonnier et emmené à Babylone, après avoir eu les yeux crevés. Le temple fut alors détruit, Jérusalem incendiée, et la plus grande partie du peuple emmené en captivité. Ainsi finit le royaume de Juda et ainsi s'accomplirent les menaces des prophètes. Toutefois nous voyons, à la fin du dernier livre des Rois, que Joachin fut délivré de prison par le fils de Nabuchodonosor et rétabli dans ses honneurs (XXIV-XXV).

Ce que nous remarquons de prime abord, c'est que l'auteur, à dater du schisme, et tout en traitant parallèlement l'histoire des deux royaumes, fait passer les rois d'Israël avant ceux de Juda et s'étend beaucoup plus longuement sur les actes de leur règne. Or, si nous cherchons à découvrir les raisons de cette sorte de préférence, nous les découvrirons sans peine. En effet, notre historien avait surtout à tâche d'exposer la conduite de Dieu envers son peuple, et par conséquent aussi la conduite du peuple envers son chef invisible. Or, les successeurs de Jéroboam imitèrent son impiété et souvent la dépassèrent; par suite, l'existence du royaume d'Israël fut beaucoup plus troublée que celle du royaume de Juda. L'histoire des dix tribus schismatiques devait donc naturellement prêter à plus de développements, surtout au point de vue spécial de l'auteur, qui du reste ne néglige pas les événements importants du royaume de Juda et les raconte même avec les plus grands détails. Narrateur impartial, il traite les deux royaumes avec la même justice, car il n'omet pas de faire remarquer que le Seigneur se conduit envers eux de la même manière et supporte avec la même patience et la même longanimité leurs prévarications et leurs apostasies. Toutefois la situation des deux états vis-à-vis du Seigneur était bien différente. En effet, Jéroboam, le fondateur du royaume d'Israël, avait reçu la promesse, mais sous certaines conditions, que sa postérité occuperait le trône tant que le nouveau royaume subsisterait (1), car il ne devait pas toujours exister. Le schisme devait un jour cesser, et par conséquent Dieu ne promit pas à Jéroboam que son royaume durerait éternellement. Mais ni Jéroboam ni ses successeurs ne remplirent les conditions voulues, et, du commencement à la fin, se mirent en révolte ouverte en supprimant le culte légitime et en en établissant un nouveau. Cependant le Seigneur supporta longtemps et patiemment les infidélités des rois d'Israël et de leurs sujets; non-seulement il les fit avertir par ses prophètes, et essaya de les détourner de leur voie mauvaise, en les menaçant d'abord, puis en exécutant les menaces; mais il leur donna aussi des témoignages de sa grâce et de ses faveurs, à cause de son alliance avec Abraham (2), jusqu'à ce que le temps de la miséricorde fût écoulé et que

---

(1) Ibid. XI, 26-40.
(2) IV Rois, XIII, 23.

leur endurcissement fût parvenu à son comble. Alors seulement Dieu permit que le royaume coupable succombât sous les coups des Assyriens et que les dix tribus fussent dispersées dans la Médie et l'Assyrie.

Mais la maison de David, au contraire, devait posséder le trône pour toujours. Aussi le Seigneur, tout en châtiant les apostasies de la race de David, ne permit pas qu'elle fût exterminée, parce qu'il avait promis de ne pas éteindre sa lumière (1). Athalie, digne fille de Jézabel, tenta de détruire la famille royale, et cependant Joas, le plus jeune des fils d'Ochozias, lui échappa et plus tard parvint à reprendre possession du trône de ses pères (2).

Le royaume de Juda a donc eu le privilége de survivre assez longtemps à son rival, grâce à la stabilité de la maison de David et aux avantages que lui procuraient la possession de Jérusalem et du sanctuaire national, le lieu des révélations du Seigneur. L'impie Achaz précipita le royaume jusqu'au bord de l'abîme ; mais Ezéchias, mettant sa confiance en Dieu, le délivra des attaques de Sennachérib (3). Malheureusement, sous Manassé, l'idolâtrie fit de si grands progrès et la perversion s'accrut tellement que tous les efforts de Josias ne servirent qu'à rétablir le culte dans sa forme antérieure, sans réussir à convertir la nation. Aussi le Seigneur résolut-il, à cause des péchés de Manassé, de rejeter Juda et choisit Nabuchodonosor pour être l'instrument de ses volontés et l'exécuteur de ses vengeances (4). Joachin fut donc pris et emmené à Babylone et, sous Sédécias, la destruction du royaume coïncida avec celle du temple et avec l'incendie de Jérusalem. Mais Dieu ne permit pas que la lampe de David, son serviteur, s'éteignît, car Joachin, après avoir expié ses fautes et celles de ses pères, fut rendu à la liberté par Evilmérodach et recouvra les honneurs dus à la royauté (5). Il est évident que la mention de ce fait, en apparence insignifiant, rentre dans le plan de l'auteur et forme la conclusion véritable de son ouvrage. Ce fait consolant était le présage d'un excellent avenir pour la race de David et pour tout le peuple qui, un jour, devait être délivré de la captivité. C'était le gage que Dieu accomplirait sa promesse de ne jamais retirer sa grâce à la race de David. Il ne serait donc pas juste de prétendre, comme le fait Stahelin (6), que les livres des Rois, font contraste par leur signification avec l'histoire de David. Suivant cet auteur, l'exemple de David montre que l'obéissance à Dieu et aux oracles de ses prophètes ont toujours leur récompense, et que Dieu, même quand il punit, pardonne au repentir ; tandis que les livres des Rois, au contraire, en racontant la chute des deux royaumes hébreux, enseignent que la conduite des hommes peut annihiler les promesses divines et faire tomber les dynasties. La faute d'un seul Manassé aurait suffi à détruire l'effet des promesses faites à la maison de David. Mais raisonner ainsi, c'est, dit le Dr Keil, interpréter à faux le passage où il est question des iniquités de Manassé (7),

---

(1) III Rois, xv, 4, IV Rois, viii, 19.
(2) IV Rois, xi.
(3) IV Rois, xix, 34, xx, 6.
(4) Ibid. iv, xxiii, 26 et suiv., xxiv, 3 et suiv.
(5) IV Rois, xxv, 27-30.
(6) *Einleit.* 122.
(7) IV Rois, xxi, 10 et suiv.

et méconnaître la pensée qui domine dans les livres des Rois. Au surplus, si Dieu est miséricordieux pour les pécheurs repentants, et s'il châtie sans ménagement ceux qui sont tombés dans l'endurcissement, cette conduite n'offre rien de contradictoire.

Les livres des Rois racontent donc l'histoire de la royauté théocratique d'après le plan divin (1), depuis la fin du règne de David jusqu'à la captivité, et sont évidemment la continuation directe des livres de Samuel, comme on peut en juger par la première phrase de l'ouvrage (2). Toutefois, il n'est pas douteux que ce ne soit un travail à part, bien distinct des livres de Samuel, et dont on ne saurait méconnaître l'unité de plan et de composition.

Le plan est on ne peut plus simple et régulier. L'auteur se contente de suivre strictement l'ordre chronologique et expose les faits d'après une méthode uniforme. Cependant, à première vue, il semble qu'il faille admettre des exceptions, car les règnes de certains rois sont traités avec une ampleur disproportionnée, par exemple, ceux de Salomon (3), de Jéroboam (4), d'Achab (5), de Joram (6), d'Ezéchias (7), et de Josias (8). Mais cette première impression ne tarde pas à s'effacer à un examen plus attentif de l'ouvrage. En effet, cette irrégularité n'est qu'apparente, car elle est la conséquence d'un principe bien arrêté d'avance, lequel principe consiste à traiter avec plus d'étendue les parties les plus importantes au point de vue théocratique. Or, les six règnes mentionnés ont sous ce rapport une importance exceptionnelle, soit en bien, soit en mal et, si l'auteur décrit avec une grande abondance de détails les périodes de progrès, il en fait tout autant pour les époques de crises.

Le règne de Salomon avait une double importance : premièrement, il servait à montrer tout ce que Dieu eût fait pour la race de David et pour son peuple, si les uns et les autres avaient continué à lui rester fidèles; secondement, à indiquer que l'apostasie serait sévèrement punie. En outre, ce fut sous Salomon que le royaume fut constitué dans sa forme définitive et que la construction du temple fixa à jamais le centre du culte lévitique. Or, d'une part, la royauté était attachée individuellement à la race de David et, de l'autre, le culte du vrai Dieu, tel qu'il était prescrit par la Loi, était la vie même de la nation. On comprend donc que l'auteur ait éprouvé le besoin de s'appesantir plus longuement sur un règne dont les résultats devaient avoir une si grande influence sur l'avenir, au double point de vue politique et religieux.

Jéroboam, le fondateur du royaume d'Israël, introduisit le culte des veaux d'or dans ses Etats et fut la cause première de l'apostasie et même de la réprobation des dix tribus. Pour ce motif, il tient donc une place importante dans l'histoire.

Quant à Achab et à Joram, contemporains l'un d'Elie, l'autre d'Elisée,

---

(1) V. II Rois, vii.
(2) V. III Rois, i.
(3) Ibid. i-xi.
(4) Ibid. xii, 15-xiv, 20.
(5) Ibid. xvi, 29-xxii, 40.
(6) IV Rois, vii-ix, 26.
(7) Ibid xviii-xx.
(8) Ibid xxii-xiii.

leur règne nous montre combien le mal avait fait de rapides progrès en Israël. Au reste, le culte de Baal de la maison d'Amri avait aussi pénétré en Juda et les deux royaumes étaient sur le penchant de leur ruine, lorsque la piété d'Ezéchias réussit à sauver la maison de David et à prolonger la vie du royaume de Juda. Mais le mal avait jeté de trop profondes racines et la corruption reprit le dessus et devint plus grande que jamais. La ruine est imminente; mais le zèle religieux de Josias retarde l'exécution de la sentence définitive et désormais irrévocable, qui cependant ne recevra son accomplissement qu'après la mort du pieux monarque, sous ses fils Joakim et Sédécias.

L'unité de style et de langage est généralement admise, sauf quelques différences qui s'expliquent par la diversité des sources auxquelles l'auteur a puisé. Parmi les termes ou les locutions qui sont propres à notre ouvrage et qui ne se rencontrent pas dans les livres historiques plus anciens, on peut citer עצור ועזוב, *atsour reazoub* (III Rois XIV, 10; XXI, 21; IV Rois, X, 8; XIV, 26); la particule אז, *az*, fréquemment employée (III Rois, III, 16, VIII, 1, 12, IX, 11, 24, XI, 7, XVI, 21, XXII, 50; IV Rois, XII, 18, XIV, 8, XVI, 5); התמכר לעשות הרע, *hithmakker laaçoth hara* (III Rois, XXI, 20, 25; IV Rois, XVII, 17); enfin ניר, *nir* (III Rois XI, 36, XV, 4; IV Rois, VIII, 19) au lieu de נר, *ner* (II Rois. XXI, 17); צידנין, *tsidonin*, (III Rois, XI, 33); רצין, *ratsin*, (IV Rois, XI, 13); אתי, *ateï*, pour את, *ate* (III Rois, XIV, 2; IV Rois, IV, 16, 23, VIII, 1); אותו, *otho*, pour אתו, *itto* (IV Rois, I, 15, III, 11, 12, VIII, 8); אותם, *otham*, pour אתם, *ittam*, (IV Rois, VI, 16); בהשדה, *behassadeh*, (IV Rois, VII, 12); סביב, *sabib* (IV Rois, VIII, 21); בהשתחויתי. *behischtakharaïathi* (IV Rois, V, 18); משלנו, *mischellanou*, (IV Rois VI, 11); שרי החילים, *saré hakhaïalim* (III Rois, XV, 20; IV Rois, XXV, 25, 26); כר, *kor* pour חמר, *khomer* (III Rois, V, 2, 28); בדק, *bédek* (IV Rois, XII, 6 et suiv., XXII, 5); דיק, *daïek* (IV Rois, XXV, 1); מדינות, *medinoth*, (III Rois, XX, 14); רב־טבחים, *rabthabakhim* (III Rois, X, 15, XX, 24 ; IV Rois, XVIII, 24); קבל, *kabal* (IV Rois, XV, 10), etc.

Quant aux irrégularités auxquelles nous avons fait allusion, elles se rencontrent spécialement dans le premier chapitre du IIIᵉ livre des Rois et dans les IVᵉ et VIIIᵉ du IVᵉ livre. Or, pour le premier chapitre du IIIᵉ livre, les particularités de diction que l'on y remarque servent à rattacher l'ouvrage aux livres de Samuel ou deux premiers livres des Rois; mais elles n'indiquent pas qu'il soit du même auteur. En effet, elles s'expliquent suffisamment par la supposition très-vraisemblable que l'auteur des Rois s'est servi des mêmes documents que son devancier. Elles sont d'ailleurs au nombre de quatre seulement, c'est-à-dire les suivantes : 1° la mention des *Cerethi* et des Péléthi, והכרתי והפלתי, *vehakkréthi vehappelethi* (⁊. 38), dont il n'est parlé que dans le second livre des Rois (1); 2° l'emploi du mot מריא, *meri* (⁊⁊. 9, 19 et 25), comme dans II Rois VII, 13; 3° et 4°, celui des expressions מלט נפש *milleth néphesch* et פדה נפש, *padah néphesch*, qui ne se rencontrent que dans le chapitre en question, (⁊⁊. 13 et 30) et dans les livres de Samuel (2).

Les particularités de langage des ch. IV et VIII, ⁊⁊. 1-37 et 1-6, sont d'un

---

(1) II Rois, VIII, 18, XX, 7.
(2) I Rois, XIX, 11 et II Rois, XIX, 5; II Rois, IV, 9.

genre différent. Les deux passages indiqués renferment en effet des formes araméennes que la plupart des auteurs modernes, entre autres Eichhorn (1) et Bertheau (2), considèrent comme des preuves évidentes de la composition tardive des livres des Rois. Toutefois, il ne serait pas impossible que ce fussent des provincialismes d'un écrivain contemporain d'Elisée ou rapproché de son époque et que notre historien a fidèlement conservés. Ces formes sont אתי *ate* pour את et les suffixes וכי, *iki* pour ך et יך *ike* et *ke* : or, ces formes pleines sont plus anciennes que les formes abrégées et demeurèrent en usage parmi les Syriens, même après que les Hébreux les eurent abandonnées. Il en est de même de אנך, *anoke*, autre forme pleine usitée chez les Moabites, comme on le voit par l'inscription de Mésa, longtemps après que les Hébreux eurent contracté אנכי *anoki* en אני, *ani*.

On peut encore faire valoir plusieurs autres considérations pour démontrer l'unité de composition.

1° L'auteur cite toujours ses sources d'après des formules constantes et donne la date de tous les événements importants (3); 2° il juge la conduite et les actes des rois d'après les préceptes de la loi de Moïse (4); 3° il expose le commencement, le caractère et la fin de chaque règne presque toujours dans les mêmes termes (5); 4° il répète souvent que le Seigneur a fait choix de David, de Jérusalem et du temple (6); 5° il emploie très-fréquemment l'expression *homme de bien* qui ne se rencontre pas moins de quarante-cinq fois et dans douze chapitres, tandis que, dans les livres de Samuel, elle ne se trouve que cinq fois et dans deux chapitres, et six fois dans les Paralipomènes, dans quatre chapitres; 6° il reproduit souvent mot à mot ce qu'il a déjà dit auparavant, pour y ajouter quelque chose (7); 7° il fait presque toujours précéder le nom des souverains du mot *roi*, par exemple, *le roi David, le roi Salomon, le roi Roboam, le roi Asa, le roi Joram, le roi Joas, le roi Achaz, le roi Ezéchias, le roi Josias, le roi Sédécias* (8).

Toutes ces particularités caractéristiques, non-seulement distinguent les

---

(1) *Einleit.* III, 554.
(2) *Einleit.* III, 957.
(3) Cfr. III Rois, II, 11; VI, 1, 37, 38; VII, 1; VIII, 2, 65, 66; IX, 10, 11, 12; XIV, 20, 21, 25; XV, 1, 2, 8, 10, 25, 33; XVI, 8, 10, 15 et suiv. 23. 29; XVIII, 1; XXII, 1, 2, 11, 12, 52; IV Rois, I, 47; III 1; VIII, 16, 25 et suiv.; IX, 29; X, 36; XI, 3, 4; XII, 1, 27; XIII, 1, 10; XIV, 1, 2, 17, 23; XV, 1, 2, 8, 13, 17, 23, 27, 30, 32 et suiv.; XVI, 1 et suiv.; XVII, 1, 5 et suiv., 9 et suiv., 13; XXI, 1, 19; XXII, 1, 3; XXIII, 23, 31, 37; XXIV, 1, 8, 12, 18; XXV, 1-3, 8, 25, 27.
(4) Cfr. III Rois, II, 3; III, 11-VI, 12 et suiv.; VIII, 58, 61; IX, 4, 6; XI, 33, 38; IV Rois, X, 31; XI, 12, XIV, 6; XVII, 13, 15, 31, 37; XVIII, 6; XXI, 8; XXII, 8 et suiv.; XXIII, 3, 21, 24 et suiv.
(5) Cfr. III Rois, XI. 43; XIV, 20, 31; XV, 8, 24; XX, 51; IV Rois, VIII, 24; XIII, 9; XIV, 29; XV, 7, 38; XVI, 20; XX, 21; XXI, 18; XXIV, 6; III Rois, XV, 3, 11; XXII, 43; IV Rois, XII, 3; XIV, 3, 34; XVI, 2; XVIII, 3; XXI, 2, 20; XXII, 2; XXIII, 37; XXIV, 9, 19; III Rois, XIV, 8; XV, 26, 31; XVI, 19, 26, 30 et suiv.; XXII, 53; IV Rois, III, 3, XI, 29, 31; XIII, 2, 11; XIV, 24; XV, 9, 18, 24, 28; XVII, 21 et suiv.
(6) Cfr. III Rois, VIII, 16, 29; IX, 3; XI, 36; XIV, 21; XV, 3, 4; IV Rois, XXI, 4, 7; XXII, 27.
(7) Cfr. III Rois, VI, 10, 22; XV, 6, XVI, 7 etc.
(8) Cfr. III Rois, I, 13, 28, 31, 32, 37, 38, 43, 47. — III Rois, I, 53; II, 49, 22, 23, 25, etc.; IV, 1; IX, 15, 26; X, 10, 16; XI, 1; XII, 2. III Rois, XV, 1. — III Rois, XV, 20, 22; — IV Rois, VIII, 29, IX, 15 — IV Rois, XII, 6 7 — IV Rois, XVI, 10-17 — IV Rois, XVIII, 9-17, XIX, 4, 5; XX, 14. — IV Rois, XXII, 3; XXIII, 23, 29 — IV Rois, XXV, 2.

livres des Rois proprement dits des livres de Samuel, mais dénotent en même temps l'unité de plan, de méthode et d'auteur. Ces deux livres forment donc un tout distinct et homogène, ce que le commencement et la fin de l'ouvrage indiqueraient d'ailleurs suffisamment, parce que nous trouvons là les deux points extrêmes d'une période bien tranchée de l'histoire de l'Ancien Testament. En effet, les livres des Rois débutent par le règne du roi le plus glorieux, de celui à qui était réservé l'honneur de construire le temple. Or la construction du temple clot décidément la période précédente et en ouvre une nouvelle, ainsi qu'on peut le constater par le passage suivant : « Factum est ergo quadringintesimo et octogesimo anno egressionis filiorum Israël de terra Ægypti, in anno quarto, mense zio (ipse est mensis secundus) regni Salomonis super Israël, ædificari cœpit domus Domini (1). » Plusieurs autres passages d'ailleurs nous expliquent pourquoi l'édification de la maison du Seigneur est le commencement d'une nouvelle période (2). Celle qui s'étend de la sortie d'Egypte à Salomon, fut la période des voyages, des guerres et des troubles, en un mot, de la prise de possession et de l'installation. David était encore l'homme de la guerre, tandis que Salomon est l'homme de la paix et inaugure la période de la possession paisible et incontestée de la terre promise, période caractérisée par la construction de la maison du Seigneur. En même temps, c'est avec Salomon que commence, à proprement parler, *la maison*, c'est-à-dire la dynastie de David, laquelle devait posséder à jamais le trône, selon les promesses positives et formelles faites à son chef (3). La période en question s'étend naturellement jusqu'à la chute de la maison de David, laquelle est en même temps celle de la maison du Seigneur, et c'est bien à cette date fatale que se terminent nos livres.

Nous avons déjà mentionné, dans l'Introduction aux livres de Samuel, l'opinion singulière d'Ewald, d'après lequel les Juges, Ruth, les livres de Samuel et des Rois, ne feraient qu'un seul et même ouvrage, œuvre d'un même auteur ou plutôt d'un cinquième et dernier rédacteur qui aurait remanié, retouché et coordonné les travaux de quatre rédacteurs précédents et successifs. Mais, si les livres des Rois font suite aux livres de Samuel, tant pour le fond que pour la forme, on ne peut raisonnablement rien en conclure de semblable. En effet, l'auteur peut avoir eu l'intention de continuer le travail historique de son prédécesseur, et d'ailleurs il n'est point improbable qu'un écrivain postérieur, Esdras par exemple, n'ait rattaché plus étroitement, au moyen de quelque arrangement, les livres des Rois à l'ouvrage précédent. Il se pourrait, par exemple, que le récit de la mort de David eût servi originairement de conclusion aux livres de Samuel, mais qu'il ait été retranché plus tard, parce que les premiers chapitres des Rois contenaient à ce sujet des détails plus abondants. Mais, quoiqu'il en soit, si les livres des Rois se distinguent des autres ouvrages historiques par des caractères propres, ils se séparent tout aussi nettement des livres de Samuel. Ainsi, les livres de Samuel ne font jamais allusion à la Loi et ne condamnent en aucune sorte le culte des hauts lieux,

---

(1) III Rois, vi. 1.
(2) V. II Rois, vii, 8-16 ; III Rois, v, 3, 4 · I Paral. xvii, 7-12 ; xxii, 8-11.
(3) II Rois, vii, 13 ; I Paral. xvii, 14.

ce que fait fréquemment notre historien (1). L'auteur des Rois indique les dates avec une grande exactitude et fait toujours mention des sources, fait qui n'a pas lieu dans les livres de Samuel et qui est même considéré comme une preuve de leur ancienneté, ainsi que nous l'avons fait observer en son lieu. Enfin, nous pouvons remarquer que chaque personnage qui paraît sur la scène, bien que connu déjà par les livres de Samuel, se trouve toujours désigné par son nom accompagné d'une épithète. Outre l'expression *le roi David, le roi Salomon* etc., nous rencontrons encore ces autres, Joab, *fils de Saroia*, Abiathar *le prêtre*, Sadoc *le prêtre*, Banaias, *fils de Joiada*, Nathan *le prophète*, Bethsabée, *mère de Salomon*, Adonias, *fils d'Haggeth*, Jonathas, *fils d'Abiathan*, Abner, fils de *Ner* (2). On pourrait d'ailleurs allonger facilement cette liste. Or, si l'auteur prend soin de désigner si expressément les personnes ci-dessus nommées, comme si elles étaient inconnues du lecteur et qu'il cherchât à prévenir quelques confusions, c'est justement parce qu'il n'est pas l'auteur, mais uniquement le continuateur de l'ouvrage où les personnages en question sont mentionnés plus d'une fois.

C'est en vain d'ailleurs que l'on cherchera à faire des rapprochements et à signaler des ressemblances, comparer par exemple III Rois II, 11 avec II Rois v, 5; III Rois II, 4, 5, 17-19, VIII, 19-25 avec II Rois VII, 12-16. Ces ressemblances en effet ne prouvent réellement qu'une chose, d'ailleurs toute naturelle et évidente par elle-même, c'est que l'auteur des livres des Rois connaissait et avait à sa disposition les livres de Samuel. Mais, au surplus, quelle analogie peut-on voir entre le banissement d'Abiathar et la réprobation de la maison d'Héli (3), entre l'élévation de Jéhu à la royauté et celle de Saul (4)? Que prouvent encore les listes des grands officiers de David et de Salomon (5)? Il n'est question ni des mêmes emplois, ni des mêmes personnages, et l'ordre non plus n'est pas le même. On ne peut sérieusement s'appuyer sur de si pauvres arguments et sur des indices aussi négatifs pour démontrer que le même auteur a rédigé deux ouvrages essentiellement différents, tant dans leur but que dans leur méthode et leur exposition.

Le but de l'auteur et le caractère de son œuvre répondent et doivent nécessairement répondre aux besoins d'une époque, aux circonstances de temps et de lieu. Or, comme nous le verrons plus loin, l'historien a vécu et écrit dans la seconde moitié ou tout au plus vers la fin de la première moitié de la captivité. Par conséquent, son intention n'a pas été seulement de composer un ouvrage historique et d'apprendre à ses contemporains ce que sans doute ils ne pouvaient ignorer, mais bien de tracer un tableau d'ensemble de l'histoire du peuple hébreu depuis la période la plus brillante de son existence, jusqu'à la catastrophe finale, afin d'en tirer des enseignements salutaires. Le moyen était bien choisi d'ailleurs pour rappeler au peuple son apostasie et ses fautes avec leurs terribles consé-

---

(1) V. III Rois, III, 2; XIII, 32; XIV, 23; XV, 14; XXII, 43; IV Rois, XII, 3, XIV, 4, XV, 4, 35, XVII, 14, 32, XVIII, 4, XXI, 3.
(2) III Rois, I, 7, 8, 10, 11, 42; II, 5.
(3) III Rois, II, 30 et suiv. et I Rois, II 30 et suiv.
(4) IV Rois, IX et suiv., et I Rois, IX et suiv.
(5) II Rois, VIII, 15-18 et III Rois, IV, 1-6.

quences. Au milieu des douleurs et des humiliations de l'exil, les Israélites avaient besoin de se convaincre que l'unique moyen d'obtenir leur délivrance, c'était de faire pénitence, de se convertir sincèrement et de s'attacher fermement à la loi du Seigneur, qu'eux-mêmes et leurs pères avaient trop souvent mise en oubli. L'auteur voulut donc rappeler à ses contemporains leurs obligations et en même temps les encourager à revenir à la loi de Dieu à cause des promesses qui y étaient attachées. Sans doute les ouvrages qu'il a mis à contribution contenaient et au-delà tout ce qu'il leur a emprunté; mais leur étendue même devait s'opposer à leur diffusion, particulièrement à l'époque de la captivité, et voilà pourquoi il entreprit d'en faire une sorte de résumé approprié au but qu'il cherchait à atteindre.

Or, le but de l'auteur bien compris, nous pouvons maintenant nous rendre compte plus exactement de la méthode. Il ne s'est pas contenté en effet d'aligner les événements historiques à la suite les uns des autres, sans autre souci que d'être exact et impartial, car il est évident qu'il a été guidé dans le choix et l'agencement de ses matériaux par un principe d'ordre supérieur. Cette idée fondamentale, c'est l'alliance ancienne, c'est le choix d'Israël entre tous les peuples pour être la propriété du Seigneur (1). Voici d'ailleurs le texte du pacte fondamental qu'il est bon de reproduire ici : « Ego sum Dominus Deus tuus, qui eduxi te de terra Ægypti, de domo servitutis. Non habebis deos alienos coram me. Non facies tibi sculptile neque omnem similitudinem quæ est in cœlo desuper, neque in terra deorsum, nec eorum quæ sunt in aquis sub terra. Non adorabis ea, neque coles : ego sum Dominus Deus tuus fortis, zelotes, visitans iniquitatem patrum in filios, in tertiam et quartam generationem, eorum qui oderunt me : et faciens misericordiam in millia his qui diligunt me, et custodiunt præcepta mea » (2). L'auteur ne perd pas un moment de vue ce grand commandement; ainsi il abrège ou étend son récit, selon que les faits s'y rapportent plus ou moins; quant à ceux qui y sont complètement étrangers, il les passe sous silence. L'idolâtrie est pour lui le plus grand des crimes, parce qu'il détruit ce qui distingue le peuple israélite des nations voisines et contredit la vocation historique. Tous les maux, y compris la ruine du royaume et l'exil du peuple, sont la conséquence nécessaire de la transgression du commandement capital imposé aux Hébreux, tandis qu'au contraire il suffit d'y rester fidèle pour mériter l'abondance des bénédictions célestes. L'écrivain expose cette pensée assez au long immédiatement après avoir relaté la chute du royaume des dix tribus (3); mais, en outre, elle reparaît à chaque instant dans son ouvrage. David n'a point été irréprochable dans sa conduite, tant s'en faut, et pourtant il est le type et le modèle des rois, parce qu'il s'est attaché fermement à la loi fondamentale et ne s'en est jamais écarté, et c'est pour ce motif que Dieu lui promit que son royaume subsisterait éternellement (4). Aussi la conduite de David est souvent mise en parallèle ou en

---

(1) Ex. xix, 3-6.
(2) Ex. xx, 2-6.
(3) IV Rois, xvii, 7 et suiv.
(4) II Rois, vii, 46; Cfr. III Rois, viii, 25; ix, 5; xi, 36, 39; IV Rois, viii, 19.

opposition avec celle de ses successeurs (1) que sa mémoire a plus d'une fois protégée devant le Seigneur (2). En mourant, David recommande à Salomon, son successeur, de rester fidèle à la loi du Seigneur (3), et lorsque Salomon, en punition de son idolâtrie, apprend que son royaume sera divisé après lui, on lui dit que c'est parce qu'il n'a pas observé le pacte (4). C'est la violation de l'alliance qui a causé le schisme et qui contenait en germe la chute du royaume. A dater du schisme, l'auteur ne manque donc jamais d'indiquer quel a été le caractère du règne de chacun des rois de Juda ou d'Israël, par l'une ou l'autre de ces formules : « Il fit le bien en présence du Seigneur », ou : « Il fit le mal en présence du Seigneur (5). » Ces formules ne nous disent point qu'elle a été la conduite privée d'un roi, mais nous apprennent s'il a ou n'a pas été fidèle à l'alliance, au commandement fondamental. C'est là la question capitale et qui décide du caractère de chaque règne. La conduite du peuple est d'ailleurs appréciée d'après la même mesure et le même principe (6).

Au surplus, le prophétisme avait la fonction de veiller au maintien de l'alliance, de prévenir l'apostasie et de ramener à Dieu les apostats par les avertissements, les menaces et les promesses. Par suite, l'histoire des prophètes est donc liée indissolublement à celle des rois ou plutôt ne fait qu'un avec elle, puisqu'ils étaient chargés de surveiller leur conduite, pour les empêcher de décliner soit à droite soit à gauche (7). C'est pourquoi l'auteur devait, sous peine de laisser une lacune importante à combler, consacrer une part notable de son œuvre aux prophètes dont les actes et l'influence ont eu les résultats les plus considérables. Et si, à dater du schisme, il traite beaucoup plus longuement l'histoire du royaume d'Israël, c'est parce que, dès le principe, ce royaume méconnut la loi fondamentale de l'alliance, et que, par suite, les prophètes eurent à lutter continuellement pour maintenir la théocratie.

Nous conclurons donc de rechef que nos livres se distinguent essentiellement des livres de Samuel, et qu'ils ne peuvent être ni du même auteur, ni de la même époque.

D'autre part, il n'est pas non plus admissible que notre ouvrage ne soit qu'une simple compilation, c'est-à-dire, un assemblage factice de morceaux disparates provenant de divers auteurs. Les remarques que nous venons de faire prouveraient déjà qu'il n'en peut être ainsi; mais, pour achever la démonstration, nous allons passer à l'examen de diverses objections qui ont trait à cette question. On a prétendu en effet trouver çà et là des contradictions, des discordances et des différences dans les deux récits d'un même fait; des récits tenant à la fois du mythe, de la légende et de l'histoire; des répétitions ou des intercalations qui indiqueraient la mul-

---

(1) III Rois, III, 3, 14; IX, 4; XI, 4, 6, 35, 38; XIV, 8; XV, 5, 11; IV Rois, XIV, 3; XVI, 2; XVIII, 3; XXII, 2.
(2) Cfr. III Rois, XI, 12, 13, 32, 34; XV, 3; IV Rois, VIII, 19; XIX, 34; XX, 6.
(3) III Rois, II, 3, 4.
(4) III Rois, XI, 11.
(5) Cfr. III Rois, XV, 11; XXII, 43; IV Rois, XII, 3, XIV, 3, XV, 3, 34; XVIII, 3; XXII, 2; III Rois, X, 6, XV, 26, 34, XVI, 19, 25, 30, XXII, 53; IV Rois, III, 2, VIII, 18, 27, XIII, 2, 11, XIV, 24, XV, 9, 18, 24, 28; XVI, 2, XVII, 2, XXI, 2, 20; XXIII, 32, 37; XXIV, 9, 19.
(6) Cfr. III Rois, XIV, 22, IV Rois, XVII, 7, 19.
(7) Deut. XVII, 20.

tiplicité d'auteurs. Mais c'est ce qu'il est impossible de prouver, ainsi que nous allons nous en convaincre, en examinant successivement les passages qui offrent quelque difficulté.

Nous lisons, III Rois IX, 22, que Salomon n'assujettit pas les Israélites à l'esclavage, tandis que plus loin (1) nous voyons le contraire. Il faut s'expliquer et éviter tout malentendu : Salomon réduisit en servitude לְמַס עֹבֵד, *lemas obed* (Vulg. tributarios), les restes des nations chananéennes (2); mais il est dit bien expressément que personne, parmi les Israélites, ne fut esclave, ainsi que l'exprime le mot *servire*, traduction exacte en ce cas de l'hébreu עבד, *ébed* (servus). Mais si, au ch. XI, ⅴ. 28, le traducteur de la Vulgate emploie encore le mot *tributarios*, ce ne peut être dans le même sens, mais dans celui de corvéables, attendu que l'hébreu סבל, *sébel* signifie *charge* (onus) et *corvée*. Les Israélites dont il est parlé dans le même livre, ch. V, 14, étaient également libres, mais soumis à des corvées.

Le prophète Elie dit à Achab : « In loco hoc, in quo linxerunt canes sanguinem Naboth, lambent quoque sanguinem tuum (3), » et cependant, d'après un autre passage (4), le lieu du châtiment devait être pour Achab le champ de Naboth. Or, il faut remarquer en premier lieu que Jéhu rappelle la prophétie d'Elie quant au sens seulement et non textuellement; secondement que, grâce à la pénitence d'Achab, la menace du Seigneur ne se réalisa qu'en partie sur le meurtrier, mais à la lettre, ainsi que nous le voyons par III Rois XXII, 38, à l'égard de Joram, fils d'Achab.

Ce sont là d'ailleurs les deux seuls passages où l'on puisse signaler l'apparence d'une contradiction directe. Quant aux contradictions indirectes, elles méritent à peine que l'on s'y arrête. Ainsi, par exemple, l'expression *jusqu'à ce jour*, qui, en plusieurs endroits, constitue un véritable anachronisme (5), ne prouve qu'une chose, c'est que l'auteur ayant trouvé cette formule dans des documents qui dataient d'avant la captivité, n'a pas cru devoir la supprimer, attendu qu'il était impossible de commettre une méprise.

Nous voyons que Jéroboam bâtit Sichem et y habita et qu'en étant sorti, il édifia aussi Phanuel; plus loin qu'il habitait Thersa (6). Mais où trouve-t-on la contradiction? Jéroboam sans doute a pu changer de résidence une fois et même deux fois, bien que d'ailleurs il ne soit pas dit qu'il ait séjourné à Phanuel. Baasa habita aussi Thersa (7); mais l'Écriture ne nous dit pas qu'il fut le premier à s'y fixer.

D'après plusieurs passages (8) il semblerait que de nombreux prophètes habitaient paisiblement à Samarie, et cependant Elie affirme qu'il est resté seul et que tous les autres prophètes ont été mis à mort (9). Mais il

---

(1) III Rois, XI, 28.
(2) Ibid. IX, 21.
(3) Ibid. XXI, 19.
(4) IV Rois, IX, 26.
(5) III Rois, VIII, 8; IX, 21; XII, 19; IV Rois, VIII, 22.
(6) Ibid. XII, 25 et XIV, 17.
(7) Ibid. XV, 21.
(8) Ibid. XX, 13, 22, 28, 35 et suiv.; XXII, 8.
(9) Ibid. XVIII, 22; XIX, 10 et 14.

suffit de lire avec quelque attention pour s'apercevoir qu'il n'est question chaque fois que d'un seul prophète. Il ne s'en suit donc pas qu'il y ait eu à Samarie un nombreux collège de prophètes, et encore moins qu'ils n'aient pas été inquiétés. Le contraire est certainement plus vraisemblable, attendu que, quant au prophète Michée, par exemple, il est bien certain qu'il fut emprisonné (1). D'autre part, si Elie, sur le mont Carmel, se trouve seul pour soutenir la lutte, et si, dans sa fuite vers le mont Horeb, il suppose qu'il est resté seul, il ne s'en suit pas absolument que tous les autres prophètes sans exception aient été exterminés, y compris même ceux qui avaient été cachés par Abdias (2). Ce qui est vrai, c'est que le prophète Elie était resté seul sur la brèche et que tous les autres avaient été mis à mort ou dispersés. Au surplus, il ne semble pas même nécessaire de prendre le mot *solus* dans son sens strict.

Achab, observe-t-on, doit être puni pour sa conduite envers Bénadad (3), et cependant il n'avait pas reçu la défense d'agir comme il l'a fait. Or, il faut d'abord considérer que l'acte d'Achab, souverainement impolitique et contraire en même temps aux principes de la théocratie, ne fut point inspiré par la grandeur d'âme et la générosité, mais plutôt par la vanité, et décelait un caractère excessivement faible et inconsistant. En second lieu, on ne saurait voir là une contradiction, attendu que le prophète dont il est parlé au ⅴ. 28, s'était contenté de promettre la victoire à Achab et ne lui avait nullement conseillé de manquer à son devoir, c'est-à-dire d'épargner le roi de Syrie. Enfin, quant au fils des prophètes du ⅴ. 35, ses paroles et ses actes ne sont point en désaccord avec l'ensemble du récit.

D'après IV Rois IX, 26, Achab aurait fait mettre à mort, non seulement Naboth, mais aussi ses enfants, et cependant il n'est question, dans III Rois XXII, que de Naboth. Mais on peut répondre que les deux passages ne sont pas pour cela en contradiction et, en outre, que, si le meurtre des enfants de Naboth n'a pas été mentionné III Rois XXI, 13, c'est sans doute parce que la chose se comprenait d'elle-même, puisque, tout autrement, Achab n'eût pu s'emparer de l'héritage qu'il convoitait.

Pour voir des mythes dans les récits qui concernent les prophètes, surtout les deux plus célèbres d'entre eux, Elie et Elisée, il faut être imbu de préjugés rationalistes, et admettre, à priori et comme un dogme, l'impossibilité métaphysique du miracle, procédé toujours le même et toujours aussi commode pour esquiver les difficultés, sans chercher à les résoudre. Nous ne nous étendrons donc pas outre mesure sur ce sujet et nous nous contenterons de quelques courtes remarques, d'autant que ce ne serait pas le cas d'aborder ici la question.

En premier lieu, si le récit de la vie et des actes des prophètes se distingue du reste de l'ouvrage par le fond et la forme, la raison en est bien simple, c'est que les prophètes n'étaient animés ni des mêmes pensées, ni des mêmes sentiments que les rois impies et idolâtres avec lesquels ils se sont trouvés en rapport. Quant à l'accumulation du surnaturel, nous avons déjà vu ce qu'il faut en penser. En second lieu, si l'on rencontre

---

(1) Ibid. XXII, 27.
(2) III Rois, XVIII, 4.
(3) Ibid. XX, 42.

dans les passages, où il est question des prophètes, des expressions singulières, il n'y a pas lieu non plus de s'en étonner, car, loin de prouver le caractère mythique du récit, fait remarquer le Dr Keil (1), elles prouveraient plutôt la véracité et la fidélité de l'historien, attendu que, s'il eût reproduit des légendes anciennes et vagues, il n'eût pas changé son style habituel et surtout n'aurait pu atteindre à cette concision extraordinaire qui se remarque là plutôt qu'ailleurs. Même en admettant que l'histoire d'Elie ne soit pas du même écrivain que celle d'Elisée, ce qui n'est nullement prouvé, ainsi que nous le dirons ailleurs, ce ne serait pas une raison, dit l'auteur déjà nommé, pour attaquer l'unité et le caractère historique de ces récits; mais cette circonstance prouverait seulement que les notices qui concernent les deux prophètes ont été rédigées, non d'après la tradition orale, mais de leur vivant, soit par eux-mêmes, soit par des contemporains.

Si l'on remarque des répétitions (2), ces répétitions ne prouvent ni que l'auteur a oublié momentanément ce qu'il avait dit auparavant, ni que les passages indiqués soient l'œuvre d'auteurs différents. En effet, non seulement elles sont dans le genre des historiens sémitiques, mais elles servent aussi à donner plus de clarté au récit, ainsi qu'on peut s'en convaincre par la lecture du texte.

Que peut-on maintenant conclure de certaines différences d'orthographe, par exemple, des deux manières d'écrire le nom du roi Joas d'Israël? En effet, si nous rencontrons les deux formes יהואש, *Jehoasch*, et יואש, *Joasch*, cette particularité ne signifie rien, attendu que les deux formes en question s'emploient alternativement et dans un même passage (3). Le nom de Joas, le roi de Juda, se lit également de deux manières (4), ce qui prouverait tout au plus que l'auteur a conservé la forme ancienne dans les passages qu'il a empruntés textuellement aux annales du royaume, tandis qu'il s'est servi de la forme abrégée plus moderne, lorsqu'il s'est contenté de résumer les documents ou qu'il a ménagé des transitions.

En résumé, les livres des Rois sont donc une œuvre originale et forment un tout unique, attendu qu'ils diffèrent des livres de Samuel par le but, le plan et la méthode, et qu'ils portent l'empreinte personnelle de leur auteur.

II

AUTHENTICITÉ, VÉRACITÉ, INTÉGRITÉ, CANONICITÉ DES LIVRES DES ROIS

Pour fixer la date d'un écrit, au moins approximativement, nous avons, en dehors de la tradition, deux éléments à notre disposition, le contenu et le style, le fond et la forme. Or, l'examen des caractères intrinsèques de l'un et de l'autre nous conduira au même résultat.

---

(1) Lehrbuch, etc. § 57, p. 217.
(2) V. IV Rois, ix, 14 et 16, xiv, 15, 16, et viii, 28, 29 ; xiii, 12, 13.
(3) V. IV Rois, xiii, 9. 12 ; 13, 14 ; xiv, 1, et xiii, 10, 25, xiv, 8, 9, 11, 13, 15, 16.
(4) V. Ibid. xii, 1-8, 19 ; xiv, 13, et xi, 2, 12, 20, 21 ; xiii, 1 ; xiv, 1.

D'une part, en effet, le contenu des livres des Rois nous apprend qu'ils n'ont pas été composés avant l'année 562, qui est celle de l'avènement d'Evilmérodach, lequel fit sortir Joachin de prison et lui fit rendre ses honneurs (1); mais, d'autre part, il nous permet de conjecturer avec une quasi-certitude qu'ils doivent dater de la fin de la captivité, attendu que l'auteur n'aurait pas manqué de parler d'un fait d'une pareille importance, et avec d'autant plus de raison qu'il a voulu montrer que Dieu n'avait pas complètement rejeté la race de David dont les destinées étaient liées à celle du peuple hébreu. Ainsi donc, nous pouvons déjà conclure que notre ouvrage a été composé entre l'année 562 et l'année 538, qui fut celle du retour de Zorobabel à Jérusalem, c'est-à-dire entre la mort de Nabuchodonosor et la conquête de Babylone par Cyrus.

Quant au style, on convient universellement qu'il est bien de l'époque de la captivité, par conséquent d'un caractère plus moderne que le style d'Isaïe, d'Amos, d'Osée, de Michée et de Joël, mais plus ancien que celui des Paralipomènes, d'Esdras, de Néhémie, d'Aggée et de Zacharie. Voici d'ailleurs une liste de mots qui ne se rencontrent pas dans l'Ecriture avant la captivité ou au moins avec le même sens : בקבק, *bakbouk*, « bouteille » (III Rois, xiv, 3; Jér. xix, 1, 10); גב, *gab,* dans le sens de *fosse* (IV Rois, iii, 16; Jér. xiv, 3); יגב, *iogeb* « laboureur » (IV Rois, xxi, 12; Jér, lii, 16); כר, *cor,* mot qui désigne la même mesure que *le chomer* (III Rois, iv, 22, v, 11; Ezéch. xlv, 14; II Paral. ii, 10, xxvii, 5); כתרת, *kothereth,* « chapiteau » (III Rois, vii, 16-20, etc.; IV Rois, xxv, 17; Jér. lii, 22; II Paral. iv, 12, 13); מדינה, *medinah,* « province » (III Rois, xx, 14, 15, etc. Thren i, 1 ; Ezéch. xix, 8; Esth. i, 1, etc.); מזמרת, *mzmroth,* « couteaux » ou « mouchettes » (III Rois, vii, 50; IV Rois, xii, 13, xxv, 14; II Paral. iv, 22; Jér. lii, 18); מנה, *maneh,* mesure du poids de cent sicles, la même chose étymologiquement que le μνᾶ des Grecs et la *mine* (mina) des Latins, mais probablement d'origine babylonienne (III Rois, x, 17; Ezéch xlv, 12; Esdr. ii, 69; Néh. vii, 71, 72); מפלצת, *miphletseth,* mot dérivé du verbe פלץ, *phalats* (contremuit), et qui désigne une idole, un simulacre inspirant sinon la terreur, au moins le respect (III Rois, xv, 13; II Paral. xv, 16); מקוה, *mikveh,* dans le sens de *troupe* et non dans celui d'*espérance* ou de *confiance* (III Rois, x, 28; II Paral. i, 16); עב, *ab,* dans le sens de *nuée épaisse* (III Ro s vii, 6 ; Ezech. xli, 25, 26); עבי, *abi,* « épaisseur » (III Rois, vii, 26; Jér. lii, 21 ; II Paral. iv, 5); פוך, *pouke,* dans le sens de *fard* pour les yeux, *stibium* (IV Rois, ix, 30; Jér. iv, 30); קו, *kav* ou קוה, *kéveh,* « funiculus » (III Rois. vii, 23; Jér. xxxi, 39; Zach. i, 16); קוף, *koph,* « singe » (III Rois, x, 22; II Paral. ix, 21); רכב, *rakab,* « conducteur de chars » (III Rois, xxii, 34; IV Rois, ix, 27; II Paral. xviii, 33); שדרית, *sedéroth,* « rangs » ou « rangées » (IV Rois, xi, 8, 15; II Paral. xxiii, 14); le verbe שלח, *schalah,* à la forme *hiphil* dans le sens de *tromper* (IV Rois iv, 28; II Paral. xxix, 11); שנהבים, *schenhabbim,* « ivoire » (III Rois, x, 22; II Paral. ix, 21); תא, *ta,* « chambre » (III Rois, xiv, 28; Ezéch. xl, 7, 10, 12, etc.; II Paral. ix, 21); תכיים, *thoukiim,* « paons » (III Rois, x, 22; II Paral. ix, 21); תמרה, *timmorah* pour תמר, *tomer,* « palmier » (III Rois, vi, 29, 32, 35, vii, 36; Ezéch. xl, 16, 22, etc.; II Paral. iii, 5); תערבה, *taaroubah,* « cau-

---

(1) IV Rois, xxv, 27-30.

tion » dans l'expression בני תערבות, *bné taarouboth,* « ôtages », litt. « fils de cautions » ou « de gages » (IV Rois, xiv, 14; II Paral. xxv, 24).

On peut ajouter une série d'expressions qui sont également nouvelles et trahissent une époque plus moderne, par exemple : השליך אחרי גו, *hischlike akhari gav,* « jeter derrière son dos » (III Rois, xiv, 9; Ezéch. xxiii, 35; Néh. ix, 26); בנה דיק, *banah daïek,* « construire un mur de circonvallation » ou « une tour » (IV Rois, xxv, 1; Jér. liii, 4; Ezéch. iv, 2 etc.); בית המשית, *beth khopschith,* « hopital » νοσοκομεῖον (IV Rois, xv, 5; II Paral. xxvi, 21); מים זרים *maïm zarim,* « eaux étrangères » (IV Rois, xix, 24; Jér. xviii, 14); הוי הוי, *hoï akhi,* « hélas mon frère », lamentation funèbre (III Rois, 30; Jér. xxii, 18); כל-מלכי הערב, *col. malké haarab,* « tous les rois d'Arabie » (III Rois, x, 15; Jér. xxv, 24); אבני מחצב, *abné makhtseb,* litt. *lapides excisionis,* c'est-à-dire, « pierres de taille » (IV Rois xii, 12, xxii, 6; II Paral. xxxiv, 11); שפת הסיר, *schapath hassir,* « ponere ollam » (IV Rois, iv, 38; Ezéch. xxiv, 3).

On a prétendu que certains mots et certaines expressions indiquaient une époque postérieure à la captivité; mais on peut montrer, dans la plupart des cas, que ces mots et ces expressions étaient déjà en usage pendant la captivité et même avant. Ainsi, la forme insolite אתי, *ati,* pour את, *ate,* se rencontre non-seulement dans Jérémie et dans Ezéchiel, mais même dans les Juges (1). Il en est de même de אית, *ath,* pour את, *eth,* forme qui se trouve dans le Lévitique, Josué, les livres de Samuel et est fréquente dans Jérémie et dans Ezéchiel (2). Jérémie emploie le suffixe de la deuxième personne כי, *ki,* pour ך, *ke* (3). Le mot מדנה, *medinah,* « province » se trouve aussi dans les Lamentations et dans Ezéchiel, ainsi que nous l'avons vu plus haut. Ezéchiel se sert également de כר, *cor,* pour חמר, *chomer* (4), et de דיק, *daïek,* « mur de circonvallation » ou « tour de garde », comme nous l'avons constaté précédemment et du mot פחה, *pékhah,* « gouverneur », ainsi que Jérémie (5). Enfin, חרים, *khorim,* « nobles » רב, *rab,* « chef », et השכיל, *hiskil,* forme *hiphil* de שכל, *sakal,* se trouvent dans Jérémie (6).

Certains mots ou certaines locutions n'apparaissent que dans les livres des Rois; par conséquent, il est impossible d'en tirer ni un argument, ni même une induction dans un sens ou dans un autre. On peut citer par exemple גהר, *gahar,* procumbere (7), et cette expression originale, mais énergique, « être vendu pour faire le mal » התמכר לעשות הרע, *hithmaker laacoth hara* (8).

Enfin, quant à la terminaison plurielle masculine ין, *in,* au lieu de ים, *im,* qui serait un véritable aramaïsme et serait l'indice d'une époque moins ancienne que celle que nous admettons, on peut supposer avec une très-grande probabilité et une extrême vraisemblance qu'elle est le résul-

---

(1) Cfr. Jér. iv, 30; Ezech. xxxvi, 13; Jug. xvii, 2.
(2) Cfr. Jér. x, 5, xii, 1, xix, 10, xx, 11, xxxiii, 9, xxxv, 2; Ezéch. xiv, 4, xxvii, 26, etc.
(3) Jér. xv, 15.
(4) Ezech. xlv, 14.
(5) Ezech. xxiii, 6, 12, 23; Jér. li, 23, 28, 58.
(6) Jér. xxvii, 20, xli, 1, xxiii, 5.
(7) III Rois, xviii, 42; IV Rois, iv, 34, 35.
(8) III Rois, xxi, 20, 25; IV Rois, xvii, 47.

tat d'une erreur de copiste. En effet, elle ne se lit que dans deux passages (1) où le ן, *noun* final de צדנין, *tsidonin* et de רצין, *ratsin*, doit remplacer le ו, *vav* conjonctif qui précédait le mot suivant.

Ainsi donc, pour nous résumer, rien n'empêche que les deux livres des Rois n'aient été composés vers l'an 560, attendu que l'auteur ne fait mention ni de la mort d'Evilmérodach, qui ne régna que deux ans, ni de celle du roi Joachin, qui ne doit pas avoir survécu de longues années à son libérateur. Il est même possible que la plus grande partie de l'ouvrage remonte à plusieurs années auparavant. Mais, quoi qu'il en soit, il ne semble pas permis d'en reculer la date après l'avènement de Cyrus et la fin de la captivité, c'est-à-dire après l'an 528.

S'il s'agit maintenant de déterminer quel est l'auteur des livres des Rois, nous avouerons que la difficulté est grande et que nous sommes très-embarassé pour adopter une opinion. La Bible ne contient du reste aucune indication à ce sujet. Quant à la tradition juive, elle attribue la composition de l'ouvrage au prophète Jérémie, car on lit ces mots dans le Talmud : « Jeremias scripsit librum suum et librum Regum et Threnos, ירמיה כתב ספרו וספר מלכים קינות, *Jeremiah kathab siphro vesepher malkim vekinoth* (2). Toutefois cette opinion n'est point généralement admise aujourd'hui et nous allons d'abord exposer les arguments que l'on fait valoir à l'encontre. On oppose d'abord l'âge du prophète qui, ayant commencé à prophétiser la treizième année du règne de Josias (3), c'est-à-dire en l'an 628 avant Jésus-Christ, devait avoir près de quatre-vingt dix ans en 562, date la plus reculée que l'on puisse assigner à la composition des livres des Rois; car il est à présumer que Jérémie avait au moins vingt ans, lorsqu'il parut sur la scène. Or, il n'est pas probable qu'un homme aussi avancé en âge ait eu le temps et la facilité d'écrire un ouvrage de ce genre, puisqu'il fallait pour cela faire des recherches dans les documents anciens et les comparer entre eux. Toutefois, la difficulté ne serait peut-être pas insoluble, comme nous le verrons plus loin. Mais une autre plus grave se présente. Nous savons que Jérémie se retira en Egypte après la prise de Jérusalem (4) et qu'il passa les dernières années de sa vie dans des luttes continuelles. Or, il n'est pas probable que l'ouvrage ait été composé en Egypte. Il est vrai que les réflexions propres de l'auteur rappellent les idées et les expressions de Jérémie; mais tout au plus pourrait-on en conclure qu'il connaissait les écrits du prophète ou qu'il était un de ses disciples. Selon Bleek, ce serait Baruch; mais la chose ne semble guère vraisemblable, car Baruch s'était retiré en Egypte avec son maître (5), et il n'est guère admissible, pense-t-on, que les livres des Rois aient été écrits sur les rives du Nil. Ce serait plutôt à Babylone, ainsi qu'on peut le conclure de l'expression « trans flumen », עבר הנהר, *éber honnahar* (6), employée au sujet de la Palestine et des contrées situées à l'ouest de l'Euphrate. Il serait d'ailleurs peu croyable que nos livres eussent été

---

(1) III Rois, xi, 33 ; IV Rois, xi, 13.
(2) *Baba bathra*, fol. 15, 1.
(3) Jér. i, 2.
(4) Jér. xliii, 6.
(5) Ibid.
(6) III Rois, xv, 24.

destinés particulièrement aux quelques Juifs qui s'étaient enfuis en Egypte, qui s'y adonnèrent à l'idolâtrie et firent un nouveau schisme; il serait donc plus raisonnable de penser qu'ils s'adressent à la masse du peuple qui se trouvait en exil. Jérémie, en Egypte, annonçait à ses compagnons leur perte future (1), tandis que notre auteur dévoile à ses contemporains l'aurore de jours meilleurs, en leur parlant de la délivrance de Joachin, et nous fait connaître des particularités que devaient ignorer ceux qui se trouvaient éloignés de Babylone autant que l'était le prophète Jérémie. Enfin, nulle part, il n'est fait allusion à l'état de l'Egypte et aux habitudes de ce pays.

Mais d'autre part, les partisans de la tradition juive font tout d'abord remarquer la ressemblance de style des livres des Rois et des œuvres de Jérémie. Hæwernick (2) a fait le relevé d'un certain nombre de phrases et d'expressions qui sembleraient prouver l'identité d'auteur. Nous croyons utile de les reproduire, ainsi qu'il suit : ולא שמעו וקשו את־ערפם, *velo schamou vaïkschou eth orpham*, « ils n'ont pas écouté et ils ont endurci leur tête (3); » וילכו אחרי ההבל ויהבלו, *vaïelkou akharé hahébel vaïehbalou*, « et ils ont suivi la vanité et ils sont devenus vains (4); » אד אשר השליכם מפניו, *ad ascher hischlikam mippanav*, « jusqu'à ce qu'il les rejetât de devant sa face », *donec projiceret eos a facie sua* (5); לא יכרת לך איש מלפני יושב על כסא ישראל, *lo ikkareth lake isch milphanaï iosheb al issé Israël*, « il ne te sera pas enlevé devant moi d'homme s'asseyant sur le trône, » *non auferetur vir coram me, qui sedeat super thronum Israël* (6); אשר כל־שמעיו תצלנה שתי אזניו, *ascher colschimav tisalnah schete ozenav*, « de sorte que tous ceux qui entendent, leurs deux oreilles teinteront (7); » ונצתה חמתי במקום הזה ולא תכבה, *venitsetah khamathi bamuakom hazzeh velo tikbeh*, « et mon indignation s'enflammera sur ce lieu et ne s'éteindra pas (8). Nous ajouterons à cette liste les phrases et expressions suivantes que l'on peut comparer ensemble et nous nous contenterons cette fois de citer d'après la Vulgate : « Revertimini a viis vestris pessimis; » « revertatur unusquisque a via sua mala (9). » « Projicetque Dominus omne semen Israel; » « ego abjiciam universum semen Israel (10). » « Et extendam super Jerusalem funiculum Samariæ : » « tetendit funiculum suum (11). » « Eruntque in vastitatem et in rapinam : » « et qui te vastant vastabuntur, cunctosque prædatores tuos dabo in prædam (12). » « Et sanguinem innoxium fudit Manasses : » « et ad sanguinem innocentem fundendum (13); » « et omnis populus a parvo usque ad magnum (14); » « legitque cunctis audientibus (15); » « in omni

---

(1) Jér. XLIV, 11 et suiv.
(2) Einleit. II. 171 et suiv.
(3) IV Rois, XVII, 14 ; Jér. VII, 26.
(4) IV Rois, XVII, 15 ; Jér. II, 5.
(5) IV Rois, XVII, 20 ; Jér. VII, 15.
(6) III Rois, VIII, 25 ; Jér. XXXIII, 17.
(7) IV Rois, XXI, 12 ; Jér. XIX, 3.
(8) IV Rois, XXII, 17 ; Jér. VII, 20.
(9) IV Rois, VIII, 13 ; Jér. XVII, 11, XXV, 5, XXXV, 15.
(10) IV Rois, XVIII, 20 ; Jér. XXXI, 37.
(11) IV Rois, XXI, 13 ; Thren. II, 8.
(12) IV Rois, XXI, 14 ; Jér. XXX, 16.
(13) IV Rois, XXI, 16 ; Jér. XXII, 17 et VII, 6, XXII, 3.
(14) IV Rois, XXIII, 2, XXV, 26 ; Jér. XLII, 1, 8, XLIV, 12 et VIII, 10.
(15) IV Rois, XXIII, 2 ; Jér. XXXVI, 6, 10, 13.

corde et in tota anima », et : « in tote corde, et in tota anima tua (1). » « Qui adolebant incensum omni militiæ cœli » : « sacrificaverunt omni militiæ cœli (2). » « Topheth, quod est in convalle filii Ennom (3); » « ad dexteram partem montis offensionis »; « in montem combustionis (4); » « in stuporem et in maledictionem (5). » « In Rebla, quæ est in terra Emath; » « in Reblatha quæ est in terra Emath (6); » « et omnem artificem et clusorem; » « et faber et inclusor (7). »

Toutes ces ressemblances sont assez frappantes et le sont parfois davantage dans l'hébreu; toutefois, elles pourraient à la rigueur s'expliquer par la contemporanéité des deux auteurs et par la connaissance que notre historien avait des écrits de Jérémie. On pourrait en dire autant à l'occasion des citations fréquentes du Pentateuque et des allusions non moins nombreuses à ce même ouvrage, que l'on rencontre dans les Rois et dans Jérémie.

On fait encore observer que dans les points de contact des deux ouvrages, les deux récits sont en complète harmonie (8).

On s'apercevra facilement qu'il y a identité presque complète entre IV Rois XXIV, 18-XXV et le chapitre LII de Jérémie, ce qui fait penser à plusieurs, en particulier à Ghiringhello (9), que le passage en question n'a été inséré à la suite des prophéties de Jérémie, où il a l'air d'un hors-d'œuvre, que parce qu'il était l'œuvre du prophète lui-même. Comme ce morceau ne pouvait trouver place dans les annales du royaume, dont la rédaction avait été violemment interrompue, le collecteur des œuvres de Jérémie aurait ainsi veillé à ce qu'il ne se perdît pas. Le prophète n'aurait donc pas emprunté à l'historien ce qu'il avait raconté lui-même ailleurs plus au long, et, de son côté, l'historien n'aurait pas manqué d'indiquer, comme à son ordinaire, la source où il avait puisé, ce qu'il ne fait plus après Joachin.

Dans le fait, il n'y aurait rien d'étonnant à ce que Jérémie, après avoir écrit l'histoire de son temps, à l'exemple des prophètes des âges précédents, n'eût entrepris de retracer les vicissitudes de la royauté et n'eût à cet effet écrit les deux livres des Rois. On s'expliquerait alors facilement que le chapitre LII, qui originairement appartenait à son travail historique, eût été annexé à la suite de ses prophéties par celui qui les a rassemblées et collationnées. Mais, comme nous l'avons déjà dit, l'âge de Jérémie et son séjour en Egypte semblent s'opposer à ce qu'il soit l'auteur de nos livres, et, quant aux ressemblances, elles peuvent s'expliquer sans trop de diffi-

---

(1) IV Rois, XXXII, 3, 25; Jér. XXXII, 41.
(2) IV Rois, XXIII, 5; Jér. XIX, 13.
(3) IV Rois, XXIII, 10; Jér. VII, 31.
(4) IV Rois, XXIII, 13; Jér. LI, 25.
(5) IV Rois, XXII, 19; Jér. XLII, 19.
(6) IV Rois, XXIII, 33; Jér. XXXIX, 5.
(7) IV Rois, XXIV, 14; Jér. XXIX, 2.
(8) Cfr. Rois, XXIII, 34 et Jér. XXII, 12; IV Rois, XXIV, 1 et Jér. XXV, 1-9; IV Rois, XXIV, 7 et Jér. XLVI, 2-12; IV Rois, XXV, 10-16 et Jér. XXIV, 1 et XXIX, 1, 2; IV Rois, XXV, 1-12 et Jér. XXXIX, 1-10; II Rois, XXV, 13-17 et Jér. XXVII, 16-22, LII, 17-23; IV Rois, XXV, 21 et Jér. XXXIX, 6; IV Rois, XXIV, 22, et Jér. XL, 5; IV Rois, XXV, 23, 24, et Jér. XL, 7-9; IV Rois, XXV, 25 et Jér. XLI, 1-3; IV Rois, XXV, 26 et Jér. XLIII, 4-7.
(9) *De libris hist. ant. fœd. prælect.* p. 294.

culté. Bien plus, on peut même arguer de certaines différences de langage entre le ch. LII de Jérémie et IV Rois XXIV, 18-XXV pour en conclure directement que ces deux fragments ont été empruntés à une source commune par deux auteurs différents. Ainsi l'auteur des Rois écrit ההמון, *héhamon*, « la fuite », tandis que dans Jérémie nous lisons האמון, *héamou* (1). Plus loin nous trouvons דלת הארץ, *dallath haarets*, litt. « paupertas terræ » et, dans Jérémie, דלות הארץ, *dalloth haarets*, « paupertates », puis משפט, *mischpath*, « jugement », au lieu du pluriel משפטים, *mischpathim*, « jugements », forme dont le prophète s'est servi en cette occasion et qui lui est habituelle (2).

Enfin une dernière considération tendrait encore à faire penser que Jérémie serait l'auteur des Rois, ou tout au moins viendrait corroborer les arguments déjà proposés. Il est incontestable que ce grand prophète a joué un rôle considérable dans les dernières années de la royauté; par conséquent, il n'est point naturel que l'historien ne l'ait pas même mentionné, n'ait pas même prononcé son nom. Or cette omission s'explique beaucoup plus aisément si l'on admet que Jérémie a lui-même composé l'ouvrage en question. Cependant il ne faudrait pas trop tirer avantage de cette considération, car il n'est parlé que deux fois du prophète dans les Paralipomènes, une fois dans Esdras et quatre fois dans des livres apocryphes du même (3); Josèphe comble d'ailleurs la lacune des historiens juifs et nous apprend, conformément à ce que nous lisons dans les œuvres de Jérémie, que le prophète occupa une place à part dans l'histoire de son temps (4).

En résumé, tout bien considéré, rien ne prouve positivement que les livres des Rois soient l'œuvre de Jérémie, mais rien non plus, ce semble, ne s'y oppose absolument. Tout d'abord on pourrait considérer la fin de l'ouvrage comme une sorte de supplément provenant d'un autre auteur et annexé plus tard et aux livres des Rois et aux prophéties de Jérémie, comme une sorte de conclusion historique. Mais il n'est pas impossible non plus que le prophète ait vécu jusqu'en 560 et qu'il ait eu à ajouter à un travail déjà terminé le récit des derniers événements dont il fut le contemporain et peut-être aussi le témoin. En effet, il n'est ni impossible ni même invraisemblable que Jérémie ait fini ses jours à Babylone au milieu de la nation captive, puisque nous n'avons rien qui contredise cette hypothèse. Quant à l'expression « au-delà du fleuve », עבר הנהר, *éber hannaar*, en parlant de la Palestine, il faut bien remarquer qu'elle est employée par Esdras et Néhémie dans le même sens (5). On serait donc autorisé à croire qu'elle avait un sens bien déterminé dans l'empire des Perses et qu'elle indiquait par elle-même les contrées situées à l'ouest de l'Euphrate à peu près comme sous les Romains les expressions de Gaule transalpine et cisalpine.

Le caractère historique des livres des Rois est admis dans son ensemble

---

(1) IV Rois, XXVII, 11 ; Jér. LII, 15.
(2) IV Rois, XXV, 12, 6; Jér. LII, 16, 9; Cfr. Jér. I, 16, IV, 42, XXXIX, 5.
(3) II Paral., XXXV, 25, XXXVI, 12 ; III Esdr. I, 4 ; III Esdr. I, 28, 32, 47, 57.
(4) V. Joseph., *Ant. j.* l. X, c. V, § 9.
(5) Esdr. IV, 16, 6, VII, 21, 25, VIII, 36; Neh., II, 7.

par la généralité des auteurs tant anciens que modernes et s'appuie d'ailleurs sur celui des sources auxquelles l'auteur a puisé, et dont nous parlerons dans un article spécial. Or, comme nous le verrons, ces documents émanent des prophètes, c'est-à-dire, d'auteurs contemporains et leur autorité est incontestable, égale au moins à celle des annales du royaume rédigées par des officiers de la cour. L'auteur cite continuellement ses sources, ce qui montre qu'elles étaient connues de ses lecteurs et avaient la valeur de documents officiels. C'était un moyen infaillible d'échapper à tout soupçon que d'inviter chacun à contrôler ses dires. Nous sommes donc en présence d'une œuvre de bonne foi, car tout faussaire se garde bien de livrer le secret de ses informations. Ce qui montre d'ailleurs que les citations sont exactes, c'est la comparaison que l'on peut faire avec les passages parallèles d'Isaïe, de Jérémie et des Paralipomènes. Mais l'indice le plus frappant peut-être de la loyauté et de la véracité de l'historien, c'est l'abondance des données chronologiques et des notices généalogiques, géographiques et statistiques renfermées dans son ouvrage, ainsi que la peinture minutieuse et caractéristique des personnages. Il entre, à ce sujet, dans des détails qui par leur nature ne peuvent s'inventer et portent en eux-mêmes l'empreinte de la vérité. S'expliquerait-on du reste que les Juifs eussent admis dans leur canon, même après la disparition des documents originaux qui avaient servi à le composer, un livre dont l'autorité n'eût pas été généralement admise.

Toutefois les négateurs attitrés du miracle prétendent faire leur choix dans les faits racontés par notre auteur; ils admettent les uns et rangent les autres au nombre des mythes qui sont l'expression de certaines vérités religieuses, mais sans fondement historique, ou les inscrivent au compte de la légende dont le caractère est de poétiser et d'embellir l'histoire. Or, il semble qu'il ne devrait pas être question de mythe à propos d'un ouvrage dont le sujet n'a rien de préhistorique et dont le but très-apparent est de nous résumer l'histoire d'une période importante de la vie du peuple hébreu et non pas de nous présenter des idées religieuses, un cours d'enseignements sous le voile de l'histoire. Il est bien vrai que l'histoire telle qu'elle nous est racontée porte en elle-même son enseignement et que l'élément religieux y domine, puisqu'il s'agit du temple de Dieu et de la théocratie; mais il y a loin de là à une composition poétique, à une œuvre d'imagination et les faits et les personnages dont on nous entretient n'en sont pas moins du domaine de la réalité, plutôt que de celui de la fantaisie. Aussi bien, le mythe paraît avoir fait son temps, et la critique moderne, adoptant désormais une nouvelle tactique, prétend, en vertu de certains principes érigés en axiomes, reléguer dans le domaine de la légende, tout ce qui dépasse la mesure commune, c'est-à-dire les miracles et les prophéties. C'est surtout à propos d'Elie et d'Elisée que l'on soutient que l'auteur ne s'est point servi de documents contemporains, mais d'écrits composés de longues années après la mort de ces personnages, d'après les récits traditionnels du vulgaire. Mais, comme nous l'avons déjà fait remarquer dans un article spécial de la première partie de cette introduction, les faits miraculeux font partie de la trame historique et ce serait en vain que l'on chercherait à fixer les limites de l'histoire et de la légende. Refuser au miracle le caractère historique, c'est nier du même coup la révélation, c'est considérer comme non avenu le choix que Dieu fit du peuple israélite pour son peuple (1), ainsi que la mission qu'il lui a conférée. Or, l'élection d'Israël est le miracle fondamental dont la vérité est inéluctable et s'impose d'elle-même, et, précisément, il en est des prophètes comme du peuple israélite. « Les prophètes, dit Bahr, sont seuls au milieu d'Israël, comme Israël au milieu des peuples de la terre. Tout ce qu'ils ont fait de grand et d'extraordinaire se lie inséparablement à leur vocation d'un genre unique. Ils sont eux-mêmes une plus grande merveille que celles qu'ils accomplirent, de même que le Christ est le plus grand des miracles et que tous ses miracles ont leur racine dans le miracle de sa personne et de sa vocation. Ainsi les actes des prophètes n'étaient pas seulement de simples tours d'adresse de la puissance divine, mais des signes, אות, *oth*, qui se rapportaient à des choses supérieures et qui par là étaient le témoignage réel de l'esprit du Seigneur qui opérait dans les prophètes et par eux (2). » Le peuple hébreu est un peuple miraculeux dans son établissement et dans sa conservation, miraculeux par la mission qu'il a remplie. Sans le merveilleux, son histoire est inintelligible d'un bout à l'autre. Il en est de même de sa constitution dont on est bien obligé de reconnaître l'existence et le mécanisme et qui réclamait impérieusement la consistance des prophètes et du prophétisme comme un élément indispensable à la vie civile politique et religieuse.

Quant aux prophètes Elie et Elisée, qui résument, pour ainsi dire, le prophétisme de la période des Rois, nous traiterons dans un chapitre à part de leur vie et de leurs œuvres. Pour le moment, nous ferons seulement observer que l'histoire d'Elie est tellement mêlée à celle du royaume d'Israël que les annales des rois d'Israël ont dû nécessairemeet s'en occuper. On peut en dire autant de celle d'Elisée. Mais quand il serait vrai que l'auteur, à propos de ces deux personnages, se serait servi de documents spéciaux, ce serait une affirmation gratuite et, de plus, invraisemblable, que de prétendre que ces documents n'étaient pas l'œuvre de contemporains, ou que l'on n'aurait songé à relater la vie et les actes des deux grands prophètes que longtemps seulement après leur mort. C'est le contraire qui doit être la vérité. En effet, la charge d'écrire l'histoire contemporaine incombait aux prophètes et, comme on ne peut douter qu'ils n'aient compris leur devoir et toute l'importance de leur mission, il ne serait pas naturel qu'à la mort d'un grand prophète comme Elie ou Elisée, son successeur ou, à son défaut, son principal disciple ne se fût hâté d'écrire le récit des faits principaux de son ministère. Tout porte donc à croire qu'Elisée se fit l'historien d'Elie, son maître, et qu'un disciple d'Elisée prit soin après sa mort de transmettre à la postérité le souvenir de ses actes et de ses miracles. Au surplus, si nous considérons que le récit des miracles d'Elie et d'Elisée est rempli de détails minutieux que la tradition n'aurait pu conserver, nous en conclurons que le fond ne peut provenir que d'un témoin oculaire, et qu'on doit lui accorder la même autorité et la même créance qu'au reste de l'ouvrage, à moins de nier systématiquement le surnaturel.

Il est encore utile de faire remarquer que la véracité des livres des Rois

---

(1) Cfr. Ex. xix, 3-6.
(2) *Die Bücher der Konige, Einleit.* xv, xvi.

s'appuie sur le témoignage de l'Ecriture elle-même en un bon nombre de points. L'auteur de l'Ecclésiastique passe en revue les personnages les plus célèbres de cette période (1); S. Matthieu et S. Luc mentionnent le voyage de la reine de Saba, entrepris pour venir admirer à Jérusalem la sagesse de Salomon (2) ; S. Luc nous parle de la veuve de Sarepta, secourue par Elisée, et de la guérison de Naaman (3); S. Etienne rappelle la construction du temple par Salomon; S. Paul, les paroles d'Elie, et S. Jacques la prédiction d'Elie au sujet de la pluie (4). Il ne faut pas oublier, bien entendu, les Paralipomènes dont le récit est souvent parallèle au nôtre, mais souvent aussi le complète et l'explique, non plus que les œuvres du prophète Jérémie.

Nous ajouterons que l'autorité des livres des Rois est confirmée dans le détail par Josèphe (5), et en général par l'histoire profane elle-même. Nous voyons d'abord que l'empire de Salomon atteint tout son développement à une époque où ni l'Assyrie, ni l'Egypte ne pouvaient, vu leur faiblesse momentanée, mettre obstacle à son accroissement. En outre, la civilisation des Hébreux est au niveau de celle des peuples voisins. Enfin, les annales égyptiennes et surtout les inscriptions cunéiformes confirment les récits de nos livres tout aussi bien que Bérose, Manéthon et Ménaré, les historiens de Babylone, de l'Egypte et de Tyr, et l'on peut dire que les différences sont peu importantes.

La chronologie seule offre de sérieuses difficultés, et, à priori, il n'y a pas lieu de s'en étonner, si l'on réfléchit qu'en pareille matière il est impossible que des fautes de copistes ne se soient glissées dans le texte. Cependant les inexactitudes ne sont pas considérables et l'ensemble est en général confirmé par la chronologie des autres peuples.

En additionnant les années de règne des rois de Juda, on obtient 433 ans pour la période comprise entre l'avènement de Salomon et la captivité de Sédécias, ce qui donne une moyenne d'à peu près vingt-cinq ans, pour chacun des vingt-et-un rois. Or, ce chiffre rentre absolument dans la vraisemblance.

En faisant de même le compte des années des rois d'Israël, depuis le schisme jusqu'à la prise de Samarie, on trouve la somme de 261 ans, tandis que le total des années des rois de Juda n'est que de 242 pour la même période. La différence serait donc de vingt ans, ce qui n'est pas énorme; mais, de plus, il faut remarquer que les années de règne des rois de Juda et d'Israël sont toutes comptées comme entières et que dans le fait elles ne peuvent pas l'être. Par conséquent, ces deux nombres sont probablement au-dessus de la vérité, ce qui doit être vrai surtout pour la somme des années des rois d'Israël, vu que les changements de règnes ont été beaucoup plus fréquents dans le royaume schismatique. On peut d'ailleurs supposer que plusieurs fautes de copistes n'ont pu être évitées.

D'après le calcul des années des rois de Juda, on doit fixer la mort de

---

(1) Eccli, XLVII, 15-XLIX, 8.
(2) Matth. XII, 42; Luc. XI, 31 ; Cfr. III Rois, X, 1 et suiv.
(3) Luc, IV, 25-27. Cfr. III Rois, XVII, 9-16 ; IV Rois, V, 9-14.
(4) Act. VII, 47; Cfr. III Rois, VI, 1 ; Rom. XI, 2-4; Cfr. III Rois, XIX, 10 ; Jac. V, 17-18; Cfr. III Rois, XVII, 1, XVIII, 45.
(5) *Ant. J.* l. VIII.

Salomon en 980 et, par suite, en 985 l'invasion de Sésac, qui eut lieu cinq ans après (1). Or, d'après la chronologie égyptienne, l'avènement de Sésac se place en 980 ou 983 (2). L'alliance d'Osée avec Sua, d'après la chronologie des Rois, aurait été conclue vers 725 ou 724, ce qui concorde avec la chronologie égyptienne qui place l'avènement de ce roi vers 719, ou un peu plus tôt (3). Quant à la date de la prise de Samarie, les annales assyriennes sont d'accord avec le canon de Ptolémée et la chronologie hébraïque pour la fixer à l'an 721. Il est également prouvé par l'histoire assyrienne que Jéhu et Hazaël, Achaz et Téglathphalasar, Ezéchias et Sennachérib, Manassé et Asarhaddon étaient contemporains. Quant aux difficultés spéciales, outre qu'elles ne portent que sur une période assez restreinte, la différence est à peine d'un demi-siècle entre la chronologie biblique et la chronologie assyrienne. Nous traitons d'ailleurs la question plus au long dans un autre chapitre.

L'intégrité du texte n'a point été sérieusement mise en doute et on reconnaît qu'elle est au moins égale à celle des autres livres de l'Ancien Testament. Il est évident d'ailleurs qu'il y a des fautes de copistes, particulièrement en ce qui concerne les nombres; mais la chose s'explique aisément, attendu que les erreurs dans les nombres, déjà faciles de leur nature, l'étaient encore davantage dans le système d'abréviations employé par les écrivains hébreux et que les caractères employés à cet usage pouvaient se confondre les uns avec les autres. Il est certain du reste que la notation numérique abrégée était usitée de toute antiquité dans les monarchies orientales, comme, par exemple, en Egypte et à Babylone. Les Hébreux devaient donc se servir de lettres pour exprimer les nombres, méthode qui date de loin, mais qui facilite singulièrement les erreurs de transcription. On pense que l'usage d'écrire les nombres dans l'hébreu par des mots et non par des lettres ou des symboles remonte seulement à l'époque Talmudiste. Selon l'auteur de l'Introduction aux livres des Rois dans le Speaker's Commentary, le mal aurait été augmenté par le fait d'un commentateur qui, de bonne foi, aurait ajouté en marge des notes chronologiques, et il faudrait ranger dans ce nombre les synchronismes des règnes et des dynasties des rois de Juda et d'Israël. Mais nous ne voyons pas sur quoi on pourrait appuyer une opinion semblable qui n'est, dans la réalité, qu'une simple conjecture dénuée même de toute vraisemblance.

En résumé, il n'y a donc pas de motif raisonnable pour supposer que le texte a été interpolé et encore moins pour le corriger d'après la version des Septante, ainsi que Thénius a tenté de le faire, en se servant d'ailleurs de l'édition sixtine de 1587, sans tenir compte de la nouvelle édition donnée à Rome de 1868-1873 par Vercellone et Cozza.

La version des Septante s'écarte notablement en réalité du texte hébreu actuel. On y remarque nombre de transpositions, d'omissions, d'inexactitudes et de méprises qui témoignent soit de la précipitation du traducteur, soit de son ignorance de la langue, soit enfin de sa tendance à expliquer et justifier le texte, en un mot, à le rendre acceptable en en retranchant ou en transformant tout ce qui semblerait choquant. Nous n'entrerons pas

---

(1) III Rois, xiv, 25.
(2) V. Stuart Poole, dans Smitht « Biblical. Diction. V, viii, p. 1288 au mot Chissaht (Sezac).
(3) V. Ibid. p. 1377 au mot So. (Sua).

dans le détail de toutes ces particularités et nous nous contenterons de mentionner le long passage concernant Jéroboam et qui se trouve après le ⱱ. 24 du ch. XII du IIIᵉ livre. C'est évidemment un récit composé de toutes pièces par le traducteur, soit à l'aide de l'Ecriture elle-même, soit d'après d'autres autorités et il ne fait certainement pas partie du texte, puisqu'il le répète en partie et même le contredit (1). On ne saurait d'ailleurs soute-

---

(1) Voici la traduction de ce passage : « Et le roi Salomon dormit avec ses pères et fut enseveli avec ses pères dans la cité de David. Et Roboam son fils régna à sa place à Jérusalem ; il commença à régner à seize ans et régna douze ans à Jérusalem. Et le nom de sa mère était Naana, fille d'Ana, fils de Naas, roi des fils d'Ammon. Et il fit le mal devant le Seigneur et il ne marcha pas dans la voie de David son père. Et il était un homme de la montagne d'Ephraïm, serviteur de Salomon, et son nom était Jéroboam, et Sarira le nom de sa mère, femme de mauvaise vie. Et Salomon le mit à la tête des tributs de la maison de Joseph. Et il bâtit à Salomon Sarira, dans la montagne d'Ephraïm, et il avait trois cents chars. Il édifia la citadelle avec les tributs de la maison d'Ephraïm, ferma la cité de David et s'éleva contre la royauté. Et Salomon chercha à le mettre à mort. Et il eut peur et il s'enfuit auprès de Sousakim (Sesac), roi d'Egypte, et resta près de lui jusqu'à la mort de Salomon. Et Jéroboam apprit en Egypte que Salomon était mort, et il s'adressa à Sousakim, roi d'Egypte, et lui dit : Congédie-moi et je m'en irai dans mon pays. Et Sousakim lui dit : Fais-moi une demande et je t'exaucerai. Et Sousakim lui donna en mariage Ano, la fille ainée de sa femme Thékémina. Elle était grande au milieu des filles du roi, et elle enfanta à Jéroboam Abia, son fils. Et Jéroboam dit à Sousakim : En vérité, donne-moi congé et je m'en irai. Et Jéroboam sortit d'Egypte et s'en alla à Sarira, dans la montagne d'Ephraïm, et là, il réunit tout Ephraïm sous son sceptre. Et il construisit là un retranchement. Et son jeune fils fut attaqué d'une grave maladie. Et Jéroboam s'en alla consulter au sujet de l'enfant, et il dit à Ano, sa femme : Lève-toi, va, interroge Dieu au sujet de l'enfant, pour savoir s'il survivra à sa maladie. Et il y avait un homme à Sélom, nommé Ahias, et il était âgé de soixante ans, et la parole du Seigneur était avec lui. Et Jéroboam dit à sa femme : lève-toi, et prends dans la main des pains pour l'homme de Dieu et des petits pains pour ses enfants, et du raisin et une petite urne de miel. Et la femme se leva et prit dans sa main des pains et deux petits pains, et du raisin et une petite urne de miel pour Ahias. Et cet homme était vieux, et ses yeux étaient affaiblis. Et sa femme partit à Sarira et s'en alla. Et au moment où elle arrivait dans la ville auprès d'Ahias le Silonite, Ahias dit à son serviteur : Va à la rencontre d'Ano, la femme de Jéroboam et tu lui diras : Entre, ne t'arrête pas, car le Seigneur dit : J'enverrai de dures choses contre toi. Et Ana entra près de l'homme de Dieu, et Ahias lui dit : Pourquoi m'as-tu apporté des pains, et du raisin et des petits pains, et une petite urne de miel? Voici ce que dit le Seigneur : Tu t'en iras et à ton entrée dans la ville, à Sarira, tes filles iront à ta rencontre et te diront : L'enfant est mort, car le Seigneur dit : Je détruirai tout mâle de Jéroboam et les morts de Jéroboam qui seront dans la ville, les chiens les mangeront, et celui qui mourra dans les champs les oiseaux du ciel le dévoreront, et l'enfant gémira hélas! Seigneur, parce qu'une bonne parole aura été trouvée en lui sur le Seigneur. Et la femme s'en alla, lorsqu'elle eut entendu. Et lorsqu'elle entra dans Sarira, l'enfant mourut, et des cris accueillirent son arrivée. Et Jéroboam s'en alla à Sichem, dans la montagne d'Ephraïm; et il réunit là les tribus d'Israël, et Roboam, fils de Salomon, y monta. Et le Seigneur parla à Séméias d'Enlami en disant : Prends un manteau neuf qui n'a pas passé par l'eau, et déchire-le en douze morceaux et tu les donneras à Jéroboam, et tu lui diras : Voici ce que dit le Seigneur : Prends-en dix morceaux pour te vêtir. Et Jéroboam les prit et Séméias dit : Voici ce que dit le Seigneur aux dix tribus d'Israël. Et le peuple dit à Roboam, fils de Salomon : Ton père a apesanti son joug sur nous, et il a augmenté les mets de sa table ; or, maintenant allège-les et nous te servirons. Et Roboam dit au peuple : Encore trois jours, et je vous ferai réponse. Et Roboam dit : Faites venir les vieillards et je délibérerai avec eux sur ce que je répondrai le troisième jour. Et Roboam leur raconta comment le peuple lui avait envoyé une ambassade, et les anciens du peuple dirent : Ainsi t'a parlé le peuple. Et Roboam rejeta leur conseil, et il ne lui plut pas. Et il envoya et il fit venir ses compagnons d'enfance et il leur dit : Voici le message que le peuple m'a adressé. Et ses compagnons lui dirent : voici comment tu parleras au peuple : Ma petitesse est plus grosse que les reins de mon père ; mon père vous a frappés avec des fouets, mais moi je vous déchirerai avec des scorpions. Et cette parole plut à Roboam et il répondit au peuple comme le lui avaient conseillé les jeunes gens, compagnons de son enfance. Et il n'y eut qu'une voix dans tout le peuple et tous s'écrièrent : Nous n'avons point de part en David

nir avec Thénius que le traducteur grec avait l'intention de rendre le texte hébreu avec le plus de fidélité possible, car, dans les passages produits comme preuve, l'interprète, ainsi que le remarque Keil (1), rend parfois l'hébreu mot à mot, sans se soucier si les mots ont un sens ou non, ou reproduit simplement les mots du texte avec des lettres grecques, ou enfin ne comprend pas bien ce qu'il lit. Le traducteur s'est donc trompé souvent par ignorance de la langue hébraïque et, s'il copie parfois le texte sans le comprendre et sans être compris, on ne doit pas en conclure qu'il a cherché à être fidèle et surtout qu'il l'a été. Sa bonne volonté est plus que problématique, car on prouverait surabondamment qu'il a traité le texte avec une grande liberté, se permettant des changements, des additions et des omissions, pour faire cadrer l'histoire et le style avec ses idées préconçues.

Quant à la traduction latine, elle est complètement d'accord avec l'original et il en est de même de toutes les versions anciennes.

Enfin la canonicité de l'ouvrage ne fait point doute et il serait inutile d'en dire plus long à ce sujet.

III

LES SOURCES

Ce petit travail aurait dû trouver sa place dans le chapitre précédent; mais, pour plus de clarté, nous avons préféré l'en détacher et le mettre à la suite.

L'auteur des deux livres des Rois a pris soin de nous indiquer les sources auxquelles il a puisé. Ce sont : 1° « Le livre des paroles de Salomon », ספר דברי שלמה, *sépher dibré Schelomoh* (2) ; 2° « le livre des paroles des jours des rois de Juda » ou « les annales du royaume de Juda », ספר דברי הימים למלכי יהודה, *sépher dibré haïamim lemalké Jehoudah* (3) ; 3° « le livre des paroles des rois d'Israël », c'est-à-dire, « les annales des rois d'Israël », ספר דברי הימים למלכי ישראל, *sépher dibré haïamim lemalké Israël* (4).

Or, une première remarque à faire est celle-ci : les trois ouvrages dont nous venons de citer les titres, étaient très certainement bien distincts l'un de l'autre, puisque l'auteur les distingue lui-même et cite unique-

---

ni d'héritage dans le fils de Jessé. Rentrez chacun dans vos tentes, Israël, car cet homme ne peut être votre souverain, ni votre chef. Et tout le peuple rassemblé à Sichem se dispersa et chacun se retira dans ses tentes. Et Roboam s'obstina, et il s'en alla, et il monta sur son char, et il entra à Jérusalem. Et il fut suivi par toute la tribu de Juda et par la tribu de Benjamin. Et il monta pour faire la guerre à Jéroboam à Sichem. Et le Seigneur fit entendre sa parole à Séméias, l'homme de Dieu, en ces termes : Dis à Roboam, roi de Juda, et à toute la maison de Juda et de Benjamin et à tout le reste du peuple : Voici ce que dit le Seigneur : vous ne monterez pas et vous ne ferez pas la guerre à vos frères, les enfants d'Israël ; retournez chadans votre maison, car cette parole est venue de moi. Et ils écoutèrent la parole du Seigneur et ils s'abstinrent de marcher selon la parole du Seigneur. »

(1) *Comment. Einleit.* p. 12.
(2) III Rois, xi. 41.
(3) III Rois, xiv. 29, xv, 7, 22, xxii, 46; IV Rois, viii, 23, xii, 20, etc.
(4) III Rois, xiv, xv, 31, xvi, 5, etc.

ment le premier pour l'histoire de Salomon, le second pour l'histoire des rois de Juda et le troisième pour celle des rois d'Israël. La formule uniformément employée : « or le reste... *reliqua autem*..., » donne lieu à une seconde observation et montre que les documents en question n'ont pas été insérés en entier, et qu'ils existaient encore à l'époque de la composition de nos livres, bien plus, qu'ils existaient entre les mains des contemporains de l'historien, car s'il eût eu seul le privilège de les avoir en sa possession, il eût été au moins inutile d'y renvoyer le lecteur et de les invoquer en témoignage.

Si nous voulons maintenant nous faire une idée plus exacte des trois ouvrages précédemment nommés, nous devons nous reporter aux livres des Paralipomènes. Plusieurs passages des livres des Rois s'y retrouvent reproduits mot à mot; mais l'auteur, au lieu de renvoyer aux documents cités par son prédécesseur, invoque les écrits dont il nomme les auteurs. Ainsi, pour l'histoire de Salomon, il ne s'appuie pas sur « le livre des paroles de Salomon », mais sur « les paroles », דברי, *dibré*, du prophète Nathan, « les prophéties », נבואה, *nebouah*, d'Ahias le Silonite, et « les visions », חזות, *khazoth*, d'Addo le Voyant (1). Nous devons donc en conclure que le livre des paroles de Salomon était formé au moins pour la plus grande part, des trois écrits prophétiques énumérés ci-dessus.

Quant aux annales des rois de Juda, on comprend de prime abord que, par leur nature, elles devaient affecter la forme d'un recueil et non point d'une œuvre homogène portant l'empreinte personnelle du même auteur.

Or, si nous comparons l'histoire de Roboam dans les Paralipomènes et dans les Rois, nous trouvons plusieurs passages absolument semblables (2). Cependant l'auteur des Paralipomènes ne cite point les annales des rois de Juda, mais bien « les paroles » דברי, *dibré*, du prophète Séméias et d'Addo le Voyant (3). Plus loin, le récit des Paralipomènes, plus complet que celui des Rois au sujet d'Abias, renvoie, non aux annales de Juda, mais à « l'interprétation » מדרש, *midrasch*, du prophète Addo (4). Enfin pour l'histoire des rois de Juda, Azarias, Osias et Manassé, l'historien des Rois, selon son ordinaire, invoque les annales des rois de Juda (5), tandis que celui des Paralipomènes cite, d'une part, « les écrits », כתב, *cathab*, d'Isaïe, fils d'Amos et, de l'autre, « les paroles des Voyants (6).

Ces exemples suffisent amplement pour montrer que le livre des rois de Juda était un recueil des écrits historiques des prophètes et des voyants Cette vérité est encore confirmée et rendue évidente par d'autres passages. Une partie de l'histoire de Josaphat est identique dans les deux ouvrages (7); mais tandis que notre auteur renvoie comme précédemment aux annales des rois de Juda, celui des Paralipomènes renvoie aux « paroles » דברי, *dibré*, de Jéhu, fils d'Hanam, « qui ont été insérées dans

---

(1) II Paral. ix, 29. Pour les passages parallèles. Cfr. II Paral. v, 1-10, et III Rois, viii, 12-50; II Paral. vii, 7-22, et III Rois, viii, 64-ix, 9; II Paral. viii, 2-10, 17 et III Rois, ix, 17-23, 26, II Paral. ix. 1-28 et III Rois, x, 1-28.
(2) Cfr. II Paral. x, 1-10 et III Rois, xiv, 21 et suiv.
(3) II Paral. xii. 15.
(4) II Paral. xiii, 22.
(5) IV Rois, xv, 6, xxi, 17.
(6) II Paral. xxvi, 22 et xxxiii, 18, 19.
(7) Cfr. III Rois, xxii, 2-35 et II Paral. xviii, 2-34.

le livre des rois d'Israël », אשר העלה על ספר מלכי ישראל, *ascher hoalah al sépher malké Israël* (1). De même, pour Ezéchias, ce dernier cite les visions חזון, *khazon*, d'Isaïe, fils d'Amos, et « le livre », ספר, *sépher*, des rois de Juda, lorsque dans notre ouvrage il n'est question que des annales des rois de Juda (2). De plus, les chapitres XXXVI à XXXIX et LII d'Isaïe sont identiques à IV Rois, XVIII, 13, à XX, 19, et XXVIV, 18, à XXV, 30, et cependant l'auteur des Rois ne cite point Isaïe, mais les annales des rois de Juda (3).

Nous n'avons pas de renseignements sur les annales des rois d'Israël, mais nécessairement ce devait être également le recueil des récits des prophètes qui avaient composé l'histoire de leur temps. En résumé, notre historien s'est donc servi, pour faire le résumé de l'histoire de la royauté, de trois recueils divers, de documents ou de mémoires historiques rédigés par les prophètes, et probablement revus et corrigés par eux.

C'est d'ailleurs un fait universellement reconnu aujourd'hui, que les prophètes étaient à proprement parler les historiographes attitrés des Israélites, et c'est ce qu'explique la vocation spéciale de ce peuple. L'histoire d'Israël étant principalement celle de la conduite de Dieu à l'égard de son peuple et de ses révélations, pour bien la comprendre à ce point de vue, pour bien en saisir les traits saillants, il fallait être animé de l'esprit du Seigneur. Il ne s'agissait pas précisément en effet de faire des recherches, de rassembler des matériaux et de faire un récit fidèle et succinct, mais de montrer par les faits eux-mêmes et leur enchaînement, l'action constante de Dieu dans l'histoire de son peuple et ses révélations incessantes, ce que l'esprit humain, laissé à lui seul, n'aurait su ni comprendre, ni mettre en lumière. Les historiens de l'antiquité juive ne sauraient donc, en aucune façon, être assimilés aux historiens profanes. Aussi ce n'est pas sans raison que, dans le canon de l'Ancien Testament, les livres historiques sont désignés sous l'appellation générique de נבאים, *nebiim*, « prophétie », avec l'adjonction de l'épithète ראשונים, *rischonim*, « priores », pour les distinguer des ouvrages proprement dits qualifiés de « prophetæ posteriores », נביאים אחרנים, *nebiim akharonim*. Il est donc constant que les prophètes ont écrit l'histoire de leur peuple ; mais ce doit être surtout à l'époque où le prophétisme comme institution avait acquis tout son développement, c'est-à-dire, pendant la période monarchique. Or, comme le remarque très-justement le D' Bahr (4), « les prophètes n'écrivaient pas l'histoire d'Israël en leur nom, mais en qualité de serviteurs de Dieu, d'*hommes de Dieu*. Ils sont les historiographes de la théocratie, et leurs œuvres historiques avaient pour le peuple un caractère officiel, ce qui en rehaussait singulièrement l'autorité et l'égalait à celle de leurs écrits prophétiques. Autrement les auteurs des Rois et des Paralipomènes ne s'appuieraient pas constamment sur ces documents.

On pourrait encore se demander à quelle époque et par qui les écrits divers dont se composaient chacun des trois recueils cités, ont été réunis en un seul corps d'ouvrage ; malheureusement on ne peut répondre à cette double question que par voie de conjecture.

---

(1) II Paral. xx, 34.
(2) II Paral. xxxii, 32 ; IV Rois, xx, 20.
(3) IV Rois, xx, 20.
(4) Die Bücher der Könige, Einleit. IX.

D'après l'hypothèse la plus vraisemblable, chacun de ces recueils se serait formé lentement et peu à peu, et on ne saurait par conséquent leur assigner ni une date fixe, ni un auteur déterminé, ce qui d'ailleurs est conforme et à leur nature et à leur origine. En effet, comme les prophètes avaient mission d'écrire l'histoire, on doit supposer qu'ils s'occupaient aussi de conserver et de transmettre aux générations futures les documents et les matériaux historiques qui existaient déjà; ils n'avaient qu'à joindre leurs propres travaux aux dépôts ou aux collections qu'ils avaient à leur disposition. Les écoles de prophètes devaient être les centres tout naturellement désignés où se conservaient et s'accroissaient insensiblement par l'accession de nouveaux écrits les archives nationales. Selon Keil (1), les annales de Juda et celles d'Israël faisaient partie d'un même recueil dont l'existence aurait précédé de peu la ruine du royaume de Juda. On l'aurait composé en empruntant soit aux annales de l'État, soit à des écrits contemporains émanant des prophètes ou d'autres auteurs, tout ce que l'on avait de plus important à dire sur chacun des rois. Mais cette opinion paraît peu admissible et même en soi peu vraisemblable, attendu que les périodes de trouble et d'anarchie ne sont pas précisément propices à des travaux de ce genre. On est alors absorbé par de tout autres préoccupations et l'on n'a souvent ni le temps, ni les moyens de se livrer aux recherches nécessaires. En outre, il faut remarquer que le royaume d'Israël disparut plus d'un siècle avant celui de Juda et que son histoire était renfermée dans un recueil spécial, lequel par conséquent existait depuis longtemps, au moment où le royaume de Juda succomba. Rien ne montre positivement, il est vrai, qu'il y ait eu dans le royaume d'Israël des annalistes publics, mais rien non plus ne prouve le contraire et le changement fréquent des dynasties ne saurait avoir été un obstacle insurmontable. En tout cas, l'auteur des Rois distinguant toujours bien exactement les annales de Juda et celles d'Israël et ne les confondant jamais, il est légitime de penser que, de son temps, elles appartenaient à deux recueils différents. L'auteur des Paralipomènes, au contraire, renvoyant à plusieurs reprises au livre des rois de Juda et d'Israël (2), on pourrait supposer que, plus tard, les deux recueils furent réunis en un seul. Toutefois on ne saurait le conclure avec certitude. Ce qui est vraisemblable, c'est que ces deux recueils devaient rarement se rencontrer l'un sans l'autre, parce qu'ils contenaient l'histoire complète de la royauté; mais il ne s'en suit pas qu'ils aient jamais été fondus en un seul et unique ouvrage.

L'auteur n'a point usé d'une méthode uniforme pour composer son livre, c'est-à-dire, ne s'est pas borné à résumer dans un récit suivi les documents où il a pris ses renseignements. Tantôt, en effet, il reproduit intégralement certains fragments des pièces originales, comme on peut s'en convaincre par la comparaison des passages parallèles d'Isaïe, de Jérémie et des Paralipomènes et tantôt il abrège notablement (3), guidé en cela évidemment par le but particulier qu'il se proposait. Il a dû glisser çà et là ses remarques, faire quelques additions et ménager les transitions;

---

(1) *Biblischer Comment. Einleit.* 9.
(2) II Paral. XVI, 11, XXV, 26, XXVIII, 26, XXXII, 32, XXXV, 27, XXXVI, 8.
(3) Cfr. III Rois. XV, 1-8 et II Paral. XXII, 1-23.

mais il serait bien difficile de déterminer ce qui lui appartient en propre. On peut toutefois lui attribuer en toute vraisemblance les réflexions dont il fait suivre le récit d'ailleurs très succinct de la chute du royaume d'Israël (1).

Les prophètes Elie et Elisée occupent une place très importante dans l'ouvrage. Or, on remarque que l'auteur, en parlant d'eux, ne s'appuie sur aucune des autorités dont il invoque ailleurs le témoignage, et que les passages qui concernent ces personnages ont un caractère à part. Mais s'en suit-il que ces passages n'ont pas été détachés du troisième recueil, c'est-à-dire, des annales des rois d'Israël, et reproduits, sinon intégralement, au moins quant à la substance? Nullement, car le *livre des jours des rois d'Israël* n'était en somme qu'un recueil d'écrits historiques et, comme les deux prophètes Elie et Elisée ont eu sur la marche des événements, surtout au point de vue religieux et théocratique, une influence plus décisive que celle de bien des rois, il est tout naturel que l'ouvrage qui leur était consacré ait été admis dans la collection des archives nationales. Il serait en effet étrange et même incompréhensible que notre historien, qui cite constamment ses autorités, même à propos des règnes les plus insignifiants, eût négligé de nous informer qu'il avait puisé à une autre source pour retracer l'histoire si importante d'Elie et d'Elisée. Il va d'ailleurs de soi que cette partie du recueil était l'œuvre d'un prophète, car si les prophètes écrivaient ordinairement l'histoire des rois, ils ne pouvaient manquer d'écrire la leur.

Plusieurs exégètes contemporains entendent par « le livre des jours des rois de Juda » ou « d'Israël », les archives de l'Etat dont la rédaction était confiée à des employés spéciaux. Selon Delitzsch (2), l'histoire était surtout annalistique et prophétique. Les prophètes avaient pour but de montrer la liaison des faits avec le plan divin, tandis que les annalistes se contentaient d'enregistrer les événements. C'est sous David qu'aurait été créée la fonction d'annaliste officiel et c'est dans les travaux historiques qui tirent de là leur origine que l'auteur des Rois et surtout celui des Paralipomènes auraient recueilli leurs informations. David en effet établit de nouveaux employés, et, parmi eux, nous remarquons le *mazkir*, mot que les Septante ont traduit par ὑπομνηματόγραφος ou par ἐπὶ τῶν ὑπομνημάτων, « a commentariis », comme nous lisons dans la Vulgate. Le *mazkir* était chargé des annales de l'Etat et son emploi était différent de celui du *sopher*, מופר, « scribe », c'est-à-dire, chancelier, lequel avait à rédiger les écritures publiques, tandis que le *makir* avait à veiller à leur conservation et à les incorporer au recueil des documents concernant l'histoire du royaume. Selon Delitzsch encore, les annales du royaume à l'état d'ouvrage ou de recueil complet et achevé comprenaient naturellement quatre parties, dont les deux premières contenaient les annales du royaume sous David et sous Salomon, et dont les deux dernières renfermaient l'histoire des deux royaumes de Juda et d'Israël. L'original des archives de l'Etat dut se perdre dans l'incendie de Jérusalem par les Chaldéens; mais il s'en conserva des extraits et l'histoire des règnes de David et de Salomon, parti-

---

(1) Cfr. IV Rois, xvii, 7, 23.
(2) *Der Prophet Jesaia*, ii, 2, p. 153, et *Comment. über den Prophet. Jes.* p. ix.

culièrement riche en fragments provenant de ce recueil, nous montre qu'on s'était surtout appliqué à copier ce qui concernait David et Salomon. Ces sortes d'extraits circulaient à part dans le public. D'après Ewald (1), il y avait en Israël, selon l'ancienne coutume des cours de l'Asie et de l'Egypte, un historiographe de cour qui avait à consigner tous les événements importants qui concernaient la maison royale et le royaume, et, à la fin d'un règne, en faisait officiellement le résumé historique. En note, il ajoute qu'il lui semble au moins douteux que l'historiographe officiel fût le personnage désigné sous l'appellation de מזכיר, *mazkir*, attendu que, dans l'origine, sa position dans l'administration dût être plus importante, et que les passages d'Esdras et d'Esther (2) où il en est question ne permettent pas de rien conclure de certain à cet égard. Plus haut (3), il apprécie ainsi le rôle du מזכיר, *mazkir* et celui du סופר, *sopher* : « Le Mazkir, c'est-à-dire, celui qui rappelle (Ervahner) pour ainsi dire, la bouche du roi, ou le chancelier, porte à la connaissance du souverain toutes les affaires importantes, les plaintes, les demandes et les visites de ses sujets, et de plus, lui présente ses propres écrits et ses notes, et, comme chargé d'écritures, rédige ses mémoires et ses ordres. Le Sopher rédige les résolutions qui concernent les affaires civiles et financières... D'après cela, le Mazkir devait connaître tous les traités conclus avec les peuples étrangers et avait la surveillance des archives. Les occupations et les attributions du Sopher étaient certainement plus étendues. Il pouvait contresigner les décisions judiciaires et toute la comptabilité du royaume passait par ses mains, aussi bien les rôles du dénombrement du peuple que les comptes de finance. » Le même Ewald prétend au surplus que les annales du royaume et les notices historiques dues aux prophètes auraient été fondues en un seul ouvrage et plusieurs fois remaniées. L'auteur de nos livres serait le cinquième et le dernier rédacteur. Pour l'exposition du système complet d'Ewald, nous renvoyons à la première partie de cette introduction.

Or, à l'encontre des assertions de Delitzsch et d'Ewald, on peut faire, avec Bahr (4), les réflexions suivantes. En premier lieu, rien, dans l'Ancien Testament, n'indique que le Mazkir, מזכיר, fût historiographe officiel de la cour et qu'il rédigeât les annales du royaume, lesquelles auraient été déposées dans les archives de l'Etat. Partout où nous voyons mentionner ce personnage, il nous apparaît plutôt comme un officier d'administration que comme un annaliste (5). Comme son nom l'indique (6), il est plus probable qu'il avait à rappeler au roi les affaires de l'Etat qui demandaient une solution et à le conseiller à ce sujet dans l'occasion; on l'a même comparé au *magister memoriæ* du Bas-Empire. D'ailleurs, si David eût institué l'office d'historiographe du royaume, il eût commencé par faire écrire l'histoire de son règne, et cependant nous voyons qu'elle se trouvait dans

---

(1) *Geschichte des Volkes Israel*, III, p. 370.
(2) Esdr. VI, 15; Esth. VI, 1.
(3) *Geschichte, ibid.* 365.
(4) *Die Bücher der Kœnige, Einleit.* XI et XII.
(5) Cfr. IV Rois, XVIII, 18, 37; II Paral. XXXIV, 8.
(6) Le mot מזכיר, dérive du verbe זכר, *zakar* « se souvenir » et c'est le participe présent de la forme hiphil הזכיר, *hizkir*, « faire souvenir, rappeler à la mémoire. »

les écrits de Samuel, du prophète Nathan et de Gad le Voyant (1), et que nulle part il n'est question des travaux des annalistes officiels. De même « le livre de l'histoire de Salomon (2) » n'était certainement pas l'œuvre du Mazkir, puisque nous savons par les Paralipomènes (3) où l'on trouve reproduits de nombreux passages des Rois, que cette histoire se trouvait contenue dans « les paroles du prophète Nathan », les livres d'Ahias le Silonite et la vision d'Addo le Voyant. Au surplus, il n'est pas fait mention du Mazkir dans le royaume d'Israël. Neuf dynasties s'y succédèrent et furent successivement exterminées les unes par les autres; il est donc assez difficile d'admettre que chaque roi ait régulièrement fait écrire l'histoire de son prédécesseur. Il serait étonnant, par exemple, que Jéhu se fût occupé de faire composer l'histoire de la maison d'Achab qu'il avait entièrement détruite. Il est encore bien moins croyable que Jézabel ait pris soin de faire relater tous ses crimes par l'historiographe officiel. Enfin, quant au rôle précis du Mazkir, מזכיר, et du Sopher, סופר, il est impossible de le connaître et c'est sans preuve et sans motif que l'on prétend que le Sopher rédigeait les écrits officiels et que le Mazkir était chargé de veiller à leur conservation, en était l'archiviste.

En second lieu, nous apprenons bien, par le livre d'Esther (4), l'existence en Perse du « livre des paroles des jours », ספר דברי הימים, *sepher dibre haiamiam* (annales priorum temporum); ce fait ne prouve point que David ait fondé l'historiographie officielle et pas davantage que cette fonction se soit perpétuée pendant le schisme des dix tribus. Mais, même en admettant qu'il y ait eu, dans les deux royaumes, des annales officielles et qu'elles aient été déposées dans les archives de l'Etat, l'auteur des livres des Rois n'aurait pu s'en servir, attendu qu'il écrivait dans la seconde partie de la captivité, à une époque où les deux capitales, Samarie et Jérusalem, étaient depuis longtemps détruites, et où ni annales ni archives n'existaient plus. Il n'est point d'ailleurs vraisemblable que les Assyriens et les Chaldéens aient emporté à Ninive et à Babylone les archives des royaumes détruits et les aient communiquées à quelques exilés. Les conquérants de ce temps ne s'occupaient guère de collectionner des manuscrits et des documents dans l'intérêt de l'histoire en général ou des royaumes qu'ils détruisaient. En outre, on ne comprendrait guère comment l'historien renverrait à des ouvrages qui n'eussent pas été à la portée de tous. Quant à l'hypothèse d'après laquelle on aurait fait des copies et des extraits des annales de l'Etat, elle est tout entière construite sur le vide et ne repose sur aucun indice.

En troisième lieu, si nous considérons le contenu de nos livres, nous verrons que les annales du royaume, comprises comme on le fait, n'ont jamais pu en être la source principale. En effet, nous remarquons d'abord que la formule : « Il fit le mal en présence du Seigneur, » ouvre le règne de douze des rois d'Israël, et que la chute de Salomon, dont le règne avait été si glorieux, est mentionnée expressément et sans le moindre ménagement. Les crimes des rois d'Israël et, en particulier, ceux d'Achab et de

---

(1) I Paral. xxix, 29.
(2) III Rois, xi, 41.
(3) II Paral. ix, 29.
(4) Esth. x, 2.

Jézabel, sont relatés tout au long, et l'historien traite de même les rois de Juda qui imitèrent la dynastie d'Achab, Manassé par exemple. Enfin, au sujet de Joakim, l'auteur des Paralipomènes s'exprime même ainsi : « Reliqua autem verborum Joakim, et abominationum ejus, quas operatus est, et quæ inventæ sunt in eo, continentur in libro regum Juda et Israel (1). » Or, on ne s'expliquerait guère comment un historiographe à la dévotion de la cour aurait pu se permettre de consigner par écrit dans les annales officielles les méfaits des souverains régnants, sans déguiser d'ailleurs ses appréciations personnelles, ou de porter de pareils jugements sur le prédécesseur et frère de Joachin. Ce n'est donc pas un simple employé, de quelque grade qu'il fût, mais un homme indépendant par caractère et par position, un prophète, qui a pu si librement exprimer sa pensée.

Enfin, en quatrième lieu, on veut que l'historien des Rois ait mis à profit, outre les prétendues annales officielles du royaume, d'autres documents qui ne sont pas nommés. Mais cette hypothèse tombe d'elle-même, attendu que les sources qu'il mentionne n'étaient pas et ne pouvaient pas être les annales du royaume. Jamais il ne cite d'autres documents, ce qui serait inexplicable, puisque la plus grande partie de l'ouvrage est empruntée à des écrits qui n'avaient certainement rien d'officiel.

L'opinion de Thénius (2) se distingue de toutes les autres. Il admet trois sortes d'éléments, l'élément historique proprement dit, l'élément traditionnel et ce qui appartient en propre au rédacteur. L'élément historique aurait pour base un grand ouvrage composé d'après les annales officielles des deux royaumes et un résumé de cet ouvrage. La partie traditionnelle reposerait sur des notes écrites d'après la tradition, soit surtout sur « un livre compilé par les prophètes et pour leur usage, une sorte de miroir des prophètes, dont la tendance principale était d'inculquer aux disciples des prophètes l'obéissance la plus absolue aux avertissements divins. » C'est à cet ouvrage que seraient empruntés les récits qui concernent les prophètes, en particulier l'histoire d'Elie et celle d'Elisée.

Or, il n'est certes pas nécessaire d'entrer en de longues réflexions pour montrer l'inanité de suppositions semblables, dont le défaut capital et irrémissible est d'être absolument gratuites. Ainsi, il n'est question nulle part, ni d'un grand ouvrage, comme celui dont on nous entretient, ni d'un résumé de cet ouvrage, résumé d'ailleurs dont on comprendrait difficilement l'utilité à côté du travail complet.

D'autre part, distinguer entre les éléments historiques proprement dits et les éléments traditionnels, c'est un procédé qui n'a pas sa raison d'être. On fait cette distinction uniquement parce que l'on suppose que le miracle et la prophétie ne peuvent pas être historiques et, par leur nature, doivent appartenir à la tradition ou, pour mieux dire, au mythe et à la fable. Or, nous avons déjà fait remarquer en un autre endroit que l'on ne pouvait retrancher le merveilleux du texte de nos livres saints, sans briser l'enchaînement des faits, sans détruire toute l'économie de l'histoire d'Israël, ou plutôt sans anéantir l'histoire elle-même.

Enfin, quant au prétendu *Miroir des prophètes*, il ne s'en trouve pas trace

---

(1) II Paral. XXXVI, 8.
(2) *Comment. über die Bücher der Kœnige*, Einleit § 3.

dans l'Ecriture. Or, il n'est pas admissible que l'auteur, qui renvoie si fréquemment aux documents originaux, eût omis de citer cet ouvrage, s'il eût existé et s'il s'en fût servi. Il ne s'agit donc, en réalité, que de conjectures dénuées de toute probabilité et même de toute vraisemblance.

Une opinion intermédiaire est celle de Rawlinson (1). Elle consiste à admettre des annales officielles, comme chez les Perses, mais rédigées par les prophètes, et à supposer qu'à la fin de chaque règne il y était fait une addition par le prophète le plus autorisé. Ainsi les annales de Salomon, commencées peut-être par Nathan, auraient été continuées par Ahias le Silonite ou Addo le Voyant (2), etc. Mais outre ces écrits officiels, les prophètes auraient composé des ouvrages historiques d'une étendue plus considérable et où les matières religieuses tenaient une plus grande place. En ce cas, ils auraient été, pour ainsi dire, des monographes. Les chapitres historiques d'Isaïe, comparés avec le passage parallèle des Rois, montrerait la différence qu'il y avait entre ces sortes de monographies et les résumés qui étaient destinés aux annales (3). Ce serait le récit d'Isaïe qui serait le plus complet. On pourrait encore trouver un autre exemple de ce genre, en comparant Jérémie XXXIX-XLIV et IV Rois XXV, 1-26. Parfois cependant un prophète aurait écrit la monographie d'un règne de façon à pouvoir l'insérer dans les annales telle qu'elle était. Ce serait le cas, paraît-il, pour le règne de Josaphat dont l'histoire est l'œuvre du prophète Jéhu, fils d'Hanani (4).

Mais cette hypothèse, ou plutôt cette hypothèse multiple, nous paraît également pécher par la base, c'est-à-dire n'avoir aucun point d'appui dans l'Ecriture. Il sera toujours plus naturel, plus rationnel et plus sûr de profiter uniquement des données que nous fournissent les livres saints, pour nous rendre compte du nombre, de la qualité et de la nature des matériaux qui ont servi à la composition du travail historique dont nous nous occupons. Nous renvoyons donc purement et simplement à l'exposition par laquelle nous avons commencé ce chapitre.

Comme conclusion, nous ferons remarquer que l'auteur, d'après son propre témoignage, a composé son ouvrage à l'aide de documents dont l'autorité ne laissait rien à désirer. C'est donc une preuve de plus en faveur de sa véracité, qui désormais est complètement à l'abri du doute.

---

(1) *Speaker's Comment. Kings,* Introduct. p. 473.
(2) II Paral. IX, 29.
(3) Cfr. Is XXXVI-XXXIX, et IV Rois, XVIII-XX.
(4) II Paral. XX, 34.

IV

ÉTUDE DE PLUSIEURS QUESTIONS IMPORTANTES ET SOLUTION DES DIFFICULTÉS

I. Le temple de Salomon (1)

A. Construction et emplacement du temple de Salomon.

Le temple de Salomon fut un des monuments les plus célèbres dans l'antiquité, tant par la beauté de son architecture que par la richesse de ses ornements. Rien n'avait été épargné pour le rendre digne du Dieu qui devait y faire sa demeure et l'on n'employa dans sa construction que des matériaux de choix, pour que tout fût en rapport avec sa haute signification.

Après avoir affermi son trône, David conçut le projet d'élever un temple au Seigneur, dans le but de remplacer le tabernacle portatif qui jusque-là avait été le symbole de la situation du peuple hébreu, tant que sa puissance n'avait pas été solidement assise. Mais, le prophète Nathan ayant fait connaître au saint roi qu'un pareil honneur était réservé à son successeur, David se contenta de préparer les matériaux et d'amasser des trésors pour subvenir aux frais de la construction (2), qui devaient être beaucoup plus considérables que ne pourraient le faire présumer, au premier abord, les dimensions relativement restreintes de l'édifice. David eut encore soin de dresser un plan assez détaillé, non-seulement du temple proprement dit, mais des bâtiments adjacents (3), et de faire choix de l'emplacement, qui n'était autre que l'aire d'Ornan le Jébuséen, laquelle était située sur le mont Moriah (4), à l'orient de Jérusalem. C'est là, d'après une tradition juive assez généralement reçue, qu'Abraham avait offert à Dieu son fils Isaac.

Dans l'antiquité, comme cela se pratique encore aujourd'hui dans les contrées peu civilisées, on devait choisir, pour établir les aires, des emplacements bien exposés au vent, afin de séparer plus facilement le grain de

---

(1) Pour tout ce qui concerne la description du temple, Voir *Atlas géographique et archéologique de la Bible* de M. Ancessi, planches 8, 9, 10, etc. (Paris, P. Lethielleux.) — Hort, *der Tempel des Salomon*, 1825; Keil, *der Tempel Salomn's*; ein archæol. Untersuchung, Dorpart, 1839, plus *Haudbuch der biblisch, Archæologie*, p. 133 et suiv. et *die Bücher der Kœnige*, p. 53 et suiv.; Bahr, *der Salomonische Tempel*, Karlsruhe, 1848, pp. 11 et suiv. et *die Bücher der Kœnig*, p. 11 et suiv.; Thénius, *das vorerslische Jerusalem und dessen Tempel*, Leipsick, 1849, et *der Tempel*, 25-45, appendice et son commentaire sur les Rois; Melchior de Vogüé, *le Temple de Jérusalem, Monographie du Haram ech-Chérif*, Paris, 1864; Fergusson, *the Temples of the Jerus. and the other Buildings in the Aram Area at Jerusalem*, Londres, 1878; Laurent de Saint-Aignan, *Description du Temple de Salomon*, dans Annal. de philosophie chrét. 6e série, t. IX, juin 1875, p. 433 et suiv.; enfin le beau travail de M. l'abbé Vigoureux, intitulé le *Roi Salomon*, publié dans la Revue des Questions historiques en juillet 1868, et qui nous a été grandement utile.

(2) II Rois, VII.
(3) Cfr. I Paral. XXII et XXIX.
(4) II Paral. III, 1 et suiv.

la paille et surtout de la balle et de la poussière. Il paraît toutefois que l'aire d'Ornan ne se trouvait point tout à fait au sommet de la colline, occupé par une caverne où l'on déposait le grain après la récolte (1).

C'est près de l'aire d'Ornan que l'ange du Seigneur avait apparu au moment de la peste, et c'est en souvenir de cet événement que David fit choix de cet emplacement où d'ailleurs il avait déjà élevé un autel après en avoir fait l'acquisition (2).

Le mont Moriah, comme nous l'avons dit, était à l'est de Jérusalem ; il dominait la vallée de Josaphat et se trouvait séparé de la montagne de Sion, au sud-ouest, par la vallée du Tyropæon qui se prolonge au sud jusqu'à l'extrémité de la colline d'Ophel. Il a été converti en plate-forme qui porte aujourd'hui le nom de Haram ech-Cherif et, quant à l'emplacement précis du temple proprement dit, il serait occupé actuellement par la mosquée d'Omar, appelée Koubboth-es Sakkrah, « le dôme de la coupole ».

David, avant de mourir, avait déjà préparé des matériaux et s'était même fait envoyer des cèdres du Liban (3), car la Palestine ne fournissait que très-peu d'arbres propres aux constructions. Salomon n'eut donc qu'à continuer ce que son père avait commencé et nous allons voir qu'il le fit dans d'énormes proportions.

Il fit un traité (4) avec Hiram, roi de Tyr, le même qui avait été déjà en relation avec son père, pour en obtenir des cèdres et des cyprès. Dix mille hommes étaient employés à tour de rôle, c'est-à-dire se relevaient chaque mois pour couper les arbres dans le Liban (5). Le bois de cèdre jouissait dans l'antiquité d'une réputation bien méritée et passait pour incorruptible, ce qui évidemment n'est pas tout à fait exact (6). Quant au cyprès, ses qualités sont bien connues, car cet arbre est assez répandu dans tout l'orient, particulièrement aux alentours de Constantinople, où nous avons pu constater qu'il atteint des dimensions considérables, surtout en hauteur. Nous n'avons point remarqué qu'on s'en serve pour les constructions, car on l'utilise surtout pour en faire des coffres où l'on renferme les fourrures, pour les mettre à l'abri des insectes. Les rois d'Assyrie, ainsi que Salomon, firent venir des cèdres et des cyprès du Liban pour bâtir leurs temples et leurs palais (7).

---

(1) Warren, Underground Jerusalem, 1876, p. 59.
(2) II Rois, xxiv, 16, 24 et 25.
(3) I Paral. xxii, 4.
(4) III Rois, v, 6 et suiv.
(5) III Rois, v, 44.
(6) « En 1861, dit M. l'abbé Laurent de S. Aignan (Ann. de phil. chrét. juin 1875), j'ai pu contempler sur les sommets pittoresques du mont Liban, près du village d'*Eden*, les restes de cette forêt si renommée, qui a fourni le bois du sanctuaire de Jéhova. Ces patriarches du règne végétal, ces contemporains des âges bibliques... se comptent facilement aujourd'hui ; ils ne sont plus que *douze* seulement ; mais leurs dimensions sont colossales : deux d'entre eux ont 40 pieds de circonférence, leurs branches, en s'étendant horizontalement, couvrent une portion considérable de terrain ; j'ai mesuré 58 pas de l'extrémité d'une de ces branches à l'extrémité de la branche qui lui était opposée. Leur hauteur est de 60 pieds environ... Outre ces cèdres vingt fois séculaires, il y en a d'autres évidemment beaucoup plus jeunes et d'une grosseur ordinaire ; le tout forme un bois d'à peu près 360 arbres ». On peut consulter aussi Mgr Mislin, les Saints Lieux, I, 334-332.
(7) Cfr. Schrader, Keilnische.

Soixante dix mille hommes portaient les fardeaux et quatre-vingt mille étaient occupés au travail des carrières dans la montagne, c'est-à-dire, non pas dans le mont Liban, mais dans le mont Moriah, comme nous le verrons plus loin et comme nous l'expliquons dans le Commentaire.

Les cèdres étaient coupés sur le Liban par des ouvriers israélites et sans doute transportés ensuite par les serfs chananéens, jusqu'à la mer où on les embarquait sur des vaisseaux phéniciens qui les amenaient à Joppé, aujourd'hui Jaffa, le port le plus proche de Jérusalem. De là les serfs chananéens avaient à les porter à Jérusalem. Comme les routes et les moyens de transport faisaient défaut, on s'explique facilement que le nombre des hommes de peine ait dû être considérable (1).

Un passage des Septante (2) nous apprend que trois années furent employées à accumuler les matériaux et à les préparer. Ce fait ne nous étonnera pas si nous réfléchissons qu'il fallut exécuter de grands travaux de nivellement et de terrassement et élever de gigantesques murs de soutènement. En effet, le sommet du mont Moriah était loin d'offrir une surface aplanie, outre que la place manquait pour y asseoir le temple et les diverses constructions qui l'entourèrent (3). « Pour niveler le sommet du mont Moriah, il fallut donc entreprendre de grands ouvrages d'art. A l'est et à l'ouest, on construisit deux murs parallèles et l'on remplit de terre l'intervalle. Au nord, on abaissa le terrain ; un rocher qui se trouvait à la partie nord-ouest fut partiellement coupé, de manière à former de ce côté une muraille naturelle, qu'on voit encore et qui n'a pas moins de huit mètres de hauteur. Au sud, au contraire, il fut nécessaire d'exhausser le sol, à cause de la pente, ce qu'on exécuta au moyen de tout un système de substructions (4). »

On obtint de la sorte une plate-forme quadrangulaire assez bien représentée par le Haram-ech-Cherif, « car, dit M. de Vogüé, les destructions et réédifications successives ont peu altéré le plan primitif (5). » M. de Saulcy affirme positivement que l'enceinte du Haram est « identique avec celle du temple de Salomon (6). »

Dans l'état actuel, la plate-forme du Haram mesurerait, d'après M. de Saulcy, 384 mètres sur sa face orientale et 225 sur sa face méridionale (7). Toutefois le quadrilatère est un peu irrégulier, car les dimensions du côté ouest et du côté nord sont plus considérables que celles des côtés est et sud (8). Nous apprenons d'ailleurs par l'historien Josèphe que la plate-

---

(1) Cfr. III Rois, v, 15, IX, 20, 21 ; II Paral. II, 17, 18.
(2) Sept. III Rois, v, 21.
(3) Cfr. Joseph. *De bell j.* V, v, *Ant. J.* et l. VIII, c. III, § 9.
(4) M. l'abbé Vigouroux, *Le Roi Salomon*, dans la Revue des Quest. hist., juill. 1878, p. 28. Les voûtes de la partie méridionale de la plate-forme du Haram ech-Cherif, de l'avis de M. de Wogüé et d'autres archéologues, sont l'œuvre des Arabes, une faible imitation, de ce qui existait auparavant. Cfr de Vogüé : *Temple de Jérusalem*, p. 14 Porter, *Handbook for Syria and Palestine*, p. 162.
(5) Le temple de Jérusalem, p. 24.
(6) *Hist. de l'art judaïque*, p. 170.
(7) M. de Vogüé, *Temple de Jérusalem*, p. 24, donne au côté méridional 280 mètres et estime le périmètre total à 1,525 mètres. Nous trouvons dans Porter, *Handbook for Syria and Palest.*, p. 159, les dimensions suivantes de l'*Ordonnance Survey* : côté nord, 1042 pieds (anglais), côté est, 1530 ; côté sud, 922 ; côté ouest, 1601. Le pied anglais est de 304 mil.
(8) D'après Josèphe, le périmètre de l'enceinte extérieure était de 4 stades ; ce qui formait

forme primitive fut agrandie dans la suite des siècles, soit au temps des Machabées, soit au temps d'Hérode (1).

Quoi qu'il en soit, nous lisons dans la Bible que Salomon employa de grandes pierres, des pierres de choix, *lapides pretiosas,* pour les fondations du temple (2). L'historien Josèphe, à son tour, en parlant de la grande muraille, affirme que c'était « l'ouvrage le plus gigantesque dont les hommes pussent entendre parler, » αὐτὸ δὲ τεῖχος ἔργον μέγιστον ἀνθρώποις ἀκουσθῆναι (3). Il prétend même que la profondeur des fondations était égale à la hauteur au-dessus du sol (4), ce qui paraissait à tous une exagération évidente, jusqu'à ce que les fouilles exécutées dernièrement par M. Warren eussent montré que l'historien Juif avait raison (5). En effet, les puissantes murailles qui soutenaient la plate-forme du temple de Salomon ont résisté en partie aux injures du temps et aux ravages des hommes. Cette découverte intéressante est due au lieutenant anglais Warren et, vu son importance, nous croyons bien faire de reproduire le passage suivant de l'auteur anglais, d'après M. l'abbé Vigouroux (6) :

« A la fin de 1868, dit M. Warren, nous dirigeâmes de nouveau notre attention vers l'angle sud-est du temple... et nous creusâmes un puits à 20 pieds de là... Du fond de ce puits, une galerie fut tracée du côté du mur du temple, que nous atteignîmes à 6 pieds environ de l'angle. Les pierres du mur sont semblables à celles du mur où vont pleurer les Juifs, quoique ce soit à la profondeur de plus de 80 pieds au-dessous de la surface. Sur l'une des pierres, nous découvrîmes, peintes en rouge, les trois lettres phéniciennes équivalentes à O, Y, Q. C'était là une grande découverte, car ces lettres devaient donner une date à ces pierres. Vous me demanderez peut-être : Comment est-il certain que ces lettres sont du temps où le mur a été bâti? Je vais vous le dire. Sur la roche tendre d'où s'élève le grand mur, il y a une couche de 8 à 10 pieds de terre végétale, rougeâtre, pleine de débris de poterie. On fit une tranchée dans cette terre, pour y poser les grandes pierres du mur du temple et, par conséquent, les deux ou trois premières assises ont toujours été cachées aux regards. Or, il est à remarquer que c'est seulement au-dessous de cette ligne que nous trouvâmes les marques peintes en rouge. Au-dessus, elles ont été effacées, il y a près de trois mille ans. Les marques que nous trouvâmes furent donc celles qui avaient été couvertes au moment de la construction du mur. Il était par conséquent très-important de se former une opinion sûre à ce sujet, et d'en constater exactement l'authenticité. Nous avions à Jérusalem, dans le consul allemand, le Dr Petermann, un des plus grands orientalistes d'Europe. Je lui soumis la matière; il déclara sans hésitation que les caractères étaient phéniciens, quoiqu'il ne pût pas donner positivement le sens précis des mots. Plus tard, nous en découvrîmes d'autres.

---

un carré d'un stade sur chaque côté, Τοῦτο δὲ ἦν τὸ πᾶν περίβολος, τεττάρων σταδίων τὸν κύκλον ἔχων, ἑκάστης γωνίας στάδιον μῆκος ἀπολαμβανούσης. *Ant. J.* l. XV, c. xi, § 3.
(1) *Bell. J.* L. V, c. v, § 1; *Ant. J.* l. XV, c. xi, § 1; *Bell. J.* l. I, c. xxi, § 1.
(2) III Rois, v. 17.
(3) *Ant. J.* l. XV, c. xi, § 3.
(4) *Ant. J.* l. VIII, c. iii, § 2.
(5) Warren, *Underground Jerusalem,* p. 117.
(6) *Le roi Salomon,* Revue des Quest. hist. juillet 1878, p. 30 et 39.

Le Dr Petermann crut pouvoir lire sur une pierre le mot, en langue phénicienne « un sceau », mais sans pouvoir en être absolument certain.

« Sur d'autres pierres étaient gravées des marques tout à fait semblables à celles que je trouvai plus tard sur les murs de Sidon, de Dankas, d'Afka et de Balbec. Voici, sur ces marques, l'opinion de M. Deutsch : 1° les marques gravées ou peintes étaient déjà sur les pierres quand elles furent posées à leur place actuelle; 2° elles ne représentent aucune inscription; 3° elles sont phéniciennes. Son avis fut que les unes étaient des lettres, les autres des chiffres ou des signes particuliers des maçons et des carriers. Quelques-unes d'entre elles étaient reconnaissables au premier coup d'œil, comme caractères phéniciens très-connus. Quant aux autres, inconnus jusqu'ici dans l'épigraphie phénicienne, il eut la rare satisfaction d'être en état de les identifier avec celles des constructions phéniciennes de Syrie, dont l'origine est tout à fait hors de contestation, comme les fondements primitifs des ports de Sidon.

« Je fus complétement d'accord avec ses vues. Il me sembla que ces pierres, quand elles avaient été taillées, avaient reçu des marques peintes pour indiquer la position qu'elles devaient occuper, et que c'étaient ces marques que j'avais découvertes. La couleur était rouge vermillon...

« Nous trouvâmes aussi à cet angle des anses de vases en terre cuite sur lesquels est imprimé un soleil ailé ou disque, probablement l'emblème du dieu soleil. Tout autour sont des caractères qui indiquent que ces poteries avaient été fabriquées pour l'usage de la cour. Comme c'était là l'angle sud-est du palais de Salomon, il est naturel que des débris de poteries du palais se soient accumulés ici (1). »

M. de Vogüé, dans son ouvrage sur le temple de Jérusalem (2), nous donne la description des pierres salomoniennes de cette antique muraille. Les blocs sont généralement énormes, mais de dimensions variables, car leur longueur, par exemple, varie de 0 mètre 80 à 7 mètres. On a pu constater d'ailleurs qu'ils provenaient des carrières qui sont situées dans le quartier nord de la ville et dont l'entrée fut découverte en 1854, par la chute d'une partie du mur du nord de la ville, près de la porte de Damas (3). Là une seule de ces pierres montre qu'on n'a pas même pu songer à les faire venir du Liban.

La partie la mieux conservée des murailles salomoniennes est le Hect-el-Maghrebyou « mur occidental. » Depuis déjà plusieurs siècles, les Juifs ont obtenu des Turcs, à prix d'argent, la permission d'aller pleurer en cet endroit sur les ruines du temple. « Des Juifs de tout sexe, de tout âge et de tout pays font entendre leurs gémissements sur le sanctuaire détruit et déshonoré. Ils répètent les paroles du Psalmiste : « O Dieu, les païens sont entrés dans ton héritage, ils ont souillé ton saint temple, ils ont fait

---

(1) Warren, *Underground Jerusalem*, p. 2.
(2) *Le temple de Jerusalem*, p. 2.
(3) Le sol se compose d'un massif de calcaire crayeux, à peine recouvert d'une légère couche de terre. La roche est blanche, d'un grain serré, veinée de rouge par des oxides de fer, facile à tailler, et disposée en lits d'une grande épaisseur. Aussi, dès les temps les plus reculés, a-t-elle été utilisée comme pierre à bâtir. De vastes carrières sillonnent l'intérieur du massif; la plus grande est celle qui est connue sous le nom de Mogharet-el-Kettau, et qui s'ouvre en face de la grotte de Jérémie. Elle s'étend sous toute la partie septentrionale du mont Moriah. (De Vogüé *Le temple de Jérusalem*, p. 2.)

de Jérusalem un monceau de ruines (posuerunt Jerusalem in pomorum custodiam)... Nous sommes devenus l'opprobre de nos voisins (1)... »

Après que le mont Moriah eut été approprié à sa destination, on commença les travaux du temple dont nous allons tenter de donner rapidement la description.

B. *Description du temple de Salomon*

Le plan du temple de Salomon ne nous a pas été conservé et, de plus, la description que nous en donne l'Ecriture est même tout à fait insuffisante (2). Il est donc impossible de restituer exactement ce monument célèbre; mais du moins les progrès des sciences et, en particulier, de l'archéologie permettent de s'en faire quelque idée.

En premier lieu, il est certain que Salomon eut pour but de construire le temple sur le modèle du tabernacle, nous voulons parler de l'édifice principal, mais avec des matériaux capables d'en assurer la durée et dans des proportions doubles, ainsi qu'on peut s'en convaincre en comparant la description du temple avec celle du tabernacle. Le tout se composait de trois parties, du temple proprement dit et de deux cours ou parvis.

Le temple fut construit par des architectes phéniciens, mais non pas précisément dans le style phénicien, car il a été constaté par l'archéologie que les Phéniciens n'ont pas eu d'architecture propre, mais ont été imitateurs dans les arts, particulièrement des Egyptiens avec lesquels ils étaient en relation directe (3). D'ailleurs, il ne faut pas oublier que le temple fut la reproduction en grand et avec des matériaux durables, du tabernacle mosaïque, lequel devait ressembler aux monuments que les Hébreux avaient eus si longtemps sous les yeux.

En résumé, le plan dans son ensemble était égyptien, comme on le reconnaît universellement aujourd'hui; mais il n'en fut pas de même de l'ornementation dont le caractère fut approprié aux mœurs et aux habitudes locales et surtout aux idées religieuses des Hébreux, dont la loi proscrivait toute représentation des êtres animés. « Il devait en résulter un genre d'ornementation particulier, emprunté soit au règne végétal, soit à la combinaison pure et simple de la ligne droite et des lignes courbes (4). »

Le temple, en hébreu היכל, comprenait trois parties qui se faisaient suite l'une à l'autre, le *vestibule*, ou *portique* ou *pronaos*, אולם, *oulam*; le *Saint naos* ou *cella*, en hébreu קדש, *kodesch*, mais désigné aussi sous le nom de היכל, *hékal*, temple; enfin le *Saint des Saints* קדש הקדשים, *kodesch hakodaschim*, appelé aussi דביר, *Debir*. L'édifice ainsi compris était en outre entouré de chambres latérales. La même disposition générale se retrouve dans les temples égyptiens, par exemple, dans ceux de Louqsor, de Denderah et de Khous (Karnak), où l'on remarque les mêmes dimensions proportionnelles avec cette seule différence que les chambres latérales n'ont

---

(1) Ps. LXIX, 1, 4, 5; *Porter Handbook for Syria and Palest.* p. 156.
(2) III Rois, VI, VII, 13-51; II Paral. III, IV. Cfr. Josèphe, *Ant. J.* l. VIII, c. III, § 2.
(3) Cfr. de Saulcy, *Hist. de l'art judaïque*, p. 157.
(4) L'abbé Laurent de S. Aignan, *Le temple de Salomon*. Ann. de philos. chrét. p. 438, juin 1875. — *Atlas* Ancessi, partie archéologique.

qu'un étage au lieu de trois (2). Nous avons déjà remarqué d'ailleurs que l'ornementation du temple de Salomon était d'un genre particulier.

Voici les dimensions du temple, telles que l'Ecriture nous les donne :

Longueur du vestibule, dans le sens de celle du Saint,	10 coudées	=	5 mèt.
Largeur du vestibule.	20	—	= 10 —
Hauteur du vestibule	60	—	= 30 —
Longueur du Saint	40	—	= 20 —
Largeur du Saint	20	—	= 10 —
Hauteur du Saint	30	—	= 15 —
Longueur du Saint des Saints	20	—	= 10 —
Largeur du Saint des Saints	20	—	= 10 —
Hauteur du Saint des Saints	20	—	= 10 —

La longueur totale du temple, c'est-à-dire du Saint des Saints, du Saint et du vestibule, était donc de 70 coudées ou 34 mètres, sans les chambres latérales, sur une largeur de 20 coudées ou 10 mètres. Ces proportions nous semblent mesquines et il est certain qu'on ne saurait comparer le temple de Salomon, sous le rapport des dimensions, à nos grandes cathédrales, et même à un bon nombre d'églises. Mais il faut se rappeler que les Juifs comme les païens, n'avaient pas les mêmes usages que nous. Le peuple n'entrait pas dans la *cella* ou *naos* et les cérémonies mêmes se faisaient au dehors, dans les cours ou parvis où se tenait la foule. Le temple proprement dit n'était donc pas un lieu de réunion (2) ; de là ses proportions restreintes.

L'édifice était dirigé de l'est à l'ouest, à l'opposé de ce qui se pratiquait chez les nations païennes de l'Asie où le culte du soleil était en honneur sous diverses formes. Le vestibule ou *pronaos*, en hébreu *oulam*, אולם, faisait donc face à l'orient. Sa largeur était celle du Saint, c'est-à-dire, de 20 coudées, sa longueur de 10, et quant à sa hauteur, elle aurait été de 120 coudées d'après les Paralipomènes et Josèphe (3). Mais plusieurs commentateurs et plusieurs archéologues réduisent cette hauteur de moitié, les uns supposant qu'il y a une faute de copiste dans les Paralipomènes, d'autres comprenant dans les 120 coudées la hauteur des fondations, qui était égale à la hauteur des murs au-dessus du sol, ainsi que l'affirme Josèphe et que les fouilles l'ont démontré (4). Une hauteur

---

(1) « Seulement dans le temple de Salomon, dit M. de Saulcy, *Hist. de l'art judaïque*, p. 494), les rapports des dimensions sont tous exprimés par des fractions simples, comme demi, tiers, quart, etc., tandis qu'il n'en est pas rigoureusement de même dans le temple de Khons. L'architecte de Salomon, tout en appartenant à l'école égyptienne, a donc introduit dans ses plans une noble et imposante simplicité, que les monuments égyptiens, immédiatement comparables, ne nous présentent pas. Ce plan, nous avons vu que David l'avait transmis à son fils, en lui attribuant une origine divine. Il est certain que la parfaite harmonie de ses proportions ne laisse rien à désirer. »

(2) On ne sait si les dimensions données par la Bible doivent être prises hors œuvre ou dans œuvre, c'est-à-dire à l'extérieur ou à l'intérieur. Plusieurs cependant pensent qu'elles sont prises dans œuvre. De Saulcy, *Hist. de l'art. judaïque*, p. 497 ; l'abbé Laurent de Saint-Aignan. *Ann. de phil. chrét.*, juin 1875, p. 438. Quant à l'évaluation en mètres elle est nécessairement approximative, car la longueur exacte de la coudée n'est point connue ; M. l'abbé Laurent de Saint-Aignan, *l. c.* pense qu'il s'agit de la coudée royale, qu'il estime à 525 mill. comme la coudée égyptienne.

(3) II Paral. III, 3 ; Josèphe, *Ant. J.* l. VIII, c, III, § 2.

(4) Calmet., *Com. litt.* III Rois, VI, 3 ; II Paral. III, 4 ; Keil, *die Bücher der Kœnige*, p. 52, Bahr,

de 120 coudées, sur une longueur de 10 et une largeur de 20 eût été tout à fait disproportionnée et même plus qu'étrange.

Le vestibule formait portique, car il avait une porte toujours ouverte, dont le linteau, pense-t-on, était soutenu par les deux colonnes d'airain qui portaient les noms de Jakin et de Booz (Boaz). Le texte dit formellement qu'elles étaient dans le portique et non en avant, à la façon des obélisques (1); mais rien ne prouve qu'elles fussent indépendantes et il est assez rationnel de penser qu'elles avaient une destination utile, outre leur signification symbolique. Leur diamètre était de 4 et leur hauteur de 18, proportions tout à fait égyptienne, ainsi que le remarque M. de Voguë (2). D'après un passage d'Ezéchiel (3), l'intervalle de l'une à l'autre peut être estimé à 6 coudées.

Ces deux colonnes étaient creuses et l'épaisseur du métal, d'après l'historien Josèphe, était de quatre doigts (4). Le chapiteau, en forme de fleur de lys épanouie, avait 5 coudées de haut et sa partie inférieure, renflée, était recouverte d'une sorte de treillage ou réseau, entouré de grenades disposées sur deux rangs et au nombre de deux cents (5). A l'intérieur, le vestibule devait être entièrement recouvert de dorures, comme le reste du temple (6). Du vestibule, on pénétrait dans le Saint par une porte à deux battants en bois de cyprès (7).

Le Saint formait, avec le Saint des Saints, le temple proprement dit הבית, *habbaith*, « la maison », ce que l'on peut appeler le *naos* (nef). La longueur totale était de 60 coudées, la largeur de 20 et la hauteur de 30 au-dessus du Saint, de 20 seulement au-dessus du Saint des Saints.

La partie antérieure ou le Saint, קדש, *kodesch*, appelé aussi היכל, *hékal*, « le temple (8) », avait 40 coudées de longueur, 20 de largeur et 10 de hauteur. Il existait une séparation entre le Saint et le Saint des Saints; mais on ne sait si c'était un mur véritable ou simplement une cloison en bois. En tout cas, la porte qui donnait accès dans le Saint des Saints était en bois d'olivier (9). Elle restait probablement toujours ouverte; mais toutefois un voile ou rideau d'étoffe précieuse fermait l'entrée du *débir* et ne permettait pas de voir à l'intérieur (10).

A l'intérieur du Saint se trouvaient dix chandeliers d'or et l'autel des parfums.

L'autel des parfums avait la forme d'un rectangle; il était en bois de cèdre recouvert de lames d'or (11). Les quatre angles de la table supérieure

---

die *Bücher del Kœnige*, p. 48; de Voguë, *Le temple de Jérusalem*, p. 38, note 5; de Saulcy *Hist de l'art. jud.* p. 492-193; Laurent de Saint-Aignan, *Ann. de phil. chrét*, p. 441.

(1) III Rois, vii, 21; II Paral. iii, 17; Ezech. xl, 48, 49.
(2) *Le temple de Jérusalem*, p. 29-30; Cfr. III Rois, vii, 15-22; Jér. lii, 20-22.
(3) Ez., xli, 1.
(4) *Ant. J.* l. VIII, c. iii, § 4.
(5) III Rois, vii, 46; II Paral., iv, 12.
(6) III Rois, vi, 22; II Paral., iii, 4.
(7) III Rois, vi, 34.
(8) Pour le sens et l'étymologie du mot היכל, V. Comment.
(9) III Rois, vi, 31, 32.
(10) III Rois, viii, 8; II Paral., iii, 14.
(11) III Rois, vi, 20, 22; vii, 49; I Paral., xxviii, 18; Cfr. Ex. xxx, 4-5; Levit. xv, 7.

se terminaient en pointe dressée et formaient les cornes de l'autel, « cornua in ipso procedent (1). »

Les dix chandeliers d'or étaient rangés à droite et à gauche du Saint; cinq de chaque côté; ils portaient, non des cierges, mais des lampes munies de leurs mouchettes (emunctoria). On peut supposer qu'ils étaient à sept branches comme celui que Moïse fit faire dans le désert (2). Six branches partaient de la tige qui était la septième et s'étageaient deux à deux, face à face, les unes au-dessus des autres, ainsi qu'il semble résulter de la description contenue dans l'Exode; par conséquent, elles n'étaient donc pas disposées circulairement, autour de la tige, ainsi que le pense M. de Vogüé (3).

Dix tables d'or étaient aussi rangées le long des murs du Saint, dans le même ordre que les chandeliers (4). Ewald suppose qu'il n'y avait dans le Saint qu'une seule table de proposition (5); mais cette opinion, qui nous paraît être aussi celle de M. l'abbé Laurent de S. Aignan (6), n'est point suffisamment appuyée par III Rois VII, 48, et se trouve formellement contredit par II Paral. IV, 8.

Un rideau épais masquait l'entrée du Saint des Saints ou Débir, דביר (7), lequel formait une pièce parfaitement carrée de 20 coudées de longueur, de largeur et de hauteur. Le surplus de la hauteur semble avoir été occupé par des chambres (8). Le grand-prêtre pouvait seul pénétrer dans le Saint des Saints, au jour de l'Expiation (9). On y plaça l'Arche d'alliance que couvraient de leurs ailes deux chérubins de forme colossale. Ils étaient en bois d'olivier recouvert d'or; leurs ailes extérieures touchaient la muraille et leurs ailes intérieures se rejoignaient au-dessus de l'Arche (10). Il ne semble pas que le Saint des Saints ait été éclairé par des fenêtres.

Les murs du Saint et du Saint des Saints, comme ceux de l'atrium, étaient sans doute formés de trois rangs de pierres de taille (11). Selon M. de Vogüé, ils avaient cinq coudées d'épaisseur (12). Ces pierres sortaient sans doute des carrières dont nous avons déjà parlé; on les apportait toutes préparées sur le mont Moriah où il n'y avait plus qu'à les mettre en place.

A l'intérieur, les murs du Saint et du Saint des Saints étaient revêtus de lambris de cèdre et le tout recouvert de lames d'or fixées avec des clous d'or (13). Le parquet était en bois de cyprès recouvert aussi de lames d'or (14) et, quant au toit, il était probablement en terrasse, formé de plan-

---

(1) Ex., XXX, 2.
(2) Ex., XXV, 31 et suiv., XXXVII, 17-24.
(3) Hist. de l'art judaïque, p. 31.
(4) II Paral., IV, 8. « Les tables d'Or, dit M. de Vogüé (Le temple de Jérusalem, p. 33), rappellent ces séries de tables chargées des offrandes sacrées et que les bas-reliefs égyptiens nous montrent si souvent.
(5) Geschichite der Volkes... Israel. III, 332.
(6) Ann. de philos. chrét., juin 1875, p. 442.
(7) Pour le rem. donnent דביר, Cfr. Comment. III, Rois, VI, 16.
(8) II Paral., III, 9.
(9) III Rois, VI, 23-28; II Paral., III, 10-13.
(10) III Rois, VI, 36.
(11) Le temple de Jérusalem, pp. 28 et 29.
(12) III Rois, VI, 7.
(13) III Rois, VI, 48, 21, 22.
(14) III Rois, VI, 15.

ches de cèdre à l'intérieur, et dorées comme tout le reste; à l'extérieur, de dalles de pierre blanche (1). En outre les murs étaient ornés de bas-reliefs (2), mais il n'est pas facile de se représenter au juste qu'elle était l'ornementation des parois intérieures du temple. Voici le tableau qu'en a tracé M. de Voguë : « La décoration du temple était d'une grande richesse. Les murs, le plafond, le sol, avaient été lambrissés en planches de cèdre, de manière à cacher entièrement la pierre. Les parois latérales furent couvertes d'ornements sculptés en relief, puis on plaqua le tout de feuilles d'or, fixées par des clous du même métal : ce procédé se retrouve à l'origine de tous les arts. Dans le Saint, les bas-reliefs représentaient des coloquintes et des fleurs épanouies; dans le Saint des Saints, des palmiers et des *kéroubim* se mêlaient aux fleurs (3). » Les découvertes faites en Egypte et en Assyrie expliquent ou complètent à ce sujet les données nécessairement imparfaites de la Bible. C'est ainsi qu'on est parvenu à savoir ce que pouvaient être les *kéroubim* ou *cherubim,* qui ont fait si longtemps le tourment des commentateurs. « Les *kéroubim*, dit encore M. de Voguë, sont des figures symboliques dont les éléments sont empruntés au règne animal, sphinx, taureaux ailés à face humaine, conceptions bizarres dont l'imagination orientale a varié à l'infini les combinaisons, suivant le goût et les croyances de chaque peuple, mais qui toutes sont l'emblême des attributs divins. Ces *kéroubim*, sculptés en très bas relief, se rangeaient le long des parois sacrées en files silencieuses, alternant avec des palmiers, semblables aux figures alignées sur les murs de Thèbes ou de Khorsabad; ces processions étaient encadrées dans des frises de fleurs fermées ou épanouies, lotus ou papyrus en Egypte, lotus ou pavots en Assyrie, coloquintes à Jérusalem (4). »

On avait adossé aux murs du Saint et du Saint des Saints, c'est-à-dire, sur les côtés et par derrière, une construction, יצוע, *iatsoua,* à trois étages de chambres ou cellules, צלעות, dont la largeur allait augmentant de bas en haut. Au premier étage, la largeur était de 5 coudées, au second de 6 et au troisième de 7 (5). Les murs du temple étaient construits en retraite et diminuaient d'épaisseur en montant. Les poutres des planchers reposaient à chaque étage comme sur des marches d'escalier et ne pénétraient point dans les murs du temple (6). D'après Josèphe (7), les chambres étaient au nombre de trente à chaque étage; par conséquent, il y en aurait eu douze de chaque côté et trois en arrière. De plus, celles de l'étage inférieur auraient eu la forme d'un cube de cinq coudées d'arête et auraient été très petites (8). Un passage d'Ezéchiel semblerait indiquer qu'il y en avait trente-trois à chaque étage, « latera autem, latus ad latus, bis triginta

---

(1) Paral., III, 6.
(2) III Rois, VI, 48, II Paral.. III, 5.
(3) III Rois, VI, 29.
(4) De Voguë, *Le temple de Jérusalem,* pp. 32-33.
(5) III Rois, VI, 5 et 6.
(6) « Le fruit était obtenu à l'aide de retraites brusques d'une demi-coudée à chaque étage; ces retraites recevaient le bout des solives de chaque plancher, qui se trouvait ainsi posé sans qu'il fût nécessaire d'entailler les murs sacrés du temple. » De Voguë, *Le temple de Jérusalem.* C'est ce que les découvertes récentes ont permis de constater. Cfr III Rois, VI, 6.
(7) *Ant. J.* l. VIII, c. III, § 2.
(8) Keil, *Handbuch der biblisch. Archæol.* p. 139.

tria », שלשושלשים פעמם, *schalasch ouschelaschim peamim* (1). On montait d'un étage à l'autre par un escalier tournant (cochlea), dont l'entrée se trouvait sur les côtés à l'extérieur (2).

Chaque étage était haut de cinq coudées (3), de sorte que la hauteur totale de la construction accessoire devait être de 18 coudées, en y comprenant le toit. Le Saint s'élevait donc de 12 coudées au-dessus et c'est dans cette partie supérieure que l'on avait dû pratiquer les ouvertures que la Vulgate nomme des fenêtres obliques, *fenestras obliquas* (4). Le Saint, vu sa hauteur et celle de la construction adjacente, ne pouvait recevoir le jour d'aucun côté (5).

Autour du temple régnait une cour appelée la cour intérieure, la cour des prêtres ou la cour supérieure dans Jérémie (6), ce qui ferait penser qu'elle était plus élevée que la cour extérieure. Peut-être même le temple dominait-il aussi la cour des prêtres, de sorte que l'ensemble formait trois terrasses superposées (7). La cour intérieure était exclusivement destinée aux prêtres et c'est là qu'ils accomplissaient la plupart des cérémonies du culte. Elle était séparée du parvis extérieur par un mur dont une partie, y compris les fondations, était en pierres de taille et le reste en bois de cèdre.

Le parvis extérieur ou *grande cour,* עזרה הגדולה, *azarah haggedolah* (8), entourait complètement la cour des prêtres ; elle était fermée par un mur en pierres avec des portes d'airain, des portiques ou colonnades et des chambres aux deux côtés des portes, peut-être même aux quatre angles (9). Il était destiné au peuple. Selon Josèphe, les quatre portiques du parvis extérieur faisaient face aux quatre points cardinaux.

L'étendue de ces deux portiques n'est point facilement appréciable. Toutefois, par comparaison avec le tabernacle et d'après Ezéchiel, XL, 29, on peut dire que la cour des prêtres avait à l'est, en avant du temple, 100 coudées de long et autant de large, et une longueur de 200 coudées. Par suite, la cour extérieure aurait eu 400 coudées de long sur 200 de large, c'est-à-dire, 150 coudées de longueur à l'est, en avant de la cour des prêtres, dans la direction de l'est à l'ouest et 200 coudées du nord au sud (10). Selon Josèphe, la cour extérieure formait un carré dont le côté aurait été d'environ 180 mètres. Elle fut commencée par Salomon, mais ne fut achevée que plus tard (11).

---

(1) Ezech. VLI, 5. La destination de ces chambres nous est inconnue. Selon les uns, elles servaient d'habitation aux prêtres et aux lévites, d'autres pensent qu'on y renfermait les trésors du temple et tout ce qui servait au culte. Gratz, *Geschichte der Juden*, I, p. 345 ; Batissier, *Histoire de l'art monumental*, pp. 85, 86.
(2) III Rois, VI, 8 ; Josèphe, *Ant. J. I.* VIII, c. III, § 2.
(3) III Rois, VI, 10.
(4) III Rois, VI, 4. Cfr. Commentaire.
(5) Cfr. III Rois, VIII, 12 ; II Paral., VI, 1.
(6) III Rois, VI, 36 ; II Paral., IV, 9 ; Jér. XXXVI, 10.
(7) Keil, *Handbuch der bibl. Archæol.* p. 139.
(8) II Paral., IV, 9.
(9) IV Rois, XXIII, 11 ; Jér. XXV, 4, XXXV, 19 ; Ezech., VIII, 8 et suiv.
(10) Keil, *Hanbuch der bibl. Archeol.* p. 140.
(11) II Paral., XX, 5, XXIII, 5 ; IV Rois, XXI, 5, XXIII, 12. Josèphe, *Bell. Jud.* l. V, c. V, § 1. « Les dispositions les plus générales du temple de Salomon se retrouvent dans d'autres édifices religieux de l'Asie. Le temple d'Hélias à Salonique, le temple de Kangavar en Perse, et

La cour intérieure contenait les divers objets du culte, dont nous ne ferons pas ici la description, et, en particulier, l'autel des holocaustes et la mer d'airain.

L'autel des holocaustes, sur lequel on offrait les victimes, était en avant du vestibule du temple (1). Dressé sur le modèle de celui du tabernacle, il devait être d'airain et rempli à l'intérieur de terre et de pierres non taillées. Ses énormes dimensions (20 coudées de longueur et de largeur et 10 de hauteur, d'après II Paral. IV, 1), font penser, grâce à l'analogie avec l'autel mosaïque et à la description donnée par Ezéchiel (2), qu'il était posé sur une espèce de socle, qui le dépassait notablement, et qu'il était construit en retraite, de sorte qu'à chacune des trois retraites il perdait une coudée sur la longueur et autant sur la largeur. La table supérieure n'aurait donc eu que 12 coudées de longueur et de largeur, car on suppose que le socle s'avançait de 2 coudées. La retraite supérieure devait servir, pour ainsi parler, de galerie et permettre aux prêtres de circuler pour remplir leurs fonctions. On y avait sans doute accès par une rampe avec des degrés, ainsi qu'on peut le conjecturer d'après Ezéchiel (l. c.) et d'après les souvenirs rabbiniques. D'après une tradition, la roche es-Sakkrah du Haram-ech-Chérif se serait trouvée à l'intérieur de l'autel des holocaustes (3).

La mer d'airain était placée entre l'autel des holocaustes et le vestibule, mais vers le sud-ouest. Sa contenance était de 2000 *bath*, c'est-à-dire, d'à peu près 400 hectolitres, d'après l'évaluation la plus modérée. On la remplissait avec l'eau puisée dans les citernes creusées dans le mont Moriah et dont l'existence a été constatée dans ces derniers temps (4). Les prêtres y prenaient l'eau nécessaire à leurs ablutions; mais on ne sait pas comment. Peut-être la mer d'airain était-elle munie d'un robinet, comme le supposent plusieurs auteurs (5).

Pour les autres objets renfermés dans la cour des prêtres, nous renvoyons au commentaire.

---

et celui d'Azani, consistent également en un sanctuaire placé au milieu d'un immense parvis entouré de portiques à colonnes. La grande mosquée de la Mecque offre un plan analogue. La Kâba s'élève au centre d'une vaste cour à portiques. Batissier, *Hist. de l'art monumental*, page 88.

(1) III Rois, VIII, 64.
(2) Ezech., XLIII, 13-17.
(3) Cependant d'autres traditions placent cette roche à l'intérieur même du temple; Porter, *Handbuch*, p. 160.
(4) « Les citernes, dit M. de (Voguë *Le temple de Jérusalem*, p. 27), creusées dans le roc pour les besoins du temple, n'ont pu disparaître et, en effet, elles existent encore en partie... Je n'hésite pas à les considérer comme contemporaines de Salomon Dès l'origine elles étaient indispensables aux services liturgiques : les unes devaient fournir les eaux nécessaires aux ablutions, les autres devaient recevoir les eaux de lavage, le sang provenant des libations faites autour de l'autel, et emmener loin des parvis sacrés ces mélanges impurs. (Middoth, III, 2). Leur creusement a donc accompagné, sinon précédé, la construction du premier temple. La petite excavation n'est pas assez profonde pour avoir servi de réservoir; elle est, d'ailleurs, percée à son centre d'un puits qui traverse la montagne et communique avec le cloaque souterrain qui débouche dans le torrent de Cédron ; sa destination était donc toute spéciale, elle servait évidemment à recueillir le sang, les eaux impures. et à les jeter au dehors. » La caverne de la roche es-Sakkrah est appelée en arabe *Bir-ar-rouach* « le puits des Ames », ce qui peut-être serait la corruption de *Bir-Araunah*, « le puits » ou « la citerne d'Araunach », ou d'Ornan. L. de Saint-Aignan, *Ann. de phil. chrét.* juin, 1875; p. 451 et 452.
(5) Grætz, *Geschichte der Juden*, I, p. 316; Keil, *Handbuch der bibl. Archæol.* p. 142.

Nous n'ajouterons plus que quelques mots pour retracer les vicissitudes du temple de Salomon.

La dédicace du temple se fit avec une grande magnificence et Dieu lui-même manifesta visiblement qu'il agréait la demeure qui lui avait été érigée et qu'il en prenait possession (1).

Après le schisme, le temple cessa d'être le sanctuaire de toute la nation, mais continua pourtant à être pour le royaume de Juda le centre du culte légitime.

Dès l'époque de Roboam, il fut pillé une première fois par le roi égyptien Sesac; et ce qui restait d'or et d'argent, Asa s'en servit un peu plus tard pour acheter l'alliance de Bénadad, roi de Syrie (2). Sous Josaphat, ou peut-être avant, la cour extérieure fut probablement agrandie (3), et, sous Josias, on fit au temple des réparations importantes, nécessitées apparemment à la suite des dégâts qu'avait dû commettre Athalie (4). Peu après, pendant le règne d'Amasias, le roi Joas d'Israël s'empara de tout l'or et de tout l'argent du temple, y compris les vases précieux (5). Joatham construisit la porte supérieure du temple (6), c'est-à-dire, fit faire une magnifique porte d'entrée à la cour intérieure. Mais Achaz, au contraire, fit éloigner l'autel des holocaustes et mettre à sa place un autel dressé sur le modèle de celui qu'il avait vu à Damas. De plus, il fit mutiler les bassins ou bases, les *mekonoth*, enleva la mer d'airain de dessus ses supports et la déposa à terre, pour plaire au roi d'Assyrie (7), auquel il avait déjà envoyé l'or et l'argent du temple, pour obtenir son alliance (8).

Le pieux roi Ezéchias lui-même se vit obligé, pour payer le tribut que Sennachérib avait exigé, d'enlever les lames d'or dont il avait fait revêtir les portes du temple, sans parler de tout l'or contenu dans la maison du Seigneur (9).

Manassé, son fils, ne rougit pas de profaner le temple; il éleva dans les deux cours des autels à l'armée des cieux, fit placer une idole dans le sanctuaire, fit faire des habitations pour les débauchés dans la maison du Seigneur et fit loger des chevaux consacrés au soleil dans la cour intérieure, en arrière du temple (10).

Josias fit disparaître toutes ces abominations (11); mais, peu d'années après, sous le règne de Joachin, son petit-fils, Nabuchodonosor s'empara de tout le trésor du temple et de tous les vases d'or qu'il fit briser (12).

Onze ans plus tard, le temple subit le sort de la ville de Jérusalem et fut détruit par les Chaldéens, qui brisèrent les colonnes d'airain, les bases et

---

(1) III Rois, VIII; II Paral. V, VI, VII, 1-7.
(2) III Rois, XIV, 26, XV, 18 et suiv.
(3) II Paral., XX, 5.
(4) IV Rois, XII, 6 et suiv.; Cfr. II Paral., XXIV, 7.
(5) IV Rois, XIV, 14.
(6) IV Rois, XV, 35; II Paral., XXVII, 3.
(7) IV Rois, XVI, 17 et suiv.
(8) Ibid. v, 8.
(9) Rois, XVIII, 17 et suiv.
(10) IV Rois, XXI, 4, 5, 7, 11.
(11) IV Rois, XXIII, 4 et suiv.
(12) IV Rois, XXIV, 13.

la mer d'airain et en emportèrent les débris à Babylone, avec les quelques vases d'or et d'argent qui avaient été épargnés précédemment (1).

Le temple avait duré en tout 416 ans depuis sa construction.

C. *La signification du temple de Salomon.*

Construit sur le modèle du tabernacle et destiné à le remplacer, le temple de Salomon avait, en général, la même signification symbolique, mais avec des différences assez notables, résultant des différences mêmes des deux sanctuaires.

Le temple était l'habitation du Seigneur, le lieu de son repos à jamais, ou encore la maison où le nom du Seigneur habite, c'est-à-dire, se révèle et se manifeste d'une manière sensible (2). L'ignorance et la superstition pouvaient faire penser que la Divinité se trouvait resserrée dans les limites d'une maison, ainsi que le suppose S. Cyrille d'Alexandrie (3); mais Salomon avait déjà prévenu cette fausse interprétation (4).

Comme le tabernacle, le temple était, en quelque sorte, l'image du royaume de Dieu en Israël. Le tabernacle convenait à un peuple voyageur ou encore mal établi sur le territoire qui lui avait été promis, tandis que le temple, construit avec des matériaux solides, témoignait que les Israélites avaient désormais la possession tranquille de leur héritage et que le royaume de Dieu était fortement assis.

Mais le temple est avant tout et dans le sens propre la figure du ciel, le véritable sanctuaire, dans lequel est entré le grand-prêtre Jésus-Christ, au jour de son ascension, pour paraître devant Dieu et intercéder pour nous, ainsi que faisait le grand-prêtre lévitique au jour de l'Expiation; il est encore la figure et la prophétie de l'Eglise et de Jésus-Christ. Ecoutons ce que nous enseignent les Pères à ce sujet.

Expliquant les paroles du Ps. cxxxvii, *Adorabo ad templum sanctum tuum*, S. Augustin s'exprime ainsi: « Ipsa congregatio angelorum templum Dei est... Ecclesia deorsum est, et Ecclesia sursum. Ecclesia deorsum in omnibus fidelibus; Ecclesia sursum in omnibus angelis. » Ailleurs: « Templum regis ipsa Ecclesia. Unde construitur templum? De hominibus qui intrant in templum. Lapides vivi qui sunt, nisi fideles Dei?... Templum regis in civitate est; templum regis non est ruinosum, non discissum, non divisum. Junctura lapidum viventium charitas est... Templum suum Deus ubique collocavit, fundamenta prophetarum et apostolorum ubique firmavit (5). »

Selon Bède le Vénérable (6), le tabernacle était la figure de l'Eglise souffrante; le temple, de l'Eglise triomphante. « Tabernaculum a Moyse factum in solitudine, dit-il, sicut templum quod fecit Salomon in Jerusalem,

---

(1) IV Rois, xxv, 9, 13-17; Jér. lii, 13, 17-23.
(2) III Rois, viii, 13; II Paral., vi, 2. — II Rois, vii, 5, 13; III Rois, viii, 16, 18, 29; Paral., vi, 6, etc.
(3) L. I. *contra Julian.*
(4) III Rois, viii, 27.
(5) August. *In Ps.* xliv.
(6) Lib., II, *de Tabernaculo*, c. 1.

statum sanctæ universalis Ecclesiæ designat, quæ partim jam cum Domino regnat in cœlis, partim in præsenti adhuc vita decedentibus ac succedentibus sibi membris suis peregrinatur a Domino. Et quidem in utriusque constructione domus hæc principalis solet esse distantia figurarum, quod tabernaculum presentis ædificium Ecclesiæ, quæ quotidie in laboribus exercetur; templum futuræ requiem designat, quæ quotidiana animarum hinc post labores exeuntium receptione perficitur, quia nimirum tabernaculum Moyses cum populo Dei in via adhuc positus, quia ad terram repromissionis pergebat, condidit. Salomon autem templum in Jerusalem, quæ interpretatur *visio pacis,* quoniam hic quidem Ecclesia in labore et ærumna vitæ labentis, in siti et esurie regni perennis ædificatur; illic autem in visione ac perceptione veræ pacis consummatur. Unde bene in templi constructione dictum est, quod *malleus et securis, et omne ferramentum non sunt audita in eo,* cum ædificaretur, præparatis extra Jerusalem cunctis lapidibus et lignis atque in positionem ordinis sui decenter aptata esse; quæ ibi facillime suo quæque loco reddita, aut cœmento necterentur aut clavis: quia videlicet in pace supernæ beatitudinis non est tribulationibus nostra examinanda fides, aut vita probanda, sed quæ in præsenti jam sæculo castigata, et cœlestibus erat sedibus regulariter aptata, ibi glutine et miculis mutuæ charitatis, ne perpetuo dissolvi queat, in conspectu etiam sui conditoris ac regis ad invicem copulanda. Nam cum in hac vita multitudinis credentium fiat cor unum et anima una, et sint illis omnia communia, quid nisi lapides vivi in ædificium futuræ domus Domini quadrantur, qui hinc unde translati absque ullius labore tardidatis, suis quique ordinibus inserantur, et sibimet alterutrum, copula divinæ simul et propriæ dilectionis jungantur? Item figura utriusque sanctuarii potest ita generaliter distingui: opus tabernaculi, tempus synagogæ, hoc est, antiquæ Dei plebis; opus vero templi Ecclesiam, id est, illam electorum multitudinem quæ post incarnationem Dominicam ad vitam venit, significet. Quoniam videlicet tabernaculum Moyses cum sola Hebræorum plebe consummavit; templum vero Salomon collecta proselytorum multitudine perfecit, adjuvante etiam Tyrio rege, cum artificibus suis, qui neque natura Judæi, neque professione fuerint. » En plusieurs passages, S. Augustin nous apprend que le temple est la figure du Nouveau Testament, de l'Eglise, de Jésus-Christ, et même des chrétiens, selon la parole de l'Apôtre : « Hæc autem domus, lisons-nous au ch. XIII de la Cité de Dieu, ad novum pertinens Testamentum, tanto utique majoris est gloriæ, quanto meliores sunt lapides vivi, quibus credentibus renovatisque construitur. Sed ideo per instaurationem templi illius est, quia ipsa renovatio illius ædificii significata significat eloquio prophetico alterum Testamentum, quod appellatur Novum. Quod ergo Deus dixit per memoratum prophetam : *Et dabo pacem in loco isto,* per significantem locum ille qui eo significatur, intelligendus est : ut quia illo instaurato significata est Ecclesia, quæ fuerat ædificanda per Christum, nihil aliud accipiatur, quod dictum est : *Dabo pacem in loco isto,* nisi: Dabo pacem in loco quem significat locus iste. Quoniam omnia significantia videntur quodam modo earum rerum, quas significant, sustinere personas, sicut dictum est ab apostolo : *Petra erat Christus,* quoniam petra illa, de qua dictum est, significat utique Christum. » Dans la préface au Ps. CXXVI, S. Augustin dit encore : « Salomon ædificaverat templum Domino, in typo quidem et in figura futuræ Ecclesiæ et corporis Domini;

unde dicit in Evangelio : *Solvite templum hoc, et in triduo excitabo illud.*
Quia ergo ipse ædificaverat illud templum, ædificavit sibi templum verus
Salomo, Dominus noster Jesus Christus, verus Pacificus... De quo dicit
Apostolus : *Ipse est enim pax nostra qui fecit utraque unum...* Dominus
ergo ædificat domum, Dominus Jesus Christus ædificat domum suam...
Quæ autem domus Dei, et illa civitas; domus enim Dei, populus Dei,
quia domus Dei, templum Dei. Et quid dicit Apostolus? *Templum enim
Dei sanctum est, quod estis vos,* I Cor. III, 17. »

Selon S. J. Chrysostôme (1), le temple a été construit sur le modèle du
monde : « Templum ipsis statuit ad mundi exemplar, nous enseigne-t-il,
totiusque universi, tam quod sensu, quam quod solo intellectu percipi
potest. Sicut enim terra est, et cœlum, et medium sepimenti instar hoc
firmamentum, ita et illud quoque fieri jussit. Duasque in partes diviso hoc
templo, et ad medium obtento velo, eam partem quæ extra velum erat,
omnibus ingrediendi potestatem fecit; ad alteram vero illam interiorem
nemini, præterquam summo sacerdoti aditum atque intuitum patere permisit. Cæterum quod hæc non nostra conjectura sit, sed quod templum
revera totius mundi ad exemplum extructum fuerit, audi quod Paulus de
Christo in cœlum ascendente loquens dicat, Hebr. IX, 24 : *Non enim in
manufacta sancta introivit Christus exemplaria veterorum,* ostendens,
quod quæ apud nos sunt, verorum sunt simulacra. Quod porro velum diri-
meret Sancta Sanctorum a Sanctis extra positis, sicut hoc cœlum quæ
super se sita sunt, ab omnibus quæ apud nos sunt, disjunxit; audi quomodo etiam hoc, obscurius tamen indicaverit, cum cœlum velum appellat.
De spe namque referens, quod sicut anchoram ipsam animæ habeamus
tutam ac firmam, deinde subjungit, ibid, VI, 19 : *Et incedentem usque ad
interiora velaminis, ubi præcursor pro nobis introivit Jesus supra cœlum
sursum...* Vides quomodo cœlum velamen appellaverit? »

Nous allons passer maintenant en revue le temple dans ses diverses
parties et les objets qui s'y trouvaient, afin d'en faire ressortir la signification.

Le temple proprement dit, הבית *habbaïth*, ou היכל הבית *hekal habbaïth*, se
composait de deux parties ou plutôt était partagé en deux sections, le
Saint et le Saint des Saints, mais formant un tout unique. Il n'y avait pas
deux habitations, mais une seule où l'on pouvait observer une sorte de
gradation, image de ce qui se passe dans l'ordre des manifestations divines. Dieu, en effet, est partout, mais il ne se révèle pas partout de la
même manière, et si le ciel est son trône, la terre est l'escabeau de ses
pieds (2). Comparativement, il en était de même pour les deux parties du
temple. Dans la partie antérieure s'opérait l'expiation des particuliers,
tandis que dans le Saint des Saints, le grand-prêtre y pénétrait une fois
l'an pour obtenir le pardon des péchés de tout le peuple commis pendant
l'année. On ne doit donc pas faire du temple deux habitations séparées,
l'une destinée à Dieu et l'autre au peuple, car cette conception est contraire à toutes les données et à toutes les analogies.

Le portique ou vestibule, ainsi que les constructions adossées aux murs
du temple, n'appartenaient pas essentiellement au plan du sanctuaire,

---

(1) Serm., XXXI, *in diem Nativit. Christi.*
(2) Hebr. V, 34.,

car on ne les rencontre pas auprès du tabernacle, mais avaient pour but de donner au temple le caractère d'une véritable maison, ou plutôt d'un palais. Le palais de Salomon, en effet, ayant plusieurs portiques, il était naturel que le palais du Seigneur en eût au moins un. Quant aux étages de chambres, ils ne faisaient pas partie intégrante du temple; étaient comme les annexes du palais et servaient, ainsi que le vestibule, non-seulement à compléter l'édifice principal, mais à lui donner plus de corps et de relief.

Le temple étant l'habitation de Dieu parmi les hommes (1), le lieu où il se communique à son peuple (2), le sanctuaire devait nécessairement être accompagné d'une ou de plusieurs cours où le peuple pût pénétrer pour s'approcher de son Dieu, recevoir ses ordres et participer à ses révélations et à ses faveurs. Le parvis n'était donc point proprement la demeure du peuple, mais seulement un espace déterminé où le peuple pouvait pénétrer pour paraître devant son Dieu, selon le précepte de la Loi (3), car il ne faut pas oublier que l'entrée du Saint était interdite aux Israélites du commun. Si au lieu d'une cour on en fit deux, ce fut par extension du principe et aussi pour donner encore davantage au temple l'aspect des palais orientaux.

Les formes et les mesures ont également leur signification, car elles sont certainement intentionnelles. Ainsi, par exemple, la forme cubique qui était celle du Saint des Saints, semble ne répondre à aucun besoin ni à aucune exigence des règles de l'architecture; elle ne constitue même pas une beauté. Cependant elle se retrouve non-seulement dans le temple décrit par Ezéchiel, mais aussi dans la cité de l'Apocalypse, *le tabernacle de Dieu parmi les hommes* (4). Evidemment cette forme avait un sens. Il faut d'ailleurs remarquer que Salomon conserva pour tout l'édifice les formes et les mesures du tabernacle, mais en les doublant.

Partout nous remarquons le carré ou le rectangle à l'exclusion de toute autre forme, triangle, pyramide, cercle etc. Il en est de même dans Ezéchiel et dans l'Apocalypse (5). Le carré ou rectangle est donc la forme propre à l'habitation de Dieu, tabernacle ou temple, et à tout espace qui lui est consacré. Or, comme les faces de ces carrés sont toujours orientées, on doit penser qu'il y a une allusion au ciel, la véritable demeure de Dieu, car les quatre points cardinaux sont comme les *quatre coins du ciel* (6). Voilà pourquoi le Saint des Saints, l'habitation par excellence de la Divinité, affectait la forme d'un carré parfait sur toutes ses faces, c'est-à-dire du cube. Le Saint était un carré long, d'une longueur double de celle du Saint des Saints, parce qu'il en était la dépendance, si l'on peut parler ainsi, le premier degré, tout en ne faisant qu'un avec lui.

Il ne paraît donc pas que le carré soit ici le symbole de la régularité, et en particulier, de la stabilité, puisque le tabernacle, l'habitation mobile

---

(1) Apoc., XXI, 3.
(2) Ex., XXIX, 42 et suiv. Il faut remarquer d'ailleurs que le tabernacle est appelé souvent אֹהֶל־מוֹעֵד, *ohel-moed* « tabernaculum conventus » (le tabernacle de la réunion), ou même simplement, מוֹעֵד, *conventus* (réunion), Ex., XXIV, 42, 44; XXVII, 21, XL; 22; Sam. II, 6, etc.
(3) Ex., XXIII, 17; Deut., XVI, 16.
(4) Ez., XLI, 4; Apoc., XXI, 16, 3.
(5) Ez., XLI, 48; Apoc., XXI.
(6) Jér., XLIX, 36; Matt., XXIV, 31.

avait la même forme que le temple. Ce n'est pas non plus la figure du royaume de Dieu qui doit s'étendre dans toutes les régions de la terre, d'autant moins que l'alliance ancienne ne devait embrasser que les Juifs et non tous les peuples.

Pour les mesures, c'est le nombre dix qui domine. Il en était déjà de même pour le tabernacle; mais comme le temple constituait un palais et devait avoir d'autres dimensions, si l'on ne rencontre pas toujours le nombre dix, on rencontre les multiples, preuve qu'il est intentionnel. L'édifice est large de vingt coudées et long de soixante. Le Saint des Saints mesure vingt coudées sur toutes ses faces; le Saint, quarante coudées de long et trente de haut; le vestibule vingt coudées de large et dix de profondeur. Les étages latéraux ont chacun cinq coudées de haut, la moitié de dix, ce qui les signale comme construction accessoire. Les chérubins du Saint des Saints sont hauts de dix coudées et leurs deux ailes ont ensemble dix coudées. L'autel des holocaustes a dix coudées de haut et vingt de longueur et de largeur. Les bases sont au nombre de dix. La mer d'airain a dix coudées de diamètres et cinq de haut. Dans le Saint, il y a dix chandeliers et dix tables, cinq à droite et cinq à gauche. Enfin, dans le Saint des Saints sont renfermées, dans l'arche, les *dix paroles* ou les *dix commandements* (1), le centre et le cœur du sanctuaire. Le nombre dix est donc le nombre de l'alliance et s'il est le nombre fondamental du temple, c'est parce que l'habitation du Seigneur au milieu de son peuple est la consécration et le gage de cette même alliance. Le nombre dix renferme d'ailleurs les nombres fondamentaux et forme un tout, et il en est de même de l'alliance qui se trouve comprise tout entière dans les dix commandements.

Le nombre trois est aussi souvent reproduit, et souvent même en concurrence avec le nombre dix. L'édifice est composé de trois parties. Le temple proprement dit a une longueur qui est le triple de sa largeur; le Saint des Saints a un tiers de cette longueur; le Saint, les deux tiers. Enfin les bâtiments accessoires sont à trois étages. Ce nombre est peut-être le symbole de l'unité, mais comme le fait très-bien remarquer le Dr Bahr (2), il est dans l'Ancien Testament le signe de l'unité véritable et entière. La division du Temple en trois parties en fait un tout complet. Le nombre dix, marque de la pluralité, symbolise la perfection et l'achèvement et trois l'unité parfaite et par conséquent aussi la nature divine.

Les matériaux eux-mêmes avaient leur signification. La période des voyages était terminée et au lieu d'une tente on édifia une maison solide, construite avec de tout autres matériaux que le tabernacle. Non-seulement les murs étaient bâtis avec des pierres, mais avec de belles pierres de taille (3), parce que l'habitation du Seigneur était un palais. Pour la charpente, les planchers et les lambris, on n'employa que les essences les plus précieuses et les plus résistantes, le cèdre, le cyprès et l'olivier. En outre, le temple proprement dit fut complètement revêtu d'or à l'intérieur et tous les objets qui s'y trouvaient étaient d'or, mais il n'en fut pas de même du vestibule où rien n'était en or et dont tous les objets étaient de

---

(1) Ex. xxv, 16, 21, xxxiv, 28.
(2) *Die Bücher der Kœnige*, p. 54.
(3) III Rois, v, 34.

bronze. Cette riche décoration ne pouvait pas avoir précisément pour but d'en imposer aux yeux et de faire ressortir la magnificence du temple, car il ne faut pas oublier que les prêtres seuls pénétraient dans le Saint et que le Saint des Saints, complètement obscur, n'était accessible qu'au grand-prêtre. Ces dorures avaient donc un sens symbolique. Chez les Hébreux, l'or était le symbole de la lumière du soleil et du ciel (1). Dans la cité de l'Apocalypse, qui descend du ciel, le tabernacle de Dieu est d'or pur, et sa place aussi d'or pur, limpide comme du cristal (2). Dieu habite dans la lumière (3), c'est-à-dire, dans le ciel. Par conséquent le temple devait être tout revêtu de dorures à l'intérieur, pour présenter l'image du ciel, le séjour de la lumière. Au surplus, l'or symbolise encore la pureté (4); or la maison de Dieu devait être pure et sainte, en un mot. un sanctuaire (5).

Les bas-reliefs sculptés sur les murailles, les chérubins, les palmiers et les fleurs étaient le symbole de la vie.

Les chérubins sont des êtres imaginaires et sont un composé des attributs du lion, du taureau, de l'aigle et de l'homme, ainsi que les découvertes modernes nous permettent d'en juger. C'est la représentation de ce qu'il y a de plus élevé dans les créatures animales, dans la vie créée. Aussi Ezéchiel appelle les chérubins les *Vivants* ou même le *Vivant* (6). Dans l'Apocalypse les quatre animaux rendent gloire au Dieu créateur (7). Symboles de la vie créée, ils sont à ce titre les témoins de la puissance et de la majesté de Dieu dont ils entourent le trône immédiatement. Il convenait donc que les chérubins fussent représentés sur les murs de la maison du Seigneur, le Dieu vivant et créateur. Dans la religion d'Israel, le dogme du Dieu créateur et auteur de la vie est capital et la distingue des autres religions de l'antiquité. C'est justement l'idée que les chérubins représentaient, car ils ne pouvaient pas être simplement les signes de la présence de Dieu, car autrement Ezéchiel ne les aurait pas appelés les *Vivants*.

Les palmiers représentent ce qu'il y a de plus majestueux dans la vie végétale. Leur feuillage est toujours vert et leurs fruits étaient considérés comme la nourriture des bienheureux. Au reste, le palmier était probablement l'emblème de la Palestine, la terre de promission où il croissait naturellement. Aussi on trouve la figure du palmier sur les monnaies des Machabées, ce qui indique que la Palestine était proprement sa patrie, le pays des palmiers (8).

Enfin les fleurs mêlées aux chérubins et aux palmiers ne sont pas simplement un motif de décoration, car dans l'antiquité toutes les figures et tous les ornements des temples avaient une signification religieuse. A cette époque comme aujourd'hui, les fleurs devaient symboliser l'abondance et la plénitude de la vie. De nouveau l'habitation du Seigneur était

---

(1) Job. xxxii, 21, 22.
(2) Apoc. xxi, 21, 22, 23.
(3) I Rois, vi, 16.
(4) Job. xxii,1, 10 ; Matth. iii, 3.
(5) Ps. xxiii, 3, 4.
(6) Ezech., i, 5, 13, 15, 19, 22, x, 14, 15, 17, 20.
(7) Apoc. iv, 9-11.
(8) Cfr. Celsius, *Hierobotanicon*, ii, p. 444-579 ; Bahr. *Der Salom. Tempel*, p. 120 et suiv.; *Die Bücher der Kœnige*, p. 55 ; Keil, *Biblisch. Comment. die Buch. des Kœn.* p. 146.

donc représentée comme la demeure de la vie. Mais à cette occasion il n'est pas hors de propos de remarquer que le Dieu vivant est aussi le Dieu saint et, par conséquent, que les symboles de la vie sont par là même les symboles de la sainteté.

Si maintenant nous passons aux objets et aux ustensiles du temple, nous remarquerons tout d'abord que Salomon fit venir de Tyr un artiste habile, parce qu'il n'y en avait pas dans le pays. Mais comme Hiram était le fils d'une mère israélite, il devait être plus que tout autre en état de comprendre les intentions de Salomon et de les réaliser. Par là d'ailleurs nous voyons que Salomon voulait avoir des œuvres d'art et mettre l'art au service de la religion, puisqu'il manda un artiste étranger. Dans sa sagesse il sut interpréter la Loi et s'élever au-dessus du pharisaïsme. C'est donc bien à tort que Josèphe lui reproche d'avoir fait faire les bœufs de la mer d'airain et les lions de son trône (1).

Notre seconde remarque portera sur la matière qui servit à fabriquer les objets du Temple. Tout ce qui était destiné à l'intérieur de la maison de Dieu (du Saint et du Saint des Saints) était en or, tandis que les objets du vestibule étaient en bronze. Nous avons déjà vu que l'or, par son poli et son éclat, symbolise la lumière du ciel. Quant au bronze, il a quelque ressemblance avec l'or et par conséquent il était bien approprié au vestibule qui était, pour ainsi dire, une introduction au temple.

Sauf les deux colonnes du vestibule, appelées Jachim et Boaz, on retrouve dans le Temple de Salomon tous les objets qui étaient dans l'arche, mais agrandis, décorés, quelque peu transformés, en plus grand nombre, par exemple les chandeliers et les tables.

Les deux colonnes Jachim et Boaz (Booz), par leur nature et le sens de leur nom, sont en rapport avec la situation nouvelle (2). L'une, Jachin, indique que l'habitation du Seigneur est désormais solidement établie, l'autre, Boaz, signifie la force et la durée. C'étaient les monuments de l'alliance du Seigneur avec son peuple, le signe que Dieu avait achevé d'accomplir envers les Israélites, ce qu'il avait commencé au sortir de l'Egypte. Ces colonnes ne se trouvaient pas devant le tabernacle où elles auraient été sans but, car elles servaient à donner au Temple le caractère d'un palais. Aussi elles ne sont pas en bois, mais d'une matière dure et résistante et leurs proportions sont monumentales, parce qu'elles signifient la solidité et la durée. Leur chapiteau avait la forme d'un lis épanoui symbole sans doute de la pureté et de la sainteté. En hébreu en effet le mot שושן, *schouschan*, « lis, » dérive de שוש, *schousch*, « être blanc. » Les prêtres qui sont les *saints*, sont habillés de blanc (3), et le grand-prêtre, dans les grandes solennités, était revêtu d'habits blancs qui sont des vêtements *saints* ou de *sainteté* (4). On peut donc penser que le lis était la fleur nationale des Israélites, précisément parce qu'elle est l'emblème de la sainteté, l'idée fondamentale de leur religion. Au surplus c'était probablement la fleur du pays, comme le palmier en était l'arbre. Les grenades sculptées sur les chapiteaux peuvent être considérées comme le symbole

---
(1) *Ant. J.* l. VIII, c. VII, § 5.
(2) Pour l'explication des mots ירין et בעז. V. Comment.
(3) Nombr., XVI, 7 ; Ex., III, 27 et suiv.
(4) Levit., XVI, 4, 32.

des dix commandements, la parole de Dieu par excellence, et par conséquent aussi de l'Alliance (1). La paraphrase chaldaïque traduit ainsi le ⅄. 13 du ch. IV du Cant. des Cant : « Tes jeunes gens sont remplis de commandements (divins), comme des grenades », la loi est d'ailleurs la volonté de Dieu révélée et se confond, pour ainsi dire, avec l'alliance qui est destinée à sanctifier le peuple israélite. Par conséquent, les grenades ont avec le lys un rapport assez naturel. Elles sont disposées par séries de dix fois dix, nombre qui est celui de la Loi, et elles sont orientées comme le temple lui-même, les cours et les autels. Quant au réseau, cet ornement devait avoir aussi sa signification, ainsi que l'indique le nombre sept qui est un nombre mystique; mais on ne saurait rien dire de plus précis à ce sujet, par défaut d'analogie.

On a attribué aux deux colonnes du vestibule une origine étrangère, phénicienne ou égyptienne, et on a même fait à ce sujet des suppositions aussi absurdes qu'inconvenantes, le tout sans la moindre preuve et même sans la moindre analogie. Il n'est donc pas utile d'en entreprendre l'énumération et la réfutation.

La mer d'airain fournissant l'eau nécessaire aux ablutions des prêtres (2), était par conséquent spécialement destinée aux prêtres. Aussi avait-elle la forme d'un lis ouvert, symbole de la sainteté sacerdotale. Le nombre dix, nombre fondamental, se trouve dans ses dimensions et dans les boutons de fleurs qui l'entourent. Elle est soutenue par douze taureaux. Or, le taureau ou le bœuf est par excellence l'animal du sacrifice et de l'holocauste pour les prêtres (3), l'attribut sacerdotal. Ils supportent donc la mer d'airain, pour la même raison que les douze lions sont auprès du trône du roi (4), comme symbole de la majesté royale. Le nombre douze n'est point là pour la symétrie, mais figure les douze tribus d'Israël, et l'orientation des douze taureaux rappelle celle des douze tribus dans les campements (5). Ces taureaux représentent donc le peuple, mais dans ce qui le distingue des autres peuples, c'est-à-dire comme un peuple sacerdotal (6).

Les bassins désignés sous le nom de bases n'étaient pas destinés à l'usage immédiat des prêtres, mais servaient à purifier les victimes ou les portions de victimes; leur importance n'était donc qu'accessoire et cependant l'écrivain sacré les décrit minutieusement, sans que nous puissions en donner le motif. Sur les faces des bases, on retrouve les mêmes emblèmes que sur les murs et, en plus, des lions et des taureaux, sans doute pour symboliser le caractère royal et sacerdotal de l'alliance et du peuple israélite (7).

Salomon ne voulut rien changer à la forme primitive de l'autel des holocaustes; mais toutefois il prit soin de faire orner et de faire exécuter magnifiquement tous les objets qui en étaient l'accomplissement nécessaire,

---

(1) Cfr. Prov., xxv, 11.
(2) II Paral., iv, 6.
(3) Cfr. Levit., iv, 3 et suiv., 23, 27, 32, xvi, 3, 11, 15; Ex., xxix, 10 et suiv.; Nomb., vii, 8.
(4) III Rois, x, 20.
(5) Nomb. ii, 2-32.
(6) Ex., xix, 6.
(7) Ibid.,

pour que tout fût en rapport avec le caractère monumental et grandiose de la maison du Seigneur (1).

II. Ophir

La situation de cette contrée mystérieuse est restée inconnue jusqu'à ce jour, et nous n'avons d'autre prétention que de faire connaitre l'état de la question et d'indiquer le plus ou moins de probabilité des opinions qui méritent quelque considération. Nous avertissons d'ailleurs le lecteur que nous avons puisé la plupart de nos renseignements et de nos indications dans un travail tout récent, intitulé *Le Roi Salomon*, qui a paru dans la *Revue des questions historiques* (2), et dont l'auteur est M. l'abbé Vigouroux, professeur d'hébreu au séminaire de Saint-Sulpice, à Paris.

On a placé Ophir un peu partout, en Arabie, en Afrique, dans les Indes, en Espagne et jusqu'au Pérou (3). En résumé, deux opinions principales restent en présence, qui placent Ophir l'une en Arabie, l'autre dans les Indes orientales, car toutes les autres ont été successivement abandonnées, y compris celle qui identifie Ophir avec Sofala, et qui est celle de d'Anville et de Quatremère (4).

Nous allons commencer par énumérer les arguments des partisans de la première opinion, tout en en discutant la valeur.

On fait d'abord remarquer que le nom d'Ophir se trouve mentionné dans la Genèse entre Hehila et Saba, au milieu des Joctanides (5), au sud de l'Arabie. Mais on peut objecter que l'identité des noms n'oblige pas à

---

(1) Cfr. Ex., xx, 24 et suiv., xxvii, 4-8.
(2) *Revue des Questions hist.* juillet, 1878; Cfr. pp. 63 et suiv.,
(3) On trouvera dans E. Ritter, Erdkunde; t. XIV, 1848, *die Fahrt nach Ophir*, l'exposé des divers systèmes. Nous empruntons maintenant à M. l'abbé Vigouroux l'indication des principaux ouvrages spéciaux sur Ophir : Bochart, *Phaleg*, l. II, c. xxvii. Vitringa, *Geographia sacra*, p. 114, sq. Varernès, *de Ophira*, dans *Critici sacri*, t. VI, p. 459, sq. M. Lipenius, *Dissertatio de navigatione Salomonis Ophiritica*, dans Ugolini, *Thesaurus*, t. V, p. cccxliii-ccclxxvii; Reland, *Dissertationes miscellaneæ*, part. i, Dissertatio IV de Ophir, 1706; J. F. Fr. Pfeffel, *Philologema historicum de termino navigationis Ophiricæ, institutæ a Salomone ejusque sociis navalibus*, Strasbourg, 1692; M. Gottfrid Weyener, *Discursus de navigationibus Salomonis* 1674; Huet, Comment. de *navigat. Salomonis*, dans Ugolini, *Thesaurus*, t. VII; S. Weston, *Dissertation on the countries to wich Salomon and Hiram sent theirs fleets for foreign merchandise*, dans le *Classical Journal*, Sept. 1821, t. XXIV; J. D. Michælis, Spicilegium, II, p. 184 et suiv.; U. C. H. Seetzen, *Ophir*, dans Zachis, *monatlick Correspondenz*, XIX, pp. 33 et suiv., C. F. Keil, *Bibl. archeol. Untersuchung über die Hiram-Salom. Schiffahrt nach Ophir und Tharsis*, dans les Dorpater *Bectr. zur. theol. Wissenschaft*, Hambourg, 1833; D. Calmet. *Dissert. sur le pays d'Ophir*; d'Anville. *Mémoire sur le pays où les flottes de Solomon allaient chercher l'or*. Mém. de l'Acad. des Inscript., 1764, t. xxx, p. 83; C. Quatremère, *Mém. sur le pays d'Ophir*, dans les Mém. de l'A. des Inscript. 1845, t. XV, partie II; Ch. C. Tychsen, *Comment. de commerc. et navigat. Hebr.* dans Gœtting, *Comment. clas. hist. phil.* XVI, Heeren, *Sdeen über den Verkehz und Handel der Vœlker der alten Welt*, I part. Ath. Beil. 1, 7. C. Ritter, *Elath und Eseon geber aus Ailanitischen, Golf und die Hiram-Salom. Fahrt vonda nach Ophir*, dans die Erckunde, t. XIV 1848, pp. 348-421 ; A. Mackensie Cameron, *the Identitis of Ophir and Taprobane an their site indicated*, dans les *Tromsorct of te Society of Bibl. Archeolog.* 1873, pp. 257 et suiv.; Georgens, *les Pays aurifères de la Bible*, dans la Revue de Théol. et de phil. janvier, 1878, pp. 101 et suiv.
(4) D'Anville, Mém. de l'Acad. des Inscript. t. XXX, p. 90 ; Quatremere, *Mém. sur le pays d'Ophir*, dans les Mém. de l'Acad. des Inscrip. 1842, 2ᵉ part. pp. 349-402.
(5) Gen. x, 29.

conclure à l'identité des localités, surtout en ce qui concerne les noms cités dans le ch. x de la Genèse, dont plusieurs s'appliquent à d'autres régions que celles dont les écrivains classiques ont parlé sous la même dénomination. On pourrait supposer que la tribu Joctanide d'Ophir soit allée fonder une colonie jusque dans les contrées indiennes, ce qui n'est pas absolument invraisemblable. On peut même contester que ce nom d'Ophir soit le nom même de la localité où les navires de Salomon faisaient leur chargement, et le considérer comme un nom générique, d'un sens vague et indéterminé, ou plutôt penser qu'il indique uniquement la direction que prenait la flotte salomonienne.

En second lieu, il existe actuellement dans le sud de l'Arabie une contrée appelée el-Ophir, et c'est là, nous assure-t-on, que les marins de Salomon allaient chercher l'or, les pierres précieuses et les autres objets dont nous parlent les Rois et les Paralipomènes.

Enfin, on fait observer que rien, dans le texte des livres Saints, ne s'oppose à ce que le pays d'Ophir soit en Arabie et qu'on ne peut faire valoir à l'encontre de cette opinion aucune objection vraiment sérieuse.

En premier lieu, la durée du voyage n'oblige pas nécessairement à admettre que les vaisseaux de Salomon allaient jusqu'aux Indes. En effet, l'expression *semel per tres annos* (1) ne semble pas dire par elle-même qu'il fallait trois ans entiers pour faire le voyage, mais qu'on faisait un voyage tous les trois ans. Au surplus, la navigation dans l'antiquité était entravée de difficultés de toutes sortes et se rapprochait assez de ce que l'on appelle le cabotage. Nous voyons dans Homère (2) qu'un marchand resta une année dans une des Cyclades pour vendre ses marchandises et les remplacer par d'autres. Nous pouvons donc avoir par là quelque idée de la lenteur des opérations commerciales dans ces temps reculés. La traversée de la mer Rouge devait aussi sans doute demander beaucoup de temps, car il est probable qu'on s'arrêtait à chaque port, comme le font encore les caboteurs arabes. Il fallait naturellement renouveler assez fréquemment les vivres et la provision d'eau, ce qui devait donner lieu à des échanges. Enfin, la mer Rouge est particulièrement dangereuse et les Phéniciens n'avaient guère eu jusque là l'occasion de la connaître. Serait-il impossible qu'il eût fallu un an et même plus, pour aller d'Asiongaber au détroit de Bab-el-Mandeb? La chose au moins n'est pas évidente.

En second lieu, si nous examinons les objets rapportés par les flottes de Salomon et d'Hiram, nous verrons que, par leur nature, ils n'accusent pas forcément une provenance aussi lointaine que les Indes. Il est certain en effet que l'Arabie produisait de l'or et de l'argent dans l'antiquité, bien que la plus grande partie de ce dernier métal vînt de Tharsis ou Tartessus en Espagne. Aussi, nous voyons, à côté d'Ophir, mentionner Saba, au sud-ouest de l'Yémen, comme le pays de l'or (3). Les Sabéens apportent de l'or, des pierres précieuses et de l'encens (4); la reine de Saba offre à Salomon 120 talents d'or, des aromates et des pierres pré-

---

(1) III Rois, x, 22.
(2) Odyss., XV, 454 et suiv.
(3) Ps. LXXI, 15.
(4) Is. LX, 6; Ez. XXVII, 22.

cieuses (1). Les témoignages des anciens sont d'ailleurs très-affirmatifs sur la question (2).

Quant à l'ivoire, aux singes, aux paons et au bois de santal, si toutefois le mot אלמוג, *almoug*, a ce sens, on comprendra que la plupart de ces articles, sinon tous, pouvaient se trouver en Afrique ou au moins dans des entrepôts. En effet, quand même ils seraient propres exclusivement aux Indes orientales, ce qui n'est pas, au moins pour l'ivoire et les singes, il ne s'en suivrait pas que la flotte de Salomon ait dû les aller chercher si loin, car on trouve des indices certains qui montrent que, bien avant Salomon, l'Inde a entretenu des relations commerciales avec l'Asie Mineure, l'Afrique et particulièrement avec le sud de l'Ethiopie, sinon directement, au moins indirectement par des intermédiaires, car la navigation était peu avancée à ces époques et les longs voyages devaient être rares. C'est chose positive que les Egyptiens se servaient d'indigo pour teindre leurs étoffes, matière qui ne pouvait leur arriver que de l'Inde, ainsi que la mousseline dont ils enveloppaient leurs momies. Dans les tombeaux de la dix-huitième dynastie, qui cessa de régner vers 1476 avant Jésus-Christ, on a même trouvé des vases de porcelaine de Chine (3). Les relations entre l'Inde et l'Arabie ne peuvent pas être moins anciennes. Mais, toutefois, les contrées de l'extrême Orient pouvaient rester parfaitement inconnues dans les pays qui ne trafiquaient pas directement avec elles et où, par conséquent, on devait ignorer la véritable provenance des marchandises qu'on recevait par voie d'intermédiaires et d'échanges successifs. Enfin, l'Arabie devait être de toute antiquité en relation avec l'Ethiopie, où l'on trouve les singes et l'ivoire, ainsi que l'ébène, si l'on admet qu'il en soit question dans nos livres.

Nous allons maintenant passer aux raisons invoquées par les défenseurs de l'opinion contraire et les accompagner de quelques réflexions.

« La philologie comparée, dit M. l'abbé Vigouroux, a fait faire un pas important à la question qui nous occupe : elle a déterminé le lieu d'origine des marchandises rapportées en Palestine par la flotte de Salomon. Ces marchandises étaient, outre l'or et les pierres précieuses, de l'ivoire, du bois de santal, des singes et des paons. Les noms par lesquels elles sont désignées ne sont pas sémitiques. Les linguistes, en découvrant leur provenance et la langue à laquelle ils appartiennent, ont par là même fixé leur sens jusqu'ici en partie incertain, et déterminé, ce qui n'est pas moins important, leur lieu d'origine. M. Lassen a démontré que les mots *gôf*, *tukkyim* et *algoum* ou *almoug*, qui désignent les singes, les paons et le bois de santal, sont sanscrits (4). Benarg a établi de son côté que le mot *senhabbim* signifie dent d'éléphant, c'est-à-dire ivoire (5). » Or, si les noms en question sont véritablement d'origine sanscrite, la provenance des articles ainsi désignés se trouve assez solidement établie, ce qui sérieusement est une forte présomption en faveur de l'Inde.

---

(1) III Rois, x, 10.
(2) Cf. Strabon, xvi, 4 § 24 ; Diod. de Sic. ii, 50, iii, 44 ; Agatharclude dans Photius ; Eodem, 250 ed. Migne, t. civ, col. 69 ; Pline, vi, 28, 32.
(3) Cfr. Lassen, *Indische Alterthumskunde*, ii, 496.
(4) Lassen. *Ind. Alterth.* éd. de 1866-1874, t. i, p. 651.
(5) Vigouroux, *Le roi Salomon*, dans la *Revue des Questions hist.* juillet, 1878, pp. 57-68.

Le sens du mot קפים, *kophim*, « singes », au singulier קף, *koph*, est certain, car toutes les anciennes versions l'ont connu, y compris les Septante, où *kophim* est rendu par πίθηκοι. Or, c'est la même chose que le sanscrit *kapi*, (léger, agile, dans son sens primitif), car en hébreu le *p* et le *ph* s'expriment par la même lettre. Il est probable aussi que le grec κῆβος, κῆπος, κεῖβος, provient de la même racine. Toutefois on pourrait peut-être contester que les Grecs aient reçu de l'Inde et le nom et la chose, puisque κῆπος désignait une espèce particulière de singes originaires d'Ethiopie, selon les anciens, tandis que πίθηκος signifie le singe en général (1).

Les paons sont désignés en hébreu par le mot תכיים, *toukiim* ou *toukki*, en retranchant la terminaison *im*, ce qui se rapproche singulièrement du tamoul ou malabar *tógai*, prononciation vulgaire de *tôkei*. Dans le tamoul moderne, ce mot signifie seulement la queue du paon, tandis que dans la langue classique ancienne, il signifiait le paon lui-même (2). Cependant on objecte que, pour désigner le paon, le mot le plus en usage dans le tamoul est *mayil*, en sanscrit *mayura* (3).

Les flottes de Salomon rapportèrent aussi en grande quantité un bois qui n'avait jamais été vu à Jérusalem, et qui est qualifié de *bois d'almouggim* ou *d'algononim* (4).

Or, selon Lassen, en retranchant la terminaison du pluriel, nous avons « le nom sanscrit *valgu*, qui est devenu *valgum* dans la prononciation du Dekkan (5). » Cependant cette étymologie n'est pas universellement admise et, d'après Gésénius, *almoug* dériverait de *mocha* ou *mochata*, qui signifierait bois de santal en sanscrit. En ce cas, אל, *al*, serait simplement l'article arabe, ce qui indiquerait que le bois de santal arrivait aux Hébreux par l'intermédiaire des marchands arabes (6). On peut d'ailleurs douter qu'il s'agisse du véritable bois de santal, c'est-à-dire du *Pterocarpus Santal*, plutôt que du *Cæsalpinia Sappan*, arbre qui croît, non-seulement dans les Indes orientales et particulièrement à Ceylan, mais aussi

---

(1) Voici ce que dit Aristote à ce sujet, *Hist. Nat.* II, 8 : ἐστι δὲ ὁ μὲν κῆβος πίθηκος ἔχων οὐράν, « or le κῆβος est un singe ayant une queue ». Selon Strabon, XVII, p. 812, ἐστι δὲ ὁ κῆπος τό, μὲν πρόσωπον ἐοικὼς Σατήρῳ τ' ἄλλα δὲ κυνὸς καὶ ἄρκτου μεταξὺ γεννᾶται δ' ἐν Ἀιθιοπία, « le κῆπος a la figure d'un satyre et pour le reste tient le milieu entre le chien et l'ours : il est originaire d'Ethiopie. » Enfin, Pline le naturaliste, en parlant des jeux que donna Pompée, s'exprime ainsi : « Iidem (ludi) ostenderunt ex Ethiopia quas vocant κῆπους, quarum pedes posteriores pedibus humanis ac cruribus, priores manibus fuere similes. » *Hist. Nat.* VIII, 19.

(2) Max Müller, *Leçons sur la science du langage*, IIe édit. française, p. 255. On peut rapprocher de *tógei* ou *tógai*, le grec ταὼς, ταώς, pour ταγως, et même le latin *pavo* ; toutes les anciennes versions ont traduit par *paons*.

(3) Keil, *Bibl. Comment. die Bücher der Kœnige*, p. 442.

(4) III Rois, x, 11 ; II Paral. II, 7 (Vulg. 8).

(5) Lassen, *Indische Alterthumskunde*, t. I, p. 651-652. La forme ordinaire en sanscrit est *Valguka*, ce qui suppose une forme primitive *valg*, d'où est dérivé *valgum*, transformé par les Israélites en *Algum*, par métathèse, en *almug*, attendu que le *v*, comme consonne initiale, est à peu près inconnu des Hébreux. Cfr. II Paral. II, 7, IX, 10, 11 ; III Rois, x, 11, 12. « Il faut observer ici, dit M. l'abbé Vigouroux, *Op. cit.* p. 69, que le passage II Paral., II, 7 (Vulg. 8), où il est parlé d'*algonmim* du Liban, crée une difficulté contre l'origine indienne du bois de santal, mais il faut admettre ou que l'auteur sacré désigne ici une autre espèce de bois, ou que le mot a été altéré par les copistes, comme sembleraient l'indiquer les passages parallèles des Rois, III Rois, V, 6, 8, 10, car les auteurs des Rois et des Paralipomènes disent expressément en parlant du bois d'algoum : « Numquam visa sunt in terra Juda ligna talia. » II Paral. IX, 11. » Cfr. III Rois, x, 12.

(6) Keil, *die Bücher der Kœnige*, p. 126.

dans diverses régions de l'Afrique, et dont on se sert comme bois de teinture sous le nom de *bois de Brésil*. D'après Kimchi, l'arbre désigné par אלמוג ou אלגום serait « arbor rubri coloris, dicta lingua arabica albakam, vulgo brasilica. » Comme on le voit, la question est difficile à trancher; mais, en somme, il semble résulter avec assez d'évidence que le mot hébreu *almoug* ou *algoum* est d'origine sanscrite et par suite indique la provenance de l'article importé.

La signification de l'hébreu שנהבים, *schenhabbim* (1), est absolument certaine, car toutes les versions anciennes l'ont compris de même; les Septante ont traduit par ὀδόντες ἐλεφάντινοι, la Vulgate par *dentes elephantorum* ou *ebur*, le Targum par שן דפיל, *schen dephil*, « dent d'éléphant. »

Circonstance à noter, le mot *schenhabbim* n'est employé que dans la circonstance (2), car partout ailleurs, dans la Bible, l'ivoire est désigné par le mot שן *schen*, « dent », ou par l'expression קרנות שן, *karnoth schen*, « cornes de dents (3). » Or, selon les uns, *habbim* serait la corruption du sanscrit *ibha*, « éléphant », précédé de l'article hébreu (4); selon d'autres, et en particulier Ewald, ce serait la contraction de הלבם, *halbim*, et dériverait du sanscrit *kalabha* (5). Il s'en suivrait donc que l'hébreu *schenhabbim* serait un nom composé, formé du mot hébreu *schen* « ivoire » et du sanscrit *ibha* ou *kalabha* et se traduirait par « dents des éléphants ». Mais on fait observer que le mot *ibha* ne signifie pas *éléphant*, dans les anciens écrits de l'Inde, et que *kalabha* désigne le petit de l'éléphant, « catulum elephantis » dont les défenses n'ont aucune valeur (6).

En somme, malgré les réserves que nous avons dû faire, il semble plus que probable que les noms hébreux désignant les singes, les paons et le bois de santal, dérivent du sanscrit, ce qui est une très-grave présomption, on pourrait dire une forte preuve en faveur de l'origine de ces trois articles d'importation. S'il n'en est pas tout à fait de même pour le mot qui a le sens d'ivoire ou de dents d'éléphants, c'est que l'ivoire était connu déjà depuis longtemps en Palestine, tout aussi bien qu'en Egypte et en Assyrie (7). Les Egyptiens, il est vrai, tiraient leur ivoire de l'Ethiopie, mais ils devaient aussi en tirer de l'Inde, car l'ivoire indien était célèbre même chez les Romains (8).

Mais si les objets importés par les matelots de Salomon provenaient de l'Inde, ne pourrait-on pas conclure qu'ils étaient allés les chercher sur place? C'est ce que font sans hésiter Lassen et M. Max Muller. On peut leur objecter néanmoins que les navigateurs hébreux et phéniciens ont

---

(1) III Rois, x, 22; Paral. ix, 21.
(2) III Rois, x, 22; II Paral. ix, 21.
(3) III Rois, x, 18; Ps., xliv, (Hébr. xlv), 9; Am. iii, 15; vi, 4; Ezéch., xxvii, 6, 15.
(4) Max Muller, *Leçons sur la science du langage*, V⁰ leçon, 2ᵉ éd. p. 255.
(5) Rædiger, *Gesen. Thes.* p. 1453, prétend que שוהבים, *schenhabbim* est une leçon corrompue pour שן והבנים, *schen vehobbnim*, « ivoire et ébène », comme dans Ezech. xxvii, 15; mais cette explication est peu probable à cause de l'accord de toutes les versions.
(6) Keil, *die Bücher der Kœnige*, p. 123; Cfr. Rædiger, *Addenda ad Gesen. thes.* p. 115.
(7) Cfr. Diod. Sic. i, 5; Maspéro, *Hist. anc. des peuples de l'Orient*, pp. 58, 60, 76, 92; Brugsch, *Geschichte Ægyptiens*, 1877. pp. 57, 105; Layard, *Nineveh and Babylon*, p. 195, 358 et 362, *Nineveh and its remains* t. 1, pp. 29, 391; t. II. pp. 205, 211, 421.
(8) On lit dans Virgile, *Georgic.*, i, 57 : « India mittit ebur, molles sua thura Sabæi »; dans Horace. Od. i. xxxi, 6 : *Ebur indicum*, et dans Ovide, *Medicum*. Poré, fragm.; « Sedile deliciis India præbet ebur. »

pu s'approvisionner dans les ports d'Arabie qui, depuis longtemps, servaient d'entrepôts pour les marchandises de l'Inde. Par conséquent, tout en admettant l'étymologie des mots proposés et l'origine indienne des articles d'échange, il ne s'en suit pas rigoureusement que le pays d'Ophir est l'Inde, ainsi que nous l'avons fait remarquer dès le principe. Toutefois il y a là une présomption sérieuse en faveur de cette opinion.

D'autre part, il est bien certain que l'Inde renferme en abondance de l'or, des pierres précieuses, des paons, des singes et de l'ivoire. Déjà, dans l'antiquité, elle était célèbre par son or et ses pierres précieuses, et actuellement il est bien connu qu'elle possède en ce genre des richesses incalculables (1). Or, s'il en est ainsi, n'y avait-il pas avantage pour les marins israélites à se rendre directement sur les lieux de production ? N'était-ce pas le seul et unique moyen de faire un trafic avantageux ? On peut aussi faire remarquer que, s'il ne s'était agi que de communiquer avec les ports de l'Yémen, il eût été tout aussi simple de suivre les routes des caravanes, car il eût suffi de quelques mois pour faire le voyage, aller et retour. La construction d'une flotte dans ces conditions eût été chose assez inutile. On ne s'expliquerait pas non plus que le voyage durât trois ans ou, si l'on veut, qu'on ne fît qu'un voyage tous les trois ans. D'une part, en effet, il suffit de jeter les yeux sur une carte pour se convaincre que la traversée de la mer Rouge, d'Asiongaber jusqu'à l'extrémité de la presqu'île Arabique, ne pouvait se prolonger au-delà de six mois, même en admettant les conditions les plus défavorables, et, d'autre part, si ces expéditions procuraient tant de profit à Salomon, on ne comprendrait pas qu'il ne les eût pas renouvelées plus souvent. Il eût certes très-mal entendu ses intérêts.

Finalement, tout se réduit à savoir s'il était possible aux anciens de se hasarder à d'aussi grandes distances. C'est donc une question d'appréciation. Or, comme nous savons que les Phéniciens étaient de hardis marins et qu'ils allaient jusqu'en Espagne et même jusque dans la grande Bretagne pour y chercher l'argent ou l'étain, il est assez à présumer qu'ils auraient été capables d'affronter les tempêtes de la mer des Indes et d'atteindre au moins l'embouchure de l'Indus.

« La célébrité du voyage d'Ophir, l'espèce de charme merveilleux que ce nom exerça sur l'imagination des Israélites, la gloire, comme les richesses que ces expéditions procurèrent à Salomon, ne semblent-elles pas indiquer une sorte de contrée mystérieuse, jusqu'alors inconnue, qui se révèle tout à coup aux Hébreux et produit sur leur esprit une impression analogue à celle de la découverte du Pérou ou de la Californie à notre époque ? Si Ophir n'eût été qu'une contrée de l'Arabie, habitée par des Sémites, semblables aux plus proches voisins de la Palestine, comment croire qu'elle eût exercé un tel prestige sur les sujets de Salomon ? (2) ». Ces réflexions sont assez frappantes et il faut bien avouer que l'expression générale produite par la lecture des textes en fait comprendre toute la justesse.

Enfin, l'opinion des auteurs anciens et des interprètes est ici d'un grand

---

(1) Cfr. Herod. III, 106 ; Strabon, xv, 4, 30, 57, Pline, *Hist. nat.* vi, 23, xxxvii, 76 ; Ritter, *Erdkunde*, p. IV, 1, 758, 782. 968 ; Lassen, *Indische Alterthumskunde*, I, p. 280-283 ; S. Jérôme, Epist. xcv.

(2) F. Vigouroux, *Le roi Salomon*, dans la *Revue des Quest. hist.* juillet, 1878, pp. 73-74.

poids et suffirait à elle seule, en l'absence de toute autre donnée, à faire pencher la balance en faveur de l'Inde. Voici ce que nous lisons dans Josèphe, le représentant de la tradition juive : « Or, le roi fit construire de nombreux vaisseaux dans le golfe égyptien, en un lieu de la mer Rouge appelé Gasiongabel (Asiongaber), qui n'est pas loin de la ville d'Elath, qui porte maintenant le nom de Bérénice, car ce pays appartenait autrefois aux Juifs. Or, Hiram, roi de Tyr, l'aida de ses dons pour équiper la flotte, car il lui envoya des pilotes et des marins expérimentés en nombre suffisant, auxquels Salomon recommanda d'aller chercher de l'or avec ses serviteurs, dans la région de l'Inde appelée autrefois Sophir, et maintenant la Terre de l'or (1) ».

Il est à remarquer que les Septante semblent distinguer l'Ophir de la Genèse (2), qu'ils nomment Οὐφείρ, de celui de Salomon, qu'ils désignent par Σωφίρ ou Σουφίρ et on peut légitimement supposer qu'ils veulent parler de l'Inde, car l'historien Josèphe, qui leur a emprunté le mot *Sophir*, a sans doute eu l'intention d'interpréter leur pensée. D'ailleurs, en copte, l'Inde se nommait Sophir (3). S. Jérôme rend Ophir par Inde, dans sa traduction de Job (4), et dans plusieurs passages de son livre *De locis hebraicis*, où il n'a fait que traduire Eusèbe, il affirme expressément qu'Ophir est une contrée de l'Inde. Dans sa lettre au moine gaulois Rustique (5), il s'exprime ainsi en parlant du voyage d'Ophir : « Navigantes Rubrum mare, multis difficultatibus ac periculis perveniunt... Felix cursus est, si post sex menses supradictæ urbis portum tenent, a quo se incipit aperire Oceanus; per quem vix anno perpetuo ad Indiam pervenitur, et ad Gangem fluvium... »

Quant aux Pères grecs, ils sont généralement de l'opinion de S. Jérôme et d'Eusèbe. On lit dans un ancien commentaire sur Isaïe, inséré dans les œuvres de S. Basile : Ἔοικε δὲ χώραν, τινὰ λέγειν ἐν τῷ ἔθνει τῷ ἔθνει τῷ Ἰνδικῷ τὴν Σουφείρ; « il semble dire que Souphir est une contrée de l'Inde (6) ». On lit aussi dans Procope ce passage très-significatif : Σουφὲρ δὲ χώρα ἐν τῆς Ἰνδικῆς, ἔνθα γίνεσθαι τοὺς τιμωτάτους λίθους, « or Souphir est un pays de l'Inde, où, dit-on, il y a des pierres très-précieuses (7) ». On en trouve un semblable dans Hesychius (8).

A la vérité, on pourrait objecter que, pour les anciens, la dénomination « Inde » avait un sens vague et pouvait tout aussi bien s'appliquer à l'Ethiopie. Mais on peut répondre que S. Jérôme, par exemple, ne s'y est pas mépris, comme on peut en juger par le texte cité plus haut, et que rien n'indique que les autres auteurs aient fait confusion. C'est d'autant moins vraisemblable que l'Ethiopie n'était point inconnue, même au temps de

---

(1) Ant. J. l. VIII, c. IV, § 4.
(2) Gen., x, 29.
(3) V. Peyron, *Lexicon linguæ Copticæ*, p. 248; Champollion, l'*Egypte sous les Pharaons*, t. I, p. 98.
(4) Job, xxviii, 16.
(5) Hieronym. Epist. xiv.
(6) Comment. in Is. prophet. xiii, 12 n° 268. Migne. Patrol. gr. : t. XXX, col. 592.
(7) Procope, Comment. in Is. xiii, 42. Migne, t. LXXXVII, p. 2, col. 2084.
(8) Σουφείρ, χώρα ἐν ᾗ οἱ πολύτιμοι λίθοι καὶ ὁ χρυσὸς ἐν Ἰνδίᾳ. Hesych, *Glossæ sacræ Hesychii græce*, édit. Ernesti, 1785, p. 250.

Salomon. Il serait par conséquent très-singulier que tous se fussent entendus pour l'indiquer sous un nom qui n'était pas le sien.

L'opinion la plus probable semble donc être celle qui place Ophir dans l'Inde. Quant à la localité précise où abordaient les matelots israélites et phéniciens, il est difficile de la déterminer; cependant il est assez naturel de penser à l'embouchure de l'Indus (1).

III. Le culte des veaux d'or.

Pour consolider le schisme politique et en assurer la durée, Jéroboam institua un autre culte et chercha de la sorte à empêcher ses sujets de fréquenter le sanctuaire de Jérusalem. Il ne fut influencé en ceci ni par la conviction religieuse, ni par le désir de remédier à des abus, car ce fut purement par des motifs politiques, dans son propre intérêt et celui de sa dynastie, qu'il conçut le projet d'opérer une transformation dans l'antique religion d'Israël. Il avait donc pour but de séparer autant que possible le royaume d'Israël de celui de Juda, de creuser, pour ainsi dire, un abîme entre les deux. C'est à ce point de vue, ce semble, qu'il faut se placer pour pouvoir discerner quelle était la nature du nouveau culte.

D'après l'Ecriture et les Pères, il ne paraît point douteux que le culte des veaux d'or de Jéroboam fût purement et simplement idolâtrique. En présentant au peuple les nouvelles divinités, Jéroboam s'exprime ainsi : « Ecce dii tui, Israel, qui te eduxerunt de terra Ægypti (2) ». Or, ces paroles, empruntées textuellement à l'Exode (3), doivent avoir le sens que leur donnèrent autrefois les Israélites. Mais si nous nous reportons au ch. XXXII, nous voyons au ⅄. 1 que le peuple dit à Aaron : « Surge, fac nobis deos, qui nos præcedant. » Il s'agit donc d'une apostasie véritable et nullement de l'adoration du Dieu unique sous la figure d'un animal, d'autant plus que le Seigneur en parlant à Moïse lui dit : « Feceruntque sibi vitulum conflatilem, et adoraverunt, atque, immolantes ei hostias, dixerunt : Isti sunt Dii tui... (4) ». Dieu reproche donc évidemment à son peuple de l'avoir formellement abandonné et non pas de lui rendre un culte illégitime. Aussi S. Paul traite positivement d'idolâtres ceux qui adorèrent le veau d'or fabriqué par Aaron : « Neque idololatræ efficiamini, sicut quidam ex ipsis, quemadmodum scriptum est : Sedit populus manducare... (5) ». Il faut considérer de plus que Jéroboam tendait à séparer son royaume de celui de Juda et que, par suite, il avait tout intérêt à faire oublier le culte du Dieu national. Il se garde bien d'ailleurs de présenter le nouveau culte comme une simple modification de l'ancien, car autrement il n'aurait pas dit : « Ecce dii tui... » S'il prétend que ce sont là les dieux qui ont tiré Israël d'Egypte, c'est évidemment pour ne point choquer ses sujets et pour rehausser la puissance des nouvelles divinités.

---

(1) Cfr. F. Vigouroux, *Le roi Salomon* dans *La Revue des Quest. hist.* pp. 76-77 et Max Müller, *Leçons sur la science du langage*, p. 256.
(2) III Rois, XII, 28.
(3) Ex., XXXII, 4.
(4) Ibid. v, 8.
(5) I Cor. x, 7.

Pour engager le peuple à honorer les veaux d'or, il était utile de chercher à lui persuader qu'ils étaient les auteurs du grand fait auquel Israël devait son existence, ou tout au moins de brouiller les idées à ce sujet. La masse ignorante qui n'aurait pas volontiers renoncé au Dieu qui avait délivré son peuple de l'Egypte, se laissa plus facilement séduire et beaucoup peut-être ne demandaient pas mieux que d'avoir un prétexte pour endormir leur conscience. L'animosité des Israélites contre Juda et la maison de David devait d'ailleurs les prédisposer à se payer de mauvaises raisons pour légitimer à leurs yeux tout ce qui les éloignait et les séparait de leurs ennemis. Les textes suivants : « Ibat enim populus ad adorandum vitulum » ; « et ascendens Jeroboam altare similiter fecit in Bethel, ut immolaret vitulis, quos fabricatus fuerat », semblent bien indiquer qu'il est question de l'adoration des veaux d'or eux-mêmes et non pas du vrai Dieu représenté par des symboles.

Plus loin, nous voyons que Jéroboam institua un nouveau sacerdoce et choisit les prêtres des hauts lieux parmi le bas peuple, « fecit de novissimis populi sacerdotes excelsorum : quicumque volebat, implebat manum suam, et fiebat sacerdos excelsorum (1) ». S'il eût proposé simplement aux Israélites d'adorer leur ancien Dieu national sous une forme matérielle et visible, il aurait cherché à attacher les lévites à son culte afin de s'éloigner le moins possible des prescriptions mosaïques. Or, non-seulement Jéroboam ne fit aucune tentative de ce genre, mais nous apprenons par les Paralipomènes que les prêtres et les lévites d'Israël passèrent dans le royaume de Juda « parce que Jéroboam les avait rejetés, » *eo quod abjecisset eos Jeroboam* (2). Il ne chercha même pas à les retenir, sans doute parce qu'il trouvait son avantage à les voir partir, n'espérant point les convertir à ses idées, preuve qu'il s'agissait d'une transformation radicale sous le rapport religieux. Pour que la division fût complète et irréparable, Israël ne devait avoir ni le même roi, ni le même dieu que Juda.

Nous ne sommes donc pas étonné d'entendre le prophète Ahias reprocher en ces termes à Jéroboam son apostasie : « Sed operatus es mala super omnes qui fuerunt ante te, et fecisti tibi deos alienos et conflatiles, ut me ad iracundiam provocares, me autem projecisti post corpus tuum » (3). L'expression *deos alienos et conflatiles* paraît décisive et doit être signalée. Ce passage d'ailleurs prouve évidemment que Jéroboam n'était pas de bonne foi et que, s'il était devenu idolâtre et travaillait à propager l'idolâtrie parmi son peuple, il ne péchait ni par ignorance, ni par aveuglement, mais de parti pris. Il croyait plus au Dieu d'Israël qu'aux divinités qu'il avait fait fabriquer, mais il refusait de l'adorer et s'efforçait de le faire oublier.

Par conséquent, le roi Abia avait raison d'accuser Jéroboam, au moment d'entrer en lutte avec lui, d'avoir fait *des dieux des veaux d'or* et d'avoir établi des prêtres *de ceux qui ne sont pas dieux* (4). Le témoignage du prophète Ahias nous permet de penser que le roi de Juda n'était point injuste

---

(1) III Rois, XIII, 33.
(2) II Paral., XI, 13, 14.
(3) III Rois, XIV, 9.
(4) II Paral., XIII, 9.

envers son ennemi et que ses paroles étaient dictées par le sentiment de la vérité et non point par la passion politique.

Un peu auparavant (1), l'auteur des Paralipomènes qualifie de prêtres des démons les prêtres de Jéroboam, « qui constituit sibi sacerdotes excelsorum, et dæmoniorum vitulorumque quos fecerat. » Or, il n'eût pas appelé prêtres des démons les ministres d'un culte purement illégal. Nulle part nous ne rencontrons cette expression lorsque les historiens sacrés nous parlent du culte illégitime des hauts lieux.

Enfin, le prophète Osée, qui condamne si fortement les crimes et l'apostasie du royaume d'Israël, ne fait pas seulement allusion au culte de Baal, mais aussi à celui des veaux d'or et s'exprime assez clairement à ce sujet. « Vaccas Bethaven coluerunt habitatores Samariæ, » lisons-nous au ch. x, ⱴ. 5, sur quoi il faut remarquer que par Bethaven on doit entendre Bethel. Précédemment (2) il avait dit que les Israélites se sont fait des idoles avec leur argent et leur or, « argentum suum et aurum suum fecerunt sibi idola, ut interirent : projectus est vitulus tuus, Samaria... » Il ajoute que le veau de Samarie est l'œuvre d'un artisan et n'est point Dieu : « artifex fecit illum, et non est Deus. » Enfin nous lisons dans le ch. xiii, ⱴ. 2 : « Et nunc addiderunt ad peccandum : feceruntque sibi conflatile de argento suo quasi similitudinem idolorum, factura artificum totum est : his ipsi dicunt : Immolate, homines, vitulos adorantes. »

Les Saints Pères ne sont pas moins catégoriques que l'Ecriture au sujet des veaux d'or. Dans son commentaire sur Osée, S. Jérôme a eu plus d'une fois l'occasion d'exprimer son sentiment, et toujours il l'a fait d'une manière qui ne laisse aucune prise à l'équivoque. Au ch. v d'Osée il s'exprime ainsi : « Fornicatæ sunt et decem tribus cum idolis Jeroboam filii Nabath; et reliquerunt Dominum Deum suum, non custodiendo quæ jusserat, dicens : *Dominum Deum tuum adorabis, et ipsi soli servies.* » Au chap. v nous lisons : « Quid enim horribilius, quam decem tribus ad idolorum cultum repente transgressas? Unde ad metropolim earum dicitur : Aufer vitulum tuum, Samaria, in qua primus fornicatus est Ephraïm, id est Jeroboam de tribu Ephraïm, et illo fornicante contaminatus Israel est, populus videlicet Samariæ; qui magna ex parte commune Israelis nomen obtinuit; » au ch. vii : « Multo sæpe Israel idolatriæ accepit vulnera, et maxime illud quando in eremo vituli conflaverunt caput, atque dixerunt : *Isti sunt dii tui, Israel, qui te eduxerunt de terra Ægypti.* Et cum omni arte tractarem ut miserabilis populus curaretur, subito extitit Jeroboam; et malitia Samariæ revelata est, sequentis regem impium; operati sunt enim et rex et populus mendacium, hoc est, idolum. Sicut enim contrarium est simulacrum Deo, ita mendacium veritati. » Au ch. viii : « Aranearum telis Samariæ vitulus comparatur, quem eo tempore, pro pretii magnitudine, quia aureus erat, populus adorabat. Hoc quod supra dixerat : *Argentum suum et aurum suum fecerunt sibi idola, ut interirent,* nunc exponit manifestius : *Projectus est vitulus tuus, Samaria; iratus est furor meus in eos,* vel in vitulos, quia deos fecerant, vel in Samariæ habitatores, qui eos adorabant; » enfin au ch. xii : « In Betha-

---

(1) II Paral.. xi, 15.
(2) Os. viii, 4, 5, 6.

ven, id est Bethel, vaccas aureas coluerunt habitatores Samariæ; quas cum irrisione non vitulos sexus masculini, sed vaccas, id est, feminas appellavit : ut videlicet Israel non solum deos vitulos, sed deas vaccas coleret. » Nous croyons inutile de chercher à faire ressortir la signification de ces textes qui sont parfaitement clairs par eux-mêmes.

D'après S. Augustin, le culte des veaux d'or doit être qualifié d'idolâtrie, ainsi qu'on peut en juger par le passage suivant tiré de la Cité de Dieu (1) : « Rex Israël Jeroboam, mente perversa, non credens Deo, quem veracem promisso sibi regno datoque probaverat, timuit ne, veniendo ad templum Dei, quod erat in Jerusalem, quo secundum divinam legem sacrificandi causa universæ illi genti veniendum fuit, seduceretur ab eo populus, et stirpi David tanquam regio semini redderetur; et instituit idolatriam in regno suo, et populum Dei secum simulacrorum cultui obstrictum nefanda impietate decepit.

Terminons par ce texte de Theodoret (2) : « Expulit autem et sacerdotes, et Levitas, qui in decem tribubus habitabant; et juvencarum sacerdotes plebeios quoslibet elegit. Quod quidem solum fecit convenienter rationi. Non oportebat enim Dei sacerdotes, deos qui non sunt colere. »

L'opinion des écrivains sacrés et des auteurs ecclésiastiques nous est donc connue désormais. Or, il nous semble que plusieurs aujourd'hui n'en tiennent pas assez compte, lorsqu'ils nous affirment que les veaux d'or de Jéroboam n'étaient pas à proprement parler des idoles, mais des images, des symboles de Jéhovah, le Dieu d'Israël (3). Nous avons vu en effet que l'Ecriture ne nous permet pas d'adopter cette manière de voir. Convenons d'ailleurs qu'il serait bien étonnant que le péché de Jéroboam eût été toujours exagéré dans la Bible et ne nous eût jamais été présenté sous son véritable jour. Il est bien vrai que toute image de la divinité était en opposition avec la Loi (4), et que le culte rendu à un symbole constituait pour le peuple un danger permanent, c'est-à-dire, tendait à le faire tomber dans tous les excès de l'idolâtrie, mais néanmoins les textes que nous avons allégués prouvent positivement que Jéroboam renonça et fit renoncer son peuple au Dieu d'Israël et non pas seulement au culte légitime.

On nous objectera qu'il eût été dangereux pour le pouvoir de Jéroboam de chercher à introduire une nouvelle religion et à enlever aux Israélites la foi de leurs pères; mais nous répondrons, premièrement, que Jéroboam avait pour but d'isoler autant que possible son peuple du royaume de Juda et que de simples modifications dans le culte n'auraient peut-être pas été suffisantes, et, secondement, que les Israélites étaient naturellement portés à l'idolâtrie, sans compter que les circonstances étaient plus favorables qu'on ne le dit pour leur faire abandonner le vrai Dieu. C'est la remarque que nous avons déjà faite plus haut. En somme l'objection n'est donc pas très sérieuse.

On admettait autrefois très généralement que Jéroboam avait emprunté en Egypte l'idée de son nouveau culte et que les deux veaux d'or avaient

---

(1) L. XVII de Civit. Dei, c. XXIII.
(2) Quæst., XLII.
(3) Cfr. Keil, Bibl. Comment. p. 166; Bæhr die Bücher der Kœn. 135, 136.
(4) Ex., XX, 3, 4.

quelque analogie avec Apis et Mnévis, les divinités égyptiennes. Mais aujourd'hui ceux qui ne considèrent pas les veaux d'or d'Israël comme des idoles, s'élèvent contre l'opinion ancienne et prétendent que le nouveau culte fut importé de la haute Asie. On fait remarquer que le choix d'une divinité égyptienne ne peut se concilier avec les paroles de Jéroboam et renferme une véritable contradiction, car la divinité qui avait humilié les Egyptiens et délivré les Israélites ne pouvait être une divinité égyptienne. Au surplus, on ne trouve pas trace du culte égyptien soit en Israël, soit en Juda, et tous les dieux qui furent plus tard honorés en Juda étaient asiatiques. On observe encore que Mnévis et Apis étaient deux divinités différentes, tandis que Jéroboam ne voulait représenter qu'une seule divinité; que les Egyptiens n'avaient que des statues de pierre, enfin que le taureau était un emblème répandu parmi tous les peuples de l'antique Orient.

Or, nous commencerons par rappeler que les paroles de Jéroboam « hi sunt dii tui... (1) », sont empruntées à l'Exode (2) et que le veau d'Aaron était emprunté au culte égyptien, ainsi que nous l'apprend le martyr S. Etienne : « Aversi sunt cordibus suis in Ægyptum dicentes Aaron : Fac nobis deos qui præeant nobis (3) ». On comprend d'ailleurs qu'au sortir de l'Egypte, les Israélites n'ont pu qu'imiter ce qu'ils avaient eu sous les yeux, car à cette époque ils n'avaient eu de relations avec aucun des peuples de l'Asie.

Nous invoquerons de nouveau l'autorité de S. Jérôme, dont l'opinion résume sans doute celle de son époque et celle de la tradition. Dans son commentaire sur le ch. IV d'Osée nous lisons : « Mater vocatur populi frequentia et omnis turba nationis Hebrææ ad quam loquitur; filii autem vel singuli ex populo, vel per oppida villasque dispersi... Ipsa Dei repulit legem, et ideo sacerdotium perdidit in æternum, colens vitulos aureos in Dan et Bethel; et quia oblita est legis Dei, et penitus Ægyptiis se idolis mancipavit; idcirco et Dominus obliviscetur filiorum ejus, tradens eos æternæ captivitati; » plus loin : « Videtur autem mihi idcirco et populus Israel in solitudine fecisse sibi caput vituli, quod coleret, et Jeroboam, filius Nabath vitulos aureos fabricatus, ut quod in Ægypto didicerant Ἄπιν καὶ Μνεῦσιν qui sub figura boum coluntur, esse deos, hoc in sua superstitione servarent. » Il interprète d'une façon très heureuse les paroles « quia ex Israel et ipse est » du ch. VIII, ainsi qu'il suit : « Et quia dixerat : *Projice vitulum tuum, Samaria*, exponit quid sit vitulus *Quia ex Israel et ipse est;* non ab aliis, ait, vitulum gentibus accepistis, ut Baal et Astaroth a Sidoniis, ut Chanas a Moabitis, ut Moloch ab Ammonitis; sed vos ipsi, et rex vester Jerobam, quod in Ægypto didiceratis, fecistis in Israel. » Enfin, plus loin nous trouvons encore ce passage : « Ideo autem et veterum iniquitatum recordabitur, et peccata pristina visitabit, quia in Ægypto sunt universi, vel eosdem colentes deos, in quibus prius erraverunt, Ἄπιν καὶ Μνεῦσιν. »

Nous allons maintenant répondre aux objections ou observations signalées précédemment par quelques courtes réflexions.

---

(1) III Rois, XII, 28.
(2) Ex., XXXII, 4.
3) Act., VII, 39. 40.

Nous avons déjà fait remarquer que les paroles de Jéroboam montrent bien qu'il a eu l'intention d'imiter ce qu'avaient fait autrefois les Hébreux, après la sortie d'Egypte, et que les Hébreux avaient dû alors reproduire ce qu'ils avaient vu et ce qu'ils connaissaient, c'est-à-dire, les idoles égyptiennes. La première fois, ils ne se sont point embarrassés de la contradiction ou n'y ont pas pris garde, et la seconde fois il en a été de même. Doit-on s'en étonner? Nous ne le pensons pas, car l'idolâtrie étant en elle-même la contradiction de toute l'histoire des Israélites et réfutée d'avance par les faits les plus palpables et les plus convainquants, il n'en est pas moins incontestable que le peuple Juif eut toujours un penchant décidé pour les idoles des nations et qu'ils finirent par tomber dans tous les excès de l'impiété et de la superstition. Au reste, la contradiction n'est peut-être pas aussi évidente qu'elle le paraît. Nous ne croyons pas en effet que les Hébreux, dans le désert, aient eu l'intention d'honorer précisément les divinités de l'Egypte, ce que le texte ne dit pas, mais simplement se faire un dieu sur le même modèle et de lui rendre le même culte qu'à Jéhovah. Jéroboam n'eut donc qu'à puiser dans les souvenirs du passé et dans les siens propres pour constituer son nouveau culte, lequel, extérieurement, pour l'ensemble des cérémonies, dut rappeler le culte légitime du temple de Jérusalem. N'oublions pas que Jéroboam avait eu en vue d'isoler son peuple et que le moyen le plus naturel était de lui donner un dieu national, tout en conservant les anciennes cérémonies auxquelles ses sujets devaient rester très attachés, ne fût-ce que par habitude. On n'ignore pas d'ailleurs que les pratiques extérieures prennent habituellement aux yeux du peuple une importance majeure et qu'il est souvent impossible de les abolir. Nous ne serons donc pas surpris de ne pas trouver trace du culte égyptien dans le royaume d'Israël. Ainsi nous aurons l'intelligence de ces paroles que nous lisons dans le prophète Osée et que commente S. Jérôme : « Quia ex Israel et ipse est » (1). Il s'agit donc d'un culte nouveau, d'un culte qui a pris naissance en Israël, et qui n'a point été importé de toutes pièces de l'étranger. C'est même pour ces raisons que nous ne sommes pas convaincus que les veaux d'or de Béthel et de Dan représentassent positivement les dieux égyptiens Mnévis et Apis, car rien ne montre que Jéroboam ait copié servilement ce qu'il avait vu. En plaçant l'un des veaux d'or à Béthel et l'autre à Dan, il avait uniquement pour but de faciliter à ses sujets l'approche des sanctuaires de son culte.

Les Egyptiens n'avaient que des statues de pierre ; mais il n'est pas difficile de comprendre pourquoi les Hébreux dans le désert se firent faire un veau d'or, c'est-à-dire un simulacre en bois recouvert de lames d'or. En effet, ils ont choisi la matière qu'ils avaient sous la main et qu'ils étaient d'ailleurs plus aptes à travailler et ils l'on revêtue d'un métal précieux pour en déguiser la pauvreté. Jéroboam, à son tour, voulant faire revivre une ancienne superstition, ne put mieux faire que de se conformer aux usages d'autrefois.

Enfin, s'il est bien constaté que le taureau était un emblème répandu dans tout l'Orient, nous ne voyons pas en quoi ce fait contredit les témoignages positifs que nous avons allégués.

---

(1) Os., VIII, 7.

Quant à la signification précise des veaux d'or de Jéroboam, il est difficile ou plutôt il est impossible de la bien reconnaître, et d'ailleurs la question en soi importe peu. Ce dont nous sommes certains, c'est que ces veaux d'or étaient de véritables idoles; mais nous ignorons si par là Jéroboam avait voulu représenter l'incarnation du dieu qu'il proposait en adoration à ses sujets, bien que la chose semble probable. En tout cas, nous avons constaté que ces simulacres n'étaient pas les symboles de Jéhovah, mais des dieux nouveaux différents de celui d'Israël.

Il nous reste à dire un mot, pour terminer, au sujet des appréciations de la critique moderne à l'endroit du schisme et des réformes religieuses opérées par Jéroboam. Duncker (1) prétend que les dix tribus « continuèrent le royaume et conservèrent le nom d'Israël, tandis que dans le sud une tribu isolée s'était séparée de la masse ». Voici maintenant comment il juge le schisme religieux : « Aussitôt que Jérusalem ne fut plus la capitale du royaume, son temple ne pouvait plus rester le sanctuaire de toutes les tribus. Parmi les anciens sanctuaires, Jéroboam consacra de nouveau ceux de Béthel et de Dan et y plaça des prêtres. A Béthel, il bâtit sur la hauteur un temple qui, pour son empire, devait remplacer le temple de Jérusalem. Ces commencements du culte des images de Jéhovah que nous pouvons observer dans la période précédant la royauté, qui du temps de David avaient continué leurs progrès, obtinrent alors d'être reconnus universellement et reçurent une consécration officielle. A Dan comme à Béthel, Jéroboam érigea un veau d'or à Jéhovah. Dans ce rétablissement du culte de Jéhovah, il y avait aussi une réaction nationale contre les cultes étrangers, que Salomon avait introduits à Jérusalem dans les dernières années de son règne. Selon Menzel (2), Jéroboam n'eut pas d'autre but que de rendre son ancienne importance a l'antique sanctuaire de Béthel, détrôné par le nouveau temple de Jérusalem. Ce sont les adversaires du culte des images qui ont prétendu que le peuple avait adoré les veaux d'or.

Il est difficile, comme on le voit, de prendre plus complètement le contrepied de l'histoire. Comment peut-il maintenant être question du péché de Jéroboam, puisque ce roi n'aurait été que le promoteur et l'auteur d'une restauration qui aurait dû lui mériter la reconnaissance de son peuple? On ne s'explique vraiment plus pourquoi les prophètes ont tant de fois et en termes si énergiques blâmé l'entreprise de Jéroboam. Si ce qu'on appelle la science consiste a interpréter les textes à rebours, félicitons-nous de ne pas élever trop haut nos prétentions par amour de la nouveauté, de nous contenter de suivre les chemins battus et de rester fidèles à l'histoire et au bon sens.

IV. Élie et Élisée.

A l'époque où les tribus d'Israël se séparèrent de la maison de David, Jéroboam, leur premier roi, avait établi le culte des veaux d'or, dans le but d'empêcher ses sujets de fréquenter le sanctuaire national de Jérusalem.

---

(1) *Geschichte des Alterthum*, 1, 304.
(2) *Staats-und Rel. Geschichte der Kœnigreiche Israel und Juda*, p. 156 et suiv.

Il voulait prévenir une défection possible et même probable, et le moyen le plus naturel et le plus efficace pour y parvenir était certainement de dresser autel contre autel, de raviver et de perpétuer l'antagonisme des deux royaumes et de dresser, pour ainsi dire, un mur de séparation entre Israël et Juda. Toutefois, nous ne voyons pas que Jéroboam ait persécuté ceux de ses sujets qui étaient restés fidèles au culte du vrai Dieu, qu'il ait porté atteinte, selon l'expression reçue, à la liberté de conscience. Mais Achab alla plus loin; aggravant la faute de Jéroboam, il voulut faire du culte de Baal la religion nationale de son royaume, c'est-à-dire, faire avancer de plus en plus son peuple dans la voie de l'idolâtrie et creuser encore l'abîme qui séparait le royaume d'Israël de celui de Juda. Non-seulement il éleva à Baal un temple dans Samarie, sa capitale, mais il institua pour le service de la nouvelle divinité un nombreux sacerdoce (1), tandis que Jézabel, son épouse, persécutait et faisait mettre à mort les prophètes du Seigneur, afin de faire disparaître le culte du vrai Dieu.

Or, c'est précisément à l'heure où il s'agissait de sauver les derniers restes du vrai culte et de préserver de l'apostasie les rares adorateurs du vrai Dieu, qui avaient eu le courage de rester fidèles à la foi de leurs pères, que le Seigneur suscita Elie, le plus puissant des prophètes et dont le nom אליהו, *Eliahou* ou אליה, *Eliah,* « celui qui a Jéhovah pour Dieu », répond complètement à sa mission et à ses œuvres.

Dès l'origine du royaume d'Israël, plusieurs prophètes, animés de l'esprit de Dieu, s'étaient élevés contre le culte des veaux d'or et avaient annoncé à Jéroboam la chute de sa dynastie et la ruine de sa maison; mais aucun des prophètes n'a combattu avec autant de zèle et de force qu'Elie, pour l'honneur du Dieu des armées, et n'a remporté de plus éclatantes victoires. Mais aussi, bien que le Seigneur n'ait jamais manqué d'accomplir la parole de ses serviteurs et de légitimer publiquement leur mission par des miracles, cependant nul autre n'a reçu en sa faveur d'aussi magnifiques témoignages de la puissance divine. Il n'est donc pas étonnant que le souvenir de cet illustre personnage se soit conservé vivant dans la tradition juive. Elie est assurément une des plus grandes figures de l'Ancien Testament, tant par la puissance de sa parole et de ses œuvres que par sa vie extraordinaire et l'étrange soudaineté de ses apparitions sur le théâtre des événements. Il se montre tout à coup (2) pour prédire à Achab une longue sécheresse, sans que nous sachions quels avaient été ses commencements, ni d'où il sortait. Son début, que l'on pourrait qualifier de coup de maître, ne semble avoir été ni prévu ni préparé. Mais toutefois on aurait tort d'en conclure que jusque-là Elie était resté inactif et que sa mission prophétique a commencé à l'heure même de son entrée en scène. De même, il n'est pas non plus vraisemblable que nos livres historiques commencent la biographie complète du personnage à partir de l'époque où il commence à agir et à parler. L'auteur des Rois, en effet, avait évidemment pour but de dépeindre et de mettre en lumière les principales phases du royaume d'Israël; on comprend donc pourquoi il s'est borné à rapporter les merveilles qu'Elie a opérées pen-

---

(1) III Rois, xviii, 19.
(2) III Rois, xvii, 1 et suiv.

dant sa lutte contre les serviteurs de Baal, ainsi que les manifestations de la toute-puissance de Dieu et de sa grâce, qui ont concouru au but que se proposait le prophète. Mais là sans doute ne s'est pas bornée l'action d'Elie, et on ne peut guère douter que les actes de sa vie cachée n'aient eu autant et peut-être plus d'influence réelle sur le peuple que sa vie publique devant les rois et les grands du pays. C'est lui sans doute, comme nous l'avons dit ailleurs, qui releva les écoles des prophètes. Or, ces associations de *fils de prophètes*, que nous voyons établies à Galgala, à Béthel et à Jéricho (1), avaient évidemment pour but, outre l'édification mutuelle des membres de la communauté et leur avancement dans les voies spirituelles, de former de vaillants défenseurs de la cause de Dieu. Là trouvaient un point d'appui et des exemples fortifiants ceux qui n'avaient pas courbé le genou devant Baal, mais dont la situation était rendue périlleuse par l'absence du sacerdoce lévitique et la privation du culte légitime dont le centre exclusif était à Jérusalem (2). Plus l'idolâtrie levait la tête, plus Dieu sut montrer à son peuple, par le ministère d'Elie, qu'il était le Seigneur des armées et que Baal n'était rien. Puissant par la parole et par les œuvres, le prophète alliait la vie contemplative et monacale, si l'on peut parler ainsi, à la vie active, car si, pendent un temps, il s'éloignait de la société des humains et se retirait dans la solitude, tout à coup il reparaissait et agissait comme le représentant de Dieu (3). L'esprit de Moïse revivait en Elie, qui restaura l'œuvre du grand législateur, c'està-dire, la théocratie, autant du moins que les circonstances le permirent, car il semble que, dès le principe, le royaume schismatique portait en luimême un germe de mort, puisqu'il n'avait été fondé et maintenu que par la révolte. Aussi Elie ressemble à Moïse en plusieurs points, par sa fuite dans le désert, par l'apparition dont il fut favorisé au mont Horeb, en dernier lieu par sa fin extraordinaire. Moïse et Elie sont certainement les deux plus imposantes personnalités de l'Ancien Testament, les représentants par excellence de l'antique alliance, ceux qui, par leur vie et leurs œuvres, nous en font le mieux connaître la nature et la grandeur. Les tonnerres, les éclairs, le fracas des trompettes et la fumée du Sinaï, qui montait comme d'une fournaise, symbolisaient, sous des images puissantes, le feu dévorant de la Majesté et de la Sainteté de Dieu ; or les paroles de Moïse et d'Elie étaient semblables à des éclairs ou à des traits enflammés qui atteignaient les impies pour venger l'honneur de Dieu et maintenir son alliance, tant leur zèle pour la loi était ardent, tant il avait d'activité et d'énergie. On peut comparer Moïse, le législateur, et Elie, le prophète, aux deux témoins dont parle l'Apocalypse (4) et dont il est dit : « Hi sunt duæ olivæ, et duo candelabra, in conspectu Domini terræ stantes. Et si quis voluerit eis nocere, ignis exiet de ore eorum ; et si quis voluerit eos lædere, sic oportet eum occidi. Hi habent potestatem claudendi cœlum ne pluat diebus prophetiæ eorum, et potestatem habent super aquas convertendi eas in sanguinem, et percutere terram omni plaga quotiescumque voluerint. » La mission d'Elie a été et sera de

---

(1) IV Rois, II, 35, IV, 38.
(2) Cfr. Ire partie de cette Introduction, Écoles des prophètes.
(3) V. III Rois, XVIII, 4 et suiv., XVIII, 2 et suiv.
(4) Apoc., XI, 4 et suiv.,

« convertir le cœur des pères vers les fils et le cœur des fils vers leurs pères (1) », ou encore « de réconcilier le cœur du père avec le fils et de rétablir les tribus de Jacob (2) ». Il a été non-seulement le précurseur, mais aussi la figure du souverain prophète annoncé par Moïse, de celui qui devait accomplir la loi et les prophètes (3). Aussi Elie, comme représentant de la prophétie, apparaît-il à côté de Moïse, le représentant de la Loi, sur la montagne de la Transfiguration, pour s'entretenir avec Jésus-Christ de son départ prochain, « et dicebant excessum ejus quem completurus erat in Jerusalem (4). » On s'expliquera donc aisément que le nom d'Elie ait toujours joui d'un grand prestige. Nous en trouvons déjà un témoignage frappant dans l'Ecclésiastique, où nous lisons un éloge complet du grand prophète, éloge qui renferme l'exposé de ses principales œuvres et qui commence par ces paroles : « Et surrexit Elias propheta, quasi ignis, et verbum ipsius quasi facula ardebat (5). » Ce début caractérise d'ailleurs magnifiquement la manière du prophète. Aucun autre prophète n'est mentionné aussi fréquemment dans le Nouveau Testament. La tradition rabbinique a encore embelli et amplifié son histoire ; mais on ne saurait accorder la moindre créance à ce que l'on peut considérer comme de véritables rêveries (6).

Pour continuer son œuvre, Elie, d'après l'ordre de Dieu, choisit Elisée, fils de Saphat, qui, dans sa longue carrière prophétique, travailla puissamment au rétablissement de la Loi et se montra en tout le digne héritier de son maître.

Ce qui porte ombrage à la critique nouvelle, dans l'histoire d'Elie et d'Elisée, c'est l'accumulation du merveilleux, pour employer l'expression à la mode. Mais, comme le dit excellemment Keil (7), « on n'a pas réfléchi que ces prodiges étaient rendus nécessaires par les conditions exceptionnelles au milieu desquelles vécurent Elie et Elisée. A une époque où la souveraineté du Dieu vivant, en Israël, était non-seulement en question, mais était même menacée d'une complète destruction par l'établissement légal et définitif du culte de Baal, Dieu se devait à lui-même de ne point laisser périmer ses droits, de payer, pour ainsi parler, de sa personne, par conséquent d'employer les moyens surnaturels en sa qualité du Dieu de l'Alliance, et de manifester sa Divinité par des prodiges. Le royaume des dix tribus ne possédait ni sacerdoce lévitique, ni temple consacré par le Seigneur, et toutes les prescriptions de la Loi étaient non-seulement mises en oubli, mais violemment abolies. Cependant ce royaume n'était pas encore mûr pour la réprobation, puisque Dieu s'était réservé sept mille hommes qui n'avaient pas courbé le genou devant Baal. C'est à cause de ces justes que le Seigneur eut pitié du royaume d'Israël et lui envoya ses prophètes pour appeler les apostats à la pénitence. Mais, en de telles circonstances, les prophètes, qu'elles qu'eussent été la sainteté de leur vie

---

(1) Matth. iv, 6.
(2) Eccli., XLIII, 10.
(3) Matth., v, 17.
(4) Luc., ix, 31 ; Cfr. Matth., xvii, 3.
(5) Eccli., XLVIII, 1-13.
(6) On peut consulter à ce sujet Schœtgen, *Hor. hebr.* II, p. 533 et Eisenmenger, *Entdekktes Judenthum* p. 404 et suiv.
(7) *Biblischer Commentar*, p. 193.

et la puissance de leur parole, n'auraient pu atteindre le but de leur mission, ni combattre avec succès les prêtres de Baal, si Dieu ne les eût plus fortement soutenus que les prophètes du royaume de Juda, qui trouvaient un appui dans le sacerdoce lévitique et le culte légitime. » Nous ne pouvons que nous associer à des réflexions aussi sensées, et nous ajouterons, avec l'auteur cité, que ces miracles ne peuvent paraître étranges que si l'on en méconnaît le but. « Si nous considérons, dit Kurtz, l'histoire de notre prophète comme un anneau vivant et essentiel de la longue chaîne des merveilles divines qui s'étendent du Sinaï au Golgotha et à la montagne des Oliviers, et si nous faisons attention à la situation particulière d'Elie et à son entourage, le miracle en lui-même, l'accumulation même des miracles et leur étrangeté prétendue, nous apparaîtront sous un autre jour (1). »

On a d'abord cherché à expliquer naturellement les miracles d'Elie et d'Elisée; mais cette tentative n'ayant pas réussi, ou plutôt ayant abouti à un ridicule complet, après avoir eu une certaine vogue, les adversaires irréconciliables du miracle se sont rejetés sur la légende et le mythe. Or, comme les miracles d'Elisée sont encore plus nombreux que ceux d'Elie et ressemblent à ceux de son maître, c'était une raison de plus pour les considérer comme des inventions de la tradition. Mais on ne veut pas tenir compte des différences et encore moins réfléchir que les différences, comme les ressemblances, s'expliquent par la position particulière d'Elisée. Par le partage des eaux du Jourdain, la multiplication de l'huile et la résurrection d'un mort, Elisée prouva qu'il avait été appelé de Dieu pour être le successeur d'Elie et continuer son œuvre, et c'est pour la même raison qu'il opéra plus de merveilles que son maître. D'autre part, si Elisée eut moins à sévir que son maître et si son ministère fut plus consolant, c'est que les circonstances avaient changé. En effet, Elie avait si bien détruit le règne du culte de Baal et si bien fait reconnaître la puissance de Dieu, que Joram et les autres rois ses successeurs respectèrent désormais les prophètes et leurs oracles. Elisée n'eut donc, pour ainsi dire, qu'à maintenir le peuple dans les voies de son retour à Dieu et à accentuer les progrès de la conversion commencée par son maître.

Mais nous ne nous bornerons pas à ces remarques générales, et vu l'importance du sujet nous croyons bien faire d'étudier de plus près la question et d'entrer plus avant dans l'exposé et la réfutation des doctrines rationalistes.

L'épisode d'Elie et d'Elisée occupe certainement une place importante dans les livres des Rois, tant par son développement que par les faits en eux-mêmes. Aussi la plupart des critiques modernes admettent que l'auteur s'est servi d'une notice biographique ou d'une double notice biographique, ce que l'abondance des détails et le ton général du récit sembleraient confirmer, et nous ne verrions nul inconvénient à partager cette opinion. Que l'historien ait fait purement et simplement un ou plusieurs extraits du document qu'il avait sous les yeux, ou qu'il ait résumé les passages principaux qui conduisaient à son but, peu importe, car la question, ce nous semble, est indifférente en soi. En tout cas, ce dont on se

---

(1) *Herz's Real encyclop.* III, 755, art. Elisa.

rend compte avec évidence, c'est que l'histoire des deux prophètes, telle qu'elle nous est présentée, forme un tout complet et suivi, un épisode à part. On peut d'ailleurs raisonnablement penser que le travail primitif, d'un caractère tout biographique, était l'œuvre d'un prophète. Toutes ces suppositions sont vraisemblables en elles-mêmes, et rien ne s'oppose précisément à ce que nous les admettions; cependant nous avons fait remarquer dans le chapitre des sources, qu'il était très-naturel d'admettre que l'histoire d'Elie et d'Elisée eut trouvé place dans les annales des rois d'Israël et y eût été longuement traitée. Mais ce qui nous paraît peu justifié, et même tout à fait inadmissible, c'est d'assigner des époques différentes aux diverses parties du récit. Selon Ewald (1) la partie la plus ancienne serait le ch. XXI du III° livre des Rois et la plus moderne les ⱱⱱ. 2 à 17 du ch. I du IV° livre. Quant à la partie principale (2), elle aurait pour auteur un écrivain qui aurait vécu à la fin du huitième siècle ou au commencement du septième, c'est-à-dire, environ deux cents ans après Elie. Or ces suppositions sont absolument gratuites et ne reposent que sur une autre qui ne l'est pas moins, à savoir que le meurtre de Naboth aurait eu une influence décisive sur la marche des choses, ce qui obligerait à intervertir l'ordre des faits. En somme, si l'histoire d'Elie et d'Elisée a été traitée à part, il est absolument impossible, en l'absence de tout indice, de préciser la date de la composition d'un pareil ouvrage. Ce n'est d'ailleurs pas s'éloigner de la vraisemblance que de supposer que les prophètes Elie et Elisée étaient des personnages trop remarquables par leurs œuvres pour que l'histoire n'ait pas attendu de longues années pour prendre soin de conserver leur physionomie et le souvenir de leurs actes. Tout fait donc présumer que la notice concernant Elie et Elisée, biographique ou non, a été composée peu après leur mort et qu'elle est contemporaine des événements. Nous sommes donc de l'avis du professeur Aug. Clemen (3) qui affirme que l'auteur était plutôt près que loin des grands jours où le prophète avait miraculeusement opéré un changement radical dans la situation des dix tribus, et qu'on avait un plus grand besoin de peindre la vie et les œuvres d'un prophète comme Elie que d'enregistrer les événements parfois peu importants d'un règne. Mais nous n'admettons pas avec le même auteur, que la personnalité du grand prophète ait pu être transfigurée par la tradition au-dessus de la réalité historique, car rien dans le texte ne permet de le supposer. Nous avons donc devant nous un travail véritablement historique, c'est-à-dire un tableau fidèle, quoique incomplet, de la vie et des œuvres des deux prophètes, et non pas une composition qu'on puisse comparer à une légende, comme le prétendent les négateurs du merveilleux. Selon Thénius, nous aurions, non pas proprement « une histoire, mais une peinture faite d'après la tradition et la légende ». Selon Rædiger et Knobel, « la légende et l'histoire sont si étroitement unies qu'il serait difficile de les séparer entièrement l'une de l'autre. » Selon Schenkel, « nous avons des récits sous la forme de la légende, en sorte, que le mythe a germé sur le terrain des faits. » Quant à Ewald, il voit dans notre récit une œuvre prophético-poétique d'une époque postérieure, tout

---

(1) *Geschichte der Volkes Israel*, 3° édit. III, 525 et suiv., passim.
(2) III Rois, XVII-XIX et IV Rois, II, 1-18.
(3) *Die Wunderberichte über Elia und Elisa*, p. 13.

en reconnaissant que l'auteur a utilisé d'anciens écrits, mais en prétendant que, concevant tout au point de vue poétique, il a transformé l'histoire d'Elie et de son temps. Bunsen (1) exprime la même opinion en ces termes : « Tout le récit de la vie d'Elie est un poëme populaire depuis le commencement jusqu'à la fin ; mais nous avons dès légendes, non des mythes. La vérité historique de la vie et de la personnalité n'en est point atteinte. Pourtant vouloir ramener les histoires merveilleuses au rang des événements ordinaires serait un travail insensé et ingrat, car on méconnaitrait ainsi le caractère de l'exposition et on en détruirait la vie et la beauté. Notre composition poétique témoigne en faveur de la force merveilleuse de cet esprit et de ses manifestations étonnantes plus fortement que ne l'aurait fait un aride récit des événements ; elle est le fruit de l'enthousiasme qu'il (Elie) éveilla dans ses disciples, comme, pour ainsi dire, un être surnaturel et que ceux-ci, après son départ, conservèrent pendant leur vie. » Il en conclut que pour exiger la foi à la vérité historique du miracle, il faut être ou profondément ignorant, ou rétrograde, ou hypocrite, ou faible d'esprit. C'est accumuler les injures sans grand profit. Dunker (2) partage à peu près la même opinion, mais il est plus modéré dans ses expressions. « La tradition, dit-il, a orné la vie d'Elie et d'Elisée d'un grand nombre de miracles. Elie monte au ciel sur un char de feu et le cadavre d'Elisée opère encore des merveilles. »

Quelques remarques sont ici nécessaires.

Il ne serait pas aisé de prouver que le récit qui concerne Elie est un extrait d'un poëme populaire. Il est en effet bien reconnu que l'auteur a prétendu faire une œuvre historique. Or, si le travail dont il s'est inspiré pour retracer l'histoire du prophète eût été un poëme, il n'en aurait pas inséré des extraits dans son récit et ne l'eût pas mis sur le même pied que les autres documents dont il s'est servi. Ce serait d'autant moins explicable que l'histoire d'Elie n'est point un épisode insignifiant, mais fait époque dans l'histoire du royaume et de la théocratie. Il a donc considéré comme historique le travail qu'il a mis à contribution et l'a présenté comme tel à ses lecteurs. Si c'eût été un poëme, ce serait lui qu'il faudrait traiter d'ignorant, d'imposteur, d'esprit faible et exalté. Que l'on recule, si l'on veut, la composition de la biographie d'Elie, si biographie il y a, ainsi que celle des livres des Rois, il n'en est pas moins inadmissible qu'un poëme ait jamais pu être accepté universellement comme une œuvre d'histoire. D'ailleurs, remarque Bæhr (3), l'histoire d'Israël était en même temps celle des révélations divines, et par suite, ce n'était pas l'affaire des poëtes, mais des prophètes. Pour cette raison seule, le prophète qui a écrit la biographie d'Elie, soit à part, soit dans les annales d'Israël, n'a point fait une œuvre d'imagination. Mais, en outre, on peut facilement constater que l'histoire d'Elie, dans notre texte, ne ressemble nullement à de la poésie par comparaison avec le reste. La narration est vive, mais simple et naturelle, le style n'est point figuré les localités sont exactement indiquées, enfin, certains traits caractéristiques et physiologiques contribuent encore à prouver que les faits racontés ne sont pas l'exposition ou la représenta-

---

(1) *Bibelwerk*, x, 540.
(2) *Geschichte der Alterthums*, 1875, ii, 463.
(3) *Bibelwerk, die Bücher der Kœnige, Einleitung*, p. ix.

tion de vérités prophétiques ou d'idées générales et abstraites. Par conséquent, l'opinion d'Ewald est absolument contraire au texte; d'ailleurs, il a soin de se contredire lui-même, puisqu'un peu auparavant il avait dit que tous les récits ne pouvaient donner qu'une faible idée de la grandeur originaire et de la force triomphante du plus grand héros prophétique du royaume des dix tribus. Mais si le récit des actes d'Elisée ne ressemble point à un poëme ou aux extraits d'un poëme, il est tout aussi éloigné d'avoir la couleur légendaire ou mythique. On n'y remarque ni obscurités, ni emphase, ni réflexions dogmatiques : partout l'exposition est claire et limpide, et si certains faits s'écartent des règles ordinaires, l'auteur ne cherche ni à les déguiser, ni à y préparer le lecteur, mais les présente à leur place tout aussi naturellement et simplement que les détails de la vie commune.

On peut faire les mêmes réflexions au sujet du récit qui concerne Elisée et arriver aux mêmes conclusions. Là encore, on pourrait admettre que l'auteur s'est aidé d'un document spécial, ce qui pourtant n'est pas nécessaire, ainsi que nous l'avons déjà dit. Mais ce que l'on peut affirmer en toute assurance, c'est que la notice sur Elisée porte en elle-même son empreinte d'individualité et ne ressemble point à une imitation. Les traits de détail et le caractère même des faits miraculeux montrent que l'invention n'y est pour rien et que le récit n'a point une physionomie légendaire ou mythique. Les miracles d'Elisée offrent en réalité quelque ressemblance avec ceux d'Elie, mais c'est précisément en raison des circonstances et parce que le disciple n'a pu que marcher sur les traces du maître. D'ailleurs, les différences sont faciles à saisir, comme nous le ferons remarquer en son lieu, et, en tout cas, vu l'abondance et le fini des détails, la vie d'Elisée a un caractère éminemment historique. On ne sait au juste à quelle époque remonte le document primitif quel qu'il fût, ou plutôt nous n'avons pas à cet égard de renseignements positifs; mais la simplicité du récit et surtout la précision des détails portent à croire qu'il était l'œuvre d'un contemporain. C'est ce qu'avouent plusieurs exégètes de notre temps, entre autres Schultz (1) et Aug. Clemen (2), etc.

Nous allons maintenant dans deux paragraphes spéciaux, passer en revue les miracles d'Elie et d'Elisée.

§ 1. Vie et miracles d'Élie.

D'après le récit biblique, Elie apparaît tout à coup, semblable à un éclair sortant des nuages (3), et on a voulu en conclure que nous ne possédons pas le commencement de son histoire. La chose est possible, mais il semble que ces apparitions soudaines du prophète sont surtout caractéristiques, et appartiennent, pourrait-on dire, à sa manière (4). Nous ne savons en vérité quels furent les commencements d'Elie, mais ce que nous voyons, c'est qu'il se montre au moment où la

---
(1) *Alttest. Theol.* I. 155.
(2) *Die Wunderberichte über Elia und Elisa*, p. 44.
(3) III Rois, XVII, 1.
(4) III Rois, VIII, 12; IV Rois, II, 16-48; Eccli., XLVIII, et suiv.

mesure du crime en Israël était comble. Jézabel, la femme d'Achab, fille du roi de Sidon, avait non-seulement introduit le culte de Baal, mais avait fait massacrer les prophètes du Seigneur (1). Or, au moment le plus violent de la persécution, un homme, Élie, ose seul se présenter devant le roi et le menacer du châtiment réservé aux apostats (2). Il disparaît ensuite et se retire dans la solitude, attendant pour se montrer devant Achab (3), qu'on soit convaincu de la vérité de sa parole, qu'on sente le besoin que l'on avait de lui et de son Dieu et qu'il puisse lui-même agir avec force et succès contre le culte idolâtrique. Pendant la sécheresse générale qu'il avait annoncée et qui fut accompagnée de la famine, non-seulement il est épargné, mais il conserve la vie des autres. Trois faits miraculeux se rapportent en effet à cette première phase de la vie publique du prophète, c'est-à-dire, son entretien par les corbeaux près du torrent de Carith, la multiplication de la farine et de l'huile chez la veuve de Sarephta, et la résurrection ou tout au moins la guérison du fils de cette femme (4).

Or, avant d'aller plus loin, nous ferons remarquer que la meilleure manière de démontrer la vérité des faits miraculeux attribués à Élie, c'est d'en faire ressortir le but et la signification, sans toutefois négliger d'attirer l'attention sur le caractère même du récit. Nous supposons, bien entendu, que le merveilleux ou le miracle n'est pas essentiellement une chimère et rentre dans la catégorie des choses possibles. Ceux-là seuls peuvent logiquement en nier l'existence et la possibilité qui, isolant Dieu du monde créé, en font un être inactif, indifférent à tout, relégué dans un lointain inconnu, en un mot, étranger à son œuvre, ou qui conçoivent la Divinité à la manière des panthéistes. Mais alors il devient impossible de comprendre l'histoire tant de l'Ancien que du Nouveau Testament, et il faut la refondre en entier. C'est d'ailleurs ce qui a été tenté, particulièrement en Allemagne et par toute une école. Toutefois, il est d'autres esprits qui, sans nier théoriquement le miracle, cherchent, dans la pratique et dans le détail, à en affaiblir et même à en détruire l'autorité, en travaillant à fausser et à dénaturer les données de l'histoire. Il est donc utile pour eux et pour d'autres d'insister sur l'utilité de chaque fait miraculeux, en particulier, et sur le caractère historique de la narration.

Ceci posé, nous ferons d'abord observer, à propos des trois miracles déjà mentionnés, qu'ils conviennent au temps où ils eurent lieu et non point à une époque quelconque, ce qui suffit pour montrer que leur association n'est point due au hasard et à l'arbitraire. Ils sont en outre des signes et des témoignages du Dieu vivant par opposition aux idoles insensibles, qui ont une bouche et ne parlent pas, des oreilles et n'entendent pas, des mains et ne peuvent saisir (5).

On convient généralement de la réalité historique du séjour d'Élie dans le désert, près du torrent de Carith, puis à Sarephta; mais quant aux trois faits miraculeux qui s'y rapportent, on les met sur le compte de la légende, sans autre forme de procès et sans nous dire pourquoi. On a

---

(1) III Rois, XVIII, 4.
(2) Lévit. XXVII, 19; Deut. XI, 16 et suiv.
(3) III Rois, XVIII, 1.
(4) III Rois, XVII, 5 et 6, 14 et 16, 18-23.
(5) Ps. CXIV, 4-7.

d'abord cherché, mais en vain, à dénaturer le texte et à entendre par הָעֹרְבִים, *haorbim* (les corbeaux) (1), les habitants d'une ville voisine ou des marchands ambulants. On est allé même jusqu'à prétendre, comme Michælis, que le prophète avait soutenu son existence en disputant aux corbeaux leur proie habituelle, en leur enlevant les lièvres, les rats et les souris qu'ils portaient à leurs petits, ou même en les mangeant, toutes suppositions dont le ridicule saute aux yeux et maintenant abandonnées. Finalement on a eu recours aux mythes et on a comparé le fait en question aux mythes païens que nous trouvons dans les auteurs profanes. Knobel (2), Rœdiger (3), Winer (4), rappellent à ce propos que, d'après la fable, Cyrus fut allaité par une chienne, que Romulus et Rémus le furent par une louve, Téléphas par une biche, et que Sémiramis fut nourrie par les colombes. Or, laissant de côté la question de savoir si le merveilleux païen doit être absolument rejeté en bloc, nous ferons remarquer que l'assimilation proposée n'est point exacte. La différence est grande entre les mythes dont on nous parle et le miracle dont nous nous occupons. Ces mythes ont en effet un sens tout païen, car ils indiquent que les qualités de tel ou tel animal ont passé à un enfant, ou comment telle ou telle personne a acquis une qualité particulière à un certain animal. Mais il n'y a là aucune ressemblance avec notre miracle qui montre que Dieu tient dans sa main toutes les créatures et peut les employer comme bon lui semble, pour assurer l'accomplissement de ses volontés. D'ailleurs nous sommes ici sur le terrain historique et rien donc n'autorise à douter du fait qui nous est raconté. Evidemment l'historien est de bonne foi et il raconte ce fait merveilleux avec la même simplicité et la même précision que le reste. Qu'on veuille bien remarquer que l'histoire, à cette époque, n'était même plus dans l'enfance chez les Hébreux et depuis longtemps, tandis que les mythes et les fables du paganisme n'ont été enregistrés par les historiens profanes que plusieurs siècles après les faits qu'ils symbolisent. Pour celui qui croit à la possibilité métaphysique du miracle, est-il invraisemblable, ou impossible, ou indécent, que Dieu ait employé les corbeaux pour concourir à l'exécution de ses plans, c'est-à-dire, pour conserver à la vie un grand prophète dont la mission n'était pas achevée? Il voulait ainsi prouver sa fidélité à son serviteur, l'assurer de son concours pour l'avenir, exercer et fortifier sa foi. En envisageant le fait à ce point de vue, il prend place naturellement à côté des autres miracles bibliques, avec sa signification particulière. S. Jérôme (5) nous raconte que l'ermite S. Paul fut nourri pendant soixante ans par un corbeau qui lui apportait chaque jour la moitié d'un pain. Or, nous ne sommes pas ici de l'avis de Bahr qui voit là une imitation et une exagération de notre récit. Nous ne voyons pas en effet pourquoi la source des miracles serait tarie depuis la Nouvelle Alliance et pourquoi une vague ressemblance entre un fait ancien et un fait plus nouveau peut porter préjudice au dernier.

Lorsque le torrent de Carith se fut desséché, le prophète alla à Sarephta

---

(1) III Rois, xvii, 6.
(2) *Prophetismus der Hebræer*, II, 84.
(3) *Elias und Elisa*, dans Ersch und Gruler's *Allgem. Encycl.* 1840, xxxiii, 322.
(4) *Biblisches Realwœrterbuch*, 318.
(5) Hyer. *Vita Pauli.*

et s'arrêta chez une veuve à laquelle il sauva la vie en multipliant miraculeusement sa provision de farine et d'huile (1). Parmi les rationalistes, les uns ont prétendu que Dieu a *béni* la veuve, qui put pourvoir à son entretien par le travail de ses mains, ou qu'Elie l'encouragea dans ses efforts pour se suffire à elle-même. Mais, en vérité, il n'était pas besoin pour cela d'un prophète. D'autres pensent qu'Elie fut secrètement entretenu par ses amis; d'autres enfin ne voient là que l'explication d'une vérité morale, c'est-à-dire, que la bénédiction divine accompagne toujours les hommes de Dieu. Mais le miracle aurait plutôt cet autre sens : plus la nécessité est grande, plus le secours de Dieu est proche. On peut d'ailleurs comprendre que le Seigneur voulut récompenser et fortifier la foi de la pauvre veuve et, en même temps, glorifier son serviteur, qui d'ailleurs pouvait aussi avoir besoin, dans les circonstances difficiles où il se trouvait, de sentir qu'il était sous la main et la protection de Dieu. Enfin ce fait nous montre le prophète sous un nouveau jour, car il nous permet de juger que la sévérité et la dureté ne faisaient pas le fond de son caractère, que son âme était accessible à la compassion. Si, dans ses rapports avec Achab et les tenants du culte de Baal, il déploie une inflexible rigueur, c'est parce que la charité et la douceur n'auraient servi à rien. L'utilité de ce second miracle se trouve donc établie et, d'autre part, on ne saurait dire qu'il est indigne de la sagesse et de la majesté de Dieu. En terminant, nous rappelons que Josèphe (2) nous apprend que Ménandre, l'historien de Tyr, fait mention d'une grande sécheresse qui eut lieu sous Ethbaal ou Ithobal, roi de Sidon et père de Jézabel.

Mais Elie ne tarda pas à fournir à la veuve de Sarephta un témoignage encore plus frappant de la puissance et de la bonté de Dieu. Le fils de cette femme tombe malade (3), « et erat languor fortissimus », lisons-nous, « ita ut non remaneret in eo spiritus ». L'enfant était-il mort ou seulement sans connaissance et à toute extrémité? c'est une question que nous examinons dans le commentaire; mais, chose certaine, l'historien nous fait entendre que les prières d'Elie le rappelèrent miraculeusement à la vie. Il est bien évident en effet qu'il n'a pas l'intention de nous donner une preuve de la science médicale du prophète ou de nous raconter une guérison opérée par les moyens ordinaires. Si Elie s'étend trois fois sur le corps de l'enfant, ce ne peut pas être pour le réchauffer et pour ranimer la circulation du sang, mais c'est pour figurer symboliquement l'action de Dieu. Notre-Seigneur Jésus-Christ lui-même s'est plusieurs fois servi de moyens sensibles qui étaient également de véritables symboles ou sacrements (4). Un pareil prodige était bien fait pour consolider la foi de la veuve, pour lui démontrer péremptoirement que le Dieu d'Israël était le Dieu unique et véritable, le maître de la vie et de la mort. A cette occasion le Dr Clemen (5) fait ressortir le contraste de la conduite d'Elie : d'une part, le prophète menace, condamne et punit une race idolâtrique et apostate et, de l'autre, il se montre compatissant et miséricordieux pour la

---

(1) III Rois, xvii, 9 et suiv.
(2) *Ant.* I. VIII, c. xiii, § 2.
(3) III Rois, xvii, 17.
(4) Cfr. Marc. vii, 33, viii, 23; Jean. ix, 67.
(5) *Die Wunderberschte*, etc. p. 17 et 18.

pauvre veuve. « Il semblerait, dit-il, que Dieu ne l'avait envoyé à Sarephta que pour lui faire apprendre la charité et la pitié, avant de l'employer à une mission toute de justice et de sévérité. » Pour nous, nous aimons mieux reconnaître ici l'image de la conduite même de Dieu, qui prend soin des plus petits, de ceux qui croient en lui, mais qui châtie parfois implacablement les pécheurs endurcis dans le crime, ou qui, par une sévérité calculée, cherche à ramener à lui les âmes égarées plutôt que foncièrement rebelles ou corrompues. En tout cas, c'est bien ici le lieu de répéter le mot de Rousseau : « Ce n'est pas ainsi qu'on invente. » Les rationalistes nous parlent d'évanouissement, de magnétisme animal, ou prétendent que l'auteur veut nous apprendre que les prophètes étaient aussi médecins, toutes hypothèses éminemment gratuites, puisqu'elles ne tiennent pas en face du texte.

La sécheresse et la famine duraient depuis trois ans (1), lorsque le prophète se montra enfin et entreprit une lutte décisive contre les prophètes et les prêtres de Baal, laquelle lutte se termina par le triomphe complet du vrai Dieu, dont la puissance se manifesta visiblement. Elie profite de la victoire pour faire exterminer par le peuple les prophètes de Baal, puis il implore le Seigneur, avertit Achab de se hâter de rentrer à Jezraël avant la pluie, et accompagne le roi jusqu'à la ville (2).

Ce récit, dont nous ne pouvons donner qu'un abrégé, offre certainement beaucoup d'analogie avec certains épisodes de la vie de Moïse. Dans les deux cas, le Dieu d'Israël se révèle en faisant descendre le feu du ciel (3). Comme Moïse, Elie élève un autel de douze pierres (4). Moïse fait châtier les apostats et ainsi fait Elie (5); de même aussi il intercède pour le peuple (6). Mais ces ressemblances donnent-elles le droit de ne voir ici qu'un simple pastiche de la vie de Moïse et de refuser à notre récit toute valeur historique? Est-il donc en soi très étrange que le rénovateur de l'alliance se soit modelé sur le fondateur? Pour prouver la puissance de Dieu, pouvait-on trouver un signe sensible plus efficace que celui qui autrefois avait rempli les Hébreux de crainte et de respect? Ewald (7) voit dans cet épisode la représentation poétique d'une vérité religieuse, et Bunsen (8) suppose que le prophète avait d'abord parcouru tout le pays pour démontrer l'inanité du culte de Baal, avant de demander au peuple d'immoler les prophètes de cette divinité. Mais la lecture du texte suffit pour écarter ces hypothèses et bien d'autres dont la variété prouve la fausseté. D'autres, comme Knobel et Schenkel, ont recours au mythe. Mais, s'il fallait l'admettre ici, il faudrait l'admettre ailleurs (9) et rejeter en bloc toute l'histoire de la révélation. Duncker (10) résume aussi à sa manière les ch. XVII et XVIII : « De cette narration qui appartient à la rédaction pro-

---

(1) III Rois, XVIII, 1.
(2) Ibid. 19 et suiv.
(3) Cfr. III Rois, XVIII, 38 et Lev. IX, 24.
(4) Cfr. III Rois, XVIII, 31, 32; Ex. XXIV, 4.
(5) Cfr. Ex. XXXII, 26 et suiv.; III Rois, XVIII, 40.
(6) Cfr. III Rois, XVIII, 43 ; Ex. XXXII, 31 et suiv.
(7) *Geschichte des Volkes*, III, 574, 3º, Ausg.
(8) *Bibelwerk*, p. 539.
(9) Cfr. Lev. IX, 24; Jug., VI, 29; I Rois, XII, 17 et suiv.; Jean, XII, 29.
(10) *Geschichte des Alterthums*, II, 464.

phétique des annales, on doit seulement admettre qu'Elie avait annoncé une grande sécheresse et une grande famine dans le pays comme une punition de Dieu, à cause du culte de Baal, que le peuple irrité massacra les prêtres de Baal, que le roi Achab permit aux prophètes de Jéhovah de revenir et leur rendit la liberté, que, par suite, le culte de Jéhovah menacé recouvra la suprématie en Israël. » On peut se demander de quel droit on se permet de mutiler ainsi l'histoire et de la réduire à l'aridité d'une table de matières, et pourquoi, si l'historien mérite créance pour le fond des choses, son témoignage, empreint cependant de la plus entière sincérité, n'a plus aucune autorité pour les détails, détails dont l'exactitude et la précision ressemblent à celles d'un procès-verbal. Est-ce ainsi qu'on invente? ou plutôt, n'est-ce pas ainsi que les choses ont dû se passer pour que le prophète ait obtenu si complètement gain de cause contre les prophètes de Baal? Malgré son éloquence, malgré son zèle, serait-il parvenu à opérer dans le peuple un revirement aussi complet? La chose n'est point vraisemblable, et d'autant moins que l'apostasie était puissante et qu'Elie était réduit à ses seules forces.

D'autres considérations nous aideront d'ailleurs à voir les faits sous leur véritable jour. Après que le roi et son peuple avaient été affligés et humiliés ainsi sans obtenir aucun secours des prêtres de Baal, le moment était bien choisi pour achever la défaite du culte idolâtrique et de ses sectateurs. C'est justement à cette heure que le prophète engage le combat, livre une bataille décisive et la gagne. Remarquons encore que l'épreuve proposée par Elie n'a pas été choisie au hasard et arbitrairement, mais qu'elle est en rapport avec l'économie de l'Ancien Testament. Le fond de la religion de l'Ancien Testament consiste en effet à reconnaître pour le Dieu vivant et véritable celui qui se révèle comme tel. Quant aux divinités du paganisme, ce n'est pas autre chose que la nature divinisée dans ses forces et ses attributs.

A l'encontre de ces divinités, le vrai Dieu, qui a tout créé, montre qu'il a tout pouvoir sur les créatures. Dans le cas présent, il fallait un miracle pour forcer le peuple à honorer et adorer Dieu; or, comme le culte et l'adoration ont leur plus haute expression dans le sacrifice, il convenait que le prodige opéré par Elie fût dans le même ordre d'idées et fût en rapport avec le sacrifice. Concluons que tout, dans le récit, est en complète harmonie non-seulement avec les idées du temps, mais avec les faits qui ont précédé et que rien ne ressemble moins à une narration confuse, obscure et remplie de disparates. Remarquons en passant que les Israélites n'avaient pas du vrai Dieu la même conception que nos déistes et rationalistes modernes. Ces derniers se représentent la Divinité comme enchaînée par les lois de la nature, incapable de manifester sa toute-puissance; mais pour les Hébreux, un Dieu de ce genre n'eût pas été un Dieu vivant, mais un Dieu mort et sans puissance. En cela ils possédaient plus de véritable philosophie que nos métaphysiciens, qui n'usent des lumières de leur raison que pour se fortifier dans leurs préjugés.

On accuse le prophète de fanatisme et de cruauté; mais ce reproche tombe à faux si, au lieu d'apprécier les faits d'après les idées modernes ou les préceptes évangéliques, on les examine au point de vue de la législation de l'Ancienne Alliance. Le premier et le suprême commandement était celui-ci : « Je suis le Seigneur, ton Dieu, tu n'auras pas d'autre

Dieu devant moi. » L'existence du peuple israélite et même sa raison d'être reposaient sur cette prescription fondamentale, dont la transgression méritait la mort (1). Elie s'est donc simplement conformé à la législation mosaïque, législation imposée par Dieu même. Au reste, l'idolâtrie n'avait jamais pénétré dans la masse de la nation, que sous Achab; or, comme le prophète était appelé par sa mission à mettre un terme à cet état de choses, il était absolument nécessaire, pour atteindre ce but, d'exterminer les principaux soutiens du culte réprouvé. C'est donc ici le cas d'appliquer aux détracteurs d'Elie le vers du poète :

Dat veniam corvis, vexat censura columbas (2).

A la fin du ch. XVIII, nous voyons que le prophète court devant Achab et l'accompagne jusqu'à Jezraël. Le texte ne dit pas expressément qu'il eût besoin en cette occasion de l'assistance divine. Aussi renvoyons-nous cette question au commentaire.

Mais les espérances qu'Elie avait pu concevoir sont trompées et Jézabel, loin de reconnaître le jugement de Dieu dans ce qui s'était passé au Carmel, fit menacer de mort le prophète, qui se retira alors dans le royaume de Juda, du côté de Bersabée et de là dans le désert, où il s'assit sous un arbrisseau, désirant la mort. Visité par un ange et réconforté miraculeusement, il marche pendant quarante jours et quarante nuits et arrive au mont Horeb. Là Dieu se manifeste à lui dans une vision sublime (3).

Evidemment, la distance de Bersabée au mont Horeb n'était pas de quarante jours et de quarante nuits. Il est encore vrai que cette marche extraordinaire rappelle les quarante jours que Moïse passa sur le Sinaï, sans boire et sans manger (4). De même l'apparition de l'ange en rappelle d'autres de ce genre (5). Mais sans doute on ne peut avoir la prétention d'imposer à Dieu le choix de ses moyens et de lui enjoindre de les varier, et, d'autre part, il pouvait être dans les vues de la Providence de faire rester Elie aussi longtemps dans le désert, afin de le préparer à recevoir les communications qui devaient apporter la lumière et la consolation à son âme affligée. Il n'est point étonnant d'ailleurs que le rénovateur de l'Alliance ait dû passer par les mêmes voies que Moïse, le fondateur. Quant au nombre quarante, il a aussi sa signification particulière, car il désigne dans l'Ecriture, à plusieurs reprises, le temps de la purification et de l'épreuve (6). Si le prophète est soutenu miraculeusement par la nourriture qu'il avait prise, c'est qu'il était utile de lui rappeler que son Dieu était le même qui avait autrefois nourri tout un peuple pendant quarante ans avec la manne du ciel. Enfin, n'était-il pas naturel que Dieu fît indiquer par son ange au prophète, découragé de l'insuccès de sa mission, la route qu'il avait à suivre. Tout s'explique et se légitime donc et rien ne permet de trouver là des traces d'imitation ou de poésie, et de rejeter,

---

(1) Ex., XXII, 19; Deut., XIII, 5 et suiv., XVII, 2 et suiv.
(2) Juven., II. 63.
(3) Cfr. III Rois, XIX, 1-12.
(4) Ex., XXIV, 18, XXXIV, 28; Deut., IX, 18, 25, X, 10.
(5) Gen. XVII, 6 et suiv., XXI, 17 et suiv.
(6) Gen. VII, 4; Jos., VII, 4; IV 6; XXIX, 11-13; Matth., IV, 2.

comme non historiques, les faits qui nous sont présentés. N'est-il pas plus simple de raisonner ainsi que de supposer, avec Niémeyer (1), que la Providence s'est servie pour son messager d'un homme compatissant, ou, avec Eichorn, que le prophète a rêvé tout ce qui lui est arrivé?

Nous donnons dans le commentaire la signification symbolique de la révélation qui fut faite à Elie sur le mont Horeb (2); mais nous ajouterons ici quelques mots pour revendiquer son caractère historique. On peut la comparer à celle dont Moïse fut favorisé (3); mais, comme d'après le texte, il s'agit d'une véritable Théophanie, il est assez naturel que les mêmes détails, les mêmes expressions se rencontrent. La poésie n'a rien à faire ici, car, ainsi que le remarque Bunsen (4), « ce serait la plus invraisemblable des suppositions, d'admettre que les disciples du prophète eussent inventé les sublimes paroles de cette apparition de Dieu. » Elie se trouvait d'ailleurs dans des circonstances aussi graves et aussi difficiles que jadis Moïse, et il avait sans doute besoin des mêmes encouragements, car sa mission était loin d'être terminée. Elie est placé sur la même ligne que Moïse, précisément parce qu'il était un second Moïse. Toutefois, le mode d'apparition n'est pas le même et les différences sont assez sensibles à première vue, pour qu'il soit inutile d'insister davantage.

Nous ne nous occuperons point ici de la rencontre d'Elie et d'Achab, car on admet unanimement le caractère historique du ch. XXI. Nous passons donc au quatrième livre des Rois.

Ochozias envoie consulter le dieu d'Accaron au sujet de sa maladie; mais Elie rencontre ses messagers et lui fait annoncer qu'il mourra. Le roi d'Israël ordonne de s'emparer du prophète; mais le feu du ciel, à la prière d'Elie, dévore ceux qui sont envoyés pour le prendre. Enfin, Elie se décide à suivre un troisième officier qui se présente devant lui avec le respect convenable et il annonce en face à Ochozias sa mort prochaine (5).

On cherchait autrefois à expliquer naturellement la destruction par le feu du ciel des soldats d'Achab, en disant que les disciples d'Elie les avaient repoussés ou que ces soldats, peu nombreux d'ailleurs, avaient été tués par la foudre, par le simoun ou un feu souterrain. On rappelait à ce sujet que les Perses, marchant contre le temple de Delphes, avaient été frappés par la foudre (6), et que les Gaulois, au moment de livrer l'assaut à la ville de Delphes, avaient été dispersés par un orage accompagné de grêle et d'un tremblement de terre (7). Mais ces hypothèses sont maintenant démodées; elles ont fait leur temps. Il nous suffit donc de les signaler. Aujourd'hui le mythe est en faveur, le mythe explique tout. D'après ce système nouveau, l'historien veut simplement enseigner que Dieu protège ses serviteurs d'une manière extraordinaire, et qu'il entend leurs prières, même quand ils demandent quelque chose d'insolite; qu'il se sert de la tempête, de la grêle et de la foudre pour anéantir les impies et

---

(1) *Characteristik der Bibel*, p. 245.
(2) III Rois, XIX, 11, 12.
(3) Ex. XXXIII, 18-23, XXXIV.
(4) *Allgem. Encycl.* p. 542.
(5) IV Rois, I, 3 et suiv.
(6) Herod, VIII, 36.
(7) Justin, 24, 8.

protéger les siens. On invoque, à ce propos, divers passages de l'Ecriture (1), et les mêmes faits de l'histoire profane que nous avons déjà mentionnés. Selon Winer (2), les éclairs et la voix du saint homme en eût imposé aux soldats et le fait a été orné par la légende. D'après Bunsen et Eisenlohr, tout ce qu'on peut conclure du récit, c'est que le roi Ochozias fit tout ce qu'il put pour attirer Elie à la cour. Comme on le voit, chacun a son système, circonstance qui déjà rend très-suspectes toutes ces hypothèses.

Or, nous ferons d'abord remarquer que le passage dont nous nous occupons, contient des faits d'une nature assez semblable à ceux qui précèdent, et que le style n'est pas assez différent pour supposer une rédaction plus moderne. En effet, les différences signalées par Ewald sont des moins importantes ou même se réduisent à rien. Citons pour exemple les deux passages suivants : ותפל אש יהוה, *vattipel esch Jehova*, « et le feu du Seigneur tomba (3) » ; ותרד אש מן השמים, *vattéred esch mun hasschamaim*, « et le feu descendit du ciel. » Qu'on juge si l'on peut baser là-dessus une argumentation.

En fait, ce nouveau jugement de Dieu ressemble au précédent (4) et mérite la même créance. Ochozias s'irrite contre le prophète qui lui fait annoncer sa mort et se montre résolu à s'emparer, coûte que coûte, de l'homme de Dieu pour le mettre à mort. Les exécuteurs de ses volontés ne craignent pas de railler le prophète, comme si la puissance humaine pouvait s'opposer à l'accomplissement des oracles de la justice divine. Or, Dieu qui jadis avait châtié la révolte de Coré, de Dathan et d'Abiron (5), et naguère confirmé l'autorité du nouveau Moïse par un signe éclatant (6), pouvait-il laisser impunies les insultes des satellites de l'impie Ochozias ?

On peut encore considérer que le feu est la forme ordinaire sous laquelle se manifeste la colère divine (7). Dans l'accomplissement de ses vengeances, Dieu lui-même est un feu dévorant (8). Dans certains passages même on distingue à peine s'il s'agit du feu ou de la colère de Dieu, tant cette forme de la manifestation divine est conforme à l'économie de l'Ancien Testament.

Enfin, il ne peut être question d'un acte de vengeance, car nous verrons dans le commentaire que le prophète n'a point agi par le mouvement d'un zèle tout humain et charnel.

Nous arrivons enfin à l'enlèvement d'Elie (9), dont nous croyons inutile de résumer le récit. Passant même sous silence les questions de détail, que nous traitons dans le commentaire, nous nous demanderons si nous avons ici le produit de la légende, qui a voulu représenter ainsi figurati-

---

(1) Cfr. Gen., xix, 24; Jos. x, 11; Job, xxxvi, 32; Ps., xi, 6, xviii, 15, cxliii, 6; Ezech., xxxviii, 22.
(2) *Real. Woerterbuch*, i, 349.
(3) III Rois, xviii, 40.
(4) III Rois, xviii, 40.
(5) Nomb., xvi, 35.
(6) III Rois, xviii.
(7) Cfr. Levit., xi, 1, xvi, 35; Deut., xxxii, 22; Ps., xxi, 9 et suiv., etc.
(8) Levit., iv, 24, xi, 3.
(9) IV Rois, ii, 1-8.

vement l'impression que le zèle de feu d'Elie avait faite sur ses contemporains, ou s'il est question d'un fait vraiment historique confirmé par le témoignage même d'Elisée.

Nous ferons d'abord remarquer que la narration se distingue par la sincérité et la précision des détails, sans qu'on puisse découvrir la moindre hésitation, comme le prétend Schultz (1), ni aucune obscurité dans les expressions. Or donc, plutôt que de voir ici une amplification du récit de la Genèse (2), où il est question de la disparition d'Hénoch, nous préférons admettre que nous possédons un récit authentique de l'enlèvement d'Elie, confirmé par le témoignage de son principal disciple. Personne ne saurait taxer d'invraisemblance ce départ mystérieux du grand prophète, car il est en harmonie complète avec le reste de sa vie, sa mission et son caractère. Celui dont le zèle de feu et la parole ardente avaient opéré de si grandes œuvres, ne pouvait avoir d'apothéose qui terminât plus glorieusement sa carrière. Il ne faut pas oublier d'ailleurs que le fait a toujours été admis par les Juifs, ainsi que les autres faits miraculeux de l'histoire d'Elie et de la leur propre. Le témoignage de l'Ecclésiastique nous en est un sûr garant (3). Enfin nous alléguera-t-on l'apothéose de Romulus (4) et l'enlèvement de Ganymède (5)? Qui ne sentirait en effet l'injustice du parallèle? Quant aux interprétations et aux explications des rationalistes, il suffit à peu près de les citer pour en faire justice. Michælis (6) prétend qu'Elie a été emmené hors de la Palestine, et a vécu encore douze ans; Winer (7), qu'il s'est peut-être retiré dans la solitude, laissant à son disciple le soin de continuer son œuvre : deux hypothèses contraires au texte et fondées seulement sur un passage des Paralipomènes (8), où il est dit qu'un écrit מכתב, *miktab,* ou, si l'on veut, une lettre d'Elie parvint à Joram. Mais il ne faut pas beaucoup d'imagination pour comprendre que le prophète a pu composer cet écrit ou cette lettre avant son départ de ce monde. Les explications naturalistes sont encore plus singulières, pour ne rien dire de plus. Selon Jahn (9), Elie aurait été enlevé par une trombe d'eau au milieu des éclairs et du tonnerre, ou emporté par un tourbillon, ou encore il se serait perdu derrière un nuage, ou le roi l'a fait prendre pendant un orage et l'a fait emmener sur un char. Un autre affirme gravement qu'un vent violent ayant fait voler le sable et la poussière, comme lorsqu'un attelage court sur un sol sablonneux, Elisée s'était figuré que son maître s'était enlevé au ciel sur un char de feu. Or, nous ne nous contenterons pas de dire, avec Knobel (10), que ces hypothèses sont très-forcées, « sehr gezwungen », nous les déclarons absurdes et ridicules. C'est pour nous une nouvelle raison de nous attacher purement et simplement au texte, plutôt que de nous mettre à la remorque d'un système quelconque.

---

(1) *Alt. test. Theolog.* I. 362.
(2) Gen., v, 24.
(3) Cfr. Eccli., XLVIII. 4, 9, 10.
(4) Lev., I. 46.
(5) Hom. *Il.* XX. 233.
(6) *Anmer Rungen fur Ungelehrte,* XII, zn II Kœn. II, 4.
(7) *Realwœrterbuch,* I. 348.
(8) II Paral., XXI. 12.
(9) *Enleit. in das Alt. Test.* II, 4, p. 264.
(10) *Der Prophetismus der Hebræer,* II, 85.

Le même Knobel, qui a apprécié aussi sainement les tentatives de ses émules, ne craint pas de comparer l'enlèvement d'Elie à l'apothéose de Romulus et à l'enlèvement de Ganymède, ce qui n'est pas moins déraisonnable.

Nous ne sommes pas plus satisfait de l'explication allégorique d'Ewald (1), dont nous lui empruntons l'exposition suivante ; « Une vie plus pure que celle d'aucun homme de ce temps, consacrée au service de Jéhovah, et en même temps si puissamment employée à faire avancer le royaume de Dieu, ne pouvait finir autrement. En cessant d'être visible, il est reçu dans une sphère purement spirituelle, c'est-à-dire, dans le ciel où il agit avec encore plus de liberté et de force. Et le ciel s'abaisse lui-même sur la terre en ce moment pour élever jusqu'à lui l'esprit qui lui appartient déjà tout entier. Ainsi, un char de feu avec des chevaux de feu descend du ciel et enlève Elie jusqu'au ciel pendant la tempête. Dans cette expression hardie, on ne doit chercher que l'éternelle vérité de cette pensée. » Ainsi donc, l'enlèvement d'Elie est réduit à une expression sans réalité, expression destinée à transfigurer la mort du prophète, pour que sa fin soit en rapport avec sa vie. Nous avons voulu citer le passage d'Ewald, pour donner une idée de la manière de cet auteur, qui ne voit partout que poésie, et dont la prose éminemment poétique est à peu près intraduisible. Assurément si le langage de l'historien biblique était aussi vague et aussi vaporeux, nous aurions alors le droit de nous montrer soupçonneux et de chercher à lire entre les lignes et à dépouiller son récit d'ornements superflus. Mais c'est précisément tout le contraire ; la narration de l'enlèvement d'Elie, toute dramatique et toute saisissante qu'elle soit, n'a rien de poétique, et le ton général reste le même et ne diffère point de celui du reste de l'histoire d'Elie.

En terminant l'examen des miracles d'Elie, nous ferons une remarque applicable aussi à la vie d'Elisée, c'est que, si l'on veut s'écarter du texte pour le corriger et l'interpréter à sa manière, on risque de substituer à l'histoire véridique ses propres pensées et ses propres imaginations. La variété et la multiplicité des explications naturalistes et rationalistes le prouve surabondamment. Leur nombre et leur dissemblance témoignent justement de leur faiblesse ou plutôt de leur inanité.

Pour l'interprétation proprement dite nous renvoyons au Commentaire.

§ 2. *Les miracles d'Elisée.*

Elie laissait un successeur dans son disciple Elisée. Or, pour bien apprécier les rôles et les actes de ce dernier, il est nécessaire de bien se pénétrer de l'idée qu'il était avant tout le continuateur de son maître. C'est le seul moyen d'éviter le danger d'établir entre ces deux personnages un parallèle hasardeux. Nous ferons donc sagemeut de nous placer au point de vue indiqué et, tout en laissant à Elisée sa personnalité distincte, de voir en lui le principal disciple d'Elie, l'héritier de son esprit comme de sa mission.

---

(1) *Geschichte des Volkes Israel,* III, 581.

Aussitôt après le départ de son maître, Elisée entre en scène et guérit les eaux de la source de Jéricho (1). Auparavant il avait déjà éprouvé qu'avec le manteau d'Elie, il avait aussi hérité de son esprit et de sa puissance (2).

Pour enlever aux eaux de Jéricho leurs propriétés nuisibles, nous voyons que le prophète se sert d'un moyen naturel ; mais évidemment on doit le considérer comme un acte symbolique, car ce n'est pas une poignée de sel qui a eu la vertu d'améliorer une source pour toujours. C'est ainsi que le disciple commençait à prouver devant tout le peuple qu'il était bien l'héritier d'Elie, ce qui n'était pas indifférent pour le succès de sa mission. Nous devons donc accepter la chose comme elle nous est présentée, au lieu de voir là une tradition locale, dont l'origine aurait été le séjour du prophète à Jéricho. Il faut d'ailleurs considérer que le fait était en soi assez important et qu'il a eu pour témoins tous les habitants d'une ville. Par conséquent, il était difficile qu'il pût être dénaturé.

La malédiction du prophète et son prompt accomplissement (3) ont provoqué le scandale et l'incrédulité. Mais, d'une part, la malédiction d'Elisée se légitime parfaitement puisque ces enfants devaient savoir ce qu'ils faisaient et, d'autre part, il était important que le prophète ne fût pas impunément tourné en ridicule dès le commencement de sa mission. Il ne faut pas oublier d'ailleurs que l'esprit de la Loi ancienne n'était pas celui de la Loi nouvelle. Nous ne tirerons même pas avantage de la brièveté du récit pour en contester la vérité absolue, à l'exemple d'Aug. Clemen (4), le fait étant en lui-même trop précis et trop dégagé d'accessoires pour avoir été embelli par la légende. En admettant même que l'écrivain ne soit pas contemporain des événements, il est aisé de comprendre que le souvenir d'un pareil malheur ait pu se conserver jusqu'à lui sans altération.

Nous terminons l'examen des trois premiers actes d'Elisée par quelques réflexions destinées à en faire ressortir davantage la signification et l'utilité. Ce ne sont pas là en effet de simples anecdotes mises arbitrairement à la suite l'une de l'autre. Le premier acte du disciple, en présence des prophètes, fut la répétition du dernier acte du maître (5). C'était pour Elisée un signe que sa prière avait été exaucée et, pour les prophètes, la preuve que l'esprit du maître avait passé en héritage à son disciple. Par les deux actes suivants, c'est-à-dire, par la guérison des eaux de Jéricho et le châtiment des enfants de Béthel, le prophète prouve sa mission aux hommes fidèles et aux incrédules, et montre qu'il est un homme d'action comme son maître.

Les trois faits ont aussi chacun une signification particulière : Le passage du Jourdain témoigne que le Seigneur fraie la voie à ses serviteurs et à ses envoyés (6). Le miracle de Jéricho montre que c'est le Seigneur qui guérit (7). Enfin l'événement de Béthel est un signe pour les apostats,

---

(1) IV Rois, II, 19-22.
(2) Ibid. v, 14.
(3) IV Rois, II, 23 et 24.
(4) *Die Wrinderterichte,* etc. p. 32.
(5) IV Rois, II, v, 1, 4 et 8.
(6) Cfr. Is. XLIII, 1, 2.
(7) Ex., XV, 26, XXIII, 25, 26 ; Cfr. Ps., CII, 3, CXLVI, 3 ; Is. VIII, 22.

et vérifie la parole du prophète; « Deus æmulator et ulciscens Dominus... ulciscens Dominus in hostes suos et irascens ipse inimicis suis (1) ».

Elisée se retire pendant quelque temps au Carmel (2), et paraît s'être fixé ensuite à Samarie où il avait sa maison (3), ce qui ne l'empêchait pas de retourner de temps en temps à la montagne ou même d'entreprendre d'autres voyages. Nous voyons d'abord qu'il vient au secours des rois d'Israël, de Juda et de l'Idumée, qui avaient entrepris une expédition contre les Moabites et se trouvaient en danger de périr de soif avec leurs armées. Il leur annonce l'aide de Dieu et la victoire, prédiction qui ne tarde pas à s'accomplir (4). Or, bien que le salut des trois rois et de leurs armées nous soit représenté comme le fait de la puissance divine, il n'est pas impossible d'expliquer l'illusion des Moabites et l'arrivée de l'eau par des causes toutes naturelles (5). Mais ce qui est du domaine surnaturel, c'est la prédiction du prophète, car dans le récit elle a bien le caractère d'une véritable prophétie. Une circonstance surtout est particulièrement caractéristique, c'est qu'Elisée fait demander un musicien. C'en est assez pour écarter l'hypothèse de Knobel (6), qui prétend que le prophète était très-versé pour son temps dans les sciences naturelles et qu'il aurait reconnu que le sol contenait beaucoup d'eau. En effet, Elisée n'avait pas besoin d'un musicien pour faire usage de ses connaissances ou pour découvrir qu'il y avait des nappes d'eau dans le sous-sol. Ne faisons donc pas d'un personnage justement honoré un charlatan vulgaire.

Avec le ch. IV° commence le récit d'une série de miracles qui probablement ne sont pas rapportés selon l'ordre chronologique. Qu'ils aient été tous accomplis sous le règne de Joram, ou qu'il faille les echelonner sur un espace de cinquante-cinq années, leur nombre n'a rien qui doive étonner.

Le premier fait qui se présente, c'est la multiplication de l'huile de la veuve (7). Il rappelle sans doute un miracle du même genre opéré par Elie (8); mais ce n'est pas une raison suffisante pour supposer que la tradition et la légende ont attribué à Elisée ce qui revenait à Elie, et *vice versa*, comme le prétend Knobel (9), car les deux récits, malgré une certaine analogie, sont parfaitement distincts et à ce point que la confusion eût été impossible, même en supposant, ce qui n'est pas, que l'historien eût été assez éloigné des événements. Nous devons donc simplement conclure que l'auteur veut nous apprendre que Dieu s'occupe particulièrement des veuves et des orphelins. Comme hommes de Dieu, les deux prophètes étaient donc bien dans leur rôle. Il est d'ailleurs à remarquer que la Loi recommande fréquemment de prendre soin de cette classe de délaissés (10).

---

(1) Nah., I, 4. Cfr. Ex., xx, 5.
(2) Rois, II, 25.
(3) IV Rois, v, 9, vi, 32.
(4) Cfr. Rois, III, 9 et suiv.
(5) Cfr. Comment.
(6) *Der Prophetismus der Hebræer*, II, 95.
(7) IV Rois, v, 4-7.
(8) III Rois, xvii, 8-16.
(9) *Der Prophetismus der Hebr.* II, 96.
(10) Cfr. Ex. xxii, 21-24.; Deut. xiv, 29, xxiv, 17-19; xxvi, 12· xxvii, 19.

Dieu se déclare le père et le juge des veuves et des orphelins (1). C'est un des plus grands crimes de les négliger et de les mépriser (2); au contraire, s'occuper d'eux est la marque de la véritable crainte de Dieu et de la piété (3). Il n'est donc pas étonnant que les prophètes Elie et Elisée, représentants de la Divinité, hommes de Dieu dans toute la force du terme, se soient montrés les conseillers, les consolateurs et les protecteurs des veuves et des orphelins. Autrement, fait excellemment remarquer Bahr (4), il manquerait dans la vie de chacun quelque chose d'essentiel à leur vocation prophétique.

Les explications des rationalistes sont tellement absurdes, qu'il faut quelque courage pour les mentionner. Selon les uns, Elisée aurait partagé avec la veuve sa provision d'huile et celle de plusieurs autres personnes; selon d'autres, il lui aurait conseillé d'en tirer un parti avantageux en la vendant en détail, ou de la mélanger avec d'autres substances (5). Ces suppositions misérables témoignent bien de l'embarras de leurs auteurs, lesquels n'osent ni rejeter le texte, ni l'admettre dans son entier.

La résurrection du fils de la Sunamite rappelle également celle du fils de la veuve de Sarephta (6); mais le récit, en cet endroit, avec ses nombreuses particularités et ses traits caractéristiques, ne porte point l'empreinte de l'imitation et c'est la preuve qu'il doit être historique. Remarquons en effet que l'auteur nous fait connaître que le prophète avait promis un fils à la Sunamite, et qu'il fit placer d'abord son bâton sur le visage du mort, mais sans succès, circonstances qu'il aurait pu taire et qui ne sont point empruntées au récit du miracle opéré par Elie. Toute la ressemblance se borne donc au fait même de la résurrection et aux détails immédiats qui l'accompagnent (7). Il est d'ailleurs assez naturel que le disciple ait imité le maître. Mais ce serait dénaturer le récit et en méconnaître la valeur que de ne faire attention qu'à l'acte de la résurrection. En somme, nous avons tout un épisode qui forme un tout complet, l'histoire, pour ainsi dire, de la Sunamite, histoire qui tient une certaine place dans la vie d'Elisée. Il ne faut donc pas chercher le but et la signification du récit dans un détail unique et isolé, mais dans l'ensemble. Trois points principaux sont à considérer : 1° Une femme pieuse, qui reçoit le prophète chez elle, obtient un fils contre toute espérance, en récompense de sa fidélité au Seigneur; 2° plus tard, cette femme est soumise à une rude épreuve, mais elle la supporte courageusement et compte toujours sur la promesse qui lui fut faite; 3° le prophète lui rend son fils et elle apprend ainsi que la parole de Dieu est toujours véridique et qu'à la fin il prend compassion de ceux qui mettent en lui leur confiance. C'est ordinairement le chemin par lequel le Seigneur fait passer ses élus. Ainsi en a-t-il été d'Abraham, de Job, de tant d'autres saints de l'Ancien Testament et même de l'Auteur et du Consommateur de la foi (8). Les vérités morales qui se dégagent de

---

(1) Deut. x, 18; Ps. LXVII, 6, CXLV, 9; Is., IV, 17; Eccli., XXXV, 17 et suiv.
(2) Ps., XCIII, 6; Job, XXII, 9; Ezech. XXIII, 7.
(3) Job, XXIX, 12, XXXI, 16; Tob, I, 7; Jac., I, 2.
(4) *Die Bücher der Kœnige*, p. 279.
(5) Winer, *Realwœrterbuch*, I, 322 ; Knobel, *der Prophetismus der Hebræer*, II, 96.
(6) IV Rois, 49 et suiv.; III Rois, XVII, 17-24.
(7) Cfr. III Rois, XVII, 21 et IV Rois, IV, 35 et 36.
(8) Cfr. Gen., XVII, et XXII; Hébr., XI, 17 et suiv. — Job, I, II, XLII — Hébr. V, 5-9, XII, 2.

l'ensemble, c'est que Dieu est admirable dans la conduite de ses saints (1); que c'est lui qui fait mourir et qui vivifie, qui conduit aux enfers et en ramène (2); qu'il éprouve ses élus dans la fournaise de l'humiliation (3), et que toutes ses voies sont miséricorde et vérité à ceux qui cherchent son alliance et ses témoignages (4). La glorification de Dieu, c'est donc le but de tout cet épisode. C'est à ce point de vue très-rationnel que nous devons envisager les choses. Au contraire, il nous semble puéril de rapprocher la prédiction faite à la Sunamite d'une autre de ce genre relatée dans la Genèse (5), pour infirmer la valeur historique de la première. Mais ce n'est pas le seul fait de ce genre à signaler (6), et que deviendrait l'histoire biblique si on la soumettait à une analyse de ce genre, c'est-à-dire, si l'on déclarait apocryphe tout fait qui ressemblerait à un autre fait plus ancien? Ne voit-on pas quel résultat on obtiendrait, si l'on appliquait, ce qu'on se garde bien de faire, le même procédé à l'histoire profane?

Nous citons pour mémoire les singulières explications de Knobel au sujet de la résurrection du fils de la Sunamite (7). Selon cet ingénieux auteur, le prophète aura donné à l'enfant une poudre sternutatoire et l'aura délivré ainsi de son mal de tête; ou bien encore l'enfant ayant goûté à une plante vénéneuse, Elisée l'aura soulagé par un vomitif. D'autres font du prophète un magnétiseur et pensent que si Giézi ne réussit pas, il faut l'attribuer à l'antipathie qui existait entre lui et la mère de l'enfant. C'est à de telles insanités que conduit l'horreur du miracle.

Les deux faits qui suivent (8) servent à montrer que Dieu prenait aussi soin de la communauté des prophètes, lesquels étaient en ce temps le sel de la terre et les représentants du véritable peuple d'Israël. De la sorte, le récit se rattache à ce qui précède. Ces faits ont pour but, non pas tant de représenter le prophète comme un thaumaturge que de fortifier la foi en celui dont il était l'instrument. Le premier (ÿÿ. 38-41) a quelque ressemblance avec la guérison des eaux de Jéricho et l'on peut faire à son sujet les mêmes réflexions. Il prouve visiblement que le Seigneur vient au secours de la communauté de ses fidèles en chaque nécessité. Knobel (9), comme nous le savons déjà, prétend que le prophète était très-versé dans les sciences naturelles. Mais, s'il en eût été ainsi, Elisée aurait dû se douter qu'une poignée de farine n'avait pas par elle-même la vertu de rendre comestible ce qui ne l'était pas. Théodoret déjà avait remarqué que ce n'était pas « la nature de la farine », ἡ τοῦ ἀλεύρου φυσις, mais « la puissance de l'esprit prophétique », ἡ τοῦ προφητικοῦ πνεύματος δύναμις, qui avait détruit l'effet du poison.

Quant au second fait, il a quelque analogie avec le double miracle de la

---

(1) Ps. IV, 4.
(2) Rois, II, 6.
(3) Eccli., II, 5.
(4) Ps. XXIV, 10.
(5) Gen., XVIII, 9-14.
(6) Cfr Jug., XIII, 3; I Rois, I, 48; Is., VII, 44; Matth. I, 23; Luc, L, 43.
(7) *Der Prophetismus...* II, 96.
(8) IV Rois, IV, 24-44.
(9) *Der Prophetismus*, II, p. 96.

multiplication des pains raconté dans l'Evangile (1); mais les circonstances et la signification ne sont pas les mêmes. Notre récit montre que le Seigneur s'occupe de ses serviteurs pendant la disette et vient miraculeusement à leur secours en faisant que peu suffise a beaucoup. Par conséquent les deux miracles de l'Evangile ne sont ni des mythes, ni l'imitation de faits analogues. Selon Knobel (2), cette histoire signifie que le prophète, pendant la famine, aurait sagement pourvu aux besoins de ses disciples. Mais on avouera qu'il avait fort mal pris ses mesures et que l'historien eût été plus que maladroit dans le choix qu'il a fait. Remarquons enfin que Notre-Seigneur ne fait pas allusion à ce fait, mais seulement à la distribution de la manne dans le désert et qu'il nous donne expressément la signification du miracle de la multiplication des pains (3).

Le ch. v nous apprend que le prophète guérit le syrien Naaman de la lèpre en le faisant baigner sept fois dans le Jourdain, qu'il refuse les présents qui lui sont offerts, mais que Giézi, son serviteur, est affligé de la lèpre, parce qu'il a demandé et accepté ce que son maître avait refusé.

Or, avant tout, nous ferons remarquer que la simplicité et la sobriété du récit, les détails caractéristiques qu'il renferme, lui donnent un aspect essentiellement historique. On n'invente pas des faits de ce genre et il ne viendra à l'esprit de personne de prendre Naaman pour un personnage mythique.

Si Elisée ordonne à Naaman de se baigner sept fois dans l'eau du Jourdain, c'était en quelque sorte pour se conformer à la Loi (4); mais c'était aussi pour montrer à cet homme que le Dieu d'Israël, qui avait manifesté si souvent sa puissance sur les bords du Jourdain, en présence du peuple de son choix, était capable de lui venir en aide et qu'à lui seul était due la reconnaissance et nullement au prophète son serviteur. Nous voyons aussi par là que la sollicitude du Seigneur s'étend aussi sur les païens, dans le but de les amener à la connaissance de sa loi, ce qui est conforme aux sentiments de l'Evangile (5), et de nouveau nous pouvons constater que les miracles des prophètes sont en général des actes symboliques.

Plus que jamais les rationalistes se trouvent embarrassés pour fournir des explications quelque peu plausibles. D'après Knobel (6), tout ceci indique uniquement « que le prophète avait aussi en Syrie la réputation de bon médecin. Le bain fut béni par Dieu et eut un effet extraordinaire. Ce n'est pas tout ce que fit Elisée, cela est certain; mais il est impossible de savoir ce qu'il fit à Naaman. » Heureusement notre texte n'est point aussi vague et nous n'avons nul besoin de nous torturer l'imagination pour savoir comment Elisée guérit le syrien. L'explication de Neumann (7) est certainement plus originale, mais n'est pas plus satisfaisante. Si l'on en croit cet auteur, Naaman aurait été guéri de la *teigne* (!), en se baignant dans le Jourdain, parce que les eaux en sont sulfureuses, tandis que

---

(1) Cfr. Matth., XIA, 15 et suiv., xv, 36 et suiv., Jean, VI, 41 et suiv.
(2) Ibid. p. 97.
(3) Ex., XVI, 15 et suiv.; Jean, VI, 32.
(4) Levit., XIV, 7, 8, XVI, 27.
(5) Cfr. Luc. IV, 27.
(6) *Der Prophetismus...* II, 92, 97.
(7) *Jahrbuch des Hautkrankheiten*, I, 328 et suiv.

ses habits auraient communiqué la maladie à Giézi. Jusqu'ici on distinguait la lèpre de la teigne, et on ne se doutait pas que le Jourdain tout entier fût une source d'eau minérale. En tout cas, on peut dire que l'exemple de Giézi n'a point servi à ouvrir les yeux des Israélites et à leur apprendre un moyen facile de guérir une maladie si fréquente et si tenace.

Quant au châtiment qui atteignit Giézi, il faut, pour l'apprécier sainement, considérer que le serviteur du prophète ne fut pas puni uniquement à cause de son avarice et de sa mauvaise foi, mais surtout parce qu'il avait compromis en même temps et son maître et Dieu lui-même dont il pouvait détruire l'œuvre. Il avait offensé tout à la fois Dieu, son maître et Naaman. Aussi, de même que la guérison de Naaman était un monument de la miséricorde et de la puissance du Seigneur, de même la lèpre de Giézi devait être un témoignage de la justice du Saint d'Israël, un avertissement salutaire et une menace pour tout le peuple. Enfin, la guérison du général syrien et sa conversion prophétisaient que Dieu aurait pitié un jour des païens, les recevrait dans son alliance et les admettrait à son héritage, tandis que la lèpre du serviteur d'Elisée annonçait l'endurcissement du peuple d'Israël et son opiniâtreté dans l'apostasie (1).

Le dernier fait qui termine la série des miracles d'Elisée en faveur des particuliers est celui par lequel il vient en aide à un de ses disciples, qui avait laissé tomber à l'eau une hache qu'on lui avait prêtée (2).

Devons-nous voir là uniquement une preuve de la présence d'esprit du prophète et en croire les explications des rationalistes (3), d'après lesquels Elisée aurait passé un bâton pointu dans l'ouverture de la hache dont le manche s'était détaché? Mais, s'il en était ainsi, l'historien aurait-il pris la peine de consigner dans son ouvrage un détail aussi insignifiant et ne serait-il pas encore plus étonnant que la tradition l'eut transformé en miracle? D'ailleurs, le texte, de quelque manière qu'on l'interprète, ne permet pas une glose de ce genre. Force nous est donc d'envisager la chose à un autre point de vue et d'admettre que Dieu voulut montrer qu'il est secourable à chacun des siens, même dans les nécessités ordinaires de la vie. La perte d'une hache était pour celui qui l'avait empruntée un aussi grand malheur que si Naaman, par exemple, avait perdu tous ses trésors. D'ailleurs, si Dieu ne fait pas acception de personne, il en est de même de tout objet créé dont la valeur n'est rien pour lui. Sa puissance et sa bonté se révèlent dans les petites choses comme dans les grandes, et il subvient aux moindres nécessités de ceux qui lui restent fidèles. Enfin, cette attention de la Providence était bien faite pour fortifier la foi des prophètes et leur garantir que Dieu, en l'honneur de qui ils élevaient une maison, bénirait leur travail. C'est donc méconnaître le sens de cet épisode que de n'y voir que l'expression d'une vérité générale, par exemple, celle de la puissance de Dieu sur les choses créées.

Bénadad, l'ennemi mortel des Israélites, voit tous ses plans successivement anéantis, parce que le prophète Elisée, miraculeusement éclairé, les dévoile au roi d'Israël. Pour se venger, le roi de Syrie envoie un fort

---

(1) Cfr. Matth., VIII, 11, 12, XXI, 43.
(2) IV Rois, VI, 5-7.
(3) Knobel, *der Prophetismus...* II, 98; Kœster, *die Propheten*, p. 90.

détachement s'emparer du prophète qui se trouvait à Dothan ; mais Dieu, à la prière de son serviteur, frappe les Syriens d'aveuglement et Elisée les conduit à Samarie où tout à coup leurs yeux s'ouvrent. Toutefois le prophète ordonne au roi d'Israël de les renvoyer à leur maître (1).

Ces faits devaient servir à prouver au roi d'Israël la puissance, la fidélité et la patience du Seigneur et, par conséquent, l'amener à changer de voie. C'est sans doute à ce point de vue que nous devons nous placer pour apprécier convenablement l'ensemble du récit.

Quant au merveilleux, voici comment Knobel (2) l'explique ou plutôt le dénature : « Elisée, ayant étendu ses voyages jusqu'en Syrie (VIII, 7), eut connaissance des plans des Syriens contre Israël, et n'hésita pas, en bon patriote, à les révéler à son roi... Il conduit à Samarie les Syriens qui ne semblent n'avoir connu ni lui, ni la localité... Les chars de feu et les chevaux sont un trait purement mythique. »

Or, il n'est point question des voyages d'Elisée en Syrie, et s'il en fit un, ce ne fut que plus tard (3). Il n'eut pas connaissance des plans de Bénadad par le fait de la trahison d'un personnage de son entourage, supposition que le texte exclut absolument. La troupe envoyée par Bénadad se rend tout droit à Dothan, ce qui montre que les Syriens connaissaient cette ville, et il est inadmissible que tant d'hommes se soient laissé conduire jusqu'à Samarie, à cinq heures de là, sans voir et sans comprendre ce qu'ils faisaient, si l'on rejette l'intervention miraculeuse de la Providence. Enfin, les chevaux et les chars ne sont pas plus un mythe que le reste, mais un symbole (4). On transforme gratuitement le prophète en un politique sage et habile ; mais néanmoins il resterait encore à découvrir comment il a pu deviner chaque fois les plans de l'ennemi et les annoncer avec certitude. Selon Ewald, l'auteur veut simplement nous apprendre que le prophète s'est montré le conseiller le plus fidèle et le protecteur le plus efficace de son roi et de son peuple. Mais cette opinion, plus spécieuse en apparence, est sujette aux mêmes objections que la précédente, parce qu'elle est contraire au texte. Le plus sage est donc d'admirer la conduite de Dieu envers son peuple. Il se sert des Syriens pour châtier le royaume d'Israël, mais il patiente et ne veut pas encore la ruine des dix tribus. Il épuise en faveur du royaume schismatique et rebelle les trésors de sa miséricorde et, par le ministère d'Elisée, réduit à néant les projets de Bénadad et l'oblige à reconnaître que toutes ses ruses échoueront contre la sagesse du prophète d'Israël. Aussi, nous voyons que désormais les Syriens s'abstinrent de venir ravager le territoire du royaume (5).

Le récit du siège et de la délivrance de Samarie (6) est accepté comme historique, mais on a cherché à expliquer naturellement la prédiction du prophète. Ewald ne voit là que « la haute confiance du prophète », *hohere Zuversicht,* en opposition aux plaintes désespérées de Joram. Or,

---

(1) IV Rois, VI, 8-23.
(2) *Der Prophetismus,* II, 93, 98.
(3) IV Rois, VIII, 7.
(4) Cfr. Comment.
(5) IV Rois, VI, 23.
(6) Ibid., 24-VII.

le prophète eût été bien osé d'annoncer solennellement comme certain ce qui paraissait invraisemblable et ce qu'il ne pouvait savoir mieux que les autres. Il est faux en effet qu'Elisée ait eu des intelligences dans le camp ennemi et y ait répandu le bruit de l'approche d'une armée, ou qu'il ait réellement eu connaissance qu'une armée s'avançait contre les Syriens (1). Il faut considérer que les communications étaient interdites entre la ville et le camp, et que, si des troupes nombreuses étaient arrivées assez près de manière à être vues ou entendues, toute la ville en eût été instruite et non pas seulement Elisée. Qu'on remarque bien d'ailleurs que le prophète ne se contente pas d'annoncer la délivrance de la ville, mais qu'il prédit à son contradicteur qu'il verra les événements, mais qu'il n'en profitera pas (2). Quant à la délivrance elle-même de Samarie, on ne peut guère douter qu'elle n'ait été miraculeuse, attendu que nous lisons que Dieu fit entendre un bruit dans le camp ennemi (3). On voit par là ce qu'il faut penser de l'assertion de Knobel qui prétend que les Syriens « levèrent subitement le siège parce qu'ils apprirent que les Egyptiens et les Héthéens marchaient contre eux. » En effet, il n'est point question d'une invasion dans le texte, mais d'un bruit que Dieu fit entendre. Selon l'historien Josèphe, « Dieu commença à faire résonner aux oreilles des Syriens le bruit des chars et des armes », ἤρχετο ὁ Θεὸς κτύπον ἁρμάτων καὶ ὅπλων ταῖς ἀκοαῖς αὐτῶν ἐνηχεῖν, ce qui ne paraît pas suffisamment exact. En résumé, le point capital nous semble être la promesse et la menace du prophète, et le but du récit de montrer qu'il y avait un prophète en Israël (4).

Dans le ch. VIII, nous ne relèverons que la prédiction que fait Elisée à Hazaël (5).

On peut y voir, si l'on veut, l'accomplissement d'un oracle précédent (6) ; mais ce que nous y devons reconnaître, ce sont les raisons qui font annoncer par avance les justices de Dieu sur Israël. D'un côté, le peuple devait comprendre plus tard que la visite de Bénadad était un châtiment envoyé par Dieu, et Hazaël, à son tour, apprenait que ses actes étaient dirigés par une puissance supérieure. Elisée n'accomplit pas sa mission sans verser des larmes, détail d'un caractère éminemment historique. Nous rejetterons donc bien loin les explications des rationalistes, de Duncker (7) par exemple, qui fait d'Elisée un traître à sa patrie et l'instigateur du meurtre de Bénadad ; ou de Weber (8), qui prétend que le prophète profita de la maladie de Bénadad pour opérer une révolution de palais. Pour défigurer ainsi les faits, il faut ne tenir aucun compte du texte, outre qu'il est passablement absurde d'assimiler les prophètes de l'Ancien Testament à nos révolutionnaires et à nos conspirateurs modernes. Ce n'est pas ainsi que l'historien l'entend.

Ici se termine la série des miracles d'Elisée qui a commencé avec le ch. IV. Nous voyons maintenant que le prophète envoie un de ses

---

(1) Knobel *der Prophetismus*... II, 93.
(2) IV Rois, VII, 2.
(3) Ibid, v, 6.
(4) IV Rois, v, 8.
(5) IV Rois, VIII, 10 et suiv.
(6) III Rois, XIX, 15.
(7) *Geschichte der Alterthumes*, I, 443.
(8) *Gesch. des Volkes Israel*, p. 236.

disciples sacrer Jéhu, roi d'Israël (1), celui qui devait exterminer la race d'Achab. L'histoire se tait ensuite à son sujet, sans que nous ayons pour cela le droit de supposer qu'il soit resté inactif et n'ait pas eu l'occasion d'exercer son zèle. Sur son lit de mort, le prophète reçoit la visite de Joas, roi d'Israël, auquel il fait une prophétie, et, après sa mort, il opère encore un miracle (2). Nous n'avons rien à dire de particulier ici sur l'acte symbolique et prophétique qu'Elisée fit faire au roi Joas ; mais nous nous occuperons quelque temps de la résurrection du mort opérée par le contact des ossements du prophète.

Le texte ne nous apprend pas où fut enseveli le prophète ; mais ce que nous savons parfaitement, c'est que l'historien veut nous raconter un fait miraculeux glorifiant Elisée même après sa mort, et c'est bien ainsi que l'a entendu le fils de Sirach (3). Nous pouvons aussi penser que le but de l'historien a été de montrer que, si Elisée n'eut pas une fin aussi glorieuse que son maître, Dieu voulut cependant l'honorer, en rendant témoignage, même dans le tombeau, à son prophète et à son serviteur. On n'admet plus maintenant que le dernier prodige opéré par Elisée serve à prouver que le disciple avait surpassé le maître même dans le tombeau, ni qu'il avait reçu, comme s'exprime Théodoret, une grâce double de celle d'Elie, ὡς διπλασίαν τοῦ διδασκάλου τὴν χάριν ἐδέξατο. Nous renvoyons au commentaire pour l'explication du passage d'où est tirée cette fausse interprétation.

Quoiqu'il en soit, ce serait faire injure à l'historien que de l'accuser d'avoir attribué aux ossements d'Elisée une vertu magique, ou d'avoir voulu sanctionner par un récit inventé à plaisir la superstition de ceux qui attribuaient aux reliques des saints une puissance surnaturelle.

D'après les rationalistes, l'homme qui fut déposé dans le tombeau du prophète n'était pas mort; il n'était que plongé en syncope et fut réveillé par la secousse (4). Thénius affirme que la chose a pu se passer tout naturellement ; mais il se garde bien de dire comment. Knobel (5) trouve que le fait a de l'analogie avec la fable d'après laquelle le sol où avait été enseveli Amphiarée aurait prophétisé (6) ; mais cet exemple ne signifie rien et, pour établir ce parallèle, il faut ignorer le but et la signification de notre récit. En réalité cette résurrection est un miracle sans analogie dans toute l'histoire de l'Ancien Testament et, par conséquent, il est impossible d'y voir l'œuvre de la légende qui aurait embelli la fin du prophète, en y rapportant un fait précédemment connu.

Par l'examen de la vie et des œuvres d'Elisée, nous parvenons facilement à nous convaincre que le disciple a été en tout le digne continuateur de son maître. Comme nous l'avons déjà dit, les ressemblances et les différences s'expliquent soit par la position respective des deux prophètes, soit par la similitude ou la différence des circonstances. En résumé, l'un et l'autre furent pendant leur vie le rempart et la protection d'Israël, ce qui nous est affirmé par ces belles paroles qu'Elisée adresse à Elie au

---

(1) IV Rois, ix, 1 et suiv.
(2) IV Rois, xiii, 14-19, 20-21.
(3) Eccli., xlviii, 14-15.
(4) Bauër, *Hebr. Myth.* ii, 19 ; Jah., Einleit. in A. T. ii, 4.
(5) *Der Prophetismus*, ii, 99.
(6) Cic., *de Divin.* i, 40

moment de son enlèvement et que Joas répète à Elisée mourant, « currus Israel et auriga ejus (1). »

En terminant cette étude, nous croyons utile de dire pourquoi nous nous sommes contenté, pour venger le récit biblique, c'est-à-dire pour établir la vérité historique des miracles d'Elie et d'Elisée, d'exposer le but et la signification des faits, et de citer, bien plus que de discuter, les explications embarrassées et le plus souvent absurdes du rationalisme, dont la réfutation par conséquent est ordinairement inutile. Ce qui a facilité notre tâche, c'est que les découvertes des assyriologues, si elles sont en plusieurs points un élément nouveau de difficultés, ont eu au moins pour heureux résultat de confirmer d'une manière éclatante le caractère historique des livres des Rois. On ne peut donc plus se permettre de les traiter avec autant de légèreté qu'autrefois, c'est-à-dire, d'y pratiquer des coupes fantaisistes et d'en émonder le texte sans scrupule et sans obstacle. On est donc obligé d'admettre l'ensemble du récit; mais comme le merveilleux s'y trouve si étroitement mêlé qu'il est impossible de le retrancher brutalement, sans détruire l'enchaînement des faits, sans amener une confusion inextricable, les négateurs des miracles n'ont pas eu d'autre ressource que de s'efforcer de les expliquer naturellement ou de les ranger dans le domaine des mythes, entreprise qui n'a pas réussi au gré de leurs désirs, Il suffit en effet de citer leurs opinions contradictoires ou divergentes pour constater qu'ils ne marchent point sur un terrain solide, et nous avons vu que les explications naturelles des faits miraculeux ne sont ni naturelles ni heureuses. Quant au mythe, il se concilie mal avec la clarté et la précision du récit, et il faut une forte dose d'imagination pour répandre le doute et l'obscurité sur des faits qui nous sont racontés parfois avec une grande abondance de détails, et toujours avec simplicité, netteté et une bonne foi visible de la part de l'historien. En somme, le mythe n'appartient pas à l'histoire sainte et on ne réussira pas à l'y faire pénétrer. D'ailleurs, trouve-t-on des mythes dans les annales des rois assyriens et babyloniens dont le règne correspond à la période des Rois? Croira-t-on que les Hébreux, dont la littérature était déjà riche, fussent moins avancés, moins éclairés que leurs voisins? La comparaison des inscriptions avec le texte de nos livres saints prouverait plutôt le contraire.

Comme conclusion, nous garderons la conviction que le meilleur usage que nous puissions faire de notre raison, ce n'est point d'accumuler les objections contre le texte biblique, mais d'en accepter le sens et de faire tous nos efforts pour en dissiper les obscurités et en éclaircir les points difficiles. Jusqu'ici tout nous prouve que nous sommes sur un terrain solide que rien ne peut ébranler; c'est donc en toute confiance que nous pouvons y édifier, chacun selon nos forces et nos ressources.

V. La chronologie des rois.

Les découvertes récentes des assyriologues confirment, pour l'ensemble et d'une manière frappante, le récit de nos livres saints. Toutefois la conciliation des données chronologiques assyriennes avec celles de la Bible

---

(1) IV Rois, II, 12, XIII, 14.

paraît au premier abord impossible; aussi bien plusieurs savants d'un mérite réel, mais imbus de préjugés anti-religieux, en ont profité pour rejeter en bloc la chronologie biblique ou, tout au moins, pour la remanier de fond en comble ou l'amputer sans merci. Schrader, par exemple (1), raccourcit tous les chiffres donnés par la Bible, et il a été suivi en France par M. Maspero, qui nous dit carrément : « J'ai partout sacrifié les données chronologiques du récit biblique au témoignage des monuments contemporains... » (2). Or, il nous semble qu'il n'est ni prudent ni équitable d'affecter *a priori* une préférence exclusive, soit pour les données des monuments assyriens, soit pour celles de la Bible, puisqu'il s'agit de documents dont l'autorité est également incontestable. Comme le dit très-bien M. Oppert (3), « il n'existe pas de chronologie judaïque, ni de chronologie assyrienne. Il n'y a qu'une chronologie. Si donc on arrive à deux résultats différents pour fixer les mêmes faits, l'un deux au moins doit être forcément erroné. Cela est élémentaire. » Ce qu'il faut éviter avant tout, c'est donc l'esprit de système.

D'autre part, le schisme des dix tribus n'est pas seulement un événement des plus importants pour l'histoire du peuple juif, il est encore l'origine de difficultés chronologiques considérables. En effet, les règnes des rois de Juda et d'Israël s'enchevêtrent d'une manière assez confuse, de sorte que les synchronismes ne sont pas toujours faciles à établir. Il faut ajouter, en outre, que certaines fautes de copistes viennent encore obscurcir des données qui, par elles-mêmes, ne sont pas toujours claires, au moins en apparence et pour nous, mais qui l'étaient sans nul doute pour les anciens.

Nous nous efforcerons donc, en premier lieu, dans ce travail, de concilier entre elles les notices chronologiques de la Bible; nous nous occuperons ensuite de les faire concorder avec les données tirées des inscriptions assyriennes ; enfin, nous terminerons par un tableau chronologique et comparatif qui sera le résumé de nos observations.

Pour procéder avec ordre nous allons dresser le tableau des principales données des livres saints relatives aux rois de Juda et d'Israël.

1 David règne en tout		40 ans	II Rois, v, 4; III Rois, ii, 11; I Par. xxix, 27.		
2 Salomon règne sur tout Israël	40	—	III Rois, xi, 42;	II Paral. ix, 30.	
3 Roboam règne sur Juda	17	—	— xiv, 23;	— xii, 13.	
4 Abia	—	3	—	— xv, 2;	— xiii, 2.
5 Asa	—	41	—	— xv, 10.	
6 Josaphat	—	25	—	— xxii, 42;	— xx, 31.
7 Joram	—	8	— IV Rois, viii, 47;	— xxi, 20.	
8 Ochozias	—	1	—	— viii, 26;	— xxii, 2.
9 Athalie	—	6	—	— xi, 2;	— xxii, 12.
10 Joas	—	40	—	— xii, 2;	— xxiv, 4.
11 Amasias	—	29	—	— xiv, 2;	— xxv, 1.
12 Ozias	—	52	—	— xv, 2;	— xxvi, 3.
13 Joathan	—	16	—	— xv, 33;	— xxvii, 1, 8.

---

(1) *Die Keilinschritten und der A. T. Chronol. Excurs.* 292 et suiv.
(2) *Hist. Anc. des peuples de l'Orient*, p. 368, en note.
(3) *Salomon et ses successeurs*, Ann. de philos. chrét. nov. 1875.

PRÉFACE

14	Achaz	—	16 —	— xvi, 2;	— xxviii, 1.
15	Ezéchias	—	29 —	— xviii, 2;	— xxix, 1.
16	Manassé	—	55 —	— xxi, 1;	— xxxiii, 1.
17	Amon	—	2 —	— xxi, 19;	— xxxiii, 21.
18	Josias	—	31 —	— xxii, 1;	— xxxiv, 1.
19	Joachas	—	3 mois	— xxiii, 31;	— xxxiv, 2.
20	Joakim	—	11 ans	— xxiii, 36;	— xxxvi, 5.
21	Joachim	—	3 mois IV Rois, xxiv, 8.		
22	—	—	3 mois 10 jours	II Paral. xxxvi, 9.	
23	Sédécias	—	11 ans IV Rois, xxiv, 18;	— xxxvi, 11.	
24	David est âgé à son avènement de	30 — II Rois, v, 4.			
25	Roboam	—	41 — III Rois, xiv, 21;	II Paral: xiv, 21.	
26	Josaphat	—	35 —	— xxii, 42;	— xx, 31..
27	Joram	—	32 — IV Rois, viii, 17;	— xxi, 20.	
28	Ochozias	—	22 —	— viii, 26;	— xxii, 2.
29	—	—	42 —	— xi, 1;	— xxiv, 1.
30	Joas	—	7 —		
31	Amasias	—	25 —	— xiv, 2;	— xxv, 1.
32	Ozias	—	16 —	— xiv, 27, xv, 2;—	xxvi, 1, 3.
33	Joathan	—	25 —	— xv, 33;	— xxvii, 1, 8.
34	Achaz	—	20 —	— xvi, 2;	— xxviii, 1.
35	Ezéchias	—	25 —	— xviii. 2;	— xxix, 1.
36	Manassé	—	12 —	— xxi, 1;	— xxxiii, 1.
37	Amon	—	22 —	— xxi, 19;	— xxxiii, 21.
38	Josias	—	8 —	— xxii, 1;	— xxxiv, 1.
39	Joachaz	—	23 —	— xxiii, 31;	— xxxvi, 2.
40	Joakim	—	25 —	— xxiii, 36;	— xxxvi, 5.
41	Joachin	—	18 —	— xxiv, 8.	
42	—	—	8 —		— xxxvi, 9.
43	Sédécias	—	21 —	— xxiv, 18;	— xxxvi, 11 ;
			Jér.	xxxii, 1.	
44	Jéroboam règne sur Israël	22 — III Rois, xiv, 20.			
45	Nadab	—	2 —	— xv, 25.	
46	Baasa	—	24 —	— xv, 33.	
47	Ela	—	2 —	— xvi, 8.	
48	Zambri	—	7 jours	— xvi, 15.	
49	Amri	—	12 ans	— xvi, 23.	
50	Achab	—	22 —	— xvi, 29.	
51	Ochozias	—	2 —	— xxii, 52.	
52	Joram	—	12 — IV Rois, iii, 1.		
53	Jéhu	—	28 —	— x, 63.	
54	Joachaz	—	17 —	— xiii, 1.	
55	Joas	—	16 —	— xiii, 10.	
56	Jéroboam II	—	41 —	— xiv, 28.	
57	Zacharias	—	6 mois	— xv, 18.	
58	Sellum	—	1 — IV Rois, xv, 13.		
59	Manahem	—	10 ans	— xv, 17.	
60	Phaceias	—	2 —	— xv, 23.	
61	Phacée	—	20 —	— xv, 27.	
62	Osée	—	9 —	— xvii, 1.	
63	Abia devient roi	18e année de Jéroboam	III Rois, xv, 2; II Par. xiii, 1.		
64	Asa	—	20 — de Jéroboam	— xv, 9.	
65	Josaphat	—	4 — d'Achab	— xxii, 41.	
66	Joram	—	5 — de Joram d'Israël	IV Rois, viii, 16.	
67	Ochozias	—	11 — de Joram	— ix, 29.	

68	—	—	12	— de Joram	—	VIII, 25.
69	Joas	—	7	— de Jéhu	—	XI, 1.
70	Amasias	—	2	— de Joas d'Israël	—	XIV, 1.
71	Ozias	—	27	— de Jéroboam II	—	XV, 1.
72	Joathan	—	2	— de Phacée	—	XV, 32.
73	Achaz	—	17	— de Phacée	—	XVI, 1.
74	Ezéchias	—	3	— d'Osée	—	XVIII, 1.
75	Sédécias	—	8	— de Nabuchodonosor	—	XXIV, 12.
76	— est détrôné	19	— de Nabuchodonosor	—	XXV, 8.
77	Nadab devient roi	2	— d'Asa	III Rois, XV, 25.
78	Baasa	—	3	— d'Asa	—	XV, 33.
79	Ela	—	26	— d'Asa	—	XVI, 7.
80	Zambri	—	27	— d'Asa	—	XVI, 10, 15.
81	Amri	—	31	— d'Asa	—	XVI, 23.
82	Achab	—	38	— d'Asa	—	XVI, 29.
83	Ochozias	—	17	— de Josaphat	—	XXII, 52.
84	Joram	—	18	— de Josaphat	IV Rois, III, 1.
85	Joram	—	2	— de Joram (de Juda)	—	I, 17.
86	Joachaz	—	23	— de Joas (de Juda)	—	XIII, 1.
87	Joas	—	37	— de Joas (de Juda)	—	XIII, 10.
88	Jéroboam II	—	15	— d'Amasias	—	XIV, 28.
89	Zacharias	—	38	— d'Ozias	—	XV, 8.
90	Manahem	—	39	— d'Ozias	—	XV, 17.
91	Phacéias	—	50	— d'Ozias	—	XV, 23.
92	Phacée	—	52	— d'Ozias	—	XV, 27.
93	Osée	—	20	— de Joathan	—	XV, 30.
94	Osée	—	12	— d'Achas	—	XVII, 1.

95	Expédition de Sésac	5ᵉ année de Roboam	III Rois, XIV, 25; II Par. XII, 2.
96	— de Baasa	36 — d'Asa	— XVI, 1.
97	Maladie d'Asa	39 — d'Asa	— XVI, 13.
98	Mort d'Asa	41 — d'Asa	— XVI, 13.
99	Expédition de Sennachérib	14 — d'Ezéchias	IV Rois, XVIII, 13; Is. XXXVI, 1.
100	Maladie d'Ezéchias	14 — d'Ezéchias	IV Rois, XX, 1; Is. XXXVIII, 1.
101	Ambassade de Merodachbaladam	14 — d'Ezéchias	IV Rois, XX, 18; Is. XXXIX 1.
102	Bataille de Charcamis	4 — de Joachin	Jer. XLVI, 1.
103	Prise de Jérusalem	11 — de Sédécias	IV Rois, XXV, 2.
104	Siège de Samarie	7 — d'Osée	— XVIII, 9.
		ou 4 — d'Ezéchias	— —
105	Prise de Samarie	9 — d'Osée	— XVIII, 10.
		6 — d'Ezéchias	—
106	L'année 4 de Joakim est l'année	1 de Nabuchodonosor	Jer. XXV, 1.
107	— 1 de Joachin	— 8 de —	IV Rois, XXII, 12.
108	— 10 de Sédécias	— 18 de —	Jer. XXXII, 1.
109	— 11 de Sédécias	— 19 de —	IV Rois, XXV, 8.
110	1ʳᵉ captivité de Jérusalem	7ᵉ année de Nabuchodonosor	Jer. LII, 26.
111	2ᵉ — —	18 — de	Jer. LII, 29.
112	3ᵉ — —	23 — de	Jer. LII, 30.
113	Amasias survit à Joas à Israël	15 ans	IV Rois, XIV, 17; II Paral. XXV, 25.
114	Ezéchias survit à sa maladie	15 — —	XX, 6.
115	Le siège de Samarie	3 — —	XVII, 5, XVIII, 10.
116	De l'année 13 de Josias à l'année 4 de Joakim	23 ans	Jer. XXV, 3.
117	De la sortie d'Egypte à l'édification du temple	480 —	III Rois, VI, 1.

Selon un principe énoncé dans le Talmud, les années des Rois se comptaient de Nisan en Nisan, c'est-à-dire à dater du premier mois de l'année civile, de sorte que même un jour en moins ou en plus, soit au commencement du dit mois soit après, faisait une année en moins ou en plus (1). Les commentateurs anciens et modernes ont presque tous adopté cette manière de voir et fait leurs calculs en conséquence. Cependant, après avoir lu le beau travail de M. Oppert sur la chronologie des Rois, publié dans les *Annales de philosophie chrétienne* (2), nous demeurons bien convaincu que le principe énoncé est absolument faux et qu'il faut le remplacer par un autre que nous formulons ainsi d'après le même M. Oppert : *Les années des rois, citées dans les Livres saints, se comptent à partir du jour de leur avènement au trône*. On comprend que ce n'est pas le lieu d'entreprendre la démonstration de ce fait; cependant nous ferons remarquer, en passant, qu'il découle presque nécessairement de la nature des sources auxquelles ont puisé les historiens sacrés. En effet, les annales des rois de Juda et d'Israël étaient évidemment rédigées jour par jour, ainsi que l'indique le nom de *livre des paroles des jours*, ספר דברי הימים, *sépher dibre haiamin*. Ces annales ou chroniques mentionnaient donc et l'avènement des rois et l'anniversaire de ces mêmes avènements.

Ceci posé, il s'agit de savoir ce que l'on doit entendre lorsque nous lisons qu'un roi a régné un certain nombre d'années, 17 ans par exemple, comme Roboam. S'agit-il juste de 17 ans, ou de moins ou de plus, c'est-à-dire de 17 ans moins ou plus un certain nombre de mois, dont le total ne peut atteindre le chiffre douze? Or, M. Oppert démontre surabondamment que le total des années de règne des rois n'est jamais parfaitement exact et qu'il signifie quelquefois plus et ordinairement moins. Deux exemples nous suffiront pour le moment. Roboam a régné 17 ans, et cependant il est mort la 18ᵉ année de Jéroboam dont l'avènement n'est pas antérieur au sien (3); par conséquent Roboam a donc régné 17 ans plus une fraction d'année. Il en est de même pour Jéroboam, Ozias et Manahem. Mais habituellement x années signifie x années moins une fraction. Abia règne 3 ans; mais comme son avènement date de la 18ᵉ année de Jéroboam et que sa mort coïncide avec la 20ᵉ du même (nᵒˢ 4,63,64), il s'en suit que son règne a duré moins de trois ans. Sont dans le même cas, Jéroboam, Asa, Nadab, Baasa, Ela, Amri, Achab, Joram et Ochozias d'Israël. Jéhu, Joachaz, Joas de Juda, Joas d'Israël, Amasias, Joatham, Achaz, Ezéchias, Osée. Nous ne parlons pas et pour cause des rois de Juda depuis Manassé jusqu'à Sédécias; nous aurons à nous en occuper ailleurs.

Pour effectuer nos calculs, c'est-à-dire, pour fixer aussi exactement que possible, sans toutefois être trop long, la date approximative de l'avène-

---

(1) On lit dans la Gemare de Babylone, Traité ראש השנה, c. 1 fol. 3, p. 1, éd. d'Amsterd. אין מונין למלכים אלא מניסן להם, « non numerant in regibus, nisi a [Nisano »], c'est-à-dire, on ne compte les années des rois qu'à partir de Nisan. Après quelques passages apportés en preuve, on lit encore : אמר ריי הסדא לא שנו אלא למלכי ישראל, « dixit R. Eliasda : hoc non docent nisi de regibus Israelitarum. Ibid. f. p. 2, » ניסן למלכים ויום אחד בשנה חשוב שנה ראש השנה, « Nisanus initium anni regibus, ac dies quidem unus in anno, (videl. postea fendas Nisan) instar anni computatur. » Ibid. יום אחד בסוף שנה חשיב שנה « unus dies in fine anni pro anno computatur. »

(2) *Salomon et ses successeurs*, Ann. de philos. chrét. avril 1875, p. 265 et suiv.

(3) III Rois, XIV, 21, XV, 1.

ment de chaque roi et résoudre les difficultés que présente le synchronisme des rois de Juda et d'Israël, nous avons besoin de partir d'un point fixe et bien déterminé ou plutôt de deux. Le premier est la date de l'avènement au trône d'Athalie, en Juda, et de Jéhu, en Israël. La plupart des commentateurs se décident pour l'année 884 ou pour l'année 885 avant Jésus-Christ. Mais là encore nous adoptons l'opinion de M. Oppert, qui fixe la mort d'Achab à l'année 900, grâce à une éclipse de soleil dont il est parlé dans la liste des éponymes (1), 91 ans après l'éponymie qui mentionne Achab d'Israël. On lit en effet dans ladite liste des éponymes dans l'année 9, après la séparation qui indique le règne d'Assouredili (Assour-edil-el): *Dans l'année de Pour-el-salke, gouverneur de Gozan, révolte à Libzu. Au mois de sivan* (c'est-à-dire, le 30 *sivan*), *le soleil fut eclipsé.* « Le mois de *sivan* correspond au mois de juin. Or, la liste des éclipses, réputée exacte, du chanoine Pingré, imprimée dans l'*Art de vérifier les dates,* ne fournit que deux éclipses solaires, centrales toutes les deux, auxquelles on puisse appliquer ce fait selon les deux systèmes :

« L'une du 15 juin 763 avant Jésus-Christ.

« L'autre du 13 juin 809 avant Jésus-Christ. »

Ainsi parle M. Oppert (2), l'illustre assyriologue, qui prouve ensuite que l'éclipse en question est celle du 13 juin 809, que l'expédition de Salmanasar contre Achab eut lieu au mois de mai 900, et que, par suite, la mort d'Achab doit se placer vers la fin de 900, ou au commencement de 899. Or, Ochozias et Joram, les fils d'Achab, ayant régné l'un moins de deux ans et l'autre moins de douze, il s'en suit que l'avènement simultané d'Athalie et de Jéhu peut très bien coïncider avec l'année 887 avant Jésus-Christ. On est même obligé d'admettre cette date puisque, d'après les documents assyriens, 12 ans 1/2 seulement se sont écoulés entre la mort d'Achab et l'avènement de Jéhu. En ce cas, Ochozias a régné moins d'un an 1/2 et Joram moins de 11 1/2.

Partant donc de l'année 887 et remontant le cours des âges, nous trouvons, dans le royaume de Juda, Ochozias qui meurt en 887, après une année de règne et même un peu moins (n° 8), et qui par conséquent n'est pas monté sur le trône avant 888. Son prédécesseur Joram ayant régné 8 ans, son avènement devrait tomber dans l'année 896 ou 895 au plus tard. Mais ici une grave difficulté se présente. En effet, Josaphat ayant régné 8 ans après Achab, Joram ayant régné 8 ans en tout et Ochozias 1 an, l'intervalle de la mort d'Achab à l'avènement de Jéhu serait donc de 17 ans. Mais, d'autre part, Ochozias et Joram, les fils d'Achab, n'ayant régné en tout que 12 ans 1/2 à peu près, comme nous venons de le voir, il y a donc un écart relativement considérable entre les deux chronologies.

Au surplus, Josaphat est dit avoir régné 25 ans (n° 6), et cependant d'autres données ne permetraient de lui donner que 23 années tout au plus (n°° 66, 84).

Mais il y a encore ce texte singulier et embarrassant : « Anno quinto Joram filii Achab regis Israel et Josaphat regis Juda, regnavit filius Josa-

---

(1) V. Appendice.
(2) *La Chronologie biblique fixée par les inscript. cunéif.* p. 6 et 7 (tirage à part.)

phat rex Juda. » Or, la traduction *Josaphat regis Juda* est certainement fausse, car l'hébreu ויחושפט מלך יהודה, *veehoschapha meleke Jehoudah*, litt. *et Josaphat roi de Juda*, ne peut être entendu ainsi. La pluplart des interprètes pensent qu'il faut suppléer *était* et, de cette façon, la vie de Josaphat se serait prolongée jusqu'à la 7ᵉ année de Joram d'Israël, ce qui compléterait les 25 années de son règne. Mais les données concernant Joram de Juda s'opposent à cette hypothèse, car Joram ne peut pas avoir régné au maximum plus de 7 ans et une fraction (nᵒˢ 66, 67, 68), et, en ce dernier cas, ainsi que le fait remarquer M. Oppert, on ne peut plus placer le règne d'Ochozias qui a duré près d'un an.

Enfin, nous lisons IV Rois, I, 17, que Joram d'Israël succéda à son frère Ochozias la seconde année de Joram, fils de Josaphat. Comme on le voit, la question se complique singulièrement. Pour résoudre la difficulté, M. Oppert suppose deux corégences de Joram avec Josaphat, son père, chacune de 2 ans, dont l'une illégale. Par conséquent, Joram n'aurait régné seul que 4 ans. Nous voyons en effet que Joram s'était révolté contre son père et avait tué tous ses frères (1). Il se pourrait donc que Joram ait régné deux fois conjointement avec son père. D'autre part, d'après les textes nᵒˢ 8 et 27, Joram serait mort à 40 ans, laissant pour héritier son plus jeune fils Ochozias, déjà âgé de 22 ans (nᵒ 28). Il l'aurait donc eu à 18 ans, et on se demande alors à quel âge il aurait eu les aînés qui furent tués par les Philistins (2). On pourrait donc alors supposer que le fils de Josaphat avait 32 ans à l'époque de sa première révolte, ce qui porterait alors le total des années de sa vie à 43. Josaphat aurait donc régné 23 ans seul et, 2 ans avec Joram et quant à ce dernier, il aurait donc régné 2 ans illégalement avec son père, 2 ans légalement et 4 années seul (3). Nous ne nous dissimulons pas que l'hypothèse proposée n'est pas sans étrangeté; cependant, tout bien considéré, c'est la seule qui concilie tous les textes, ainsi qu'on peut le constater, et qui dispense de faire des corrections dans les données chronologiques. Faute de mieux, nous croyons devoir l'adopter, ce qui par conséquent nous oblige à réduire à 4 les années de règne de Joram de Juda et à placer son avènement et la mort de son père Josaphat en l'année 892 avant Jésus-Christ (4). Josaphat ayant régné 25 ans dans le sens que nous avons exposé, son avènement doit être reporté à l'année 917. Or, comme il arriva au trône la 4ᵉ année d'Achab, il s'en suit que ce dernier a succédé à son père au plus tôt en 921 et peut-être en 920. L'avènement d'Asa peut ensuite se placer en l'an 958 (nᵒ 5), celui d'Abia en 960, celui de Roboam en 978 (nᵒˢ 4 et 3), celui de Salomon en 1017, enfin celui de David en 1058. On a cherché à révoquer en doute les données bibliques au sujet du règne de Salomon; mais toutefois rien ne nous contraint d'abandonner le nombre 40, qui est certainement intentionnel. Nous en parlons plus au long dans le commentaire.

Si maintenant nous passons au royaume d'Israël, nous voyons que Joram règne, comme nous l'avons déjà expliqué plus haut, et que son avène-

---

(1) II Paral. XXI, 4.
(2) II Paral., XXI, 17.
(3) Cfr. *Annal. de philos. chrétien. Salomon et ses successeurs*, 1873, p. 193 et suiv.
(4) Ceux qui placent l'avènement de Jéhu en 884, ne sont pas aux prises avec les mêmes difficultés comme on peut s'en convaincre au premier coup d'œil.

ment doit dater de la fin de 899. Ochozias, son frère, a dû monter sur le trône en 900, puisque ses deux années de règne ne peuvent être entières (1). D'après le texte biblique (n° 50), Achab aurait régné 22 ans; mais comme il a régné de la 38ᵉ année d'Asa à la 17ᵉ de Josaphat (n° 82) et que le chiffre 17 doit être exact (n°ˢ 83 et 84), il s'en suit nécessairement qu'il faut lire 21 au lieu de 22, car Achab n'a pu régner que 20 ans plus une fraction d'année. Voici comment on le prouve : Asa étant mort dans la 41ᵉ année de son règne, Achab n'a pu régner avant Josaphat que 3 ans plus une fraction, et avec Josaphat 16 ans plus une fraction, ce qui en tout état de cause ne peut donner que 20 plus une fraction moindre que l'unité (2). Nous placerons donc l'avènement d'Achab en 921. Il n'y a plus ensuite de difficulté pour les prédécesseurs d'Achab. Amri commença à régner seul en 927, conjointement avec Thebni en 931. Ela commence en 932, Baasa en 955, Nadab en 956, enfin Jéroboam en 977.

La période qui s'étend de l'avènement de Jéhu à la chute du royaume d'Israël offre aussi des difficultés spéciales dont nous ne pourrons obtenir la solution qu'en nous servant de la méthode précédemment employée. Nous avons déjà un point fixe, l'année 887; mais nous pouvons en obtenir un autre, c'est-à-dire la date de la prise de Samarie et de la chute d'Israël. Or, la plupart des chronologistes, le P. Pétau, Usser, Scaliger, placent ce grand événement 721, date que nous adopterons, attendu que M. Oppert nous semble en avoir récemment prouvé irréfutablement l'exactitude. Ce savant va même plus loin et précise encore davantage, en fixant l'avènement de Sargon au printemps de 721, après l'éclipse de lune du 19 mars, observée à Ninive sous le règne de Salmanasar, et par suite, la destruction du royaume des dix tribus vers le mois de juillet 721 (3).

Or, appliquant les principes déjà énoncés et employant toujours la même méthode, nous réussirons à déterminer la durée du règne de chaque roi et à éclairer la chronologie parallèle des deux royaumes.

Athalie règne 6 ans à dater de l'an 887, et c'est dans la 7ᵉ année (n° 69) que Joas devient roi, c'est-à-dire en 881. Joas règne 40 ans au plus et par conséquent sa mort coïncide avec l'année 840. En effet, Joachaz, fils de Jéhu, a dû régner de la 23ᵉ à la 39ᵉ de Joas d'Israël, attendu que le chiffre 37 (n° 87) est certainement une faute de copiste, puisque Joachaz a régné 17 ans et que Joas de Juda est mort après un règne de 40 ans dans la seconde année de Joas d'Israël (n°ˢ 54 et 70). On obtient donc pour Joachaz $38 + a - 22 + b = 16 + a - b$, ce qui montre que Joachaz n'a pas régné 17 ans entiers, mais plus de 16 ans, car, si b était plus grand que a, il n'aurait régné que 15 ans et une fraction. De son côté Joas de Juda règne avant Joas d'Israël $38 + a$, et avec Joas d'Israël $1 + c$ (n° 70), par conséquent $39 + a + c$, c'est-à-dire à peu près 40 ans; car, si a est plus grand que b, il n'en résulte pas pour cela que $a + c$ soit supérieur ou inférieur à l'unité. Amasias règne 29 ans et meurt en 811 (n°ˢ 70, 88

---

(1) Supra et III Rois, xxii, et IV Rois, iii, 4.

(2) Asa règne avant Achab $38 + a$, et avec Achab $3 + b$, en tout $40 + a + b$ c'est-à-dire, moins de 41 ans, puisqu'il meurt dans sa 41ᵉ année. De son côté, Achab règne avant Josaphat $3 + b$, et avec lui $16 + c$. Or b étant nécessairement plus petit que l'unité, $b + c$ sont inférieurs à 2 unités.

(3) *Chronologie biblique fixée par...* p. 23 et suiv.

et 55). Ozias ou Azarias monte sur le trône la 27ᵉ année de Jéroboam II (n° 71) et règne 52 ans et même un peu plus, ce qui reporte sa fin à l'an 758. En effet, il règne avant Phacée $51 + a$ et avec Phacée $1 + b$, c'est-à-dire $52 + a + b$ moins de 53 ans, car $a + b$ est plus petit que l'unité (nᵒˢ 92 et 72). Joathan règne 16 ans et même un peu moins, car la différence entre 2 et 17, ou plutôt entre $1 + a$, et $16 + b$ (nᵒˢ 72 et 73) ne peut donner que $15 + (b - a)$, c'est-à-dire un peu plus de 15 ans. Il laisse donc le trône à Achaz en 743. Pour Achaz, la question se complique. Selon les données du n° 14, il aurait régné 16 ans; mais, d'autre part, comme Osée parvient au trône la 12ᵉ année d'Achaz et que celui-ci meurt la 3ᵉ année d'Osée, en additionnant $11 + a$ et $2 + b$ on ne peut pas obtenir plus de 14 et une fraction. Nous allons suivre le calcul de M. Oppert pour le démontrer. Le siège de Samarie commença la 7ᵉ année d'Osée, qui était la 4ᵉ d'Ezéchias, et finit la 9ᵉ année d'Osée, la 6ᵉ d'Ezéchias (nᵒˢ 104 et 105), et dura 3 ans entiers, ainsi que le fait comprendre l'expression *post tres annos*, en hébreu מקצה שלש שנים, *mikkatsah schâlosch schamim*. Or, d'après les données des nᵒˢ 104 et 105, nous pouvons établir l'égalité suivante :

Fin du siège de Samarie : pour Osée $8 + a$ pour Ezéchias $5 + b$.
Commencement du siége — — $6 + c$ — $3 + d$.
Durée du siége — — $2 + (a-b) = 2 + (b-d)$.

Evidemment nous avons $a\text{-}b = b\text{-}d$, ce qui ne permet de conclure quoi que ce soit, puisque la différence est moindre que l'unité.

Mais pour l'intervalle entre l'avènement d'Osée et celui d'Ezéchias nous obtenons :

$(8 + a) - (5 + b) = (b + c) - (3 + d)$, ou $3 + (a - b) = 3 (+ c - d)$. Or, l'expression *post tres annos* nous oblige à donner à $a - b$ et à $c - d$ la valeur de zéro. Mais, si le siège de Samarie a duré 33 ans, il faut aussi admettre trois années entières entre l'avènement d'Osée et celui d'Ezéchias. Par conséquent, si Achaz a régné 3 années complètes avec Osée, en ajoutant 3 à $11 + a$, le total n'est que de 14 et une fraction. La contradiction est alors formelle, car si Osée devint roi la 12ᵉ année d'Achaz, celui-ci n'a pu régner que 15 ans; mais si réellement il a régné 16 ans, il faut alors remplacer le chiffre 12 par 13. M. Oppert se décide pour cette seconde alternative, « parce que la correction ne s'étend que sur un seul texte, et non pas sur deux documents. » Puis, ajoute-t-il, « la 16ᵉ année d'Achaz est nécessaire pour compléter l'intervalle entre Jéhu et Sargon (1). L'avènement d'Ezéchias coïncide donc avec l'année 72 et la prise de Samarie qui eut lieu dans sa 9ᵉ année avec 721.

Passant au royaume d'Israël nous voyons que Jéhu règne 28 ans (n° 53), c'est-à-dire 28 ans plus une fraction, ce qui nous permet de placer sa mort en 859. En effet, il règne avant Joas 6 ans plus une fraction, et après lui 22 plus une autre fraction, ce qui donne nécessairement plus de 28, mais moins de 29 (nᵒˢ 68 et 86). Joachaz, son fils règne 17 ans, (n° 54), mais non complets, car il règne de la 23ᵉ à la 39ᵉ année de Joas de Juda, ainsi que nous l'avons expliqué précédemment, ce qui nous donne $(38 + a) - 22 + b = 16 + a - b$, c'est-à-dire 16 plus une fraction,

---

(1) Oppert, *Salomon et ses successeurs... Ann. de phil. chrét.* p. 334 et 335, mai 1885.

car a est plus grand que b, puisque dans le cas contraire, le règne de Joachaz serait de moins de 16 ans. Sa mort arrive donc en 842. Quant à Jéroboam, il n'aurait régné que 41 ans d'après le texte du n° 56; mais comme, d'après le même passage, il est monté sur le trône la 15° année d'Amasias de Juda et qu'il est mort la 38° année d'Ozias (n°° 89), nous pouvons déjà préjuger qu'il n'a pas régné moins de 52 ans. Mais un examen plus attentif est nécessaire. Amasias survit à Joas 15 ans (n° 113) et par conséquent Ozïas son fils aurait dû lui succéder la 15° année de Jéroboam II et cependant nous lisons que ce fut dans la 27° année du roi d'Israël (n° 71). Il avait alors 16 ans, et il régna 52 ans. Pour tout concilier et conserver à la fois les chiffres 16 et 27, on a d'abord supposé qu'Ozias n'était âgé que de 4 ans à son avènement, et qu'il aurait été en tutelle jusqu'à 16 ans. Mais outre qu'il n'est pas probable qu'une tutelle, surtout en Orient, puisse s'étendre si tard, nous savons d'une manière positive qu'Ozias avait 16 ans à la mort de son père, et qu'il régna 52 ans à dater de ce moment (1). Le chiffre 27 est donc absolument fautif et nous pouvons donc calculer ainsi qu'il suit: Jéroboam, avant Ozias, a régné 15 ans, $+ a$, et avec Ozias 37 11/12, comme la chose s'expliquera plus loin, ce qui donne pour total $52\ 11/12 + a$, par conséquent 53 au moins. Le règne de Jéroboam est donc de 53 ans plus une fraction et l'avènement d'Ozias coïncide donc bien réellement avec la 16° du roi d'Israël, fait confirmé par Josephe qui nous transmet même le chiffre 14 (2).

Mais que faire du nombre 41? Selon M. Oppert (3), la « solution du problème est indiquée par une interruption qui, plus ou moins grande, eut lieu pendant le règne du roi d'Israël. » Voici en effet ce qu'on peut faire valoir à l'appui de cette hypothèse : le prophète Isaïe (4), rassurant Achaz attaquée par Phacée et Rasin de Damas, lui dit : « Et adhuc sexaginta et quinque anni, et desinet Ephraim esse populus. » Or, les inscriptions assyriennes nous apprennent que cette guerre, à laquelle Téglathphalasar se trouva mêlé, eut lieu en 733 avant J.-C. Quel sens alors devons-nous donner au passage précédent? Selon M. Oppert, ce ne serait pas une prophétie, mais une allusion à ce qui s'était passé 65 ans auparavant. Il est bien évident en effet qu'on ne peut renvoyer l'événement en question à l'année 668, puisque le royaume d'Israël à cette époque était détruit depuis longtemps. Il n'y a donc pas d'autre alternative que de répéter le texte comme une pure interprétation, ou de l'expliquer comme ci-dessus. Donc 65 ans avant la prophétie Ephraïm avait cessé pour un temps d'être un peuple, c'est-à-dire en 798 av. Jésus-Christ, date qui coïncide avec la 27° année de Jéroboam II. Ici, ne pouvant résumer le travail de M. Oppert, nous citons textuellement :

« Après les quelques versets que le livre des Rois consacre au héros d'Israël couronné de succès, il continue (5) sur un ton étonnamment différent :

« *Car Dieu vit la misère d'Israël...*

« On voit ensuite le renvoi usuel aux annales d'Israël, pour y lire le récit

---

(1) IV Rois, XIV, 21 ; II Paral., XXVI, 1.
(2) Ant J. l. X, 6-x, 3.
(3) *Salomon et ses successeurs..*, Ann. de phil. chrét. p. 188, sept. 1875.
(4) Is., VII, 8.
(5) IV Rois, XIV, 26, 27.

de l'héroïsme du roi, celui de la mort de Jéroboam, et alors, le texte continue : *Dans la 27ᵉ année de Jéroboam, régna Azaria.*

« On ne comprend pas, après tout ce qui précède ce passage, ce cri de douleur d'Israël. Quelques lignes plus haut, il est question de la victoire d'Israël sur Amasia de Juda à Bet-Semes, du malheur qui frappa Juda...; donc en général il fallait croire à un état très-florissant de ce pays. Après l'exorde, on était préparé à tout, excepté à cette extrême infortune d'Israël, dont Dieu le sauva par le bras de Jéroboam. L'histoire de cette humiliation est perdue; tombée du texte, elle a peut-être été mutilée sur l'exemplaire réservé aux restaurateurs des livres bibliques; elle commença par ces paroles : *Dans la 27ᵉ année de Jéroboam, roi d'Israël.* Plus tard, cette date fut par erreur substituée à la 16ᵉ année, *conservée même par l'erreur de Josèphe*, lorsqu'il s'agissait de l'avènement d'Ozia.

« Le chiffre 27, employé au sujet de l'avènement d'Ozias, est donc abandonné sur la foi d'un témoignage antique, et son origine expliquée.

« Cette interprétation du règne de Jéroboam fut probablement occasionnée par une alliance entre les Syriens et le roi de Juda... En tout cas, les 53 années de Jéroboam devront être scindées ainsi :

« 15 ans et une fraction, premier règne de Jéroboam II.

« 12 ans, domination étrangère,

« 26 ans et une fraction, restauration de Jéroboam II.

« En tout, 53 ans et une fraction, dont 41 de règne effectif (1). »

Nous n'ajouterons rien a cette ingénieuse explication, sinon qu'elle nous paraît très-plausible, et que nous avions déjà été frappé du contraste signalé par le savant écrivain, ou plutôt que nous ne pouvions nous expliquer l'origine et les causes de cette extrême affliction d'Israël que rien ne nous explique.

En conséquence, nous fixerons donc la mort de Jéroboam II en l'année 773 av. Jésus-Christ. Nous rejetons donc l'hypothèse d'un interrègne ou d'une anarchie de 11 à 12 ans, qui aurait précédé le règne du roi d'Israël, hypothèse discutée à nouveau dans le commentaire.

Zacharie succède à Jéroboam, son père, la 38ᵉ année d'Ozias (n° 88) et règne 6 mois (n° 57), et est remplacé par Sellum, son meurtrier, qui ne règne qu'un mois (n° 58), après quoi nous entrons dans la 39ᵉ année du roi de Juda (n° 89). Il s'en suit donc que Zacharie règne au plus tard 37 11/12 après l'avènement d'Ozias, et Sellum dans le premier mois de la 39ᵉ année du même Ozias. Le règne de Zacharie s'étend donc du dernier mois de 773 au 5ᵉ inclusivement de 772. Sellum à son tour occupe le trône le 6ᵉ mois de l'année 772. Ces données nous permettent de déterminer exactement la durée du règne de Manahem qui, d'après la Bible, règne 10 ans, de la 39ᵉ à la 50ᵉ année d'Ozias (n°ˢ 59, 90, 91). Or, d'après ce qui précède au plus tard 38 ans 1/2 après Ozias et meurt au plus tôt dans le premier mois de la 50ᵉ année d'Ozias, ce qui lui donne pour le moins 10 ans et 7 mois de règne, lequel s'étend de 772 à 762. Phacéias règne 2 ans (n° 60), mais comme il commence dans la 50ᵉ et est assassiné la 52ᵉ année d'Ozias, les deux années sont bien près d'être entières d'après ce qui a été dit, et nous devons le placer entre les années 762 et 759.

---

(1) *Salomon et ses successeurs*, Ann. de phil. chrét. p. 489, 490, sept. 1875.

Phacée régna 20 ans (n° 61); mais nous apprenons par ailleurs qu'il monta sur le trône la 52° année d'Ozias, qu'il survécut à Joatham de Juda, dont le règne fut de 16 ans, et qu'il fut remplacé par Osée, la 13° année d'Achaz (1), successeur de Joatham (n° 92 94). Or, en additionnant ces données, on trouve : Phacée avant Achaz (16 + a et 12 + b, en tout 28 + ($a + b$), c'est-à-dire, au moins 29, car nous avons vu que le règne d'Ozias avait été de plus de 52 ans, puisque ce roi est mort la 2° année de Phacée. Divers systèmes sont en présence. Plusieurs ont proposé de retrancher 10 années au règne de Joatham; mais 6 textes disent qu'il a régné 16 ans, et, en outre, il faudrait placer son avènement dans la 7° année de Phacée, au lieu de la 17°. Ce n'est pas tout, Joatham âgé de 25 ans à son avènement, est mort à 41 ans, après ses 16 années de règne, laissant le trône à son fils Achaz, âgé de 20 ans (n° 34). Or, si l'on réduit de 10 ans le règne de Joatham, celui-ci aurait donc eu son fils à 11 ans, ce qui paraît peu probable, et même impossible. D'autre part, si on ne donne que 10 ans à Achaz à son avènement, au lieu de 20, comment Achaz, après 15 ou 16 ans de règne, aurait-il pu laisser un fils de 25 ans?

Il reste une double alternative : ou lire 29 au lieu de 20 pour le règne de Phacée, ou supposer une interruption de 9 ans qui partagerait en deux le règne du roi Israélite. M. Oppert se décide pour la seconde alternative, laquelle, de fait, est plus conforme aux données bibliques, et même aux données assyriennes, d'après lesquelles Razin de Damas aurait été contemporain d'un certain Manahem de Samarie *Minihimmi Saminiraai*, lequel ne peut être Phacée dont le nom s'écrit *Pagaha* en assyrien, non plus que le premier Manahem, puisque le personnage en question apparaît dans les documents assyriens la 8° année de Teglathphalasar, c'est-à-dire, vers 738 avant Jésus-Christ. On peut donc considérer ce Manahem comme un usurpateur qui, pour un temps, aurait dépossédé Phacée et aurait eu l'occasion d'être en rapport avec Téglathphalasar. On pourrait alors décomposer ainsi le règne de Phacée : Phacée pour la première fois 16 ans environ; interruption de 9 ans; second règne de Phacée 3 ans. C'est ainsi que disparaît toute contradiction.

Il reste cependant un texte (n° 93) qui fait mourir Phacée la 20° année de Joatham; mais il est contredit par un autre (n° 94) et, en tout état de cause, il est évidemment fautif, puisque Joatham n'a régné que 16 ans, (n° 13).

Nous reportons donc la mort de Phacée à l'an 730. Enfin Osée ayant régné 9 ans, et la prise de Samarie ayant eu lieu la 9° année de son règne, après 3 ans d'un siège qui commença dans sa 6° année, nous retrouvons également l'année 721.

Comme on le voit, malgré une confusion apparente, il est possible de tout concilier, au moins dans certaines limites, moyennant quelques rectifications ou explications. La somme des années des rois de Juda jusqu'à la prise de Samarie donne 166, tandis que la somme des années des rois d'Israël ne monte qu'à 143; mais la différence se trouve réduite à zéro, parce que Jéroboam II et Phacée ont régné l'un 53 ans, l'autre 29, au lieu de 41 et 20. Il nous reste à nous occuper du royaume de Juda, depuis la prise de Samarie jusqu'à la destruction de Jérusalem.

---

(1) Nous avons vu précédemment qu'il faut lire 13 au lieu de 12.

La date la plus importante est justement celle de ce dernier événement. Si nous additionnons les années des rois de Juda, nous trouvons la somme de 133 1/2, laquelle, retranchée de 721, nous ferait porter la chute de Jérusalem à l'année 588 avant Jésus-Christ. Mais comme Jérusalem a été détruite la 19e année de Nabuchodonosor et que ce prince, d'après le canon de Ptolémée, serait arrivé au trône en 604, il s'en suit qu'il faudrait reculer la date de la destruction de Jérusalem jusqu'à la fin de l'année 686 et que l'intervalle compris entre cet événement et la prise de Samarie serait de 135 ans. Toutefois, M. Oppert montre que la contradiction n'est pas réelle et fixe l'avènement de Nabuchodonosor au mois d'août 605, et la destruction de Jérusalem au même mois de 587. Nous allons reproduire ou résumer autant que possible les calculs qui conduisent à ce résultat.

D'après Bérose et Ptolémée, Nabuchodonosor régna 43 ans, de 604 à 561 avant Jesus-Christ. Or, les données de la Bible conduisent au même résultat, puisque le roi chaldéen régna, avant la captivité de Joachim, 7 ans plus une fraction et, après la captivité du même, 36 ans et une fraction, attendu que la première année d'Evilmérodach était aussi la 37e de la captivité du roi détrôné (1). Toutefois le règne de Nabuchodonosor ne dépasserait pas de beaucoup 43 ans. En effet, Joachim fut délivré de prison le 27e jour du 12e mois, c'est-à-dire, au commencement d'avril (2), et bien évidemment peu après l'avènement d'Evilmérodach. Or, ce mois d'avril doit être celui de l'année 561, ainsi que le démontre M. Oppert.

La date fournie par Ptolémée est le 11 janvier 560; elle n'est point exacte, mais toutefois ne peut s'éloigner beaucoup de la vérité. Si donc on prenait avril 562, ce serait admettre un écart trop considérable entre la date vraie et la date fictive, basée pourtant sur des dates chaldéennes. Reculer jusqu'à avril 560, ce serait reculer plus qu'il ne faut la date de la prise de Jérusalem. En conséquence, on peut donc admettre la date d'avril 561.

En ce cas, la captivité de Joachim a commencé entre les années 598 et 597 avant Jésus-Christ.

A la même époque, Sédécias, oncle de Joachim, fut élevé sur le trône et a régné 11 ans, c'est-à-dire au moins plus de 10 1/2. La donnée du prophète Ezéchiel (3) autorise la supposition que Sédécias régna au moins 10 ans 1/2. La date citée est de la *onzième année*, 10 mois, 5e jour après la captivité de Joachim. La destruction de Jérusalem est supposée comme chose passée, il est dit, הכתה העיר, *la ville est détruite*. Cette réflexion du prophète a été faite bientôt après l'arrivée de la nouvelle de la ruine complète de la ville juive, 3 mois après le meurtre de Gédaha, qui eut lieu le 3 du 7e mois. La prophétie est de janvier de la 12e année de la captivité de Joachim, c'est-à-dire du règne de Sédécias. Puisque la capitale fut détruite dans la 11e année au mois d'août, il est clair que la 12e année de Sédécias a commencé entre août et janvier. Donc Joachim a été fait prisonnier en automne (598) (4). Un autre texte d'Ezéchiel (5) confirme le chiffre 11. Il suit donc que la date de la destruction de Jérusalem ne peut

---

(1) IV Rois, xxv, 27.
(2) L'année commençait à l'équinoxe du printemps.
(3) Ezech., xxxiii, 21.
(4) *Salomon et ses successeurs*, Ann. de phil. chrét. p. 84 et 95, février 1876.
(5) Ezech., xi, 1.

être placée qu'en août 587, car, en la plaçant en 586 ou en 588, il faudrait allonger ou raccourcir le règne de Sédécias, qui a régné plus de 11 ans, mais moins de 12. On peut donc placer l'avènement de Sédécias en 598 et celui de Nabuchodonosor à la fin de juillet ou au commencement d'août en 605. Il n'y a plus qu'une différence de 6 mois avec les données de Ptolémée qui fait commencer le règne du roi chaldéen en janvier 604. En tout cas, c'est bien la 19ᵉ année de Nabuchodonosor que Jérusalem a succombé, bien que Jérémie (1) nous dise que ce fut la 18ᵉ. Evidemment il faut entendre par là que l'événement s'est passé à la limite des années 18ᵉ et 19ᵉ du roi de Babylone.

Ceci posé, comme Ezéchias règne encore 22 ans après la chute de Samarie, on peut placer sa mort dans l'année 698. Comme le fait remarquer M. Oppert, il est difficile d'augmenter le règne de ce roi, même au-delà de 29 ans 1/2, parce qu'il n'a survécu que 15 ans à sa maladie, ce qui nous donne, d'une part, 13 ans plus une fraction et, de l'autre, 15 ans 1/2, c'est-à-dire au plus 28 1/2 plus une fraction d'année aussi grande que l'on voudra. M. Lenormant (2) augmente le règne d'Ezéchias de 15 ans et raccourcit d'autant celui de Manassé; mais nous verrons plus loin que nous ne sommes pas obligés de recourir à de pareilles extrémités pour résoudre les difficultés qui concernent Ezéchias. Manassé règne 55 ans, (nᵒ 16); mais comme nous n'avons pas d'autres données à son égard, nous pouvons penser que le chiffre 55 doit être augmenté d'une fraction plus ou moins notable, d'une demie par exemple, et fixer la mort du fils d'Ezéchias à l'année 642. Nous pouvons faire le même raisonnement à propos d'Amon et de Josias, dont l'un serait mort en 646 et l'autre en 609. Joachaz, n'ayant régné que 3 mois, occuperait la fin de 609 et le commencement de 608. Quant à Joakim, comme sa 4ᵉ année coïncide avec la première et sa 11ᵉ ou 12ᵉ avec la 8ᵉ de Nabuchodonosor (nᵒˢ 106 et 107), il ne peut pas avoir régné beaucoup plus de 11 ans, d'autant plus que les 3 mois de Joachim tombent dans la 8ᵉ année du monarque chaldéen. Sa mort eut donc lieu en 698 et les 3 mois de Joachim sont à prendre sur cette même année. Enfin Sédécias a commencé à régner en 698 et fut pris et détrôné en 587.

Si nous additionnons les années des rois telles qu'elles nous sont indiquées dans la Bible, nous trouvons 132 ans et 6 mois au lieu de 135, durée réelle de l'intervalle qui s'étend du mois de juin 721 au mois d'août 587; mais nous avons vu qu'on peut augmenter d'une demi-année et même plus les règnes de Manassé, d'Amon et de Josias, et de quelques mois au moins celui d'Ezéchias. Rien n'empêche donc de fixer l'avènement de Nabuchodonosor en août 605, et sa 19ᵉ année en 787, puisque la conciliation avec les données hébraïques est désormais opérée.

Les calculs que nous avons faits d'après M. Oppert et qui nous semblent satisfaire à toutes les difficultés, nous dispensent d'entrer dans l'exposé et la réfutation des opinions divergentes, ce qui nous entraînerait beaucoup trop loin et sans utilité réelle. Nous voulons seulement pour le moment déduire de ce qui précède la date de quelques événements importants.

---

(1) Jér., LII, 28.
(2) *Manuel*, I, 295.

PRÉFACE

La mission de Jérémie, ayant commencé la 13ᵉ année de Josias (1), doit dater de l'année 627 avant Jésus-Christ, puisque Josias monta sur le trône en 640. La 18ᵉ année de Josias, qui fut celle de la seconde réforme et de la célébration solennelle de la Pâque (2), tombe alors en 622. Mais comme Josias succomba dès sa première rencontre avec l'armée égyptienne (3), l'expédition de Néchao contre l'Assyrie eut donc lieu en 609, la 31ᵉ et dernière année de Josias.

L'invasion des Scythes en Judée, dont l'Ecriture ne parle pas, doit prendre place sous Josias, après les commencements de Jérémie et avant la grande réforme. Duncker se décide pour l'année 627; Ewald pour 624, 3 ans avant la réforme opérée par Josias, laquelle eut lieu d'après ses calculs en 621; enfin M. Lenormant fait choix des années 625 et 624. Il est d'ailleurs probable, ainsi que le fait remarquer ce dernier auteur, que les Scythes n'avaient pu pénétrer dans les montagnes de Juda et s'étaient contentés de ravager les plaines, en se dirigeant vers l'Egypte. La ville de Bethsan (Beisan), qui changea son nom en celui de Scythopolis, rappela le souvenir de cette invasion.

Joakim arriva au trône à la fin de 609, puisque Joachaz, son prédécesseur, ne régna que 3 mois. Or, d'après Jérémie (4), la bataille de Circésium ou Charcamis, sur l'Euphrate, fut livrée la 4ᵉ année de Joakim, par conséquent en 605, et c'est peu après sa victoire que Nabuchodonosor marcha sur la Palestine (5). La même année, Jérémie fit écrire sa prédiction, qui fut lue publiquement un jour de fête solennelle, l'année suivante (6). A cette époque Joakim ne s'était pas encore soumis au roi de Babylone et il ne devint tributaire qu'un peu plus tard, c'est-à-dire à la fin de 604 ou au commencement de 603. Trois ans après, il se révolta, c'est-à-dire en 601 ou en 600 (7), et, jusqu'à sa mort, arrivée en 598, son royaume fut ravagé par des bandes armées de Chaldéens, de Syriens, de Moabites et d'Ammonites (8).

Sédécias ayant reçu le pouvoir en 598, la même année que Joachim, le voyage qu'il fit à Babylone (9) eut lieu en 594 et non pas en 593, comme le prétend Ewald. C'est la 9ᵉ année de Sédécias, c'est-à-dire en 589, que les Chaldéens apparurent sous les murs de Jérusalem, et la 10ᵉ, en 588 par conséquent, que le roi de Juda fit emprisonner Jérémie (10). La 11ᵉ année de Sédécias, en 587, Jérusalem fut prise d'assaut et Sédécias fut emmené captif à Babylone; la destruction du temple et de la ville eut lieu la même année.

Enfin, si nous comparons les années des rois de Juda avec celles de Nabuchodonosor, nous verrons que toutes les données de la Bible concordent entre elles.

---

(1) Jér., I, 2, XXV, 3.
(2) IV Rois, XXII, 3, XXIII, 24.
(3) Rois, XXIII, 29.
(4) Jér., XLVI, 2.
(5) V. IV Rois, XXIII, 36.
(6) Jér. XXXVI, 1, 9.
(7) IV Rois, XXIV, 1.
(8) IV Rois, XXIV, 2 et suiv.
(9) Jér., LI, 59.
(10) Jér., XXXII, 1.

La première année de Nabuchodonosor était la 4ᵉ de Joakim (n° 106), et comme ce dernier commence à régner en 608, l'avènement de Nabuchodonosor date donc de 605, année de la bataille de Carchamis. Cette même année se trouvait être la 23ᵉ de la prédication de Jérémie qui avait débuté la 13ᵉ année de Josias (n° 116) en 627. Dans sa 8ᵉ année, c'est-à-dire en 598, Nabuchodonosor fit prisonnier le roi Joachim et sa 18ᵉ année correspond à la 10ᵉ de Sédécias (n° 108), c'est-à-dire à l'année 588. Par suite, la 19ᵉ année du roi de Babylone coïncide avec la 11ᵉ de Sédécias (n° 109) et tombe en 587 avant Jésus-Christ.

Cependant, voici ce que nous lisons dans Jérémie (1) : « Iste est populus, quem tradidit Nabuchodonosor : in anno septimo Judæos tria millia et viginti tres : in anno octavo decimo Nabuchodonosor, de Jerusalem animas octingentas triginta duas : in anno vigesimo tertio Nabuchodonosor, transtulit Nabuzardam, magister militiæ, animas Judæorum septingentas quadraginta quinque. » Or, évidemment, les deux premières déportations ne peuvent être que celles qui eurent lieu, l'une la 8ᵉ année de Nabuchodonosor d'après IV Rois, xxiv, 12, et l'autre dans la 19ᵉ année, d'après IV Rois, xxv, 8, et Jérémie lui-même (2). En effet, la 18ᵉ année de Nabuchodonosor était bien la 10ᵉ de Sédécias (n° 108), et comme Jérusalem résistait encore, il ne pouvait être question d'emmener ses habitants en captivité. De même la 7ᵉ année de Nabuchodonosor peut à la rigueur coïncider avec la dernière année de Joakim, mais non pas avec le règne de Joachim. Pour ne pas changer toutes les autres données de Jérémie au sujet de Nabuchodonosor, on pourrait admettre que le prophète a fait son calcul, dans le cas qui nous occupe, en prenant un autre point de départ. Les années de Nabuchodonosor ne coïncidant pas exactement avec celles des rois juifs, sa 23ᵉ année pourrait dans un sens être aussi la 24ᵉ, auquel cas les deux premières déportations se placeraient dans la 8ᵉ et la 19ᵉ année. Le prophète, basant son calcul sur la 23ᵉ année, aura alors été obligé d'avancer d'un an les déportations de la 8ᵉ et de la 19ᵉ année. Mais il est peut-être plus simple d'admettre que les deux premières déportations eurent lieu tout à la fin ou tout au commencement d'une année, ce qui en rendrait la date un peu flottante.

Il n'est pas question de la quatrième déportation dans les livres des Rois ; mais on ne saurait la révoquer en doute. Nabuchodonosor pouvait craindre une révolte à Jérusalem, et c'est probablement pendant qu'il était occupé au siège de Tyr qu'il confia de nouveau à Nabuzardam la même mission qu'autrefois.

Enfin nous apprenons que Joachim sortit de prison la 37ᵉ année de sa captivité, laquelle avait commencé, comme nous le savons, à la fin de l'année 590, ce qui nous conduit en 561, date de l'avènement d'Evilmérodach.

La chronologie biblique, telle que nous l'avons exposée, se trouve au fond confirmée par les découvertes modernes. Sur l'emplacement de l'ancienne Ninive on a mis à jour les ruines considérables de plusieurs palais dont les murs, les portiques et le sol même sont couverts d'inscrip-

---

(1) Jér., LII, 28-30.
(2) Jér., LII, 1-2.

tions. On a encore trouvé non-seulement des cylindres et des prismes en terre cuite, ornés d'inscriptions, mais toute une bibliothèque (1) composée de tablettes ou de briques qui contenaient, entre autres documents, ce que l'on a appelé le *Canon des Éponymes,* c'est-à-dire, les listes des magistrats qui donnaient leur nom à l'année, listes analogues à celles des archontes à Athènes et rappelant les fastes des consuls à Rome. Quatre exemplaires de ces listes nous sont parvenus; aucun n'est entier, et pourtant on est arrivé, en les comparant l'un à l'autre, à rétablir la suite des Éponymes. Le plus complet des quatre est le premier, lequel ne contient que les noms des Éponymes; mais ces noms étant rangés par groupes, on en a conclu qu'on avait voulu indiquer ainsi la succession des souverains. Dans les trois autres, le nom du roi précède la série des Éponymes de son règne. De plus, on possède encore une longue liste qui, à côté des noms des Éponymes, contient des indications sur le pays où ils ont été envoyés, et même sur les événements qui se sont accomplis pendant l'année de leur administration. C'est cette liste que Schrader désigne sous l'appellation de « Verwallungsliste », *liste administrative,* tandis qu'il nomme les quatre autres « Regentencanon », *Canon des Souverains,* distinction que n'admettent pas les autres assyriologues, car les cinq listes sont généralement connues sous le nom de *Canon des Éponymes.*

On est parvenu à déchiffrer les noms et les notices que contiennent ces listes, et à composer, à l'aide des divers fragments que l'on possède, une liste continue qui s'étendrait de 938, selon Oppert, de 893, selon Schrader, à 665 ou même 642, avec une lacune plus ou moins considérable. Pour la plus ancienne partie de cette liste, on a pris pour point de repère pour fixer la chronologie, une éclipse de soleil observée sous l'archontat de Pour-el-Sahle. Mais à ce sujet les opinions diffèrent : les uns, comme M. Oppert, ainsi que nous l'avons vu, la fixent au **15 juin 809,** tandis que d'autres, Schrader par exemple, pensent que c'est celle du **15 juin 763.** Quant à la seconde partie, on s'est servi des données de Ptolémée sur l'avènement de Sargon à Babylone et de l'éclipse de lune arrivée pendant le règne de Nabopolassar et que les observations astronomiques ont fixée au mois de mars de l'année 721 avant Jésus-Christ.

Or, la chronologie établie d'après la liste des Éponymes permet bien d'adopter la date de 721 pour la prise de Samarie; mais en deçà et au-delà il y a désaccord, au moins apparent, avec la chronologie biblique et jusqu'à présent les assyriologues diffèrent sur la manière ou même la possibilité d'opérer la conciliation.

Les uns, comme MM. Lenormant et Oppert, défendent l'authenticité de la chronologie de l'Ancien Testament et cherchent à la faire cadrer avec la chronologie assyrienne, tandis que d'autres, par exemple MM. H. Rawlinson, G. Smith, Schrader, Maspéro, sacrifient complètement la chronologie de la Bible. Comme il nous semble utile de bien préciser l'état de la

---

(1) Cette bibliothèque singulière a été retrouvée dans le palais d'Assourbanipal (Sardanapale) à Ninive. Les tablettes en terre cuite qui la composaient sont couvertes, sur leurs deux faces, d'une écriture fine et serrée. Chacune était numérotée et formait, pour ainsi-dire, le feuillet d'un livre. Presque toutes celles qui subsistent encore sont conservées au musée Britannique.

question, nous alllons donner dans un premier tableau les dates de la chronologie assyrienne, telles que Schrader les admet, et dans un second, mettre en regard les différences de la chronologie assyrienne et de la chronologie biblique, toujours d'après les données des adversaires de cette dernière.

858 Salmanasar II.
854   5ᵉ année de Dayan-Assour. Guerre avec Bénadad et Achab. Bataille de Karkar.
850   9ᵉ — (Chadilibus). Guerre avec Bénadad.
849   10ᵉ — (Mardud-alik-pani). Guerre avec Bénadad.
846   13ᵉ — Guerre avec Bénadad.
842   17ᵉ — Guerre avec Hazaël. Tribut de Jéhu, fils d'Omri.
839   22ᵉ — Guerre avec Hazaël.
823 Samsi-Bin.
810 Bin-miar.
803   8ᵉ année (Assur-nisi). Expédition vers les rivages de la mer, y compris la Palestine.
781 Salmanasar III.
775   7ᵉ année (Nirgalissis). Expédition vers le pays.
771 Assour-dan-il.
763   9ᵉ année (Pouril sahlé). Éclipse de soleil du 15 juin.
753 Assour-miar.
745 Téglath-Phalasar IV.
738   8ᵉ année (Binbiloukin). Tribut de Manahem de Samarie. Son contemporain d'après la Bible et les inscriptions est Azarias (Ozias).
734   12ᵉ — (Bildanil). Expédition en Palestine (Achaz et Phacée).
733   13ᵉ — } Expédition contre Damas (Rasin).
732   14ᵉ —
727 Salmanasar IV.
724 } Siége de Samarie (conformément à la Bible).
723
722 (Adar-abou). Sargon s'empare de Samarie (conformément à la Bible et aux monuments. (1).
721   1ᵉ année (Naboutaris). Défaite de Mérodach-Baladan.
720   2ᵉ — (Assour-iska-danim). Défaite de Sabacon, roi d'Egypte.
715   7ᵉ — (Takkil-ana-Bil). Tribut du pharaon d'Egypte.
711   11ᵉ — (Adar-alik-pani). Siège et prise d'Azoth.
710   12ᵉ — Défaite de Mérodach-Baladan.
709   13ᵉ — Sargon, roi de Babylone.
705   1ᵉ — Pakharbel. Sennachérib.
704   2ᵉ — (Nabou-din-ibous). Conquête de Babylone.
702   4ᵉ — (Naboulih). Confection du cylindre de Bellino.
701   5ᵉ — (Chananou) Expédition en Judée et en Egypte.
699   7ᵉ — (Bil-sar-oussour). Première année d'Assournadin installé roi à Babylone par Sennachérib.
681   1ᵉ — (Nabouachikmis ?). Asarhaddon.
673   9ᵉ — (Atarilou). Date du prisme de terre cuite où sont racontés les exploits militaires des premières années d'Asarhaddon.
668   1ᵉ — (Sakanlarmi). Assourbanipal.

---

(1) Nous avons vu plus haut que la prise de Samarie doit dater de 721.

Comparaison des données des inscriptions avec celles de la Bible :

	Dans les inscriptions :	Dans la Bible :
ACHAB :	854 (Bataille de Karkar).	918-896 (durée du règne).
JÉHU :	842 (Paiement du tribut).	884-857 —
AZARIAS (Ozias) :	745-739 (Est en guerre pendant ces années avec Téglath-Phalasar).	809-759 —
MANAHEM :	738 (Paiement du tribut).	771-761 —
PHACÉE :	734 (Est vaincu par Téglat-Phalasar).	758-738 —
OSÉE :	728 (Dernière année qu'Osée a dû payer le tribut à Téglath-Phalasar).	729-723 —
	722 (Chute de Samarie).	722 (Chute de Samarie).
ÉZÉCHIAS :	701 (Expédition de Sennachérib).	714 (Expédition de Sennachérib).
MANASSÉ :	681-673 (C'est vers cette époque que Manassé dut payer le tribut à Asarhaddon).	696-642 (Règne de Manassé).

Comme on le voit sans peine, la différence entre les deux chronologies serait de plus de 40 ans à l'époque d'Achab, de 20 ans à celles d'Azarias et de Manahem et de 10 ans à peine à celle de Phacée. La date de la chute de Samarie est la même, que l'on adopte l'année 722 ou l'année 621 ; mais au temps d'Ezéchias nous relevons de nouveau une différence d'environ 13 ans pour l'expédition de Sennachérib, que les monuments assyriens ne permettent guère de placer avant l'an 700, tandis que, d'après la Bible, elle aurait eu lieu, ce semble, la 14ᵉ année d'Ezéchias, c'est-à-dire en 714.

Nous allons procéder par ordre et énumérer une à une chacune des difficultés.

D'après une inscription découverte aux sources du Tigre, Salmanazar II, qui, assure-t-on, aurait régné de 858 à 829 ou 824, raconte ses campagnes et parle d'une grande victoire remportée sur douze princes, parmi lesquels il énumère Benhadad de Damas, Irchoulin d'Hamath, Achab d'Israël, litt. *Ahabbou Sirlaï*, qui s'était trouvé là avec 10,000 hommes. De plus, d'après d'autres monuments, Salmanasar fit la guerre à Benhadad (Binhiadri) I la 11ᵉ et la 14ᵉ année de son règne, et, dans sa 18ᵉ et 20ᵉ année, à *Hazaïlou sa mat Imirison* (Hazaël de Damas). C'est vers la même époque, après la campagne de sa 18ᵉ année, qu'il reçut le tribut de *Jahoua habal*, Honoumri, (Jéhu, fils d'Omri) (1).

Or, si *Ahabbou Sirlaï* est le roi Achab qui régna de 918 à 806 (en réalité de 921-900) et si *Jahoua*, fils d'*Honoumri*, est identique à Jéhu dont le règne s'étend de 883 à 856 (de 887 à 859), on voit que la différence est considérable et que la difficulté paraît insoluble.

Toutefois, M. Oppert, partant de ce principe qu'il serait illogique de répudier comme entachée de fausseté la longue série des données chronologiques de la Bible, a eu tout d'abord le soupçon que la liste des Eponymes devait présenter une interruption de 40 à 50 ans, soupçon qui plus tard s'est changé pour lui en certitude. Cette interruption s'étendrait de

---

(1) Cfr. Schrader, *Keilnischriften*... 94 et suiv. 401 et suiv. 404, et suiv.

l'année 792 à l'année 744, de la fin du premier empire d'Assyrie à l'avènement de Sardanapale. L'espace intermédiaire serait rempli par Phul, le Bélésis des Grecs, qui avait pris part, à la tête des Babyloniens, à la ruine de Ninive, mais dont les inscriptions ne parlent pas et que les historiens classiques ne mentionnent plus après la prise de la capitale assyrienne. On ne connaît de son histoire que son expédition contre Manahem, roi d'Israël, laquelle eut lieu vers l'an 770 et dont la Bible seule fait mention (1). Mais c'est assez pour que l'existence de Phul ne puisse être révoquée en doute, d'autant plus qu'un passage des Paralipomènes prouve manifestement que les historiens sacrés ne se sont pas trompés à son égard et ont su le distinguer de tout autre souverain et, en particulier, de Téglathphalasar (2). Comme le dit très bien M. Oppert, « on ne saurait admettre *a priori* une erreur de la Bible, il faudrait en prouver l'existence (3). » Le docte auteur prouve ensuite que le roi Phul ne peut être identifié avec Téglathphalasar et, dans un autre endroit, il fait remarquer qu'en supprimant Phul et en admettant la continuité des Eponymes, *l'intervalle entre l'avènement de Jéhu et la prise de Samarie est réduit à 119 ans, en retranchant 47 ans du calcul biblique.* Il en conclut donc que l'éclipse de soleil mentionnée dans la liste des éponymes 91 ans avant l'Eponyme où il est question d'Achab, ne peut être que l'éclipse annulaire du 13 (15) juin 809 avant Jésus-Christ et non point celle du 15 juin 763, et que « *entre Assurnirar, le Sardanapale de Ctésias, et Téglatphalasar, il y a une lacune de 47 ans, pendant lesquels régna entre autres Phul, le chaldéen.* »

Comme conséquence, la prise de Samarie doit être fixée à l'an 721 avant Jésus-Christ.

En résumé, l'opinion contraire se heurte à de véritables difficultés, car ses fauteurs ne peuvent ni supprimer Phul, ni l'expliquer, et peuvent encore moins retrancher 47 ans entre Jéhu et Osée.

Toutefois, le Dr Schrader ne s'en prononce pas moins pour la non-interruption de la liste des Eponymes, et pour l'adoption de l'éclipse du 15 juin 763 (5).

Dans son *Chronoligischer Excurs* (6), il objecte encore que ce retranchement de 47 années n'empêche pas que Jéhu n'ait payé tribut en 888, quatre ans avant son avènement, et que, pour l'époque d'Azarias et de Manahem, la lacune étant beaucoup moindre, le nombre 47 est trop fort. Or, nous savons déjà que Jéhu est monté sur le trône en 887, et, quant aux autres difficultés, nous verrons plus loin comment on peut y satisfaire. « Au reste M. Oppert a fait remarquer à plusieurs reprises au Dr Schrader (7) qu'il avait laissé sans réponse ces deux questions : 1° où placer Phul, le roi d'Assyrie? 2° Comment retrancher 47 ans entre Jéhu et Osée,

---

(1) IV Rois, xv, 19.
(2) I Paral., v, 26.
(3) *Salomon et ses successeurs, Ann. de phil. chrét.* p. 34, janv. 1876.
(4) Ibid. p. 247, 248, nov. 1875.
(5) *Zur Kriteche der biblisch. assyr. Chronol. in Zeitschr. de deutschen morgent. Gesch.* xxvi, 449 et suiv.
(6) *Keilnischriften,...* p. 300 et suiv.
(7) *Entgegnung an H. D. Schrader* (in Zutsch. der d. m. xxvi, 844 ; et Ann. de phil. p. 348, nov. 1875.

ou entre l'avènement d'Athalie et celui d'Ezéchias? Le Dr Schrader a répliqué qu'il s'était suffisamment expliqué là-dessus dans *Chronologischer Excurs* (1); mais nous avons vainement cherché dans cette dissertation l'explication désirée. Nous voyons bien dans une note (2) qu'il s'attache à réfuter l'opinion de M. Oppert et à en montrer l'invraisemblance, mais rien de plus. Dans le corps même de l'ouvrage (3), il ne se contente pas d'affirmer la continuité de la liste des Eponymes, il nie même l'existence de Phul et s'exprime ainsi à ce sujet : « Les monuments assyriens nous conduisent nécessairement et forcément à admettre que le roi assyrien Phul, dont le nom n'apparaît jamais sous cette forme, doit être cherché parmi les rois assyriens déjà connus, c'est-à-dire qu'il faut considérer le nom de Phul comme la corruption de *Taklat-pal-asar* (Téglathphalasar) ». Mais cette assertion est insoutenable, comme nous le verrons dans le commentaire, et il devient évident que nous sommes en présence d'une réponse dilatoire.

En résumé, le Dr Schrader ne nous apprend nulle part comment on peut retrancher 47 ans dans l'histoire des Hébreux, entre l'avènement d'Athalie et celui d'Ezéchias. Or, à tout prendre, il est assez facile de les supprimer dans la chronologie assyrienne, tandis que la chose est absolument impossible pour la chronologie biblique, à moins de considérer comme non avenues toutes les données des livres saints et de les corriger arbitrairement.

Plusieurs néanmoins ont tenté d'amputer la chronologie de la Bible, en particulier Sam. Sharp (4), Ernest de Bunsen (5) et Heinrich Brandes, dans des dissertations sur l'histoire de l'Orient dans l'antiquité.

C'est en admettant plusieurs co-régences ou associations au trône, qu'on est arrivé au résultat suivant :

Dans le royaume de Juda, Joas n'aurait pas régné 40 ans, mais 37; dans sa 38e année il se serait associé Amasias, lequel à son tour n'aurait régné que 2 ans seul et 24 ans conjointement avec son fils Azarias. Azarias aurait régné seul 19 ans, après quoi Joatham aurait régné avec lui ou à sa place, pendant 8 ans. Aussitôt après la mort d'Azarias, Joatham se serait associé Achaz, et aurait gouverné 8 ans conjointement avec lui. Achaz enfin, après 4 ans de règne, aurait admis Ezéchias au partage du pouvoir. De cette sorte, le règne de Joatham se trouve, pour ainsi dire, rayé de l'histoire.

On s'est servi de la même méthode pour abréger les règnes des rois d'Israël, de façon que le règne de Joas disparaît complètement, que celui de Phacéias se fond avec celui de Phacée et que ce dernier n'a plus qu'un règne de 6 ans au lieu de 30 ou 20. C'est ainsi qu'on a réussi à réduire de 166 ans à 119 l'espace qui s'étend d'Athalie à la destruction de Samarie.

Mais on peut faire observer que c'est se mettre en complète contradiction avec la Bible, non seulement pour les données chronologiques, mais même pour l'ensemble du récit, et que l'on se heurte à des difficultés

---

(1) *Keilinschriften*... p. 292 et suiv.
(2) Ibid. p. 300 et 301.
(3) Ibid. p. 124.
(4) *The chronology of the Bible*, Londres, 1868.
(5) *The chronology of the Bible, connected with*... Londres, 1874.

inextricables ou plutôt à des impossibilités, comme nous nous en apercevrons dans les remarques que nous ferons plus tard sur l'âge des rois. On pourrait encore objecter que l'identification d'*Ahabbou Sirlaï* avec Achab, et de *Jahoua habal Houounai* avec Jéhu n'est pas absolument certaine; mais nous n'avons pas besoin de recourir à cet expédient pour défendre notre cause et nous admettons volontiers l'identification proposée, avec la plupart des écrivains spéciaux qui ont traité ces matières.

Quant à Jéhu, nous avons déjà vu qu'il a commencé à régner en 887 et non pas en 884. Si le Dr Schrader lui fait payer le tribut en 888, c'est uniquement parce qu'il place la prise de Samarie en 722, date que l'on ne doit pas adopter, en prenant pour point de départ l'éclipse du 15 juin 809.

D'après le tableau comparatif que nous avons donné, il reste à combler une différence de 16 ans entre les deux chronologies, à l'époque d'Azarias et de Manahem.

Il est question en effet, dans les inscriptions de Salmanasar (1), d'un *Asouriahou mat Iahoudi*, « Azarias des Juifs », désigné aussi sous la forme *Asriahou* (2), d'un *Munhiimmi Samirinaai* « Manahem de Samarie »; et d'un *Rasoun non Garimirison*, « Rasin de Damas. » Ainsi, non seulement, Azarias et Manahem qui régnèrent l'un de 811 à 758, l'autre de 772 à 762, mais aussi Rasin de Damas, qui sous Joatham et Achaz fit la guerre au royaume de Juda, de concert avec Phacée, auraient été contemporains de Téglathphalasar dont le règne pourrait avoir commencé au plus tôt en 745.

Mais, d'une part, il n'est point prouvé que le personnage, appelé *Asriahou* dans les inscriptions, soit identique à Azarias le roi juif. On peut d'abord faire remarquer que l'un des noms est *Asriahou*, אשריהו, et l'autre עזריהו, *Azariahou*, et ensuite que la ressemblance des noms, si elle était réelle, ne prouverait absolument rien par elle-même. Aussi plusieurs savants (3) supposent, et avec vraisemblance, que cet *Asriahou* est la même chose que le fils de Tabéel dont parle Isaïe (4), celui que le roi de Syrie et Phacée voulaient mettre à la place d'Achaz. Comment d'ailleurs le roi d'Assyrie pourrait-il avoir été à la fois et l'ennemi d'Ozias, le grand-père, et l'ennemi d'Achaz, le petit-fils, qu'il délivra des attaques de ses ennemis?

Quant à *Miihimmi Sanuriniaai*, il est impossible de fait de l'identifier avec le Manahem de la Bible, lequel fut tributaire de Phul et qui ne peut pas avoir été contemporain tout à la fois d'Ozias et d'Achab, à moins d'admettre que le grand-père et le petit-fils n'aient régné ensemble. Donc le Manahem, vassal de Teglathphalasar et qui est nommé avec Phacée, n'est pas celui de la Bible. M. Oppert, en plusieurs endroits (5), suppose que ce Manahem fut un usurpateur, qui pendant 9 ans aurait occupé la place de Phacée, dont le règne de 20 ans, selon la Bible, se partagerait en deux.

---

(1) Cfr. Schrader, *Keilnischriften*... 114 et 115.
(2) Cfr. Ibid. 120.
(3) Oppert, *Salomon et ses successeurs*, Ann. de phil. chret. pp. 40 et 41, janvier, 1876; Lepsius, *Zeitschrift*, 1868, II, 68 ; Joach. Ménant, *Annal. des rois d'Assyrie*, Paris, 1874, p. 145.
(4) Is. XII, 6.
(5) *Chronologie bibl.* 28 et 29 (tirag. à part), *Salomon et ses successeurs*, Ann. de phil. chrét. pp. 38 et suiv. janv. 1876;

M. Lenormant (1) est du même avis. Nous avons déjà vu plus haut que Phacée a dû régner 29 ans au lieu de 20, ou plutôt qu'il s'est écoulé 29 ans entre son avènement et sa mort. Rien ne s'oppose en effet à ce que le trône lui ait été vivement disputé, et la situation du royaume d'Israël à cette époque rend très-plausible l'hypothèse précédente. La marche la plus naturelle à suivre consiste donc à éclairer et à compléter, les uns par les autres, des documents d'origine diverse, et respectivement d'une autorité incontestable, mais qui évidemment offrent des lacunes et présentent des obscurités. Agir autrement serait tout à fait illogique et c'est ce que M. Oppert fait excellemment ressortir dans les termes suivants : « Soyons de bonne foi : d'une part, on se sert d'une interprétation des textes assyriens pour détruire les données bibliques : d'autre part, on insiste sur le témoignage des mêmes documents judaïques, pour corroborer l'autorité des récits cunéiformes, et malgré cela on rejette le secours de ces derniers, quand ils confirment les écrits bibliques en les expliquant (2) ». Avant tout, il ne faut pas se contredire soi-même.

Nous n'avons donc pas besoin d'élever des doutes sur l'exactitude des données cunéiformes, ni d'objecter que la lecture de plusieurs noms n'est pas certaine, et que l'identification des personnages ne l'est pas davantage. On peut consulter à ce sujet l'ouvrage de G. Smith (3), qui, sans adopter l'opinion de M. Oppert et sans abréger la chronologie biblique, trouve le moyen de la concilier avec le canon des Eponymes. Il est vrai que M. Oppert juge très-sévèrement ce travail (4), et assurément avec raison; mais ce n'est pas notre affaire de toucher à cette controverse.

Nous voici arrivé à ce qui semble à première vue une difficulté inextricable.

Nous lisons dans le IV° livre des Rois (5) : « Anno quartodecimo regis Ezechiæ ascendit Sennacherib rex Assyriorum ad universas civitates Juda munitas; et cepit. » Sennachérib aurait donc, ce semble, entrepris son expédition contre le royaume de Juda la 14° année du règne d'Ézéchias, c'est-à-dire en 713, puisque le roi de Juda était monté sur le trône en 727. Or, d'après le canon des Eponymes, Sennachérib n'a pas commencé à régner avant l'an 704, car il fut précédé non seulement de Salmanasar, qui entreprit le siège de Samarie, mais de Sargon, qui de 721 à 728 aurait administré l'empire assyrien comme tuteur de Samdanmalik, fils de Salmanasar, et aurait gouverné seul à partir de 708 jusqu'en 705. Or, comme l'expédition contre la Judée, la Phénicie et l'Egypte, était la troisième de Sennachérib, on ne peut guère en placer le commencement avant l'an 701, en comptant une campagne par année. Mais en outre la Bible nous dit ou paraît nous dire que ce fut à peu près à l'époque de l'invasion de Sennachérib qu'Ezéchias tomba malade, et reçut la promesse de vivre encore 15 ans; enfin qu'après sa guérison, l'ambassade de Merodach Baladan arriva à Jérusalem (6).

---

(1) *Manuel*, I, 274 et 284 et II, 86.
(2) *Salomon et ses successeurs*, Ann. de philos. chrét. pp. 41 et 42, janv. 1876.
(3) *The Assyr. Eponym. Canon, containing...* Londres, 1875.
(4) Ann. de phil. chrét. p. 357, nov. 1875.
(5) II Rois, XVIII, 43.
(6) IV Rois, XX, 1, 6, 12 et suiv.

Par ce simple exposé, on comprend que la conciliation n'est pas chose facile, car il ne paraît point possible ici de révoquer en doute l'autorité des monuments assyriens. Plusieurs solutions néanmoins ont été proposées. M. Lenormant (1) donne à Ezéchias 41 ans de règne et le fait mourir en 685. Il suppose que Manassé fut associé au trône dès sa naissance, ce qui réduirait son règne effectif à 42 ans au lieu de 55. Mais ce système présente de grands inconvénients. Outre que le texte accorde positivement 28 ans de règne à Ezéchias et 55 ans à Manassé, sans mentionner une association au trône qui, en soi, est plus que singulière, il oblige encore à placer à l'époque de l'invasion de Sennachérib, non-seulement la maladie du roi, mais même l'ambassade de Mérodach Baladan, roi de Babylone, lequel fut detrôné par Sargon, plusieurs années avant l'avènement de Sennachérib. Enfin, il resterait aussi à expliquer comment l'écrivain sacré a pu dire que Sennachérib avait envahi le royaume de Juda la 14° année d'Ezéchias, et c'est là que se trouve le *nodus impeditus*. Quelle que soit l'interprétation que l'on admette, il faut de toute nécessité que cette indication serve à quelque chose, à moins d'admettre en cet endroit une interpolation du texte, ce qui n'est pas probable, vu que le texte d'Isaïe est conforme (2).

Nous admettons donc que le chiffre 14 est exact en lui-même; mais à l'exemple de M. Oppert (3), nous lui donnerons une signification différente et nous rétablirons à leur place trois événements dont la coïncidence est impossible.

En premier lieu, Ezéchias ayant régné 29 ans et ayant survécu 15 ans à sa maladie, celle-ci eut donc lieu la 14° année du règne du saint roi, c'est-à-dire en 713.

Secondement, l'ambassade de Mérodach Baladan est postérieure à la maladie d'Ezéchias (4), on ne saurait en douter, mais de peu très probablement, d'autant plus que le roi de Babylone fut vaincu et dépossédé en 709.

Enfin, en troisième lieu, l'expédition de Sennachérib, la troisième d'un règne qui n'a pas commencé avant 705, a dû suivre naturellement d'assez loin et la maladie d'Ezéchias et l'ambassade de Mérodach Baladan. De cette façon, tout s'explique; on comprend alors pourquoi le prophète Isaïe parle de l'invasion assyrienne comme d'un danger futur et comment Ezéchias put montrer ses trésors aux envoyés de Mérodach Baladan (5), ce qu'il eut été hors d'état de faire après le passage de Sennachérib, auquel il livra tous les trésors du temple et du palais (6).

Mais alors, nous objectera-t-on, comment interprétez-vous le texte : « Anno quartodecimo regis Ezechiæ, ascendit Sennacherib... » (7)? Nous répondrons que nous ne rejetons pas le chiffre 14, mais que nous l'appliquons à la maladie d'Ezéchias et que nous supposons qu'il y a ici une

---

(1) *Manuel*, I, 295.
(2) Is. xxxv, 1.
(3) *Ann. de phil. chrét.* sept. 1875, p. 183 et suiv.
(4) IV Rois, xx, 12; Is. xxxix, 1.
(5) IV Rois, xx, 13 et 15 ; Is. xxxix, 2 et 4.
(6) IV Rois, xviii, 14-16.
(7) Rois, xviii, 13, II Paral., xxxii, 1 ; II. xxxvi, 1.

PRÉFACE

interversion des chapitres, laquelle interversion doit être admise, si l'on veut laisser au récit biblique toute sa valeur et le rendre compréhensible. La même interversion a été reproduite dans les Paralipomènes et dans Isaïe par les correcteurs de la Bible et pour les mêmes raisons, c'est-à-dire, parce qu'ils ont voulu mettre en avant ce qui, d'après eux, avait une plus grande importance, c'est-à-dire la destruction de l'armée de Sennachérib. Il s'en suit donc que les mots *Anno quartodecimo regis Ezechiæ*, ne sont pas à leur place et devraient précéder le ch. XX, lequel devrait précéder le récit de l'expédition du roi d'Assyrie. D'ailleurs l'interversion dont nous parlons n'est point improbable et n'est pas sans exemple, car nous remarquons dans les Septante plusieurs déplacements de ce genre, en particulier en ce qui concerne l'histoire de Naboth.

Pour résumer les observations précédentes, nous allons présenter dans un tableau d'ensemble la chronologie biblique, en l'accompagnant des synchronismes de l'histoire profane.

PEUPLE DE DIEU.	HISTOIRE PROFANE		AVANT JÉSUS-CHRIST.
	TYR, ÉGYPTE ET SYRIE.	ASSYRIE ET BABYLONIE.	
Sortie d'Égypte...........			1493
		Assourbelnisisou............	1450 ?
		Assouroubalat..............	1400 ?
		Bellikhous (Belnirari)........	?
		Poudiel.....................	?
		Binlikhous I (ou Binnirari I)..	?
		Salmanasar I................	1320 ?
		Téglath Samdam I...........	1300
		Belchodorussor..............	1290 ?
		Adarpalassar................	1280 ?
	Fondation de Tyr...........		1240
		Assourdayan................	1220 ?
		Moutakhil-Nabou............	1180 ?
	Ramsès XII.................	Assourisisi..................	1150 ?
		Téglathphalasar I............	1130 ?
		Assourbelkala...............	1100 ?
		Samsi Bin II................	1093 ?
		Assourabamar...............	1080 ?
		Belkatirassou................	1070 ?
David...................			1058
		Irib-Bin....................	?
	Hiram I....................		?
	Abibal.....................		?
		Assouridinakhé..............	?
Contruction de Jérusalem.......			1051
		Assourédili..................	?
	Hiram II, fils d'Abibal........		1026
Naissance de Roboam...........			1018
Salomon.......................			1017
Fondation du temple...........			1014
Fin de la construction du temple.			1007
Achèvement des édifices........			994
	Baliazor, fils d'Hiram........		932

Année du règne DES ROIS D'ISRAEL.	ROYAUME DE JUDA	Année du règne DES ROIS DE JUDA.	ROYAUME D'ISRAEL	HISTOIRE PROFANE — TYR, ÉGYPTE ET SYRIE.	HISTOIRE PROFANE — ASSYRIE ET BABYLONIE.	AVANT JÉSUS-CHRIST.
1	Roboam............	1	Jéroboam règne 22 ans.			978
				Abdastartus fils de Baléazor......		975
				Expédition de Sésac		973
				Méthuastartus, fils d'Abdastartus...		966
18	Abiam règne 3 ans....					960
20	Asa règne 41 ans....					958
	....	2	Nadab règne 2 ans....			956
				Astargmus, frère de Méthuastartus ..		954
		3	Baasa règne 24 ans...			955
					Binlikhous II.....	951
				Expédition de Zérah l'Ethiopien.....		939
					Téglath-Samdan II.	935
				Phéles, frère de Méthuastartus en 944.		
				Ithobal. 944-912.		
				Bénadad I en Syrie v. 939.		
		26	Ela règne 2 ans......			932
		27	Zambri règne 7 jours.	....	....	931
		27	Thebni et Amri régnent 4 ans......			931
					Assournazirpal...	929
		31	Amri règne seul 8 ans.	....	....	927
		38	Achab règne 22 ans...			920
4	Josaphat règne 25 a...		....			917
				Benadad II en Syrie		
					Salmanasar IV....	904
				Balézor à Tyr, de 912-906.		
		17	Ochozias règne 2 ans..			900
				Mutton 906-877.		
		18	Joram règne 12 ans...			899
5	Joram règne avec Josaphat............		....			895
12	Ochosias règne 1 an...					888
				Hazaël en Syrie...		887
	Athalie règne 6 ans....		....			
7	Joas règne 40 ans.....		Jéhu règne 28 ans....			881
				Pygmalion à Tyr de 877-830.		
				Fondation de Carthage........		870
					Samas-Bin.....	869
		23	Joachaz règne 17 ans.	....		859
					Binlikhous III...	856
		37 (39)	Joas règne 16 ans....		....	842
				Benadad III en Syrie		840
2	Amasias règne 29 ans.		....			
					Salmanasar V....	827
		15	Jéroboam II règne 41 (52) ans..........			825
					Assouridili II.....	817
27	Azarias règne 52 ans.		....		....	811
			Jéroboam chassé de Samarie............		Assourlikhous ou Sardanapale....	799

Année du règne DES ROIS D'ISRAEL	ROYAUME DE JUDA	Année du règne DES ROIS DE JUDA.	ROYAUME D'ISRAEL	HISTOIRE PROFANE		AVANT JÉSUS-CHRIST.
				TYR, ÉGYPTE ET SYRIE.	ASSYRIE ET BABYLONIE.	
					Prise de Ninive...	792
					Interruption des é-ponymes (47 ans)	
			Jéroboam rentre dans Samarie.........	....	....	781
		38	Zacharias règne 6 mois.	....	....	773
		39	Sellum règne 1 mois.	....	....	772
		39	Manahem règne 10 ans.	....	....	772
					Phul, roi d'Assyrie.	763
		50	Phacéias règne 2 ans.	....	....	759
		52	Phacée règne 20 (29) a.	....	....	758
2	Joatham règne 16 ans.		....	....	Nabonasar.......	747
					Téglathphalasar II.	744
17	Achaz règne 16 ans...		....	....	....	743
				Razin roi de Syrie.		
			Phacée supplanté par Manahem II......	....	....	742
			Manahem II, tributaire de Téglathphalasar.	....	....	738
			Phacée redevient roi..	....	....	733
	Asria, le fils de Tabéel rival d'Achaz, soutenu par Phacée et Razin de Damas.					
		12	Osée règne 9 ans.....	....	....	730
				Sabacon, roi d'Egypte.		
3	Ezéchias règne 29 ans.		....	....	Salmanasar VI....	727
		6	Chute du royaume d'Israël.............	....	Sargon..........	721

ROYAUME DE JUDA	ÉGYPTE	ASSYRIE ET BABYLONIE	
Maladie d'Ezéchias.............	....	Ambassade de Mérodach Baladan, roi de Babylone.......	713
		Sargon détrône Mérodach Baladan, après l'avoir vaincu à Dour-Yakin.............	709
		Avènement de Sennachérib...	704
		Expédition de Sennachérib contre la Phénicie, la Judée et l'Egypte...............	700
Manassé règne 55 ans............			698
		Assarahaddon.........	680
		Envoi de colons dans la Samarie	
Tribut de Manassé à Assarahaddon d'Assyrie.........		....	676
Manassé emmené à Babylone......			671
	Tharaca roi d'Egypte........	Assourbanipal..............	667
	Dodécarchie. — Rois Saïtes de 665-627.		
Naissance d'Amon...............			664
		Assourédili III.............	647
Amon règne 2 ans.............		....	642
Josias règne 31 ans............			641

ROYAUME DE JUDA	ÉGYPTE	ASSYRIE ET BABYLONIE	
Naissance de Joakim............	....	....	633
Jérémie commence à prophétiser...	....	....	627
		Saruc ou Assaracus............	625
		Nabopolassar, roi de Babylone.	617
Joachaz règne 3 mois............	Néchao, roi d'Egypte.........	....	609
Joakim règne 11 ans.............	Bataille de Mageddo.........	....	608
		Ruine définitive de Ninive....	606
		Avènement de Nabuchodonosor	605
	Néchao est vaincu à Char-		605
	camis. Psamétik II........		
Joachin règne 3 mois............		....	598
Joachin emmené captif à Babylone.			
Avènement de Sédécias.........		....	598
	Ouahprahet, Ophra, l'Apriès		
	des Grecs, roi d'Egypte....		
Siège de Jérusalem.............		....	589
Destruction de Jérusalem........	....	....	587
Enlèvement des habitants de Juda..			583
		Evilmérodach succède à Nabu-	
		chodonosor	562
	Amasis................		
Joachin est rendu à la liberté.....		....	561
Fin de l'exil.....................		Décret de Cyrus............	538
	Psamménite ou Psamétik III.		

Nous faisons suivre ce tableau de quelques considérations sur l'âge des rois, considérations qui n'ont pu trouver place ailleurs.

L'historien Josèphe affirme que Salomon fut roi à 14 ans; mais malgré les expressions dont se sert la Bible, il n'est point probable qu'il fût aussi jeune et tout porte à croire qu'il avait au moins 20 ans, ainsi que nous l'expliquons dans le commentaire.

Quant à Roboam, il est bien positif qu'il n'était plus un jeune homme à son avènement et que le chiffre 41 doit être l'exacte vérité. En effet, Josaphat, l'arrière petit-fils de Roboam, après les deux années d'Abia et les 41 d'Asa, avait déjà 35 ans et, par conséquent, il était né moins de 9 ans après la mort de son arrière grand-père qui, après 17 ans de règne, avait atteint 58 ans. Car il n'est guère probable que Roboam ait été père à 16 ans et arrière grand-père à 48, bien que la chose soit possible en soi.

D'ailleurs, il est positif que cela n'est pas, car, d'une part, il faut considérer qu'Abia était le fils de la troisième épouse de Roboam (1), et, de l'autre, que le fils d'Abia, Asa, le père de Josaphat, devait être âgé de plus de 16 ans à la naissance de ce fils, car autrement il eût été roi à 10 ans et serait mort à 51 ans, ce qui ne s'accorde pas avec la Bible, puisque l'auteur des Rois (2) nous dit qu'il souffrit des pieds dans sa vieillesse. On doit donc penser que sa vie fut d'environ 60 ans. Il était donc né très-peu de temps après la mort de Salomon, et, par conséquent, Roboam fut grand-père peu après son avènement; peut être même avant.

Ainsi, quand même Josaphat aurait eu moins de 35 ans lorsqu'il monta sur le trône, il est quand même impossible de diminuer l'âge de Roboam.

---

(1) II Paral. XI, 20.
(2) III Rois, XV, 23.

Mais au surplus Josaphat avait bien réellement 35 ans, quand il fut roi, car son arrière petit-fils Joas naquit 29 ans seulement après son avènement, quand il aurait eu 64 ans, s'il avait vécu à cette époque. Ochozias, le plus jeune de ses petits-fils, avait dû naître la 44ᵉ année de son âge, la 9ᵉ de son règne (1) ; Joram, comme nous l'avons vu précédemment, a pu mourir à 43 ans, au lieu de 40, puisqu'il est peu probable qu'il ait eu le dernier de ses fils à 17 ans.

Ochozias pouvait bien avoir 23 ans à sa mort, puisqu'il laissa un fils qui fut plus tard le roi Joas.

Nous passons ensuite à Joatham, car les données concernant l'âge des rois précédents ne donnent lieu à aucune remarque. Joatham donc meurt à 41 ans, laissant la couronne à son fils Achaz, âgé de 20 ans, et qui meurt à 36 ans, après un règne d'un peu moins de 16 années. A sa mort, son fils et successeur Ezéchias, selon les Rois et les Paralipomènes, était âgé de 25 ans ; par conséquent Achaz l'aurait eu à 11 ans, ce qui est impossible. Pour sortir de la difficulté, il faut ou allonger l'âge du père ou diminuer celui du fils.

Or, on ne peut augmenter l'âge d'Achaz, car il ne faut pas oublier que Joatham, son père, n'avait à sa mort que 41 ans. Il faudrait donc changer et l'âge d'Achaz et celui de Joatham, et rectifier dix textes et cinq données. Si l'on connaissait la durée de la régence de Joatham pendant la maladie de son père Ozias, on pourrait décider si l'on peut augmenter l'âge du père d'Achaz; mais nous n'avons aucun renseignement à cet égard et, d'ailleurs, il n'est pas probable qu'Ozias, à son âge, ait pu résister longtemps à sa maladie.

Il est donc plus simple de supposer qu'Ezéchias n'était âgé que de 15 ans au lieu de 25 à son avènement et qu'il n'a pas dépassé 44 ans, laissant le trône à son fils Manassé âgé seulement de 12 ans.

Amon meurt assassiné à 24 ans et Josias, son fils, qui lui succède âgé de 8 ans, règne 31 ans et, par conséquent, ne dépasse pas l'âge de 40 ans. Josias laisse trois fils, Joachaz âgé de 23 ans, Joakim de 25 ans et Sédécias de 9 ans (2). Il s'en suit donc qu'Amon a eu son fils Josias à 15 ans, et que Josias a eu son fils Joakim à 13 ans, ce qui peut paraître quelque peu extraordinaire.

On pourrait prolonger l'âge d'Amon et lui donner 32 ans à son avènement, ce qui concorderait bien avec l'âge de Manassé. C'est la seule hypothèse probable si l'on ne veut pas accepter les données précédentes, car il est impossible de rien changer à l'âge de Josias, qui n'était qu'un enfant à son avènement (3), non plus qu'à la durée de son règne. En effet, Jérémie (4) nous apprend qu'il s'est écoulé 23 ans de la 13ᵉ année de Josias à la 4ᵉ de Joakim, ce qui nous donne pour l'intervalle, entre l'avènement de Josias et la 4ᵉ année de son fils, 35 ans plus une fraction. Or, en retranchant 3 mois pour Joachaz et 3 ans plus une fraction pour Joakim, on n'obtient pas beaucoup plus de 31 ans pour le règne de Josias.

---

(1) Cf. IV Rois, viii, 26.
(2) IV Rois, xxiii, 34, 36, xxiv, 18.
(3) II Paral., xxxiv, 3.
(4) Jer., xxv, 1, 3.

VI. Appendice.

Nous croyons bien faire de reproduire ici, à titre de documents, et le canon de Ptolémée et la liste des Éponymes, telle qu'elle a été dressée par M. Oppert, à l'aide des divers fragments qui ont été découverts.

1° Canon des rois de Babylone d'après Ptolémée.

Av. J.-C.	NOMS GRECS.	NOMS ASSYRIO-BABYLONIENS.	ANNÉES de RÈGNE.	TOTAL des ANNÉES de règne.
747	Ναβονασσάρου.	Nabounatsir.	14	14
733	Ναδίου.	Nahid.	2	16
731	Χινζίρου καὶ Πώρου.	Oukinzir (ou Oukingab et Porus).	5	21
726	Ἰλουλαίου.	Ilouïlou.	5	26
721	Μαρδοκεμπάδου.	Mardouk-habal-iddin.	12	38
709	Ἀρκεάνου.	Saryoukin (Sargon).	5	43
704	Ἀβασιλεύτου πρώτου.	(Premier interrègne).	2	45
702	Βηλίβου.	Bilibous.	3	48
699	Ἀπαραναδίου.	Assour-nadin-soum.	6	54
693	Ῥηγεβήλου.	Riou-Bil.	1	55
692	Μεσησιμορδάκου.	Mousisi-Mardouk.	4	59
688	Ἀβασιλεύτου δευτέρου.	(Deuxième interrègne).	8	67
680	Ἀσαριδίνου.	Assour-ah-iddin.	13	80
667	Σαοσδουχίνου.	Samoul-soum-Oukin.	20	100
647	Κινηλάδου.	Sin-inaddin-habal ou Assouredil-ilam. Assour-ban-habal.	22	122
625	Ναβοπολασσάρου.	Nabou-habal-oussour.	21	143
604	Ναβοκολασσάρου.	Nabou-koudour-Oussour.	43	186
561	Ἰλλοαρουδάμου.	Avil-Mardouk (Evilmerodach).	2	188
559	Νηριγασολασάρου.	Nirgal-sar-oussour (Neriglissor). Bel-labar-iskoun.	4	192
555	Ναβοναδίου.	Nabounahid.	17	209

Quelques remarques sont ici nécessaires.

Les adversaires de la chronologie biblique, ceux qui se prononcent pour la continuité du canon des Eponymes, identifient Porus avec Phul qui serait Teglathphalasar, et font de Chinzir un prince babylonien vassal de Phul ou Téglathphalasar. Mais on peut objecter que rien n'indique que Porus fût un roi assyrien, ni que Porus et Phul soient un seul et même nom, ni enfin que Porus soit Phul et Phult Téglathphalasar. En effet, l'adversaire de Phul était Manahem, tandis que celui de Téglathphalasar fut Phacée, ainsi que nous le disent la Bible et les inscriptions. C'est uniquement parce que les monuments de Téglathphalasar mentionnent un Manahem, qu'on a voulu l'identifier sans autre preuve avec Phul, dont la présence est singulièrement embarrassante pour nos adversaires. Nous conclurons,

---

(1) *La chronologie biblique*, extrait de la revue archéologique, p. 44 et suiv.

avec M. Oppert, dont nous reproduisons les observations (1), que « Porus était un prince babylonien qui régnait avec Chinzirus. »

Quant à Chinzir, il n'est pas même certain que son nom ait été retrouvé dans les inscriptions ; car ce qu'on lit Onkinzir ou Kinzir pourrait aussi se lire autrement. Mais, en tout cas, le personnage dont il est question dans les textes assyriens, Kinzir ou Kingab, n'était certainement pas roi de Babylone, mais d'une ville nommée Sapé dont la position est inconnue. C'est à Sapé que Mérodach-Baladan, qui plus tard devait régner à Babylone, vint faire acte de soumission à Téglathphalasar (2).

« Ajoutons, dit M. Oppert que le texte de Téglathphalasar ne va que jusqu'à 728, et que Chinzirus règne avec Porus encore deux ans après la mort de Téglathphalasar. Si un roi de Babylone est cité ici (dans le texte de Téglathphalasar), ce n'est donc pas le Chinzirus de Ptolémée. »

Si maintenant nous examinons les divers passages où il est question de Phul et de Téglathphalasar, nous verrons que le premier était contemporain de Manahem, que le second l'était de Phacée et d'Achaz, enfin que l'Ecriture les distingue nettement l'un de l'autre (3).

Or, les documents assyriens nous affirment aussi de leur côté qu'Achaz fut tributaire de Téglathphalasar, lequel mit à mort Rasin de Damas, ainsi que nous l'apprend l'auteur des Rois (4), qu'il déporta les Israélites du nord sous Phacée (Paquaha), lequel fut remplacé par Osée (Ausi). Il faudrait donc prouver que la Bible a eu tort de ne pas confondre Phul et Téglathphalasar.

2° Liste des Éponymes.

AVANT JÉSUS-CHRIST.	ÉPONYMES.	SYNCHRONISMES.
	.... Règne de Salmanasar II.	
	Salmanasar.	
	Nabou-eri.	
951	Binlikhous.	
938	Adar-air-mi.	
937	Tab-idir-assour.	
936	Assour-la-dou.	
935	Touklat-Adar, roi d'Assyrie.	
934	Takkil-ana-biliya.	
933	Abou-Malik.	
932	Ilou-milki.	
931	Yarii.	
930	Assour-sizibanni (éclipse solaire du 2 juin 930).	
929	Assour-nasir-habal, roi d'Assyrie.	
928	Assour-iddin.	
927	Damiklia-touklat.	
926	Sa-Nalbar-dam-ka.	
925	Dakan-bil-nasiir.	
924	Adar-piya-oussour.	

(1) *Ann. de phil. chrét.* janv. 1876, 35, 36 et 37.
(2) Oppert. op. cit.
(3) Cf. IV Rois, xv, 19, 29, xvi, 7, 10 ; I Paral., v, 26.
(4) IV Rois, xvi, 10.

AVANT JÉSUS-CHRIST.	ÉPONYMES.	SYNCHRONISMES.
923	Adar-bil-oussour.	
922	... Assour-lilbour.	Assournasirhabal reçoit le tribut de Tyr, de Sidon, de Biblos, d'Arvad et autres cités phéniciennes.
921	Samas-oupahar.	
920	Mardouk-bil-kou-moua.	
919	Kour-di-Assour.	
918	Assour-lih.	
917	Assour-natkil.	
916	Bil-mou-dammik.	
915	Dayan-Adar.	
914	Istar-moudammikat.	
913	Samas-nou-ou-ri.	
912	Mannou-dan-il-ana-il.	
911	Samas-bil-oussour.	
910	Adar-malik.	
909	Adar-itiranni.	
908	Assour-malik.	
907	Mardouk-izka-dannin.	
906	Tab-Bil.	
905	Sarrou-our-nisi.	
904	Salmanou-asir, roi d'Assyrie.	
903	Assour-bel ouki-ni.	
902	Assour-ban-ai-oussour.	
901	Abou-ina-ikal-lil-bour.	
900	Dayan-Assour.	Bénadar de Damas et Achab d'Israël sont vaincus à Karkar.
899	Samas-abou-ou-a.	
898	Samas-youkin, ou Samal-bil-oussour.	
897	Bil-ban-ai.	
896	Ha-di-li-hou-sou, ou Noun-souloum-libour.	Guerre avec Bénadar de Damas.
895	Mardouk-halik-pani.	Guerre avec Bénadar de Damas.
894	Pour-Ra-man.	
893	Adar-youkin-nisi.	Guerre avec Bénadar de Damas.
892	Adar-nadim-soum, ou Adar-inaddim.	
891	Assour-ban-ai.	
890	Tab-Adar.	
889	Takkil-ana-sar.	
888	Bin-lid-a-ni.	
887	Bil-abou-ou-a.	Guerre avec Hazaël de Damas.
886	Soulmou-bil-la oubhoul.	Tribut de Jéhu, fils d'Omri.
885	Adar-kip-si-oussour.	
884	Adar-malik.	
883	Kour-di-Assour.	
882	Niri-sar.	
881	Mardouk-mou-dam-ik.	
880	Ya-a-lou.	
879	Ouloul-ai.	
878	Sar-pa-ti-bil.	
877	Nirgal-malik.	
876	Hou-ba-ai.	
875	Ilou-moukin-ah.	
874	Sal-ma-nou-asir, roi d'Assyrie.	
873	Dayan-Assour, tartan.	
872	Assour-ban-ai-oussour.	
871	Ia-ha-lou.	
870	Bil-bann.	
869	Samas-Bin, roi d'Assyrie.	
868	Ia-ha-lou.	
867	Bil-dan-ilou.	
866	Adar-oupahar.	

PRÉFACE

AVANT JÉSUS-CHRIST	LISTE DES ÉPONYMES	SYNCHRONISMES.
865	Samas-malik.	
864	Adar-malik.	
863	Assour-ban-ai-oussour.	
862	Sar-pa-ti-i-bil, de Nisibin, vers le pays de Zarat.	
861	Bil-ba-lat, de... vers la ville de Diri. Malik (Moloch) alla à Diri.	
860	Mou-sik-nis, du pays de Kirrour, vers Isahna.	
859	Adar-bil-oussour, au pays. En Chaldée.	
858	Samas-kou-mou-a, d'Arrapha, vers Babylone.	
857	Bil-kat-sa-bit, de Mazamoua, au pays.	
856		
855	Binnirar, roi d'Assyrie vers le pays des fleuves.	
854	Mardouk-malik, grand tartan vers Gozan.	
853	Bil-dan-ilou, préfet du palais, vers le pays de Van.	
852	Rou-bou-bil, chef des eunuques, vers le pays de Van.	
851	Assour-takkil, ministre, vers le pays d'Arpad.	
850	Il..., gouverneur du pays, vers Hazaz.	
849	Il-halik-pani (ou Nirgalissis), de Réseph, vers la ville de Bali.	
848	Assour-our-nisi, d'Arrapha, vers la mer. Epidémie.	Campagne vers la mer Phénicie et Palestine.
847	Adar-malik, de la ville d'Ahi-Zouhina, vers Houbouskia.	
846	Nirisar, de Nasibin, vers le pays des fleuves.	
845	Mardouk-bil-oussour, d'Anud vers le pays des fleuves.	
844	Moutakkil-Assour, vers la ville de Lusia.	
843	Bil-tarsi-nalbar, de Calah, vers le pays de Namr	
842	Assour-bil-oussour, de Kirrour, vers Mansouat.	
841	Mardouk-sadoua..., au pays, vers la ville de Diri.	
840	Cukin-ahoua, de Touschan, vers Déri.	
839	Msunou-kiassour, de Gozan, vers le pays des fleuves.	
838	Mousallim-Adar, de Tille, vers le pays des fleuves.	
837	Bil-basani, de Mehinis, vers Houbouskia.	
836	Niri-Samas, de la ville d'Ihsana, vers le pays d'Itua.	
835	Adar-oukin-ah, de Ninive, vers le pays des fleuves.	
834	Bim-mou sammir, de Kaksi, vers le pays des fleuves.	
833	Rabit-Istar, d'Apki.	
832	Ba-la-tou..., vers le pays des fleuves. Nabo entra dans son nouveau temple.	
831	Bin-ouballit, de Rimousi, vers le pays de Ki... Ki.	
830	Mardouk-sar-oussour..., vers Hubuskia Malik : (le grand dieu) fit son entrée à Deri.	
829	Nabou-sar-oussour, de Toushan? vers Hubuskia.	
828	Adar-nasir, de Mazamona, vers le pays d'Ituh.	
827	Nalbar-lih, de Nasibin, vers Ituh.	
826	Sulman-asir, roi d'Assyrie, vers l'Arménie.	
825	Sam-si-lou, tartan, vers l'Arménie.	
824	Mardouk-lid-ani, chef des eunuques, vers l'Arménie.	
823	Bil-moustizir, préfet du palais, vers l'Arménie.	
822	Nabou-koun-oukin ou (Nabou-ittalak), ministre, vers Ituh.	
821	Pan-assour-la-habal, gouverneur du pays, vers l'Arménie.	
820	Nirgal-iss-is, de Réseph, vers le pays des cèdres (ou d'Erini.)	Campagne vers le pays des Cèdres.
819	Istar-dour, de Nasibin, vers l'Arménie, vers Namri.	Campagne vers Damas.
818	Manou-Ki-Bin, au pays, vers Damas.	
817	Assour-bil oussour, de Calah, vers Hadrah.	Campagne vers Hadrah.
816	Assour-dan-ilou, roi d'Assyrie, vers Gananat.	
815	Samsi-il, tartan, vers la ville de Surat.	
814	Bil-malik, d'Arrapha, vers le pays d'Ituh.	
813	Habal-ya, de Mazamoua, au pays.	
812	Kour-di-Assour, de la ville d'Ahi-Zuhina, vers Gananat.	
811	Mousallim-Adar, de Tille vers le pays des fleuves.	
810	Nabou-oukia-nisi, de Kirrour, vers Hadrah. Epidémie.	
809	Sed-Kul, du pays de Touschan, au pays.	
	Pour-el-sabhé, de Gozan. Révolte à Libzu. En Sivan, éclipse de soleil.	Eclipse du 15 juin.

AVANT JÉSUS-CHRIST.	LISTE DES ÉPONYMES.	SYNCHRONISMES.
808	Tab-Bil, d'Amed. Révolte à Libzu.	
807	Adar-oukin-ah, de Ninive. Révolte à Arrapha.	
806	La-ki-bou, de Kaksi, Révolte à Arrapha.	
805	Pan-Assour-la-habal, d'Arbèles. Révolte à Gozan. Epidémie.	
804	Bil-takkil, d'Isana, vers Gozan. Paix dans le pays.	
803	Adar-iddin, de la ville de Matban, (ou Saban), au pays.	
802	Bil-Sadoua, de Parnounna, au pays.	
801	Kii-sou, de Mehinis, vers Hadrah.	
800	Adar-sizibani, de la ville de Rimousi, vers Arpad. Retour d'Ellassar.	
799	Assour-nirar, roi d'Assyrie, au pays.	
798	Samsi-il, tartan, au pays.	
797	Mardouk-sallimanni, préfet du palais, au pays.	
796	Bil-dan-ilou, chef des eunuques, au pays.	
795	Samai-Ittalak, ministre, vers Namri.	
794	Bin-bil-oukin, gouverneur du pays, vers Namri.	
793	Sin-sallimanni, de Réseph, au pays.	
792	Nirgal-nasir, de Nasibin. Révolte à Calah.	
744	Nabou-bil-oussour, d'Arrapha. Le 13 Iyar, Téglathphalasar s'assit sur le trône, puis il alla vers les bords du fleuve.	
743	Bil-dan-ilou, de Calah, vers le pays de Namri.	
742	Touklat-habal-asar, roi d'Assyrie, dans la ville d'Arpad. Massacre de l'Arménie. Dénombrement.	Asriah de Juda s'allie avec Hamath contre Téglathphalasar.
741	Nabou-danninanou, tartan, vers Arpad.	
740	Bil-harran-bil-oussour (ou Salman-bil-oussour), vers la même. Pendant trois ans, siège.	
739	Nabou-etir-anni, chef des eunuques, vers Arpad.	
738	Sin-takkil, ministre, vers le pays d'Oullouba, la ville de Birtu. Ravages (ou conquêtes).	Tribut de Manahem II de Samarie, de Razin de Damas et d'Hiram de Tyr.
737	Bin-bil-oukin, gouverneur du pays; il assiége la ville de Goullani.	
736	Bil-mou-ranni, de Réseph, vers le pays des fleuves.	
735	Adar-malik, de Nasibin, dans le pays du mont Naal.	
734	Assour-sallimanni, d'Arrapha, vers l'Arménie.	Campagne de Palestine, Pakaha de Samarie vaincu. Tribut d'Achaz de Juda.
733	Bil-dan-ilou, de Calah, vers la Palestine.	
732	Assour-dan-inanni, de Mazamoua, vers Damas.	
731	Nabou-bil-oussour, de Simi, vers Damas.	Campagne vers Damas. Rasin est tué.
730	Nirgal-oubalit, d'Ahi-Zuhina, vers la ville de Sapiya.	Merodach-Baladan roi de la Chaldée méridionale rend hommage au grand roi à Sapyia. Phacée est assassiné. Téglathphalasar établit Ausih (Osée) roi du pays de la maison d'Omri.
729	Bil-loudari, de Tille, au pays.	
728	Nab-har-ilou, de Kirrour. Le roi prit les mains de Bel.	
727	Dour-Assour, de...	
726	Bil-harran-bil-oussour.	
725	Mardouk-bil-oussour.	
724	Mah-dii.	Commencement du siége de Samarie.
723	Assour-halli.	
722	Salman-asir, roi d'Assyrie.	
721	Adar-malik.	Chute de Samarie. Avénement de Sargon. Eclipse de lune du 19 mars.

AVANT JÉSUS-CHRIST.	ÉPONYMES.	SYNCHRONISMES.
720	Nabou-taris.	Merodach-Balada, roi de Babylone. Sévé d'Egypte vaincu à Raphia. Hannon de Gaza est fait prisonnier.
719	Nabou-izka-dannin.	
718	Sarroukin, roi d'Assyrie.	
717	Zir-bâni.	
716	Tab-sar-Assour.	
715	Tab-sil-asar.	
714	Takkil-ana-Bil.	Etablissement de tribus soumises dans la Samarie. Tribut du pharaon d'Egypte.
713	Istar-Dour.	Ambassade de Mérodach-Baladan à Ezéchias.
712	Assour-bani.	
711	Sarrou-imour-anni.	
710	Adar-halik-pani.	Prise d'Azoth.
709	Samas-bil-oussour.	Merodach-Baladan I est vaincu à Dour-Yakin. Sargon, roi de Babylone.
708	Mannou-ki-Assour-lih, préfet de Tille.	
707	Samas-oupahar.	
706	Sa-Assour-doubou, gouverneur de Touschan. Leurs palais furent bouleversés (? R. סחר); (leur?) butin... Le 22 Tisri, consécration des dieux de Dour-Sargon.	Achèvement de Dour-Sargon (Khorsabad) et cérémonie de la consécration.
705	Mouttakil-Assour, préfet de Gozan. Le roi... Dans le mois de Yiar, je nommai, Dour-Sargon.	
704	Pahar-Bel, préfet d'Amid.	Assassinat de Sargon le 12 ab. Avènement de Sennachérib. Guerre avec Mérodach-Baladan II. Institution de Bélibus, roi de Babylone.
703	Nabou, din-ipous, préfet de Ninive. La ville de Larak, la ville de Sarsbanou... le palais de la ville de Kaksi, je bâtis... grand...	
702	Kan-sil-ai.	
701	Nabou-lih, préfet d'Arbèles.	
700	Ha-na-nou.	Campagne de Sennachérib contre l'Egypte et la Judée. Siége de Jérusalem.
699	Mi-tou-nou, préfet d'Is'an.	Campagne de Sennachérib contre Mérodach-Baladan II. Installation d'Assournadin à Babylone.
698	Bil-sar-oussour.	
697	Soumou-sar (ou Souloum-sar).	
696	Nabou-dour-oussour.	
695	(Tab?)-bil.	
694	Assour-bil-oussour.	
693	El-ittiya.	
692	Iddin-ahi.	
691	Za-za-ai, préfet d'Arpad.	
690	Bil-imour-ani.	
689	Nabou-oukin-ah.	
688	Gi-hi-lou.	Campagne contre Souzoub de Babylone.
687	Iddin-ahi.	
686	Sin-ahi-irib, roi d'Assyrie.	
685	Bil-imour-ani.	Seconde campagne contre Souzoub.
684	Assour-danninanni.	Dédicace du palais de Ninive (Koyounjik).
683	Sarrou-zir-ili.	Troisième campagne contre Souzoub qui est vaincu définitivement. Babylone dévastée.

AVANT JÉSUS-CHRIST.	ÉPONYMES.	SYNCHRONISMES.
682	Mannou-ki-Bin, préfet de Kullab.	Assarhaddon, roi de Babylone.
681	Nabou-sar-oussour.	
680	Nabou-ahi-issis.	Assassinat de Sennachérib. Avènement d'Assarhaddon.
679	Da-na-nou, préfet de Mazamoua.	
678	Dan-immini.	
677	Nirgal-sar-oussour.	
676	Abou-ramou.	Manassé de Juda fait hommage au grand roi.
675	Ba-amba.	
674	Abou-ahi-iddin (ou Mardouk-ahi-iddin).	
673	Sar-nouri.	Conquête de l'Egypte.
672	A-tar-ilou, préfet de Lahir.	
671	Nabou-bil-oussour.	
670	Tibit-ai.	
669	Souloum-bil-la-asma (ou Soulam-billa-as-sib).	
668	Samas-Kasid-aïbi.	
667	Sakan-la-armi.	Avènement d'Assourbanipal (Sardanapale), le 12 Iyar. — Samoulsamougin (Saosduchin de Ptolémée), roi de Babylone.
666	Gabba-rou.	
665	Tibit-aï.	Ambassade de Gygès, roi des Lydiens.
	Bil-nahid.	En 663, Samoulsamougin se révolte contre son frère et se met à la tête d'une vaste coalition. Il est vaincu. Dans les années suivantes Assourbanipal fait la guerre aux Elamites. Soumission des Elamites en 660. En 659, commencement d'une guerre de trois ans contre les Arabes et les Nabatéens.
	Him-Sin.	
	Irbaclaï.	
	Girzabouna.	
	Silim-Assour.	
652?	Sa-Nabou-Kat.	En 657 avènement de Phraorte en Médie.
651?	Balazou.	
650?	Milki-ramou.	
649?	Dayanou.	
648?	Assour-nasir.	
547?	Assour-malik.	En 647 avènement d'Assouridili III, fils et successeur d'Assourbanipal.
646?	Assour-dour-oussour.	
645?	S'agabbou.	
644?	Bil-Kas' sadoua.	
643?	Assour-malk.	

PREMIER LIVRE DE SAMUEL

ou

PREMIER LIVRE DES ROIS

CHAPITRE I

Elcana, de la montagne d'Ephraïm, avait deux femmes, Phénenna et Anne, la dernière stérile (⋎⋎. 1-2). — Or, une année, comme il était allé, selon sa coutume, sacrifier à Silo, Anne, affligée et tourmentée par sa rivale, s'en alla après le repas prier devant l'Arche, à la vue du grand-prêtre Héli (⋎⋎. 3-10). — Elle promit alors au Seigneur de lui consacrer le fils qu'elle aurait, s'il prenait pitié d'elle (⋎. 11). — Héli, en la voyant prolonger sa prière, la crut ivre et lui en fit reproche ; mais Anne lui expliqua qu'il n'en était rien, et qu'elle parlait ainsi dans l'excès de sa douleur (⋎⋎. 12-16). — Héli lui souhaita alors d'être exaucée, et elle s'en revint consolée (⋎⋎. 17-19). — De retour à Ramathaïm, elle eut peu après un fils qu'elle nomma Samuel (⋎⋎. 20-21). — Elle attendit ensuite que l'enfant fût sevré avant de retourner à Silo, parce qu'elle avait l'intention de l'offrir au Seigneur, ce qu'elle fit au temps voulu (⋎⋎. 22-25). — Elle se fit alors reconnaître du grand-prêtre Héli, puis elle fit une prière au Seigneur (⋎⋎. 26-28).

1. Fuit vir unus de Ramathaimsophim, de monte Ephraim, et no-	1. Il y avait un homme de Ramathaïmsophim, de la montagne d'E-

PREMIÈRE PARTIE

SAMUEL, OU HISTOIRE DU PEUPLE D'ISRAEL SOUS LA CONDUITE DU PROPHÈTE SAMUEL, I-VII.

I. Les commencements de Samuel, (I-III).

1° Naissance de Samuel; sa consécration au Seigneur. Cantique d'Anne, I-II, 10.

CHAP. I. — La vocation de Samuel fait époque dans l'histoire de l'Ancien Testament. Juge et prophète, il délivre son peuple de l'oppression des Philistins, clôt la période des Juges et fonde la royauté. En même temps, il fonde le prophétisme et en fait une puissance qui marchera de pair avec le sacerdoce et la royauté, et dont l'influence sera souvent décisive sur la marche des affaires. En effet, avant Samuel il y avait eu des prophètes qui apparaissaient de temps en temps pour annoncer au peuple les volontés du Seigneur ; mais c'est seulement à partir de cette nouvelle ère que les prophètes se succédèrent d'une façon non interrompue et furent auprès du peuple et des chefs les interprètes habituels des décrets divins.

1. — *Ramathaimsophim*. En hébreu רָמָתַיִם צוֹפִים *haramathaïm tsophim*. Selon la plupart des interprètes, *Ramathaïm* ou *Haramathaïm* avec l'article, signifierait *les deux hauteurs*. Mais, comme le fait remarquer M. V. Guérin, cette étymologie n'est nullement d'accord avec la topographie d'aucune des localités où l'on peut placer la ville de Ramathaïmsophim. Nous sommes donc très portés à adopter l'opinion de ce savant voyageur qui traduit *Ramathaïm* par le duel, *les deux Ramatha*, c'est-à-dire, la ville haute et la ville basse, ce qui concorderait bien avec les différents passages de l'Ecriture où il est parlé de cette localité. Quant à *Tsophim* ou *Sophim*, plusieurs le traduisent par *vedettes* et rendent Ramathaïmsophim par *les deux hauteurs des vedettes*. Mais il paraît tout aussi

phraïm, et son nom était Elcana. Il était fils de Jerohan, fils d'Eliu, fils de Thohu, fils de Suph, et Ephrathéen.

2. Et il avait deux femmes, l'une nommée Anne et la seconde nommée Phénenna. Et Phénenna eut des fils, mais Anne n'avait pas d'enfants.

3. Et cet homme montait de sa

men ejus Elcana, filius Jeroham, filii Eliu, filii Thohu, filii Suph, Ephrathæus.

2. Et habuit duas uxores, nomen uni Anna, et nomen secundæ Phenenna. Fueruntque Phenennæ filii; Annæ autem non erant liberi.

3. Et ascendebat vir ille de civi-

---

naturel de prendre ce mot pour le pluriel de *Suph* et de l'interpréter par Suphites. Les Septante portent Αρμαθαιμ Σιφα. Une tradition ancienne et constante place Ramathaïm-sophim au village de Néby Samouil, dominé par la colline de même nom, que les Croisés avaient dénommée *Mons gaudii* ou *Mont-Joie*, parce que de là on apercevait la ville de Jérusalem. La ville proprement dite aurait été à la base et sur les pentes de la montagne, tandis que le sommet aurait été occupé par les demeures (naïoth) des prophètes, dont il sera parlé plus loin xix, 49. Toutefois il est à considérer qu'Eusèbe et son traducteur, S. Jérôme, placent la patrie de Samuel près de Diospolis ou Lydda et l'identifient avec l'Arimathie de l'Evangile. Ailleurs, ils confondent Rouma, Aria ou Arima, Remphis et Arimathie, mais à tort évidemment, puisqu'ils sont en contradiction avec les Livres Saints, d'après lesquels Ruma était près de Sichem, V. Jug. ix, 41-44. Quant à Ramathaïm, nous savons aussi qu'elle était dans la montagne d'Ephraïm, sur le penchant d'une colline et dominée elle-même par une hauteur où Samuel avait l'habitude de sacrifier, I Rois, ix, 10-13. Du ỷ. 46 du ch. vii du même livre, il résulte encore qu'elle était peu éloignée de Béthel, de Galgala et de Masphath. Ces détails et d'autres encore, I Rois, ix, 22-24, ne conviennent nullement à Ramleh, l'ancienne Arimathie, la Ramathaïm d'Eusèbe, mais parfaitement bien à Néby Samouil et au Djebel en-Néby Samouil (la montagne du prophète Samuel). Au surplus, c'est là que d'après la tradition serait aussi le tombeau du prophète, V. xxv, 1. Pour plus de détails Cfr. Guérin, *Judée*, I, 364-384. — *Elcana*. La généalogie d'Elcana se trouve reproduite dans les Paralipomènes, I Paral. vi, 26, 27 et 33-35, avec quelques différences dans les noms. C'est là que nous apprenons que Samuel était de la famille de Caath et lévite par conséquent. Cette circonstance n'est pas mentionnée ici parce que la vocation de Samuel était indépendante de sa qualité de lévite et reposait toute entière sur la libre détermination de Dieu. Si son père est simplement qualifié d'*Ephrathéen*, c'est aussi pour la même raison, c'est-à-dire parce qu'il était inutile de faire connaître qu'il était lévite. Samuel n'était donc pas prêtre, car il descendait de Caath par Coré et non par Aaron; aussi on lit, Ps., xcviii, ỷ. 6 : « Moyses et Aaron in sacerdotibus ejus et Samuel inter eos qui invocant nomen ejus. » — *Filii Zuph*. Zuph étant le septième descendant de Lévi, V. I Paral. l. c. comme Salmon le septième de Juda et Phinées le sixième de Lévi, il est probable qu'il a vécu du temps de la conquête du pays de Chanaan. La généalogie remonterait donc jusqu'au premier colon fondateur de la famille dans la Terre promise, ce qui démontrerait de nouveau que Tsophim ou Sophim doit être traduit par *Suphites*. — *Ephrathæus*. Elcana, malgré sa descendance lévitique, est qualifié d'Ephrathéen, sans doute parce qu'il habitait sur le territoire de la tribu d'Ephraïm. Nous savons en effet par le livre de Josué, xxi, 5, 21 et suiv., que les villes assignées à la famille de Caath se trouvaient sur les territoires de Dan, de Manassé et d'Ephraïm. Au surplus le nom d'Elcana, en hébreu אלקנה, « celui que Dieu s'est acquis », appartient toujours à des lévites de la famille dont était Samuel, II Paral. xxviii, 7. Ce nom symbolique convenait particulièrement à un lévite, puisque le Seigneur s'était réservé la tribu de Lévi, lorsqu'il frappa les premiers nés de l'Egypte, Nomb. iii, 43 et suiv. 44 et suiv.

2. — *Anna*. Ce mot, en hébreu חנה, *Hanna*, ou *Khanna* en donnant à la lettre ח un son guttural, signifie grâce. C'était aussi un nom phénicien, car la sœur de Didon s'appelait Anne. — *Phenenna*. En hébreu, *Peninnah*, de פננה, « corail » ou « perle », selon certains auteurs. Phénenna féconde, représente la synagogue des Juifs qui autrefois abondait de fils fidèles, et Anne stérile, l'Eglise des Gentils, qui d'abord était stérile, mais qui par Jésus-Christ a enfanté toutes les nations à Dieu. — *Anna autem...* La plupart des femmes de l'Ancien Testament, dont la postérité a été célèbre, ont été pendant longtemps stériles, entre autres Sara, Rebecca, Rachel, la femme de Manué, Anne et Elisabeth. Ne serait-ce pas la figure de l'Eglise, l'épouse de Jésus-

CHAPITRE I

tate sua statutis diebus, ut adoraret et sacrificaret Domino exercituum in Silo. Erant autem ibi duo filii Heli, Ophni et Phinees, sacerdotes Domini.

4. Venit ergo dies, et immolavit Elcana, deditque Phenennæ uxori suæ, et cunctis filiis ejus, et filiabus partes.

ville aux jours marqués, pour adorer et sacrifier au Seigneur des armées à Silo. Or, il y avait là les deux fils d'Héli, Ophni et Phinéès, prêtres du Seigneur.

4. Le jour vint donc où Elcana immola, et il donna à Phénenna, sa femme, et à tous ses fils et ses filles, leurs portions.

Christ, d'abord humble dans ses commencements et comparativement stérile, puis prenant plus tard un immense accroissement?

3. — *Statutis diebus,* c'est-à-dire, chaque année, car tel est le sens de l'expression hébraïque מיּמים ימימה *miiamim iamimah,* litt. « de jours en jours ». On ne sait s'il s'agit d'une des trois grandes fêtes juives ou plutôt du sacrifice annuel que faisait chaque famille, et où tous ses membres se rendaient. On voit d'ailleurs qu'il est question plus loin d'une solennité de ce dernier genre, xx, 6 1. En tout cas, si l'on pense qu'Elcana choisissait une des trois grandes fêtes, ce ne pouvait être que celle de la Pâque, car c'est seulement en cette circonstance que toute la famille se rendait au sanctuaire. — *Ut adoraret et sacrificaret.* Ce sont là les deux termes essentiels du culte divin. L'adoration est l'honneur rendu à Dieu par la parole ou la pensée, ce qui n'exclut pas la prière, et le sacrifice en est, pour ainsi dire, la traduction par les faits, puisqu'il représente l'offrande des biens et de la personne de celui qui l'offre. — *Domino exercituum.* C'est la première fois que se rencontre cette expression si usitée plus tard, particulièrement dans les prophètes. Il faut remarquer en passant que le mot hébreu צבאות, *tsebaoth* « armées » est parfois reproduit presque sans changement par la Vulgate et les Septante et que l'expression יהוה צבאות, *Jehovah tsebaot* est l'abrégé de יהוה אלהי צבאות *Jehovah Elohé tsebaoth,* puisque יהוה, nom propre, ne peut pas être à l'état construit. Les armées dont il est question sont les armées du ciel et non celles de la terre ; aussi les Septante traduisent-ils indifféremment par κύριος παντοκράτωρ, « Seigneur tout puissant, ou par κύριος τῶν δυνάμεων « Seigneur des puissances ou des armées ». C'est l'opinion qui est restée en vigueur dans l'Eglise. Il faut d'ailleurs entendre par là les anges et les astres. Le Dieu des armées, c'est donc le Dieu qui commande aux puissances visibles et invisibles du ciel. Il est fait allusion à l'armée des anges en plusieurs endroits, par exemple dans l'histoire de Jacob, Gen. xxxII, 2 et 3, lorsque ce patriarche appelle les anges de Dieu מלאכי

אלהים, *malake Elohim,* « l'armée de Dieu », מחנה אלהים, *makhaneh Elohim;* dans la vision du prophète Michée, II Paral, vIII, 18 et dans la bénédiction de Moïse, Deut. xxxIII, 2, où les mots רבבת קדש *riboboth Kodesch,* « les myriades saintes », désignent non les étoiles, mais les esprits célestes. Voir encore Jos. v, 44 et Jug. v, 20. Il est assez remarquable en tout cas que cette expression apparaît pour la première fois à l'époque où la nation Israélite allait se constituer en royaume. A ce moment il était utile de faire comprendre que Dieu, qui commande l'armée des anges, était le maître des royaumes de ce monde, et de montrer aux païens qu'il n'était pas seulement le Dieu national des Israélites. — *In Silo.* V. Jos. xvIII, 1. — *Erant autem ibi...* Cette réflexion prépare à ce qui va suivre. Les fils d'Héli remplissaient les fonctions du sacerdoce, parce que leur père était trop âgé pour s'en acquitter, et bien qu'il fût encore grand-prêtre et, en cette qualité, se tînt devant le sanctuaire. Les Septante portent Ἡλὶ καὶ οἱ δύο υἱοὶ αὐτοῦ, « Héli et ses deux fils », ce qui est une addition inutile des traducteurs qui n'ont pas compris le sens véritable de ce passage. S. Grégoire fait en cette occasion les réflexions suivantes : « Cum dicuntur sacerdotes Domini, per insignia fidei a simulacrorum cultoribus discernuntur. His enim verbis eorum fides, et non vita prædicatur, quia et pravitatem exercebant operis, sed non errabant in fide conditoris. »

— 4. *Et immolavit.* Il s'agit ici d'un sacrifice eucharistique, comme la suite le prouve, car, d'après la Loi, Levit. vII, 15, la chair de cette offrande, dont la personne offrante obtenait une part, devait être consommée le jour même. Il y avait trois espèces de sacrifices eucharistiques, en hébreu שלמים *schelamim.* La première, celle dont il est ici question, est l'hostie de louange, זבח על־תודה, *zebakh al tódah* ou זבח תודה, *zebakh todah;* la seconde est appelée *néder,* נדר « vœu » parce que l'offrande de ce genre était faite à la suite d'un vœu qui avait pour but d'obtenir une grâce, Levit. vII, 46, xxII, 48, 21 ; Deut. xII, 6 ; enfin la troisième porte le nom de

5. Et il donna avec tristesse une portion à Anne, parce qu'il aimait Anne, mais le Seigneur avait fermé son sein.

6. Sa rivale aussi l'affligeait et la tourmentait violemment, au point qu'elle lui reprochait que le Seigneur avait fermé son sein.

7. Et ainsi fesait-elle toutes les années lorsque revenait le temps où ils montaient au temple du Seigneur, et ainsi la provoquait-elle. Or, celle-ci pleurait et ne prenait pas de nourriture.

8. Elcana donc, son mari, lui dit : Anne, pourquoi pleures-tu et pourquoi ne manges-tu pas, et pour quel sujet ton cœur est-il affligé? Est-ce que je ne suis pas meilleur pour toi que dix fils?

9. Or, Anne se leva après qu'elle eut mangé et bu à Silo. Et le prêtre

5. Annæ autem dedit partem unam tristis, quia Annam diligebat : Dominus autem concluserat vulvam ejus.

6. Affligebat quoque eam æmula ejus, et vehementer angebat, in tantum, ut exprobraret quod Dominus conclusisset vulvam ejus.

7. Sicque faciebat per singulos annos, cum redeunte tempore ascenderent ad templum Domini : et sic provocabat eam ; porro illa flebat, et non capiebat cibum.

8. Dixit ergo ei Elcana vir suus : Anna, cur fles? et quare non comedis? et quam ob rem affligitur cor tuum? numquid non ego melior tibi sum, quam decem filii?

9. Surrexit autem Anna postquam comederat et biberat in Silo. Et

---

nedabah, נדבה, sacrifice volontaire, par opposition à l'offrande précédente qui devenait obligatoire à cause du vœu, Ex. xxxv, 29 ; Levit, xxii, 23. — *Partes*. Des parts de la victime offerte.

5. — *Tristis*. Elcana aimait Anne et regrettait qu'elle n'eût pas d'enfants, pour pouvoir leur donner aussi leur part. Toutefois l'hébreu ne donne pas ce sens, car le mot אפים, *apaïm*, duel de אף *aph*, « nez, colère » et par extension « figure », paraît bien devoir être traduit : « pour deux personnes. » Elcana donne donc à Anne double part pour lui témoigner son amour. C'était d'ailleurs établi d'agir de la sorte envers la personne qu'on voulait honorer, V. ix, 22-24 et Gen. xliii, 34. Au reste, la version syriaque a traduit « le double », et il est difficile d'interpréter le mot précité autrement que nous ne l'avons fait. En effet, prendre אפים adverbialement et le rendre par *tristement*, paraît peu justifiable et peu conforme à l'étymologie, car la colère n'est pas la même chose que la tristesse.

6. — *Affligebat quoque*... La polygamie était tolérée plutôt que permise par la loi mosaïque, qui chercha même à la restreindre, Levit. xviii, 18 ; Ex. xxi, 7-10 ; Deut. xvii, 17, xxi. 15-17. On en voit ici l'inconvénient capital qui était d'introduire la discorde dans les familles. Phénenna, jalouse de l'amour d'Elcana pour Anne, s'en vengeait en reprochant à celle-ci sa stérilité. — *Et vehementer angebat*. Hébreu « et elle la tourmentait pour la faire mettre en colère », proprement « pour l'exciter ».

7. — *Sicque faciebat*... Les uns pensent que Elcana est le sujet du verbe, et qu'il s'agit de la double part, car יעשה, *iaaceh*, est, en effet, au masculin ; toutefois, d'autres proposent de traduire par l'impersonnel, « il arrivait ». — *Ascenderunt*. Hébreu : « lorsqu'elle montait » c'est-à-dire Anne, si *faciebat* se rapporte à Elcana ; Phénenna, si l'on doit rendre יעשה, par l'impersonnel. En résumé : chaque fois que Elcana témoignait à Anne son amour, chaque fois Phénenna affligeait cette dernière, ou chaque fois que Phénenna montait au temple, chaque fois... — *Non capiebat cibum*. Elle ne touchait pas à la part qui lui avait été servie. Selon Philon, Anne s'abstint de vin et de toute liqueur enivrante... Elle mérita ainsi par son abstinence et sa patience d'être la mère de Samuel. « Tribulatio, dit à ce propos S. Chrysostôme, Hom. lxii, Ad popul., mater est philosophiæ. Anna suam habens æmulam contumelia eam persecuta non est. »

8. — *Anna*. Les Septante contiennent ici l'addition suivante : « et elle lui dit : Me voici, Seigneur, et il lui dit : Pourquoi... Toutefois, il n'est nullement nécessaire de supposer que le texte hébreu ait été altéré ; c'est une simple addition explicative. — *Quam decem filii*. C'est-à-dire que plusieurs fils. Elcana cherche à la consoler de sa stérilité.

9. — *Postquam comederat*... Ces paroles

Heli sacerdote sedente super sellam ante postes templi Domini,

10. Cum esset Anna amaro animo, oravit ad Dominum, flens largiter,

11. Et votum vovit, dicens : Domine exercituum, si respiciens videris afflictionem famulæ tuæ, et recordatus mei fueris, nec oblitus ancillæ tuæ, dederisque servæ tuæ

Héli était assis sur le siége devant la porte du temple du Seigneur.

10. Et comme Anne avait le cœur plein d'amertume, elle pria vers le Seigneur en pleurant abondamment.

11. Et elle fit un vœu, disant : Seigneur des armées, si tu regardes et vois l'affliction de ta servante, et si tu te souviens de moi et n'oublies pas ta servante, et si tu

semblent en contradiction avec celles du ⰶ. 7 « non capiebat cibum », à moins que l'on ne suppose que Anne ait consenti à prendre de la nourriture sur les instances de son mari. Toutefois l'hébreu porte : « après le manger à Silo et le boire », ce que les Septante ont judicieusement rendu par μετὰ τὸ φαγεῖν αὐτούς « après qu'ils eurent mangé. » On peut encore penser que l'épouse affligée ne voulut pas assister au repas de famille, mais prit cependant ensuite quelque nourriture, pour ne pas succomber à la faim — *Et Heli sacerdote.* La dignité de grand-prêtre avait été accordée à Phinées, fils d'Eléazar et à sa descendance, Nomb. xxv, 13. Cependant Héli n'était point de la famille de Phinées et d'Eléazar, mais de celle d'Ithamar, le quatrième fils d'Aaron, ainsi que l'affirme expressément Josèphe, représentant de la tradition juive, Ant. J. l. V. c. xi. § 5. D'autre part, l'Écriture elle-même suppose un peu plus loin, ii, 28, que la série des souverains pontifes n'a pas été interrompue jusqu'à Héli, ce qui est conforme à la tradition juive, V. Joseph. l. c. Il s'en suit donc que le sacerdoce subsista pendant la période troublée des Juges, mais qu'il passa de la descendance de Phinées à celle d'Ithamar. Au reste l'auteur n'a point l'intention de s'occuper de l'histoire du souverain Pontificat, ni de celle des Juges et ce qu'il dit d'Héli et de ses fils, c'est uniquement en vue d'éclairer sa marche et de faire comprendre l'importance et la signification de la vocation de Samuel, la nécessité de la réforme que ce prophète devait entreprendre et qui devait être poursuivie par le prophétisme dont il fut le fondateur. — *Ante postes* Il ne peut guère être question du voile qui fermait l'entrée du Saint, mais probablement d'un portail ou d'un vestibule construit en pierres et qu'on avait élevé après que le tabernacle eut trouvé un emplacement fixe. — *Templi Domini.* En hébreu : « du palais du Seigneur », היכל יהוה, *hêcal Jéhovah.* Il est question simplement du tabernacle, qui est ainsi désigné, non à cause de sa magnificence, mais parce que la majesté de Dieu y résidait, et que Dieu était le roi du peuple israélite.

10. — *Oravit ad Dominum.* S. Chrysost. hom. lxxix, Ad popul., dit à ce propos : « Anna orare non potuisset, nisi circa mensam jejunantibus fuisset similis, etc. Opus est itaque nos et mensam petentes et desistentes, Deo gratias agere. Ad hoc enim paratus... cum debita modestia ex omnibus appositis sumet, et multa quidem animam, multa vero benedictio corpus implebit. Mensa namque ab oratione sumens initium et in oratione desinens numquam deficiet, sed fonte largius omnia nobis afferet bona. »

11. — *Et votum vovit.* Le mot hébreu, נדר, *néder* désigne le vœu positif, celui par lequel on s'obligeait à faire quelque chose, tandis que le vœu négatif par lequel on promettait de s'abstenir, s'exprime par אסר, *issar* ou *essar*, Nomb. xxx, 3. A cette époque, on faisait assez communément des vœux, V. Jug. xi, 30, xxi, 5; I Rois, xiv, 24. — *Domine exercituum,* V. v, 3. Anne invoque le Seigneur des armées, c'est-à-dire le Dieu tout-puissant, qui seul peut la secourir dans son malheur. — *Si respiciens...* On remarquera cette triple manière de s'exprimer, ce qui indique plutôt la confiance en Dieu que le doute, et, en même temps, la ferveur de la prière et l'angoisse du cœur. — *Sexum virilem.* Hébreu : « la semence d'homme » ce qui a le même sens. — *Dabo eum...* Le vœu d'Anne contient deux choses : en premier lieu, elle promet de consacrer son fils à Dieu tous les jours de sa vie, tandis que les lévites n'étaient astreints au service du temple qu'à vingt-cinq ans et seulement à tour de rôle : en second lieu, elle promet d'en faire un nazaréen. Le Naziréat, d'ailleurs, n'obligeait pas à une résidence perpétuelle auprès du temple ou du tabernacle, ni au service perpétuel des autels. S. Chrys. hom xxiv, ad Ephes., célèbre la générosité d'Anne : « *Si dederis mihi filium, dabo illum donum Domino omni tempore.* Non dixit, unum dumtaxat, aut alterum annum, quemadmodum nos solemus ; neque dixit : Si dederis mihi puerum, dabo pecunias; sed ipsum donum totum retribuam primogenitum et orationis filium. Ipsa erat Abrahæ filia : ille postquam petitus fuerat, filium suum de-

donnes à ta servante un enfant mâle, je le donnerai au Seigneur tous les jours de sa vie et le ciseau ne montera pas sur sa tête.

12. Et il arriva, pendant qu'elle multipliait les prières devant le Seigneur, qu'Héli observa sa bouche.

13. Or, Anne parlait dans son cœur et elle remuait seulement les lèvres, et sa voix ne s'entendait nullement. Héli la crut donc prise de vin.

14. Et il lui dit : Jusques à quand seras-tu enivrée? Digère un peu le vin dont tu es pleine.

15. Anne lui répondit : Ce n'est point cela, mon Seigneur, lui dit-elle, car je suis une femme trop

12. Factum est autem, cum illa multiplicaret preces coram Domino, ut Heli observaret os ejus.

sexum virilem, dabo eum Domino omnibus diebus vitæ ejus, et novacula non ascendet super caput ejus.

13. Porro Anna loquebatur in corde suo, tantumque labia illius movebantur, et vox penitus non audiebatur. Æstimavit ergo eam Heli temulentam,

14. Dixitque ei : Usquequo ebria eris? digere paulisper vinum quo mades.

15. Respondens Anna : Nequaquam, inquit, domine mi; nam mulier infelix nimis ego sum, vinum-

---

dit; ista vero ante petitionem dedit. » — *Et novacula non ascendet*... C'était une des prescriptions essentielles du naziréat ; l'autre consistait dans l'abstinence de toute liqueur enivrante. Bien que destiné au service du temple dès son enfance, et de plus nazaréen, Samuel n'était cependant point investi des fonctions sacerdotales. Si plus tard, lorsque Dieu l'eut placé à la tête de son peuple, il offrit des sacrifices, ce ne fut ni comme lévite, ni comme nazaréen, mais en vertu de sa vocation prophétique.

12. — *Cum illa multiplicaret*... Nouvel indice de la piété d'Anne et de sa ferveur. Elle prie longtemps et beaucoup. — *Ut Heli observaret*... Héli se contente de juger sur les apparences, ce qui le conduit à parler aussi durement à Anne. Il n'aperçoit que le mouvement des lèvres et, se prononçant avec précipitation, il l'interprète au plus mal ce qui pouvait l'être autrement.

13. — *In corde suo*. Hébreu : עַל־לִבָּהּ *al libbah*, litt. « à son cœur », c'est-à-dire qu'elle cherchait dans sa prière à obtenir consolation pour son cœur ulcéré. — *Et vox penitus non audiebatur*. Symbole d'une prière fervente. « Illa potissima est deprecatio cum ab intimis voces sursum feruntur ; hoc præcipue mentis est exercitatæ, non intentione vocis sed animi fervore precationem absolvere. Sic oravit et Moses ; cui cum nihil voce resonaret, Deus tamen, quid, inquit, clamas ad me : homines quidem externam hanc vocem tantum audiunt, at Deus et ante hanc intus clamantes audit, S. Chrys. hom. 2 de Anna.

« Anna Ecclesiæ typum Dominum non clamosa petitione, sed tacite et modeste intra ipsas pectoris latebras precabatur. Loquebatur non voce, sed corde; quia sic Deum sciebat audire etc. »

14. — *Usquequo ebria eris?* Cette question paraît bien dure et quelque peu extraordinaire de la part du grand-prêtre. Il y avait de quoi blesser vivement cette femme affligée qui cependant répondit avec beaucoup de calme et de douceur. Les Septante ont mis ces paroles dans la bouche du serviteur du grand-prêtre et portent : Καὶ εἶπεν αὐτῇ τὸ παιδάριον Ἡλί, κ. τ. λ. « et le serviteur d'Héli lui dit, etc. » Mais l'auteur aurait dû mentionner l'envoi du serviteur et d'ailleurs la réponse d'Anne s'adresse évidemment au grand-prêtre et non à un autre. Les Septante ont donc corrigé arbitrairement le texte, pour la seule raison que les paroles d'Héli leur paraissaient choquantes. — *Digere paulisper vinum*. Hébreu : « Éloigne ton vin de toi », c'est-à-dire, va dormir et attends que tu sois à jeun. — *Quo mades*. Ces mots ne sont pas dans l'hébreu.

15. — *Nequaquam*. Anne commence par nier énergiquement, puis elle explique son état. On remarquera sa patience et son humilité. « Dominum sacerdotem vocans, dit S. Grégoire, ebriam se esse abnegat, ut superiori ordini ex humilitate se subderet, et falsæ objectioni cum veritate contra iret. » — *Infelix nimis*. Hébreu : « affligée d'esprit. » Les Septante ont traduit ἐν σκληρᾷ ἡμέρᾳ, litt. « en un jour dur », ce qui ne peut s'expliquer que par une différence de leçon. Ils auront lu קְשַׁת־יוֹם, *Keschath-iom* au lieu de קְשַׁת־רוּחַ, *Keschath-rouakh*. — *Vinum et omne*... C'est-à-dire, « tout au moins je n'ai pas bu de manière à m'enivrer », car, ainsi que nous l'avons vu plus haut, v. 9, il n'est pas improbable

que et omne quod inebriare potest non bibi; sed effudi animam meam in conspectu Domini.

16. Ne reputes ancillam tuam quasi unam de filiabus Belial; quia ex multitudine doloris et moeroris mei locuta sum usque in præsens.

17. Tunc Heli ait ei : Vade in pace; et Deus Israel det tibi petitionem tuam, quam rogasti eum.

18. Et illa dixit : Utinam inveniat ancilla tua gratiam in oculis tuis. Et abiit mulier in viam suam, et comedit, vultusque illius non sunt amplius in diversa mutati.

19. Et surrexerunt mane, et adoraverunt coram Domino; reversique sunt, et venerunt in domum suam Ramatha. Cognovit autem Elcana Annam uxorem suam; et recordatus est ejus Dominus.

20. Et factum est post circulum

malheureuse, et je n'ai bu ni vin ni rien de ce qui peut enivrer, mais j'ai répandu mon âme en présence du Seigneur.

16. Ne regarde pas ta servante comme une des filles de Bélial, car c'est par l'excès de ma douleur et de mon chagrin que j'ai parlé jusqu'à présent.

17. Alors Héli lui dit : Va en paix et que le Dieu d'Israël t'accorde ce que tu lui as demandé dans ta prière.

18. Et elle dit : Puisse ta servante avoir trouvé grâce à tes yeux! Et cette femme alla son chemin et mangea, et son visage ne fut plus changé.

19. Et ils se levèrent le matin et adorèrent devant le Seigneur. Et ils s'en retournèrent et vinrent dans leur maison à Ramatha. Or, Elcana connut Anne sa femme et le Seigneur se souvint d'elle.

20. Et il arriva qu'après le cours

---

qu'elle ait bu et mangé quoique modérément. — *Sed effudi animam meam.* On remarquera le contraste de cette expression avec la supposition d'Héli. Anne répand son âme, parce que son âme est remplie d'amertume. C'est l'abondance qui produit l'épanchement. On dit de même *se répandre en plaintes, répandre des prières* (fundere preces), expressions qui indiquent le soulagement d'un cœur inondé de douleur et de tristesse.

16. — *Ne reputes...* Hébreu : « ne place pas ta servante en face d'une fille de Bélial », c'est-à-dire, ne compare pas... à... Quand au mot Bélial, en hébreu בליעל, *beliaal* tous les anciens grammairiens le font dériver de בלי, *béli* « sans » et עול *ol* « joug ». Des hommes sans joug sont des hommes pervers. — *Usque in præsens.* C'est-à-dire, pendant tout le temps que vous m'avez observée.

17. *Vade in pace...* Héli retire ainsi son accusation en prenant congé d'Anne et en lui faisant le salut habituel. Les paroles qui suivent ne sont nullement une prophétie, mais seulement l'expression d'un souhait. « Mulier, dit S. Chrys., ex accusatore fecit patronum, nacta est intercessorem, quem habuerat objurgatorem. » Tel est le fruit de l'obéissance et de l'humilité.

18. — *Utinam inveniat...* Il ne paraît pas que Anne demande de la sorte au grand-prêtre son intercession, mais seulement qu'elle le prie de lui continuer sa bienveillance. C'est ainsi d'ailleurs que l'entend S. Chrisost. hom. cit. : « Inveniat ancilla tua gratiam in oculis tuis, id est, utinam e fine, rerumque exitu discas, quod hanc obsecrationem deprecationemque fecerim, non ex vinolentia, sed angore. — *In viam suam.* Elle alla retrouver son mari. — *Vultusque illius...* Hébreu : « et son visage ne lui fut plus », c'est-à-dire, ne fut plus le même, ne fut plus triste, ou comme le traduit la Vulgate, ne fut plus tantôt triste, tantôt joyeux, mais complètement rasséréné. Selon S. Grégoire, l. XXX, III Moral. xx. « Anna non mutavit vultum quia oculos mentis semel per orationem in Deo defixos ab eo deinceps non avertit, sed constanter in eo tenuit, et in oratione perstitit, ut semper Dominum haberet in mente ». Cornel. à Lap.

19. — *Ramatha.* C'est la même chose que Ramathaïmsophim V. ỵ. 1. — *Et adoraverunt coram Deo.* Nécessité de la prière avant d'entreprendre quoi que ce soit. S. Jérôme, epist. 22, développe ainsi cette pensée : « Egredientes de hospitio armet oratio, regredientibus de platea oratio occurrat antequam sessio. »

des jours, Anne conçut et enfanta un fils et elle l'appela du nom de Samuel, parce qu'elle l'avait demandé au Seigneur,

21. Or, Elcana, son mari, monta avec toute sa maison pour immoler au Seigneur une hostie solennelle, et s'acquitter de son vœu.

22. Et Anne ne monta pas, car elle dit à son mari : Je n'irai pas jusqu'à ce que l'enfant soit sevré,

dierum, concepit Anna, et peperit filium, vocavitque nomen ejus Samuel; eo quod a Domino postulasset eum.

21. Ascendit autem vir ejus Elcana, et omnis domus ejus, ut immolaret Domino hostiam solemnem, et votum suum.

22. Et Anna non ascendit; dixit enim viro suo : Non vadam, donec ablactetur infans, et ducam eum, ut

---

20. — *Post circulum dierum.* C'est-à-dire, à la fin de la grossesse et non après un an. — *Samuel.* Le mot hébreu שְׁמוּאֵל. *Schemouel*, signifie *obtenu de Dieu*, « exauditus a Deo » et non pas « nomen ejus Deus » car c'est une contraction pour שְׁמוּעַ אֵל, *schemoua el*. Selon Philon, lib. Quod Deus et lib. de Ebrietate, Samuel est la même chose que τεταγμένος Θεῷ, parce que Dieu l'a créé pour qu'il lui fût consacré. Samuel est la figure de Jésus-Christ : 1º Sicut Samuel natus est ex Anna sterili, sic Christus a B. Maria Virgini. 2º Anna nato Samuele cecinit canticum eucharisticum Deo, sic. B. Virgo concepto Christo cecinit Magnificat. 3º Anna ex voto Samuelem obtulit Deo suo, B. Virgo eidem obtulit suum Jesum. 4º Annæ filius dictus est Samuel, id est *nomen ejus Deus*; B. Mariæ Virginis filius vocatus est *Emmanuel* id est *nobiscum Deus.* 5º Samuel fuit propheta magnus et sanctus; Christus fuit Prophetarum sapientissimus et maximus. 6º Samuel fuit judex et vindex Israelis contra Philistæos; Christus fuit judex et vindex omnium fidelium et sanctorum, profligans dæmones, mortem et gehennam cæterosque eorum hostes. 7º Samuel instituit regnum ac primum regem Saülem, deinde Davidem auctoravit et creavit; Christus instituit regnum sacerdotale et sacerdotium regale, omnesque Christianos creavit reges ut scilicet dominentur suis cupiditatibus, itaque fiant cives, imo reges cœli, juxta illud, I Petr. II, 9 : *Vos autem genus electum, regale sacerdotium.* Cornel. à Lap. — *Eo quod a Domino.* — Hébreu : « parce que je l'ai demandé à Dieu ». C'est l'explication du nom de Samuel.

21. — *Hostiam solemnem.* Hébreu : « le sacrifice des jours » c'est-à-dire, le sacrifice annuel auquel tout Israélite était astreint. Elcana faisait probablement ce qui est commandé dans le Deuter. XII, 17, 18. C'était, pour ainsi dire, le moment où l'on rendait ses comptes à Dieu, le jour où on lui apportait le dixième du produit de ses champs et de ses troupeaux. — *Et votum suum.* On voit que de son côté Elcana avait aussi fait un vœu dans le cas où Anne aurait un enfant ; il consistait dans une offrande. Les Septante ont traduit par le pluriel καὶ τὰς εὐχὰς αὐτοῦ, parce qu'ils n'ont pas saisi l'intention d'Elcana et se sont reportés à la loi du Deut. XII, 26 et 27. Ils ont même ajouté καὶ πάσας τὰς δεκάτας τῆς γῆς αὐτοῦ, « et toutes les dîmes de sa terre », ce qui est une allusion à la loi mentionnée plus haut, Deut. XII, 17, 18. Josèphe dit aussi δεκάτας τε ἔφερον, « et ils apportèrent les dîmes » Ant. j. l. V, ch. X, § 3i. Cette remarque a son importance, attendu qu'elle combat l'hypothèse de ceux qui prétendent que ces mots ont été retranchés du texte original par des copistes qui considéraient la descendance lévitique de Samuel comme certaine d'après I Paral, V, 1-13, 19-24. En effet, Joseph. l. c. § 2, reconnaît expressément que le père de Samuel était lévite et ne s'étonne point de la mention de la dîme par les Septante, car il n'ignorait pas que les lévites étaient obligés de donner le dixième de ce qu'ils recevaient des autres tribus, Nomb. XVIII, 26 et suiv. Cfr. Néhem. x. 38.

22. — *Donec ablactetur infans.* Il semblerait que chez les Juifs les enfants n'étaient pas sevrés avant la troisième année, II Mach. VII, 28. Anne voulait donc que son fils fût élevé auprès du sanctuaire dès sa plus tendre enfance, afin qu'il se pénétrât de bonne heure du sentiment de la présence de Dieu. Il est bien évident que Samuel à l'âge de trois ans ne pouvait être qu'une charge pour Héli; aussi, peut-on penser que les femmes qui étaient de service à la porte du tabernacle furent chargées de sa première éducation, II, 22. Il ne faut donc pas détourner le verbe hébreu גָּמַל, *gamal*, de sa véritable signification, et le traduire par *élever*, sens qu'il n'a d'ailleurs nulle part. — *Ut appareat...* Ces mots font allusion à la loi qui obligeait tous les Juifs du sexe masculin à paraître trois fois par an devant le Seigneur, Ex. XXIII, 17, XXXIV, 23. — *Et maneat ibi*

appareat ante conspectum Domini, et maneat ibi jugiter.

23. Et ait ei Elcana vir suus : Fac quod bonum tibi videtur, et mane donec ablactes eum; precorque ut impleat Dominus verbum suum. Mansit ergo mulier, et lactavit filium suum, donec amoveret eum a lacte,

24. Et adduxit eum secum, postquam ablactaverat, in vitulis tribus, et tribus modiis farinæ, et amphora vini, et adduxit eum ad domum Domini in Silo. Puer. autem erat adhuc infantulus.

25. Et immolaverunt vitulum et obtulerunt puerum Heli.

et je le conduirai pour qu'il apparaisse devant la présence du Seigneur et qu'il y demeure toujours.

23. Et Elcana son mari lui dit : Fais ce que bon te semble, et reste jusqu'à ce que tu le sèvres, et je prie pour que le Seigneur accomplisse sa parole. La femme resta donc et elle allaita son fils jusqu'à ce qu'elle l'éloigna du lait.

24. Et elle l'amena avec elle, après qu'elle l'eut sevré, avec trois veaux et trois mesures de farine et une amphore de vin, et elle le conduisit à la maison du Seigneur, à Silo. Or, l'enfant était encore tout petit.

25. Et ils immolèrent un veau et ils offrirent l'enfant à Héli.

---

jugiter. Ces paroles indiquent que Samuel était voué au service perpétuel du Seigneur, tandis que d'ordinaire les lévites n'étaient astreints au service du temple que de vingt-cinq à cinquante ans.

23. — *Verbum suum.* Peut-être est-il fait allusion au souhait qu'avait fait Héli ; mais il paraît plus certain qu'il s'agit de la destinée future de l'enfant. On peut donc interpréter ainsi : que Dieu accomplisse ce qu'il a projeté à son sujet et ce qu'il a promis implicitement par sa naissance, c'est-à-dire, qu'il se l'attache à son service selon le vœu qu'a fait sa mère. Pour éviter la difficulté, les Septante ont traduit : τὸ ἐξελθὸν ἐκ τοῦ στόματος σου, « ce qui est sorti de ta bouche », interprétation tout à fait arbitraire. — *Lactavit filium suum.* « Ex eo tempore, dit S. Chrysost. de Sam., aspiciebat puerum non tantum ut mater, sed ut rem Deo consecratam, eumque verebatur. »

24. — *Et adduxit eum.* « Quid tam pium quam sanctæ matri sanctum filium custodire? Anna Samuelem non sibi, sed tabernaculo genuit », S. Jérôme, ad Ruth. « Natus Samuel fuit apud matrem tempore lactis; mox ut eum ablactavit, dedit in templum, ut ibi cresceret, ibi roboraretur in Spirititu, ibi Deo serviret », S. August. in Psalm. xcviii. — *In vitulis tribus.* Dans le ɤ. suivant il n'est question que d'un taureau immolé. Sans doute l'auteur aura mentionné seulement l'holocauste qui accompagna l'offrande de Samuel, et n'a pas jugé à propos de parler des deux autres animaux qui devaient constituer l'holocauste et l'offrande que faisait Elcana chaque année. Les Septante ont traduit,

בפרים שלשה, *bepharaim scheloschah*, par ἐν μόσχῳ τριετίζοντι, « avec un taureau de trois ans », ce qui ne doit pas nous faire conclure qu'il faudrait corriger le texte hébreu. Cette correction est d'ailleurs d'autant moins nécessaire que ces traducteurs sont en contradiction avec eux-mêmes, puisque, outre l'holocauste qui accompagna la présentation de Samuel, ils mentionnent encore au verset suivant le sacrifice annuel que fit Elcana en cette occasion, καὶ ἔσφαξεν ὁ πατὴρ αὐτοῦ, τὴν θυσίαν, ἣν ἐποίει ἐξ ἡμερῶν εἰς ἡμέρας. Au reste, la quantité de farine apportée n'était pas en rapport avec l'offrande d'un seul taureau ; en effet, d'après la loi, Nomb. xv, 8 et suiv., les trois dixièmes seulement d'un épha étaient nécessaires, tandis qu'en cette circonstance on avait apporté un épha tout entier. — *Tribus modiis.* Hébreu : « un épha ». L'épha qui avait la même contenance que le bath, Ezech. xlv, 11, était la dixième partie du *chomer*, ou *cor*, Deut. xxvii, 16; Nomb. xi, 32; III Rois, iv, 22 ; Luc. xvi, 7, d'après Ezéchiel, l. c. et valait trois *seas* (סאה), en grec, σάτον ; xxv, 18; Matth. xiii, 33. On ne connaît pas la contenance exacte de l'épha, mais d'après toute vraisemblance elle devait être d'environ vingt litres, et, par suite, celle du boisseau ou *sea*, de six à sept litres. — *Puer autem...* Hébreu : והנער נער, *vehannaar naar*, litt. « et l'enfant enfant » c'est-à-dire étant encore tout jeune. Pour éviter toute difficulté, les Septante ont interprété à leur manière ; « et l'enfant était avec eux » καὶ τὸ παιδάριον μετ' αὐτῶν, ce qui est une glose au moins inutile, vu ce qui précède.

25. — *Et obtulerunt puerum Heli.* Selon

26. Et Anne dit : Mon Seigneur, je te supplie, ton âme vit, Seigneur, je suis la femme qui me suis tenue devant toi ici, priant le Seigneur.

27. J'ai prié pour cet enfant et le Seigneur m'a accordé la demande que je lui ai adressée.

28. C'est pourquoi je l'ai donné au Seigneur pour tout le temps qu'il sera consacré au Seigneur. Et ils adorèrent le Seigneur et Anne pria et dit :

26. Et ait Anna : Obsecro, mi domine, vivit anima tua, domine; ego sum illa mulier, quæ steti coram te hic orans Dominum.

27. Pro puero isto oravi, et dedit mihi Dominus petitionem meam, quam postulavi eum.

28. Idcirco et ego commodavi eum Domino, cunctis diebus quibus fuerit commodatus Domino. Et adoraverunt ibi Dominum. Et oravit Anna, et ait :

CHAPITRE II

Après avoir chanté au Seigneur un cantique d'actions de grâces, Anne retourna à Ramatha avec Elcana, son époux, laissant Samuel auprès d'Héli (ỳỳ. 1-11). — Or, les fils du grand-prêtre prévariquaient en remplissant leurs fonctions sacerdotales, et de la sorte détournaient les Hébreux d'offrir des sacrifices, ce qui était un grand péché (ỳỳ. 12-17). — Cependant Samuel, quoique enfant, servait devant le Seigneur, revêtu d'un éphod et d'une tunique que sa mère lui avait faite (ỳỳ. 18-19). — Héli bénit Anne et Elcana dans une de leurs visites, et Anne eut encore plusieurs enfants (ỳỳ. 20-21). — Mais Héli était devenu vieux, et toutefois, apprenant la conduite de ses fils, il chercha par ses remontrances à les ramener au bien (ỳỳ. 22-26). — De son côté, Samuel croissait en âge et en sagesse (ỳ. 27). — Sur ces entrefaites un homme de Dieu vint trouver Héli et lui reprocha sa faiblesse envers ses fils, et lui annonça que le Souverain Pontificat sortirait de sa maison, et que la mort de ses deux fils serait le signe de l'accomplissement de cette menace (ỳỳ. 28-34). — Il lui prédit encore que Dieu susciterait en même temps un prêtre fidèle, et que sa famille serait réduite à la misère (ỳỳ. 35-36).

1. Mon cœur a tressailli de joie dans le Seigneur, et mon Dieu a

1. Exultavit cor meum in Domino, et exaltatum est cornu meum in

---

S. Chrysost. Hom. I, c. III, Anne en offrant son fils s'offrit aussi elle-même : « Dum talia loquitur, seipsam quoque dedicavit cum puero, quasi solido quodam naturæ affectu seipsam templo alligans. Etenim si ubi est thesaurus hominis, illic est et cor ejus; multo magis ubi puer mulieris, ibi et mens illius erit. »

26. — *Observo*. Hébreu : בִּי *bi,* litt. « par moi » ce qui serait une formule d'exclamation, ayant le sens de *écoutez, je vous en prie, en vérité.* C'est peut-être aussi une contraction pour בְעִי, *bei* « je (vous) prie », ou l'abréviation de אָב, *abi* « mon père ».

28. — *Commodavi.* L'antithèse qui existe entre cette phrase et la précédente ne permet guère de donner à *commodavi* le sens précis de *prêter.* En hébreu, c'est le même verbe שָׁאַל, *schal,* que dans le verset précédent, mais à la forme *hiphil.* Il y a corrélation; de même que Dieu a accordé et non pas prêté un fils à Anne, de même celle-ci à son tour le donne à Dieu. Comment, d'ailleurs, pourrait-elle dire qu'elle prête son fils au Seigneur ? Anne, en cette circonstance, donne aux parents un exemple à méditer : « Si filium vestrum, dit S. Bernard, quæst. 110, Deus facit et suum, quid vos perditis? aut quid ipse perdit ? Fit de divite ditior, de nobili generosior, clarior de illustri, et quod his omnibus majus est, sanctus de peccatore; sed vos non perditis eum, quin potius multos per eum acquiritis vobis filios ; quotquot sumus in Claravalle, ipsum in fratrem, vos in parentes recipimus. »

CHAP. II. — L'authenticité du cantique d'Anne a été niée par quelques critiques mo-

Deo meo, dilatatum est os meum super inimicos meos; quia lætata sum in salutari tuo.

2. Non est sanctus, ut est Dominus; neque enim est alius extra te, et non est fortis sicut Deus noster.

3. Nolite multiplicare loqui sublimia, gloriantes; recedant vetera

exalté ma force. Ma bouche s'est ouverte sur mes ennemis, parce que je me suis réjouie en ton salut.

2. Personne n'est saint comme l'est le Seigneur, car il n'y en a pas d'autre que toi, et personne n'est fort comme notre Dieu.

3. Ne multipliez pas d'orgueilleux discours pour vous glorifier; que

---

dernes, uniquement parce qu'ils n'admettent point la révélation, c'est-à-dire le surnaturel. C'est à tort qu'on veut voir là un chant de triomphe à l'occasion d'un événement national important, comme par exemple, la victoire de David sur Goliath, ou un succès remporté par les Israélites sur les païens; et, quant au style, il ne prouve nullement que ce morceau appartienne à un âge postérieur. Il est d'ailleurs difficile d'admettre que l'auteur eût attribué ce cantique à Anne, s'il ne l'eût trouvé dans les documents dont il s'est servi. Au surplus nous voyons que la Vierge Marie et Zacharie font allusion à ce cantique, Luc, I, 46 et suiv., 68 et suiv., ce qui nous apprend de quelle manière les pieux Israélites de l'époque l'entendaient. A l'exemple d'Anne, ils voyaient dans les événements qui les concernaient, la conduite de Dieu dans son royaume. V. Introduc.

1. — *Exultavit*. Cette première strophe est tout entière consacrée à célébrer la joie d'Anne. — *Cornu meum*. C'est le symbole de la force, métaphore empruntée aux animaux, les bœufs et autres, dont la force réside dans les cornes. — *Dilatatum est*. C'est l'indice du courage et de la confiance. La joie parle haut même en face des contradicteurs et des adversaires, tandis que le silence est une preuve d'affaissement. — *In salutari tuo*. S. Chry. l. III De Anna, interprète ainsi ces paroles : « non quoniam salvata sum, sed quoniam per te salvata sum, propterea lætor et exulto. Tales sanctorum animæ de Deo qui dedit magis quam de donis gaudent; gratorum hoc est servorum, omnibus suis suum præponere Dominum. » Selon S. Bernard, Epist. cxv, « illud verum et solum est gaudium, quod non de creatura, sed de creatore concipitur; et quod cum possederis nemo tollet a te, cui comparata omnis aliunde jucunditas mœror est, omnis suavitas mœror est, omne dulce amarum, omne decorum fœdum, omne postremo quodcumque aliud delectare posset, molestum. »

2. — *Non est sanctus*. Ce verset célèbre la sublimité de Dieu dans sa sainteté et sa fidélité. La sainteté de Dieu se révèle dans la distribution de ses grâces, dans la conduite de ses élus. V. Ex. xix, 16. C'est l'attribut essentiel du Dieu unique, qui est saint précisément parce qu'il n'y a pas d'autre Dieu. La sainteté de Dieu n'est donc pas autre chose que sa supériorité sur tout ce qui est terrestre et créé; c'est en même temps son absolue perfection en regard du néant et du peu de consistance des créatures, Cfr. Ps. xcviii, 2-5 et III Rois, viii, 27. — *Et non est fortis*. Ces paroles sont la conséquence de ce qui précède. Le Dieu saint et unique est pour cela même revêtu de la toute-puissance, et en état de protéger ceux qu'il aime. L'hébreu est plus expressif : « et il n'y a pas de rocher comme notre Dieu. » Le mot « rocher » indique l'immutabilité de Dieu en comparaison des choses terrestres et humaines. On peut donc avoir confiance en lui et s'appuyer sans crainte sur son bras. Le Dr Erdmann fait remarquer que cette appellation symbolique de *rocher*, צוּר, *tsour*, appliquée à Dieu et qui se représente si souvent, trouvait ainsi naturellement son emploi dans un pays où la nature du sol présente souvent des rochers isolés, environnés d'abîmes et semblables à des forteresses où l'on pouvait chercher un asile assuré. Marie, sœur de Moïse, s'était déjà servie de cette expression et dans le même sens, Deut. xxxii, 4, 15, 18, 30, 31, 37 et il semble même qu'il y ait ici une réminiscence de ce passage. — *Deus noster*. Ces mots supposent que Dieu s'est révélé aux Israélites, les a choisis pour son peuple et a contracté alliance avec eux.

3. — *Sublimia gloriantes*. Hébreu : « des choses élevées. » C'est une allusion aux discours insolents des méchants et des impies qui se glorifient en présence des bons. Vu la sainteté, la grandeur et la puissance de Dieu, ils ne devraient point s'exalter dans leur orgueil et parler des grandes choses qu'ils veulent accomplir. — *Recedant vetera*... Hébreu : « que l'insolence (ne) sorte pas... de... » S. Jérôme aura lu sans doute עָתִיק, *athik*, « éloigné » et par extension *ancien*, tandis que nous lisons עָתָק, *athak* « insolent, arrogant ». Au reste le sens de la Vulgate peut être facilement ramené à celui du texte original. Abandonner les anciens discours, c'est évidemment renoncer aux discours impies et

les anciennes paroles s'éloignent de votre bouche; parce que le Seigneur est le Dieu de toute science, et il connaît toutes les pensées qui se forment.

4. L'arc des forts a été vaincu et les faibles ont été ceints de force.

5. Ceux qui auparavant étaient replets, se sont loués pour du pain, et les faméliques ont été rassasiés.

de ore vestro; quia Deus scientiarum Dominus est, et ipsi præparantur cogitationes.

4. Arcus fortium superatus est, et infirmi accincti sunt robore.

5. Repleti prius, pro panibus se locaverunt; et famelici saturati sunt, donec sterilis peperit pluri-

---

orgueilleux. — *Deus scientiarum Dominus est.* Dieu entend les discours des méchants, car il est le Dieu des sciences. Il avait aussi prévu qu'Anne, longtemps stérile, deviendrait plus tard féconde, car son regard s'étend sur le passé, le présent et le futur. Aussi, comme le dit S. Augustin, serm. 46 de Verb. Domini, « ipse timendus est in publico, ipse in secreto. Procedis? videris; lucerna ardet? videt te; lucerna extincta est? videt te. In cubile intras; videt te. Ipsum time cui cura est ut videat te, et vel timendo castus esto, aut si peccaveris, quere ubi te non videat, et fac etc. » Selon S. Bernard, serm., xv, in Cant.; « origo fontium et fluminum omnium mare est, virtutum et scientiarum Jesus Christus. Quis enim Dominus virtutum, nisi ipse est rex gloriæ, sed et juxta Annæ canticum, idem ipse Deus scientiarum Dominus est. Continentia carnis, cordis industria, voluntatis rectitudo ex illo fonte manant; non solum autem, sed et siquis callet ingenio, si quis nitet eloquio, si quis moribus placet, inde est, inde scientiæ, inde sapientiæ sermo; thesauri siquidem sapientiæ, ibi omnes absconditi sunt. » — *Et ipsi præparantur cogitationes.* Les pensées ou les actes de Dieu sont mesurés et déterminés d'avance. C'est l'interprétation adoptée par la plupart des modernes. Dans l'hébreu, le *Chetib* porte לא, *ne,* au lieu de לו, *à lui,* et alors il serait question des actions des hommes. Mais tout prouve qu'on doit adopter la leçon du *Kéri,* et en particulier la liaison des pensées qui indiquo qu'il s'agit des pensées ou des actions de Dieu. On ne doit pas traduire non plus : « par lui les actions des hommes sont pesées » car Dieu pèse bien les esprits et les cœurs, Prov., xvi, 2, xxi, 2, xxiv, 12, mais non les actions des hommes, expression qui ne se rencontre nulle part.

4. — *Arcus fortium superatus est.* L'arc des héros représente la force même de ces héros et il faudrait logiquement renverser la construction. Ce sont les héros qui sont domptés et vaincus et non pas leur arc. C'est bien ce qu'a compris S. Jérôme, puisqu'il a traduit חתים, *khatim,* qui signifie littéralement *est brisé,* par *superatus est.* Les vaillants sont vaincus par Dieu, comme un guerrier dont l'arc est brisé. — *Et infirmi.* C'est-à-dire ceux dont les pieds chancellent, sont mal assurés, ainsi que l'indique le verbe hébreu כשל, *caschal,* « chanceler, être ébranlé ». C'est la marque de la faiblesse et de l'imprudence. — *Accincti sunt robore.* On se ceint les reins pour le combat, pour la lutte, car la force réside dans les reins.

5. — *Repleti...* Les riches, les heureux du monde, sont obligés de travailler pour gagner leur pain, « esurientes implevit bonis et divites dimisit inanes ». — *Saturati sunt.* Hébreu : « cessèrent » c'est-à-dire « d'avoir faim ». ou peut-être « de travailler pour vivre », mais le premier sens qui est celui de la Vulgate, paraît préférable. Dieu rassasie les fidèles par la prédication et la parole, l'Eucharistie et les Sacrements, tandis que les Juifs et les impies en sont privés. « Divites eguerunt et esurierunt », dit S. Ambroise, serm, xii, in Ps., cxviii, « quia antea abundabant gratia, postea tamen propter perfidiam suam egere cœperunt; qui autem pauperes erant populi nationum, jam per fidem Christi satiantur, et abundant; sicut Scriptum est : edent pauperes et satiabuntur. » Le même contraste existera dans l'autre vie entre les bons et les méchants, selon les paroles d'Isaïe, lxvi, 13 : « Ecce servi mei concedent, et vos esurietis; ecce servi mei lætabuntur et vos confundemini : » « Vicibus res disposita est » dit Tertullien, de Septante, xxviii, « cum illi lætantur, nos conflictamus. » Plus loin : « lugeamus ergo dum ethinici gaudent, ut, cum lugere cœperint, gaudeamus. » Enfin, lib. de Idolis, c. xiii, « Sæculo gaudente lugeamus, et sæculo postea lugente gaudebimus. Sic et Lazarus in sinu Abrahæ refrigerium consecutus, contra dives in tormento ignis constitutus, alternas malorum et bonorum vices æmula retributione compensant. » — *Donec.* On doit donner à *donec* le sens de *tandis que, pendant que,* car il est bien difficile d'admettre la ponctuation de la Vulgate. L'opposition entre les deux membres de phrase ne paraît pas douteuse dans l'hébreu, et l'on peut le tra-

CHAPITRE II

mos; et quæ multos habebat filios, infirma est.

6. Dominus mortificat et vivificat, deducit ad inferos et reducit.
Deut. 21, 17; *Tob.* 20, 9; *Sap.* 15, 4.

7. Dominus pauperem facit et ditat, humiliat et sublevat.

8. Suscitat de pulvere egenum, et de stercore elevat pauperem; ut sedeat cum principibus, et solium gloriæ teneat. Domini enim sunt cardines terræ, et posuit super eos orbem.

9. Pedes sanctorum suorum servabit et impii in tenebris conticescent

Celle qui était stérile a enfanté beaucoup de fils, et celle qui avait des fils nombreux est devenue infirme.

6. Le Seigneur fait mourir et fait vivre, il conduit aux enfers et il en ramène.

7. Le Seigneur appauvrit et enrichit, il abaisse et il élève.

8. Il suscite l'indigent de la poussière et il élève le pauvre du fumier, pour qu'il siège avec les princes et occupe un trône de gloire; car au Seigneur appartiennent les fondements de la terre et il a posé le monde sur eux.

9. Il préservera les pieds de ses saints, et les impies se tairont dans

---

duire ainsi : « pendant que la stérile enfante sept (enfants), celle qui a beaucoup d'enfants languit. » La préposition עַד, *ad,* occasionne une certaine difficulté; mais plusieurs exemples montrent qu'elle est aussi employée comme conjonction, avec le sens que nous lui attribuons ici, V. xiv, 49; Jon. iv, 2; Job, I, 18. — *Plurimos.* Hébreu : « sept », nombre mystique désignant l'abondance de la bénédiction divine. Cfr. Ruth, iv, 15. En réalité on n'en compte que cinq au y. 25. Selon Origène, la fécondité d'Anne est l'image de la grâce : » Sterilis erat in me anima mea, non afferebat fructus justitiæ; nunc autem ubi per fidem Christi meruit gratiam Spiritus Sancti, et implevit eam Spiritus timoris Domini, certum est quid sterilis peperit septem. » Hom. de Elcana. — *Et quæ.* D'après ce que nous avons dit, on devrait traduire : « et que celle qui... » La construction sera différente de l'hébreu, mais le sens s'en rapprochera beaucoup. — *Infirmata est.* Parce que ses enfants lui ont été enlevés dans sa vieillesse, Cfr. Jér. xv, 9, car c'est Dieu qui donne la vie et qui l'ôte.

6. — *Dominus mortificat et vivificat.* C'est Dieu qui fait vivre et qui fait mourir, qui plonge l'homme dans le malheur et l'en retire, car *mortificat* et *vivificat* peuvent être pris aussi au figuré, ainsi que le parallélisme le fait comprendre, Cfr. Deut., xxxii, 39; Tob. xiii, 2; Ezéch., xvii, 24; Sag., xvi, 43. Dieu, en faisant mourir en nous les affections charnelles, vivifie l'esprit. « Occidit Deus primum in nobis homicidia, adulteria, scelera, furta per baptismum; et sic nos tanquam novos homines æternitatis immortalitate vivificat. Morimur ergo peccatis per lavacrum, rege-neramur autem vitæ per Spiritum » Amb., serm. de Jejunio. — *Deducit ad inferos et reducit.* C'est la répétition sous une autre forme de la pensée précédente. Cfr. Job, v, 18; Ps. xxx, 4, lxx, 2, lxxxvi. 13, lxxxviii, 4-6.

7. — *Pauperem facit et ditat.* C'est Dieu qui, par sa puissance, fait passer de la misère à l'abondance et à la richesse, Cfr. Ps. lxxxiv, 8. — *Humiliat et sublevat.* Cette pensée est développée plus au long dans le vers. suivant.

8. — *De pulvere egenum, et de stercore...* Ces expressions indiquent l'abaissement le plus complet, le mépris dont est accablé celui qui se trouve, pour ainsi dire, foulé aux pieds, Cfr. Ps., xliv, 26. La première partie de ce verset est reproduite presque mot pour mot Ps. cxii, ẏẏ. 7 et 8. — *Domini enim...* C'est parce que Dieu est le créateur du ciel et de la terre, qu'il a le pouvoir de diriger ici-bas les événements selon sa volonté.

9. — *Pedes sanctorum...* Dieu empêchera les justes de chanceler, de trébucher et de tomber dans le malheur, dirigera leurs actions et leurs mouvements, en un mot. les couvrira de sa protection toute-puissante, Cfr. Ps., lv, 14, cxv, 8, cxx, 3. Les justes et les saints sont d'ailleurs les soutiens et les fondements de l'Eglise et de la société. En parlant d'Abraham, lib. de Abraham. c. vi, 5. S. Ambroise s'exprime ainsi : « Unde discimus quantus murus patriæ sit vir justus, et quemadmodum non debeamus invidere sanctis nec temere derogare. Illorum etenim fides nos servat; illorum justitia ab excidio defendit. Sodoma quoque, si habuerit viros decem justos, potuit non perire. » — Les pieds désignent aussi les affections de l'âme. « Dictis pedibus

les ténèbres, parce que ce n'est point par sa propre force que l'homme sera fort.

10. Le Seigneur épouvantera ses ennemis, et il tonnera sur eux du haut des cieux. Le Seigneur jugera les confins de la terre et il donnera l'empire à son roi et il élèvera la puissance de son Christ.

cent; quia in fortitudine sua roborabitur vir.

10. Dominum formidabunt adversarii ejus, et super ipsos in cœlis tonabit; Dominus judicabit fines terræ, et dabit imperium regi suo, et sublimabit cornu Christi sui.

---

providere debeamus, ne inquinentur, ne illaqueantur, ne subvertantur, sed puri, liberi et firmi serventur. Inquinantur autem per luxuriam, illaqueantur per avaritiam, subvertuntur per superbiam, sed servantur per sanctimoniam. » S. Bonavent. in Ps. cxxi.
— *Et impii...* Mais les impies succomberont et seront plongés dans les ténèbres, c'est-à-dire dans le malheur, deviendront muets de douleur et de honte, si Dieu leur retire la lumière de sa grâce, car l'homme laissé à lui-même est sans force, comme nous le dit la suite du verset. — *Conticescent.* Hébreu : « périront » c'est-à-dire « seront jetés dans les ténèbres. » On peut penser qu'il s'agit particulièrement des ténèbres de l'esprit causées par la crainte et l'épouvante. « Cœcus est, dit S. Grégoire, I Pars Pastor., c. xi, qui supernæ contemplationis lumen ignorat, qui præsentis vitæ tenebris pressus, dum veram lucem nequaquam diligendo conspicit, quo gressus operis porrigat nescit. Hinc etenim prophetante Anna dicitur : Impii in tenebris conticescent. » — *Quia non in fortitudine sua...* L'homme ne peut rien par lui-même, ainsi que l'enseigne S. Augustin, d'après sa propre expérience : « Sperabam aliquando in virtute mea, quæ tamen non erat virtus. Et cum sic volui currere; ubi magis stare credebam ibi magis cecidi. Quod magis credidi posse per me minus semper potui. Dicebam enim : Hoc faciam, illud perficiam, nec hoc, nec illud faciebam. Aderat voluntas, non erat facultas. Aderat facultas, non erat voluntas, quam de meis viribus confidebam. Nunc autem confiteor tibi. Domine Deus meus, quia non in fortitudine sua roborabitur vir. Non erit enim hominis velle quod possit, aut posse quod velit, vel scire quod velit et possit, sed potius a te gressus hominis diriguntur. » Solil. c. xxv.

10. — *Dominum formidabunt...* Hébreu : « le Seigneur seront brisés ceux qui disputent contre lui. » Les impies sont représentés comme entrant en jugement avec Dieu. Mais ils seront effrayés, lorsque le Seigneur s'avancera pour procéder contre eux, ainsi que l'indiquent les mots suivants. — *Super ipsos.* Dans l'hébreu il y a le singulier. — *Tonabit.*

C'est l'annonce de l'approche du Seigneur qui s'avance pour juger. Cette première partie du verset est consacrée à faire ressortir d'une manière frappante la justice de Dieu; la seconde reproduit la même pensée encore plus explicitement, mais prophétiquement. S. Bernard, Serm. xxviii, in Cant. interprète ce passage allégoriquement : «Habet Ecclesia cœlos suos, homines spirituales, vita et opinione conspicuos, fide puros, spe firmos, latos charitate, contemplatione suspensos. Et hi pluviantes pluviam verbi salutarem tonant increpationibus, coruscant miraculis. » — *Fines terræ.* La justice de Dieu embrasse non pas seulement le territoire habité par son peuple, mais toute la surface de la terre. Au jour du jugement, Jésus-Christ jugera de même tous les hommes. — *Et dabit imperium...* Le royaume de Dieu atteindra tout son développement avec le roi que le Seigneur donnera à son peuple et qu'il revêtira de la puissance. — *Et sublimabit...* La corne est l'emblème de la force. Le roi d'Israël sera donc aussi terrible que le bœuf ou le taureau dont la puissance réside dans ses cornes. Mais ce roi, ce n'est pas un des rois d'Israël en particulier, c'est le Christ lui-même, ou plutôt la personnification de son empire. L'exaltation de l'oint du Seigneur a commencé avec David, s'est perpétuée dans les victoires remportées par ses descendants sur les ennemis de Dieu, enfin fait des progrès de plus en plus considérables, à mesure que le royaume de Jésus-Christ prend de l'extension. L'exaltation de la puissance du Christ, c'est encore sa victoire sur la mort et le démon. « D'après ces dernières lignes, dit Ed. Reuss, le psaume date des temps de la monarchie, et la victoire dont il est question d'un bout à l'autre du poëme, et qui en fait espérer d'autres, a dû être remportée par un roi d'Israël. Notre instinct historique est si puissant aujourd'hui, que nous avons de la peine à comprendre la possibilité de la méprise faite par le rédacteur, qui s'en est peut-être tenu à la femme stérile qui enfante. » Pour nous, nous avouerons que nous ne comprenons d'aucune sorte la méprise de l'auteur de nos livres, non plus que celle de ses contemporains. Le reste de son œuvre ne

11. Et abiit Elcana Ramatha, in domum suam; puer autem erat minister in conspectu Domini ante faciem Heli sacerdotis.

12. Porro filii Heli, filii Belial, nescientes Dominum,

13. Neque officium sacerdotum ad populum; sed quicumque immolasset victimam, veniebat puer sacerdotis, dum coquerentur carnes, et habebat fuscinulam tridentem in manu sua.

14. Et mittebat eam in lebetem, vel in caldariam, aut in ollam, sive in cacabum; et omne quod levabat fuscinula, tollebat sacerdos sibi; sic faciebant universo Israeli venientium in Silo.

15. Etiam antequam adolerent adipem veniebat puer sacerdotis, et dicebat immolanti : Da mihi carnem, ut coquam sacerdoti; non enim accipiam a te carnem coctam, sed crudam.

11. Et Elcana s'en alla à Ramatha, dans sa maison. Et l'enfant servait en présence du Seigneur, sous les yeux du prêtre Héli.

12. Or, les enfants d'Héli étaient enfants de Bélial, ne connaissant ni le Seigneur,

13. Ni le devoir des prêtres envers le peuple. Mais si quelqu'un immolait une victime, le serviteur du prêtre venait, pendant que les chairs se cuisaient, et il avait à la main une fourchette à trois dents,

14. Et il l'envoyait dans le chaudron ou dans la chaudière, ou dans l'oule, ou dans la marmite. Et tout ce que la fourchette enlevait, le prêtre le prenait pour lui. Ainsi faisait-il pour tous ceux d'Israël qui venaient à Silo.

15. Même avant qu'on brûlât la graisse, le serviteur du prêtre venait et disait à celui qui immolait : Donne-moi de la chair afin que je la fasse cuire pour le prêtre, car je ne recevrai pas de toi de la chair cuite, mais crue.

---

prouve point du reste que l'instinct historique lui fit absolument défaut, bien au contraire, et nous conclurons que celui qui s'est mépris n'est pas celui qu'on pense.

2° Services de Samuel dans le temple et conduite impie des fils d'Héli; annonce des jugements de Dieu sur Héli et sa maison, II, 11-36.

11. — *Et abiit Elcana*. Avec ses deux épouses, bien qu'elles ne soient pas mentionnées. Il n'est donc pas nécessaire d'adopter la leçon des Septante qui, pour éclaircir le texte, ont ajouté : « et ils le (l'enfant) laissèrent devant le Seigneur. » — *Ramatha*. V. I. 1. — *Puer autem...* Hebreu : » et l'enfant servait le Seigneur. » En effet, les services qu'il rendait dans la mesure de ses forces, il les rendait au Seigneur, c'est-à-dire à son culte. D'autre part, c'était en présence d'Héli, c'est-à-dire sous sa surveillance. On doit donc mettre une différence entre les deux expressions.

12. — *Filii Bélial*. Des hommes pervers, V. 1, 16. La conduite des enfants d'Héli contraste singulièrement avec celle de Samuel. — *Nescientes Dominum*. Ils ne connaissaient pas le Seigneur, c'est-à-dire ne le craignaient

pas et ne s'en occupaient pas. C'est précisément leur impiété qui était la cause de leurs désordres. On doit apprendre à cette occasion qu'il ne faut jamais perdre de vue la présence de Dieu. « Nec enim tam sæpe spiritum ducere, quam Dei meminisse debemus. Imo si dici hoc potest, aliud nihil quam hoc faciendum », Greg. Naz. orat. 33 sub initium. « Nam » dit S. Bernard, lib. de Inter. domo, c. IX, sicut nullum est momentum quo non fruamur Dei misericordia, sic nullum esse debet momentum in quo illum præsentem non habeamus in memoria. »

13. — *Neque officium sacerdotum...* Les droits des prêtres vis-à-vis du peuple sont déterminés dans le Deutéronome, XVIII, 3. La plupart des interprètes modernes rattachent, comme la Vulgate, ce membre de phrase à ce qui précède et rejettent par conséquent la ponctuation massorétique. En tout cas, pour traduire : « le droit des prêtres envers le peuple était tel », il faudrait lire והמשפט, *zeh mischpath*, « hoc jus... »

14. — *Sibi*. Hébreu : « avec elle », c'est-à-dire avec la fourchette.

15. — *Antequam adolerent...* C'était contraire à la loi, Levit. III, 3-5. — *Da mihi...*

16. Celui qui immolait lui disait : Que la graisse soit brûlée d'abord aujourd'hui, selon la coutume, puis prends pour toi tout ce que désire ton âme. Et il répondait : Nullement. Tu me la donneras maintenant, autrement je la prendrai par la force.

17. Le péché de ces enfants était donc très grand devant le Seigneur, parce qu'ils détournaient les hommes du sacrifice du Seigneur.

18. Or, Samuel servait devant la face du Seigneur, tout enfant, ceint d'un éphod de lin.

19. Et sa mère lui faisait une petite tunique qu'elle apportait aux jours marqués, en montant avec son mari pour immoler une hostie solennelle.

20. Et Héli bénit Elcana et sa femme et il lui dit : Que le Seigneur

16. Dicebatque illi immolans : Incendatur primum juxta morem hodie adeps, et tolle tibi quantumcumque desiderat anima tua. Qui respondens aiebat ei : Nequaquam: nunc enim dabis, alioquin tollam vi.

17. Erat ergo peccatum puerorum grande nimis coram Domino; quia retrahebant homines a sacrificio Domini.

18. Samuel autem ministrabat ante faciem Domini, puer, accinctus ephod lineo.

19. Et tunicam parvam faciebat ei mater sua, quam afferebat statutis diebus ascendens cum viro suo, ut immolaret hostiam solemnem.

20. Et benedixit Heli Elcanæ et uxori ejus, dixitque ei : Reddat tibi

---

C'était afin de l'avoir meilleure et non encore dépouillée de sa graisse.

16. — Hébreu : « vers ce jour » ou « vers ce temps », c'est-à-dire maintenant. C'était à propos des sacrifices eucharistiques que les prêtres commettaient ces abus. La loi en pareil cas leur accordait la poitrine et l'épaule, mais seulement après que les morceaux de graisse avaient été allumés sur l'autel, Levit. VII, 30-34. L'action des fils d'Héli était donc un crime, puisque c'était un vol fait à Dieu. — *Quantumcumque...* Le prêtre n'avait pas droit à autre chose qu'à ce que la loi lui concédait.

17. — *Puerorum.* Des fils d'Héli. — *Quia retrahebant...* Un crime plus grand encore que le vol que commettaient les fils d'Héli, c'était de détourner les Juifs d'offrir des sacrifices. L'hébreu porte : « car les hommes méprisaient l'offrande du Seigneur. » Le résultat devait être celui que signale la Vulgate, c'est-à-dire l'abandon des offrandes et des sacrifices. Nous devons en conclure que l'exemple des pasteurs est de la plus haute importance. « Nullum, fratres charissimi », dit S. Greg. hom. 17 in Evang., « ab aliis majus præjudicium quam a sacerdotibus tolerat Deus, quando eos quos ad aliorum correctionem posuit, dare de se exempla pravitatis cernit, quando ipsi peccamus, qui compescere peccata debuimus. Plerumque, quid est gravius, sacerdotes qui propria dare debuerant, etiam aliena diripiunt. Plerumque, si quos humiliter, si quos continenter vivere conspiciunt, irrident. Considerate ergo quid de gregibus agatur, quando pastores lupi fiunt. »

18. — *Samuel autem...* Contraste de la conduite de Samuel avec celle des fils d'Héli. — *Accinctus ephod lineo.* Cet éphod était sans doute semblable pour la forme à celui du grand-prêtre. Ce vêtement consistait en deux bandes qui passaient sur l'épaule et étaient retenues autour du corps par une ceinture. Ainsi s'explique l'expression *accinctus*, V. Ex., XXVIII, 7, 8. Cet éphod différait d'ailleurs de celui du grand-prêtre par l'étoffe, qui était de la toile de lin. Nous voyons plus loin, XXII, 18, que les prêtres portaient alors un éphod de même genre. C'était le signe de leur vocation sacerdotale, et ils s'en revêtaient pour remplir leurs fonctions. David lui-même s'en revêtit lorsqu'il fit transporter l'arche, II Rois VI, 14, car, en cette occasion, il faisait, pour ainsi dire, l'office de prêtre. En cet endroit, l'éphod porté par Samuel indique évidemment que, voué pour sa vie au service du temple, il avait en même temps la vocation sacerdotale.

19. — *Et tunicam parvam.* Cette tunique, en hébreu מְעִיל, *meil*, « manteau », devait ressembler à celle du grand-prêtre, moins les ornements qui la décoraient. C'était le vêtement de tous les jours que la mère renouvelait chaque année, « quam afferebat statutis diebus. »

20. — *Pro fænore quod commodasti Domino.* Hébreu : « à la place de celui qui a été ob-

Dominus semen de muliere hac, pro fænore quod commodasti Domino. Et abierunt in locum suum.

21. Visitavit ergo Dominus Annam, et concepit, et peperit tres filios, et duas filias; et magnificatus est puer Samuel apud Dominum.

22. Heli autem erat senex valde, et audivit omnia quæ faciebant filii sui universo Israeli : et quomodo dormiebant cum mulieribus quæ observabant ad ostium tabernaculi;

23. Et dixit eis : Quare facitis res hujuscemodi, quas ego audio, res pessimas, ab omni populo?

24. Nolite, filii mei : non enim est bona fama, quam ego audio, ut transgredi faciatis populum Domini.

te rende une postérité par cette femme, pour le gage que tu as confié au Seigneur. Et ils s'en allèrent chez eux.

21. Le Seigneur donc visita Anne et elle conçut, et elle enfanta trois fils et deux filles, et l'enfant Samuel devint grand devant le Seigneur.

22. Or, Héli était très vieux; et il apprit tout ce que faisaient ses fils à tout Israël et comment ils dormaient avec les femmes qui veillaient à l'entrée du tabernacle.

23. Et il leur dit : Pourquoi faites-vous des choses pareilles, des choses très mauvaises que j'apprends de tout le peuple?

24. Cessez donc, mes enfants, car elle n'est pas bonne la renommée que j'entends, que vous faites transgresser la loi au peuple du Seigneur.

---

tenu, qu'elle a obtenu du Seigneur. » Le verbe שאל, schaal, étant à la 3e pers. m., on pourrait penser qu'Héli parle d'Elcana et suppose qu'il s'était associé à la prière de son épouse. Toutefois on peut très raisonnablement admettre qu'il y a là une faute de copiste et qu'il faut le féminin au lieu du masculin. L'ensemble du texte favorise d'ailleurs cette manière de voir. On remarquera de plus qu'il y a là une allusion au dernier verset du ch. précédent. « Relegendus est postremus versiculus capitis præcedentis », dit D. Calmet, « ut sensus horum verborum attingatur. Anna summum sacerdotem affata dicebat : Pro puero isto oravi, et dedit mihi petitionem meam; idcirco et ego commodavi eum Domino cunctis diebus, quibus fuerit commodatus Domino. Respondit hic Heli sermonem suum ad Elcanam convertens : « Reddat tibi Dominus semen de muliere hac, pro fœnore quod commodasti Domino. »

21. — *Et magnificatus est.* Il est très probable qu'il ne s'agit ici que de la croissance physique de Samuel, bien que la traduction de ויגדל, igddal, par *magnificatus est*, puisse au premier abord donner le change. Samuel grandissait donc auprès du Seigneur, et, pour ainsi dire, en communauté avec lui. Il est d'ailleurs l'image de Jésus-Christ qui croissait en âge, en grâce et en sagesse devant Dieu et devant les hommes, Luc., v. ult.

22. — *Erat senex valde.* Ces mots ne sont pas la justification, mais seulement l'explication de la conduite d'Héli. — *Quæ observabant.* Il est parlé de ces femmes dans l'Exode, xxxvii, 8; mais il n'est rien dit des fonctions qu'elles avaient à remplir. Apparemment elles étaient chargées de certains détails d'arrangement et de propreté. Comme elles étaient attachées au sanctuaire, la faute des fils d'Héli n'en était que plus grande. Leur mauvaise conduite fut la punition de leur gourmandise et de leur désobéissance à leur père. Ainsi notre premier père fut puni de sa désobéissance. « Adam » dit S. Greg., xxxv Moral. c, xiii, « quia auctori suo esse subditus noluit, jus carnis suæ quam regebat, amisit, ut in seipso inobedientiæ suæ confusio redundaret, et superatus discernet quid elatus amisisset. » Le mauvais exemple des fils d'Héli ne fait d'ailleurs que rehausser le mérite de Samuel, car, dit S. Bernard, ep. xxiv ad Hugen : « Inter bonos bonum esse salutem habet; inter malos vero, et laudem; illud tantæ facilitatis est quantæ et securitatis, hoc tantæ virtutis quantæ est difficultatis. »

23. — *Ab omni populo.* C'était tout le peuple qui venait à Silo et était témoin des prévarications des fils d'Héli.

24. — *Ut transgredi faciatis.* En violant la loi, les enfants d'Héli la faisaient aussi violer au peuple, puisqu'ils l'éloignaient des sacrifices, et le rendaient plus ou moins complice des transgressions qu'ils commettaient. L'hébreu מעברים, *maabirim*, offre quelque difficulté : mais les meilleurs interprètes mo-

25. Si un homme pèche contre un homme, Dieu peut être apaisé à son égard, mais si un homme pèche contre le Seigneur, qui priera pour lui? Et ils n'écoutèrent pas la voix de leur père, parce que le Seigneur voulait les faire mourir.

26. Mais l'enfant Samuel progressait et croissait et plaisait autant au Seigneur qu'aux hommes.

27. Or, un homme de Dieu vint à Héli et lui dit : Voici ce que dit le Seigneur : Est-ce que je ne me suis pas ouvertement révélé à la maison de ton père, lorsqu'ils étaient en Egypte dans la maison de Pharaon?

28. Et je l'ai choisi dans toutes les tribus d'Israël, pour qu'il fût mon prêtre, et pour qu'il montât à mon autel, et me brûlât l'encens et portât l'éphod devant moi, et j'ai donné part à la maison de ton père, à tous les sacrifices des enfants d'Israël.

25. Si peccaverit vir in virum, placari ei potest Deus : si autem in Dominum peccaverit vir, quis orabit pro eo? Et non audierunt vocem patris sui; quia voluit Dominus occidere eos.

26. Puer autem Samuel proficiebat, atque crescebat et placebat tam Domino quam hominibus.

27. Venit autem vir Dei ad Heli, et ait ad eum : Hæc dicit Dominus : Numquid non aperte revelatus sum domui patris tui, cum essent in Ægypto in domo Pharaonis?

28. Et elegi eum ex omnibus tribubus Israel mihi in sacerdotem, ut ascenderet ad altare meum, et adoleret mihi incensum, et portaret ephod coram me; et dedi domui patris tui omnia de sacrificiis filiorum Israel.

---

dernes adoptent le sens de la Vulgate dont la construction grammaticale est seule défectueuse.

25. — *Placari ei potest Deus.* Hébreu : « Dieu le jugera », ou plutôt : « aplanira la difficulté en servant d'intermédiaire », car tel paraît bien être le sens de פִּלֵּל, *philelo*, qu'il est impossible de rendre exactement, à moins de se servir d'une périphrase. La pensée d'Héli est celle-ci : si un homme pèche contre un autre homme, Dieu est le juge et l'intermédiaire naturel entre les deux parties et peut opérer la réconciliation ; mais celui qui pèche contre Dieu, qui intercédera pour lui? Origène, hom. x in Num., s'exprime à peu près de même sorte : « qui meliores sunt, inferiorum semper culpas et peccata suscipiunt; sacerdos autem si delinquat aut Pontifex, ipsum suum potest purgare peccatum, si tamen non peccet in Deum; de hujusmodi enim peccatis non facile remissionem aliquam videmus in legis litteris designari. » — *Quia voluit Dominus...* Ces paroles indiquent uniquement que les fils d'Héli étaient tombés dans l'endurcissement. Les reproches de leur père, très modérés d'ailleurs dans la forme, venaient trop tard. Nous pouvons faire remarquer ici en passant que, grand-prêtre et juge à la fois, Héli par sa situation avait la facilité de maintenir l'unité théocratique de la nation et de faire du sanctuaire de Silo un centre national. Mais par malheur il se montra tout à fait au-dessous de sa mission et laissa ses fils pervertir le peuple. Le sacerdoce ne pouvait donc plus remplir l'office d'intermédiaire auprès de Dieu, parce que ceux qui en étaient revêtus étaient moins les serviteurs de Dieu que ceux du péché.

26. — *Puer autem Samuel.* Cfr. Luc., II, 52.

27. — *Vir Dei.* Il s'agit évidemment d'un prophète. — *Numquid non aperte...* C'est à Aaron, qui se trouvait en Egypte avec ses quatre fils, Nadab, Abiu, Eléazar et Ithamar, que le Seigneur s'était révélé, en le choisissant pour parler au Pharaon, Ex., IV, 14 et suiv., 27, et surtout en l'élevant au sacerdoce, Ex., XII, 1, 43.

28. — *Et elegi eum.* C'est-à-dire Aaron. — *Ad altare meum.* A l'autel des holocaustes, pour y offrir les sacrifices. — *Et adoleret...* Chaque jour on devait brûler l'encens. Ex., XXX, 8. Ainsi se trouve désigné tout ce qui concernait le service divin dans le Saint. — *Et portaret ephod.* Le grand-prêtre se revêtait de l'éphod, lorsqu'il entrait dans le Saint des Saints pour intercéder en faveur du peuple, Ex., XXVIII, 12. — *Omnia de sacrificiis.* Hébreu : « tous les sacrifices. » Les prêtres avaient une part à tous les sacrifices, Levit., I, 9; mais ici on veut faire remarquer

29. Quare calce abjecistis victimam meam, et munera mea quæ præcepi ut offerrentur in templo; et magis honorasti filios tuos quam me, ut comederetis primitias omnis sacrificii Israel populi mei?

30. Propterea ait Dominus Deus Israel : Loquens locutus sum, ut domus tua, et domus patris tui, ministraret in conspectu meo, usque in sempiternum. Nunc autem dicit Dominus : Absit hoc a me; sed quicumque glorificaverit me, glorificabo eum; qui autem contemnunt me, erunt ignobiles.

Reg. 2, 27.

31. Ecce dies veniunt, et præci-

29. Pourquoi avez-vous foulé aux pieds mes victimes et les dons que j'ai ordonné de m'offrir dans le temple, et pourquoi as-tu honoré tes fils plus que moi, de sorte que vous mangiez les prémices de tout sacrifice d'Israël mon peuple?

30. C'est pourquoi le Seigneur Dieu d'Israël parle ainsi : J'ai dit et déclaré que ta maison et la maison de ton père, servirait en ma présence à tout jamais. Mais maintenant le Seigneur dit : Loin de moi cela, mais quiconque me glorifiera je le glorifierai et ceux qui me mépriseront seront méprisables.

31. Voici que viennent des jours

---

que le Seigneur avait accordé à la famille d'Aaron, c'est-à-dire au sacerdoce, les offrandes faites à Dieu, au lieu et place d'un héritage dans le pays de Chanaan, conformément d'ailleurs aux lois qui réglaient la part à laquelle les prêtres avaient droit, V. Levit., I, 9 ; Deut., XVIII, 1; Levit., VI, 7; Nomb. XVIII.

29. — *Quare calce abjecistis...* Pourquoi méprisez-vous, toi et tes fils, le culte que j'ai prescrit qu'on me rende. Ces paroles rappellent un passage du Deutéronome, XXXII, 1, 5. Au lieu d'être reconnaissants envers le Seigneur pour le soin qu'il avait pris d'eux, les prêtres l'outrageaient en violant sa loi et se conduisaient comme les animaux trop bien nourris qui deviennent indociles et brisent leur joug, Jer., V, 5, 7, 8. Le reproche s'adresse aussi à Héli lui-même, parce qu'il n'avait pas assez énergiquement repris ses fils du mal. — *Quæ præcepi... in templo.* Hébreu : « que j'ai commandé dans la maison » c'est-à-dire dans ma maison. — *Et magis honorasti.* En n'osant reprendre et châtier ses fils, Héli s'était fait le complice de leurs offenses. S. Grégoire à ce sujet : « Filios et propinquos magis quam Dominum honorat, qui ad sacros ordines personas eligit, non ex conversationis honestate, sed amore propinquitatis. »

30. — *Ut domus tua, et domus patris tui.* Il paraît certain que ces mots concernent en général la descendance d'Aaron et non pas spécialement la famille d'Ithamar, à laquelle appartenait Héli. Nous avons déjà fait remarquer I, 9, qu'Héli était un descendant d'Ithamar. Le fait est prouvé par l'Ecriture, I Paral., XXIV, 3, et confirmé par Josèphe,

Ant. j. l. V, c, XI, § 5, qui raconte que le successeur du grand-prêtre Ozis, de la famille d'Eléazar, fut Héli, de celle d'Ithamar. Nous ne savons dans quelles circonstances se fit cette substitution d'une famille à l'autre, mais on peut supposer que le fils du dernier grand-prêtre était mineur et que, parmi les descendants d'Eléazar, aucun n'était capable de remplir à la fois les fonctions difficiles de grand-prêtre et de Juge, et de régir la communauté en ces temps si troublés. C'est alors qu'Héli, qui peut-être était apparenté à la famille d'Eléazar, se serait vu obligé de prendre en mains la direction des affaires. — *Ministraret in conspectu meo.* Ces mots prouvent bien ce que nous avons dit plus haut, c'est-à-dire, qu'il ne s'agit pas spécialement d'Héli et du souverain sacerdoce. La promesse qui fut faite à Aaron Ex., XXIX, 9, et renouvelée à Phinéès, Nomb. XXV, 13, était générale et s'étendait à tout le sacerdoce, y compris le souverain pontificat. Aussi cette promesse n'en continua pas moins d'être vraie, lorsque le souverain pontificat passa de la ligne de Phinées, c'est-à-dire d'Eléazar, a celle d'Ithamar, car le sacerdoce restait à la première. L'expression hébraïque *marcher devant moi*, ne doit pas se prendre dans un sens trop restreint et ne désigne point l'entrée du grand-prêtre dans le Saint des Saints, car elle est par elle-même trop générale. — *Absit hoc a me.* Dieu ne retire pas sa précédente promesse, mais il fait entendre qu'elle n'aura son effet qu'en faveur des prêtres qui l'honorent, tandis que les contempteurs qui le déshonorent par leurs crimes seront livrés au mépris.

31. — *Ecce dies veniunt.* C'est une formule

où je couperai ton bras et le bras de la maison de ton père, afin qu'il n'y ait pas de vieillard dans ta maison.

32. Et tu verras ton rival dans le temple, quand tout sera prospère pour Israël, et il n'y aura jamais de vieillard dans ta maison.

33. Cependant je n'enlèverai pas entièrement de mon autel les hommes de ta race, mais que tes yeux défaillent et que ton âme languisse; une grande partie de ta maison mourra lorsqu'elle sera parvenue à l'âge viril.

34. Or, ce qui sera pour toi un signe, c'est ce qui arrivera à tes deux fils, Ophni et Phinéès; le même jour ils mourront tous les deux.

dam brachium tuum, et brachium domus patris tui, ut non sit senex in domo tua.

32. Et videbis æmulum tuum in templo, in universis prosperis Israel; et non erit senex in domo tua omnibus diebus.

33. Verumtamen non auferam penitus virum ex te ab altari meo; sed ut deficiant oculi tui, et tabescat anima tua; et pars magna domus tuæ morietur, cum ad virilem ætatem venerit.

34. Hoc autem erit tibi signum, quod venturum est duobus filiis tuis, Ophni et Phinees; in die uno morientur ambo.

---

souvent employée par les prophètes, pour annoncer les événements futurs, V. IV Rois XX, 17; Is., XXXIX, 6; Am., IV, 2, VIII. 1, IX, 13; Jer., VII, 32 etc. — *Brachium.* C'est le symbole de la force. — *Ut non sit senex.* La force d'une famille consiste dans la longue vie de ses membres. Or, dans la maison d'Héli, il n'y aura plus de vieillards, peut-être parce que la misère consumera cette famille.

32. — *Et videbis æmulum tuum in templo.* Nous nous trouvons ici en présence d'un passage difficile. D'après la Vulgate, il est évidemment fait allusion soit à la situation de Samuel, soit à la déposition d'Abiathar et à son remplacement par Sadoc, III Rois, II, 27. Mais alors on ne sait comment expliquer les mots *in universis prosperis Israel,* ou du moins on ne saisit pas la liaison qui peut exister entre les deux membres de phrase. Pendant longtemps on a suivi la traduction d'Aquila καὶ ἐπιβλέψει (? ἐπιβλέψῃς) ἀντίζηλον, qui est aussi celle de S. Jérôme. Mais les interprètes modernes font remarquer que le mot צר, *tzer,* ne signifie point *rival,* mais *oppresseur* ou *ennemi.* Dans ce cas, il ne peut être question ni de Samuel, ni d'Abiathar, qui n'étaient pas les ennemis d'Héli, mais des Philistins et de la prise de l'Arche, événement dont la conséquence naturelle fit que le Tabernacle tomba en profond discrédit. Cette menace commença à s'accomplir du vivant d'Héli, IV, 11; plus tard le Tabernacle fut seul transporté à Nob, puis à Gabaon, après que Saül fait mettre à mort tous les prêtres, XXI, 2, XXII, 11 et suiv., ce qui dut encore diminuer son importance. —

In universis prosperis Israel. Plusieurs, comme de Wette et Keil, donnant à שיב, *iéthib,* Dieu pour sujet, traduisent : « en tout ce qu'il fera de bon à Israël. » Toutefois on peut aussi donner à ce verbe le sens neutre et dire : « en tout ce qui arrivera de bien à Israël. » A l'époque où l'Arche fut prise, Samuel prit la direction des affaires et commença à relever la nation juive de son abaissement; mais en même temps, comme nous l'avons déjà dit, la maison de Dieu restait sans gloire et sans honneur.

33. — *Non auferam...* Les descendants d'Héli qui resteront attachés au service des autels, verront la misère de leur maison, ou la détresse du sanctuaire, selon le sens que l'on donne à la première partie du verset précédent; Dieu permettra donc que les descendants d'Héli soient prêtres ou lévites, mais seulement dans les grades inférieurs. L'hébreu peut être traduit : « et je ne te détruirai pas tout homme de mon autel », paroles que plusieurs veulent appliquer à Achitob, le fils de Phinéès et frère d'Ichabod: mais rien ne prouve que ce fût le seul descendant d'Héli, V. XIV, 3 et XXXII, 20. — *Sed ut deficiant...* Ces paroles concernent la descendance d'Héli et non pas Héli lui-même. — *Et pars magna...* Hébreu : « et toute la multitude de ta maison mourront hommes », c'est-à-dire dans la force de l'âge sans atteindre la vieillesse.

34. — *In die uno...* V. IV, 17 et suiv. La race d'Héli ne s'éteignit pas tout entière, puisque nous voyons plus loin, XIV, 3, 18, XX, 9, 14, 20, Achitob, Achias, Achimélech et son fils Abiathar, qui étaient de sa descen

35. Et suscitabo mihi sacerdotem fidelem, qui juxta cor meum et animam meam faciet; et ædificabo ei domum fidelem, et ambulabit coram Christo meo cunctis diebus.

36. Futurum est autem, ut quicumque remanserit in domo tua, veniat ut oretur pro eo, et offerat nummum argenteum, et tortam panis, dicatque : Dimitte me, obsecro, ad unam partem sacerdo-

35. Et je me susciterai un prêtre fidèle qui agira selon mon cœur et mon âme, et je lui bâtirai une maison fidèle, et il marchera devant mon Christ toujours.

36. Et il arrivera que chacun de ceux qui resteront dans ta maison, viendra pour qu'on prie pour lui, et offrira une pièce d'argent et une tourte de pain et dira : Laissez-moi, je vous prie une portion sacerdotale,

---

dance, successivement revêtus de la dignité sacerdotale. Mais Achimélech périt à Nob avec toute la maison de son père, xxii, 19, et Abiathar, qui s'était échappé, fut dépossédé de son emploi par Salomon. Le souverain pontificat passa à la famille d'Eléazar, à laquelle appartenait Sadoc, et c'est alors que la prophétie se réalisa, c'est-à-dire, que la maison d'Héli fut ruinée dans la majorité de ses membres et qu'elle perdit la dignité sacerdotale.

35. — *Sacerdotem fidelem*. Selon S. Ephrem, ce prêtre fidèle, c'est à la fois le prophète Samuel et le prêtre Sadoc : « quod ad rerum gestarum veritatem attinet, constat Samuelem demortuo Heli in principatu successisse, et Sadocum ejus familiæ ereptum pontificatum adeptum fuisse. » Théodoret et, après lui, les rabbins se sont décidés pour Sadoc, tandis que S. Augustin et un grand nombre de modernes donnent la préférence à Samuel. Il faut toutefois remarquer que Samuel n'était point grand-prêtre, car l'Ecriture ne le désigne jamais ainsi et on lit même Ps. xcviii, ẏ. 6 : « Moyses et Aaron in sacerdotibus ejus, et Samuel inter eos qui invocant nomen ejus. » Quoiqu'il en soit, les Pères et les théologiens voient dans ce prêtre la figure du Christ qui mettra fin au sacerdoce d'Aaron. La prédiction », dit Théodoret, « s'applique proprement au Christ sauveur; mais historiquement à Sadoc de la descendance d'Eléazar, qui reçut de Salomon le souverain pontificat ». Quæst. vii. in Reg. S. Augustin parle dans le même sens : « Non est ut dicatur ista prophetia, ubi sacerdotii veteris tanta manifestatione pronuntiata mutatio est, in Samuele fuisse completa. Quanquam enim non esset de alia tribu Samuel quam quæ constituta fuerat a Domino, ut serviret altari; tamen non erat de filiis Aaron, cujus progenies fuerat deputata, unde fierent sacerdotes : ac per hoc in ea quoque re gesta eadem mutatio, quæ per Christum Jesum futura fuerat, adumbrata est, De Civit. Dei, xvii, 5, 2. S. Jérôme pense, comme S. Augus-

tin, que ce *prêtre fidèle* est Samuel, car sur ces paroles : « Cum omnibus qui invocant nomen Domini », I Cor. i, 2, il dit du prophète : « Quem sacerdotem fuisse illa res probat, quia et sacerdoti successit, et hostias offerebat. De quo etiam secundum historiam dictum est : *Suscitabo mihi sacerdotem fidelem* ». D'ailleurs, sans exclure ni Samuel ni Sadoc, il est évident que la prédiction n'a eu son parfait accomplissement qu'en Jésus-Christ. Il est en effet impossible d'admettre, avec les rabbins, qu'elle s'est réalisée complètement par la déposition d'Abiathar, III Rois ii, 27. car Théodoret et S. Augustin ont déjà fait remarquer que ces paroles « numquid non aperte... » ẏ. 27 et ces autres « ut domus tua, et domus... » ne peuvent pas s'appliquer à Ithamar, mais à Aaron. « Quis patrum ». dit S. Augustin, l. c. « fuit hujus in illa Ægyptia servitute, unde cum liberali essent electus et ad sacerdotium, nisi Aaron? De hujus ergo stirpe isto loco dixit futurum fuisse, ut non essent ulterius sacerdotes : quod jam videmus impletum ». On peut encore comprendre par ce *prêtre fidèle* tous les prêtres qui marcheront dans les voies du Seigneur. Bien plus, Jésus-Christ rend tous les chrétiens prêtres et rois selon ces paroles : « Fecit nos regnum et sacerdotes, » Apoc. ii, 11. C'est aussi ce que nous enseigne S. Léon. Serm. iii, in die anniv. assumpt. suæ ad Pontificat : « Omnes in Christo regeneratos crucis signum efficit reges; Sancti vero Spiritus unctio consecrat sacerdotes... Quid enim tam regium quam subditum Deo animum corporis sui esse rectorem : et quid tam sacerdotale, quam vovere Domino conscientiam puram, et immaculatas pietatis hostias de altaris corde offerre. » — *Coram Christo meo*. En union intime avec l'oint du Seigneur que ce soit un des rois de l'Ancien Testament ou plutôt le roi de la nouvelle Loi.

36. — *Veniat ut oretur...* Après la mort d'Héli, Samuel devint à la fois Juge et Prêtre, tandis que le sacerdoce d'Aaron tombait en décadence et que le culte divin était négligé.

pour que je mange une bouchée de pain.

talem, ut comedam buccellm panis.

CHAPITRE III

Tandis que Samuel était au service du temple, il arriva que, pendant la nuit, le Seigneur l'appela par son nom ; l'enfant courut auprès d'Héli qui le renvoya, en lui disant qu'il ne l'avait pas appelé (℣℣. 4-5). — La même voix se fit encore entendre deux fois, et deux fois Samuel se rendit auprès du grand-prêtre (℣℣. 6-8). — Mais Héli, comprenant enfin que c'était le Seigneur qui appelait l'enfant, lui conseilla de répondre (℣. 9). — C'est ce que fit Samuel, quand il entendit de nouveau la voix (℣. 10). — Le Seigneur alors lui annonça les maux qui allaient fondre sur la maison d'Héli, parce qu'il n'avait pas réprimandé ses enfants (℣℣. 11-14). — Le jour venu, Héli interrogea Samuel, et celui-ci lui fit connaître la révélation qui lui avait été faite (℣℣. 15-18). — Or, Samuel grandit, et sa renommée de prophète s'étendit dans tout le pays, de Dan jusqu'à Bersabée (℣℣. 19-20).

1. Or, l'enfant Samuel servait le Seigneur devant Héli et la parole du Seigneur avait beaucoup de prix en ces jours-là et il n'y avait pas de vision manifeste.

2. Il arriva donc qu'un jour Héli était couché à sa place et ses yeux étaient obscurcis et il ne pouvait voir

3. Avant que la lampe du Sei-

1. Puer autem Samuel ministrabat Domino coram Heli, et sermo Domini erat pretiosus in diebus illis, non erat visio manifesta.

2. Factum est ergo in die quadam, Heli jacebat in loco suo, et oculi ejus caligaverant, nec poterat videre ;

3. Lucerna Dei antequam extin-

C'est pour cette raison que les descendants d'Héli durent implorer la pitié de Samuel et mendier auprès de lui leur subsistance.

3° Vocation de Samuel à la dignité de prophète et commencements de son ministère, III.

CHAP. III. — 1. — *Puer autem Samuel.* Samuel, ayant grandi, était maintenant jugé digne de recevoir les communications du Seigneur. Josèphe dit expressément qu'il avait douze ans. — *Coram Heli.* C'est-à-dire sous la conduite d'Héli. — *Erat pretiosus.* Les révélations du Seigneur étaient rares en ces jours ; Dieu avait bien annoncé à son peuple qu'il lui enverrait en tout temps des prophètes pour lui faire connaître ses volontés, Deut. XVIII, 15 et suiv. Cfr. Nomb. XXIII, 23, mais, comme certaines dispositions sont requises de la part des hommes pour que Dieu se manifeste, il avait pu, en punition des crimes et des désordres de son peuple, diminuer sensiblement le nombre de ses révélations. Or, tel était précisément le cas à l'époque d'Héli, époque où le sacerdoce lui-même était corrompu. — *Non erat visio manifesta.* Les visions prophétiques n'étaient pas fréquentes, n'étaient pas *répandues*, comme le dit l'hébreu.

2. — *Factum est ergo...* Cette phrase est l'antécédent de *Samuel dormiebat* et doit s'y rattacher. — *Heli jacebat...* C'est une phrase incidente explicative, une sorte de parenthèse insérée là pour mieux faire comprendre la suite. Régulièrement elle devrait commencer par une conjonction, par ex : *dum, cum.* — *Et oculi ejus caligaverant.* Par conséquent Héli n'était pas complètement aveugle, ainsi que le pourraient faire conclure les mots « non poterat videre. » Il est parlé de même d'Isaac, Gen., XXVII, 1. L'état dans lequel se trouvait Héli explique encore mieux comment Samuel put croire que le grand-prêtre l'appelait pour lui demander quelque service et c'est sans doute pour ce motif que l'auteur entre dans ces détails.

3. — *Lucerna Dei antequam extingueretur.* Il s'agit du chandelier à sept branches qui était dans le Tabernacle et dont les sept

CHAPITRE III

gueretur, Samuel dormiebat in templo Domini, ubi erat arca Dei.

4. Et vocavit Dominus Samuel. Qui respondens, ait : Ecce ego.

5. Et cucurrit ad Heli, et dixit : Ecce ego : vocasti enim me. Qui dixit : Non vocavi ; revertere et dormi. Et abiit, et dormivit.

6. Et adjecit Dominus rursum vocare Samuelem. Consurgensque Samuel, abiit ad Heli, et dixit : Ecce ego; quia vocasti me. Qui respondit : Non vocavi te, fili mi, revertere et dormi.

7. Porro Samuel necdum sciebat Dominum, neque revelatus fuerat ei sermo Domini.

8. Et adjecit Dominus, et vocavit adhuc Samuelem tertio. Qui consurgens, abiit ad Heli,

9. Et ait : Ecce ego, quia vocasti

gneur fût éteinte, Samuel dormait dans le temple du Seigneur, où était l'arche de Dieu.

4. Et le Seigneur appela Samuel qui répondit, et dit : Me voici.

5. Et il courut à Héli, et lui dit : Me voici, car tu m'as appelé. Il dit : Je ne t'ai pas appelé, retourne et dors. Et il s'en alla et dormit.

6. Et le Seigneur, une seconde fois, appela Samuel. Et Samuel, se levant, alla vers Héli et lui dit : Me voici, car tu m'as appelé. Il lui dit : Je ne t'ai pas appelé, mon fils, retourne et dors.

7. Or, Samuel ne connaissait pas encore le Seigneur, et la parole du Seigneur ne lui avait pas été révélée.

8. Et le Seigneur poursuivit et il appela encore une troisième fois Samuel qui se leva et alla vers Héli.

9. Et il dit : Me voilà, car tu m'as

---

lampes étaient allumées le soir et brûlaient toute la nuit jusqu'à ce que l'huile fût toute consumée. Le matin, on remplissait les lampes et on les allumait de nouveau, Cfr xxvii, 21, xxx, 8 ; Lévit., xxiv. 2 ; II Paral., xiii, 11. Il suffit de consulter le passage cité en dernier lieu pour comprendre combien se trompe Ed. Reuss en prétendant que les rites sacrés n'étaient pas à l'époque de Samuel les mêmes que ceux qui avaient été établis par les réglements du Pentateuque. La distinction entre le chandelier et la lampe est donc tout à fait sans objet. La lampe n'était pas éteinte, c'est-à-dire que le jour n'était pas encore arrivé. — *In templo Domini.* Ce ne pouvait être ni dans le Saint, à côté du chandelier et des pains de proposition, ni dans le Saint des Saints, devant l'Arche d'Alliance, mais dans le vestibule, que l'on avait dû construire des chambres pour les prêtres et les lévites de service, le ℣. 15. Il n'est donc point nécessaire de supposer que les prescriptions du Pentateuque n'étaient plus observées, comme le fait Éd. Reuss, car il n'est point besoin d'un grand effort d'imagination pour comprendre que Samuel ne couchait pas dans le Tabernacle proprement dit. — *Ubi erat arca Dei.* On mentionne ici l'Arche comme étant le trône d'où Dieu devait adresser son appel à Samuel.

5. — *Revertere, et dormi.* Héli crut sans doute d'abord à une illusion des sens de la part de l'enfant.

7. — *Porro Samuel necdum sciebat...* Voilà pourquoi Samuel ne comprit pas que le Seigneur l'appelait ; car, non-seulement il n'avait pas encore eu de révélations, mais il en avait peu entendu parler, et il ignorait comment Dieu s'adressait d'habitude aux prophètes. C'était en effet une triste époque : le grand-prêtre était vieux, faible et infirme ; ses enfants profanaient le sanctuaire ; le peuple servait les idoles, vii, 3 et suiv., et les Philistins opprimaient le pays. Le Seigneur avait jeté sur son peuple une sorte d'interdit ; aussi les révélations étaient rares et Samuel n'en avait pas entendu parler. Chose remarquable, Samuel reçoit sa vocation au moment où le sanctuaire national allait perdre toute signification et où l'influence du sacerdoce devait disparaître pour un temps. Le seul médiateur entre Dieu et son peuple devait être Samuel, en sa qualité de prophète, car le Seigneur voulait apprendre aux Israélites que sa présence et sa grâce n'étaient pas nécessairement attachées à l'habitation qu'il s'était choisie au milieu d'eux, mais que partout il se communiquait à ceux qui le cherchent en esprit et en vérité.

9. — *Et si deinceps vocaverit te.* Ce n'était donc pas seulement en songe que le Seigneur s'adressait à Samuel. Une voix se faisait

appelé. Héli comprit donc que le Seigneur appelait l'enfant, et il dit à Samuel : Va et dors et, s'il t'appelle de nouveau, tu diras : Parle, Seigneur, car ton serviteur écoute. Samuel alla donc et dormit à sa place.

10. Et le Seigneur vint et se tint debout et appela comme il avait appelé la seconde fois : Samuel, Samuel ! Et Samuel dit : Parle, Seigneur, car ton serviteur écoute.

11. Et le Seigneur dit à Samuel : Voilà que j'accomplis une parole en Israël, et quiconque l'entendra, ses deux oreilles tinteront.

12. En ce temps-là, je susciterai contre Héli tout ce que j'ai dit sur sa maison : je commencerai et j'achèverai.

13. Car je lui ai prédit que je jugerais sa maison à jamais, à cause de l'iniquité, parce qu'il savait que ses fils agissaient indignement et qu'il ne les a pas châtiés.

14. C'est pourquoi j'ai juré à la maison d'Héli que l'iniquité de sa maison ne serait jamais expiée par des victimes et des présents.

15. Or, Samuel dormit jusqu'au

me. Intellexit ergo Heli quia Dominus vocaret puerum, et ait ad Samuelem : Vade, et dormi ; et si deinceps vocaverit te, dices : Loquere, Domine, quia audit servus tuus. Abiit ergo Samuel, et dormivit in loco suo.

10. Et venit Dominus, et stetit ; et vocavit, sicut vocaverat secundo : Samuel, Samuel. Et ait Samuel : Loquere, Domine, quia audit servus tuus.

11. Et dixit Dominus ad Samuelem : Ecce ego facio verbum in Israel ; quod quicumque audierit, tinnient ambæ aures ejus.

12. In die illa suscitabo adversum Heli omnia quæ locutus sum super domum ejus ; incipiam, et complebo.

13. Prædixi enim ei quod judicaturus essem domum ejus in æternum, propter iniquitatem, eo quod noverat indigne agere filios suos, et non corripuerit eos.

14. Idcirco juravi domui Heli, quod non expietur iniquitas domus ejus victimis et muneribus usque in æternum.

15. Dormivit autem Samuel us-

---

réellement entendre et assez haut pour éveiller l'enfant. — *Loquere, Domine...* « Felix et beata anima », dit S. Bernard, De septem Spirit. sub finem, « quæ venas divini susurri percepit in silentio, frequenter iterans illud Samuelis : Loquere, Domine, quia audit servus tuus. » S. Ephrem loue l'obéissance, l'humilité et la vigilance de Samuel : « Samuel per obedientiam quam Heli sacerdoti præstitit dignus est qui vocem Dei audiret », De Virtute, c, 11 ; « Exemplum humilitatis in Samuele propheta habetis ; non enim exaltatum est cor ejus adversus Heli sacerdotem, quamvis etiam a Deo audisset de viro isto, » Parænetic. 43 ; « Vide, frater, ne negligas te sobrium ac vigilantem præbere in omnibus. Nonne audistis quod sæpius vocatus propheta Samuel, neque semel cunctatus sit surgere, quantumvis adhuc puer esset ? » Parænetic. 24.

10. — *Et stetit.* Ce fut une véritable apparition sous une forme matérielle et sensible.

11. — *Tinnient ambæ aures ejus.* C'est la conséquence d'un effroi soudain qui troublera tous ses sens. Il est fait allusion à la défaite des Israélites par les Philistins et à la prise de l'Arche, iv.

12. — *Incipiam et complebo.* C'est-à-dire je réaliserai en entier mes menaces.

13. — *Quod judicaturus essem.* Il ne s'agit plus du jugement proprement dit, mais bien de l'exécution de la sentence, c'est-à-dire du châtiment. — *In æternum.* Le châtiment ne peut être évité, la peine ne doit jamais être remise. — *Indigne agere.* L'hébreu כִּי מְקַלְלִים לָהֶם, *ki mekalelim lahem*, est généralement traduit : « parce qu'ils attirent sur eux la malédiction », en commettant l'iniquité, bien entendu. — *Et non corripuerit eos.* Hébreu : « et qu'il ne les a pas effrayés, » c'est-à-dire en les réprimandant sévèrement.

14. — *Idcirco juravi.* Ce serment indique que la sentence est irrévocable.

15. — *Aperuitque ostia...* Ouvrir les portes de la maison de Dieu, paraît avoir été une

que mane, aperuitque ostia domus Domini. Et Samuel timebat indicare visionem Heli.

16. Vocavit ergo Heli Samuel, et dixit : Samuel, fili mi? Qui respondens, ait : Præsto sum.

17. Et interrogavit eum : Quid est sermo, quem locutus est Dominus ad te? oro te ne celaveris me ; hæc faciat tibi Deus, et hæc addat, si absconderis a me sermonem ex omnibus verbis quæ dicta sunt tibi.

18. Indicavit itaque ei Samuel universos sermones, et non abscondit ab eo. Et ille respondit : Dominus est : quod bonum est in oculis suis faciat.

19. Crevit autem Samuel, et Dominus erat cum eo, et non cecidit ex omnibus verbis ejus in terram.

20. Et cognovit universus Israel,

matin et ouvrit les portes de la maison du Seigneur et Samuel craignait de faire connaître à Héli la vision.

16. Héli appela donc Samuel et lui dit : Samuel, mon fils. Il lui répondit : Me voici.

17. Et il l'interrogea : Quelle est la parole que le Seigneur t'a dite? je t'en prie, ne me le cache pas. Que Dieu te fasse ceci et ajoute cela, si tu me caches le discours et aucune des paroles qui t'ont été dites.

18. Samuel lui fit donc connaître toutes les paroles et ne lui cacha rien. Et il répondit : C'est le Seigneur, qu'il fasse ce qui est bon à ses yeux.

19. Or, Samuel croissait et le Seigneur était avec lui et aucune de ses paroles ne tomba à terre.

20. Et tout Israël, depuis Dan jus-

---

des fonctions de Samuel. Il faut remarquer, du reste, qu'il s'agit bien des portes véritables et non pas des rideaux qui ornaient l'entrée du Saint et du vestibule pendant les marches des Hébreux. Lorsque le peuple fut établi à Chanaan et que le Tabernacle fut fixé à Silo, celui-ci dut perdre quelque chose de son caractère primitif, qui était de ressembler à une tente, et on dut lui mettre une porte. On pourrait aussi penser qu'on avait élevé sur les côtés du vestibule des constructions solides pour l'usage des prêtres et des lévites de service, et aussi pour recevoir et conserver les offrandes. L'entrée de l'enceinte eût été alors pourvue d'une porte qu'on ouvrait le matin et qu'on fermait le soir. Dans ce cas, il s'agirait de la porte du vestibule et non de celle du Saint. Les portes du temple étaient toujours ouvertes pendant le jour, et ce fut un des actes criminels d'Achaz de les faire fermer, II Paral. XXVIII, 23, XXIX, 7.

17. — *Hæc faciat tibi Deus...* L'insistance avec laquelle Héli interroge Samuel, montre combien son âme était troublée et inquiète.

18. — *Universos sermones.* Samuel ne craint pas de tout révéler à celui qu'il devait sans doute vénérer comme un père, ce qui montre qu'il aura le courage et la force d'annoncer au peuple la parole de Dieu. — *Quod bonum est....* Héli accepte la sentence avec une grande résignation, indice certain que, malgré sa faiblesse pour ses enfants, il était cependant resté fidèle au Seigneur. Toutefois, selon S. Grégoire, « ista responsionis humi-

litas, si subtiliter inspiciatur, vera humilitas non est ; vere esset humilis, si se ad emendationem culpæ, pro qua arguebatur, obtulisset. Dum ergo dicit : Dominus est ; quod bonum est in oculis suis faciat ; potius elegit minarum Dei causas incurrere, quam de perpetratis iniquitatibus filios condemnare. » L'exemple d'Héli doit nous apprendre à supporter l'adversité avec résignation, « quia » dit S. Ambr., in Ps. CXVIII, ẏ. 137, « cum nostra amittimus, Deo illa reddimus, non amittimus : justus ergo Dominus in periculis, justus in damnis, justus in ultionibus est, non solum quia unusquisque justæ pœnæ suæ culpas luit, verum etiam quia dum unus punitur, plurimi corriguntur. »

— 19. *Crevit autem Samuel.* Samuel, étant arrivé à l'âge d'homme, fut désormais le confident des pensées et des résolutions du Seigneur. Il grandit non-seulement en âge, mais aussi en vertu et en sagesse, tout en conservant l'humilité. « Nonnulli sunt », dit S. Grégoire, « qui, dum virtutibus crescunt, elatione corruunt. Hi nimirum crescere videntur; sed tamen cum eis Dominus non est; quia a se eum, alta sentiendo de se, ejiciunt; quem in profectu virtutum positi per humilitatem secum habere potuerunt. » — *Et Dominus erat cum eo.* Le Seigneur était avec lui non-seulement par sa grâce, mais parce qu'il l'avait choisi pour être le dépositaire de ses communications. — *Et non cecidit...* Tout ce qu'annonçait Samuel se réalisait.

20. — *A Dan usque Bersabee.* C'est-à-dire,

qu'à Bersabée, connut que Samuel était un fidèle prophète du Seigneur.

21. Et le Seigneur apparut encore à Silo, car le Seigneur s'était révélé à Samuel à Silo, selon la parole du Seigneur. Et le discours de Samuel arriva à tout Israël.

a Dan usque Bersabee, quod fidelis Samuel propheta esset Domini.

21. Et addidit Dominus ut appareret in Silo, quoniam revelatus fuerat Dominus Samueli in Silo, juxta verbum Domini. Et evenit sermo Samuelis universo Israeli.

CHAPITRE IV

En ces jours, les Philistins, s'étant mis en campagne, battirent les israélites près d'Aphoc (vv. 1-2). — Les anciens du peuple conseillèrent alors d'amener l'Arche dans le camp où elle fut reçue avec une grande joie, tandis que, de leur côté, les Philistins furent très effrayés et néanmoins se résolurent à combattre avec toute l'énergie du désespoir (vv. 3-9). — Israël subit encore une grande défaite ; l'Arche fut prise, et les fils d'Héli furent tués (vv. 10-11). — Un homme de Benjamin courut à Silo, annonça au peuple, puis à Héli, la destruction de l'armée, la mort d'Ophni et de Phinées et la prise de l'Arche (vv. 12-17). — A ces mots le vieillard tomba de son siège à la renverse, et se brisa la tête ; il avait jugé quarante ans (v. 18). — L'épouse de Phinéés, apprenant la prise de l'Arche, fut saisie subitement des douleurs de l'enfantement, et put toutefois avant de mourir donner à son fils le nom d'Ichabod (sans gloire), nom symbolique dont la signification était en rapport avec la triste situation du peuple hébreu (vv. 19-22).

1. Or, il arriva qu'en ces jours-là les Philistins se rassemblèrent pour le combat. Et Israël alla au-devant

1. Et factum est in diebus illis, convenerunt Philisthiim in pugnam : et egressus est Israel obviam Phi-

la réputation de Samuel s'étendit par tout le pays. V. Jug. xx, 1. Ce fait prouve que la nation juive, malgré sa désorganisation intérieure, conservait encore une certaine unité religieuse, et qu'elle était encore susceptible de recevoir les enseignements et les avertissements du Seigneur.

21. — *Et addidit*... Dieu continua à se manifester à Silo en faisant des révélations au prophète Samuel. — *Quoniam revelatus fuerat. Quoniam* a le sens de *car*, et *revelatus fuerat* se traduit plus naturellement par l'imparfait. Depuis ce moment, Silo devint de plus le centre de la nation. — *Et evenit sermo.* A la suite de cette révélation, la vocation de Samuel au rôle de prophète se trouva confirmée. Sa sphère d'action s'étendit en même temps sur tout Israël, et c'est par lui que le Seigneur communiqua sa parole à son peuple. Dans l'hébreu, cette phrase commence le chapitre suivant, mais évidemment à tort, puisqu'elle est étroitement liée à ce qui précède et nullement à ce qui suit. Les Septante l'avaient déjà rattachée à la phrase précédente, mais en la paraphrasant : καὶ ἐπιστεύθη

Σαμουὴλ τοῦ προφήτης γενέσθαι, τῷ κυρίῳ εἰς πάντα Ἰσραὴλ ἀπ' ἄκρων τῆς γῆς καὶ ἕως ἄκρων, « et Samuel reçut la mission d'être prophète pour le Seigneur en tout Israël, d'une extrémité à l'autre ».

II. Samuel juge et prophète, iv.

1° Guerre avec les Philistins. Perte de l'Arche d'Alliance. Mort d'Héli et de ses fils, iv.

CHAP. IV. — 1. — *Et factum est..., convenerunt... in pugnam.* Cette espèce de transition manque dans l'hébreu, mais avait été déjà adoptée par les Septante qui portent : Καὶ ἐγενήθη ἐν ταῖς ἡμέραις ἐκείναις καὶ συναθροίζονται ἀλλόφυλοι ἐπὶ Ἰσραήλ, « et il arriva en ces jours que les étrangers se rassemblèrent contre Israël. » D'après le texte original, il semblerait donc que c'est à l'appel de Samuel que les Israélites s'étaient rassemblés contre les Philistins, comme le pensaient les anciens interprètes et le pensent encore plusieurs modernes. Cependant on admet assez généralement aujourd'hui que la phrase qui commence le chapitre dans l'hébreu, doit être rattachée

listhiim in prælium, et castrametatus est juxta Lapidem Adjutorii. Porro Philisthiim venerunt in Aphec.

2. Et instruxerunt aciem contra Israel. Inito autem certamine, terga vertit Israel Philisthæis : et cæsa sunt in illo certamine passim per agros, quasi quatuor millia virorum.

3 Et reversus est populus ad castra : dixeruntque majores natu de Israel : Quare percussit nos Dominus hodie coram Philisthiim ? Afferamus ad nos de Silo arcam fœderis Domini, et veniat in medium nostri, ut salvet nos de manu inimicorum nostrorum.

des Philistins pour livrer bataille et il campa près de la Pierre du Secours. Mais les Philistins vinrent à Aphec.

2. Et disposèrent leur armée contre Israël. Et, lorsque le combat fut engagé, Israël tourna le dos aux Philistins. Et dans ce combat furent tués, çà et là dans les champs, environ quatre mille hommes.

3. Et le peuple retourna au camp ; et les anciens d'Israël disaient : Pourquoi le Seigneur nous a-t-il frappés aujourd'hui devant les Philistins ? Amenons de Silo auprès de nous l'arche de l'alliance du Seigneur et qu'elle vienne au milieu de nous, afin qu'elle nous sauve de la main de nos ennemis.

à la fin du chapitre précédent. Tous les manuscrits de la Vulgate ne portent pas le passage que nous avons transcrit « et factum est... » et il se pourrait que ce soit là une addition explicative imaginée par les Septante et adoptée par les auteurs des traductions latines, car rien n'empêche absolument que l'auteur n'ait commencé brusquement son récit, en entrant tout de suite dans le cœur du sujet, puisque son plan paraît avoir été de donner un aperçu des principaux événements de l'époque. Du reste, comme il n'est nulle part question d'une invasion des Philistins, ni dans l'original, ni dans les versions, il en résulte que les Philistins occupaient déjà au moins une partie du pays. On peut même supposer qu'ils n'eurent qu'à se mettre sur la défensive et qu'ils furent attaqués les premiers. Enfin, il ne serait pas impossible que cette brusque entrée en matière provint du fait que ce passage est emprunté à un ancien ouvrage. — *Juxta Lapidem Adjutorii*. Les mots *lapidem adjutorii* sont la traduction de l'hébreu *Ebénézer*, avec l'article, *haében haézer*, אבן העזר. Ce nom se trouve là par anticipation, car la localité ainsi désignée ne le reçut que plus tard, après la victoire remportée par Samuel sur les Philistins, V. VII, 12. Plusieurs autres localités sont de même mentionnées sous l'appellation qu'elles avaient du temps de l'écrivain, mais qu'elles n'avaient pas à l'époque des événements dont on parle, par ex : Galgala, Jos., IV, 19 et V, 9 ; Horma Nomb., XIV, 45 et XXI, 3 ; Jérusalem, Jug., I, 8, etc. D'après le passage cité précédemment, Ebénézer devait se trouver près de Maspha de Benjamin, ce qui nous montre que les événements de cette guerre se passèrent sur le territoire de cette tribu. — *Aphec*. La position de cette ville est inconnue. Naturellement elle devait être voisine de Maspha. C'est peut-être la même que la ville chananéenne de même nom mentionnée dans Josué, XII, 18 ; mais elle est certainement différente d'Aphec de la montagne de Juda, Jos. XV, 53, qui devait se trouver dans les environs d'Hébron, au sud de Jérusalem.

2. — *Terga vertit... Philisthæis*. Hébreu : « et Israël fut battu devant les Philistins », c'est-à-dire que les Israélites lâchèrent pied devant la supériorité réelle ou supposée de l'ennemi, saisis peut-être de découragement à la pensée que la main de Dieu allait s'appesantir sur eux. — *In illo certamine passim per agros*. Sur le champ de bataille même, à travers la plaine et non pendant la fuite. C'est ce qu'exprime l'hébreu en ces termes : « dans la bataille, dans le champ. »

3. — *Quare percussit nos*. Les Anciens du peuple reconnaissent que la cause de la défaite des Israélites n'est pas dans leur infériorité numérique, mais dans l'absence de la protection divine. — *Afferamus ad nos...* Les Anciens cherchent à remédier au mal, mais ils se trompent sur les moyens à employer. Au lieu de rentrer en eux-mêmes et de faire pénitence, ils pensent seulement à faire venir l'Arche, s'imaginant faussement que Dieu avait attaché indissolublement sa grâce au monument dont il avait fait le siège de ses révélations, et où il manifestait sa présence. Nous ne dirons pas toutefois, avec le Dr Erd-

4. Le peuple envoya donc à Silo et ils transportèrent l'Arche de l'alliance du Seigneur des armées assis sur les chérubins. Et les deux fils d'Héli, Ophni et Phinéès étaient avec l'Arche de l'alliance de Dieu.

5. Et lorsque l'Arche de l'alliance du Seigneur fut arrivée au camp, tout Israël poussa des cris et de grandes clameurs et la terre retentit.

6. Et les Philistins entendirent le bruit de ces clameurs et dirent : Quel est ce bruit et cette grande clameur dans le camp des Hébreux ? Et ils connurent que l'Arche du Seigneur était venue dans le camp.

7. Et les Philistins tremblèrent et dirent : Le Seigneur est venu dans le camp et ils gémirent en disant :

8. Malheur à nous ! car il n'y a pas eu une si grande allégresse hier et avant-hier. Malheur à nous ! qui

4. Misit ergo populus in Silo, et tulerunt inde arcam fœderis Domini exercituum sedentis super cherubim : erantque duo filii Heli cum arca fœderis Dei, Ophni et Phinees.

5. Cumque venisset arca fœderis Domini in castra, vociferatus est omnis Israel clamore grandi, et personuit terra.

6. Et audierunt Philisthiim vocem clamoris, dixeruntque : Quænam est hæc vox clamoris magni in castris Hebræorum ? Et cognoverunt quod arca Domini venisset in castra.

7. Timueruntque Philisthiim, dicentes : Venit Deus in castra. Et ingemuerunt, dicentes :

8. Væ nobis : non enim fuit tanta exultatio heri et nudiustertius ; væ nobis ! Quis nos salvabit de manu

---

mann, que le fait d'attacher le secours de Dieu à la présence de l'Arche, est un trait de mœurs païennes. Il ne semble pas que ce soit tout à fait exact. Voici ce que dit S. Athanase, au sujet de la présence de l'Arche dans les combats : « Si bellum populo ingruerat, arca, in qua erant tabulæ legis, ante omnes præcedebat, et hoc sufficiebat illis pro quavis acie in subsidium ; nisi in bajulis arcæ, aut in populo aliquod scelus aut hypocrisis hæreret. Fide siquidem et sana affectione opus est, ut lex precibus nostris cooperetur ». De Interpret. Psalm. ad Mariett.

4. — *Domini exercituum sedentis super cherubim*. Ces paroles expliquent pourquoi le peuple fit venir l'Arche, et indiquent les espérances qu'ils avaient fondées sur sa présence. Elles sont le symbole de la puissance de Dieu, qui commande aux puissances célestes et qui est le Dieu vivant, l'auteur même de la vie. Les mots *sedentis super cherubim*, font allusion à l'Arche d'alliance qui est le trône de Dieu au milieu de son peuple. — *Erantque duo filii...* Si l'on mentionne cette circonstance, ce n'est pas pour faire entendre que les fils d'Héli étaient les gardiens de l'Arche, mais pour préparer à ce qui va suivre.

5. — *Vociferatus est*. Les Israélites se rappelaient les victoires qui avaient été remportées en présence de l'Arche, à l'époque de la conquête du pays. Ils avaient la confiance que les mêmes faits se renouvelleraient. Depuis leur établissement définitif dans la contrée, c'était probablement la première fois que l'Arche paraissait au milieu de l'armée.

6. — *Et audierunt Philisthiim*. Le camp des Philistins paraîtrait, d'après cela, avoir été peu éloigné de celui des Israélites.

7. — *Timueruntque Philisthiim...* En général, les païens redoutent les dieux des étrangers ; les Philistins devaient donc être d'autant plus effrayés que la renommée des prodiges que le Dieu d'Israël avait accomplis en Egypte était venue jusqu'à eux. — *Venit Deus in castra*. L'Arche d'alliance est la figure de l'humanité du Sauveur, selon S. Bonavent., Serm. II, in Domin. IV, Adventus : « Arca Dei velo involvi jubetur, Nomb., IV, 5 ; in velo ergo arca, in arca urna, in urna manna fuit. Per velum species Sacramentales, per arcam corpus Christi, per urnam anima, per manna deitas significatur. Hanc arcam timent Philisthiim, id est dœmones, imo etiam guttam sanguinis Christi timent. » — *Heri et nudustertius*. C'est-à-dire, auparavant.

8. — *De manu Deorum...* Les Philistins parlent de Dieu au pluriel, parce qu'ils étaient païens et ne connaissaient pas le Dieu véritable et unique. — *Omni plaga in deserto*. Sous ces expressions sont comprises les plaies d'Egypte et la catastrophe de l'armée égyptienne, dans la mer Rouge, Ex., XIV, 23 et

deorum sublimium istorum? hi sunt dii, qui percusserunt Ægyptum omni plaga, in deserto.

9. Confortamini, et estote viri, Philisthiim : ne serviatis Hebræis, sicut et illi servierunt vobis; confortamini, et bellate.

10. Pugnaverunt ergo Philisthiim, et cæsus est Israel, et fugit unusquisque in tabernaculum suum; et facta est plaga magna nimis; et ceciderunt de Israel triginta millia peditum.

11. Et arca Dei capta est; duo quoque filii Heli mortui sunt, Ophni et Phinees.

12. Currens autem vir de Benjamin ex acie, venit in Silo in die illa, scissa veste, et conspersus pulvere caput.

14. Cumque ille venisset, Heli sedebat super sellam contra viam spe-

nous sauvera de la main de ces dieux sublimes? Ce sont les dieux qui ont frappé l'Egypte de toute plaie dans le désert.

9. Soyez vaillants et soyez des hommes, ô Philistins, et ne servez pas les Hébreux comme ils vous ont servis eux-mêmes. Soyez vaillants et combattez.

10. Les Philistins combattirent donc et Israël fut défait, et chacun s'enfuit dans sa tente et il y eut un très grand massacre et trente mille fantassins d'Israël succombèrent.

11. Et l'Arche de Dieu fut prise, et les deux fils d'Héli, Ophni et Phinéès, moururent aussi.

12. Or, un homme de l'armée de Benjamin vint en courant à Silo, ce jour-là, les vêtements déchirés et la tête couverte de poussière.

13. Et comme il arrivait, Héli était assis sur son siège, regardant vers

---

suiv., Le dernier fait seulement s'est passé dans le désert ; mais il est évident que les Philistins dans leur trouble et leur effroi ont tout réuni et tout confondu. Il ne faut donc pas s'étonner que leur langage ne soit pas parfaitement exact. On peut donc supposer qu'il y a une lacune dans le texte, et qu'il faudrait suppléer 1 et.

9. — *Confortamini.* « Puisqu'il en est ainsi, vous ne pourrez échapper au sort qui vous menace que par des prodiges de valeur. » Au lieu donc de se laisser aller au découragement, les Philistins se préparent à combattre avec tout le courage que peut donner le désespoir.

10. — *Et fugit unusquisque.* L'armée des Israélites fut ainsi complètement dispersée. — *Plaga magna nimis.* Cette défaite fut bien plus désastreuse que la première, ⱱ. 4, vu les pertes que subirent les Israélites. Elle montre d'ailleurs que le peuple avait offensé Dieu en négligeant son culte.

11. — *Et arca Dei capta est.* Ce fait montre bien que la bénédiction de Dieu n'était pas indissolublement attachée à l'Arche, mais qu'il retire ses secours à ceux qui ne lui restent pas fidèles. Comme le dit Théodoret, Quæst. in 1 Reg. Interrog. x, Dieu voulait montrer aux Israélites que s'ils violaient sa loi, ils ne devaient mettre leur confiance ni

en lui, ni en l'Arche sainte. C'était d'ailleurs de leur propre volonté et sans l'assentiment du Seigneur que les Israélites avaient séparé l'Arche du Tabernacle, et en conséquence ils méritaient d'être punis de leur témérité. Les Anciens avaient eu raison de reconnaître que Dieu lui-même les avaient frappés, ⱱ. 3 ; mais ils avaient eu le tort, au lieu de s'avouer que leurs péchés en étaient la cause et de profiter de l'occasion pour se convertir au Seigneur, de conseiller uniquement d'amener l'Arche et de placer leur confiance dans un symbole respectable, sans doute, mais qui n'avait aucune valeur par lui-même.

12. — *Vir de Benjamin.* La tradition juive veut que ce soit Saül, et qu'il ait enlevé à Goliath les Tables de la Loi pour les sauver. — *In die illa.* D'après ces mots, on peut conclure que le champ de bataille ne se trouvait qu'à quelques heures de Silo, puisque cet homme ne se mit pas en route avant la fin de la bataille, ⱱⱱ. 16 et 17, et qu'il arriva encore avant la nuit, ⱱ. 13. — *Scissa veste...* En signe de deuil, Cfr. Gen., xxxvii, 29, 34; Nomb., xiv, 6; Jos., vii, 6; II Rois, i, 2, xv, 32; Neh., ix, 1; Job, ii, 12; Sam. x, 40; Ezéch., xxvii, 30.

13. — *Contra viam.* Hébreu : « à côté du chemin. » C'était pour être plus à portée d'apprendre les nouvelles par lui-même, car

le chemin, car son cœur tremblait pour l'Arche du Seigneur. Et cet homme, dès qu'il fut entré, l'annonça à la ville, et toute la ville se lamenta.

14. Et Héli entendit le bruit des gémissements, et il dit : Quel est ce bruit et ce tumulte? Mais l'homme se hâta de venir et l'annonça à Héli.

15. Or, Héli était âgé de quatre-vingt dix-huit ans, et ses yeux s'étaient obscurcis et il ne pouvait pas voir.

16. Et il dit à Héli : C'est moi qui suis venu du combat et c'est moi qui, aujourd'hui, ai fui de l'armée. Il lui dit : Que s'est-il passé, mon fils ?

17. Celui qui portait la nouvelle répondit : Israël a pris la fuite devant les Philistins et il y a eu dans le peuple une grande ruine, de plus, vos deux fils, Ophni et Phinéès, sont morts et l'Arche de Dieu a été prise.

18. Et, lorsqu'il eut nommé l'Arche de Dieu, Héli tomba de son siège en arrière, près de la porte, et se brisa la tête et mourut. Car c'était un vieil-

ctans. Erat enim cor ejus pavens pro arca Dei. Vir autem ille postquam ingressus est, nuntiavit urbi; et ululavit omnis civitas.

14. Et audivit Heli sonitum clamoris, dixitque : Quis est hic sonitus tumultus hujus? At ille festinavit, et venit, et nuntiavit Heli.

15. Heli autem erat nonaginta et octo annorum, et oculi ejus caligaverant, et videre non poterat.

16. Et dixit ad Heli : Ego sum qui veni de prælio, et ego qui de acie fugi hodie. Cui ille ait : Quid actum est, fili mi?

17. Respondens autem ille qui nuntiabat : Fugit, inquit, Israel coram Philisthiim, et ruina magna facta est in populo; insuper et duo filii tui mortui sunt, Ophni et Phinees; et arca Dei capta est.

18. Cumque ille nominasset arcam Dei, cecidit de sella retrorsum juxta ostium, et fractis cervicibus mortuus est. Senex enim erat vir et

---

outre qu'il n'était pas complétement aveugle, il pouvait au moins entendre arriver les messagers. — *Nuntiavit urbi.* Héli put bien ne pas voir ou ne pas remarquer le messager qui passa devant lui en courant; mais il se peut aussi que celui-ci ait pris un autre chemin pour entrer dans la ville.

14. — *Quis est hic sonitus...* Il est probable qu'Héli adressa cette question aux prêtres ou aux lévites qui étaient auprès de lui, et que ceux-ci appelèrent le messager et l'invitèrent à parler au grand-prêtre.

16. — On voit que la bataille avait été livrée le matin même.

17. — *Et arca Dei capta est.* On remarquera que le récit procède par gradation. Le plus grand des malheurs de cette journée néfaste, fut sans contredit la prise de l'Arche.

18. — *Cecidit de sella.* Héli est plus attristé de la prise de l'Arche que de la mort de ses fils. Aussi, bien que sa fin soit assez triste, elle fut cependant honorable, puisqu'elle fut causée par le chagrin de voir l'honneur de Dieu compromis. On peut donc penser que malgré

ses interprétations, et surtout sa faiblesse à l'endroit de ses fils, il était resté fidèle au Seigneur, et que le châtiment sévère qui l'atteignit ne s'oppose point à ce qu'il soit compté parmi les enfants de Dieu. Toutefois les SS. Pères ne sont pas d'accord à ce sujet et plusieurs pensent qu'Héli a été réprouvé. — *Juxta ostium.* Le siège d'Héli devait être sans dossier, et se trouver près de la porte, de manière à laisser l'entrée libre, mais sans qu'on pût se dispenser de passer devant le grand-prêtre, si l'on voulait entrer. — *Mortuus est.* « Si Héli », dit S. P. Damien, l. I, ep. vi, ad Nicol. Pont. Prælat. percellentem, « propter duos dumtaxat filios, quos non ea qua digni erant invectione corripuit, cum eis simul et cum tot hominum multitudine periit; qua arbitramur dignus esse sententia, qui in aula ecclesiastica et in soliis judicantium præsident, et super non ignotis pravorum hominum criminibus tacent? qui dum dehonestare homines in publico metuunt, ad contumeliam superni judicis divinæ legis mandata confundunt; et dum perditis hominibus amittendi honoris officium servant,

grandævus; et ipse judicavit Israel quadraginta annis.

19. Nurus autem ejus, uxor Phinees, prægnans erat, vicinaque partui; et audito nuntio quod capta esset arca Dei, et mortuus esset socer suus, et vir suus, incurvavit se et peperit; irruerant enim in eam dolores subiti.

20. In ipso autem momento mortis ejus dixerunt ei quæ stabant circa eam : Ne timeas, quia filium peperisti. Quæ non respondit eis, neque animadvertit.

21. Et vocavit puerum, Ichabod, dicens : Translata est gloria de Israel, quia capta est arca Dei, et pro socero suo et pro viro suo.

22. Et ait : Translata est gloria ab Israel, eo quod capta esset arca Dei.

lard chargé d'années et il avait jugé Israël pendant quarante ans.

19. Et sa belle-fille, femme de Phinéès, était grosse et près d'accoucher. En apprenant la nouvelle que l'Arche de Dieu était prise, et que son beau-père était mort, ainsi que son mari, elle se courba et enfanta, car de subites douleurs l'avaient assaillie.

20. Or, au moment même de sa mort, ceux qui étaient autour d'elle lui dirent : Ne crains rien, car tu as enfanté un fils. Elle ne leur répondit pas et ne leur prêta aucune attention.

21. Et elle appela l'enfant Ichabod, disant : La gloire a été enlevée d'Israël, parce que l'Arche de Dieu est prise, et à cause de son beaupère, et à cause de son mari.

22. Et elle dit : La gloire a été enlevée d'Israël, parce que l'Arche de Dieu avait été prise.

---

ipsum Ecclesiasticæ dignitatis auctorem crudeliter inhonorant. » — *Quadraginta annis.* Les Septante portent 20, mais à tort évidemment, puisque l'on ne peut guère supposer qu'Héli soit devenu juge à l'âge de soixante-seize ans. On remarquera d'ailleurs que la judicature d'Héli diffère quelque peu de celle de ses prédécesseurs; car on ne sait pas qu'il ait jamais été un héros militaire. Comme prêtre et gardien du sanctuaire national, il dut sans doute servir d'arbitre dans les contestations entre particuliers, mais son influence dut surtout se faire sentir dans la direction des affaires publiques, et c'est dans ce sens qu'il a jugé Israël.

19. — *Irruerant enim...* Hébreu : « car les douleurs s'étaient tournées contre elle. »

20. — *Ne timeas.* Les personnes qui sont auprès de l'épouse de Phinéès cherchent à la consoler ; mais rien ne peut distraire sa pensée et lui faire oublier le malheur qui a frappé son pays. Elle ne répond pas et ne fait même pas attention à ce qu'on lui dit, probablement parce que la naissance d'un fils, en pareille conjoncture, lui est indifférente et ne peut lui apporter aucune joie.

21. — *Ichabod.* Le sens du mot איכבוד est douteux au moins en partie. *Chabod,* כבוד, signifie bien *gloire,* mais le sens de אי n'est point certain. Selon les uns il équivaut à une négation (non gloire); selon d'autres, il doit être traduit par *où?* (où est la gloire?) Enfin les Septante en font une exclamation et l'ont rendu par Οὐαὶ χαβώθ, *hélas! la gloire.* — *Translata est gloria de Israel.* La gloire d'Israël a disparu. D'après XIV, 3, il semblerait que ce fut Achitob qui succéda à Héli comme grand-prêtre, tandis que Samuel le remplaça dans ses fonctions de juge. — *Quia capta est..,* Voilà la cause principale de la disparition de la gloire de Dieu et de l'affliction de la veuve de Phinéès, ainsi que le montre le verset suivant. Les mots *et pro socero suo et pro viro suo,* sont une explication de l'auteur. Comme Héli, sa belle-fille meurt de douleur à la nouvelle du malheur effroyable qui vient de fondre sur son peuple. Et en effet, Israël ne pouvait être humilié plus profondément ni se trouver dans une situation plus périlleuse. En laissant l'Arche, le trône de sa gloire et de sa puissance ici-bas, devenir la proie des infidèles, le Seigneur paraissait avoir rompu avec Israël, car l'Arche était, pour ainsi dire, le symbole et le gage de l'alliance qu'il avait contractée avec son peuple.

22. — *Et ait.* Ce n'est pas sans intention que la veuve de Phinéès répète ce qu'elle a dit plus haut, comme on pourrait le croire d'abord. Il est évident en effet qu'elle veut insister sur l'interprétation du mot *Ichabod.* — *Eo quod capta...* Dans le Ps. LXXVII, ⱴ. 61, il est fait allusion à cet événement et ⱴ. 64 à la mort de la femme de Phinéès, selon toute apparence.

CHAPITRE V

Or, les Philistins placèrent l'arche dans le temple de Dagon à Azoth, en face du dieu (✳✳. 1-2). — Le lendemain Dagon gisait à terre ; on le remit en place, mais le troisième jour on le trouva de nouveau renversé la tête et les mains coupées (✳✳. 3-5). — De plus, le Seigneur frappa d'une plaie cruelle les habitants d'Azoth qui demandèrent qu'on enlevât l'Arche d'au milieu d'eux (✳✳. 6-7). — Les Satrapes s'étant rassemblés, les habitants de Geth proposèrent de promener l'Arche par le pays ; mais partout où elle passait, partout la main de Dieu se faisait sentir (8-9). — De Geth on l'envoya à Accaron, mais les Accaronites se récrièrent, convoquèrent les satrapes et proposèrent de renvoyer l'Arche en son lieu, car l'épouvante régnait dans les villes, et les hommes qui ne mouraient pas étaient frappés d'une plaie honteuse (✳✳. 10-12).

1. Or, les Philistins prirent l'Arche du Seigneur et la transportèrent de la pierre du secours à Azot.

2. Et les Philistins prirent l'Arche du Seigneur et la portèrent dans le temple de Dagon et la placèrent près de Dagon.

3. Et lorsque les habitants d'Azot se levèrent le lendemain au point

1. Philisthiim autem tulerunt arcam Dei, et asportaverunt eam a lapide adjutorii in Azotum.

2. Tuleruntque Philisthiim arcam Dei, et intulerunt eam in templum Dagon, et statuerunt eam juxta Dagon.

3. Cumque surrexissent diluculo Azotii altera die, ecce Dagon jace-

---

2° Humiliation des Philistins par l'Arche d'alliance, v-vii, 1.

a. *L'Arche d'alliance chez les Philistins*, v.

Chap. v. — Tandis que les Israélites pleuraient la perte de l'Arche d'Alliance, les Philistins, de leur côté, n'eurent pas à se réjouir de la capture qu'ils avaient faite, car Dieu voulut montrer à ces derniers qu'il leur avait livré son sanctuaire pour humilier son peuple, mais qu'il n'en était pas moins le Dieu unique et véritable.

1. — *In Azotum.* V. Jos., xiii, 3.

2. — *In templum Dagon.* Dans l'ouvrage de Layard sur Ninive et ses ruines, on trouve la figure d'un bas-relief d'un des monuments de Khorsabad, où l'on remarque un personnage paraissant nager dans la mer, dont le buste est celui d'un homme barbu, la tête couverte de la tiare royale ornée de dents d'éléphant, mais dont la partie inférieure se termine en queue de poisson, Cfr. Layard, Ninive et ses ruines, p. 424 et suiv., et Stark p. 248 et 308. Comme ce bas-relief, d'après Layard, représente le combat d'un roi assyrien contre les habitants des côtes du pays des Philistins, et qu'il s'agit probablement de Sargon, qui eut à soutenir une lutte très vive contre les villes philistines et, en particulier, contre Azoth, on peut admettre, à peu près comme certain avec le Dʳ Keil, qu'on a eu

l'intention de figurer le dieu Dagon. Cfr. Jug., xvi. Plusieurs pensent que le mot *Dagon* dérive de דגן, *dagan*, « froment », ce qui ferait de Dagon le dieu de la végétation et de la fertilité, et prétendent que le mot *poisson* s'exprime en assyrien par *noun* et non pas par *dag*. Mais Schrader fait remarquer que, *noun* et *dag* ayant le même sens en hébreu, il pourrait bien en être de même en assyrien. C'est peut-être à cette divinité assyrienne que fait allusion Horace dans son Art poétique :

Desinit in piscem mulier formosa superne.

En tout cas, c'est elle que doit désigner Ovide sous le nom de Dercéto :

..... Dubia est de te Babylonia narret,
Derceto, quam versa squammis velantibus artus,
Stagna Palæstini credunt coluisse figuram.
L. iv, Metam.

On lit encore dans Monilius l. iv :

..... In piscem sese Cytheræa novavit
Cum Babyloniacas submersa profugit in undas.

— *Juxta Dagon.* Les Philistins placèrent l'Arche dans la cella de leur dieu, comme un trophée ou un ex-voto, en reconnaissance du secours que Dagon, croyaient-ils, leur avait accordé pour leur faire remporter la victoire. Mais ils ne tardèrent pas à s'apercevoir que Dagon n'était pas le vainqueur et n'avait aucune part à leur triomphe.

3. — *Jacebat pronus.* L'Arche et Dagon re-

CHAPITRE V

bat pronus in terra ante arcam Domini ; et restituerunt eum in locum suum.

4. Rursumque mane die altera consurgentes, invenerunt Dagon jacentem super faciem suam in terra coram arca Domini ; caput autem Dagon, et duæ palmæ manuum ejus abcissæ erant super limen.

5. Porro Dagon solus truncus remanserat in loco suo. Propter hanc causam non calcant sacerdotes Dagon, et omnes qui ingrediuntur templum ejus, super limen Dagon in Azoto, usque in hodiernum diem.

6. Aggravata est autem manus Domini super Azotios, et demolitus est eos, et percussit in secretiori parte natium Azotum, et fines ejus.

du jour, voilà que Dagon gisait contre terre devant l'Arche du Seigneur. Et ils prirent Dagon et ils le remirent à sa place.

4. Et se levant de nouveau, le lendemain matin, ils trouvèrent Dagon gisant à terre sur sa face devant l'Arche du Seigneur. Et la tête de Dagon et les deux paumes de ses mains étaient sur le seuil, coupées.

5. Or, le tronc seul de Dagon était resté à sa place. C'est pour cette cause que les prêtres de Dagon et tous ceux qui entrent dans son temple ne marchent pas sur le seuil de Dagon, à Azot, aujourd'hui encore.

6. Mais la main du Seigneur s'appesantit sur les habitants d'Azot et illes écrasa. Et il frappa le peuple d'azot et des environs dans la plus

---

présentent ici la vertu et le vice. Dieu et le démon. « Non possunt virtutes, dit S. Chrysostôme, cum vitiis morari, sed cum a virtutibus vitia fuerunt superata, locum quem concupiscentiæ spiritus possidebat, charitas obtinebit, quem furor ceperat, patientia vindicabit. » — *Restituerunt eum...* Apparemment les prêtres pensèrent que leur dieu était tombé par hasard.

4. — *Abscissæ erant.* Cette fois les prêtres durent comprendre que le dieu n'était pas tombé accidentellement ou par défaut d'équilibre, car la tête et les mains étaient, non pas brisées, mais coupées. De plus, elles étaient sur le seuil et non pas de côté ou auprès. Or, il était naturellement impossible que, par l'effet de la chûte, la tête et les mains se trouvassent sur le seuil, puisque Dagon était devant l'Arche et était tombé en avant, comme pour l'adorer. La première fois, il y avait déjà eu un miracle et les Philistins auraient déjà dû comprendre que le Dieu des Israélites avait triomphé de Dagon ; mais, la seconde fois, il leur fut impossible de fermer les yeux à l'évidence et ils furent obligés de s'avouer que le malheur arrivé à leur idole était l'ouvrage du vrai Dieu. La chute et la mutilation de Dagon nous figurent ce qui se réalise dans le cours des siècles à l'endroit du royaume de Dieu et de l'Eglise de Jésus-Christ. Même aux époques les plus tristes, les puissances du monde voient leurs efforts paralysés, leur force anéantie et tôt ou tard elles sont obligées de courber la tête devant la majesté du Dieu trois fois Saint.

5. — *Super limen Dagon.* C'était une humiliation de plus pour Dagon, car le seuil est l'endroit de la maison qui est le plus souvent foulé aux pieds. Après cet événement, on ne foulait plus le seuil de Dagon, c'est-à-dire qu'on le franchissait sans y mettre les pieds, pour ne pas toucher et profaner l'endroit où avaient reposé les débris du dieu. Selon Hugues de S. Victor, l. V, Alleg. c, VIII, « caput Dagon significat superbiam diaboli : duæ palmæ operationem idolatriæ, limen finem impiæ culturæ. »

6. — *Demolitus est eos.* Non-seulement en les affligeant par des maladies, mais en faisant ravager leurs champs, comme l'expliquent la Vulgate et les Septante et comme le font entendre les offrandes dont il est parlé au ch. VI, ✝. 5. 11 et 18. — *Et percussit...* Hébreu : « il les frappa de tumeurs ». Il est probable qu'il s'agit d'une maladie de peau qui engendrait des tumeurs ou des pustules. C'est ce que fait entendre le mot עפלים, *ophalim*, dérivé de עפל, *aphal*, qui signifie *enfler*. La Vulgate exprime la chose d'une manière générale et détermine seulement le siège de la maladie : il se pourrait bien que les Juifs du moyen âge aient corrigé en cet endroit le texte original et remplacé par עפלים, (tumeurs) un mot qu'ils considéraient comme indécent. Ce qui rend cette supposition plus probable encore, c'est que le ✝. 66 du Ps. LXXVII, fait vraisemblablement allusion à cette maladie et que nous y lisons : « Et percussit inimicos suos in posteriora. » — *Et ebullierunt...* La fin de ce verset ne se

secrète partie postérieure du corps. Et les champs et les campagnes, au milieu de ce pays, furent en ébullition. Et des rats naquirent et il y eut une grande confusion et grande mortalité dans la ville.

7. Or, les habitants d'Azot voyant un tel fléau, dirent : que l'Arche du Dieu d'Israël ne reste pas chez nous, parce que sa main frappe durement sur nous et sur Dagon notre Dieu.

8. Et ils envoyèrent à tous les satrapes des Philistins, les rassemblèrent chez eux et dirent : Que ferons-nous de l'Arche du Dieu d'Israël? Et les Géthéens répondirent : Que l'Arche du Dieu d'Israël soit menée de ville en ville. Et ils menèrent d'un lieu à un autre l'Arche du Dieu d'Israël.

Et ebullierunt villæ et agri in medio regionis illius, et nati sunt mures, et facta est confusio mortis magnæ in civitate.

Ps. 77, 66.

7. Videntes autem viri Azotii hujuscemodi plagam, dixerunt : Non maneat arca Dei Israel apud nos; quoniam dura est manus ejus super nos, et super Dagon deum nostrum.

8. Et mittentes congregaverunt omnes satrapas Philisthinorum ad se, et dixerunt : Quid faciemus de arca Dei Israel? Responderuntque Gethæi : Circumducatur arca Dei Israel. Et circumduxerunt arcam Dei Israel.

---

trouve pas dans l'hébreu. Les Septante portent : καὶ μέσον τῆς χώρας αὐτῆς ἀνεφύησαν μύες καὶ ἐγένετο σύγχυσις θανάτου μεγάλη ἐν τῇ πόλει, « et au milieu de son territoire, naquirent des rats et il y eut une grande confusion de mort dans la ville. » On ne saurait toutefois conclure de l'unanimité des deux versions que le texte original est défectueux en cet endroit, car il semble plus vraisemblable de considérer ce passage comme une sorte de paraphrase. Il manque dans la plupart des anciens manuscrits de la Vulgate et ce ne serait qu'au VIIIe siècle qu'il serait passé des manuscrits de la version italique faite sur les Septante dans le texte de S. Jérôme, Cfr. Vercellone, Variæ lect. SS. — *Et nati sunt mures.* C'est ce texte qui aurait donné plus tard naissance aux Musorites dont Philastre, lib. de Hæres, parle dans les termes suivants : « Musoritæ sunt quidam nomine qui sorices colunt, qui sub Belo sacerdote, cum fuisset capta arca Testamenti ab Allophglis, atque ex ira Dei produxisset terra sorices, ut ipsorum fruges deperirent, admoniti a suis fecerunt aureos mures. » L'auteur des *Mirabilium S. Script.* l. II, c, VII, fait les réflexions suivantes au sujet des châtiments dont Dieu frappa les Philistins : « Qui misera animalia divino cultu venerabantur, per miserorum animalia in adventu dominicæ legis castigantur; qui tabernaculi Domini interiora, id est arcam, extra limites suas protraxerunt, hi interiorum suorum foras prominentium foeda affliguntur clade. »

7. — *Hujusmodi plagam.* Hébreu : « que cela se passait ainsi. » — *Non maneat arca.* Les habitants d'Azod reconnurent alors la main qui les frappait, mais ils pensèrent apparemment que leur ville était odieuse au Dieu d'Israël, ou que Dagon n'était pas assez puissant, et c'est pour l'un ou l'autre de ces motifs qu'on se décida à transporter l'Arche ailleurs. Au lieu de rendre au Dieu d'Israël l'honneur qui lui était dû, les Philistins aiment mieux n'avoir plus à faire à lui, en éloignant l'Arche de leur territoire. Ainsi se conduisent ceux qui, loin de s'humilier sous la main qui les afflige pour les ramener à résipiscence, s'endurcissent dans le mal et s'éloignent de Dieu de plus en plus.

8. — *Omnes satrapas.* Le territoire des Philistins était divisé en cinq satrapies, Jos., XIII, 3, qui formaient une sorte de confédération. Les satrapes étaient sans doute le conseil souverain de la nation dont le gouvernement aurait été oligarchique. Cfr. XXIX, 6-11. — *Responderuntque Gethæi.* Déjà les Septante avaient adopté cette traduction ; mais l'hébreu porte : « et ils (les satrapes) dirent : qu'on la transporte à Geth », ce qui au reste paraît plus naturel, puisque l'on ne voit pas que les habitants de Geth aient été consultés. Au reste, le verset suivant montre bien que l'Arche fut portée à Geth et y séjourna quelque temps. Pour la position de Geth, V. Jos., XI, 22. — *Circumducatur arca Dei Israel.* On lit dans les Septante : Μετελθέτω κιβωτὸς τοῦ Θεοῦ πρὸς ἡμᾶς, « que l'arche de Dieu soit transportée chez nous. »

CHAPITRE V

9. Illis autem circumducentibus eam, fiebat manus Domini per singulas civitates interfectionis magnæ nimis; et percutiebat viros uniuscujusque urbis, a parvo usque ad majorem, et computrescebant prominentes extales eorum. Inieruntque Gethæi consilium, et fecerunt sibi sedes pelliceas.

10. Miserunt ergo arcam Dei in Accaron. Cumque venisset arca Dei in Accaron exclamaverunt Accaronitæ, dicentes : Adduxerunt ad nos arcam Dei Israel, ut interficiat nos, et populum nostrum.

11. Miserunt itaque et congregaverunt omnes satrapas Philisthinorum; qui dixerunt : Dimittite arcam Dei Israel, et revertatur in locum suum, et non interficiat nos cum populo nostro.

12. Fiebat enim pavor mortis in singulis urbibus, et gravissima valde manus Dei; viri quoque, qui mortui non fuerant, percutiebantur in secretiori parte natium; et ascendebat ululatus uniuscujusque civitatis in cœlum.

9. Or, pendant qu'ils la menaient ainsi. la main du Seigneur frappait toutes les villes d'une très-grande mortalité, et il frappait les hommes de chaque ville depuis le plus petit jusqu'au plus grand. Et leurs intestins sortaient et se pourrissaient, et les Géthéens tinrent conseil et se firent des sièges de peaux.

10. Ils envoyèrent donc l'Arche de Dieu à Accaron. Et lorsque l'Arche de Dieu fut venue à Accaron, les accaronites poussèrent des cris et dirent : Ils nous ont amené l'Arche du Dieu d'Israël pour qu'elle nous tue, nous et notre peuple.

11. Ils envoyèrent donc à tous les satrapes des Philistins qui se rassemblèrent et dirent : Renvoyez l'Arche du Dieu d'Israël et qu'elle retourne à sa place et qu'elle ne nous tue pas avec notre peuple.

12. Car il y avait la peur de la mort dans chaque ville et la main de Dieu était très-pesante. Et les hommes qui ne mouraient pas étaient frappés dans la plus secrète partie postérieure de leur corps, et les gémissements de chaque ville montaient vers le ciel.

9. — *Illis autem...* Il y a pour ce verset complète divergence entre la Vulgate et l'hébreu où on lit ; « et il arriva, lorsqu'ils l'eurent transportée, que la main du Seigneur fut sur la ville en très-grand effroi ; et il frappa les hommes de la ville du petit au grand, et il leur sortit des tumeurs. » Le texte de la Vulgate semble être une véritable paraphrase et il est visible que, pour la première partie, on a voulu le mettre d'accord avec la traduction adoptée au verset précédent. Les Septante se rapprochent de la Vulgate et ont probablement inspiré son traducteur : Καὶ ἐγενήθη, μετὰ τὸ μετελθεῖν αὐτήν, καὶ γίνεται χεὶρ Κυρίου τῇ πόλει, κ. τ. λ. « et il arriva après qu'ils l'eurent transportée, la main du Seigneur fut sur la ville, etc. » Il est intéressant de comparer le texte correspondant de l'historien Josèphe et, pour cette raison, nous allons citer le passage qui concerne les châtiments que Dieu infligea aux Philistins. Voici donc ce que dit cet auteur, Ant. J. VI, c, 1, § 1 : « Enfin Dieu envoya sur la ville d'Azot et son territoire la dévastation et la maladie. En effet, ils mouraient de dyssenterie, maladie terrible qui les faisait périr dans d'horribles souffrances, car, avant de rendre l'âme, ils vomissaient leurs entrailles déjà rongées et toutes en putréfaction par suite de la maladie. Quant aux campagnes, des multitudes de rats sortis de terre les dévastèrent, n'épargnant ni les plantes ni les fruits. »

10. — *Accaron.* V. Jos., XIII, 3.

12. — *In singulis urbibus.* Hébreu : « dans toute la ville », ce qui montrerait que les protestations des Accaronites ne furent pas écoutées.

CHAPITRE VI

Au bout de sept mois, les Philistins consultent les prêtres et les devins, et leur demandent comment il faut renvoyer l'Arche ; ceux-ci leur conseillent de la faire accompagner par des présents, afin de ne pas subir le sort de l'Egypte et de Pharaon (𝕍𝕍. 4-6). — Ils recommandent encore aux Philistins d'atteler deux vaches à un char neuf, d'enfermer leurs veaux et de les laisser partir, pour savoir si c'est Dieu qui les a frappés et non le hasard (𝕍𝕍. 7-9). — On fit ainsi, et les vaches se dirigèrent vers Bethsames en mugissant, mais sans se détourner ; et les Philistins les accompagnèrent jusqu'aux frontières (𝕍𝕍. 10-12). — Or, les Bethsamites faisaient la moisson, lorsqu'ils aperçurent l'Arche qui s'arrêta sur leur territoire ; ils firent un bûcher avec le bois du char, offrirent les vaches en holocauste, puis les lévites déposèrent l'Arche et les présents sur une grande pierre (𝕍𝕍. 13-15). — Les Satrapes des Philistins, après avoir su ce qui s'était passé, s'en retournèrent (𝕍. 16). — Or, les dons qui accompagnaient l'Arche étaient de deux sortes et avaient été fournis, les uns par chacun des cinq Satrapes, les autres par toutes les villes (𝕍𝕍. 17-18). — Mais les Bethsamites, ayant jeté sur l'Arche des regards indiscrets, le Seigneur les frappa et en fit mourir un grand nombre ; ils prièrent donc les habitants de Cariathiarim de venir prendre l'Arche (𝕍𝕍. 19-21).

1 L'Arche du Seigneur resta donc dans le pays des Philistins pendant sept mois.

2. Et les Philistins appelèrent les prêtres et les devins et leur dirent : Que ferons-nous de l'Arche du Seigneur ? Indiquez-nous comment nous la remettrons à sa place. Ils dirent :

3. Si vous renvoyez l'Arche du Dieu d'Israël, ne la renvoyez pas vide, mais rendez-lui ce que vous devez pour le péché, et alors vous serez guéris. Et vous saurez pourquoi sa main ne se retire pas de vous.

1. Fuit ergo arca Domini in regione Philisthinorum septem mensibus.

2. Et vocaverunt Philisthiim sacerdotes et divinos, dicentes : Quid faciemus de arca Domini ? indicate nobis quomodo remittamus eam in locum suum. Qui dixerunt :

3. Si remittitis arcam Dei Israel, nolite dimittere eam vacuam, sed quod debetis, reddite ei pro peccato, et tunc curabimini; et scietis quare non recedat manus ejus a vobis.

---

b. *Renvoi de l'Arche d'alliance. Sa réception en Israël*, vi-vii, 1.

CHAP. VI. — 1. — *Septem mensibus*. Comme l'Arche fut rendue aux Israélites au moment de la moisson qui, en Palestine, a lieu vers la fin d'avril ou le commencement de mai, il s'en suit qu'elle avait été capturée en septembre ou en octobre de l'année précédente.

2. — *Sacerdotes et divinos*. Pharaon aussi avait appelé les sages et les devins, Ex., vii, 11 ; ainsi fit plus tard Nabuchodonosor, Dan., ii, 2. — *Quid faciemus de arca Dei ?* Cette première question sert uniquement d'introduction à la seconde, puisque le renvoi de l'Arche était déjà résolu, comme il apparaît par la réponse des prêtres et des devins, 𝕍. 3. On pourrait donc traduire : « Que ferons-nous à propos de l'Arche ? » — *Quomodo*. Plusieurs interprètes, entre autres le Dr Keil, traduisent בַּמֶּה, *bammeh*, par « avec quoi » ; mais on s'en tient généralement à la traduction de la Vulgate. D'ailleurs le sens est au fond à peu près le même.

3. — *Vacuam*. Cfr. Ex. xxiii, 15, Deut., xvi, 16. La croyance qu'on peut apaiser la divinité par des présents était commune aux païens et aux Hébreux. — *Sed quod debetis, reddite ei pro peccato*. Hébreu : « mais rendez-lui une offrande expiatoire. » Il fallait calmer la colère du Dieu des Israélites, en lui offrant une satisfaction pour le vol de l'Arche. — *Et curabimini*. Vu ce que nous lisons au 𝕍. 9, la promesse des devins ne dut pas affecter cette apparence de certitude absolue. En effet, si

CHAPITRE VI

4. Qui dixerunt : Quid est quod pro delicto reddere debeamus ei? Responderuntque illi :

5. Juxta numerum provinciarum Philisthinorum, quinque anos aureos facietis, et quinque mures aureos; quia plaga una fuit omnibus vobis, et satrapis vestris. Facietisque similitudines anorum vestrorum, et similitudines murium, qui demoliti sunt terram ; et dabitis Deo Israel gloriam ; si forte revelet manum suam a vobis, et a diis vestris, et a terra vestra.

6. Quare aggravatis corda vestra, sicut aggravavit Ægyptus et Pharao cor suum? nonne postquam percussus est, tunc dimisit eos, et abierunt?

Exod. 12, 31.

7. Nunc ergo arripite et facite plaustrum novum unum; et duas vaccas fœtas, quibus non est impositum jugum, jungite in plaustro, et recludite vitulos earum domi.

4. Ils lui dirent : Qu'est-ce que nous devons lui rendre pour le délit? Ils répondirent :

5. Vous ferez cinq anus d'or et cinq rats d'or, selon le nombre des provinces des Philistins, car il y a eu la même plaie pour nous tous et pour vos satrapes. Vous ferez des images de vos anus et des images des rats qui ont ravagé la terre. Vous rendrez gloire au Dieu d'Israël. Peut-être écartera-t-il sa main de vous et de vos dieux et de votre terre.

6. Pourquoi apesantissez-vous vos cœurs, comme l'Egypte et Pharaon ont appesanti leurs cœurs? Est-ce qu'après avoir été frappé, il ne les laissa pas aller et ils s'en allèrent?

7. Prenez donc maintenant et faites un char neuf, et attelez au char deux vaches qui ont mis bas et auxquelles on n'a pas encore imposé le joug, et enfermez leurs veaux chez vous.

---

les maux qui désolaient les Philistins étaient l'effet du hasard, le renvoi de l'Arche ne pouvait y mettre fin. — 5. — *Juxta numerum...* Hébreu : « selon le nombre des princes des Philistins », c'est-à-dire des satrapes, qui étaient au nombre de cinq. — *Quinque anos.* Le mot hébreu עפלים, *ophalim*, est le même que celui du ch. v, ⰶ. 6, et se traduit généralement par *tumeurs*. C'est depuis longtemps un usage répandu chez les païens, et plus tard chez les chrétiens, d'offrir à la divinité, après la guérison d'une maladie ou la délivrance d'un danger, un ex-voto représentant soit le membre guéri, soit le péril auquel on a échappé. Nous avons à ce propos un témoignage de Théodoret datant du IVᵉ siècle, qui nous fait connaître que ceux qui avaient été guéris offraient des ex-votos ἀναθήματα, représentant la maladie dont on avait été délivré, τὴν ἰατρείαν δηλοῦντα litt. figurant la maladie, c'est-à-dire les effigies des yeux, des pieds, des mains : οἱμὲν γὰρ ὀφθαλμῶν, οἱ δὲ ποδῶν, ἄλλοι δὲ χειρῶν προσφέρουσιν ἐκτυπώματα, « les uns apportent l'effigie des yeux, d'autres celles des pieds, d'autres celles des mains », Theodor. Therapeutic. disp. — *Qui demoliti sunt terram.* On sait combien les rats se multiplient avec rapidité et quels ravages ils peuvent exercer dans les campagnes. Dans les pays chauds et secs, leur multiplication est encore plus extraordinaire. — *Et dabitis Deo Israel gloriam.* L'honneur de Dieu avait été outragé par la prise de l'Arche qui était le siège de sa puissance et de sa gloire sur la terre. Les dons offerts devaient être une réparation et en même temps témoignaient que les Philistins reconnaissaient la puissance du Seigneur.

6. — *Quare aggravatis...* Ces paroles ne concernent pas le renvoi de l'Arche, qui était déjà décidé en principe, mais les présents dont on a parlé. Pour engager les Philistins à ne pas se refuser à rendre honneur au Dieu d'Israël, les prêtres et les devins citent l'exemple de Pharaon et de l'Egypte. Ce fait prouve que les païens étaient au courant de ce qui s'était passé jadis et que les fléaux qui avaient frappé l'Egypte avaient fait sur eux une profonde impression. — *Nonne postquam...* Hébreu : « après avoir exercé sur eux sa puissance, ne les renvoyèrent-ils pas et ils s'en allèrent? »

7. — *Plaustrum novum.* C'était par honneur pour l'Arche. Il n'eût pas été décent d'employer au transport d'un si saint objet un char qui eût été profané par des usages vulgaires. Pour la même raison, on prend des animaux qui n'ont pas encore porté le joug.

8. Et vous prendrez l'Arche du Seigneur et vous la mettrez sur le char et vous mettrez à son côté dans un coffret les figures d'or que vous lui avez payées pour le délit, et laissez-la s'en aller.

9. Et vous regarderez. Si elle monte vers Bethsamès par le chemin qui mène à son pays, c'est lui qui nous a fait ce grand mal; sinon, ce n'est point ainsi; nous saurons que sa main ne nous a nullement touchés et que c'est arrivé par hasard.

10. Ils firent donc ainsi. Et ils prirent deux vaches qui allaitaient leurs veaux et les attelèrent au char, et ils enfermèrent leurs veaux dans leur demeure.

11. Et ils placèrent sur le char l'Arche du Seigneur, et le coffret qui contenait les rats d'or et les figures d'anus.

12. Or, les vaches allaient tout droit, par la route qui mène à Bethsamès, et elles marchaient dans le même chemin, avançant toujours et mugissant, et elles ne se détournaient ni à droite ni à gauche. Et les satrapes des Philistins les suivirent jusques sur les frontières de Bethsamès.

13. Les Bethsamites moissonnaient alors le blé dans la vallée.

8. Tolletisque arcam Domini, et ponetis in plaustro, et vasa aurea, quæ exsolvistis ei pro delicto, ponetis in capsellam ad latus ejus; et dimittite eam ut vadat.

9. Et aspicietis; et si quidem per viam finium suorum ascenderit contra Bethsames, ipse fecit nobis hoc malum grande; sin autem, minime; sciemus quia nequaquam manus ejus tetigit nos, sed casu accidit.

10. Fecerunt ergo illi hoc modo; et tollentes duas vaccas, quæ lactabant vitulos, junxerunt ad plaustrum, vitulosque earum concluserunt domi.

11. et posuerunt arcam Dei super plaustrum, et capsellam, quæ habebat mures aureos et similitudines anorum.

12. Ibant autem in directum vaccæ, per viam quæ ducit Bethsames, et itinere uno gradiebantur, pergentes et mugientes; et non declinabant neque ad dexteram neque ad sinistram; sed et satrapæ Philisthiim sequebantur usque ad terminos Bethsames.

13. Porro Bethsamitæ metebant triticum in valle; et elevantes ocu-

---

Plus loin on verra d'ailleurs pourquoi l'on choisit des vaches de préférence à des bœufs ou des chevaux.

8. — *Ad latus ejus.* Apparemment les Philistins savaient qu'on ne devait rien mettre dans l'Arche, V. III Rois, VIII, 9 et et Cfr. Deut. x, 2, 5 et Hébr., IX, 4. Quelque Israélite avait pu les instruire à ce sujet.

9. — *Et siquidem per viam...* Livrées à leur instinct, les génisses devaient naturellement retourner à l'étable où l'on avait enfermé leurs veaux. En ce cas, on verrait par là que les maux des Philistins provenaient du hasard. Si le contraire arrivait, on devait alors reconnaître qu'ils avaient pour auteur le Dieu d'Israël. Il est probable que les prêtres et les devins, en donnant ce conseil,

voulaient mettre le Dieu d'Israël à l'épreuve; mais, en tout cas, ils lui fournirent l'occasion de manifester sa puissance en présence de ceux qui la niaient, ou tout au moins en doutaient. — *Bethsames.* V. Jos. xv, 10.

12. — *Et mugientes.* Parce qu'elles laissaient leurs veaux dans l'étable. Cependant elles allaient en avant, et ne cherchaient point à s'en retourner. — *Sequebantur...* C'étaient pour observer de quel côté les génisses se dirigeraient, et pour voir ce qui allait se passer. La circonstance en elle-même montre bien, d'ailleurs, le trouble qu'avaient jeté dans la contrée les plaies dont le Seigneur l'avait affligée.

13. — *In valle.* Ce doit être ce que l'on appelle aujourd'hui l'Oued Sérar.

los suos, viderunt arcam, et gavisi sunt cum vidissent.

14. Et plaustrum venit in agrum Josue Bethsamitæ, et stetit ibi. Erat autem ibi lapis magnus, et conciderunt ligna plaustri, vaccasque imposuerunt super ea holocaustum Domino.

15. Levitæ autem deposuerunt arcam Dei, et capsellam quæ erat juxta eam, in qua erant vasa aurea, et posuerunt super lapidem grandem. Viri autem Bethsamitæ obtulerunt holocausta, et immolaverunt victimas in die illa Domino.

16. Et quinque satrapæ Philisthinorum viderunt, et reversi sunt in Accaron in die illa.

17. Hi sunt autem ani aurei, quos reddiderunt Philisthiim pro delicto, Domino : Azotus unum, Gasa unum, Ascalon unum, Geth unum, Accaron unum ;

18. Et mures aureos secundum numerum urbium Philisthiim, quinque provinciarum, ab urbe murata usque ad Abel magnum, super quem posuerunt arcam Domini, quæ erat

Et, levant les yeux, ils virent l'Arche et ils se réjouirent en la voyant.

14. Et le char vint dans le champ du Bethsamite Josué et s'arrêta là. Or, il y avait là une grande pierre. Et ils coupèrent le bois du char, et mirent par dessus les vaches, pour un holocauste au Seigneur.

15. Et les lévites déposèrent l'Arche de Dieu et le coffret qui était près d'elle, où étaient les objets en or, et les placèrent sur la grande pierre. Et les hommes de Bethsamès offrirent des holocaustes et immolèrent ce jour là des victimes au Seigneur.

16. Et les cinq satrapes des Philistins le virent et retournèrent à Accaron ce jour là.

17. Voici quels sont les anus d'or que les Philistins rendirent au Seigneur pour le délit : Azot un, Gaza un, Ascalon un, Geth un, Accaron un.

18. Et les rats d'or étaient aussi nombreux que les villes des Philistins, dans leur cinq provinces, depuis la ville fortifiée jusqu'au village qui était sans muraille, jusqu'à

---

14. — *In agrum Josue.* S. Justin, Dial. contra Tryphon., dit à ce sujet : « Non ad eum venere locum, unde arca abrepta fuerit; sed in agrum hominis cujusdam Jesu, seu Josue dicti illius cognominis, qui Jesu nomine transnominatus erat, quique populum in terram introduxit, et hæreditario jure ipsis eam divisit; in quem agrum cum venissent, constiterunt. Quo facto indicatur, virtute nominis ductas esse : haud aliter quam pius populus pereum qui nomen Jesu recepit in terram est deductus. »

14. — *Erat ibi lapis magnus.* Elle se trouvait là à propos pour recevoir l'Arche et les présents.

15. — *Obtulerunt holocausta.* Partout où était l'Arche, on pouvait offrir des sacrifices; par conséquent, les Bethsamites ne violèrent point le commandement qui prescrivait de ne sacrifier que dans le sanctuaire. S'ils sont d'ailleurs expressément mentionnés, ce n'est point à l'exclusion des lévites, et d'autant moins que Bethsamès était une ville sacerdotale. — *Victimas.* L'holocauste était un acte de consécration au Seigneur, tandis que les victimes étaient un témoignage de reconnaissance pour le recouvrement de l'Arche.

18. — *Ab urbe murata...* Les Philistins offrirent beaucoup plus que les prêtres et les devins n'avaient demandé. Ce fut sans doute parce que les rats avaient dévasté tout le pays, tandis que les tumeurs n'avaient affligé que les habitants des villes où avait passé l'Arche. — *Abel magnum.* C'est la même chose que la grande pierre, « lapis magnus », dont il a été parlé plus haut, ỳ. 14. La première partie du mot est la reproduction de l'hébreu אבן *ében*, (pierre), sauf la substitution de ל (l) a ן (n), tandis que la seconde est la traduction de l'adjectif גדולה, *gedolah*, « grande »... Les Septante ont traduit fort exactement : ἕως λίθου τοῦ μεγάλου. « jusqu'à la grande pierre », D'ailleurs, on ne s'explique pas bien pourquoi cette pierre est mentionnée ici, puisque après « usque ad villam... » il ne doit plus être question de localité quelconque. Peut-être a-t-on voulu dire : jusqu'auprès de la grande pierre, c'est-à-dire, jusqu'à la frontière, car

la grande pierre d'Abel sur laquelle ils placèrent l'Arche du Seigneur et qui était dans le champ du Bethsamite Josué, où elle est encore aujourd'hui.

19. Mais il frappa les hommes de Bethsamès parce qu'ils avaient vu l'Arche du Seigneur, et il frappa soixante-dix hommes du peuple, et cinquante mille de la plèbe. Et le peuple gémit parce que le Seigneur avait frappé la plèbe d'une si grande plaie.

usque in illum diem in agro Josue Bethsamentis.

19. Percussit autem de viris Bethsamitibus, eo quod vidissent arcam Domini; et percussit de populo septuaginta viros, et quinquaginta millia plebis. Luxitque populus, eo quod Dominus percussisset plebem plaga magna.

---

on ne peut penser que les Philistins aient offert un rat d'or pour la grande pierre. Le Dr Keil propose de transformer עד, *ad*, en *ed*, par le changement d'une voyelle et de traduire ainsi l'hébreu : « et est témoin la grande pierre sur laquelle ils déposèrent l'Arche, jusqu'à ce jour, dans le champ de Josué le Bethsamite. » Cette conjecture est au moins très-ingénieuse, si elle n'est pas très-vraisemblable.

19. — *Percussit autem de vivis Bethsamitibus.* Les Septante portent : Καὶ οὐκ ἠσμένισαν οἱ υἱοὶ Ἰεχονίου ἐν τοῖς ἀνδράσι Βαιθσαμῆς, « et les fils de Jéchonias ne se réjouirent pas parmi les hommes de Bethsamès. » Ewald et quelques autres veulent que ce soit la vraie leçon, et, dans le fait, on comprend difficilement comment les traducteurs grecs auraient pu interpréter aussi arbitrairement le texte original, d'autant plus qu'il n'est fait mention des fils de Jéchonias que dans une généalogie, I Paral., III, 17, dont il ne peut être question ici. Toutefois toutes les autres traductions sont d'accord avec l'hébreu, et l'historien Josèphe ne parle point non plus des fils de Jéchonias. De plus, rien n'indique que le texte original n'ait pas été altéré en cet endroit. — *Eo quod vidissent...* Plusieurs rabbins supposent qu'ils avaient ouvert l'Arche pour regarder à l'intérieur, et traduisent ainsi : כי ראו בארן, *ki arou baarón*, « parce qu'ils avaient regardé dans l'Arche. » Mais évidemment un pareil fait n'eût pas été passé sous silence. Il faut donc penser qu'il ne s'agit que d'une curiosité indiscrète. Josèphe, de son côté, Ant., j. l. VI, c. I, § 4, prétend que ceux qui furent frappés avaient touché l'Arche, sans en avoir le droit, puisqu'ils n'étaient pas prêtres. L'Arche est ici la figure de l'Eucharistie dont il ne faut s'approcher qu'avec respect, ainsi que nous l'enseigne S. Chrysostôme, Hom. LX, ad Popul. « Quo non oportet esse puriorem, dit ce Père, tali fruentem sacrificio! quo solari radio non splendidiorem manum, carnem hanc dividentem? Os quod igne spirituali repletur? Linguam quæ tremendo nimis sanguine rubescit? Cogita quali sis insignitus honore; quali mensa fruaris : quod angeli videntes horrescunt, neque libere audent intueri, propter emicantem inde splendorem; hoc nos pascimur : huic nos unimur, et facti sumus unum Christi corpus et una caro. » S. Pierre Damien nous inculque également la même vérité dans les termes suivants : « Si Redemptor noster tantopere dilexit floridi pudoris integritatem, ut non modo de virgineo utero nasceretur, sed etiam a nutritio virgine tractaretur, et hoc cum adhuc puerilibus vagiret in cunis; a quibus suum, obsecro, tractari corpus suum, cum jam immensus regnat in cœlis? Si mundis attingi manibus volebat in præsepio positus, quantum corpori suo nunc vult adesse munditiam, jam in paternæ majestatis gloria sublimatus », l. I, ep. VI. — *De populo septuaginta viros, et quinquaginta millia plebis.* Ce nombre de cinquante mille soixante-dix paraît fort exagéré relativement à la population qui pouvait se trouver à Bethsamès et aux alentours. L'hébreu porte simplement : soixante-dix hommes, cinquante mille hommes. » Or, il n'y a qu'un seul exemple dans l'hébreu où les unités se trouvent avant les dixaines, V. Esdr., II, 5, et par la comparaison avec Néh., VII, 10, on voit que חמשה *khamischah* « cinq », du passage cité, est une faute de copiste pour חמשים *khamischim*, « cinquante. » Ce nombre de cinquante mille soixante-dix devient donc doublement suspect, et l'est encore davantage par l'omission de la particule ו *et*, qui est tout à fait insolite. On doit donc raisonnablement penser que le texte original a été corrompu en cet endroit et qu'il y a été fait une addition; aussi Josèphe ne parle que de soixante-dix morts, Ant. J. l. VI, c. I, § 4. Peut-être aussi pourrait-on supposer avec Guénée, Let. de quelq. Juifs, etc., t. I, p. 243

20. Et dixerunt viri Bethsamitæ : Quis poterit stare in conspectu Domini Dei sancti hujus? et ad quem ascendet a nobis?

21. Miseruntque nuntios ad habitatores Cariathiarim, dicentes : Reduxerunt Philisthiim arcam Domini, descendite, et reducite eam ad vos.

20. Et les Bethsamites dirent : Qui pourra subsister en présence du Seigneur, de ce Dieu saint? Et chez qui d'entre nous montera-t-il?

21. Et ils envoyèrent des messagers aux habitants de Cariathiarim, disant : Les Philistins ont ramené l'Arche du Seigneur, descendez et ramenez-la chez vous.

CHAPITRE VII

Les habitants de Carathiarim emmènent l'Arche et la déposent dans la maison d'Abinadab (¥. 4). — Vingt ans après, les Israélites, voulant se réconcilier avec Dieu, commencent, sur le conseil de Samuel, par rejeter les dieux étrangers (¥¥. 2-4). — Le prophète les rassemble ensuite à Maspath, où ils jeûnent et confessent leurs fautes (¥¥. 5-6). — Or, les Philistins, apprenant qu'Israël s'est rassemblé à Maspath, marchent contre lui, et le peuple effrayé demande à Samuel de prier pour lui (¥¥. 7-8). Samuel offrit donc un holocauste, se mit en prière, et le Seigneur l'exauça (¥. 9). — En effet, les Philistins, ayant attaqué les Israélites, furent battus et poursuivis jusqu'au-dessous de Betchar (¥¥. 10-11). — En souvenir de cet événement, Samuel érige une pierre entre Maspath et Sem (¥. 12). — Depuis ce temps, les Philistins n'envahirent plus la terre d'Israël, et les villes qu'ils avaient prises, d'Accaron à Geth, furent rendues (13-14). — Samuel jugea Israël tous les jours de sa vie : chaque année il allait à Béthel, à Galgala et à Masphath pour juger le peuple, puis il revenait à Ramatha où était sa maison (¥¥. 15-17).

1. Venerunt ergo viri Cariathiarim, et reduxerunt arcam Domini, et intulerunt eam in domum Abina-

1. Les hommes de Cariathiarim vinrent donc et ramenèrent l'Arche du Seigneur, et la portèrent dans

14, que la préposition מ, l'*e* ou *ex* des Latins, a été omise ou sous-entendue. On devrait alors traduire : « soixante-dix hommes de » ou « sur cinquante mille hommes. » L'erreur d'ailleurs est ancienne et se trouve déjà dans les Septante.

20. — *Quis poterit stare...?* Les Bethsamites comprennent que c'est un avertissement, et qu'ils sont indignes, à cause de leurs fautes, de paraître devant la majesté de Dieu résidant dans l'Arche. Dieu n'avait pas uniquement voulu punir le crime de quelques particuliers, mais révéler la culpabilité et l'indignité de la communauté tout entière. — *Et ad quem ascendet...?* Le sujet est Dieu personnifié dans l'Arche. Les Bethsamites se demandent où ils pourront transporter l'Arche, car ils s'imaginent que, si elle reste parmi eux, elle sera la source de nouveaux malheurs. Leur terreur, d'ailleurs explicable, peut être considérée comme légèrement entachée de superstition.

21. — *Cariathiarim*, V. Jos., ix, 17. — *Descendite et reducite*. Les Bethsamites demandent donc aux habitants de Cariathiarim, non-seulement de recevoir l'Arche chez eux, mais de venir la prendre pour l'emmener. On remarquera aussi qu'ils ne disent pas pourquoi ils ne veulent pas conserver l'Arche parmi eux.

Chap. vii. — 1. — *In Gabaa.* בגבעה, *bagibeah*, peut aussi se traduire « sur une hauteur », ἐν τῷ βουνῷ, « sur la colline », comme l'ont fait les Septante. Le mot *gibeah* est en effet à la fois nom propre et nom commun. Or, il semble plus naturel de suivre la leçon des Septante, car on ne peut guère admettre que les habitants de Cariathiarim, qui étaient allés chercher l'Arche, ne l'aient pas gardée chez eux. Pour expliquer la traduction de la Vulgate, il faudrait supposer qu'un des faubourgs de la ville s'appelait justement *Gibeah*, « la hauteur », à cause de sa position. On ne sait pas, d'ailleurs, si on préféra transporter l'Arche à

la maison d'Abinadab à Gabaa. Et ils consacrèrent Eleazar, son fils, pour qu'il gardât l'Arche du Seigneur.

2. Et il arriva que depuis le jour où l'Arche du Seigneur demeura à Cariathiarim les jours se multiplièrent (car elle y était déjà depuis vingt ans), et toute la maison d'Israël se reposa, suivant le Seigneur.

3. Or, Samuel parla à toute la

dab in Gabaa : Eleazarum autem filium ejus sanctificaverunt, ut custodiret arcam Domini.

2. Et factum est, ex qua die mansit arca Domini in Cariathiarim, multiplicati sunt dies (erat quippe jam annus vigesimus) et requievit omnis domus Israel post Dominum.

3. Ait autem Samuel ad universam

Kariathiarim plutôt que de la replacer dans le tabernacle à Silo. Les Philistins s'étaient-ils emparés jadis de cette dernière place, après leur victoire, c. iv, et l'occupaient-ils encore? La chose est possible à la rigueur. Mais il est faux, comme le prétend Ewald. Geschichte des Volk, Is., ii, 540, que les Philistins aient détruit le tabernacle, puisque plus tard nous le voyons à Nobé, puis à Gabaon, xxi, 6; III Rois, iii, 4; II Paral. i, 3. Selon le Dr Keil, on ne voulait pas, sans une révélation spéciale, replacer l'Arche dans le sanctuaire d'où elle avait été éloignée par un jugement de Dieu, à la suite des profanations commises par les fils d'Héli. On se serait donc contenté de mettre l'Arche en sûreté dans la première ville importante qui se trouvait sur le chemin de Silo, peut-être même à titre provisoire, parce que l'on n'osait se décider définitivement sur le choix d'une nouvelle localité. Cette explication est assez naturelle et assez plausible sous tous rapports. — *Eleazarum autem*. Abinadab, son père, était probablement lévite, car autrement on n'eût pas confié à son fils la garde de l'Arche. — *Sanctificaverunt*. Il ne peut être question d'une véritable consécration, car Eléazar ne fut que le gardien de l'Arche et ne fut pas attaché comme prêtre à son service. Il est évident, d'ailleurs, que l'historien n'a pas jugé à propos d'entrer dans tous les détails, et c'est sans motif que l'on voudrait inférer de ce passage, comme le fait Ed. Reuss, que le récit primitif, dont fait partie notre verset, ne connaît rien des priviléges des lévites à l'endroit de l'Arche. Comme nous l'avons dit, rien ne s'oppose à ce que le fils d'Abinadab fût de la caste lévitique.

III. Conversion d'Israël au Seigneur par le ministère de Samuel et victoire sur les Philistins. Exposé sommaire de la judicature de Samuel, vii, 2-17.

2. — *Et factum est...* Voici la traduction de ce verset d'après l'hébreu : « et il arriva depuis le jour où l'Arche s'arrêta à Cariathiarim, que les jours se multiplièrent, et qu'il s'écoula vingt années, et que toute la maison d'Israel se lamenta après le Seigneur. » La construction est ainsi plus régulière. — *Erat quippe jam annus vigesimus*. A cette époque, il se fit un changement important dans l'état du peuple d'Israël, et c'est pour cette raison que l'auteur mentionne les années qui s'étaient écoulées depuis le transfert de l'Arche à Cariathiarim. — *Et requievit*. L'hébreu וינהו, *vaïnnahou*, est ordinairement traduit : « et ils se lamentèrent », ce qui, d'ailleurs, s'accorde mieux que *requievit* avec le contexte. En tout cas, de quelque manière que l'on interprète *requievit*, il est certain qu'il est question du repentir du peuple et de son désir de suivre les voies du Seigneur. C'est seulement ainsi qu'il pouvait trouver le repos dont la tyrannie des Philistins ne lui avait pas permis de jouir jusqu'à l'heure présente. Le contexte, en effet, suppose formellement que les Israélites n'avaient pas encore secoué le joug des Philistins. Quant à l'expression hébraïque « se lamenter après le Seigneur », elle indique bien quelles étaient les dispositions du peuple et combien il regrettait d'avoir abandonné Dieu. Si nous cherchons maintenant la cause de ce changement, nous la trouverons dans l'influence de Samuel dont aucune des paroles ne tombait à terre, iii, 19, et dont les exhortations avaient préparé les esprits.

3. — *Ait autem Samuel*. Le silence plane pendant vingt ans sur la vie de Samuel qui nous apparaît tout à coup comme prophète, prêtre et chef du peuple. — *Si in toto corde vestro...* Les Israélites doivent montrer par leurs actes que leur conversion est sincère et le résultat d'une volonté bien déterminée. — *Auferte deos alienos...* Ces recommandations rappellent celles que firent Moïse et Josué, l'un à sa famille, l'autre à son peuple, Gén., xxxv, 2; Jos., xxiv, 23. — *Baalim et Astaroth*. Voir, Jug., ii, 11 et 13. Nous ajouterons ici que Baal se lit *Bil* en assyrien, avec la double signification de *dieu Bel* et de *Seigneur*, et

domum Israel, dicens : Si in toto corde vestro revertimini ad Dominum, auferte deos alienos de medio vestri, Baalim et Astaroth, et præparate corda vestra Domino, et servite ei soli, et eruet vos de manu Philisthiim.

Deut. 6, 13; *Matth.* 4, 10.

4. Abstulerunt ergo filii Israel Baalim et Astaroth, et servierunt Domino soli.

5. Dixit autem Samuel : Congregate universum Israel in Masphath, ut orem pro vobis Dominum.

6. Et convenerunt in Masphath; hauseruntque aquam, et effuderunt in conspectu Domini, et jejunave-

maison d'Israël, et dit : Si vous revenez au Seigneur de tout votre cœur, ôtez du milieu de vous les dieux étrangers, les Baalim et les Astaroth, et préparez vos cœurs pour le Seigneur et ne servez que lui seul et il vous délivrera des mains des Philistins.

4. Les enfants d'Israël rejetèrent donc les Baalim et les Astaroth et servirent le Seigneur seul.

5. Et Samuel dit : Rassemblez tout Israël à Masphath afin que je prie le Seigneur pour vous.

6. Et ils se rassemblèrent à Masphath et ils puisèrent de l'eau et la répandirent en présence du Sei-

---

Astarte *Istar*. A Bil correspond la déesse Bilit, appelée Mylitta, par Hérodote, I, 131. — *Et præparate corda vestra Domino*. « Cor Domino præparat », dit S. Grégoire, « qui mentem non solum ab immunda cogitatione separat; sed etiam cogitationum sanctarum ac virtutum fulgoribus illustrat, ut velut abjectis et comminutis idolis, se Dei templum efficiat; dum illic divinæ gratiæ sedem erigit, ubi reprobos Spiritus manere per prava desideria non permisit. » — *Et servite ei soli*. Le culte des idoles ne peut se concilier avec celui du vrai Dieu. Personne, nous dit Notre-Seigneur, ne peut servir deux maitres, Matth., VI, 24. — *Et eruet vos*... Ces paroles supposent expressément que les Israélites étaient alors sous le joug des Philistins. Peut-être ces vingt années d'oppression coïncident-elles avec la servitude dont il est parlé dans les Juges, XIII, 1.

5. — *Congregate*... Samuel s'adresse aux chefs de la nation. Le peuple avait rejeté les idoles et était revenu à Dieu; mais Samuel voulut lui faire faire solennellement pénitence et exiger de lui des preuves pratiques de son repentir. Les mots *ut orem pro vobis* le font suffisamment comprendre. — *In Masphath*. Il y avait cinq villes du même nom, comme nous l'avons déjà dit, Jug., XX. 4., mais celle-ci est évidemment Maspha de Benjamin, mentionnée déjà dans Josué XVIII, 26, aujourd'hui Cha'fath, V. l. c Masphath était sur un plateau à l'entrée des montagnes et fut probablement choisie comme lieu de réunion, non-seulement en raison de sa position, mais aussi parce que c'était un des sanctuaires de la nation. I Mac., III, 46.

6. — *Hauseruntque aquam*... C'était un acte symbolique dont la paraphrase chal-

daïque nous donne le sens en ces termes : « effuderunt cor suum per pœnitentiam sicut aquam Domino. » D'après d'autres passages de l'Ecriture, Ps., XXII, 15; Lament., II, 19, l'acte de répandre de l'eau indique que le cœur se fond, pour ainsi dire, sous l'étreinte de la douleur et de la misère. Les Israélites avouent donc ainsi à Dieu leur détresse et font, en même temps, un acte d'humiliation. « Quid est », dit S. Grégoire, « aquam haurire, nisi de profunda animi pœnitentis confusione lacrymarum fluenta producere? Velut enim aquam haurimus, dum quam profunda iniquitate cecidimus considerantes, plangimus. » — *Et jejunaverunt*... Les Israélites confirment la sincérité de la démonstration précédente par le jeûne, qui est le signe de la pénitence et du repentir, et par leurs paroles, en confessant leurs fautes de vive voix. « Dum mens flendo compungitur », dit S. Grégoire, « necesse est etiam ut caro, quæ delectationibus subjacuit, affligatur. » C'est ainsi que le peuple se prépara à combattre l'ennemi. « Congregatum Samuel populum in Masphath indicto jejunio roboravit, et fecit hostibus fortiorem ». Hyeron., l. II contra Jovia. Tertullien, lib. De Jejunio. c, VII, développe la même pensée plus longuement : « In aquatione apud Maspham. congregatus a Samuele populus ita jejunio delictum delevit, ut periculi prælium simul effugerit... Ceciderunt pastos impasti, armatos inermes : hæ erant vires jejunantium Deo, cœlum pro hujusmodi militat : habes formam prælii etiam spiritualibus bellis necessariam. » — *Judicavitque Samuel*. L'expression *juger*, ne signifie pas que Samuel punit chacun selon ses fautes. Selon le Dr Keil, Samuel jugea le peuple par ce qu'il le convoqua pour faire pénitence, lui

gneur. Et ils jeûnèrent ce jour-là et dirent : Nous avons péché contre le Seigneur. Et Samuel jugea les enfants d'Israël à Masphath.

7. Et les Philistins apprirent que les enfants d'Israël s'étaient rassemblés à Masphath, et les satrapes des Philistins marchèrent contre Israël. Lorsque les enfants d'Israël l'eurent appris, ils eurent peur devant les Philistins,

8. Et ils dirent à Samuel : Ne cesse pas de crier pour nous vers le Seigneur, notre Dieu, pour qu'il nous sauve des mains des Philistins.

9. Or, Samuel prit un agneau encore allaité et l'offrit entier en holocauste au Seigneur. Et Samuel cria vers le Seigneur pour Israël et le Seigneur l'exauça.

runt in die illa, atque dixerunt ibi : Peccavimus Domino. Judicavitque Samuel filios Israel in Masphath.

7. Et audierunt Philisthiim quod congregati essent fili Israel in Masphat, et ascenderunt satrapæ Philisthinorum ad Israel. Quod cum audissent filii Israel, timuerunt a facie Philisthinorum.

8. Dixeruntque ad Samuelem : Ne cesses pro nobis clamare ad Dominum Deum nostrum, ut salvet nos de manu Philisthinorum.

9. Tulit autem Samuel agnum lactentem unum, et obtulit illum holocaustum integrum Domino; et clamavit Samuel ad Dominum pro Israel, et exaudivit eum Dominus.

---

obtint le pardon par son intercession et le rétablit dans ses vrais et justes rapports avec Dieu, en sorte que le Seigneur put dès lors permettre aux Israélites de venger leurs droits contre leurs ennemis. Mais il est permis de trouver cette interprétation un peu subtile et peu en harmonie avec le contexte, et de penser que l'auteur a eu l'intention de nous représenter Samuel dans ses fonctions de Juge. C'est comme prophète qu'il avait rétabli les rapports entre Dieu et son peuple, mais il était en même temps Juge et on veut probablement nous faire entendre que sa fonction de Juge dérivait de sa vocation de prophète. Après la conversion des Israélites, Samuel dut s'occuper de maintenir le droit et la justice conformément à la Loi, et en même temps eut à prendre les mesures nécessaires pour le bon gouvernement du pays. Jusqu'alors les Juges avaient commencé par délivrer le peuple, puis s'étaient acquittés de leurs fonctions de Juges proprement dites; mais le contraire a lieu pour Samuel qui ne délivre son peuple des Philistins qu'après l'avoir, comme prophète, ramené à Dieu et réorganisé. Et en effet, les paroles citées semblent bien indiquer que le prophète commença à Maspha à entrer dans l'exercice de ses fonctions de Juge qui étaient à la fois civiles et militaires.

7. — *Et audierunt Philisthiim.* Les Philistins crurent peut-être que les Israélites s'étaient rassemblés pour leur faire la guerre; mais il est tout aussi probable qu'ils n'ignoraient pas le but véritable de ce rassemblement et que, comme le dit Josèphe, Ant. j. l. VII, 11, § 2, ils voulurent les surprendre parce qu'ils étaient sans armes. La suite montre bien d'ailleurs que les Israélites n'étaient nullement préparés à une rencontre avec l'ennemi, puisqu'on les sait très-effrayés lorsqu'ils apprennent l'approche des Philistins. — *Et ascenderunt satrapæ...* On peut conclure de là que les Philistins envahirent le pays avec toute leurs forces, ce qui ne fit qu'augmenter la terreur des Israélites. À peine revenus au Seigneur, les Israélites sont attaqués par l'ennemi, image de ce qui se passe dans les luttes de la vie spirituelle. « Ablatis diis alienis », dit S. Grégoire, « peracto jejunio, exhibita a prædicatore censura examinis, ad Israel principes Philistinorum ascendunt; quia cum altiore vita proficimus, maligni spiritus, qui semper bene agentibus invident, nobis infestiores sunt. » S. Bernard, de Convers. ad Clericos XVIII, développe aussi la même pensée : « Quodidianis discimus experimentis eos qui converti ad Deum deliberant, tentari acrius a concupiscentia carnis; et urgeri gravius in operibus luti et laterum, qui Ægypto egredi, et Pharaonis imperium effugere conantur. »

9. — *Agnum lactentem.* D'après la Loi, il devait avoir au moins sept jours, Levit., XXII, 27. Samuel, dit le Dr Keil, choisit un tout jeune agneau, non pas comme une victime plus innocente, mais comme le symbole de la conversion de son peuple, qui s'éveillait à la vie spirituelle comme un nouveau-né. — *Integrum.* Cet adjectif paraît rendre exacte-

10. Factum est autem, cum Samuel offerret holocaustum, Philisthiim iniere prælium contra Israel; intonuit autem Dominus fragore magno in die illa super Philisthiim, et exterruit eos, et cæsi sunt a facie Israel.

11. Egressique viri Israel de Masphath, persecuti sunt Philisthæos, et percusserunt eos, usque ad locum qui erat subter Bethchar.

Eccli. 46, 21.

12. Tulit autem Samuel lapidem unum, et posuit eum inter Masphath et inter Sen; et vocavit nomen loci illius, lapis adjutorii. Dixitque : Hucusque auxiliatus est nobis Dominus.

13. Et humiliati sunt Philisthiim, nec apposuerunt ultra ut venirent in terminos Israel; facta est itaque manus Domini super Philisthæos, cunctis diebus Samuelis.

14. Et redditæ sunt urbes, quas

10. Et il arriva que, pendant que Samuel offrait l'holocauste, les Philistins engagèrent le combat contre Israël. Mais le Seigneur tonna avec grand bruit ce jour-là sur les Philistins et il les épouvanta et ils furent défaits devant Israël.

11. Et les hommes d'Israël, sortant de Masphath, poursuivirent les Philistins et les frappèrent jusqu'au lieu qui était au dessous de Bethchar.

12. Et Samuel prit une pierre et la plaça entre Masphath et Sen; et il appela ce lieu du nom de pierre du secours, et il dit : Le Seigneur nous a secourus jusqu'ici.

13. Et les Philistins furent humiliés et ils ne continuèrent plus à venir sur les frontières d'Israël. La main du Seigneur s'appesantit donc sur les Philistins pendant tous les jours de Samuel.

14. Et les villes que les Philistins

---

ment le sens de l'hébreu כליל, *Kalil*, qu'on doit traduire, ce semble, non par l'adverbe *entièrement*, mais par la locution adverbiale *en entier*. Dans l'holocauste, la victime était toujours consumée en entier et il n'en revenait aucune part soit aux prêtres, soit à ceux qui faisaient l'offrande, Levit. I, 5 et suiv.

10. — *Intonuit autem Dominus.* Le tonnerre qui mit en fuite les Philistins fut la réponse du Seigneur à Samuel, Cfr. Jos., x, 11. Ce miracle fait penser à celui de la légion fulminante. V. Euseb. l. V, Hist. v. Selon S. Grégoire, « Tonitrua nubium, sunt ferventia electorum desideria, quibus suggestiones maligni spiritus expellunt. Imperfecta enim Christianorum desideria dæmonibus terribilia non sunt. Fragor magnus ergo tonitrui perfectum est uniuscujusque desiderium electi. Cum igitur fragore magno super Philistæos Dominus intonat, tunc a filiis Israel cæduntur, quia dum electorum mentem perfecta devotio ad superna gaudia erigit, omne quod adversæ parti militat, a se penitus abscondit. »

11. — *Subter Betchar.* La position de cette ville ou localité est complètement inconnue; on peut seulement supposer qu'elle se trouvait sur la route de Masphath au pays des Philistins. On lit dans Josèphe μέχρι Κορραίων.

12. — *Sem.* Localité inconnue. En hébreu : שן *schen*. Or, comme le mot *schen* signifie *dent*, on peut penser qu'il désigne soit un rocher pointu, soit une localité située sur une sorte de pic. — *Lapis adjutorii.* C'est la traduction du nom hébreu *Eben haazer*, אבן העזר, V, iv, 4.

13. — *Cunctis diebus Samuelis.* Non pas seulement pendant que Samuel fut le seul chef d'Israël et jusqu'à l'établissement de la royauté, mais, en réalité, jusqu'à la fin de sa vie, puisqu'il est dit au ỳ. 15, qu'il jugea tous les jours de sa vie. Depuis leur défaite, les Philistins continuèrent à occuper une partie du pays, ix, 16, x, 5, xiii, 5, 13, mais ils ne durent plus gagner de terrain et furent toujours vaincus dans leurs luttes avec les Israélites. Ils firent sans doute plusieurs tentatives pour ressaisir leur domination; mais ils ne réussirent pas et nous voyons que Saül leur infligea de sanglants échecs, xiii et xiv. La main du Seigneur s'appesantit donc sur eux pendant toute la durée de la vie de Samuel, puisque ce prophète ne mourut que deux ans avant Saül.

14. — *Ab Accaron usque Geth.* C'est-à-dire depuis Accaron jusqu'à Geth, mais non compris ces deux villes qui, attribuées aux tribus de Juda et de Dan, Jos., xiii, 3 et suiv.,

avaient prises à Israël, depuis Accaron jusqu'à Geth et leurs frontières, furent rendues à Israël. Et il délivra Israël des mains des Philistins et il y avait la paix entre Israël et l'Amorrhéen.

15. Et Samuel jugeait Israël tous les jours de sa vie.

16. Et il allait toutes les années parcourant Béthel et Galgala et Masphath, et il jugeait Israël aux lieux susdits.

17. Et il retournait à Ramatha, car là était sa maison, et là il jugeait Israël. Et là aussi il bâtit un autel au Seigneur.

tulerant Philisthiim ab Israel, Israeli, ab Accaron usque Geth, et terminos suos; liberavitque Israel de manu Philisthinorum, eratque pax inter Israel et Amorrhæum.

15. Judicabat quoque Samuel Israelem cunctis diebus vitæ suæ.

16. Et ibat per singulos annos circuiens Bethel, et Galgala, et Masphath, et judicabat Israel in supradictis locis.

17. Revertebaturque in Ramatha; ibi enim erat domus ejus, et ibi judicabat Israelem; ædificavit etiam ibi altare Domino.

---

et conquises par Juda et Siméon après la mort de Josué, Jug., I, 18, n'étaient pas restées en la possession des Israélites. — *Et Amorrhœum*. Sous le nom d'Amorrhéens, le plus puissant des peuples chananéens avec les Philistins, sont compris tous les autres, c'est-à-dire ce qui en restait.

15. — *Judicabat*. C'est à dater de la victoire remportée à Masphath que Samuel fut Juge dans toute l'acception du mot et prit en main la direction générale des affaires. Cependant il faut admettre que durant les vingt années qui précédèrent, il avait joui d'une certaine influence et qu'il avait préparé les voies à la délivrance de son peuple; mais c'était plutôt comme prophète que comme Juge. — *Omnibus diebus vitæ suæ*. C'est ce que prouvent ses actes pendant le règne de Saül, ainsi que le sacre de David, xv et xvi. La conduite des armées appartint exclusivement à Saül, mais le prophète avait conservé la haute main sur le gouvernement de son pays.

16. — *Et ibat per singulos annos...* Samuel est le modèle des princes et, en particulier, des prélats, qui doivent se conformer aux instructions suivantes du Concile de Trente : « Patriarchæ, Primates, Metropolitani et Episcopi propriam diœcesim per se ipsos, aut, si legitimo impediti fuerint, per suum generalem vicarium an visitatorem; si quotannis totam propter ejus latitudinem visitare non potuerint, saltem majorem ejus partem; ita tamen ut tota biennio per se vel per visitatores suos compleatur; visitare non prætermittant, » Sess., xxiv, c, III, De Reform. — *Bethel*. V. Jos., VII, 2. — *Galgala*. Il est assez difficile de savoir s'il s'agit de la Galgala qui était dans la vallée du Jourdain près de Jéricho, Jos., IV, 19, ou de celle qui était au sud-ouest de Silo et qui porte aujourd'hui le nom de Djildjilia, V. Jos., VIII, 35. On peut faire remarquer en faveur de la seconde que, du temps d'Élie et d'Elisée, IV Rois, II, 4, IV, 38, il s'y trouvait une école de prophètes dont la fondation remontait peut-être à Samuel; mais, au fond, il n'y a pas de raison sérieuse pour se décider pour l'une plutôt que pour l'autre. — *Masphath*. V. y. 11. Les trois localités ci-dessus nommées n'étaient pas très éloignées l'une de l'autre, ce qui tendrait à faire croire que, dans le commencement au moins, l'autorité de Samuel ne s'étendait pas sur tout le pays, ou encore que la nation gravitait autour du centre d'action du prophète et était en voie d'acquérir une unité plus compacte. — *In supradictis locis*. En chacune de ces localités se trouvait un sanctuaire et c'est probablement pour cette raison que Samuel les avait choisies pour être les centres de ses opérations et peut-être aussi parce qu'il était facile aux Israélites de s'y rassembler.

17. — *Revertebaturque*. Après avoir achevé sa tournée. — *Ramatha*, V. I, 1. — *Ædificavit...* Jusqu'à la mort d'Heli, Samuel était resté à Silo, III, 21; mais après la prise de l'Arche, Silo perdit son importance, et le sacerdoce fut plus ou moins désorganisé. C'est alors que le prophète se retira dans sa maison et y éleva un autel pour les besoins religieux de son peuple. Il n'est pas douteux qu'il ait agi d'après les ordres du Seigneur. Il n'est point probable d'ailleurs, comme le prétend l'auteur du Speaker's Commentary, que Samuel ait fait transporter le Tabernacle près de Ramatha, car un pareil fait n'eût pas été passé sous silence. En outre, on ne comprendrait plus l'utilité de l'autel qu'éleva Samuel.

CHAPITRE VIII

Samuel, étant devenu vieux, se fit aider par ses fils qu'il institua juges à Bersabée, mais qui ne marchèrent pas sur ses traces (vv. 1-3). — Les anciens se réunirent alors, et vinrent demander un roi à Samuel, à qui cette requête déplut, mais qui toutefois consulta le Seigneur ; or, le Seigneur lui répondit qu'il devait écouter la voix de son peuple, mais qu'il fallait auparavant lui faire connaître les droits et les prérogatives de la royauté (vv. 4-9). — Le prophète fit alors aux Israélites, une vive peinture des exigences auxquelles ils seraient soumis, et dont ils ne pourraient plus s'affranchir, parce que Dieu n'écouterait pas leurs plaintes (vv. 10-18). — Ils ne furent point ébranlés, et continuèrent à réclamer un roi pour les juger et les mener au combat (vv. 19-20). — Samuel rapporta leurs paroles au Seigneur, et en reçut l'ordre de leur donner un roi (vv. 21-22).

1. Factum est autem cum senuisset Samuel, posuit filios suos judices Israel.

2. Fuitque nomen filii ejus primogeniti, Joel, et nomen secundi, Abia, judicum in Bersabee.

1. Or, il arriva que lorsque Samuel eut vieilli, il établit ses fils juges d'Israël.

2. Et le nom de son fils premier né était Joël, et le nom du second Abia. Ils furent juges à Bersabée.

DEUXIÈME PARTIE

HISTOIRE DE SAÜL ET DE SON RÈGNE JUSQU'À SA MORT, VIII-XXXI.

I. La royauté de Saül depuis son élection jusqu'à sa réprobation, VIII-XV.

1. Fondation de la royauté en Israël, VIII-XII.

A. Les Israélites demandent un roi, VIII.

CHAP. VIII. — L'établissement de la royauté en Israël n'était pas en contradiction avec la théocratie ; mais les motifs qui guidèrent le peuple dans sa demande n'avaient aucune valeur, car, en cette occasion, il méconnut la cause réelle de ses maux et des défaites d'autrefois et qui n'était autre que son apostasie, l'abandon de son Dieu pour les divinités païennes. Toutefois le Seigneur accède aux vœux de son peuple et lui donne pour roi celui qui, par ses qualités guerrières, paraissait le plus en état de rendre à la nation les services qu'elle en attendait. Mais les fautes de Saül, non-seulement l'empêchèrent de remplir sa mission, mais aboutirent à lui faire perdre le trône et la vie, et à faire triompher de nouveau les Philistins. Les Israélites devaient apprendre par là que la royauté ne pourrait leur procurer le salut, si celui qui en était revêtu ne se conformait pas aux prescriptions du Seigneur. C'est sans doute la vérité que l'auteur a voulu bien inculquer, en s'étendant comme il l'a fait sur l'élection de Saül et sur les événements de son règne.

1. — *Posuit filios suos*. Cette disposition est motivée par la vieillesse de Samuel. Il prit donc ses fils pour l'aider dans ses fonctions et les installa au sud, à Bersabée, où les difficultés devaient être les plus grandes vu que la région environnante, à cause de son éloignement, devait plus facilement échapper à la direction de Samuel. Cfr. v. 2. Josephe, Ant. j. l. VI, III, § 2, affirme que le prophète établit l'un de ses fils à Béthel et l'autre à Bersabée ; mais évidemment il est dans l'erreur, car ce serait supposer que Samuel avait résigné complètement les fonctions de Juge, ce que le contexte contredit formellement, v. v. 15. Samuel, qui avait élevé ses fils dans la crainte de Dieu, crut sans doute qu'ils marcheraient sur ses traces ; mais il se trompa. « Ecce qui prophetiæ spiritu plenus erat, dit S. Grégoire, quos judices Israeli posuit, non cognovit. Quid ergo mirum si falli in disponendis ordinibus possunt, qui prophetiæ gratiam non accipiunt ; si ii qui prophetiæ spiritum habent, eumdem spiritum ad disponenda cuncta non habent. »

2. — *In Bersabee*. — V. Jos., xv, 28. Bersabée se trouvait à l'extrême frontière méridionale de la tribu de Juda et confinait au pays des Philistins, comme on peut le conclure des ch. xxi et xxvi de la Genèse où l'on voit qu'Abraham et Isaac y entrèrent en rapport avec les Philistins. Il serait donc encore possible que Samuel eût établi là ses

3. Et ses fils ne marchèrent pas dans ses voies, mais ils tombèrent dans l'avarice et ils reçurent des présents et ils pervertirent la justice.

4. Tous les anciens d'Israël se rassemblèrent donc et vinrent à Samuel, à Ramatha,

5. Et ils lui dirent : Voilà que tu as vieilli et que tes fils ne marchent pas dans tes voies. Etablis-nous un roi comme en ont toutes les nations, pour qu'il nous juge.

6. Ce langage déplut aux yeux de Samuel, parce qu'ils avaient dit : Donne-nous un roi pour qu'il nous juge. Et Samuel pria le Seigneur.

7. Or, le Seigneur dit à Samuel : Ecoute la voix du peuple en tout ce

3. Et non ambulaverunt filii illius in viis ejus; sed declinaverunt post avaritiam, acceperuntque munera, et perverterunt judicium.

4. Congregati ergo universi majores natu Israel, venerunt ad Samuelem in Ramatha.

6. Dixeruntque ei : Ecce tu senuisti, et filii tui non ambulant in viis tuis; constitue nobis regem, ut judicet nos, sicut et universæ habent nationes.

Act. 13, 21.

6. Displicuit sermo in oculis Samuelis, eo quod dixissent : Da nobis regem, ut judicet nos. Et oravit Samuel ad Dominum.

7. Dixit autem Dominus ad Samuelem : Audi vocem populi in om-

---

fils, parce que ce territoire venait d'échapper à la domination des Philistins en conséquence de ce qui est raconté VII, 14.

3. — *Declinaverunt post avaritiam.* Hébreu : « ils s'inclinèrent vers le gain ». Voir Ex., XXII, 2. — *Acceperuntque munera.* C'était expressément contraire à la loi divine, Cfr. Ex., XXIII, 6, 8; Deut., XVI, 19.

5. — *Sicut et universæ habent nationes.* Hébreu : « comme toutes les nations », c'est-à-dire, semblable aux rois des nations païennes. Les Israélites désirent donc avoir une autorité plus ferme et plus régulière, et aussi l'appareil et la pompe qui accompagnent la majesté royale. Mais en même temps, semble-t-il, ils redoutaient le roi des Ammonites qui se préparait à leur faire la guerre, XII, 12, et ils supposaient que la royauté leur offrirait plus de ressources pour repousser ses attaques. L'expression ככל הגוים, *kekol haggoïm*, « comme toutes les nations », fait penser qu'il est fait allusion à la loi du Deut., XVII, 14, qui avait été portée en prévision de l'avenir. Ce n'est que pendant l'exil et après qu'on prit l'habitude de faire de véritables citations.

6. — *Displicuit sermo.* Les raisons en sont données plus loin. Samuel n'est donc point choqué que les anciens blâment la conduite de ses fils et qu'ils le trouvent désormais incapable, vu son grand âge, de s'occuper avec succès des soins du gouvernement. On ne doit pas penser non plus que l'institution de la royauté lui paraissait incompatible avec le régime théocratique ou tout au moins inopportune, car, dans l'un et l'autre cas, il eût purement et simplement rejeté la demande qui lui fut faite. Mais cette demande lui déplut, parce qu'elle impliquait des pensées de défiance non-seulement contre Samuel, mais contre Dieu lui-même, puisque les Israélites montraient par là qu'ils préféraient la protection d'un roi terrestre à celle du roi du ciel. Nous voyons en effet plus loin, ch. XII, ꙟ. 12, que le peuple avait demandé un roi justement à l'approche du roi des Ammonites. A l'occasion de la demande d'un roi par les Israélites, S. Grégoire fait les réflexions suivantes : « Illi quidem contra Domini voluntatem regem petierunt; sed a regia dignitate postea actum est, ut populus qui Deum abjecerat, idola coleret, simulacra adoraret. Quam reverenda ergo sunt majorum consilia cernimus, si hoc sollicite consideramus! quia qui ea despicere ausi sunt, hic se non providerunt agere; inde tam profundo erroris pelago demergi potuissent. » — *Et oravit.* Samuel troublé et affligé s'en remet à la décision de Dieu.

7. — *Audi vocem populi.* Ces paroles montrent bien que Samuel avait raison de se défier de ses propres lumières et de ne pas repousser de prime abord la demande d'un roi. En effet, la royauté n'était pas absolument incompatible avec le régime théocratique en vertu duquel Israël était un royaume dont Dieu était le souverain immédiat. Cfr. Ex., XV, 18 ; Ps., XLIV, 5, LXVII, 25, LXXIII, 12. Les élus du Seigneur, comme Moïse, Josué et les Juges, avaient été les conducteurs au-

CHAPITRE VIII

nibus quæ loquuntur tibi; non enim te abjecerunt, sed me, ne regnem super eos.

8. Juxta omnia opera sua, quæ fecerunt a die qua eduxi eos de Ægypto usque ad diem hanc; sicut dereliquerunt me, et servierunt diis alienis; sic faciunt etiam tibi.

9. Nunc ergo vocem eorum audi; verumtamen contestare eos, et prædic eis jus regis, qui regnaturus est super eos.

10. Dixit itaque Samuel omnia verba Domini ad populum, qui petierat a se regem,

11. Et ait : Hoc erit jus regis, qui imperaturus est vobis : Filios vestros tollet, et ponet in curribus suis, facietque sibi equites et præcursores quadrigarum suarum.

12. Et constituet sibi tribunos, et

qu'ils te disent, car ce n'est pas toi qu'ils ont rejeté, c'est moi, afin que je ne règne pas sur eux;

8. Conformément à toutes les œuvres qu'ils ont faites, depuis le jour où je les ai retirés de l'Egypte, jusqu'à ce jour, comme ils m'ont abandonné et ont servi des dieux étrangers, ainsi agissent-ils envers toi.

9. Maintenant donc, écoute leur voix; cependant prends-les à témoin et déclare-leur le droit du roi qui doit régner sur eux.

10. Samuel rapporta donc toutes les paroles du Seigneur au peuple qui lui avait demandé un roi.

11. Et il dit : Voici quel sera le droit du roi qui vous commandera : Il prendra vos fils et il les mettra sur ses chars, et il en fera ses cavaliers, et ils courront devant ses quadriges.

12. Et il les établira tribuns et

---

torisés du peuple; mais un roi pouvait atteindre le même but, être de même l'organe de la Divinité et guider pareillement les Israélites dans la droite voie, s'ils restaient eux-mêmes attachés à la Loi. Il n'y a rien là qui soit contraire à la constitution théocratique. La loi du Deutéronome XVII, 14-20, établit d'ailleurs expressément la subordination de la royauté terrestre en Israël à la souveraineté divine. — *Non enim te abjecerunt sed me.* La requête des Israélites pouvait être bonne en elle-même, mais les dispositions de leur cœur étaient mauvaises. Ils n'avaient pas de la royauté l'idée qu'ils auraient dû en avoir, surtout en ce qui concerne ses rapports avec la divinité. En réclamant un roi pour les gouverner et les protéger, ils attribuaient ainsi les malheurs qui leur étaient arrivés, non à leurs fautes, mais aux institutions qui les avaient régis. C'était donc implicitement rejeter le gouvernement de Dieu même et supposer que le Seigneur n'était pas en état par lui-même de pourvoir à leur prospérité. Ils se plaçaient par là même au point de vue païen, se mettaient en contradiction avec tout leur passé et reniaient la haute vocation qui leur était échue et qui leur imposait l'obligation d'être fidèles à Dieu, leur véritable souverain. S. Ignace, epist. VI, ad Magnes., dit au sujet de ce texte : « Decet et vos obedire episcopo, et in nullo illi refragari. Ter-

ribile namque est tali contradicere. Nec enim hunc fallis, qui videtur; sed invisibilem fallere nititur, qui non potest a quoquam falli. Nam, si id fit, non ad hominem, sed ad Deum redit contumelia. Samueli namque dixit Dominus : non te spreverunt sed me. » Theodoret, de son côté, Quest. XVII, résume ainsi le rôle de Dieu et celui du prophète à l'endroit d'Israël : « Dominus Deus domini et regis implevit munus. Propheta autem erat administer, et veluti quidam præfectus, aut dux et imperator. »

9. — *Contestare eos.* C'est-à-dire « dépose témoignage contre eux », comme le porte le texte hébreu, ré_présente leur la faute qu'ils commettent et sois-en témoin. — *Jus regis.* Les droits d'un roi comme ceux des nations païennes, dont la puissance sera illimitée et qui les gouvernera selon son bon plaisir.

11. — *Jus regis.* Ce que le roi exigera pour le maintien de sa cour et ce qu'il se permettra contre son peuple. C'est ce que Josèphe appelle τὰ παρὰ τῶν βασιλέων ἐσομένα, Ant. j. l. VI, c. III, § 5. Dieu n'approuve et ne sanctionne pas les droits que les rois s'arrogeront plus tard, il prédit seulement d'avance ce qui arrivera. — *Et ponet in curribus...* Il fera de vos fils les conducteurs de ses chars ou de son char, comme porte l'hébreu, ses piqueurs, ses coureurs.

12. — *Tribunos et centuriones.* Hébreu :

centurions et laboureurs de ses champs et moissonneurs de ses blés et fabricants de ses armes et de ses chars.

13. Il fera aussi de vos filles ses parfumeuses, ses cuisinières et ses boulangères.

14. Il prendra aussi vos champs, et vos vignes et vos meilleurs plants d'oliviers et les donnera à ses serviteurs.

15. Et il vous fera payer la dime de vos moissons et du revenu de vos vignes, pour la donner à ses eunuques et à ses serviteurs.

16. Il prendra aussi vos serviteurs et vos servantes et vos meilleurs jeunes gens et vos ânes et les fera travailler pour lui.

17. Il décimera aussi vos troupeaux et vous serez ses serviteurs.

18. Et ce jour-là vous crierez contre votre roi que vous vous serez choisi; et ce jour-là le Seigneur ne vous exaucera pas, parce que vous avez demandé un roi.

19. Or, le peuple ne voulut pas entendre la voix de Samuel, mais ils dirent : Point du tout, car il y aura un roi sur nous.

20. Et nous aussi nous serons comme toutes les nations; et notre roi nous jugera, il marchera devant nous et combattra nos guerres pour nous.

21. Et Samuel entendit toutes les paroles du peuple et les dit aux oreilles du Seigneur.

22. Mais le Seigneur dit à Sa-

centuriones, et aratores agrorum suorum, et messores segetum, et fabros armorum et curruum suorum.

13. Filias quoque vestras faciet sibi unguentarias, et focarias, et panificas.

14. Agros quoque vestros, et vineas, et oliveta optima tollet, et dabit servis suis.

15. Sed et segetes vestras, et vinearum redditus addecimabit, ut det eunuchis et famulis suis.

16. Servos etiam vestros, et ancillas, et juvenes optimos, et asinos auferet, et ponet in opere suo.

17. Greges quoque vestros addecimabit, vosque eritis ei servi.

18. Et clamabitis in die illa a facie regis vestri, quem elegistis vobis; et non exaudiet vos Dominus in die illa, quia petistis vobis regem.

19. Noluit autem populus audire vocem Samuelis; sed dixerunt : Nequaquam; rex enim erit super nos.

20. Et erimus nos quoque sicut omnes gentes; et judicabit nos rex noster, et egredietur ante nos, et pugnabit bella nostra pro nobis.

21. Et audivit Samuel omnia verba populi, et locutus est ea in auribus Domini.

22. Dixit autem Dominus ad Sa-

« commandants sur mille et sur cinquante. » Cette organisation était ancienne et datait du temps de Moïse, Nomb. XXXI, 44; Deut., I, 15, et était aussi en vigueur chez les Philistins. XXIX, 2. Toute l'armée est ainsi représentée depuis le plus bas grade jusqu'au plus élevé.

14. — *Optima*. Cet adjectif doit se rapporter, comme dans l'hébreu, à tous les noms qui précèdent.

19. — *Noluit autem*. Malgré les conseils du

prophète et la peinture qu'il leur fait de la tyrannie, les Israélites insistent avec plus de force, ce qui était, nous dit S. Grégoire, une témérité et l'indice d'un grand endurcissement du cœur : « Magna temeritas extitit, contra Dei voluntatem regem petere: magnæ duritiæ consiliis prophetæ vinci non posse... In eo mali propositi consummatio est inconvertibilitas voluntatis ». Aussi furent-ils châtiés pour leur opiniâtreté.

22. — *Audi vocem eorum*. S. Augustin,

muelem : Audi vocem eorum, et constitue super eos regem. Et ait Samuel ad viros Israel : Vadat unusquisque in civitatem suam.	muel : Ecoute leur voix et établis sur eux un roi. Et Samuel dit aux hommes d'Israël : Que chacun aille dans sa ville.

Osc. 13, 21.

CHAPITRE IX

Un homme de Benjamin envoie l'un de ses fils, nommé Saül, en compagnie d'un serviteur, à la recherche de ses ânesses qui s'étaient égarées ; mais ils ne purent les retrouver, et, en arrivant à la terre de Suph, Saül voulait s'en retourner (ɣɣ. 3-5). — Son serviteur l'engage alors à aller trouver l'homme de Dieu qui était dans la ville, et Saül consent à consulter le prophète ou le Voyant (6-10). — En montant à la ville, ils s'informent et on leur conseille de se hâter, s'ils veulent rencontrer le Voyant dans la ville, avant qu'il retourne sur la hauteur pour prendre son repas (ɣɣ. 11-13). — Ils entrent et trouvent Samuel venant à leur rencontre (ɣ. 14). — Or, la veille, le Seigneur avait révélé au prophète que le lendemain, à la même heure, il lui enverrait celui qu'il devait sacrer roi sur tout Israël (ɣɣ. 15-16). — En ce moment, le Seigneur lui fit connaître que Saül était son élu (ɣ. 17). — Ensuite, Saül ayant demandé à Samuel ou était la maison du Voyant, Samuel se déclara et l'invita à venir manger chez lui (ɣɣ. 18-19). — En même temps il lui annonce que les ânesses sont retrouvées, et lui fait entrevoir sa grandeur future, ce que Saül ne comprit pas (ɣɣ. 20-21). — Or, Samuel le fit entrer dans la salle, le mit à la place d'honneur, et lui fit servir un morceau qu'il lui avait réservé (ɣɣ. 22-24). — Après le repas, ils descendent dans la ville, et le lendemain, Samuel appelle Saül au lever du jour, l'accompagne quelque temps, puis à l'extrémité de la ville, lui commande d'envoyer en avant son serviteur, parce qu'il voulait lui indiquer la parole du Seigneur (ɣɣ. 25-27).

1. Et erat vir de Benjamin nomine Cis, filius Abiel, filii Seror, filii Bechorath, filii Aphia, filii viri Jemini, fortis robore.	1. Il y avait un homme de Benjamin nommé Cis, fils d'Abiel, fils de Séror, fils de Béchorath, fils d'Aphia, fils d'un homme de Jémini. Il était fort et robuste.

---

commentant le Ps. LI, nous explique pourquoi Dieu accorda un roi aux Israélites : « Rex non ad permanendum electus est a Domino, sed secundum populi cor durum et malum datur ad eorum coruptionem, non ad utilitatem secundum illam sententiam ; quia regnare fecit hominem hypocritam propter perversitatem populi. » S. Cyprien parle dans le même sens : « Ut hoc ulcisceretur Dominus, excitavit eis Saul regem, qui eos injuriis gravibus afficeret, et per omnes contumelias et pœnas, superbum populum calcaret et premeret, ut contemptus sacerdos de superbo populo ultione divina vindicaretur. » — *Vadat unusquisque*. On pourrait sous-entendre : « jusqu'à ce que je vous convoque de nouveau pour vous donner un roi, ainsi que le fait Josèphe quand il ajoute : μεταπέμψομαι δὲ ὑμᾶς εἰς δέον, ὅταν μάθω παρὰ τοῦ Θεοῦ τίνα δίδωσιν ὑμῖν βασιλέα, « je vous convoquerai lors-

qu'il le faudra, lorsque Dieu m'aura fait connaitre le roi qu'il vous donne, » Ant. j. l. VI, c, IV, § 6.

B. Sacre de Saül par Samuel, IX-X, 16.

CHAP. IX. — 1. — *Filius Abiel*. D'après le premier des Paralipomènes, VIII, 33 et IX, 39, Ner avait engendré Cis, tandis que, plus loin, XIV, 51, Ner, le père d'Abner, aurait été le frère de Cis. Il faut admettre alors ou qu'il y a une erreur dans les Paralipomènes, ou qu'il y a eu deux Ner, l'un, le grand-père ou l'aïeul de Cis, l'autre, son frère. On peut en effet supposer que dans les Paralipomènes on a omis l'un des noms de la généalogie, ce qui se présente souvent. — *Fortis robore*. L'expression גבור חיל a un sens plus large que *fortis robore* et indique non-seulement l'honnêteté, mais parfois aussi, sinon l'opulence, tout au moins l'aisance.

2. Et il avait un fils nommé Saül don et exquis. Et personne n'était meilleur que lui parmi les enfants d'Israël. Des épaules et au-dessus il dépassait tout le peuple.

3. Or, les ânesses de Cis, père de Saül, s'étaient égarées, et Cis dit à Saül son fils : Prends avec toi un des serviteurs et lève-toi, va et cherche les ânesses. Lorsqu'ils eurent passé par la montagne d'Ephraïm,

4. Et par la terre de Salisa, et qu'ils ne les eurent pas trouvées, il passèrent aussi par la terre de Salim, et elles n'y étaient pas, et par la terre de Jemini et ils ne trouvèrent rien.

2. Et erat ei filius vocabulo Saul, electus et bonus; et non erat vir de filiis Israel melior illo; ab humero et sursum eminebat super omnem populum.

3. Perierant autem asinæ Cis patris Saul; et dixit Cis ad Saul filium suum : Tolle tecum unum de pueris, et consurgens vade, et quære asinas. Qui cum transissent per montem Ephraim,

4. Et per terram Salisa, et non invenissent, transierunt etiam per terram Salim et non erant; sed et per terram Jemini, et minime repererunt.

---

2. — *Vocabulo Saul.* Le mot *Saul*, en hébreu *Schaoul*, שאול, signifie *le demandé.* — *Electus.* Le mot בחור, *bakhour*, traduit par *electus*, signifie aussi *jeune homme.* Toutefois comme Saül avait un fils déjà grand, XIII, 2, et qu'au surplus il est dit que le Seigneur l'a élu, x, 24, il n'y a pas de motif sérieux pour s'écarter de la traduction de la Vulgate. S. Grégoire commente le mot *electus* dans le sens moral : « Quid in Saul electo et bono significatur, nisi sanctorum Patrum electi imitatores, qui per doctrinam aliis utiles sunt, et per conversationem sibi ? qui sic alios possint regere, ut sibimetipsis nequaquam desinant possidere ? Electi namque et boni sunt, quia sic lucra aliorum expetunt, ut sui nulla damna patiantur. » Saül avait été élu par le Seigneur et cependant comme Judas il n'a point répondu à sa vocation. « Eliguntur præsentia », dit S. Jérôme, in c. xx, Ezech. : « nec statim qui eligitur, tentari non potest, nec perire : quia et Saul electus in regem, et Judas in Apostolum suo postea vitio corruerunt. » — *Melior illo.* C'est-à-dire de plus belle apparence, ainsi qu'on l'explique ensuite. Tel est aussi le sens de *bonus.* — *Ab humero et sursum.* Les qualités physiques de Saül le recommandaient donc tout particulièrement pour la dignité de roi, car, dans les temps anciens surtout, on estimait grandement la beauté et la majesté des formes dans les souverains. Cfr. Herod. III, 20, VII, 487; Avit. Polit. IV, C, 24.

3. — *Per montem Ephraïm.* Il est tout naturel qu'ils aient commencé par traverser la montagne d'Ephraïm, puisque Gabaa, la patrie de Saül, XI, 40 et suiv., était sur l'un de ses versants.

4. — *Et per terram Salisa.* Il s'agit probablement de la région où se trouvait Baal-Salisa, IV Rois, IV, 42, laquelle localité, d'après Eusèbe, dans l'Onomasticon, au mot Βαιθσαρισάθ, se trouvait à 15 milles au nord de Diospolis ou Lydda, à l'ouest de la moderne Djildjilia. Trois oueds en cet endroit se réunissent pour former celui de Kourawa, ce qui peut faire supposer que *Salisa*, en hébreu שלשה, *schalischah*, dérive de שלש, *schalasch*, « trois », et signifierait *la triple vallée*. — *Per terram Salim.* La position de cette localité n'est point connue. D'après l'Onom., c'était un bourg, *in finibus Eleutheropoleos contra Occidentem*, à sept milles de cette ville. Selon le Dr Keil, il y aurait là une erreur, car il prétend qu'en partant de Salisa, pour revenir dans le pays de Benjamin, puis dans la terre de Suph, les deux voyageurs ont dû se diriger à l'Est, vers la contrée où sont indiquées, dans les cartes de Robinson et de Van de Veldte, les Béni Moussah et les Béni Salem. Ce serait là qu'il faudrait chercher la terre de Salim. D'ailleurs, la position de Salim au nord-ouest de Benjamin paraîtrait certaine, parce que Saül et son compagnon, en s'en retournant chez eux, passent tout d'abord près du tombeau de Rachel, x, 2, avant de pénétrer sur le territoire de Benjamin; par conséquent, si, en partant de Salisa, ils s'étaient dirigés du côté d'Eleutheropolis, il leur aurait fallu revenir sur leurs pas pour traverser le pays de Benjamin au sud-ouest, et passer dans la terre de Suph, ce qui est peu vraisemblable. Selon d'autres, l'étymologie de Salim tendrait à assimiler cette région à la terre de Saül, XIII, 47, qui se serait trouvée dans les environs de *Thaiybeh* (Ephra) à neuf milles de la Gabaa de Saül. Au reste, il n'est pas facile de se rendre compte de la route

5. Cum autem venissent in terram Suph, dixit Saul ad puerum qui erat cum eo : Veni et revertamur, ne forte dimiserit pater meus asinas, et sollicitus sit pro nobis.

6. Qui ait ei : Ecce vir Dei est in civitate hac, vir nobilis ; omne quod loquitur, sine ambiguitate venit ; nunc ergo eamus illuc ; si forte indicet nobis de via nostra, propter quam venimus.

7. Dixitque Saul ad puerum suum : Ecce ibimus ; quid feremus ad virum Dei ? panis defecit in sitarciis nostris ; et sportulam non habemus, ut demus homini Dei, nec quidquam aliud.

5. Mais lorsqu'ils furent arrivés dans la terre de Suph, Saül dit au serviteur qui était avec lui : Viens et retournons, de peur que mon père n'ait oublié les ânesses et ne soit en peine de nous.

6. Celui-ci lui dit : Voilà qu'il y a dans cette ville un homme de Dieu, un homme célèbre. Tout ce qu'il dit arrive sans ambiguïté. Maintenant donc allons-y. Peut-être nous renseignera-t-il sur notre chemin, pour lequel nous sommes venus.

7. Et Saül dit à son serviteur : Oui, nous irons, mais que porterons-nous à l'homme de Dieu ? Le pain manque dans nos sacs, et nous n'avons pas de présent à donner à l'homme de Dieu, où quoi que ce soit.

---

suivie par Saül. — *Per terram Jemini.* C'est le territoire de la tribu de Benjamin.

5. — *In terram Suph.* V. 1, 4. — *Ne forte dimiserit...* De peur qu'il ne s'inquiète plus de nous que des ânesses.

6. — *In civitate hac.* D'après l'opinion commune, il s'agirait ici de la ville de Ramathaïmsophim que nous avons placée avec M. V. Guérin à Néby Samouïl, V. 1, 4. L'ensemble du passage le fait d'ailleurs entendre assez clairement. Or, si, en sortant de là, Saül, pour retourner à Gabaa, passe près du tombeau de Rachel, ce qui n'était pas son chemin, c'est qu'il en avait reçu l'ordre. V. ibid. Dans la Vulgate on lit même, x, 2, *in meridie*, ce qui prouve au moins que, d'après S. Jérôme, la ville où résidait en ce moment Samuel était au nord de Bethléhem et non au sud, comme le pensent ceux qui veulent qu'il ne soit pas ici question de la patrie du prophète. Les objections que fait le Dr Keil nous paraissent absolument sans valeur. Il fait remarquer que le serviteur ne dit pas : « habite dans la ville », mais « est dans la ville » ; qu'on lit plus loin : « et ils allèrent dans la ville où était l'homme de Dieu », ⅴ. 10 ; enfin que les jeunes filles répondent : « il est venu aujourd'hui à la ville », ⅴ. 12. Mais on ne saurait tirer aucune conclusion de ces divers passages, et d'autant moins que, dans ce chapitre même, ⅴⅴ. 13 et 19, on nous indique que Samuel avait une habitation sur la hauteur. Il faut en outre remarquer que le mot *Suph*, en hébreu *Tsouph*, צוף, dans les Sept. Σίφα, a une grande analogie avec *sophim* ou *tsophim*, la seconde partie du nom de Ramathaïmsophim, la patrie de Samuel. Enfin la manière dont s'exprime le serviteur fait bien entendre qu'il savait par avance que la ville dont ils étaient proches était la résidence d'un prophète. Nous pouvons encore invoquer l'autorité de Josèphe qui nomme expressément en cette occasion la ville de Ramatha, qu'il appelle *Armatha,* ce qui est la même chose, sauf la transposition des deux premières lettres, Cfr. Ant. J. l. VI, § 4. — *Si forte indicet...* On voit que, dans ces temps anciens, on allait consulter le prophète dans les moindres circonstances de la vie. Toutefois il n'est pas certain que Samuel aurait répondu à la question qui devait lui être posée, si Dieu ne lui avait ménagé cette rencontre pour lui révéler l'élu de son choix.

— 7. *Quid feremus.* On avait l'habitude d'offrir quelque présent aux prophètes, quand on allait les consulter. Assurément c'était plutôt comme marque de respect que comme paiement des services qu'on leur demandait ; mais toutefois on peut penser que ces dons volontaires devaient contribuer à leur entretien. Nous n'admettons donc pas « qu'on ne pouvait », comme le dit Ed. Reuss, « consulter un *sage*, sans le payer », car une semblable assertion est en soi dénuée de preuves.

— *Et sportulam...* Hébreu : « et nous n'avons pas de présent à porter à l'homme de Dieu ; qu'avons-nous ? » Le mot תשורה, *teschourah,* « présent », ne se trouve nulle part ailleurs, mais le sens en est déterminé par un passage d'Isaïe, LVII, 9, où l'emploi du verbe שור,

8. Le serviteur répondit de nouveau à Saül et lui dit : Voilà qu'en ma main se trouve la quatrième partie d'un sicle d'argent, donnons-la à l'homme de Dieu pour qu'il nous indique notre route.

9. Jadis en Israël quiconque allait consulter Dieu parlait ainsi : Venez et allons au voyant, car celui qui aujourd'hui est appelé prophète, jadis était appelé voyant.

10. Et Saül dit à son serviteur : Ton avis est très bon, viens, allons. Et ils allèrent dans la ville où était l'homme de Dieu.

11. Et lorsqu'ils eurent monté le coteau de la ville, ils trouvèrent des jeunes filles qui sortaient pour puiser de l'eau et ils leur dirent : Le Voyant est-il ici ?

12. Elles répondirent et lui dirent : Il y est, le voici devant vous, hâtez-vous ; car aujourd'hui il est venu dans la ville, parce que c'est aujourd'hui le sacrifice du peuple sur le haut lieu.

8. Rursum puer respondit Sauli, et ait : Ecce inventa est in manu mea quarta pars stateris argenti, demus homini Dei, ut indicet nobis viam nostram.

9. (Olim in Israel sic loquebatur unusquisque vadens consulere Deum : Venite, et eamus ad Videntem. Qui enim Propheta dicitur hodie, vocabatur olim Videns).

10. Et dixit Saul ad puerum suum : Optimus sermo tuus. Veni, eamus. Et ierunt in civitatem, in qua erat vir Dei.

11. Cumque ascenderent clivum civitatis, invenerunt puellas egredientes ad hauriendam aquam, et dixerunt eis : Num hic est Videns ?

12. Quæ respondentes, dixerunt illis : Hic est : ecce ante te, festina nunc ; hodie enim venit in civitatem, quia sacrificium est hodie populi in excelso.

---

schour, racine de תשורה, dans l'expression « partir avec des parfums », où il s'agit évidemment de porter un présent, explique comment le mot précité peut avoir la signification qu'on lui donne communément.

8. — *Quarta pars stateris argenti.* Hébreu : « la quatrième partie d'un sicle d'argent ». La valeur du sicle est assez difficile à déterminer ; toutefois on admet comme plus probable que le poids en était d'environ 14 grammes. Nous allons citer en cet endroit les réflexions singulières qu'inspire à un moderne interprète le passage dont nous nous occupons : « Il est plus intéressant de remarquer, dit Éd. Reuss, qu'à deux pas de Ramach, on parle de Samuel, non comme du grand prophète, qui gouverne tout Israël, que tout le monde doit connaître, mais comme d'un diseur de bonne aventure, ignoré encore de Saül, et qui, pour quelque pièce blanche, saura découvrir où sont les ânesses. Evidemment, c'est une autre plume qui a écrit ce second récit. En tout cas, c'est une idée plus que populaire qu'on se fait ici d'un prophète de Jéhova, et qui nous donne la mesure de la distance qui séparait les masses de ces illustres coryphées de la civilisation israélite, que nous connaissons surtout par leurs propres écrits. »

Il nous suffira, pour réfutation, de faire observer que le texte biblique ne dit point que Samuel était ignoré de Saül et ne le compare point à un diseur de bonne aventure. Il est assurément fâcheux que l'écrivain sacré ne soit pas entré dans de longs détails, mais ce n'est pas une raison pour que chacun lui prête ses propres idées. C'est donc uniquement pour le besoin de la cause que l'on prétend que c'est une autre plume qui a écrit ce second récit. Il est d'ailleurs impossible de dénaturer le texte biblique avec plus d'aisance et de laisser-aller.

9. — *Olim in Israel...* Tout ce verset paraît être une glose explicative qui sera passée de la marge dans le texte et qui avait pour but d'expliquer le sens du mot *Voyant.* C'est un exemple qui nous montre le respect que l'on avait pour la lettre même des documents anciens. On ne sait pas d'ailleurs à quelle époque le mot *Voyant* tomba en désuétude et devint un terme obsolète. Hanani, sous le règne d'Asa, est aussi appelé *Voyant*, II, Paral., xvi, 17, et ce mot se rencontre une fois dans Isaïe, xxx, 10.

12. — *In excelso...* Hébreu : בבמה, *babbamah* « sur la hauteur. » Ce n'est pas la colline sur laquelle était construite la ville,

13. Ingredientes urbem, statim invenietis eum antequam ascendat excelsum ad vescendum : neque enim comesurus est populus donec ille veniat; quia ipse benedicit hostiæ, et deinceps comedunt qui vocati sunt. Nunc ergo conscendite, quia hodie reperietis eum.

14. Et ascenderunt in civitatem. Cumque illi ambularent in medio urbis, apparuit Samuel egrediens obviam eis, ut ascenderet in excelsum.

15. Dominus autem revelaverat auriculam Samuelis ante unam diem quam venerit Saul, dicens :

Act. 13, 21.

16. Hac ipsa hora, quæ nunc est, cras mittam virum ad te de terra Benjamin, et unges eum ducem super populum meum Israel et salvabit populum meum de manu Philisthinorum; quia respexi populum meum, venit enim clamor eorum ad me.

17. Cumque aspexisset Samuel Saulem Dominus dixit ei : Ecce vir quem dixeram tibi; iste dominabitur populo meo.

18. Accessit autem Saul ad Samuelem in medio portæ, et ait : Indica, oro, mihi, ubi est domus Videntis?

13. En entrant dans la ville vous le trouverez aussitôt avant qu'il monte sur le haut lieu pour manger; et le peuple ne mangera pas jusqu'à ce qu'il vienne; parce que c'est lui qui bénit la victime et ensuite ceux qui ont été appelés mangent; maintenant donc montez parce que aujourd'hui vous le trouverez.

14. Et ils montèrent dans la ville. Et comme ils marchaient au milieu de la ville Samuel apparut sortant au devant d'eux pour monter sur le haut lieu.

15. Or, le Seigneur avait révélé à l'oreille de Samuel, un jour auparavant, que Saül viendrait, en lui disant :

16. A la même heure qu'en ce moment, demain je t'enverrai un homme de la terre de Benjamin, et tu l'oindras chef sur mon peuple Israël, et il sauvera mon peuple des mains des Philistins; parce que j'ai regardé mon peuple, car leur cri est venu jusqu'à moi.

17. Et lorsque Samuel eut regardé Saül, le Seigneur lui dit : Voilà l'homme dont je t'ai parlé; il règnera sur mon peuple.

18. Or, Saül s'approcha de Samuel au milieu de la porte et lui dit : Indique moi, je te prie, où est la maison du voyant.

---

mais bien plutôt une hauteur la dominant et où se trouvait un autel pour les sacrifices. C'était probablement celui que Samuel avait fait ériger. A במה, correspond le mot grec βῶμος, qui, dans les Septante et les écrivains ecclésiastiques, s'applique toujours aux autels des païens, tandis que Θυσιαστήριον désigne l'autel du vrai Dieu.

13. — *Antequam ascendat...* « Quicumque, dit S. Grégoire, II Part. Pastor., ad celsitudinem curæ pastoralis assumitur, in eadem ordinis sublimitate habere debet et vitæ propriæ altitudinem, et alienæ infirmitatis compassionem. » — *Neque enim...* Il y avait donc en ce jour une grande réunion à l'occasion d'un sacrifice d'actions de grâces.

14. — *In medio urbis.* Il n'y a pas contradiction avec le ⅴ. 18, où il est dit que Saül s'approcha de Samuel, *in medio portæ*. En effet, Saül et son compagnon rencontrent le prophète au milieu de la ville, mais ils durent le suivre quelque temps, et ce n'est qu'à la porte que Saül lui adressa la parole.

15. — *Revelaverat auriculam...* V. Ruth, IV, 4.

16. — *Et salvabit...* Saül avait été choisi dans une tribu guerrière, parce que sa mission était de combattre l'ennemi. Ce passage n'est point en contradiction avec ce qui a été dit plus haut, VII, 13, car bien que les Philistins eussent été vaincus et humiliés et que la main du Seigneur fût sur eux, cependant leur puissance n'avait pas été anéantie, et ils durent faire mainte tentative pour ressaisir la domination qui leur avait échappé. C'est à quoi il est fait allusion ici. Il est d'ailleurs

19. Et Samuel répondit à Saül et lui dit : C'est moi qui suis le Voyant, monte devant moi sur le haut lieu pour manger avec moi aujourd'hui, et demain je te laisserai partir et je t'indiquerai tout ce qui est dans ton cœur.

20. Et quant aux ânesses que tu as perdues avant hier, n'en sois pas en peine, car elles ont été trouvées. Et à qui sera ce qu'il y a de meilleur en Israël? N'est-ce pas à toi et à toute la maison de ton père?

21. Mais Saül lui dit : Est-ce que je ne suis pas un fils de Jémini, de la plus petite tribu d'Israël, et ma famille n'est-elle pas la dernière de toutes les familles de la tribu de Benjamin? Pourquoi donc m'as-tu dit cette parole?

22. Samuel cependant prit Saül et son serviteur et les introduisit dans la salle et leur donna une place en tête de ceux qui avaient été invités, car ils étaient environ trente hommes.

23. Et Samuel dit au cuisinier :

19. Et respondit Samuel Sauli, dicens : Ego sum Videns; ascende ante me in excelsum, ut comedatis mecum hodie et dimittam te mane; et omnia quæ sunt in corde tuo, indicabo tibi.

20. Et de asinis, quas nudiustertius perdidisti, ne sollicitus sis, quia inventæ sunt. Et cujus erunt optima quæque Israel? nonne tibi et omni domui patris tui?

21. Respondens autem Saul, ait : Numquid non filius Jemini ego sum, de minima tribu Israel, et cognatio mea novissima inter omnes familias de tribu Benjamin? quare ergo locutus es mihi sermonem istum?

22. Assumens itaque Samuel Saulem, et puerum ejus, introduxit eos in triclinium, et dedit eis locum in capite eorum qui fuerant invitati; erant enim quasi triginta viri.

23. Dixitque Samuel coquo : Da

---

probable que de nouvelles agressions de leur part ont coïncidé avec le grand âge de Samuel, qui se trouvait alors incapable de guider les Israélites à la victoire, ce qui explique qu'ils aient élevé leur cri vers Dieu.

19. — *Ascende ante me*. C'est un témoignage d'honneur que Samuel rend à Saül. — *Et omnia quæ sunt in corde tuo*. Non pas les inquiétudes qui sont dans ton cœur, car le prophète va bientôt le tranquilliser au sujet des ânesses qu'il cherchait, mais simplement tes pensées, peut-être tes aspirations vers une destinée plus haute.

20. — *Optima quæque Israel?* Hébreu : « tout le désir d'Israël? » c'est-à-dire tout ce qu'Israël peut désirer de plus précieux. Samuel cherche ainsi à faire pressentir à Saül le rôle qui lui est destiné.

21. — *De minima tribu Israel*. La tribu de Benjamin était déjà du temps de Moïse une des moins nombreuses, V. Nomb. I, 36 et suiv.; mais depuis la catastrophe arrivée sous les Juges. Jug., xx, 20, elle était tombée bien plus bas. Elle avait été presque anéantie et par conséquent devait être encore la plus faible de toutes les autres, car elle n'a-

vait certainement pas eu le temps de se relever d'un pareil désastre. Humainement parlant, il était donc peu probable que la tribu de Benjamin dût fournir le chef de la nation, celui qui commanderait aux puissantes tribus de Ruben et de Juda. Rien ne peut faire supposer que Saül parle ainsi par fausse modestie. D'ailleurs il ne comprend pas quels étaient les biens qui lui étaient réservés. D'après S. Cyrille d'Alexandrie, l'humilité de Saül fut la cause de son élévation, et son orgueil celle de sa chûte : « Saül, cum parvus esset in oculis suis, dux super Israel constitutus est; cum vero in superbiam elatus est, a Deo abjectus et reprobatus », in Joan., cap. XXI. — *Quare ergo*. Si Samuel ne répond pas à la question de Saül, c'est qu'il veut uniquement, pour l'instant, lui donner des espérances pour l'avenir.

22. — *Et dedit eis*. A Saül et à son serviteur, parce que tous deux étaient les hôtes du prophète. Ce détail peint d'ailleurs la simplicité de ces temps antiques. — *Erant enim...* C'étaient sans doute les principaux de la ville, tandis que le peuple prenait son repas en plein air.

partem, quam dedi tibi, et præcepi ut reponeres seorsum apud te.

24. Levavit autem coquus armum, et posuit ante Saul. Dixitque Samuel : Ecce quod remansit, pone ante te, et comede; quia de industria servatum est tibi, quando populum vocavi. Et comedit Saul cum Samuele in die illa.

25. Et descenderunt de excelso in oppidum, et locutus est cum Saule in solario, stravitque Saul in solario, et dormivit.

26. Cumque mane surrexissent, et jam elucesceret, vocavit Samuel Saulem in solario, dicens : Surge, et dimittam te. Et surrexit Saul : egressique sunt ambo, ipse videlicet, et Samuel.

27. Cumque descenderent in ex-

Donne-moi la portion que je t'ai donnée et que je t'ai prescrit de mettre à part chez toi.

24. Et le cuisinier souleva une épaule et la plaça devant Saül. Et Samuel dit : Voilà ce qui est resté, mets-le devant toi et mange, parce que je te l'ai fait garder à dessein lorsque j'ai appelé le peuple. Et Saül mangea avec Samuel ce jour là.

25. Et ils descendirent du haut lieu dans la ville. Et il parla avec Saül sur la terrasse. Et Saül se fit un lit sur la terrasse et dormit.

26. Et lorsqu'au matin ils se levèrent et que déjà il faisait jour, Samuel appela Saül sur la terrasse et lui dit : Lève-toi et je te laisserai partir. Et Saül se leva et ils sortirent tous les deux, c'est-à-dire lui et Samuel.

27. Et, comme ils descendaient à

---

24. — *Armum.* Dans l'hébreu on lit encore : וְהֶעָלֶיהָ, *vehaaleiah*, « et ce qui est dessus » ou plutôt, « ce qui y est attaché », c'est-à-dire apparemment la graisse qui n'était pas destinée à l'autel, ou les parties de chair qui touchent à l'épaule. L'épaule est le symbole du courage guerrier, « Quid in armo pectoris », dit S. Grégoire, « nisi fortitudo signatur actionis? » — *Ecce quod remansit...* Samuel fait comprendre à Saül qu'il veut lui faire honneur. — *Quid de industria...* L'hébreu peut se traduire ainsi littéralement : « car pour le temps, il t'a été conservé en disant : j'ai appelé le peuple », ce qui n'offre pas un sens très-clair. Le temps dont il s'agit serait le temps de l'arrivée de Saül et les paroles « j'ai appelé le peuple » auraient été adressées au cuisinier. Mais pour cela il faudrait traduire לֵאמֹר, *lémor*, par « lorsque je disais », ce qui n'est guère acceptable. Comme toutes les tentatives que l'on a faites pour résoudre la difficulté sont peu satisfaisantes, il resterait à supposer que le texte en cet endroit a subi quelque altération, et que peut-être au lieu de לֵאמֹר, il faudrait lire לַאֲשֶׁר, *laascher,* « lorsque je convoquai le peuple », ce qui est la traduction de la Vulgate. Les Septante portent : parce qu'il a été placé pour toi, à part des autres, découpé.

25. — *Et locutus est.* Samuel sans doute, dans cet entretien, prépara Saül à recevoir la dignité qu'il allait lui imposer, en lui parlant probablement des besoins de la nation et de ses devoirs envers Dieu, mais il ne fut pas encore question de la royauté, puisque le secret de son élection ne lui fut révélé que le lendemain. — *In solario.* Hébreu : « sur le toit. » « In Palæstina, et Ægypto, ubi vel scripti sunt divini libri, vel interpretati sunt, non habent in tectis culmina, sed domata, quæ Romæ solaria, vel meniana vocant, id est plana tecta, quæ transversis trabibus sustinentur », Hyeron. ad Cummam et Fielellam. C'était apparemment à dessein et pour que tout le peuple en fût témoin, que Samuel entretint Saül en cet endroit. En effet, l'expression parler sur les toits indique toujours qu'il s'agit de divulguer quelque chose et non de le cacher, Cfr. Is., xv, 3; Matth., x, 27; Luc, xii, 13. — *Stravitque Saul... et dormivit.* C'est un emprunt fait à la version italique qui elle-même s'était inspirée des Septante, où on lit à la place de *locutus est cum Saule in solario* : καὶ διέστρωσαν τῷ Σαοὺλ ἐπὶ τῷ δώματι καὶ ἐκοιμήθη, « et on prépara un lit à Saül sur la maison, et il s'endormit. » Les traducteurs grecs ont donc transformé וַיְדַבֵּר, *vaïdaber* (locutus est) avec וַיִּרְבְּדוּ, *vaïrabbdou* (straverunt lectum', et de plus changé וַיִּשְׁכְּבוּ *vaïaschkimou* (et ils se levèrent) en וַיִּשְׁכַּב *vaïschkab*, et l'ont fait passer du y. 26 au verset précédent. Il était d'ailleurs inutile de noter que Saül avait dormi pendant la nuit, d'autant plus que le verset suivant l'indique et fait connaître qu'il avait passé la nuit sur le toit, *in solario*.

l'extrémité de la ville, Samuel dit à Saül : Dis au serviteur de marcher devant nous, et d'aller, mais toi, arrête-toi un peu afin que je te révèle la parole du Seigneur.

trema parte civitatis, Samuel dixit ad Saul : Dic puero ut antecedat nos, et transeat; tu autem subsiste paulisper, ut indicem tibi verbum Domini.

CHAPITRE X

Samuel sacre Saül, puis lui indique à quels signes il reconnaîtra qu'il est l'élu de Dieu : en s'en retournant, il rencontrera deux hommes qui lui annonceront que les ânesses ont été retrouvées, puis trois autres qui monteront à Béthel et lui donneront deux pains, enfin un chœur de prophètes auquel il se joindra pour prophétiser comme eux (⅋⅋. 1-7). — Il lui commande ensuite de l'attendre sept jours à Galgala (⅋. 8). — Tout se passe comme l'avait dit le prophète, et quand Saül se joignit au chœur des prophètes, il fit l'étonnement de tous (⅋⅋. 9-12). — Il monta ensuite sur la hauteur où il satisfit aux questions de son oncle, sans toutefois lui parler de la royauté (⅋⅋. 13-16). — Or, Samuel rassembla le peuple à Maspha, lui reprocha d'abord de rejeter celui qui les avait tirés d'Égypte, pour demander un roi, puis il fit tirer au sort; et le sort tomba en premier lieu sur Benjamin, et enfin sur Saül qu'on ne trouva pas (⅋⅋. 17-21). — Mais le Seigneur ayant fait connaître qu'il était resté caché à la maison, on alla le chercher, et à l'aspect de sa haute stature, tout le peuple, sur la présentation de Samuel, l'accueillit avec acclamation (⅋⅋. 22-24). Ensuite, après avoir lu au peuple la loi de la royauté, il le renvoya (⅋. 25). — Saül, de son côté, se retire à Gabaa, avec une partie de l'armée, tandis que les méchants le méprisent, et ne lui apportent pas de présents (⅋⅋. 25-27).

1. Or, Samuel prit une petite fiole d'huile et il la versa sur sa tête, et il l'embrassa et lui dit : Voilà que le Seigneur t'a sacré prince sur son héritage, et tu délivreras son peu-

1. Tulit autem Samuel lenticulam olei, et effudit super caput ejus, et deosculatus est eum, et ait : Ecce, unxit te Dominus super hæreditatem suam in principem, et liberabis po-

---

26. — *Surge et dimittam te.* Saül était déjà levé ; Samuel l'invite donc seulement à se préparer au départ.

CHAP. X. — 1. — *Lenticulam olei.* On peut penser que Samuel ne se servit pas d'huile ordinaire, mais de celle qui était destinée à la consécration des prêtres, Cfr. Ex., xxix, 7, xxx, 23-33, xxxvii, 29; Levit., viii, 12. La consécration des rois passa en usage et devint la condition essentielle de toute succession régulière. C'est pour cette raison que, mentionnée ordinairement, elle ne l'est cependant pas toujours, Cfr. xvi, 3 ; II Rois, ii, 4, v, 3, xix, 11 ; III Rois i, 39; IV Rois xi, 12, xxiii, 30 et ix, 3. Après cette cérémonie, le roi devenait l'oint du Seigneur. Il était sanctifié et inviolable, xxiv, 7, xxvi, 9; II Rois xix, 22. L'onction avec l'huile figure le don de l'Esprit de Dieu, parce que l'huile, ayant la vertu de fortifier, est le symbole de ce même Esprit. S. Grégoire fait les réflexions morales

suivantes au sujet des vertus de l'huile : « Oleum liquoribus aliis superfertur : oleum ignem fovet ; oleum vulnera curare consuevit. Ungatur ergo caput regis, quia spirituali gratia mens est replenda Doctoris. Habeat in unctione sua oleum : habeat misericordiam abundantem, quæ virtutibus aliis præferatur. Habeat oleum, ut dum ardorem Sancti Spiritus in se nutrit, lucere vehementer aliis per verbum possit. Habeat oleum medicinæ, ut sapienter disponat, qualiter peccatorum fœtores tergat, et ægras mentes saluti restituat. » Selon le même, l'expression *lenticula olei* présage la réprobation future de Saül. « Lenticula est parvum vas : quid ergo est, quod lenticula Saul ungitur, nisi quia in fine reprobatur ? Velut enim lenticula, olei parum habuit, qui spiritualem gratiam projiciendus accepit. » Cependant il est tout à fait probable que *lenticula* de même que *cornu* désigne un vase quelconque. Jusqu'alors il n'y

pulum suum de manibus inimicorum ejus, qui in circuitu ejus sunt. Et hoc tibi signum, quia unxit te Deus in principem.
Act. 13, 12.

2. Cum abieris hodie a me, invenies duos viros juxta sepulchrum Rachel in finibus Benjamin, in meridie, dicentque tibi : Inventæ sunt asinæ, ad quas ieras perquirendas; et intermissis pater tuus asinis, sollicitus est pro vobis, et dicit : Quid faciam de filio meo?

3. Cumque abieris inde et ultra transieris, et veneris ad quercum Thabor, invenient te ibi tres viri ascendentes ad Deum in Bethel,

ple des mains de ses ennemis qui sont à son entour. Et voici pour toi le signe que Dieu t'a sacré prince.

2. Aujourd'hui, quand tu te seras éloigné de moi, tu trouveras deux hommes près du sépulcre de Rachel, sur les frontières de Benjamin, et ils te diront : Les ânesses que tu étais allé chercher sont retrouvées, et ton père oubliant les ânesses, est en peine de vous et dit : Que ferai-je touchant mon fils?

3. Et lorsque tu seras parti de là et que tu auras passé plus avant et que tu seras parvenu au chêne de Thabor, là te rencontreront trois

---

avait pas eu d'autre consécration que celle des prêtres et du sanctuaire, V. Ex., xxx, 23 et suiv., Levit., VIII, 10 et suiv. Si donc Saül est sacré, c'est que la royauté devient une institution divine subsistant à côté du sacerdoce, et par laquelle Dieu veut également communiquer ses dons à son peuple. De même que les prêtres sont médiateurs entre Dieu et le peuple, de même le roi le sera pour ce qui concerne les intérêts généraux et le gouvernement de la société. — *Ecce unxit te Deus...* Hébreu : « N'est-ce pas ainsi que le Seigneur t'a sacré prince sur son héritage? » *Et liberabis...* La fin de ce verset est évidemment une addition faite au texte original, addition qui a passé des Septante dans la version italique et de là dans la Vulgate. Donc selon la Vulgate et les Septante, les signes que Samuel annonce à Saül seraient la preuve de l'élection divine de ce dernier, tandis que dans l'hébreu ils indiquent seulement que l'Esprit de Dieu sera alors avec Saül, comme le déclare le ℣. 7. Toutefois, il est bien évident que les trois signes mentionnés confirmeront l'élection de Saül.

2. — *Juxta sepulchrum Rachel.* D'après la Genèse, le tombeau de Rachel se trouvait sur le chemin de Béthel à Bethléhem, à une certaine étendue de chemin, d'après le texte hébreu, étendue qui d'ailleurs n'est point déterminée exactement et qui peut-être était une mesure itinéraire, V. Gen., xxxv, 16, XLVIII, 7. S. Jérôme et Eusèbe le placent à cinq milles de Jérusalem et une tradition non interrompue le reconnaît à Kacbbet Rahil, *coupole de Rachel*, à un mille de Bethléhem. Toutefois, le tombeau tel qu'il est actuellement n'est nullement ancien et le sarcophage qu'il

renferme n'est pas non plus authentique. La position du lieu et la tradition tendent seules à prouver que là fut jadis le tombeau de Rachel encore vénéré aujourd'hui par les Juifs et les musulmans. Il est d'ailleurs difficile de concilier le passage dont nous nous occupons avec cette tradition, car il semble placer le tombeau de Rachel entre Ramathaïmsophim et Gabaa. — *In meridie.* Hébreu : « à Tseltsakh » בצלצח, *betseltsakh*, localité dont la position n'a pas été retrouvée. Mais comme, d'après ce passage même, le tombeau de Rachel devait être un endroit bien connu, il est difficile que la tradition ait pu se tromper. L'auteur de la Vulgate a traduit comme s'il avait lu en deux mots : בצל צח « dans l'ombre du soleil » litt. ı de la chaleur. » Au reste, les Septante ayant traduit ἁλλομένους μεγάλα, « se pressant beaucoup », on peut penser, vu ces divergences, que le texte a subi quelque altération. — *Inventæ sunt asinæ.* Ce premier signe devait non-seulement confirmer la vérité de ce que Samuel avait dit, mais aussi permettre à Saül d'élever son esprit à des pensées plus en rapport avec sa vocation, puisqu'il était maintenant déchargé de tout souci à l'endroit de la mission que son père lui avait confié. — *Quid faciam...* C'est-à-dire, que ferai-je au sujet de mon fils?

3. — *Ad quercum Thabor.* Il n'est plus désormais question de ce chêne, et tout ce qu'on peut supposer, c'est qu'il se trouvait sur le chemin de Béthel à Gabaa. Plusieurs pensent qu'il faudrait lire דבורה, *Deborah*, au lieu de תבור, *Thabor*, et qu'il serait alors ici question du palmier de Débora, Jug., IV, 5 ; mais cette hypothèse, toute ingénieuse qu'elle soit, ne repose sur rien de solide. — *Tres viri*

hommes montant vers Dieu à Béthel, l'un portant trois chevreaux, et un autre trois tourteaux de pain, et un autre portant une bouteille de vin.

4. Et, lorsqu'ils t'auront salué, ils te donneront deux pains et tu les recevras de leurs mains.

5. Ensuite tu arriveras à la colline de Dieu, où est une station des Philistins. Et lorsque tu seras entré dans la ville, tu rencontreras une troupe de prophètes descendant du haut lieu, et devant eux un psaltérion, un tympanon, une flûte et une cithare, et ils prophétiseront.

6. Et l'esprit du Seigneur te sai-

unus portans tres hœdos, et alius tres tortas panis, et alius portans lagenam vini.

4. Cumque te salutaverint, dabunt tibi duos panes, et accipies de manu eorum.

5. Post hæc venies in collem Dei, ubi est statio Philisthinorum ; et cum ingressus fueris ibi urbem, obvium habebis gregem prophetarum descendentium de excelso, et ante eos psalterium et tympanum, et tibiam, et citharam ipsosque, prophetantes.

6. Et insiliet in te spiritus Do-

---

ascendentes... Cette circonstance prouve que Béthel, où Abraham et Jacob avaient élevé chacun un autel, Gen., XII, 8, XIII, 3 et suiv., XXVIII, 18 et suiv., XXXV, 7, était à cette époque un des sanctuaires de la nation, puisque ces hommes y apportaient évidemment des offrandes. — *Bethel.* Aujourd'hui Beitin, V. Jos., VII, 2.

4. — *Dabunt tibi duos panes.* Ce devait être comme un hommage rendu à la dignité royale de Saül. Tel était le sens du second signe.

5. — *In collem Dei.* L'hébreu גבעת האלהים, *Gibeath haélohim,* peut aussi être traduit par *Gabaa de Dieu,* ce qui désignerait alors Gabaa de Benjamin, la patrie de Saül, ainsi appelée apparemment par ce qu'il s'y trouvait un haut lieu, *une hauteur* במה, *bamah,* où l'on faisait des offrandes à Dieu. En tout cas, on admet généralement que la ville dont il est question dans ce même verset est bien Gabaa, et ce qui le prouve, c'est que tout le monde y connaissait Saül, 10 et suiv. L'historien Josèphe est très-formel à cet égard et nomme expressément Gabaa, en grec Γαβαθα, Cfr. Ant. j. l. VI, c, IV, § 2 et 6. — *Urbem.* Comme nous venons de le dire, c'est Gabaa de Benjamin, appelée plus tard Gabaa de Saül, parce que ce roi y fixa sa résidence, Cfr. XI, 4. XV, 34; II Rois XXI, 6, Is., X, 29. Pour l'identification de Gabaa, V. Jos., XVIII, 24.

— *Gregem prophetarum...* Bien que ces prophètes descendent de la hauteur, ce n'est pas une raison suffisante pour penser qu'ils y avaient leur habitation. Il est plus probable qu'ils y étaient montés pour une cérémonie religieuse, ou pour y faire une sorte de pélérinage. En tout cas, on voit qu'il s'agit de quelque chose de solennel, d'une cérémonie

ressemblant quelque peu à une procession. C'est la première fois qu'il est question d'une troupe de prophètes et il est vraisemblable qu'ils étaient réunis en communauté et faisaient partie d'une école de prophètes. — *Psalterium.* En hébreu *nébel* נבל. C'était un instrument à cordes ayant, d'après S. Jérôme, S. Isidore et Cassiodore, la forme d'un delta renversé. Il avait dix cordes, Ps., XXXIII, 2, CXLIII, 9; douze, selon Josèphe, Ant. j. l. VII, c, XII, § 3. Il est appelé en grec νάβλα, en latin *nablum* ou *psalterium* comme ici. Il était en usage non-seulement dans les cérémonies religieuses, III Rois X, 12; I Paral., XV, 16, mais aussi dans les fêtes profanes. — *Tympanum.* C'est le tambourin, l'instrument dont se servit la sœur de Moïse, Ex., XV, 20. — *Et citharam,* en hébreu *cinnor* כנור. C'était encore un instrument à cordes, non pas une harpe, puisqu'on en jouait en marchant, II Rois VI, 5, mais plutôt une sorte de guitare. Il est toujours cité avec le *nable* ou *psalterium,* Ps., LXX, 22, c, VIII, 3, CXLIX, 3. C'étaient là probablement les seuls instruments à cordes usités parmi les Juifs. Josèphe prétend que le cinnor composé de dix cordes se touchait avec le plectre, et le nable avec les doigts, Ant. j. l. VII, c, XII, § 3. Cependant nous voyons que David jouait le cinnor avec la main, XVI, 23, XVII, 10, XIX, 9. — *Ipsosque prophetantes.* Sous l'influence de l'enthousiasme religieux, ils exprimaient leurs sentiments, soit par des chants à la louange de Dieu, soit par des discours où se reflétait l'esprit divin. Comme nous l'avons déjà insinué, il est probable qu'ils appartenaient à quelque école de prophètes dans le genre de celles que Samuel avait fondées, XIX, 20.

6. — *Et insiliet...* L'esprit du Seigneur te

mini, et prophetabis cum eis, et mutaberis in virum alium.

7. Quando ergo evenerint signa hæc omnia tibi, fac quæcumque invenerit manus tua, quia Dominus tecum est.

8. Et descendes ante me in Galgala (ego quippe descendam ad te), ut offeras oblationem, et immoles victimas pacificas : septem diebus exspectabis, donec veniam ad te, et ostendam tibi quid facias.

Infr. 13, 8.

9. Itaque cum avertisset humerum suum ut abiret a Samuele, immutavit ei Deus cor aliud, et venerunt omnia signa hæc in die illa.

sira et tu prophétiseras et tu seras changé en un autre homme.

7. Lors donc que tous ces signes te seront arrivés, fais tout ce qui te viendra sous la main, parce que le Seigneur est avec toi.

8. Et tu descendras avant moi à Galgala (car je descendrai vers toi) pour offrir l'oblation et immoler des victimes pacifiques. Tu attendras sept jours, jusqu'à ce que je vienne à toi et je te montrerai ce que tu auras à faire.

9. Or, dès qu'il eut tourné son épaule pour s'éloigner de Samuel, Dieu lui donna un autre cœur et tous ces signes arrivèrent ce jour là.

---

saisira, sans que tu puisses lui résister. — *Et prophetabis cum eis.* Le feu de l'inspiration passera des prophètes en toi, et tu t'uniras à eux. — *Et mutaberis in virum alium.* Tes pensées, tes sentiments ne seront plus les mêmes, mais seront désormais en rapport avec la dignité royale. Les habitudes de la vie passée de Saül ne l'ayant point préparé à sa haute vocation, un pareil changement était nécessaire. Ce troisième signe était la confirmation intérieure de son élection divine et de sa consécration.

7. — *Fac quæcumque invenerit manus tua.* C'est-à-dire, agis selon les circonstances. « His signis noscere poteris, quia Deus te regem fore voluit : et idcirco ad omnia quæ tibi agenda sunt, regaliter age, quia Dominus tecum est », Hieron. in Quæst. Les trois signes ensemble étaient donc destinés à convaincre Saül que tout ce qu'il entreprendrait comme roi lui réussirait, parce que le Seigneur l'assisterait. La même expression hébraïque se retrouve, Jug., IX, 33, où elle a été rendue par « fac ei quod potueris. »

8. — *Et descendes ante me...* Le Dr Keil propose de traduire וירדת, *veiaradta,* par le conditionnel, « si tu descends », et il cherche à justifier sa manière de voir par de longues considérations dans lesquelles nous ne le suivrons pas. En effet, tout en conservant le futur, on peut très bien comprendre qu'il ne s'agit pas d'un ordre à exécuter immédiatement après l'accomplissement des signes et que, par conséquent, il n'est pas fait allusion à la première réunion à Galgala où Saül fut proclamé roi, mais à la seconde, lorsque le peuple fut convoqué pour marcher contre les Philistins, XIII, 7 et suiv. La similitude des expressions le prouve abondamment, V. ibid.

ỹ. 8. On peut donc supposer que cet ordre a trait à des projets arrêtés d'avance, ou à des conditions déjà posées et développées, mais que l'auteur n'a pas cru devoir nous faire connaître. Comme à cette époque les Philistins occupaient une partie de l'ouest du pays et avaient même un poste à Gabaa, ỹ. 5, on peut penser que Galgala était devenue un point central et que cette localité était naturellement désignée pour y tenir les grandes assemblées de la nation en temps de guerre. On peut donc ici sous-entendre : « quand tu marcheras contre les Philistins », ou quelque chose d'analogue. — *In Galgala.* C'est le lieu où campèrent les Israélites après avoir traversé le Jourdain, V. Jos., IV, 19. — *Et ostendam tibi quid facias.* Il ne faut pas conclure de ces paroles la subordination du pouvoir royal au sacerdoce ou même à Samuel. Saül, élevé à la royauté et destiné à délivrer son peuple de la servitude des Philistins, ne devait cependant pas entreprendre la guerre de sa propre autorité, mais attendre que Samuel eût offert le sacrifice et lui eût indiqué les ordres de Dieu, dût le prophète le faire attendre sept jours.

9. — *Immutavit ei Deus cor aliud.* C'est-à-dire, Dieu le changea et lui donna un autre cœur. « Quoniam erat rusticus, dit Théodoret, solum sciens terram colere, cum ei manus imposuisset, dedit ei spiritum regum. » Selon S. Grégoire, « Cor immutatum habebat : quia qui asinas quæsierat jam de regni dispositione cogitabat. » — *In die illa.* En admettant que Ramathaïmsophim soit la même chose que Néby Samouil, I. 4, on peut voir à la seule inspection de la carte que Saül eut le temps dans la même journée de passer près de Bethléhem et de remonter jusqu'à

10. Et ils arrivèrent à la colline susdite et voilà qu'une troupe de prophètes vint au-devant de lui, et l'esprit du Seigneur s'empara de lui et il prophétisa au milieu d'eux.

11. Et tous ceux qui l'avaient connu hier et avant hier, en voyant qu'il était avec les prophètes et qu'il prophétisait, se dirent l'un à l'autre : Qu'est-il arrivé au fils de Cis ? Est-ce que Saül est aussi parmi les prophètes ?

12. Et ils se répondaient l'un à l'autre et disaient : Et quel est leur père ? C'est pourquoi ceci est passé en proverbe : Est-ce que Saül est aussi parmi les prophètes ?

10. Veneruntque ad prædictum collem, et ecce cuneus prophetarum obvius ei ; et insiluit super eum spiritus Domini, et prophetavit in medio eorum.

11. Videntes autem omnes qui noverant eum heri et nudiustertius, quod esset cum prophetis et prophetaret, dixerunt ad invicem : Quænam res accidit filio Cis? num et Saul inter prophetas ?

12. Responditque alius ad alterum, dicens : Et quis pater eorum? propterea versum est in proverbium : Num et Saul inter prophetas ?

Infr. 19, 24.

Gabaa. Il n'en serait pas de même si l'on identifiait Arimathie avec la patrie du prophète.

10. — *Veneruntque...* Si ce troisième signe est raconté tout au long, c'est peut-être parce qu'il est arrivé à Gabaa et qu'il y fit événement, mais plus probablement parce qu'il donne la preuve matérielle que le cœur de Saül fut réellement changé et que Dieu doua son élu des qualités nécessaires à la conduite de son peuple. Des trois signes c'était certainement le plus important, parce que de sa réalisation dépendait le succès des entreprises de Saül. — *Ad prædictum collem.* Hébreu : « ici a Gabaa ». Les Septante ont traduit סם, *scham*, « ici » par ἐκεῖθεν « de là », c'est-à-dire de Ramatha, indication tout au moins superflue. — *Et ecce cuneus prophetarum.* On pourrait conclure de cette circonstance qu'il y avait sinon à Gabaa, tout au moins dans les environs, une école de prophètes. — *Et prophetavit in medio eorum.* C'est-à-dire parmi eux, avec eux, en se joignant à leur troupe et à leurs chants ou à leurs discours. « Tantum distat, dit S. Augustin lib. II ad Simplic. quæst., 4, inter prophetiam prophetarum, sicut Isaias, sicut Jeremias, et cæteri hujusmodi fuerunt, atque istam transitoriam, quæ in Saul apparuit, quam distat inter loquelam humanam quam loquuntur homines, et cum eadem loquela humana quam propter necessarium prodigium asina locuta est, in qua sedebat Balaam propheta. Accepit enim hoc ad tempus illud jumentum, ut Deus quod statuerat demonstraret, non ut habitu perpetuo inter homines bestia loqueretur. » Selon S. Bernard, marcher en esprit et vivre de la foi, c'est aussi prophétiser. « Magnum prophetandi genus, cui vos deditos esse conspicio ; magnum prophetiæ studium, cui vos conspicio mancipatos. Quo illud ? Nempe juxta Apostolum non considerari quæ videntur, sed quæ non videntur, sine dubio prophetare est ambulare in spiritu, ex fide vivere, quæ sursum sunt quærere, non quæ super terram ; oblivisci quæ retro sunt, et extendi in anteriora, ex magna parte prophetare est », Serm., II, ad Fratres de altitud. cordis.

11. — *Num et Saül inter prophetas?* Cette réflexion montre que jusqu'alors la vie de Saül avait été toute différente de celle des prophètes.

12. — *Responditque alius ad alterum.* Hébreu : « et un homme de là (de Gabaa) répondit ». — *Et quis pater eorum?* C'est-à-dire leur père est-il un prophète ? ont-ils hérité chacun de leur père du don de prophétie ? Si donc ces prophètes n'ont pas reçu en héritage le don de prophétie, mais l'ont reçu de Dieu, Dieu a pu de même le communiquer à Saül. Cette réponse satisfait à la question : « num et Saul inter prophetas ? » Il n'est donc pas absolument nécessaire d'adopter la traduction des Septante : « et qui est son père », car ainsi qu'on vient de le voir, le texte tel qu'il est, offre un sens satisfaisant. Cependant nous avouerons facilement que ce passage offre quelque analogie avec Matt., XIII, 54, 57, et qu'il serait plus naturel de penser que les habitants de Gabaa s'étonnent de voir Saül prophétiser, justement parce qu'ils le connaissent et qu'ils connaissent aussi son père. — *Num et Saül inter prophetas?* On était sans doute moins étonné que Saül fût tout à coup devenu prophète ou saisi de l'esprit de prophétie, que de constater qu'il était passé à un genre de vie qui jusqu'alors lui avait été complètement étranger et que ne compor-

CHAPITRE X

13. Cessavit autem prophetare, et venit ad excelsum.

14. Dixitque patruus Saul ad eum, et ad puerum ejus: Quo abistis? Qui responderunt: Quærere asinas; quas cum non reperissemus, venimus ad Samuelem.

15. Et dixit ei patruus suus: Indica mihi quid dixerit tibi Samuel.

16. Et ait Saul ad patruum suum: Indicavit nobis quia inventæ essent asinæ. De sermone autem regni non indicavit ei quem locutus fuerat ei Samuel.

17. Et convocavit Samuel populum ad Dominum in Maspha;

18. Et ait ad filios Israel: Hæc dicit Dominus Deus Israel: Ego eduxi Israel de Ægypto, et erui vos de manu Ægyptiorum, et de manu omnium regum qui affligebant vos.

19. Vos autem hodie projecistis Deum vestrum, qui solus salvavit vos de universis malis et tribulationibus vestris; et dixistis: Nequaquam: sed regem constitue super

13. Mais il cessa de prophétiser et vint sur le haut lieu.

14. Et l'oncle de Saül lui dit, ainsi qu'à son serviteur : Où êtes-vous allés ? Ils répondirent : Chercher les ânesses. Ne les ayant pas trouvées, nous sommes allés vers Samuel.

15. Et son oncle lui dit : Apprends-moi ce que t'a dit Samuel.

16. Et Saül dit à son oncle : Il nous a appris que les ânesses étaient trouvées. Mais il ne lui fit pas connaître les paroles que Samuel lui avait dites touchant la royauté.

17. Et Samuel convoqua le peuple devant le Seigneur à Maspha.

18. Et il dit aux enfants d'Israël : Voici ce que dit le Seigneur Dieu d'Israël : J'ai retiré Israël de l'Egypte et je vous ai délivrés de la main des Egyptiens et de la main de tous les rois qui vous affligeaient.

19. Mais vous, aujourd'hui, vous avez rejeté votre Dieu, qui seul vous a sauvés de tous vos maux et de toutes vos tribulations, et vous avez dit : Non ! mais etablis un roi sur

---

taient ni son éducation, ni ses habitudes, ni même la bassesse de son origine.

13. — *Et venit in excelsum.* Saül monta à son tour sur la hauteur (en hébreu *bamah,* במה), d'où étaient descendus les prophètes, peut-être pour y prier, y faire une offrande, et rendre grâces à Dieu, avant de rentrer dans sa famille.

14. — *Patruus Saul.* L'oncle de Saül s'appelait Ner et, comme Cis, était fils d'Abiel, xiv, 51. On peut supposer que Saül était redescendu de la hauteur ou que ses parents l'y avaient accompagné, ce que l'ensemble du texte fait paraître assez probable.

16. — *Non indicavit ei.* Par modestie, disent les uns, par prudence, disent les autres, ou pour ne pas donner prise à l'envie, ainsi que le pense Josèphe, Ant. j. l. vi, c, iv, § 3. Mais ne vaudrait-il pas mieux supposer que Samuel lui avait défendu de révéler ce qui était encore le secret de Dieu, parce que le moment n'était pas venu de proclamer la chose devant tout le peuple ? C'est l'explication qui nous paraît la plus naturelle. Selon S. Grégoire, « verbum non indicat qui magnitudinem sanctitatis per vanam gloriam non revelat. Nam qui magna dignitate, magnaque sanctitate radiat, multa vivendo ostendit, quæ loquendo non dicit. »

C. Election de Saül et confirmation de son autorité, ỳ. 17.-xi, 15

a. *Election de Saül par le sort,* ỳỳ. 17-27.

17. — *In Maspha.* Cfr. Jos., xviii, 26. Maspha fut sans doute choisi pour lieu de réunion, parce que les Israélites y avaient auparavant remporté sur les Philistins une victoire signalée, vii, 5 et suiv.

18. — *Omnium regum...* Il est assez remarquable que Samuel fasse observer aux Israélites qui demandaient un roi, que le Seigneur les avait délivrés de la main des rois. S'il n'y a pas là une espèce d'ironie, il y a au moins un enseignement. Leur Dieu, qui les avait protégés dans le passé, pouvait encore les défendre dans l'avenir, et la royauté par elle-même était impuissante.

19. — *Projecisti Deum vestrum.* La faute des Israélites n'était pas précisément de demander un roi, mais de le demander pour avoir, comme les païens, un souverain visible

nous. Maintenant donc tenez-vous devant le Seigneur selon vos tribus et vos familles.

20. Et Samuel mit au sort toutes les tribus d'Israël et le sort tomba sur la tribu de Benjamin.

21. Et il mit au sort la tribu de Benjamin et ses familles, et le sort tomba sur la famille de Metri et arriva jusqu'à Saül fils de Cis. On le chercha donc et on ne le trouva pas.

22. Et on consulta ensuite le Seigneur pour savoir s'il viendrait là; et le Seigneur répondit : Voilà qu'il est caché dans sa maison.

23. Ils coururent donc et l'emmenèrent. Et il se tint au milieu du peuple et il fut plus haut que tout le peuple depuis l'épaule et au-dessus.

24. Et Samuel dit à tout le peuple : Certes vous voyez qui le Seigneur a choisi, car personne n'est semblable à lui dans tout le peuple. Et tout le peuple s'écria et dit : Vive le roi !

25. Mais Samuel exposa au peuple la loi du royaume et l'écrivit

nos. Nunc ergo state coram Domino per tribus vestras, et per familias.
Supr. 8, 19.

20. Et applicuit Samuel omnes tribus Israel, et cecidit sors tribus Benjamin.

21. Et applicuit tribum Benjamin et cognationes ejus, et cecidit cognatio Metri, et pervenit usque ad Saul filium Cis. Quæsierunt ergo cum, et non est inventus.

22. Et consuluerunt post hæc Dominum, utrumnam venturus esset illuc. Responditque Dominus : Ecce absconditus est domi.

23. Cucurrerunt itaque et tulerunt eum inde; stetitque in medio populi, et altior fuit universo populo ab humero et sursum.

24. Et ait Samuel ad omnem populum : Certe videtis quem elegit Dominus, quoniam non sit similis illi in omni populo. Et clamavit omnis populus, et ait : Vivat rex !

25. Locutus est autem Samuel ad populum legem regni, et scripsit in

---

à la place du Dieu invisible, qui jusque-là avait été leur unique souverain, et que de cette façon ils rejetaient tout au moins implicitement.

20. — *Cecidit sors.* Comment se fit le tirage au sort ? on ne nous le dit pas. Il est probable que ce fut à la manière habituelle, V. Jos., xviii, 68.

21. — *Et non est inventus.* Sans doute il s'était caché par crainte de paraître devant le peuple.

22. — *Et consuluerunt...* Apparemment par le ministère du grand-prêtre et selon le rit ordinaire, car on doit supposer que le grand-prêtre assistait à cette réunion solennelle. — *Utrumnam venturus esset illuc.* Hébreu : « est-il encore venu quelqu'un », c'est-à-dire outre ceux qui sont ici présents et parmi lesquels ne se trouve pas Saül. On voulait savoir où il fallait aller chercher Saül, si c'était chez lui ou ailleurs. La traduction de la Vulgate est une imitation de celle des Septante qui ont écrit : εἰ ἔτι ἔρχεται ὁ ἀνὴρ ἐνταῦθα; « l'homme viendra-t-il encore ici ? » parce que la réponse ne leur paraissait pas cadrer avec la question. On peut remarquer au surplus qu'on pouvait se dispenser de demander si Saül allait venir, en l'envoyant chercher. — *Ecce absconditus est domi.* Hébreu : « Voici qu'il est caché parmi les bagages », c'est-à-dire, il est ici, mais il est caché..., réponse qui est bien en harmonie avec la question, telle quelle est posée dans le texte original. Selon Bède, lib. II, in Samuel, c. iii, Saül est en cette circonstance la figure de Jésus-Christ : « Ita et Christus Dominus, cum venturus esset ut raperent eum et constituerent sibi regem, fugit... Quia Christus Dominus intus se quæri debere, intus inveniri posse, intus esse quæ docet; intus quo ducit, ostendit. »

23. — *Altior fuit.....* « Ideo Deus elegit omnium maximum, dit Théodoret, quia Hebræi non animi virtutem, sed corporis magnitudinem mirabantur. »

24. — *Et clamavit populus.* Les qualités personnelles de Saül et le témoignage de Samuel qui atteste que Dieu l'a choisi, concourent pour le faire acclamer avec enthousiasme.

25. — *Legem regni.* Il faut bien distinguer *la loi du royaume* de ce qui a été appelé plus

libro, et reposuit coram Domino; et dimisit Samuel omnem populum, singulos in domum suam.

26. Sed et Saul abiit in domum suam in Gabaa; et abiit cum eo pars exercitus, quorum tetigerat Deus corda.

27. Filii vero Belial dixerunt : Num salvare nos poterit iste? Et despexerunt eum, et non attulerunt ei munera; ille vero dissimulabat se audire.

dans un livre et le déposa devant le Seigneur. Et Samuel renvoya tout le peuple, chacun dans sa maison.

26. Mais Saül s'en alla dans sa maison à Gabaa; et avec lui alla une partie de l'armée dont Dieu avait touché le cœur.

27. Mais les enfants de Bélial dirent : Est-ce que celui-là pourra nous sauver? Et ils le méprisèrent et ne lui apportèrent point de présents. Mais lui feignait de ne pas entendre.

---

haut *judicium regis*. Ici il s'agit évidemment de la loi qui devait régler les rapports du roi avec Dieu et avec le peuple. Nous sommes donc portés à croire que Samuel ne se contenta pas de lire les prescriptions du Deutéronome, xvii, 14-20, mais qu'il faut entendre par *la loi du royaume* quelque chose de plus. Il convenait, d'ailleurs, que ce fût un aussi grand prophète qui promulguât une loi semblable, destinée à poser des limites aux empiétements probables de la royauté. — *Et scripsit in libro*. Non-seulement Samuel lut la loi du royaume, mais il l'écrivit pour qu'elle se conservât comme un document. — *Coram Domino*. Cette expression un peu vague ne saurait nous indiquer où Samuel déposa son écrit. Rien ne peut nous faire conclure que ce fût à côté de l'Arche d'Alliance avec la copie de la loi, Deut., xxxi, 26, ni même dans le Tabernacle. L'Arche, à cette époque, n'était pas à Maspha, mais à Cariathiarim, vii, 4, et quant au Tabernable. il semble que, depuis la catastrophe mentionnée, iv, il avait été considérablement négligé. Somme toute, du temps de Samuel, le culte lévitique, autant qu'on peut en juger, doit avoir passé par une sorte de crise, c'est-à-dire avoir été momentanément interrompu, sinon en totalité, au moins en partie.

26. — *Pars exercitus*. L'hébreu חיל, *kaïl*, litt., *force*, doit indiquer, non pas une grande armée, comme dans l'Exode, xiv, 28, mais une troupe d'hommes déterminés.

27. — *Filii vero Belial*. V. ii, 12. — *Et non attulerunt ei munera*. C'était, pour ainsi dire, une révolte ouverte, car, en Orient surtout, les présents étaient le symbole de l'hommage et de la soumission. — *Ille vero...* Hébreu : « il était comme un sourd. » Cette conduite prouve la force de caractère de Saül, peut-être son abnégation, mais surtout sa prudence et sa sagesse. Il attendit, pour user de ses droits, une occasion favorable qui ne tarda pas à se présenter, V. 11. Les Septante ont omis cette fin, ou plutôt ont lu autrement, V. xi, 4.

288 LES LIVRES DES ROIS

CHAPITRE XI

Un mois après, Naas, roi des Ammonites, vient assiéger Jabès-Galaad, dont les habitants ne purent obtenir la paix, mais seulement la permission de réclamer le secours de leurs frères d'Israël (⅌⅌. 1-2). — Les envoyés étaient déjà arrivés à Gabaa, lorsque Saül, en revenant des champs, apprit de quoi il s'agissait)⅌⅌. 4-5). — Aussitôt l'esprit de Dieu le saisit ; il coupe ses bœufs en morceaux et les envoie par tout le pays, convoquant tout le peuple sous de terribles menaces. Tous accourent, et il se trouva trois cent mille hommes d'Israël, et trente mille de Juda (⅌⅌. 7-8). — Les envoyés de Jabès-Galaad ont ordre d'annoncer que la ville serait secourue le lendemain, et les habitants, joyeux à cette nouvelle, font savoir aux ennemis que le lendemain ils iront au-devant d'eux (⅌⅌. 9-10). — Le lendemain en effet, Saül défit complètement les Ammonites (⅌. 11). — Le peuple alors propose à Samuel de punir ceux qui ne veulent pas reconnaître Saül, mais celui-ci ne voulut pas que ce fut en ce jour (⅌⅌. 12-13). — Le prophète convoque ensuite le peuple à Galgala et proclame de nouveau Saül, à la grande joie de la multitude (⅌⅌. 14-15).

1. Et il arriva qu'environ un mois après, Raas l'Ammonite monta et commença à assiéger Jabès, en Galaad. Et tous les hommes de Jabès dirent à Naas : Traite nous en alliés et nous te servirons.
2. Et Naas l'Ammonite leur répondit : Je ferai alliance avec vous de

1. Et factum est quasi post mensem, ascendit Naas Ammonites, et pugnare cœpit adversum Jabes-Galaad. Dixeruntque omnes viri Jabes ad Naas : Habeto nos fœderatos, et serviemus tibi.
2. Et respondit ad eos Naas Ammonites : In hoc feriam vobiscum

---

b. *Victoire de Saül sur les Ammonites*, ⅌⅌. 1-11.

CHAP. XI. — 1. — *Quasi post mensem*. Ces mots ne sont pas dans l'hébreu. Quant aux Septante, ils ont traduit ויהי כמחריש, *vaïchi Kemakharisch*, « et il était comme sourd », du chap. précédent par, καὶ ἐγενήθη ὡς μετὰ μῆνα comme s'ils avaient lu כמחדש, *Khemékhodasch*, au lieu de כמחריש. Mais l'autorité des Septante, pas plus que celle de Josèphe qui les a suivis. Ant. J. I. VI, c. v, § 1, ne prouvent qu'il faille corriger le texte hébreu. S. Jérôme, qui a rendu assez heureusement ויהי כמחריש, par *ille se dissimulabat audire*, avait évidemment sous les yeux la même leçon que nous et aura emprunté les mots *et factum est quasi post mensem*, à la version italique, ou plus probablement encore ils se seront glissés plus tard dans son texte : Ils manquent en effet dans plusieurs manuscrits. Quoi qu'il en soit, nous savions que Naas avait déjà commencé les hostilités avant l'élection de Saül : d'où l'on doit conclure que ce fut peu de temps après l'assemblée de Maspha, qu'il assiégea Jabès Galaad. — *Ascendit Naas Ammonites*. Naas était le roi des Ammonites, comme on le voit par XII, 12 ; II Rois, x, 1, 2, XVII, 27. Il semble avoir été allié à la famille de David, car Abigaïl, sœur de David, était fille (ou petite-fille) de Naas, II Rois, XVII, 25 ; I Paral., II, 16. 17. C'est peut-être pour cette raison, qu'il entretenait des relations amicales avec David. Il faut encore remarquer à l'appui que, même après la guerre destructive que fit celui-ci à Hanon, fils de Naas, Sobi, un autre de ses fils, le reçut avec bienveillance dans sa fuite, II Rois, XVII, 28. En cette circonstance, Naas voulait sans doute faire revivre les prétentions de ses prédécesseurs, Jug., XI, 13, sur une partie du pays de Galaad. — *Jabes Galaad*. V. Jug., XXI, 8, était la métropole du pays de Galaad d'après Josèphe ; par conséquent, on voit que Naas avait déjà pénétré au cœur du pays. — *Habeto nos fœderatos*. Cette circonstance montre que les habitants de Jabès n'osaient espérer d'être secourus, et caractérise bien l'état d'impuissance dans lequel se trouvait la nation, faute d'unité et de direction.

2. — *In hoc*. C'est la traduction littérale de בזאת, *bezoth*, qui doit être interprété : « à cette condition ». — *In universo Israel*. C'est-à-dire, sur tout Israël, comme le porte le texte hébreu, et, par là, on voit que Naas voulait venger la défaite que Jephté avait autrefois infligée aux Ammonites, Jug. XI. Joseph ajoute que Naas, en mutilant les habi-

fœdus, ut eruam omnium vestrum oculos dextros, ponamque vos opprobrium in universo Israel.

3. Et dixerunt ad eum seniores Jabes : Concede nobis septem dies, ut mittamus nuntios ad universos terminos Israel; et si non fuerit qui defendat nos, egrediemur ad te.

4. Venerunt ergo nuntii in Gabaa Saulis; et locuti sunt verba hæc, audiente populo; et levavit omnis populus vocem suam, et flevit.

5. Et ecce Saul veniebat, sequens boves de agro; et ait : Quid habet populus quod plorat? Et narraverunt ei verba virorum Jabes.

6. Et insilivit spiritus Domini in Saul, cum audisset verba hæc, et iratus est furor ejus nimis.

telle sorte que je vous arracherai à tous l'œil droit et que je vous rendrai l'opprobre de tout Israël.

3. Et les anciens de Jabès lui dirent : Accorde-nous sept jours pour que nous envoyions des messagers à toutes les frontières d'Israël, et s'il n'y a personne qui nous défende, nous nous rendrons à toi.

4. Les messagers vinrent donc à Gabaa où était Saül et dirent ces paroles que le peuple entendit. Et tout le peuple éleva la voix et pleura.

5. Et voilà que Saül revenait des champs, suivant ses bœufs, et dit : Qu'a le peuple, qu'il pleure? Et on lui rapporta les paroles des hommes de Jabès.

6. Et l'esprit du Seigneur s'empara de Saül lorsqu'il eut entendu ces paroles, et sa fureur fut irritée à l'excès.

---

tants de Jabès, voulait les rendre impropres au métier des armes : ὅπως τῆς ἀριστερᾶς αὐτοῖς ὄψεως ὑπὸ τῶν θυμεῶν καλυπτομένης, ἄχρηστοι παντελῶς εἶεν, « afin que, leur œil gauche étant caché par le bouclier, ils fussent tout à fait inutiles », Ant., J, l. VI, v, § 4. Dans ce cas, il faudrait supposer que Naas avait aussi l'intention de s'emparer du reste du pays. Selon S. Bonaventure, « Fides comparatur oculo dextro; sinister oculus est ratio quæ solum de naturalibus judicat; dexter vero est fides, quæ omnia tam naturalia quam miracula determinat, et intellectum in obsequium Christi captivat, ut dicit Apostolus, II Cor., x. : Et sicut qui amat oculum dextrum, inutilis est ad bella, quia scutum operit sinistrum et sic nullum habet oculum quo videat ferire, aut cavere adversarium; sic qui non habet fidem, inutilis est ad pugnam spiritualem. Unde Naas dicit hominibus vel viris Jabes Galaad... Naas interpretatur serpens, vel coluber, et signat serpentem antiquum, id est diabolum, qui nititur eruere oculum dextrum, id est, fidem, ut ad bellum spirituale hominem reddat inutilem ». Diveta salut. ætern. tit. de Virtut. c. II.

3. — *Concede nobis...* Si Naas leur fait cette concession, c'est sans doute parce qu'il ne pouvait pas emporter immédiatement la ville de vive force et qu'il ne comptait pas qu'elle pût être secourue. Evidemment, il ignorait

que les Israélites avaient maintenant un roi, et les habitants de Jabès l'ignoraient également, puisqu'ils avaient leurs députés par tout le territoire d'Israël, et que ces députés, arrivés à Gabaa, s'adressent d'abord au peuple. Il ne semble pas, en effet, qu'il faille admettre, avec le Dr Erdmann, qu'ils se soient rendus tout d'abord à Gabaa, et d'après un ordre exprès. Le texte ne signale rien de semblable, et si l'auteur nous fait connaître ce qui se passa à Gabaa, c'est parce que les envoyés de Jabès trouvèrent là le secours qu'ils demandaient. — *Nos egrediemur ad te.* Nous nous rendrons.

4. — *Et flevit.* Ces larmes prouvent la grandeur du péril et la difficulté de l'écarter.

5. — *Boves.* La paire de bœufs avec laquelle il avait labouré, v, 7. « Ne contemnas, dit S. Basile, hom., 26 de Mart. Marmant., ubi pastorem audis. Qui Deo primus placuit, Abel pastor fuit. Moyses magnus ille legislator pecudes pavit in monte Horeb; et per pasturam ad colloquium Dei pervenit... David a pastura pervenit ad regnum. Sorores quædam sunt pastura et regni administratio. Quapropter Dominus utroque complexus, et pastor est et rex. »

6. — *Et insilivit Spiritus...* V. x, 6, 10 et Cfr. Jug., III, 10, VI, 34, XI, 29, etc. — *Et iratus est furor ejus nimis.* Il est une colère qui est sainte, quand elle est inspirée d'en

7. Et, prenant l'un et l'autre bœuf, il les coupa en morceaux et les envoya à toutes les frontières d'Israël, par la main des messagers, en disant : Ainsi sera-t-il fait aux bœufs de quiconque ne sortira pas et ne suivra pas Saül et Samuel. La crainte du Seigneur saisit donc le peuple et ils sortirent comme un seul homme.

8. Et il en fit le recensement à Bézech et il y eut trois cent mille enfants d'Israël et trente mille hommes de la tribu de Juda.

9. Et ils dirent aux messagers qui étaient venus : Vous parlerez ainsi aux hommes qui sont à Jabès en Galaad : Demain vous arrivera le salut, lorsque le soleil sera brûlant. Les messagers vinrent donc et l'annoncèrent aux hommes de Jabès qui se réjouirent.

7. Et assumens utrumque bovem, concidit in frusta, misitque in omnes terminos Israel per manum nuntiorum dicens : Quicumque non exierit, et secutus fuerit Saul et Samuel, sic fiet bobus ejus. Invasit ergo timor Domini populum, et egressi sunt quasi vir unus.

8. Et recensuit eos in Bezech; fueruntque filiorum Israel trecenta millia ; virorum autem Juda triginta millia.

9. Et dixerunt nuntiis, qui venerant : Sic dicetis viris qui sunt in Jabes-Galaad : Cras erit vobis salus, cum incaluerit sol. Venerunt ergo nuntii, et annuntiaverunt viris Jabes, qui lætati sunt.

---

haut et a pour objet la gloire de Dieu et l'avancement de son règne.
7. — *Concidit in frusta*. Cet acte symbolique rappelle celui du lévite dans les Juges, xix, 29. — *In omnes terminos*. Sans doute à chacune des tribus, comme avait fait le Lévite, Jug., l. c. — *Et secutus fuerit Saül et Samuel*. On voit que Saül agit en vertu de l'autorité souveraine que Dieu lui a confiée, puisqu'il se déclare le chef d'Israël. S'il fait suivre son nom de celui de Samuel, c'est que ce dernier avait conservé une haute situation, non-seulement comme prophète, mais comme guide du peuple conjointement avec le roi. Samuel, en effet, devait être encore le principal personnage du pays, et tout au moins le plus connu. « *Notre* auteur, dit à ce sujet Ed. Reus, ne sait rien d'une élection par le sort, déjà publiquement accomplie. » Le contraire nous semble la vérité, car l'acte de Saül présuppose justement qu'il agissait en vertu de l'autorité qui lui avait été conférée, bien qu'elle fût méconnue par un grand nombre. Nous avons vu en effet, x, 26 et 27, qu'une partie seulement de l'armée l'avait suivi et que les autres avaient refusé de lui rendre hommage. L'accord entre les deux passages est donc complet et, par conséquent, tous deux émanent du même auteur, et n'ont pas été accolés à côté l'un de l'autre sans aucune espèce de critique, et comme de simples pièces de rapport. — *Timor Domini*. C'est-à-dire la crainte inspirée par le Seigneur, et non pas la crainte du Seigneur. L'acte et le message de Saül firent plus d'impression que les plus terribles menaces.

8. — *In Bezech*. Selon l'Onomasticon, au mot Bezech, cette ville était à sept milles au nord de Naplouse. Par conséquent, il ne faudrait peut-être pas la confondre avec celle mentionnée dans les Juges, et qui probablement se trouvait sur le territoire de Juda, Cfr. Jug. i, 4 et suiv. — *Trecenta millia*. Ce chiffre ne doit point surprendre, car il s'agit ici, non d'une armée régulière, mais d'une levée en masse. — *Virorum autem Juda*. Sans doute, la tribu de Juda ne put en envoyer davantage, par la raison qu'une partie de son territoire était occupée par les Philistins. En effet, elle devait être en état de fournir un plus fort contingent, puisque nous voyons que du temps d'Asa elle comptait trois cent mille combattants. Au reste on peut voir dans cette énumération isolée un indice de la séparation qui existait déjà entre Juda et les autres tribus.

9. — *Cras*. C'est-à-dire, le jour qui suivra le retour des envoyés à Jabès. — *Fiet vobis salus*. Fort de sa confiance en Dieu et en son armée, Saül, en vertu de l'esprit prophétique qui le possède, prédit d'avance le succès. — *Cum incaluerit sol*. Vers midi. « Cum mens per desidiam primitus tabefacta, jam in se reversa, ad Conditoris sui desiderium recalescit; cum torporem negligentiæ deserit et frigus insensibilitatis pristinæ

10. Et dixerunt : Mane exibimus ad vos; et facietis nobis omne quod placuerit vobis.

11. Et factum est, cum dies crastinus venisset, constituit Saul populum in tres partes; et ingressus est media castra in vigilia matutina, et percussit Ammon usque dum incalesceret dies; reliqui autem dispersi sunt, ita ut non relinquerentur in eis duo pariter.

12. Et ait populus ad Samuelem : Quis est iste qui dixit : Saul num regnabit super nos? Date viros, et interficiemus eos.

13. Et ait Saul : Non occidetur quisquam in die hac, quia hodie fecit Dominus salutem in Israel.

14. Dixit autem Samuel ad populum : Venite, et eamus in Galgala, et innovemus ibi regnum.

Supr. 10, 29.

15. Et perrexit omnis populus in Galgala, et fecerunt ibi regem Saul coram Domino in Galgala, et immo-

10. Et ils dirent : Demain nous irons vers vous et vous nous ferez tout ce qu'il vous plaira.

11. Et il arriva, lorsque le lendemain fut venu, que Saül disposa le peuple en trois parties. Et il entra au milieu du camp à la veille matinale, et il frappa Ammon jusqu'à ce que le jour fût brûlant. Les autres furent dispersés de telle sorte qu'il n'en restait pas deux ensemble.

12. Et le peuple dit à Samuel : Quel est celui qui a dit : Est-ce que Saül règnera sur nous? Donnez ces hommes et nous les tuerons.

13. Et Saül dit : Personne ne sera tué en ce jour, parce que aujourd'hui le Seigneur a opéré le salut en Israël.

14. Mais Samuel dit au peuple : Venez et allons à Galgala et renouvelons-y la royauté.

15. Et tout le peuple alla à Galgala, et là ils firent Saül roi devant le Seigneur à Galgala, et ils immo-

---

flamma sancti amoris accendit; tunc velut incalescente sole, victoria de hostibus sumitur... » Petrus Dam. l. VI, ép. v.

10. — *Mane exibimus...* Il faut voir là une ruse de guerre, car la phrase est amphibologique. Les Ammonites durent croire que les assiégés se présenteraient pour traiter des conditions de leur reddition.

11. — *In tres partes.* C'était le moyen d'avoir plus facilement raison des Ammonites, que d'attaquer leur camp de trois côtés à la fois, car il faut réfléchir que Saül n'avait pas avec lui une armée régulière. La même tactique avait été employée par Gédeon, Jug., VII., 16-19. — *In vigilia matutina.* C'est-à-dire entre cinq et six heures du matin. Les Hébreux divisaient la nuit en trois veilles, V. Jug., VII, 19 ; celle du matin était naturellement la dernière. C'est ainsi que les Ammonites sans défiance furent tout à coup surpris à l'heure où l'on est le moins sur ses gardes. — *Usque dum incalesceret dies.* A ce moment, la victoire était complète.

e. *Saül est reconnu et accepté par tout le peuple,* ÿÿ. 12-15.

12. — *Saul num regnabit...* La particule interrogative manque dans l'hébreu ; mais le sens y supplée facilement... — *Date viros...* Il est question de ceux qui n'avaient pas voulu reconnaître Saül, x, 27, et que le peuple voulait punir comme coupables de lèse-majesté.

13. — *Non occidetur quisquam...* Par cette réponse, Saül fait preuve de générosité de caractère et remporte sur lui-même une seconde victoire. C'était en même temps un acte de sage politique. David se conduit de même dans une circonstance de ce genre, V. II Rois, XIX, 22. — *Fecit Dominus salutem.* Saül attribue à Dieu tout le succès de la journée; il donne ainsi un bel exemple de modestie et d'humilité.

14. — *In Galgala.* C'est apparemment la même que celle où chaque année Samuel se rendait pour juger le peuple, VII, 16, que ce soit Galgala de la plaine de Jéricho, Jos., IX, 19, ou l'autre Galgala qui était dans la montagne, aujourd'hui Djildjilia, Jos., IX, 6. Toutefois la préférence semble avoir été accordée à la première, en raison des souvenirs qui s'y rattachent.

16. — *Et fecerunt ibi regem.* En quoi consista cette cérémonie? C'est ce qui ne nous est point indiqué. On peut supposer que Samuel fit lire de nouveau la loi du royaume, la

lèrent des victimes pacifiques devant le Seigneur; et là Saül et tous les hommes d'Israël se réjouirent grandement.

laverunt ibi victimas pacificas, coram Domino. Et lætatus est ibi Saul, et cuncti viri Israel nimis.

CHAPITRE XII

Samuel rappelle aux Israélites ce qu'il a fait depuis sa jeunesse, et leur demande s'il a été injuste à leur égard (℣℣. 1-3). — Tout le peuple ayant approuvé sa conduite, il le prend à témoin de son innocence (℣℣. 4-5). — Il expose ensuite ce que Dieu à fait pour eux, en les faisant sortir de l'Egypte, leurs prévarications multipliées, les diverses servitudes dont le Seigneur les a délivrés (℣℣. 6-11). — Cependant, malgré les preuves de la puissance et de la bonté de leur Dieu, ils ont demandé un roi à l'approche des Ammonites (℣. 12). — Le voici devant eux; mais qu'eux et lui obéissent au Seigneur, ou le Seigneur appesantira sur eux sa main (℣℣. 13-15). — Ensuite, pour montrer aux Israélites que leur demande à déplu à Dieu, il leur annonce qu'il va l'invoquer pour faire tomber la pluie sur leurs récoltes, et sa prière est exaucée (℣℣. 16-18). — Le peuple effrayé le conjure alors d'intercéder pour lui, et reconnaît sa faute (℣. 19). — Mais Samuel les rassûre en les engageant à ne pas abandonner Dieu qui ne les abandonnera pas (℣℣. 20-22). — Pour lui, il ne cessera d'intercéder pour eux; mais qu'ils craignent le Seigneur et qu'ils le servent, autrement eux et leur roi périront (℣℣. 23-25).

1. Or, Samuel dit à tout Israël : Voilà que j'ai écouté votre voix en

1. Dixit autem Samuel ad universum Israel : Ecce audivi vocem

---

fit jurer par le peuple et le roi et fit une seconde fois reconnaître solennellement Saül. Il est probable aussi que la fête se termina par un repas, puisque nous voyons que l'on offrit des victimes pacifiques, lesquelles étaient toujours accompagnées d'un repas. Il ne peut être question d'une nouvelle consécration que le peuple n'avait pas le droit de faire et qui n'avait pas de raison d'être. On n'aurait pas d'ailleurs omis de la mentionner, comme on l'a fait pour David, II Rois, II, 4, V, 3. Au surplus, ימלכו, *iamlikou*, ne signifie pas « ils consacrèrent », bien que les Septante aient traduit καὶ ἔχρισε Σαμουὴλ, en mettant le verbe au singulier et en changeant le sujet. C'est simplement de leur part une interprétation erronée du texte.

D. Discours final de Samuel, XII.

CHAP. XII. — *Dixit autem Samuel.* La place que ce discours occupe fait supposer qu'il fut prononcé immédiatement après la cérémonie qui vient d'être racontée. Son authenticité du reste ne saurait être douteuse, car il a par lui-même un caractère frappant de vérité et de sincérité. Ewald toutefois prétend (Geschichte des Volke. Isr. I, 229), que le récit suivant a été inséré ici pour fournir l'occasion de mettre dans la bouche de Samuel les avertissements qui y sont contenus. Mais en ce cas le discours aurait la forme d'un monologue et non celle d'un dialogue. D'autres ont voulu voir là un discours d'adieux; mais il faut le remarquer, Samuel ne prend pas congé du peuple pour rentrer dans la vie privée, puisqu'il promet, non-seulement d'intercéder pour le peuple, mais de l'instruire, ℣. 23. Il ne s'agit pas non plus d'une démission solennelle, puisque, d'après le ch. VIII, V. 15, Samuel a jugé tous les jours de sa vie. Assurément, après l'établissement de la royauté, la position que Samuel avait eue comme juge devait prendre fin et c'est la raison pour laquelle il s'adresse à son peuple; de fait pourtant il resta le juge souverain, chargé de la surveillance de la nation et de la royauté elle-même; mais officiellement la conduite des affaires n'était plus entre ses mains. Samuel ne peut donc songer à donner en quelque sorte sa démission; mais, comme il n'est plus désormais chargé du gouvernement proprement dit, il profite de l'occasion pour jeter un coup d'œil sur les actes de sa vie publique. C'est ici que le commentateur déjà cité, Ed. Reuss, reconnaît que le passage dont nous nous occupons semble contredire sa manière de voir au sujet des *deux* récits qu'il a distingués jusqu'ici. Il l'avoue

vestram juxta omnia quæ locuti estis ad me, et constitui super vos regem.

2. Et nunc rex graditur ante vos; ego autem senui, et incanui; porro filii mei vobiscum sunt, itaque conversatus coram vobis ab adolescentia mea usque ad hanc diem, ecce præsto sum.

3. Loquimini de me coram Domino, et coram Christo ejus, utrum bovem cujusquam tulerim, aut asinum; si quempiam calumniatus sum, si oppressi aliquem, si de manu cujusquam munus accepi; et contemnam illud hodie, restituamque vobis.

Eccli. 46, 22.

tout ce que vous m'avez dit, et j'ai établi sur vous un roi.

2. Et maintenant un roi marche devant vous. Pour moi, j'ai vieilli et j'ai blanchi, et mes fils sont avec vous. J'ai donc vécu devant vous depuis mon adolescence jusqu'à ce jour, me voici prêt.

3. Parlez sur moi devant le Seigneur et devant son Christ, si j'ai pris le bœuf ou l'âne de quelqu'un, si j'ai calomnié quelqu'un, si j'ai opprimé quelqu'un, si j'ai reçu un présent de la main de quelqu'un, et je le mépriserai aujourd'hui et je vous le restituerai.

---

même : « l'histoire, *d'après ce récit*, est conséquente avec elle-même, elle est complète et ne présente de lacune nulle part. » Toutefois il ne renonce pas à son système, au contraire, et, d'après lui, c'est le *rédacteur* du livre qui a cherché à souder ensemble les deux récits. En bonne logique, il serait plus rationnel de conclure qu'il n'y a qu'un seul récit, puisque l'histoire est conséquente avec elle-même, complète et sans lacune. Mais alors à quoi serviraient les systèmes? D'ailleurs, si le *rédacteur* avait cherché à souder ensemble et à faire concorder deux récits contradictoires, il faut bien reconnaître qu'il a fait assez maladroitement et qu'il lui eût été facile de faire disparaître toute difficulté et toute apparence de contradiction. C'est justement parce qu'il ne l'a pas fait que nous pensons qu'il n'a pas eu à le faire. D'ailleurs, il est visible qu'il raconte les faits sans aucune préoccupation de ce genre et que, s'il n'a pas éclairci certains points obscurs, c'est qu'il écrivait pour des contemporains qui étaient au courant des questions.

2. — *Filii mei vobiscum sunt.* Si Samuel parle de ses fils, c'est peut-être pour témoigner de la vérité de ce qu'il vient de dire, mais plus probablement pour montrer que son âge, qui l'avait déjà obligé à se faire aider par ses fils, viii, 8, avait rendu un changement de gouvernement nécessaire. De plus, comme il a le dessein d'entreprendre sa justification, il fait sans doute allusion à la conduite de ses fils qui pouvait jeter quelque ombre sur son administration. Il semble d'ailleurs qu'il veuille préluder à ce qui va suivre. Son but est de convaincre les Israélites que Jéhovah est leur Dieu et le Dieu de leurs pères; qu'ils lui doivent leur existence nationale et les avantages dont ils jouissent, et que leur fidélité envers lui à l'exclusion de tout autre divinité est l'unique voie de salut pour eux et pour la monarchie. — *Conversatus coram vobis.* Il veut parler de sa vie publique.

3. — *Loquimini de me.* Hebreu : « répondez contre moi », c'est-à-dire témoignez contre moi. — *Et coram Christo ejus.* Devant le roi, l'oint du Seigneur. Samuel proteste de son innocence et de son intégrité devant tout le peuple et le roi, afin que son exemple soit imité. Mais, en même temps, il devait rapporter tout à Dieu, sans lequel nous ne pouvons rien de nous-mêmes. « Quisquis tibi, Domine, dit S. Augustin, l. ix Conf., c, xiii, enumerat vera merita sua; quid tibi enumerat nisi munera tua? » Ailleurs, epist. 105 ad Sixtum : « Cum Deus coronat merita nostra, nihil aliud coronat, quam munera sua. » — *Utrum bovem.* S. Paul se justifie à peu près de même auprès des fidèles : « Argentum et aurum, aut vestem nullius concupivi; ipsi scitis. » Act., xx, 33. Et s'adressant aux Corinthiens : « Capite nos. Neminem læsimus, neminem corrupimus, neminem circumvenimus, » II Cor., vii, 2. — *Et contemnam illud hodie.* Hébreu : « pour que je cache mes yeux avec », ou « à son égard », c'est-à-dire pour que je cache mes yeux avec l'argent, afin de ne pas voir l'iniquité, ou, pour que je ferme les yeux à l'égard de celui qui a commis l'injustice. On peut, en effet, traduire בו, *bo*, de deux manières et faire rapporter le pronom suffixe ו soit à כפר, *copher*, « munus », soit à la personne qui cherche à corrompre le juge. Les Septante ont changé יאלים עיניבו, *veaelim*

4. Et ils dirent : Tu ne nous as pas calomniés, tu ne nous as pas opprimés et tu n'as rien pris de la main de personne.

5. Et il leur dit : Le Seigneur est témoin contre vous, et son Christ est témoin en ce jour que vous n'avez rien trouvé dans mes mains. Et ils dirent : Il est témoin.

6. Et Samuel dit au peuple : Le Seigneur qui a fait Moïse et Aaron et a retiré nos pères de la terre d'Egypte (est témoin).

7. Maintenant donc restez afin que je prononce un jugement contre vous, devant le Seigneur, pour toutes les miséricordes qu'il vous a faites ainsi qu'à vos pères.

8. De quelle manière Jacob est entré en Egypte et vos pères ont crié vers le Seigneur; et le Seigneur a envoyé Moïse et Aaron, et il a fait sortir vos pères de l'Egypte, et il les a établis en ce lieu.

9. Ils ont oublié le Seigneur leur Dieu et il les a livrés aux mains de Sisara, maître de la milice d'Hasor, et aux mains des Philistins, et aux mains du roi de Moab, qui ont combattu contre eux.

4. Et dixerunt : Non es calumniatus nos, neque oppressisti, neque tulisti de manu alicujus quippiam.

5. Dixitque ad eos : Testis est Dominus adversum vos, et testis Christus ejus in die hac, quia non inveneritis in manu mea quippiam. Et dixerunt : Testis.

6. Et ait Samuel ad populum : Dominus, qui fecit Moysen et Aaron, et eduxit patres nostros de terra Ægypti.

7. Nunc ergo state, ut judicio contendam adversum vos coram Domino, de omnibus misericordiis Domini, quas fecit vobiscum, et cum patribus vestris.

8. Quo modo Jacob ingressus est in Ægyptum, et clamaverunt patres vestri ad Dominum; et misit Dominus Moysen et Aaron, et eduxit patres vestros de Ægypto; et collocavit eos in loco hoc.
Gen. 46, 5.

9. Qui obliti sunt Domini Dei sui, et tradidit eos in manu Sisaræ magistri militiæ Hasor, et in manu Philisthinorum, et in manu regis Moab et pugnaverunt adversum eos.
Judic. 4, 2.

ἐπαὶ bo en בי עבר וּבְעָלִים, *venaalaïm anou bi*, et ont traduit : « et des chaussures; répondez contre moi ».

4. — *Non es calumniatus nos...* Le peuple rend justice à Samuel qui, en cette occasion, doit servir de modèle à ceux qui ont le gouvernement de la société et qui sont chargés de corriger les autres. « Mundus esse a vitiis debet, dit S. Greg., Moral., l. VII, c, XVI, qui curat aliena corrigere; quia nequaquam pure maculam in membro considerat oculus quem pulvis gravat; et superpositas sordes tergere non valet manus quæ lutum tenet ». S. Ambroise in Luc., l. v, c, VI, développe la même pensée en d'autres termes : « Nisi prius interiora tua vacua feceris ab omni labe peccati, non potes aliis ferre medicinam. A te igitur pacem incipe, ut cum fueris ipse pacificus, pacem aliis feras. Quomodo enim potes aliorum corda mundare, nisi tuum ante mundaveris ? »

6. — *Dominus.* C'est-à-dire, le Seigneur est témoin, lui qui... La version des Septante supplée même le mot μάρτυρ « témoin ». Si les Israélites reconnaissent que Samuel a été juste et impartial, et en prennent Dieu à témoin, ⅴ. 5, ils ont donc eu tort de demander un roi. — *Qui fecit...* Qui a, non pas créé, mais fait Moïse et Aaron ce qu'ils ont été, qui les a rendus des personnages illustres et en a fait les sauveurs de son peuple.

7. — *Nunc ergo state.* Hebreu : « et maintenant avancez, » ce qui est plus conforme à la situation. — *Ut judicio...* Samuel se fait pour ainsi dire l'avocat de Dieu, en justifiant sa conduite. — *De omnibus misericordiis.* Le mot צדקות, *tsedaketh*, « justices, » signifie soit les bienfaits que Dieu a accordés à son peuple, soit sa justice et sa fidélité dans l'accomplissement de ses promesses.

8. — *Et misit Dominus...* C'est la première preuve de la miséricorde de Dieu envers eux.

9. — *Et tradidit eos...* C'est encore une preuve de la miséricorde de Dieu qui voulait

10. Postea autem clamaverunt ad Dominum, et dixerunt : Peccavimus, quia dereliquimus Dominum, et servivimus Baalim et Astaroth; nunc ergo erue nos de manu inimicorum nostrorum, et serviemus tibi.

11. Et misit Dominus Jerobaal, et Badan, et Jephte, et Samuel, et eruit vos de manu inimicorum vestrorum per circuitum, et habitastis confidenter.

Supr. 25, 13.

12. Videntes autem quod Naas, rex filiorum Ammon, venisset adversum vos, dixistis mihi : Nequaquam, sed rex imperabit nobis; cum Dominus Deus vester regnaret in vobis.

Supr. 16, 2 et 20, 24.

13. Nunc ergo præsto est rex ves-

10. Mais ensuite ils ont crié vers le Seigneur et ont dit : Nous avons péché parce que nous avons abandonné le Seigneur, et nous avons servi les Baalim et les Astaroth; maintenant donc délivrez-nous des mains de nos ennemis, et nous vous servirons.

11. Et le Seigneur a envoyé Jérobaal, et Badan, et Jephté, et Samuel, et il vous a délivrés des mains des ennemis qui vous entouraient, et vous avez habité ici avec confiance.

12. Mais voyant que Naas, roi des fils d'Ammon, venait contre vous, vous m'avez dit : Non, mais un roi nous commandera; tandis que le Seigneur votre Dieu régnait sur vous.

13. Maintenant donc voilà votre

---

par là les ramener au repentir, mais aussi de sa justice. — *In manu Sisaræ.* V. Jug., IV, 2. — *In manu Philisthinorum.* V. Jug., III, 31. — *Et in manu regis Moab.* V. Jug., III, 12.

10. — *Baalim et Astaroth.* Cfr. Jug., II, 13, X, 6.

11. — *Jerobaal.* C'est-à-dire Gédéon. Voir Jug., 28-32. La servitude, sous les Madianites, n'a pas été mentionnée plus haut, mais elle l'est ici implicitement. — *Badan.* On retrouve ce nom parmi les descendants de Machir, I Paral., VII, 17, mais évidemment il ne peut être question du même personnage. Le contexte montre bien qu'il s'agit d'un juge, bien qu'il n'en soit parlé nulle part ailleurs. Ewald voit dans le nom de Badan une corruption de celui d'Abdon, Jug., XII, 13 et suiv. ; d'autres pensent qu'il faudrait lire Jaïr, Jug., X. Mais ce sont là de simples conjectures qui ne sont appuyées sur aucun indice, et qui sont d'autant moins fondées que ces deux personnages ne paraissent avoir rien accompli qui soit digne de rester dans la mémoire des hommes. La solution la plus plausible est de supposer qu'il y a là une faute de copiste et qu'il faut lire Barac, avec les Septante et les versions syriaque et arabe. Barac est en effet un des personnages éminents parmi les Juges. La mention de Sisara au ỳ. 9, rend cette hypothèse encore plus probable. Enfin on remarquera que, dans l'Epître aux Hébreux XI, 32, Gédéon, Barac, Samson et Jephté sont nommés ensemble. —

Et Samuel. La version syriaque, la version arabe et un manuscrit grec (Kenmikot Dissert., genes. Addenda) portent Samson; mais toutefois ce n'est pas un motif suffisant pour rejeter la leçon de l'hébreu et des autres versions. Il n'est pas d'ailleurs très étonnant que Samuel se nomme et se mette au rang des personnages qu'il a cités, puisque lui-même avait conscience de sa mission et que tout le monde connaissait les services signalés qu'il avait rendus à son peuple. Lui aussi avait délivré les Israélites de la servitude des Philistins; il avait même pour jamais brisé leur puissance, VII, 10, 11, 13. D'ailleurs, en parlant ainsi, ce n'est pas lui qu'il loue, mais plutôt celui qui l'a choisi pour instrument. On peut aussi penser que, s'il parle de lui, c'est parce que les Israélites, en demandant un roi, ont rejeté non-seulement leur Dieu, mais aussi son ministre et qu'il veut le leur faire comprendre et leur en faire reproche.

12. — *Dixistis mihi.* V. VIII, 19 et X, 19. — *Cum Dominus Deus...* Hébreu : « et Dieu est (pourtant) notre roi. » Dieu s'était montré le roi des Israélites en les délivrant à plusieurs reprises. Il l'était d'après les traités et les conventions auxquels il était resté fidèle.

13. — *Quem elegistis et petistis.* Les Israélites ont choisi et demandé un roi ; cependant c'est Dieu qui le leur a donné et qui par conséquent reste toujours leur roi. Le régime théocratique subsiste donc toujours. Ils ont demandé un roi et Dieu le leur a accordé

roi que vous avez choisi et demandé; voilà que le Seigneur vous a donné un roi.

14. Si vous craignez le Seigneur, et si vous le servez, et si vous écoutez sa voix, et si vous n'exaspérez pas la bouche du Seigneur, vous suivrez le Seigneur, vous et le roi qui vous commande.

15. Si au contraire vous n'écoutez pas le Seigneur, et si vous exaspérez ses paroles, la main du Seigneur sera sur vous et sur vos pères.

16. Et maintenant demeurez et voyez cette grande chose que le Seigneur va faire en votre présence.

17. N'est-ce pas aujourd'hui la moisson du froment? J'invoquerai le Seigneur et il vous donnera des tonnerres et de la pluie; et vous

ter, quem elegistis et petistis; ecce dedit vobis Dominus regem.

14. Si timueritis Dominum, et servieritis ei, et audieritis vocem ejus, et non exasperaveritis os Domini; eritis et vos, et rex qui imperat vobis, sequentes Dominum Deum vestrum.

15. Si autem non audieritis vocem Domini, sed exasperaveritis sermones ejus, erit manus Domini super vos, et super patres vestros.

16. Sed et nunc state, et videte rem istam grandem, quam facturus est Dominus in conspectu vestro.

17. Numquid non messis tritici est hodie? invocabo Dominum, et dabit voces et pluvias; et scietis, et videbitis, quia grande malum fece-

---

selon la dureté de leur cœur et pour leur punition, dit S. Augustin commentant le Ps., LI. « Saul rex, non ad permanendum electus est a Domino; sed secundum cor populi durum et malum datus est ad eorum correptionem, non ad utilitatem, secundum illam sententiam : Qui regnare facit hominem hypocritam propter perversitatem populi. Job., XXXIV, 30. S. Jérôme, sur ces paroles d'Osée, ch. VIII, ỳ. 4. : *Ipsi regnaverunt et non ex me*, dit de même : « Saul non ex voluntate Dei, sed ex populi errore rex factus est. »

14. — *Si timueritis Dominum.* « Nullum est malum, dit S. Chrysostôme, in Ps., CXXVII, quod non extinguat Dei metus. Quemadmodum ignis quodcumque ferrum ceperit contortum vel rubigine confectum, id clarum reddit ac pulchrum, ferruginem abstergens, et quod in eo erat perversum et inflexum, perfectissime corrigit; ita Dei metus vel exiguo tempore facit omnia, et eos qui ab ipso tincti sunt, nulla re humana frangi sinit. » — *Eritis et vos... sequentes.* C'est-à-dire, et en même temps vous recueillerez les avantages de votre obéissance et de votre fidélité, puisque vous obtiendrez ainsi la protection de Dieu. Dans l'hébreu c'est la conjonction *si*, אִם, *im*, qui régit toute la phrase : « si vous craignez... et si vous êtes, vous et le roi qui règne sur vous, derrière le Seigneur votre Dieu. » Il faut alors supposer que Samuel, dans la chaleur de l'improvisation, n'a pas achevé sa pensée. Le sens d'ailleurs n'est point difficile à saisir.

15. — *Et super patres vestros.* C'est-à-dire, et elle a été sur vos pères, ou comme elle a été sur vos pères, ainsi que le portent un grand nombre de versions. Rien ne s'oppose en effet à ce qu'on donne à la particule וְ le sens comparatif. Il n'est donc pas nécessaire d'entendre les rois sous l'appellation de *pères*, bien que les Septante aient traduit : καὶ ἐπὶ τὸν βασιλέα ὑμῶν, « et sur votre roi. »

16. — *Sed nunc state.* Hébreu : « et maintenant avancez », V. ỳ. 7. Pour donner plus d'autorité à ses paroles et plus de poids à ses avertissements, Samuel va les appuyer d'un prodige.

17. — *Numquid non messis...* Samuel veut dire qu'il ne pleut pas dans le pays à cette époque de l'année. En effet, il est constaté qu'il ne pleut pas dans la Palestine au moment de la moisson, qui a lieu fin mai et commencement de juin, et en général pendant tout l'été; c'est d'ailleurs ce que nous atteste S. Jérôme commentant ces paroles d'Osée, c, IV, ỳ. 7. *Ego quoque prohibui vobis imbrem :* « Numquam in fine mensis junii, sive in mense Julio in his provinciis, maxime que in Judæa pluvias vidimus. Denique in Regum libris pro signo magno atque portento diebus æstatis et messis, orante Samuele, pluviæ concitatæ sunt. Et superfluum erat nunc comminari mensis Julii siccitatem, in quo numquam pluvias dederat. » Robinson, Pal., II, p. 307. affirme de même qu'il ne pleut pas en Palestine depuis la fin du printemps jusqu'en octobre et novembre. — *In-*

ritis vobis in conspectu Domini, petentes super vos regem.

18. Et clamavit Samuel ad Dominum, et dedit Dominus voces et pluvias in illa die.

19. Et timuit omnis populus nimis Dominum et Samuelem, et dixit universus populus ad Samuelem : Ora pro servis tuis ad Dominum Deum tuum, ut non moriamur, addidimus enim universis peccatis nostris malum, ut peteremus nobis regem.

20. Dixit autem Samuel ad populum : Nolite timere, vos fecistis universum malum hoc; verumtamen nolite recedere a tergo Domini, sed servite Domino in omni corde vestro.

21. Et nolite declinare post vana, quæ non proderunt vobis, neque eruent vos, quia vana sunt.

22. Et non derelinquet Dominus populum suum, propter nomen suum magnum ; quia juravit Dominus facere vos sibi populum.

23. Absit autem a me hoc pecca-

saurez et vous verrez que vous vou êtes fait un grand mal en présence du Seigneur, en demandant un roi au-dessus de vous.

18. Et Samuel cria vers le Seigneur, et le Seigneur donna ce jour là des tonnerres et de la pluie.

19. Et tout le peuple craignit beaucoup le Seigneur et Samuel, et tout le peuple dit à Samuel : Prie le Seigneur ton Dieu pour tes serviteurs, afin que nous ne mourions pas ; car nous avons ajouté à tous nos péchés ce mal de demander pour nous un roi.

20. Mais Samuel dit au peuple : Ne craignez pas ; vous avez fait tout ce mal, cependant ne vous détournez pas du Seigneur, mais servez le Seigneur de tout votre cœur.

21. Et ne vous inclinez pas vers des choses vaines qui ne vous serviront pas et ne vous délivreront pas, parce qu'elles sont vaines.

22. Et le Seigneur n'abandonnera pas son peuple à cause de son grand nom, parce que le Seigneur a juré de faire de vous son peuple.

23. Mais loin de moi ce péché

---

vocabo Dominum. C'est à la prière de Samuel que Dieu fait entendre le tonnerre et tomber la pluie, ce qui caractérise une fois de plus le miracle. S. Grégoire interprète ainsi ce passage dans le sens moral : « Dominus vocem dat (id est tonitruum), quia peccatorum corda excitat, ut pravitatis suæ nequitiam recognoscant. Dat pluvias, quia excitata corda per infusionem supernæ gratiæ adjurat, ut non solum deserat mala quisque quæ fecit, sed etiam bona fortiter agat, quæ appetit... Non minus miraculum est, arentia corda reviviscere, quam æstivis ardoribus, inusitato more, pluvias inundare. »

19. — *Et Samuelem.* Parce que le prophète s'était montré ainsi l'instrument de la sagesse et de la colère du Seigneur.

20. — *Nolite recedere...* C'est-à-dire, restez fidèles au Seigneur.

21. — *Post vana...* Le mot *vana*, en hébreu הֶבֶל, *hébel*, désigne les faux dieux. D'ailleurs, en comparaison des biens éternels, les biens temporels ne sont que vanité, nous dit S. Grégoire : « In comparatione æternorum bonorum vana sunt omnia, etiam bona temporalia. Quidquid enim in hoc sæculo lætum, delectabile, sublime, aut prosperum cernitur, vanum profecto est; quia difficile habetur et cito amittitur. Repente quidem alta sæculi corruunt, pulchra transeunt, læta et prospera evanescunt... Vana ergo sunt gaudia sæculi, quæ quasi manentia blandiuntur, sed amatores suos cito transeundo decipiunt. »

22. — *Propter nomen suum magnum.* C'est-à-dire, pour conserver à Dieu la renommée qu'il s'est acquise parmi les autres peuples par ses merveilles, et pour épargner à son nom l'outrage et le blasphème. Mystiquement on peut entendre par là le nom de Jésus qui est à la fois si grand et si doux. « Aridus est omnino animæ cibus, dit S. Bernard, serm., xv, in Cant., si non oleo isto infundatur. Si scribas, non sapit mihi, nisi legero ibi Jesum : si disputes, non sapit mihi, nisi sonuerit ibi Jesus. Jesus mel in ore, in aure melos, in corde jubilus. »

23. — *Et docebo vos.* Autant le peuple que son roi. Samuel ne se laisse pas rebuter par

contre le Seigneur de cesser de prier pour vous, et je vous enseignerai la voie bonne et droite.

24. Craignez donc le Seigneur, et servez-le en vérité et de tout votre cœur; car vous avez vu les grandes choses qu'il a faites parmi vous.

25. Que si vous persévérez dans le mal, vous et votre roi vous périrez ensemble.

tum in Dominum, ut cessem orare pro vobis, et docebo vos viam bonam et rectam.

24. Igitur timete Dominum, et servite ei in veritate, et ex toto corde vestro; vidistis enim magnifica quæ in vobis gesserit.

25. Quod si perseveraveritis in malitia; et vos et rex vester pariter peribitis.

CHAPITRE XIII

Saül choisit trois mille guerriers, en confie mille à son fils Jonathas, et renvoie le reste du peuple (⁊⁊. 1-2). — Or, Jonathas frappe le poste des Philistins à Galaa, et alors Saül convoque le peuple qui vient le trouver à Galaa (⁊⁊. 3-4). — Mais les Philistins réunissent une grande armée, et viennent camper à Machmas (⁊. 5). — Les Israélites effrayés se cachent ou passent le Jourdain, et l'armée qui suit Saül est épouvantée (⁊⁊. 6-7). — Saül attend Samuel sept jours, mais, Samuel ne venant pas, et l'armée se débandant, il offre le sacrifice (⁊⁊. 8-9). — Sur ces entrefaites, le prophète arrive et Saül cherche à s'excuser, prétextant la nécessité (⁊⁊. 10-12). — Mais Samuel lui annonce qu'en punition de sa faute, Dieu l'a rejeté, lui et sa race (⁊⁊. 13-14). — Le prophète va ensuite à Galaa, et Saül passe en revue son armée qui n'était que de six cents hommes (⁊. 15). — Or, pendant que Saül et Jonathas étaient avec leur troupe à Galaa, les Philistins, campés à Machmas, se divisent en trois corps, pour ravager le pays (⁊⁊. 16-18). Or, il n'y avait pas d'ouvrier forgeron dans le pays, et les Hébreux étaient obligés d'avoir recours à leurs ennemis, pour faire aiguiser leurs socs de charrue et leurs outils qui, en ce moment, étaient tous émoussés (⁊⁊. 19-21). — Le jour du combat nul n'avait donc de lance et d'épée, sinon Saül et Jonathas (⁊. 22). — Sur ces entrefaites, un poste de Philistins sortit pour passer à Machmas (⁊. 23).

1. Saül était fils d'un an lorsqu'il commença à régner, et il régna deux ans sur Israël.

1. Filius unius anni erat Saul cum regnare cœpisset, duobus autem annis regnavit super Israel.

l'ingratitude de ses concitoyens et il leur continuera ses bons offices. — *Absit autem a me...* « Samuel, dit S. Chysostôme, hom. de cruce et latrone, qui exordinatus fuerat, qui contemptus, ait : Mihi absit peccare, intermittendo orare pro vobis Dominum, peccatum arbitratur, minus pro inimicis orare... »

24. — *Magnifica.* C'est-à-dire les bienfaits, les grandes actions du Seigneur, ⁊⁊. 6 7 et suiv., en enfin le prodige dont ils venaient d'être les témoins.

25. — *Et vos et rex vester...* « Ista, dit S. Greg. l. VI, sibi regentium merita connectuntur et plebium, ut sæpe ex culpa præsidentium deterior fiat vita subjectorum, et sæpe ex merito plebium, delinquat vita pastorum. »

Règne de Saül jusqu'à sa réprobation, XIII-XV.

A. Guerre contre les Philistins, XIII-XIV, 46.

CHAP. XIII. — 1. *Filius unius anni...* L'histoire du règne de Saül commence ce chapitre. On doit donc penser que l'auteur a voulu nous donner ici l'âge de ce roi au moment de son avènement et de la durée de son gouvernement. C'est ce que prouve l'analogie, car nous voyons qu'il a été fait ainsi pour Isboseth, David et plusieurs des rois de Juda. Cfr. II Rois, II, 40, v, 4; III Rois, XIV, 21, XXII, 42; IV Rois, VIII, 17, 26, XI, 21, etc. Or, à ce sujet il est évident qu'il y a des lacunes dans le texte, lacunes d'autant plus explicables qu'on écrivait anciennement les nombres avec des lettres. Elles doivent

2. Et elegit sibi Saul tria millia de Israel; et erant cum Saul duo millia in Machmas, et in monte Bethel; mille autem cum Jonatha in Gabaa Benjamin; porro cæterum

2. Saül alors se choisit trois mille hommes d'Israël; et il y avait deux mille hommes avec Saül à Machmas et sur le mont Béthel, et mille hommes avec Jonathas à Gabaa de Ben-

---

remonter loin, puisque la version des Septante est conforme au texte hébreu actuel traduit littéralement par S. Jérôme, et que la paraphrase chaldaïque interprète ainsi : « sicut filius anni in quo non sunt culpæ, erat quando regnavit. » Cette interprétation a même été adoptée par un grand nombre de Pères. « Sic erat innocens, dit S. P. Damien, l. II, ép. xx, tanquam puer unius anni, cum regnare cœpit; et duobus annis in ejusdem innocentiæ simplicitate permansit; sed qui tum erat in humilitate filius postmodum per superbiam factus est servus. » Genebrard, in Chronic. an. 3106, donne l'explication suivante : « Post annum a sua electione, de qua cap. x, regnare cœpit; cum autem regnasset duobus annis elegit sibi tria millia; nempe duobus primis regni annis sat habuit vitare invidiam. » Nous donnons cette solution pour ce qu'elle vaut, car il n'est pas douteux que le texte soit fautif en cet endroit. Quel nombre faut-il suppléer? on ne peut le savoir que par voie de conjecture. Comme Saül avait un fils, Jonathas, qui dès les premières années de son règne fut mis à la tête d'une division de l'armée, on peut donc supposer que le père, au moment de son avènement, n'avait pas moins de quarante ans. En tout cas, on ne doit pas traduire la première partie du verset. : בֶּן־שָׁנָה שָׁאוּל בְּמָלְכוֹ, *ben schanah Schaoul bemalco*, litt. « fils d'un an Saül dans son royaume » par « Saül régnait depuis un an », ce qui est contraire à toute analogie, car cette même formule souvent répétée n'a jamais une signification de ce genre. Quant à la seconde partie, on ne peut non plus l'interpréter en disant que Saül régnait depuis deux ans, puisque le sujet est répété au verset suivant, ce qui indique le commencement d'une nouvelle phrase; ni qu'il régna deux ans depuis son élection jusqu'à sa réprobation, xv, car il n'est pas possible qu'il ait pu en deux ans conduire toutes les guerres mentionnées, au ch. xiv, v. 47. Une lettre aura donc disparu, peut-être la lettre כ qui exprime le nombre vingt. Quant à la tradition qui attribue 40 ans de règne à Saül, Act. xiii, 21 ; Josèphe, Ant. J. l. VI, c. xiv, § 9, il est possible qu'elle ait son origine dans un passage des Rois, II Rois, ii, 10, où il est dit que le fils de Saül, Isboseth, qui lui succéda sur une partie du pays, était âgé de quarante ans, quand il devint roi. Or, comme il n'est pas mentionné parmi les fils de Saül, au ch. xiv,

℣. 49, on suppose qu'il ne naquit guère qu'après l'avènement de son père au trône. Peut-être aussi, en l'absence de toute donnée positive, a-t-on voulu simplement donner autant d'années à Saül qu'à David. En tout cas, comme nous l'avons déjà fait remarquer dans la préface, le texte des Actes n'est pas absolument clair.

2. — *Et elegit sibi...* La guerre contre les Philistins doit coïncider avec les premières années du règne de Saül. En effet, nous avons vu, x, 5, que les Philistins avaient un poste à Gabaa, ce qui prouve que déjà ils occupaient militairement plusieurs points du pays. C'est donc pour les empêcher de pénétrer plus avant que Saül, peu après la reconnaissance de son autorité par tout le peuple, xi, 15, aura fait choix d'une troupe aguerrie. D'autre part, puisqu'il renvoie le reste du peuple, cette circonstance implique une convocation générale de la nation. Or, comme nous ne connaissons que celle qui eut lieu à l'occasion de la guerre contre les Ammonites, xi, 7, 8, on peut supposer avec vraisemblance que Saul, après son intronisation solennelle à Galgala, xi, 15, prit alors la résolution d'arrêter les progrès des Philistins et, dans ce but, profita de l'occasion pour se composer une armée. Quant à l'hypothèse que ce chapitre se rattache immédiatement au récit interrompu, x, 16, elle n'est point suffisamment fondée. On ne comprend même pas comment Saül, dont le sacre était encore tenu secret, aurait eu assez d'autorité et de crédit pour rassembler autour de lui une armée de trois mille hommes, et pour commencer de son chef à faire la guerre aux Philistins. — *Tria millia.* Sans doute des hommes d'élite. Pour le but qu'il se propose, Saül préfère se contenter d'une troupe peu nombreuse, mais aguerrie. C'est d'ailleurs une preuve qu'il n'avait pas, pour le moment, la pensée d'entreprendre une guerre générale contre les Philistins, probablement parce qu'il ne s'y était pas suffisamment préparé. — *In Machmas*, Machmas, en hébreu מִכְמָשׂ, *Mikmasch*, en grec Μαχμάς, identifiée au moyen âge avec El-Birech, l'ancienne Bééroth, l'est aujourd'hui sans contestation avec le village de Moukhmas, qui, par son nom et sa position, répond parfaitement aux données de la Bible. En effet, au ch. suivant, ℣℣. 4, 5 et 13, nous pouvons comprendre qu'il se trouvait entre Gabaa et Machmas un ravin profond qui se-

jamin. Et il renvoya le reste du peuple chacun dans sa tente.

3. Et Jonathas battit la garnison des Philistins qui était à Gabaa. Lorsque les Philistins l'eurent appris, Saül fit sonner du buccin dans tout le pays, disant : Que les Hébreux écoutent.

4. Et tout Israël entendit le bruit de cet exploit : Saül a battu la garnison des Philistins. Et Israël se leva contre les Philistins, et tout le peuple cria après Saül à Galgala.

5. Et les Philistins rassemblèrent

populum remisit unumquemque in tabernacula sua.

3. Et percussit Jonathas stationem Philisthinorum quæ erat in Gabaa. Quod cum audissent Philisthiim, Saul cecinit buccina in omni terra, dicens : Audiant Hebræi!

4. Et universus Israel audivit hujuscemodi famam : Percussit Saul stationem Philistinorum; et erexit se Israel adversus Philisthiim. Clamavit ergo populus post Saul in Galgala.

5. Et Philisthiim congregati sunt

---

rait l'Oued Soueinit dont les rives, nous dit M. V. Guerin, Judée, III, 64, sont très profondes et très abruptes, parfois presque verticales. « En outre, ajoute l'auteur cité, ibid., de l'un et de l'autre côté de cet *oued*, se dressent deux collines rocheuses, qui se répondent, l'une au nord, l'autre au sud, ce qui s'accorde très bien avec la description de la Bible. » On peut en effet reconnaître dans ces collines les *dextrum scopuli hinc et inde prærupti*, mentionnés, XIV, 4. Isaïe, en faisant mention de Machmas, signale que Sennachérib y laissera ses bagages, Is., x, 28, et au vers. suivant, selon le texte hébreu, qu'*il traversera le passage*. Les Septante ont traduit : Καὶ παρελεύσεται φάραγγα « il traversa le ravin »; or, ce ravin ne serait rien autre que l'Oueid Soueinit dont nous avons parlé et qui devait offrir un obstacle sérieux à la marche d'une armée. Plus tard, Jonathas Machabée choisit Machmas pour siège de sa résidence, I Mach. IX, 73. Elle avait été réhabitée après la captivité, Esdr. II, 27; Neh., VII, 34. — *In monte Bethel*. Il serait difficile de préciser la situation de cette montagne, puisque Béthel, aujourd'hui Beitni, V. Jos., VII, 2, était de tous côtés environnée de hauteurs et se trouvait elle-même sur un point très-élevé. — *In Gabaa Benjamin*. Telle-el-Phoul, à une heure et demie de Machmas, V. Jos., XVIII, 28.

3. — *In Gabaa*. Ce n'est pas Gabaa de Benjamin, mais une autre ville nommée aussi Gabée et Gabaé dans Josué, XVIII, 24, XXI, 17, en hébreu, גבע, *Géba*. C'est maintenant Djéba, village séparé de Moukmas (Machmas) par le ravin escarpé connu sous le nom d'Oued Soueinit et dont nous avons parlé au verset précédent. Cfr. Jos. XVIII, 24. Il est à présumer que le poste que nous avons vu à Gabaa de Benjamin, x, 5, s'était avancé jusqu'à Djéba. — *Dicens*. Mieux : en faisant dire. Après avoir

sonné la trompette d'alarme, les envoyés devaient dire ce qu'on leur avait enjoint de faire savoir. — *Audiant Hebræi*. Ce n'est peut-être que le commencement de la proclamation qui devait faire connaître au peuple l'exploit de Jonathas. On peut donc se dispenser de suppléer : « l'exploit de Jonathas. » Il n'est pas non plus nécessaire de supposer que cette proclamation était accompagnée d'un appel à la révolte, bien que l'historien Josèphe nous affirme que Saül appela tout le peuple à la liberté, πάσης κηρύσσει τῆς χώρας ἐπ' ἐλευθερίᾳ καλῶν τὸν λαὸν κ. τ. λ. Ant. J. J. VI, c. VI, § 4. En tout cas, la suite nous fait comprendre que le peuple ne se trompa pas sur l'importance et la signification du fait qui venait de se produire.

4. — *Audierunt hujuscemodi famam*. Israël n'entendit donc pas l'appel à la révolte, mais apprit l'action hardie de Jonathas. — *Erexit se...* Hébreu : « et qu'Israël était odieux (littquant) aux Philistins ». En effet, les Philistins devaient comprendre que les opprimés allaient bientôt relever la tête. — *Clamavit ergo populus*. L'hébreu peut se traduire ainsi : « et le peuple se rassembla derrière Saül à Galgala. » Pour traduire le verbe hébreu par *clamavit*, il a suffi de prendre יצעקו, *itssakou*, pour la forme active *kal*, au lieu de la forme passive *niphal*. On peut d'ailleurs obtenir à peu près le même sens en traduisant : « le peuple poussa des acclamations derrière Saül », bien entendu, lorsqu'il eut été rassemblé. Si Saül se rendit à Galgala, c'est sans doute parce que la position était favorable pour y réunir le peuple dans la plaine, à l'abri des montagnes.

— 5. *Triginta millia curruum*. Habituellement la proportion est tout autre entre les chars de guerre et les cavaliers, Cfr. II Rois, x, 18; III Rois, x, 26; II Paral., XII, 3. D'ail-

CHAPITRE XIII

ad præliandum contra Israel, triginta millia curruum, et sex millia equitum, et reliquum vulgus, sicut arena quæ est in littore maris plurima. Et ascendentes castrametati sunt in Machmas ad orientem Bethaven.

6. Quod cum vidissent viri Israel se in arcto positos (afflictus enim erat populus), absconderunt se in speluncis, et in abditis, in petris quoque, et in antris, et in cisternis.

7. Hebræi autem transierunt Jordanem in terram Gad et Galaad. Cumque adhuc esset Saul in Galgala, universus populus perterritus est, qui sequebatur eum.

8. Et expectavit septem diebus juxta placitum Samuelis, et non venit Samuel in Galgala, dilapsusque est populus ab eo.

Supr. 10, 8.

9. Ait ergo Saul : Afferte mihi

---

pour combattre Israël trente mille chars et six mille cavaliers, et le reste du peuple, nombreux comme le sable qui est sur le rivage de la mer. Et ils montèrent et campèrent à Machmas, à l'orient de Béthaven.

6. Lorsque les hommes d'Israël eurent vu qu'ils étaient dans une position difficile (car tout le peuple était affligé), ils se cachèrent dans des cavernes, et dans des grottes, et dans des rochers, et dans des antres, et dans des citernes.

7. Or, les Hébreux passèrent le Jourdain dans la terre de Gad et de Galaad. Et, lorsque Saül était encore à Galgala, tout le peuple qui le suivait fut effrayé.

8. Et il attendit sept jours, suivant l'ordre de Samuel, et Samuel ne venait pas à Galgala et le peuple s'éloignait de lui.

9. Saül dit alors : Apportez-moi

---

leurs, on ne trouve ni dans l'histoire sainte, ni dans l'histoire profane, un seul exemple d'une aussi grande quantité de chars de guerre. Il est donc certain qu'il y a là une faute de copiste, et on peut mieux penser que c'est en répétant la dernière lettre du mot ישראל, *Israel*, lettre qui signifie 30, que l'on aura obtenu 30,000. On devrait donc lire mille. Cependant la version arabe et la version syriaque portent trois mille. — *Ad orientem Bethaven.* Béthaven, dont la position est inconnue, était à l'est de Béthel, Jos., VII, 2. Toutefois, il n'est pas impossible qu'elle fût placée par rapport à Machmas, de manière à justifier suffisamment l'expression employée ici. Il n'est donc pas nécessaire de traduire קדמה, *Kidemath*, par *devant*, c'est-à-dire à l'ouest de Béthaven.

6. — *In abditis.* Hébreu : « et dans les épines », broussailles, dans les lieux incultes et déserts. — *In petris quoque.* C'est-à-dire dans les fentes des rochers.

7. — *In Galgala.* Il est évident qu'il s'agit ici de Galgala de la plaine du Jourdain, et non de celle qui se trouvait dans la montagne (Dildjilia), entre Jérusalem et Sichem. Les expressions *descendre* et *monter* des ₮₮. 12 et 15 le prouvent suffisamment. Au reste, si Saül s'était retiré à Djidjilia pour rassembler ses troupes, il n'aurait pas pu venir prendre position à Gabaa (Djeba, V. ₮. 3), sans rencontrer les Philistins à Machmas, puisque cette dernière ville se trouvait entre Djildjilia et Gabaa (Djeba).

8. — *Septem diebus.* Conformément à l'ordre qu'il avait reçu de Samuel, x, 8. Malheureusement Saül désobéit, et sa désobéissance causa sa ruine. « Idcirco, dit S. Grégoire, per inobedientiam cecidit, quia integris septem diebus non expectavit... Ecce septem diebus prophetam sustinuit, sed dum præstolari in fine diei desiit, gloriam tantæ dignitatis amisit. » Ed. Reuss affirme ici carrément que « Saül est rejeté, parce qu'il n'a pas attendu l'investiture du prophète, mais qu'il s'est installé lui-même en dehors des formes théocratiques. » Pour arriver à cette conclusion, cet auteur, non-seulement rattache ce passage à x, 8, mais suppose que le rédacteur a combiné plusieurs récits ; en un mot, il refait l'histoire à côté du texte, et parfois malgré le texte. En particulier, il confond la première convocation du peuple à Galgala, xi, 15 où Saül fut reconnu solennellement, avec celle dont il est question, ce qui cadre avec son système, mais non avec la vérité ou même la vraisemblance.

9. — *Et obtulit holocaustum.* Ou plutôt fit

l'holocauste et les pacifiques. Et il offrit l'holocauste.

10. Et, lorsqu'il eut achevé d'offrir l'holocauste, voilà que Samuel arriva. Et Saül alla au-devant de lui pour le saluer.

11. Et Samuel lui dit : Qu'as-tu fait? Saül répondit : Comme j'ai vu que le peuple s'éloignait de moi et que tu ne venais pas aux jours marqués et que les Philistins étaient rassemblés à Machmas,

12. J'ai dit : Les Philistins descendront maintenant vers moi à Galgala, et je n'ai pas apaisé le Seigneur. Poussé par la nécessité, j'ai offert l'holocauste.

13. Et Samuel dit à Saül : Tu as agi follement et tu n'as pas gardé les commandements du Seigneur ton Dieu, que je t'ai prescrits. Si tu n'avais pas fait cela, le Seigneur dès maintenant aurait affermi à jamais ton règne sur Israël.

14. Mais ton règne désormais ne s'élèvera plus. Le Seigneur s'est cherché un homme selon son cœur, et le Seigneur lui a ordonné d'être

holocaustum, et pacifica. Et obtulit holocaustum.

10. Cumque complesset offerens holocaustum, ecce Samuel veniebat; et egressus est Saul obviam ei ut salutaret eum.

11. Locutusque est ad eum Samuel : Quid fecisti? Respondit Saul : Quia vidi quod populus dilaberetur a me, et tu non veneras juxta placitos dies, porro Philisthiim congregati fuerant in Machmas,

12. Dixi : Nunc descendent Philisthiim ad me in Galgala, et faciem Domini non placavi. Necessitate compulsus, obtuli holocaustum.

13. Dixitque Samuel ad Saul : Stulte egisti, nec custodisti mandata Domini Dei tui, quæ præcepi tibi : Quod si non fecisses, jam nunc præparasset Dominus regnum tuum super Israel in sempiternum,

Infr. 15, 22.

14. Sed nequaquam regnum tuum ultra consurget. Quæsivit Dominus sibi virum juxta cor suum, et præcepit ei Dominus ut esset dux super

---

offrir l'holocauste, car rien ne prouve qu'il ait usurpé les fonctions sacerdotales, ce que Samuel n'eût pas manqué de lui reprocher.

10. — *Ecce Samuel veniebat.* Vers la fin du septième jour, selon toute apparence, car le contexte ne permet guère de supposer que Saül n'offrit l'holocauste que le huitième jour.

11. — *Et tu non veneras...* Saül augmente sa faute en voulant s'excuser. Il eût mieux fait de s'avouer coupable et de demander son pardon, mais l'orgueil l'en empêcha. « Quia ex radice superbiæ, dit S. Grégoire, ipsa culpa inobendientiæ nascitur, solent inobedientes reatus sui magnitudinem audire, sed non humiliter confitendo satisfacere. Nam cum sublimes videri appetunt, lapsus suos ostendere dedignantur et ideo dum excusationes proferunt, justitiam prætendunt, quia apparere peccatores erubescunt. »

12. — *Necessitate compulsus.* « Saul, dit Denys le Chartreux, mendose se excusavit : quia non erat necessitas vera, absoluta, sufficiens, talisque usurpata oblatio fuit magis offensio Dei, quam placativa. »

13. — *Quod si non fecisses.* Ces mots ne sont pas dans l'hébreu et sont proprement une glose. On doit donc admettre que, dans le texte original, la phrase est restée en suspens et n'a pas été achevée.

14. — *Sed nequaquam regnum tuum.* Saül n'a pas su supporter l'épreuve qui lui avait été imposée, n'a pas eu le courage de se soumettre à l'ordre qui lui avait été communiqué de la part de Dieu. C'était anéantir les vrais rapports qui devaient exister entre lui et la Divinité, par l'intermédiaire de Samuel, « Aussi le prophète lui annonce que son règne ne se maintiendra pas, c'est-à-dire que sa race tout au moins sera rejetée, sinon lui-même, car on peut admettre que Saül ne fut définitivement réprouvé qu'après sa seconde faute, xv. On peut trouver le jugement de Samuel sévère, mais il ne faut pas oublier que c'est celui de Dieu même. On doit aussi considérer quel était le sens de l'acte de Saül. En offrant l'holocauste sans l'assentiment de Samuel, Saül montrait qu'il croyait pouvoir combattre les ennemis de son royaume sans recourir aux conseils et à l'assistance de Dieu, ce qui était une révolte contre la

populum suum, eo quod non servaveris quæ præcepit Dominus.

Infr. 16, 1; *Act.* 13, 22.

15. Surrexit autem Samuel, et ascendit de Galgalis in Gabaa Benjamin. Et reliqui populi ascenderunt post Saul obviam populo, qui expugnabant eos venientes de Galgala in Gabaa, in colle Benjamin. Et recensuit Saul populum qui inventi fuerant cum eo, quasi sexcentos viros.

16. Et Saul et Jonathas filius ejus, populusque qui inventus fuerat cum eis, erat in Gabaa Benjamin; porro Philisthiim consederant in Machmas.

17. Et egressi sunt ad prædandum de castris Philisthinorum tres cunei.

15. Or, Samuel se leva et monta de Galgala à Gabaa de Benjamin. Et le reste du peuple, venant de Galgala à Gabaa sur la colline de Benjamin, monta à la suite de Saül au-devant du peuple qui les attaquait. Et Saül dénombra le peuple qui se trouvait avec lui; ils étaient environ six cents hommes.

16. Saül et Jonathas, son fils, et le peuple qui se trouvait avec eux, était à Gabaa de Benjamin. Et les Philistins étaient campés à Machmas.

17. Et trois troupes sortirent du camp des Philistins pour piller. Une

le chef de son peuple, parce que tu n'as pas observé ce que le Seigneur a prescrit.

---

royauté du Seigneur, le renversement de l'ordre légitime et méritait un châtiment exemplaire. Ecoutons à ce propos les enseignements de S. Augustin commentant ces paroles du Ps. cxlii : *qui docet manus meas ad prœlium.* « Expedit ut ille, dit ce grand Docteur, qui sibi subjici vult quod est inferius, se subjiciat superiori suo. Agnosce ordinem. Tu Deo, tibi caro; quid justius? quid pulchrius? Tu majori, minor tibi : servi tu ei qui fecit te, ut tibi serviat quod factum est propter te. Si autem contemnis tu servire Deo, numquam efficies ut serviat tibi caro. — *Juxta cor suum.* « Per Dei cor, dit S. Greg., in sacro eloquio, ejus voluntas designatur. Juxta vero eam sumus, quando hanc et per intellectum agnoscimus, et per amorem custodimus. » Nous ne nous étonnerons pas comme le fait Ed. Reuss, qu'on nous « parle ici d'un autre roi à mettre à la place de Saül, comme d'un homme déjà trouvé et choisi », car nous savons qu'aux yeux de Dieu l'avenir est comme le présent.

15. — *Et reliqui populi...* Ce passage, jusqu'aux mots *in colle Benjamin* inclusivement, ne se trouve pas dans l'hébreu. Il ne faut pourtant en conclure qu'il y a là une lacune, car tout porte à croire que les Septante ont voulu établir une transition entre les deux parties du verset. Voici leur texte qui d'ailleurs n'est pas très-intelligible : Καὶ ἀνέστη Σαμουὴλ καὶ ἀπῆλθεν ἐκ Γαλγαλῶν· καὶ τὸ κατάλειμμα τοῦ λαοῦ ἀνέβη ὀπίσω Σαοὺλ εἰς ἀπάντησιν ὀπίσω τοῦ λαοῦ τοῦ πολεμιστοῦ· αὐτῶν παραγενομένων ἐκ Γαλγάλων εἰς Γαβαὰ Βενιαμίν, καὶ ἐπεσκέψατο. En effet, les mots ἀπάντησιν ὀπίσω n'ont réellement pas de sens et l'on ne comprend pas d'où serait venue cette armée qui se présente pour se joindre à la troupe restée avec Samuel. Comment se ferait-il d'ailleurs que Saül, après avoir reçu ce renfort, n'eût pu passer que six cents hommes en revue? On est donc fondé à croire que S. Jérôme a traduit exactement l'hébreu et que l'addition susdite a passé de la version italique dans son texte.
— *Quasi sexcentos viros.* Il n'avait servi à rien à Saül de ne pas attendre l'arrivée du prophète pour offrir l'holocauste.

16. — *Considerant in Machmas.* A l'approche des Philistins, Saül avait abandonné sa position à Machmas et était descendu à Galgala; mais, tandis que Samuel se retirait à Gabaa de Benjamin, Saül et Jonathas vinrent se placer à l'autre Gabaa (Djéba), en face de l'ennemi. En effet, au lieu de Gabaa de Benjamin, on lit dans l'hébreu *Géba*, גֶבַע, de Benjamin, ce qui montrerait qu'il ne s'agit pas de la patrie de Saül, mais de la Gabaa qui est aujourd'hui Djéba. Quoi qu'il en soit, il est bien certain que le texte est obscur et que nous ne comprenons pas beaucoup les mouvements de Saül. Mais ce n'est pas une raison pour affirmer, comme le fait Edouard Reuss, que ce morceau est sans liaison avec le précédent et pour remplacer *hardiment* au commencement du verset précédent le nom de Samuel par celui de Saül. C'est traiter le texte en pays conquis.

17. — *Contra viam Ephra.* C'est-à-dire au nord-est, car Ephra, ou Ophéra, en hébreu עָפְרָה, était à l'est de Béthel, Cfr. Jos., xviii, 23.
— *Ad terram Sual.* Le pays de Sual, ou le

troupe marchait par le chemin d'E-
phra, vers la terre de Sual.

18. Une autre marchait par le
chemin de Béthoron; et la troisième
s'était tournée vers le chemin du
coteau qui borne la vallée de Sé-
boïm, du côté du désert.

19. Or, il ne se trouvait point de
forgeron dans toute la terre d'I-
sraël; car les Philistins avaient pris
garde à ce que les Hébreux ne fis-
sent ni glaive ni lance.

20. Tout Israël descendait donc
chez les Philistins pour aiguiser
chacun son soc de charrue et sa
houe et sa hache et sa bêche;

21. Aussi la pointe des socs, et
des hoyaux, et des fourches, et des
haches était émoussée et les ai-
guillons même avaient besoin d'ê-
tre affilés.

22. Et lorsque fut venu le jour du
combat, il ne se trouva ni glaive ni
lance dans la main de tout le peuple
qui était avec Saül et Jonathas, excepté dans la main de Saül et de
Jonathas son fils.

23. Or, la garnison des Philistins

Unus cuneus pergebat contra viam
Ephra ad terram Sual.

18. Porro alius ingrediebatur per
viam Bethoron; tertius autem verterat se ad iter termini imminentis
valli Seboim contra desertum.

19. Porro faber ferrarius non in-
veniebatur in omni terra Israel; caverant enim Philisthiim, ne forte
facerent Hebræi gladium aut lanceam.

20. Descendebat ergo omnis Israel
ad philisthiim, ut exacueret unusquisque vomerem suum, et ligonem,
et securim, et sarculum.

21. Retusæ itaque erant acies vo-
merum, et ligonum, et tridentum,
et securium, usque ad stimulum
corrigendum.

22. Cumque venisset dies prælii,
non est inventus ensis et lancea in
manu totius populi, qui erat cum
Saule et Jonatha, filio ejus.

23. Egressa est autem statio Phi-

---

pays des renards, en hébreu שׁעל, *schoual*,
est inconnu. C'est peut-être la même chose
que la terre de Saalim, ix, 5.

18. — *Per viam Bethoron*. C'est-à-dire à
l'ouest, V. Jos., x, 14. — *Seboim*. Cette ville
et la vallée qui l'avoisine sont inconnues.
Une ville de même nom, signalée dans Néhémie, xi, 34 et différente d'une autre dont
il est parlé dans la Genèse xiv, 38 et dans
le Deutéronome, xxi, 22, était habitée par
des Benjaminites, et se trouvait, paraît-il, au
sud-est du pays de Benjamin, par conséquent
au nord-est de Jérusalem.

19. — *Caverant enim Philisthiim*. Hébreu :
« car les Philistins avaient dit. » Sans doute
ils avaient pris soin d'enlever toutes les
armes et d'emmener les forgerons.

20. — *Et sarculum*. En hébreu, le mot
מחרשׁת, *makharaschtho*, a déjà été employé
plus haut et traduit par *vomerem*; il désigne
peut-être ici un coutre de charrue. Les mas-
sorètes ont distingué les deux mots l'un de
l'autre par la différence des points-voyelles.
Les Septante ont traduit τὸ δρέπανον αὐτοῦ
« sa faux. »

21. — *Usque ad stimulum corrigendum*. La
construction est ici très embarassée, parce
que le traducteur n'a pas suivi la phrase hébraïque qui commence ainsi : « et l'émous-
sement fut dans... » et se termine par ces
mots « et dans l'arrangement de l'aiguillon. »

22. — *Non est inventus...* Nous avons vu
plus haut, ch. xi, que les Israélites avaient
fait la guerre aux Ammonites et les avaient
vaincus, ce qui suppose que non-seulement
ils avaient des armes, mais qu'ils avaient dû
en prendre à l'ennemi. Toutefois, d'une part,
il n'est pas vraisemblable que tous ceux qui
prirent alors part à la guerre fussent pourvus
des armes ordinaires; et, d'autre part, rien
n'empêche d'admettre que le désarmement
ait eu lieu après la défaite par Jonathas du
poste de Gabaa, lorsque les Philistins s'avan-
cèrent et inondèrent le pays; y. 5. On comprend ainsi que les guerriers, qui depuis lors
se réunirent à Saül, ne purent trouver d'armes.
Enfin, les six cents hommes qui avaient suivi
Saül et Jonathas, n'étaient certainement pas
sans défense, bien qu'ils ne fussent pas armés
régulièrement.

CHAPITRE XIV

listhiim, ut transcenderet in Machmas.

sortit pour aller au-delà de Machmas.

CHAPITRE XIV

Jonathas propose à son écuyer d'aller attaquer le poste des Philistins, tandis que Saül était à Magron, à l'extrémité de Gabaa avec sa troupe (**vv**. 1-3). — Or, pour arriver au poste ennemi, il fallait franchir des rochers très-escarpés (**vv**. 4-5). — L'écuyer de Jonathas ayant accepté la proposition, celui-ci lui indique à quel signe ils reconnaîtront qu'il faut avancer (**vv**. 6-10). — Les Philistins, les ayant aperçus, leur dirent d'approcher, et Jonathas et son écuyer montèrent, les surprirent, et tuèrent environ vingt hommes (**vv**. 11-14). — Les Philistins sont étonnés et troublés, et, de leur côté, les gens de Saül s'étant aperçus de ce qui se passait, remarquèrent l'absence de Jonathas et de son écuyer (**vv**. 15-16). — Saül fit alors consulter le Seigneur ; mais tout à coup un grand bruit s'éleva dans le camp ennemi, et Saül et tout le peuple se dirigèrent vers le lieu du combat, et aperçurent les Philistins qui s'entretuaient (**vv**. 17-20). — En ce moment, les Israélites qui s'étaient joints aux Philistins, et ceux qui s'étaient cachés, accoururent se réunir à l'armée de Saül (**vv**. 21-23). — Or, Saül défendit de manger jusqu'au soir, avant la défaite totale de l'ennemi ; mais Jonathas, en traversant une forêt et ne connaissant pas l'ordre de son père, toucha de sa verge un rayon de miel et le porta à sa bouche pour ranimer ses forces (**vv**. 24-27). — On lui apprit alors ce qu'avait dit Saül, et Jonathas le désapprouva (**vv**. 28-30). — Après avoir poursuivi l'ennemi jusqu'à Aïalon, le peuple fatigué immola les moutons et les bœufs et les mangeait avec le sang, ce que défendit Saül quand il l'apprit (**vv**. 31-34). — Or, Saül voulant continuer la poursuite de l'ennemi et ayant consulté le Seigneur, n'obtint pas de réponse (**vv**. 35-37). — Il comprit qu'une faute avait été commise, et jura de punir le coupable, quand ce serait Jonathas (**vv**. 38-39). — Or, le sort tomba sur Jonathas, qui révéla alors à son père ce qu'il avait fait (**vv**. 40-43). — Saül voulait faire mourir son fils, mais le peuple s'y opposa et le sauva (**vv**. 44-45). — Saül cessa donc de poursuivre les Philistins ; mais après avoir affermi son royaume, il fit la guerre à tous les ennemis d'Israël, et battit les Amalécites (**vv**. 46-48). — Or, Saül eut des fils et des filles, et avait pour chef de sa milice Abner, fils de Ner, le fils d'Abiel (**vv**. 45-51). — Pendant tout son règne, la guerre se poursuit avec acharnement entre les Israélites et les Philistins (**v**. 52).

1. Et accidit quadam die ut diceret Jonathas filius Saul ad adolescentem armigerum suum : Veni, et transeamus ad stationem Philisthi-

1. Et il arriva qu'un jour Jonathas, fils de Saül, dit à un jeune homme, son écuyer : Viens et passons jusqu'au camp des Philistins

---

23. — *Egressa est... ut transcenderet in Machmas.* Hébreu : « et un poste de Philistins sortit vers le passage de Machmas », c'est-à-dire se dirigea vers le passage de Machmas pour tenter une attaque sur le camp des Israélites. Ce passage serait l'Oued Soueinit dont nous avons parlé plus haut.

Chap. xiv. — 1. — *Ad stationem Philisthinorum.* Ce sont les avant-postes, dont il a été parlé précédemment, xiii, 23. — *Patri autem...* Cette réflexion sert à l'intelligence de ce qui va suivre ; il est probable en effet que Saül n'eût pas permis à son fils de se lancer dans une entreprise aussi téméraire.

Du reste, il est raisonnable de supposer, d'après les Pères, que Jonathas, en cette occasion, agit d'après une inspiration d'En-Haut. Les deux versets qui suivent et qui interrompent le fil du récit, nous mettent également au courant de la situation. C'est Gabaa de Benjamin, qui était éloignée d'un peu plus d'une heure de l'autre Gabaa (Djeba) et du passage qui conduisait à Machmas. — *In Magron*, Magron, en hébreu *Migron*, מגרון, peut être identifié avec quelque vraisemblance avec le Khirbet el Mighram, dont la position au nord de Tell-el-Foul (Gabaa de Benjamin) et au sud de Moukhmasch (Machmas),

qui est au-delà de ce lieu. Mais il ne le fit pas savoir à son père.

2. Or, Saül demeurait à l'extrémité de Gabaa, sous le grenadier qui était à Magron, et il y avait avec lui une armée d'environ six cents hommes.

3. Et Achias, fils d'Achitob, frère d'Ichabod, fils de Phinéès, qui était né d'Héli, prêtre du Seigneur à Silo, portait l'éphod. Mais le peuple ignorait où était allé Jonathas.

4. Et il y avait au milieu des montées par lesquelles Jonathas s'efforçait de passer jusqu'au camp des Philistins de hautes pierres de chaque côté et, çà et là, des rochers abrupts en forme de dents, l'un nommé Bosès et l'autre Séné.

5. L'un de ces rochers s'élevait

norum, quæ est trans locum illum. Patri autem suo hoc ipsum non indicavit.

2. Porro Saul morabatur in extrema parte Gabaa, sub malogranato, quæ erat in Magron; et erat populus cum eo quasi sexcentorum virorum.

3. Et Achias, filius Achitob, fratris Ichabod, filii Phinees, qui ortus fuerat ex Heli sacerdote Domini in Silo, portabat ephod. Sed et populus ignorabat quod isset Jonathas.

Supr. 4, 21.

4. Erant autem inter ascensus, per quos nitebatur Jonathas transire ad stationem Philisthinorum, eminentes petræ ex utraque parte, et quasi in modum dentium scopuli hinc et inde prærupti, nomen uni Boses, et nomen alteri Sene;

5. Unus scopulus prominens ad

---

répond bien à ce que nous lisons ici. Toutefois, d'après un passage d'Isaïe, x, 28, Magron aurait été placé entre Aïoth, c'est-à-dire Haï, aujourd'hui Tell-el-Koudeireh et Machmas, par conséquent au nord de cette dernière localité. Mais, comme le fait remarquer M. V. Guérin, *Samarie*, I, 185 et suiv., on peut, pour écarter toute difficulté, admettre l'existence de deux localités voisines de même nom, d'autant plus que, *Migron* signifiant *précipice*, cette dénomination a pu convenir et être appliquée, dans une région montagneuse et coupée de ravins, à plusieurs villes ou villages. Selon l'auteur cité, le village actuel de Bourka répondrait au Magron d'Isaïe.

3. — *Et Achias*. D'après ce qui suit, il était petit-fils d'Héli. On pense communément qu'il est identique à Achimélech, xxii, 9 et suiv. Les deux noms d'ailleurs ont entre eux beaucoup d'analogie et peuvent être ramenés à la même signification, car Achias, en hébreu אחיה « frère (c'est-à-dire, ami) de Dieu » est bien voisin d'Achimélech אחימלך « le frère ou l'ami du roi. » On peut donc considérer אחיה et אחימלך comme les formes d'un même nom. Cependant Achimélech serait peut-être le frère d'Achias, qui serait mort sans enfants et l'aurait eu pour successeur, car entre les faits de ce chapitre et ceux du ch. xii, il s'est bien écoulé un espace de dix ans au moins. Achimélech fut mis à mort à Nob par Saül, xxii, 9 et suiv.; mais son fils, Abiathar, échappa et nous voyons qu'il était

revêtu de l'éphod, xxx, 7. Il s'en suit donc qu'à l'époque où nous sommes, Abiathar, le fils d'Achimélech ou Achias, devait avoir au moins dix ans et son père de trente à trente-cinq, puisque Saül n'a guère régné que vingt-deux ans, et que deux ans avant sa mort Abiathar était déjà grand-prêtre. Ces données ne sont point en contradiction avec le passage dont nous nous occupons. En effet, Héli étant mort à quatre-vingt dix-huit ans, son fils Phinéès pouvait bien être âgé de soixante à soixante-cinq ans et avoir laissé un fils d'environ quarante ans, lequel fils serait Achitob. Quarante ans plus tard, c'est-à-dire au commencement du règne de Saül, Achias ou Achimélech, fils d'Achitob, pouvait être âgé d'environ cinquante ans, et dix ans plus tard, à sa mort, son fils Abiathar avoir déjà trente ans. Ce dernier ne pouvait guère être moins jeune, puisqu'il fut grand-prêtre tout le règne de David et ne fut déposé que par Salomon après son avènement, III Rois, ii, 26; Cfr. II Rois, 47.

4. — *Inter ascensus*. Hébreu : « entre les passages. » — *Eminentes petræ*. Ces rochers sont apparemment ceux qui ont été signalés sur les rives de l'Oued Soueinit par plusieurs voyageurs, entre autres, par V. Guérin, *Judée* III, 67 et Robinson, *Palest.*, II, 328. L'un est du côté de Djeba (Gabaa, c'est-à-dire Géba) et l'autre du côté de Moukhmasch (Machmas), Cfr. xiii, 3.

5. — *Prominens*. Hébreu : « colonne »,

CHAPITRE XIV

aquilonem ex adverso Machmas, et alter ad meridiem contra Gabaa.

6. Dixit autem Jonathas ad adolescentem armigerum suum : Veni, transeamus ad stationem incircumcisorum horum, si forte faciat Dominus pro nobis; quia non est Domino difficile salvare, vel in multis, vel in paucis.

7. Dixitque ei armiger suus : Fac omnia quæ placent animo tuo; perge quo cupis, et ero tecum ubicumque volueris.

8. Et ait Jonathas : Ecce nos transimus ad viros istos. Cumque apparuerimus eis,

9. Si taliter locuti fuerint ad nos : Manete donec veniamus ad vos; stemus in loco nostro, nec ascendamus ad eos.

10. Si autem dixerint : Ascendite ad nos; ascendamus, quia tradidit eos Dominus in manibus nostris; hoc erit nobis signum.

11. Apparuit igitur uterque sta-

du côté de l'aquilon vis-à-vis Machmas, et l'autre du côté du midi contre Gabaa.

6. Or, Jonathas dit au jeune homme, son écuyer : Viens, passons jusqu'au camp de ces incirconcis; peut-être le Seigneur agira-t-il pour nous; car il n'est pas difficile au Seigneur de sauver, soit avec beaucoup d'hommes soit avec peu.

7. Et son écuyer lui dit : Faites tout ce qui plait à votre âme; allez où vous désirez et je serai avec vous partout où vous voudrez.

8. Et Jonathas dit : Voilà que nous allons jusqu'à ces hommes. Et lorsque nous nous serons montrés à eux,

9. S'ils nous parlent ainsi : Demeurez jusqu'à ce que nous venions à vous, restons à notre place et ne montons pas vers eux.

10. Si au contraire ils disent : Montez vers nous; montons, car le Seigneur les a livrés en nos mains. Ce sera pour nous un signe.

11. L'un et l'autre donc se mon-

מצוק, *matsouk*, c'est-à-dire était à pic comme une colonne.

6. — *Transeamus ad stationem incircumcisorum*. On ne doit pas voir dans l'entreprise de Jonathas un acte irréfléchi, inspiré par un courage véritable, mais aveugle et provenant de l'effervescence du jeune âge. Convaincu que le peuple d'Israël est le peuple que Dieu s'est choisi et à qui il doit son assistance, il se dit que Dieu est tout-puissant et que rien ne peut l'empêcher de prendre qui il lui plait pour être l'instrument de ses œuvres, « quia non est Domino, etc. » Toutefois sa confiance n'est point de la présomption, ainsi que l'indiquent ces paroles : « si forte faciat Dominus pro nobis. » On remarquera que l'épithète d'incirconcis est presque exclusivement appliquée aux Philistins. Cfr. Jug., XIV, 3, XV, 48; I Rois XVII, 26, 36; XXXI, 4; II Rois I, 20; etc. C'est probablement l'indice de l'inimitié qui régnait entre les deux peuples, grâce sans doute à l'oppression cruelle que les Philistins firent peser sur les Israélites.

7. — *Fac omnia quæ placent...* Hébreu : « fais tout ce qui est dans ton cœur; tourne-toi, voici que je suis avec toi selon ton cœur », c'est-à-dire prêt à aller où tu désires.

Ewald propose de traduire : « fais ce à quoi ton cœur t'incline, voici que... » Mais il faudrait pour cela lire *lebabka* : לבבך, au lieu de *bilbabka*, בלבבך, et נטה, *na'tah*, au lieu de *nétah* à l'impératif. Cette interprétation ne nous parait donc nullement justifiée.

9. — *Manete donec...* Cette réponse prouverait que les Philistins étaient pleins de courage et de résolution et tout prêts à les attaquer.

10. — *Ascendite ad nos*. Cette autre réponse devait indiquer au contraire que les Philistins n'osaient pas quitter leur position, qu'ils étaient par conséquent lâches et timides, et que Dieu les livrait aux mains de Jonathas et de son écuyer. — *Hoc erit nobis signum*. Humainement parlant, l'un et l'autre signes avaient leur signification naturelle. Bien qu'on ne le dise pas expressément, l'ensemble du récit donne assez clairement à entendre que Jonathas se sentit divinement inspiré dans la circonstance. On ne doit pas d'ailleurs l'accuser d'avoir tenté Dieu, car ce n'était pas dans un but personnel qu'il allait au combat, mais pour défendre le royaume de Dieu, que les incirconcis voulaient détruire. Une telle foi devait avoir sa récompense.

trèrent au camp des Philistins. Et les Philistins dirent : Voilà les Hébreux qui sortent des cavernes où ils s'étaient cachés.

12. Et des hommes du camp parlèrent à Jonathas et à son écuyer et leur dirent : montez vers nous et nous vous montrerons quelque chose. Et Jonathas dit à son écuyer : Montons, suis-moi, car le Seigneur les a livrés aux mains d'Israël.

13. Or, Jonathas monta en rampant sur ses mains et ses pieds, et son écuyer après lui. Les uns donc tombaient devant Jonathas, et son écuyer, qui le suivait, tuait les autres.

14. Et il y eut une première défaite dans laquelle Jonathas et son écuyer frappèrent environ vingt hommes sur un demi-arpent qu'une paire de bœufs a coutume de labourer en un jour.

15. Et il se fit un prodige dans le camp et dans la campagne, et toute l'armée de leur camp qui était allée

tioni Philisthinorum ; dixeruntque Philisthiim : Et Hebræi egrediuntur de cavernis, in quibus absconditi fuerant.

12. Et locuti sunt viri de statione ad Jonatham, et ad armigerum ejus, dixeruntque : Ascendite ad nos, et ostendemus vobis rem. Et ait Jonathas ad armigerum suum : Ascendamus, sequere me ; tradidit enim Dominus eos in manus Israel.

I Mach. 4, 30.

13. Ascendit autem Jonathas manibus et pedibus reptans, et armiger ejus post eum. Itaque alii cadebant ante Jonatham, alios armiger ejus interficiebat sequens eum.

14. Et facta est plaga prima, qua percussit Jonathas et armiger ejus, quasi viginti virorum, in media parte jugeri, quam par boum in die arare consuevit.

15. Et factum est miraculum in castris, per agros ; sed et omnis populus stationis eorum, qui ierant ad

---

12. — *Et ostendemus vobis rem*. Et nous vous communiquerons quelque chose. Cette réponse montre que les Philistins n'étaient point empressés à combattre, et elle est en même temps un indice d'insouciance et de sécurité. Peut-être cependant serait-ce une moquerie dans le genre de celle-ci : Venez et nous vous montrerons ce que nous allons faire de vous. Josèphe, Ant. J. l. VI, c. vi, § 2 interprète ainsi : δεῦτέ ἀνέλθετε πρὸς ἡμᾶς, ἵνα ὑμᾶς τιμωρησώμεθα τῶν τετολμημένων ἀξίως, « venez ici près de nous afin que nous vous punissions de votre audace comme vous le méritez. »

13. — *Cadebant*. C'est-à-dire, après avoir été égorgés.

14. — *In media parte jugeri, quam...* Hébreu : « environ sur la moitié d'un sillon du joug (ou de l'attelage) d'un champ », c'est-à-dire sur la moitié de la longueur du sillon d'un champ qu'une paire de bœufs peut labourer en un jour. En effet, le mot צֶמֶד, *tsémed*, signifie proprement *joug*, puis, par extension, une paire de bœufs, d'ânes ou de chevaux, enfin *jugerum* (agri), c'est-à-dire ce qu'une paire de bœufs peut labourer en un

jour. Par conséquent les mots שדה צמד, *tsémed sadeh* (jugerum agri) désignent donc, non les animaux, mais le champ qu'ils peuvent labourer. Lorsque les Philistins se virent attaqués, ils prirent la fuite, et vingt d'entre eux furent massacrés les uns après les autres, sur une longueur de terrain que l'on cherche à déterminer par une comparaison. On comprend d'ailleurs que la panique se soit emparée des Philisthins. Postés sur une hauteur bordée par un ravin escarpé, ils purent croire que Jonathas et son écuyer étaient l'avant-garde d'une troupe nombreuse qui les suivait et qu'ils ne pouvaient encore apercevoir. Sans doute ils ne pouvaient s'imaginer que deux hommes seuls eussent eu la témérité de les attaquer.

— 15. *Miraculum*. Hébreu : « une terreur ». — *In castris, per agros*. C'est-à-dire dans le camp où était le gros de l'armée. — *Sed et omnis populus... obstupuit*. Hébreu : « et parmi tout le peuple (c'est-à-dire tous les avant-postes) ; et le poste (l'armée campée à Machmas) et la colonne dévastatrice s'épouvantèrent aussi. » — *Et conturbata est terra*. C'est-à-dire la terre trembla aux cris d'épou-

prædandum, obstupuit; et conturbata est terra, et accidit quasi miraculum a Deo.

16. Et respexerunt speculatores Saul, qui erant in Gabaa Benjamin, et ecce multitudo prostrata, et huc illucque diffugiens.

17. Et ait Saul populo, qui erant cum eo : Requirite, et videte quis abierit ex nobis. Cumque requisissent, repertum est non adesse Jonathan, et armigerum ejus.

18. Et ait Saul ad Achiam : Applica Arcam Dei (erat enim ibi Arca Dei in die illa cum filiis Israel).

19. Cumque loqueretur Saul ad sacerdotem, tumultus magnus exortus est in castris Philisthinorum; crescebatque paulatim, et clarius resonabat. Et ait Saul ad sacerdotem : Contrahe manum tuam.

piller fut dans la stupeur, et tout le pays fut troublé, et il arriva comme un miracle de Dieu.

16. Et les sentinelles de Saül, qui étaient à Gabaa de Benjamin, regardèrent, et voilà une multitude abattue et fuyant çà et là.

17. Et Saül dit au peuple qui était avec lui : Cherchez et voyez qui d'entre nous s'en est allé. Et lorsqu'ils eurent cherché, on découvrit que Jonathas et son écuyer n'étaient pas présents.

18. Et Saül dit à Achias : Consulte l'Arche du Seigneur (car ce jour-là l'Arche du Seigneur était là avec les enfants d'Israël).

19. Et pendant que Saül parlait au prêtre, un grand tumulte s'éleva dans le camp des Philistins, et il croissait peu à peu et retentissait plus clairement. Et Saül dit au prêtre : Abaisse ta main.

---

vante que poussèrent les Philistins. L'hébreu « et la terre trembla » donnerait à entendre que Dieu produisit un tremblement de terre, ce qui naturellement dut augmenter la frayeur de l'ennemi. La chose n'est pas absolument improbable, vu que le Seigneur, en plusieurs circonstances, fit combattre les éléments en faveur de son peuple, Cfr. Jos., x, 11, I Rois, VII, 10 ; Ps. CXIII, 4. — *Et accidit quasi miraculum a Deo*. Hébreu : « et cela devint une terreur surnaturelle inspirée par Dieu même aux Philistins. »

16. — *Speculatores Saul*. Machmas était donc en vue de Gabaa de Benjamin. — *Prostrata*. En hébreu נָמוֹג *namoug*, litt. « s'écoulait ». — *Et huc illucque difugiens*. L'hébreu וְיֵלֶךְ וַהֲלֹם, *vaielche vahalem*, est susceptible d'une double interprétation. Les rabbins assimilant הֲלֹם avec l'infinitif absolu הָלוֹם, *halom* du verbe הָלַם, *halam*, « frapper », traduisent : « magis magisque frangebatur. » Gésénius adopte leur opinion. Mais הֲלֹם étant aussi un adverbe, d'autres supposent qu'il a été omis une fois, et qu'il faut dire : « et allait (courait) çà et là. » Les Septante d'ailleurs sont conformes à la Vulgate et portent : ἔνθεν καὶ ἔνθεν, çà et là. »

18. — *Applica Arcam Dei*. (Erat enim...) Plusieurs interprètes, et entr'autres le Dr Keil et l'auteur du Speakers Commentary, font remarquer que l'Arche avait été déposée à Cariathiarim et qu'il n'est pas probable qu'elle

fût avec la petite armée de Saül ; qu'en outre, ce n'était jamais avec l'Arche qu'on interrogeait le Seigneur, mais avec l'Urim et le Tummim, et que l'expression *applica* est toujours employée pour l'éphod. On devrait donc en conséquence adopter le texte des Septante : Προσάγαγε τὸ Ἐφούδ· — ὅτι αὐτὸς ἦμεν τὸ Ἐφοὺδ ἐν τῇ ἡμέρᾳ ἐκείνῃ ἐνώπιον Ἰσραήλ, « apporte l'éphod, car il portait l'éphod en ce jour en présence d'Israël. » Josèphe, Ant. J. l, VI, c. VI. §3, dit de même que Saül ordonna au grand-prêtre de prendre ses vêtements sacerdotaux pour prophétiser sur l'avenir, κελεύει τὸν ἀρχιερέα λαβόντα τὴν ἀρχιερατικὴν στολὴν προφητεύειν αὐτῷ περὶ τῶν μελλόντων. Toutefois nous voyons que l'Arche accompagna plus d'une fois les armées, IV, 4, 5 ; II Rois, XI, 11, XV, 24, 25. Il n'est donc pas impossible que Saül ait fait apporter l'Arche dans son camp pour le moment décisif et ne l'ait ensuite fait remettre à sa place habituelle. Au surplus, il n'est pas dit qu'il voulait interroger le Seigneur avec l'Arche, et on peut tout aussi bien penser qu'il avait simplement l'intention de la faire porter en avant, puisqu'il y renonça lorsqu'il s'aperçut que le désordre s'accroissait dans le camp ennemi. En tout cas, le texte hébreu est clair et conforme à la Vulgate et aux autres versions, sauf celle des Septante.

19. — *Contrahe manum tuam*. C'est-à-dire, arrête, ne fais pas approcher l'Arche.

20. — *Et ecce versus fuerat*... Cette cir-

20. Saül donc jeta un cri ainsi que tout le peuple qui était avec lui, et ils vinrent jusqu'au lieu du combat. Et voilà que le glaive de chacun était tourné contre son prochain, et il y avait un grand carnage.

21. Mais les Hébreux qui hier et avant hier avaient été avec les Philistins et étaient montés avec eux dans le camp, retournèrent pour être avec les Israélites qui étaient avec Saül et Jonathas.

22. Et tous les Israélites qui s'étaient cachés dans la montagne d'Ephraïm, en apprenant que les Philistins fuyaient, s'unirent aux leurs dans le combat; et il y avait avec Saül environ dix mille hommes.

23. Et le Seigneur sauva Israël ce jour là, et le combat s'étendit jusqu'à Bethaven.

24. Et les hommes d'Israël s'associèrent ce jour là. Mais Saül adjura le peuple et dit: Maudit soit l'homme qui mangera du pain d'ici à ce soir, jusqu'à ce que je me sois vengé de mes ennemis. Et le peuple entier ne mangea point de pain.

20. Conclamavit ergo Saul, et omnis populus qui erat cum eo, et venerunt usque ad locum certaminis, et ecce versus fuerat gladius uniuscujusque ad proximum suum, et cædes magna nimis.

21. Sed et Hebræi qui fuerant cum Philisthiim heri et nudiustertius, ascenderantque cum eis in castris, reversi sunt ut essent cum Israel qui erant cum Saul et Jonatha.

22. Omnes quoque Israelitæ qui se absconderant in monte Ephraim, audientes quod fugissent Philisthæi, sociaverunt se cum suis in prælio. Et erant cum Saul, quasi decem millia virorum.

23. Et salvavit Dominus in die illa Israel; pugna autem pervenit usque ad Bethaven.

24. Et viri Israel sociati sunt sibi in die illa; adjuravit autem Saul populum, dicens : Maledictus vir, qui comederit panem usque ad vesperam, donec ulciscar de inimicis meis. Et non manducavit universus populus panem.

---

constance peut s'expliquer assez naturellement. Il y avait des Hébreux parmi les Philistins, ⋎. 21, et il est à croire qu'ils durent profiter du tumulte et de la confusion pour tourner leurs armes contre les ennemis de leur nation. Selon Josèphe, Ant. J. l. VI, c. vi, § 6, soixante mille Philistins furent tués en ce jour.

21. — *Sed et Hebræi.* C'est le nom que les étrangers donnaient aux Israélites. *Ascenderuntque...* On peut supposer, d'après cette expression, qu'ils étaient là non comme prisonniers des Philistins, mais comme leurs serviteurs. — *Reversi sunt ut essent...* L'hébreu לִהְיוֹת, *lihiioth*, litt. « pour être », n'est pas facile à expliquer. Aussi les Septante avaient déjà complété le sens par le mot ἐπεστράφησαν, « se retournèrent »; Mais plutôt que d'admettre une lacune dans le texte original, on peut aussi penser qu'il vaux mieux sous-entendre כָּנוּ, *haïou* « furent ». On traduirait alors : « furent à être avec Israël », c'est-à-dire se mirent du côté d'Israël.

23. — *Ad Bethaven.* V. XIII, 8. Si l'on voit ici que le combat se poursuivit dans la direction du nord est, il n'y a pas pour cela contradiction avec le ⋎. 31 où il est dit que les Philistins furent battus depuis Machmas jusqu'à Aïalon. En effet, il est assez difficile de se rendre compte de tous les mouvements qui eurent lieu dans cette journée.

24. *Et viri Israel sociati sunt sibi.* Hébreu : « et les hommes d'Israël furent pressés », c'est-à-dire furent fatigués par le combat. Le traducteur de la Vulgate a évidemment lu נִגַּשׁ, *niggasch*, « s'approchèrent (litt. s'approcha) », au lieu de נִגַּשׂ, *niggass*. — *Maledictus vir...* Il semble que ce serment fût une faute, et les paroles mêmes de Saül, *donec ulciscar...* montreraient qu'en cette occasion il était plus préoccupé de sa gloire personnelle que de celle de Dieu. En tout cas, le résultat ne fut pas heureux, V. ⋎. 30 et 31 et de plus, la vie de Jonathas, le héros de cette journée, fut un instant compromise, ⋎⋎. 44 et 45. On pourrait donc considérer ce serment tout à la fois comme un acte d'orgueil et un abus de pouvoir. Cependant S. Ambroise est d'un autre avis. « Bonus plane rex, dit-il, qui hostes suos non tam armis quam

25. Omneque terræ vulgus venit in saltum, in quo erat mel super faciem agri.
26. Ingressus est itaque populus saltum, et apparuit fluens mel, nullusque applicuit manum ad os suum; timebat enim populus juramentum.
27. Porro Jonathas non audierat cum adjuraret pater ejus populum; extenditque summitatem virgæ, quam habebat in manu, et intinxit in favum mellis; et convertit manum suam ad os suum, et illuminati sunt oculi ejus.
28. Respondensque unus de populo, ait : Jurejurando constrinxit pater tuus populum, dicens : Maledictus vir, qui comederit panem hodie! (Defecerat autem populus.)
29. Dixitque Jonathas : Turbavit pater meus terram ; vidistis ipsi quia illuminati sunt oculi mei, eo quod gustaverim paululum de melle isto;
30. Quanto magis si comedisset populus de præda inimicorum suorum, quam reperit? nonne major plaga facta fuisset in Philisthiim?
31. Percusserunt ergo in die illa Philisthæos a Machmis usque in

25. Et tout le peuple de ce pays vint dans un bois où il y avait du miel sur la face de la terre.
26. Et le peuple entra dans le bois et vit couler le miel, mais personne ne porta sa main à sa bouche, car le peuple craignait le serment.
27. Or, Jonathas n'avait pas entendu lorsque son père adjurait le peuple. Il étendit l'extrémité d'une verge qu'il avait en main, et la plongea dans un rayon de miel, et ramena sa main vers sa bouche, et ses yeux furent illuminés.
28. Quelqu'un du peuple répondii : Votre père a lié le peuple par un serment, en disant : Maudit soit l'homme qui mangera du pain aujourd'hui (or le peuple défaillait).
29. Et Jonathas dit : Mon père a troublé le pays. Vous avez vu vousmêmes que mes yeux ont été illuminés, parce que j'ai goûté un peu de ce miel.
30. Combien plus si le peuple eût mangé du butin de ses ennemis qu'il a trouvé! Est-ce qu'il n'y aurait pas eu un plus grand carnage des Philistins?
31. Ils battirent donc ce jour là les Philistins depuis Machmas jus-

---

devotione vincebat; et plus dimicabat religione quam telis. Cum ergo Saul abstinentiam diei suis omnibus indixisset, et Jonathas ejus filius præcepti nescius inter medias hostium acies victor incedens, favum mellis intincta sceptri summitate gustasset, tanta indignatio repente commota est, ut et differretur victoria, et Divinitas læderetur », Serm. XXVI, post. Dominic. prim. Quadrag.

25. — *In quo erat mel*. Il se trouvait dans cette forêt des essaims d'abeilles réfugiés dans les arbres creux et les fentes des rochers, et le trop plein du miel, sous l'action de la chaleur, coulait au dehors.

27. — *Summitatem virgæ*. Il se contenta de tremper le bout de sa verge dans le miel, pour ne pas retarder sa marche. — *In favum mellis*. Non pas dans le miel qui coulait, mais dans le gâteau de miel, afin d'en prendre une quantité suffisante. — *Et illuminati sunt oculi ejus*. Ses forces se ranimèrent et, par une con-

séquence naturelle, ses yeux brillèrent d'un nouvel éclat. Bède le Vénérable, Quæst. in l. I Reg. c. VI, interprète tout autrement : « Illuminati sunt oculi Jonathæ, non utique ad videndum illuminati, quia antea videbat, sed ad discernendum, quia vetita tetigerat. Tunc enim casus ille, sicut et Adam, fecit attentum et reddidit confusum. Quo facto admonemur omnes illecebras voluptatum in sæculo debere contemnere, eum qui Deo nititur militare. »

28. — *Defecerat*. Dans l'hébreu ces mots font partie du discours de celui qui renseigne Jonathas et doivent se traduire : « et le peuple est fatigué. »

29. — *Turbavit pater meus terram...* C'est-à-dire, mon père est la cause d'un malheur pour le pays. On peut penser que Jonathas eut tort de blâmer publiquement son père, et qu'il eût dû plutôt l'excuser.

30. — *De præda*. Il s'agit des troupeaux qui avaient été enlevés à l'ennemi.

qu'à Aialon. Or, le peuple était excessivement fatigué;

32. Et se tournant vers le butin, il prit des brebis et des bœufs et des veaux, et on les égorgea sur la terre, et le peuple les mangea avec le sang.

33. Et on l'annonça à Saül, et on lui dit que le peuple avait péché contre le Seigneur en mangeant avec le sang. Il dit : Vous avez prévariqué. Roulez vers moi maintenant une grande pierre.

34. Et Saül dit : Dispersez-vous dans le peuple, et dites leur que chacun m'apporte son bœuf et son bélier et tuez-le sur cette pierre et nourrissez-vous, et vous ne pécherez pas contre le Seigneur en mangeant avec le sang. Tout le peuple amena donc de sa main chacun son bœuf, jusqu'à la nuit, et ils tuèrent là.

35. Et Saül bâtit un autel au Seigneur; et ce fut alors la première fois qu'il commença à bâtir un autel au Seigneur.

36. Et Saül dit : Précipitons-nous sur les Philistins cette nuit et massacrons-les jusqu'à ce que luise le matin, et n'en laissons pas un seul homme. Et le peuple dit : Faites tout ce qui paraît bon à vos yeux. Et le prêtre dit ici : Approchons-nous de Dieu.

Aialon. Defatigatus est autem populus nimis;

32. Et versus ad prædam, tulit oves et boves, et vitulos, et mactaverunt in terra; comeditque populus cum sanguine.

33. Nuntiaverunt autem Sauli dicentes, quod populus peccasset Domino, comedens cum sanguine. Qui ait : Prævaricati estis; volvite ad me jam nunc saxum grande.

34. Et dixit Saul : Dispergimini in vulgus, et dicite eis, ut adducat ad me unusquisque bovem suum et arietem, et occidite super istud, et vescimini, et non peccabitis Domino comedentes cum sanguine. Adduxit itaque omnis populus unusquisque bovem in manu sua usque ad noctem, et occiderunt ibi.

35. Ædificavit autem Saul altare Domino; tuncque primum cœpit ædificare altare Domino.

36. Et dixit Saul : Irruamus super Philisthæos nocte, et vastemus eos usque dum illucescat mane, nec relinquamus ex eis virum. Dixitque populus : Omne quod bonum videtur in oculis tuis, fac. Et ait sacerdos : Accedamus huc ad Deum.

---

34. — *In Aialon.* Aujourd'hui Xala. Cfr. Jos. XIX, 42. — *Defatigatus est autem...* Par suite de l'ordre qu'avait donné Saül, ⱴ. 24.

32. — *Et versus ad prædam.* Hébreu : et le peuple se jeta sur le butin. » — *Et mactaverunt in terra.* Les Israélites, fatigués et affamés, se jetèrent sur les animaux et les égorgèrent à terre, de sorte que les chairs se trouvèrent couvertes de sang, et qu'ils mangèrent ainsi la chair et le sang, en violation des prescriptions du Lévitique, III, 17. Saül, en donnant un ordre intempestif, fut la cause indirecte de cette offense à la loi.

34. — *Et occidite super istud.* De cette façon le sang devait couler à terre et se séparer ainsi de la chair. — *Usque ad noctem.* Hébreu : « pendant la nuit », ce qui indiquerait que la nuit était déjà commencée. — *Et occiderunt ibi.* Le peuple obéit docilement à Saül, comme il l'avait fait jusqu'ici.

35. — *Ædificavit autem...* Par reconnaissance sans doute, pour la victoire remportée sur les Israélites. Peut-être Saül se servit-il dans ce but de la pierre signalée précédemment, ⱴⱴ. 33 et 34. — *Tunc primum cœpit...* C'est-à-dire, il érigea cet autel pour commencer, ce fut le premier autel qu'il érigea.

36. — *Irruamus.* La victoire, selon ce qu'avait dit Jonathas, ⱴ. 30, n'avait pas été complète. Aussi Saül, désireux peut-être de réparer sa faute, veut achever la destruction de l'ennemi. — *Illuc.* Apparemment devant l'autel nouvellement érigé.

37. — *Et consuluit Saul...* Par le ministère

CHAPITRE XIV

37. Et consuluit Saul Dominum : Num persequar Philisthiim? si trades eos in manus Israel? Et non respondit ei in die illa.

38. Dixitque Saul : Applicate huc universos angulos populi : et scitote, et videte, per quem acciderit peccatum hoc hodie.

39. Vivit Dominus salvator Israel, quia si per Jonatham filium meum factum est, absque retractatione morietur. Ad quod nullus contradixit ei de omni populo.

40. Et ait ad universum Israel : Separamini vos in partem unam, et ego cum Jonatha filio meo ero in parte altera. Responditque populus ad Saul : Quod bonum videtur in oculis tuis, fac.

41. Et dixit Saul ad Dominum Deum Israel : Domine Deus Israel, da indicium; quid est quod non responderis servo tuo hodie? Si in me, aut in Jonatha filio meo, est iniqui-

37. Et Saül consulta le Seigneur : Poursuivrai-je les Philistins, les livrerez-vous aux mains d'Israël? Et il ne lui répondit pas ce jour là.

38. Et Saül dit : Amenez ici tous les angles du peuple et sachez et voyez par qui est arrivé ce péché aujourd'hui.

39. Aussi vrai que vit le Seigneur, sauveur d'Israël, s'il a été fait par Jonathas, mon fils, il mourra sans rémission. A quoi nul ne le contredit de tout le peuple.

40. Et il dit à tout Israël : Séparez-vous d'un côté, et moi avec Jonathas, mon fils, je serai d'un autre côté. Et le peuple répondit à Saül : Faites ce qui paraît bon à vos yeux.

41. Et Saül dit au Seigneur, Dieu d'Israël : Seigneur, Dieu d'Israël, donne un signe; d'où vient que tu n'as pas répondu aujourd'hui à ton serviteur? Si cette iniquité

---

du grand-prêtre avec l'Urim et le Tummim. « *Antiquitus*, dit S. Jean Chrysost., hom. 14 ad Populum, Deus dux erat bellorum, et absque illius sententia numquam attingere pugnam ausi fuerunt, et bellum ipsis pietatis materia fiebat nec enim ex corporis infirmitate, sed a peccato vincebantur, si quando et victi fuissent; nec potentia et fortitudine, sed superna benevolentia vincebant, quandocumque vincebant. » — *Et non respondit.* Saül comprit alors qu'une faute avait été commise, puisque Dieu refusait son assistance. S. Chrysost. hom. cit., pense que le Seigneur ne répondit pas à Saül en punition du vœu téméraire qu'avait fait ce dernier; selon S. Grégoire, ce fut à cause de son hypocrisie, ou encore parce que Saül voulait exterminer les Philistins et les empêcher ainsi pour jamais de lui faire la guerre.

38. — *Angulos*. Ce sont les chefs du peuple, en hébreu, פִּנּוֹת, *pinnot*. — *Per quem*. Hébreu : « en quoi. »

39. — *Quia si per Jonatham...* S. Chrisost. hom. 14. Jam. cit., blâme le serment de Saül en ces termes : « Et pater factus est filii carnifex et ante examinationem damnationis protulit sententiam. » Au contraire, S. Ambroise, S. Jérôme et autres louent Saül. Dans le fait le serment de ce prince semble au moins imprudent, car Jonathas n'était réellement pas coupable, et d'autre part le silence de Dieu pouvait être attribué à autre chose qu'à la faute du fils de Saül. Enfin la transgression en elle-même n'était pas chose très-grave, et mieux valait pardonner à Jonathas à cause des services qu'il avait rendus à sa patrie : que de le mettre à mort. Les inconvénients surpassaient les avantages et le serment, n'étant plus *de meliori bono*, n'était plus obligatoire. — *Nullus contradixit.* Non pas par crainte de Saül, mais plutôt parce que le peuple était convaincu que Jonathas n'avait pas fait de mal.

40. — *Quod bonum videtur...* Le peuple consent à cet engagement, parce qu'il est persuadé de l'innocence de Jonathas.

41. — *Da indicium.* Hébreu : « procure l'innocence en révélant où est le droit et la justice. » — *Quid est...* Ces mots jusqu'à *da sanctitatem*, inclusivement, sont un emprunt fait aux Septante qui ont longuement paraphrasé les ⅴⅴ. 41 et 42. Nous les traduisons ici : « Et Saül dit : Seigneur, Dieu d'Israël, pourquoi ne réponds-tu pas à ton serviteur aujourd'hui? Est-ce en moi ou en Jonathas que se trouve l'injustice? Seigneur, Dieu d'Israël, montre-le : et si tu prononces, donne à ton peuple d'Israël, donne la sainteté. Et le sort désigna Jonathas et Saül, et le peuple sortit (ⅴ. 42). Et Saül dit : Jette entre moi et

est en moi ou en Jonathas, mon fils, montre-le; ou si cette iniquité est dans ton peuple, montre ta sainteté. Et Jonathas et Saül furent atteints par le sort et le peuple échappa.

42. Et Saül dit : Jetez le sort entre moi et Jonathas, mon fils. Et Jonathas fut atteint.

43. Et Saül dit à Jonathas : Apprends-moi ce que tu as fait. Et Jonathas le lui apprit et lui dit : J'ai simplement goûté un peu de miel à l'extrémité de la verge qui était en ma main, et voilà que je meurs.

44. Et Saül dit : Que Dieu me fasse ceci, et ajoute cela, tu mourras de mort, Jonathas.

tas hæc, da ostensionem; aut si hæc iniquitas est in populo tuo, da sanctitatem. Et deprehensus est Jonathas et Saul; populus autem exivit.

42. Et ait Saul: Mittite sortem inter me, et inter Jonatham filium meum. Et captus est Jonathas.

43. Dixit autem Saul ad Jonatham : Indica mihi quid feceris. Et indicavit ei Jonathas, et ait : Gustans gustavi in summitate virgæ, quæ erat in manu mea, paululum mellis, et ecce ego morior.

44. Et ait Saul : Hæc faciat mihi Deus, et hæc addat, quia morte morieris, Jonatha.

---

entre Jonathas mon fils. Celui que le Seigneur désignera mourra. Et le peuple dit à Saül : la chose ne sera pas ainsi. Et Saül obligea le peuple, et on jeta entre lui et entre Jonathas son fils; et le sort désigna Jonathas. » On remarque que la fin et le commencement du ℣. 41 et le ℣. 42 tout entier, sont conformes dans la Vulgate au texte hébreu; que de plus הבה תמים, *habah thamim*, s'y trouve rendu deux fois, la première par *da indicium*, la seconde par *da sanctitatem.* C'est la preuve que le passage dont nous parlons n'est pas l'œuvre de S. Jérôme et a été ajouté à son texte. Les Septante ont lu תמים, *thumim*, au lieu de תמים, *thamim*, et compris que Saül avait fait découvrir le coupable par le ministère du grand-prêtre et par l'Urim et le Tummim. Mais cette opinion est absolument fausse, ainsi que toutes les conséquences que l'on pourrait en tirer sur la manière d'interroger le Seigneur par l'Urim et le Tummim. En effet, comme le fait remarquer le Dr Keil, les verbes הפיל, *hiphil*, « cecidit », et ילכד, *illaked*, « captus est », ne s'emploient jamais quand il est question de l'Urim et du Tummim, mais ont la valeur d'expressions techniques pour désigner l'usage des sorts. — *Da sanctitatem.* Comme nous l'avons déjà fait remarquer, c'est la traduction de הבה תמים, rendu auparavant par *da indicium* et *da ostensionem.* Ce passage n'est donc pas de S. Jérôme. — *Et deprehensus est.* Par le moyen des sorts, comme l'indique ici le verbe ילכד, *illaked*, et au vers. suivant le verbe יפילו, *iphilou*, Cfr. x, 20 et 20 et suiv.

43. — *Et ecce ego morior.* Jonathas se sou-met avec résignation. Selon Josèphe, Ant J. l. VI, § 5, il se montra disposé à subir courageusement la sentence de mort et demanda même à son père de ne pas l'épargner : οὐδὲ ἐγώ σε, φησίν, ἱκετεύσω φείσασθαί μου, πάτερ ἥδιστος δέ μοι ὁ θάνατος ὑπέρ τε τῆς σῆς εὐσεβείας γινόμενος καὶ ἐπὶ νίκῃ λαμπρᾷ· μέγιστον γὰρ παραμύθιον τὸ καταλιπεῖν Ἑβραίους Παλαιστίνων κεκρατηκότας, « je ne te demanderai pas, ô mon père, de m'épargner. Il m'est doux de souffrir la mort pour ta piété et après une brillante victoire, car c'est une consolation de laisser les Hébreux vainqueurs des Philistins. » Mais Josèphe est sujet à caution, et, comme le fait remarquer Corn. Lap., il embellit à dessein les faits et gestes des héros d'Israël, dans le but de glorifier sa nation auprès de Vespasien et des Romains.

44. — *Hæc faciat mihi Deus...* Cfr. Ruth, 1, 17. Saül et Jonathas croyaient faussement qu'un serment illicite était obligatoire. Si le sort donc tombe sur Jonathas, c'est que le Seigneur voulait révéler celui qui, dans la pensée de Saül, avait commis la faute à laquelle il attribuait le silence de Dieu, mais ce n'était pas par cela même déclarer Jonathas coupable. Il ne nous semble donc pas que la faute involontaire du fils de Saül plaçât le peuple sous le coup de la malédiction, ni qu'on doive admettre en principe que la violation purement matérielle d'un serment solennel fait à Dieu déshonore son nom et excite sa colère. Tout ce que l'on peut dire, c'est que le nom de Dieu semble déshonoré aux yeux des hommes et que Dieu, jaloux de sa gloire et de son honneur, peut employer les moyens qu'il juge convenables pour réha-

45. Dixitque populus ad Saul : Ergone Jonathas morietur, qui fecit salutem hanc magnam in Israel? hoc nefas est; vivit Dominus, si ceciderit capillus de capite ejus in terram, quia cum Deo operatus est hodie. Liberavit ergo populus Jonatham, ut non moreretur.

46. Recessitque Saul, nec persecutus est Philisthiim; porro Philisthiim abierunt in loca sua.

47. Et Saul, confirmato regno super Israel, pugnabat per circuitum adversum omnes inimicos ejus, contra Moab, et filios Ammon, et Edom, et reges Soba, et Philisthæos : et quocumque se verterat, superabat.

48. Congregatoque exercitu, percussit Amalec, et eruit Israel de manu vastatorum ejus.

49. Fuerunt autem filii Saul, Jonathas, et Jessui, et Melchisua ; et nomina duarum filiarum ejus, nomen primogenitæ Merob, et nomen minoris Michol.

50. Et nomen uxoris Saul, Achinoam filia Achimaas ; et nomen

45. Et le peuple dit à Saül : Quoi donc! Jonathas mourra, lui qui a opéré ce grand salut en Israël. C'est injuste. Vive le Seigneur, il ne tombera pas à terre un cheveu de sa tête, car il a aujourd'hui agi avec Dieu. Le peuple délivra donc Jonathas de sorte qu'il ne mourut pas.

46. Et Saül se retira et ne poursuivit pas les Philistins, et les Philistins s'en allèrent chez eux.

47. Et Saül, ayant consolidé son règne sur Israël, combattit entre tous ses ennemis d'alentour, contre Moab et les fils d'Ammon, et Edom, et les rois de Soba et les Philistins. Et, de quelque côté qu'il se tournât, il triomphait.

48. Ayant rassemblé une armée, il battit Amalec et délivra Israël des mains de ses dévastateurs.

49. Or, les fils de Saül furent : Jonathas, et Jessui, et Melchisua; et ses deux filles étaient appelées, l'aînée, du nom de Mérob, et la plus jeune, du nom de Michol.

50. Et la femme de Saül se nommait Achinoam, fille d'Achimaas. Et

---

biliter son nom. Il faut croire enfin que dans l'ancienne Loi cette sévérité apparente était absolument nécessaire.

45. — *Quia cum Deo...* Le peuple voyait le jugement de Dieu dans la victoire remportée grâce à l'initiative de Jonathas, et Saül dut reconnaitre que son fils était innocent et que lui seul avait été sinon coupable, tout au moins imprudent.

46. — *Nec persecutus est Philisthiim.* Saül considéra sans doute le silence du Seigneur comme une réponse négative et dût croire que sa conduite plutôt que celle de Jonathas en était la cause.

B. Autres guerres de Saül. Notice sur sa famille, ⅋⅋. 47-52.

47. — *Et Saul, confirmato regno.* Hébreu : « mais Saül s'était emparé du royaume. » Saül avait été sacré par Samuel, x, 1 et reconnu deux fois solennellement, x, 24, xi, 15 ; mais il fut obligé de conquérir son royaume sur les Philistins qui en étaient maîtres et son autorité était si précaire et si peu établie, qu'il ne put réunir autour de lui que six cents hommes mal armés, xiii, 15, 22. Mais, après sa victoire, il devint roi de fait comme de nom, et désormais remplit son rôle de roi pendant le reste de son règne, en défendant son peuple contre les ennemis qui l'environnaient. — *Per circuitum.* Expression bien justifiée par la position des nations ennemies. — *Soba.* Contrée au delà de l'Euphrate, Cfr. II Rois viii, 3. — *Superabat.* Hébreu : « il condamnait » ou plutôt ; « il exerçait la vengeance » c'est-à-dire châtiait les nations ennemies.

48. — *Congregatoque exercitu.* L'expression hébraïque נשה חיל, naçah khaïl, litt. *fecit virtutem*, indique le développement de la puissance de Saül en général, et en particulier dans la guerre contre les Amalécites.

49. — *Fuerunt autem...* Ce sont les trois fils de Saül qui succombèrent avec lui, xxxi, 2. Un quatrième, qui n'est pas nommé ici, fut Isboseth, le rival de David, II Rois, ii, 8 et suiv., et qui est aussi appelé Esbaal, I Paral., viii, 33, ix, 39. — *Jesssui.* C'est le même qu'Aminadab, xxxi, 1 ; I Paral., viii, 33, ix, 39.

50. — *Achinoam.* L'une des femmes de

le prince de sa milice se nommait Abner, fils de Ner, oncle de Saül.

51. Or, Cis fut père de Saül et Ner, fils d'Abiel, fut père d'Abner.

52. Et il y eut une guerre énergique contre les Philistins, tous les jours de Saül. Car dès que Saül voyait un homme vaillant et apte à la guerre, il se l'attachait.

principis militiæ ejus Abner, filius Ner, patruelis Saul.

51. Porro Cis fuit pater Saul, et Ner pater Abner, filius Abiel.

52. Erat autem bellum potens adversum Philisthæos omnibus diebus Saul. Nam quemcumque viderat Saul virum fortem, et aptum ad prælium, sociabat eum sibi.

David s'appelait aussi Achinoam, xxv, 43, xxvii, 3, et était de Jezrahel. — *Patruelis Saul*. Dans l'hébreu, il est douteux que le mot *oncle* se rapporte à Ner, mais dans le fait la chose est plus probable, car nous voyons qu'Abner, après la mort de Saül, était encore dans toute la vigueur de l'âge, II Rois II, III, 5.

51. — *Filius Abiel*. Cis et Ner étaient tous deux fils d'Abiel, Cfr. IX, 1; aussi il est probable qu'au lieu de בך־אבאל, *ben Abiel*, « filius Abiel » il faudrait lire בני, *bné* « filii Abiel ».

52. — *Erat autem bellum potens*. Il semble que cette réflexion générale sur le règne de Saül veuille indiquer que ce prince, à dater de l'époque où nous sommes, cessa d'être le véritable roi, car elle paraît clore son règne. De fait, la mission de Saül ne tarda pas à être dévolue à un autre. — *Nam quemcumque viderat...* Au premier abord, les deux parties du verset n'ont entre elles en apparence aucune relation. Mais, s la liaison n'est ni dans les mots ni dans la construction, elle est dans la pensée, car c'est précisément parce que Saül eut à combattre toute sa vie les Philistins qu'il chercha à réunir autour de lui une troupe choisie de vaillants guerriers. Aussi la particule ו n'a pas été heureusement traduite par *nam*; elle aurait plutôt le sens de *c'est pourquoi, aussi*. S. Grégoire fait sur ce passage les réflexions suivantes : « Sed quia non solum fortes sed etiam aptos ad prælium sibi sociasse dicitur, cautus doctor in eligendis Christi militibus demonstratur. Fortes autem ad ferenda onera quidam sunt, non ad prælia exercenda, qui præliari de fortitudine sua dum nesciunt, nequaquam possunt. Viri ergo fortes et ad prælium apti sunt, qui sciunt pugnare et volunt. Per voluntatem quidam fortes sunt, et per scientiam apti ad præliandum... Qui ergo sunt fortes et non apti, nisi quos videmus onera sæculi fortiter ferre et fortitudinem suam in servitium conditoris transferre nescire? »

CHAPITRE XV

Samuel annonce à Saül que Dieu lui ordonne de faire la guerre aux Amalécites, et de les exterminer avec leurs troupeaux (vv. 1-3). — Saül réunit donc une grande armée, et s'approche de la cité d'Amalec; mais avant d'engager l'attaque, il fait éloigner les Cinéens qui habitaient parmi les Amalécites (vv. 4-6). — Il frappe ensuite Amalec depuis Hévila jusqu'à Sur, s'empare du roi Agag, et massacre tout le peuple, mais il épargne Agag et le meilleur du butin (vv. 7-9). — Le Seigneur alors dit à Samuel qu'il se repentait d'avoir choisi Saül, et Samuel affligé passe la nuit en prières (vv. 10-11). Le lendemain, le prophète va trouver Saül à Galgala, et Saül cherche à se justifier (vv. 12-15). — Mais Samuel, lui parlant au nom du Seigneur, lui rappelle qu'il l'avait choisi malgré sa bassesse et lui demande pourquoi il n'avait pas obéi à l'ordre qu'il avait reçu (vv. 16-19). — Saül répond qu'il a amené Agag et massacré Amalec, mais que le peuple a réservé pour le Seigneur les prémices des dépouilles (vv. 20-21). — Samuel lui réplique que le Seigneur préfère l'obéissance aux victimes, et lui annonce qu'il est rejeté (vv. 22-23). — Saül alors avoue son péché, et conjure Samuel d'intercéder pour lui auprès du Seigneur, et l'ayant saisi par son manteau pour le retenir, le manteau se déchira (vv. 24-27). — Mais Samuel lui déclare que le Seigneur en ce jour a déchiré son royaume, l'a donné à un autre et ne se laissera pas fléchir (vv. 28-29). — Toutefois pour sauvegarder l'autorité de Saül, il consent à aller prier avec lui (vv. 30-31). — Samuel ensuite mit à mort Agag, puis retourna à Ramatha et ne vit plus Saül jusqu'à la fin de sa vie (vv. 32-35).

1. Et dixit Samuel ad Saul : Me misit Dominus, ut ungerem te in regem super populum ejus Israel; nunc ergo audi vocem Domini;

2. Hæc dicit Dominus exercituum : Recensui quæcumque fecit Amalec Israeli, quomodo restitit ei in via cum ascenderet de Ægypto.
Exod. 17, 8.

1. Et Samuel dit à Saul : Le Seigneur m'a envoyé pour te sacrer roi sur son peuple Israël, maintenant donc écoute la voix du Seigneur.

2. Voici ce que dit le Seigneur des armées : J'ai compté tout ce qu'Amalec a fait à Israël, comment il l'a empêché dans son chemin lorsqu'il venait de l'Egypte.

C. **Guerre contre les Amalécites. Réprobation de Saül à cause de sa désobéissance, xv.**

CHAP. XV. — 1. — *Me misit Dominus, ut...* Samuel veut faire comprendre à Saül qu'il est obligé d'écouter les ordres du Seigneur que lui transmet son serviteur et de les accomplir sans restriction.

2. — *Recensui.* Hébreu : « j'ai vu », car Dieu voit les crimes du passé et de l'avenir aussi bien que ceux du présent. — *Amalec.* Les Amalécites, peuple guerrier et féroce fixé dans l'Arabie Pétrée, tiraient leur nom d'Amalec, petit-fils d'Esaü, Gen., XXXVI, 12, 16; I Paral., I, 36. Josèphe, Ant. j. l. II, 1, § 2, affirme de même qu'ils faisaient partie de la nation iduméenne et les place dans l'Idumée. Déjà du temps de Moïse ils s'étaient montrés les ennemis du peuple de Dieu et dès cette époque ils étaient condamnés à périr, Ex., XVII, 8 et suiv. Leur conduite sans doute devait avoir été très cruelle, Cfr. Deut.,

XXV, 17-19 et c'est pour cette raison qu'ils sont comptés parmi les pires ennemis d'Israël, Ps., LXXXII, 7, et que leur destruction est maintes fois prédite ou commandée, Ex., XVII, 14. Deut., l. c. Nomb., XXIV, 7. 20. Il est probable, d'ailleurs, que c'est à la suite de quelque incursion de leur part, que Dieu ordonna d'en finir avec eux, V. XIV, 48. S'il avait attendu jusque là c'était un effet de sa miséricorde. « Lento gradu, dit S. Laurent Justinien, de Ligno vitæ, c, IV, ad dictam sui procedit ira divina, tarditatemque supplicii gravitate compensat. Altissimus enim est patiens redditor; quia quos diu ut convertantur, tolerat, non conversos durius damnat : et quanto diutius expectat, ut emendentur, tanto gravius judicabit, si neglexerint. » — *Quomodo restitit ei...* Les Amalécites avaient cherché autrefois, Ex., XVII, 8-66, de tout leur pouvoir à empêcher les Israélites d'entrer dans la terre promise;

3. Maintenant donc va et frappe Amalec et détruis tout ce qui est à lui. Ne l'épargne pas et ne désire rien de ce qui lui appartient, mais tue depuis l'homme jusqu'à la femme et à l'enfant et au nourrisson, le bœuf et la brebis, le chameau et l'âne.

4. Saül donna donc un ordre au peuple, et il les dénombra comme des agneaux : Deux cent mille fantassins et dix mille hommes de Juda.

5. Et lorsque Saül fut venu jusqu'à la ville d'Amalec, il tendit des embuches sur le torrent.

6. Et Saül dit aux Cinéens : Allez-vous-en, retirez-vous et éloignez-vous d'Amalec, pour que je ne vous enveloppe pas avec eux, car vous avez agi miséricordieusement avec tous les enfants d'Israël, lorsqu'ils sont montés de l'Egypte. Et les Cinéens se retirèrent du milieu des Amalécites.

7. Et Saül battit Amalec depuis Hévila jusqu'à l'avenue de Sur, qui est du côté de l'Egypte.

3. Nunc ergo vade, et percute Amalec, et demolire universa ejus : non parcas ei, et non concupiscas ex rebus ipsius aliquid ; sed interfice a viro usque ad mulierem, et parvulum atque lactentem, bovem et ovem, camelum et asinum.

4. Præcepit itaque Saul populo, et recensuit eos quasi agnos ; ducenta millia peditum, et decem millia virorum Juda.

5. Cumque venisset Saul usque ad civitatem Amalec, tetendit insidias in torrente.

6. Dixitque Saul Cinæo : Abite, recedite, atque descendite ab Amalec : ne forte involvam te cum eo : tu enim fecisti misericordiam cum omnibus filiis Israel cum ascenderent de Ægypto. Et recessit Cinæus de medio Amalec.

7. Percussitque Saul Amalec, ab Hevila, donec venias ad Sur, quæ est e regione Ægypti.

---

mais s'il n'est fait mention que de leurs premières hostilités, c'est parce que leurs derniers méfaits devaient être bien connus de Saül et de tout le peuple, ❥. 33.

3. — *Percute Amalec*. Ainsi que nous l'avons constaté précédemment ❥. 2. Dieu avait déjà ordonné plusieurs fois la ruine d'Amalec. Aussi la faute de Saül n'en fut que plus grave, ainsi que le fait remarquer Rupert, in Deut., l. c, IV : « non igitur mirum, aut injustum, quod talem ob culpam irreparabiliter projectus est Saul, quia prævaricari ausus est quod ex lege semel atque iterum, imo tertio, tanta cum gravitate præceptum est. » — *Demolire*. Hébreu : « dévoue », expression dont le sens est facile à saisir grâce à d'autres passages, Cfr. Levit., XXVII, 28, 29, Jos., 47, 48, VIII, 4. Selon S. Grégoire, « Rex Saul demoliri Amalecitas præcipitur, ut si mandatum Domini, ejusdem cæde gentis, perfecerit, prioris inobientientiæ nexus enodaret. »

4. — *Quasi agnos*. L'hébreu בטלים, bathelaïm, doit être traduit : « à Thelaïm », ville qui est probablement la même que Télem, Jos., XV, 24 et se trouve énumérée parmi les villes du sud. Elle se trouvait donc sur la frontière des Amalécites. — *Et decem millia*. Cette mention distincte des hommes de Juda montre l'opposition qui déjà existait entre Juda et Ephraïm ou les tribus du nord. Dans les Septante et Josèphe, on lit 400,000 et 30.000.

5. — *Ad civitatem Amalec*. Probablement la capitale, ville qui d'ailleurs n'est pas autrement connue.

6. — *Cinæ*. V. Nomb, x, 29 et Jug., 1, 16. — *Recedite*. Saül ne voulait pas que les Cinéens fussent confondus avec les Amalécites, car jadis ils s'étaient montrés bienveillants pour les Israélites, Cfr. l. c.

7. — *Ab Hevila*. Hévila devait se trouver sur les frontières de l'Egypte et de l'Arabie heureuse, Cfr. Gen., XXV, 48. D'après Josèphe, les Amalécites s'étendaient depuis Péluse jusqu'à la Mer Rouge, Ant. j. l. VI, c, VII, § 3. — *Donec venias ad Sur*. C'est-à-dire dans la direction de Sur. Il a été parlé en plusieurs

CHAPITRE XV

8. Et apprehendit Agag regem Amalec vivum; omne autem vulgus interfecit in ore gladii.

9. Et pepercit Saul, et populus, Agag, et optimis gregibus ovium et armentorum, et vestibus, et arietibus, et universis quæ pulchra erant, nec voluerunt disperdere ea; quidquid vero vile fuit et reprobum, hoc demoliti sunt.

10. Factum est autem verbum Domini ad Samuel dicens:

11. Pœnitet me quod constituerim Saul regem; quia dereliquit me, et verba mea opere non implevit. Contristatusque est Samuel, et clamavit ad Dominum tota nocte.

12. Cumque de nocte surrexisset Samuel, ut iret ad Saul mane, nun-

8. Et il saisit vivant Agag, roi d'Amalec, mais il tua tout le peuple avec la pointe du glaive.

9. Et Saül et le peuple épargnèrent Agag et les meilleurs troupeaux de brebis et de bœufs, et les vêtements et les béliers et tout ce qui était beau, et ils ne voulurent pas le détruire. Mais tout ce qui était vil et sans valeur ils le détruisirent.

10. Or, la parole du Seigneur arriva à Samuel, disant :

11. Je me repens d'avoir établi Saül roi, parce qu'il m'a abandonné et que ses actes n'ont pas accompli mes paroles. Et Samuel fut contristé et il cria vers le Seigneur toute la nuit.

12. Et lorsque Samuel se fut levé avant le jour, pour aller vers Saül

---

endroits du désert de Sur, Gen., xvi, 7, 14, xx, 1; Ex., xv, 22, qui serait aujourd'hui le désert de Djifar.

8. — *Agag*. Ce nom paraît avoir été l'appellation générique des rois des Amalécites; Cfr. Nomb. xxiv, 7. — *Omne autem vulgus*. C'est-à-dire tous ceux dont on put s'emparer, car naturellement un certain nombre d'Amalécites durent s'échapper. Aussi les voyons-nous mentionnés de nouveau, xxvii, 8, xxx, 1; II Rois viii, 12. Les derniers restes de cette nation furent détruits par la tribu de Siméon dans les montagnes de Séir sous le règne d'Ezéchias, I Paral., iv, 43.

9. — *Et pepercit Saul*. Saül épargna Agag, par compassion peut-être, mais tout aussi probablement par vanité, pour se donner le plaisir d'avoir à sa suite un roi prisonnier. — *Et armentorum*. Il s'agit des bœufs. — *Et vestibus*. L'hébreu משנים, *mischnim*, est interprété *animalia secundo partu edita*, animaux dont la valeur était plus grande que celle des autres portées. Le texte original doit alors être traduit ainsi : « le meilleur des moutons et des bœufs de la seconde portée. » *Et arietibus*. L'hébreu כרים, *karim*, signifie très probablement « agneaux engraissés. »

11. — *Pœnitet me*. Le repentir de Dieu n'est point en contradiction avec l'immutabilité divine, mais indique seulement un changement dans ce que Dieu avait voulu et décrété sous condition, changement prévu d'ailleurs par son omniscience. Comme le dit S. Augustin, Dieu change ses œuvres, mais

non ses desseins. S'adressant au Seigneur au livre de ses Confessions, l. I, c, iv, il s'exprime ainsi : « Amas, nec æstuas; zelas et securus es; pœnitet te, et non doles; irasceris, et tranquillus es; opera mutas, nec mutas consilium. » S. Jérôme, in Ezech., c, ii, dit à son tour : « Electio Judæ et Saulis. unctio non arguunt Deum ignorantiæ futurorum, sed præsentium monstrant esse judicem. » — *Quia dereliquit me*. C'était là proprement la faute de Saül. Il ne voulait plus être le serviteur du Seigneur, mais maître absolu en Israël. L'esprit d'orgueil et d'indépendance le conduisit à négliger l'accomplissement des ordres de Dieu. Ce que dit ensuite le Seigneur à Saül n'est pas reproduit ici, mais plus loin, ř. 16, pour éviter des répétitions. — *Contristatus est Samuel*. L'hébreu ויחר, *vaïkhar*, doit être traduit : « s'indigna », parce que le verbe חרה, *kharah*, n'exprime jamais ni la tristesse, ni le trouble, mais bien la colère. L'indignation du prophète avait pour motifs la désobéissance de Saül, l'outrage fait à la majesté divine et l'anéantissement des projets de Dieu, aussi bien que de ses propres espérances pour le bien de son peuple. — *Et clamavit*. Sans doute il intercéda pour Saül, mais ce fut en vain, comme nous le verrons dans la suite. D'ailleurs, pour obtenir le pardon du coupable, il eût fallu que celui-ci se repentît sincèrement de sa faute; mais ce fut tout le contraire.

12. — *In Carmelum*. Il s'agit de la ville de ce nom, au sud-est d'Hébron, Cfr. Jos., xv, 55.

dès le matin, on annonça à Samuel que Saül était venu sur le Carmel et s'était érigé un arc triomphal, e que, s'en retournant, il était descendu à Galgala. Samuel vint donc vers Saül, et Saül offrait un holocauste au Seigneur des prémices du butin qu'il avait apporté d'Amalec.

13. Et lorsque Samuel fut venu auprès de Saül, Saül lui dit : Béni sois-tu par le Seigneur, j'ai accompli la parole du Seigneur.

14. Et Samuel dit : Et quel est ce bruit de troupeaux qui résonne à mes oreilles, et de bœufs, que j'entends.

15. Et Saül dit : On les a amenés d'Amalec, car le peuple a épargné les brebis et les bœufs les meilleurs, pour qu'ils soient immolés au Seigneur ton Dieu, mais nous avons tué le reste.

16. Mais Samuel dit à Saül : Laisse-moi te faire connaître ce que le Seigneur m'a dit cette nuit. Et il lui dit : Parle.

17. Et Samuel dit : Est-ce que tu n'as pas été fait le chef des tribus d'Israël lorsque tu étais petit à tes

tiatum est Samueli, eo quod venisset Saul in Carmelum, et erexisset sibi fornicem triumphalem, et reversus transisset, descendissetque in Galgala. Venit ergo Samuel ad Saul, et Saul offerebat holocaustum Domino, de initiis prædarum quæ attulerat ex Amalec.

13. Et cum venisset Samuel ad Saul, dixit ei Saul : Benedictus tu Domino, implevi verbum Domini.

14. Dixitque Samuel : Et quæ est hæc vox gregum, quæ resonat in auribus meis, et armentorum, quam ego audio?

15. Et ait Saul : De Amalec adduxerunt ea; pepercit enim populus melioribus ovibus et armentis, ut immolarentur Domino Deo tuo; reliqua vero occidimus.

16. Ait autem Samuel ad Saul : Sine me, et indicabo tibi quæ locutus sit Dominus ad me nocte. Dixitque ei : Loquere.

17. Et ait Samuel : Nonne cum parvulus esses in oculis tuis, caput in tribubus Israel factus es? unxit-

---

— *Fornicem triumphalem.* En hébreu יד, *iad,* « un monument » litt. « une main », Voir II Rois XVIII, 48. Ce fut un souvenir sans doute de la victoire remportée sur les Amalécites. — *Venit ergo Samuel.* Ce passage se trouve aussi dans les Septante, mais manque dans l'hébreu. Le ɣ. 21 en tout cas montre suffisamment dans quel but Saül et le peuple étaient descendus à Galgala.

13. — *Implevi verbum Domini.* Saül comprend que Samuel vient pour lui reprocher sa faute; mais, au lieu d'en faire humblement et sincèrement l'aveu, il prend le parti de s'excuser. Il cherche à donner le change; malheureusement s'il dit la vérité, il ne la dit pas tout entière, car, en réalité, il n'a accompli qu'en partie la parole du Seigneur.

15. — *Pepercit enim...* Saül rejette sa propre faute sur le peuple et de plus cherche à légitimer l'infraction qu'il a faite au commandement de Dieu par l'excellence des motifs. C'est persévérer dans la voie du mensonge et de l'hypocrisie. La conduite de Saül est malheureusement trop ordinaire. « Quando reprobi arguuntur, dit S. Grégoire, culpas aliquando negando tegunt, aliquando in alios transferunt. Tegunt quidem negando, cum latere possunt, sed dum quasi in aperto deprehensi tenentur, quod negare nequeunt, aliis adscribunt. »

16. — *Et indicabo tibi...* Samuel comprend la sagesse et la justice de la sentence qui l'avait tant contristé, ɣ. 11 et c'est lui qui la révèle maintenant à Saül dans un langage rempli de vigueur et de sévérité.

17. — *Nonne cum parvulus esses...* C'est une allusion évidente aux paroles mêmes de Saül, IX, 21. L'hébreu peut se traduire de plusieurs manières : « lorsque tu étais petit à tes yeux, tu devins... », ou : « quoique tu fusses petit... » ou enfin : « si tu es petit à tes yeux, tu es cependant la tête des tribus d'Israël. » La grammaire favorise cette dernière interprétation, car il est plus facile de supposer l'omission du présent que de l'imparfait du verbe *être;* cependant le sens général nous porte à donner la préférence à la seconde. L'orgueil déplaît au Seigneur et nous fait perdre

CHAPITRE XV

que te Dominus in regem super Israel.

18. Et misit te Dominus in viam, et ait : Vade, et interfice peccatores Amalec, et pugnabis contra eos usque ad internecionem eorum.

19. Quare ergo non audisti vocem Domini, sed versus ad prædam es, et fecisti malum in oculis Domini?

20. Et ait Saul ad Samuelem : Imo audivi vocem Domini, et ambulavi in via per quam misit me Dominus, et adduxi Agag regem Amalec, et Amalec interfeci.

21. Tulit autem de præda populus oves et boves, primitias eorum quæ cæsa sunt, ut immolet Domino Deo suo in Galgalis.

22. Et ait Samuel : Numquid vult Dominus holocausta et victimas, et non potius ut obediatur voci Domini? MELIOR est enim obedientia quam victimæ, et auscultare magis quam offerre adipem arietum ;

Sup. 13, 13; Eccles. 4, 17; Ose. 6, 6; Matth. 9, 13 et 12, 7.

yeux? Et le Seigneur t'a sacré roi sur Israël.

18. Et le Seigneur t'a mis sur la voie et t'a dit : Vas et tue les pécheurs d'Amalec, et tu combattras contre eux jusqu'à leur extermination.

19. Pourquoi donc n'as-tu pas écouté la voix du Seigneur, mais t'es-tu retourné vers le butin et as-tu fait le mal aux yeux du Seigneur?

20. Et Saül dit à Samuel : Certes j'ai écouté la voix du Seigneur, et j'ai marché dans la voie dans laquelle le Seigneur m'a envoyé, et j'ai amené Agag, roi d'Amalec, et j'ai tué les Amalécites.

21. Mais le peuple a pris dans le butin des brebis et des bœufs, prémices de ce qui a été tué, pour les immoler au Seigneur son Dieu à Galgala.

22. Et Samuel dit : Est-ce que le Seigneur veut des holocaustes et des victimes et non pas de préférence qu'on obéisse à la voix du Seigneur ? Car l'obéissance est meilleure que les victimes, et l'écouter c'est plus que d'offrir la graisse des béliers.

---

les biens que l'humilité nous procure. S. Greg., hom., VII in Ev., interprète ainsi ce passage : « cum tu te parvulum aspiceres, ego præ cæteris magnum feci, quia vero tu te magnum conspicis, a me parvus æstimaris... Qui sine humilitate virtutes congregat, quasi in vento pulverem portat. » — *Unxit te Dominus.* En recevant l'onction sainte, Saül s'était par là même implicitement engagé à obéir à Dieu et à faire obéir son peuple.

19. — *Quare ergo..* C'est-à-dire, pourquoi n'as-tu pas persévéré dans ton humilité première. Selon S. Bernard, ep. 253, « vera virtus finem nescit, tempore non clauditur, charitas numquam excidit. » — *Sed versus ad prædam es.* On remarquera combien cette expression donne de vivacité aux reproches de Samuel, combien même elle est mordante. Elle était de nature à impressioner Saül et à abattre son orgueil.

20. — *Et adduxi Agag.* Saül veut prouver par là qu'il a fait aux Amalécites une guerre d'extermination ; il s'obstine de plus en plus à vouloir se justifier par des équivoques.

21. — *Ut immolet...* Il n'y avait pas obligation à offrir au Seigneur les prémices du butin, mais c'était à coup sûr une pratique louable, Cfr. Deut., XXXI, 48. Toutefois Saül oubliait ou ignorait qu'il était défendu de faire servir à l'holocauste ce qui avait été voué à l'anathème, Levit. XXVII, 29 ; Deut., XIII, 46.

22. — *Numquid vult Dominus...* Samuel ne s'arrête pas à discuter avec Saül, mais il va droit à la question et d'un seul coup ruine toute la thèse justificative du coupable. — *Melior est enim obedientia...* Saül veut colorer sa désobéissance par l'excellence du but qu'il se proposait ; mais le prophète lui rappelle que les sacrifices sans l'obéissance sont de nulle valeur auprès de Dieu. En effet, par les offrandes et les sacrifices, on immole la chair

23. Car résister c'est comme le péché de magie; et ne pas vouloir obéir, c'est comme le péché d'idolâtrie. Donc parce que tu as repoussé la parole du Seigneur, le Seigneur t'a repoussé pour que tu ne sois plus roi.

24. Et Saül dit à Samuel : J'ai péché, parce que j'ai violé la parole du Seigneur et tes paroles; j'ai craint le peuple et j'ai obéi à sa voix.

25. Mais maintenant, je t'en prie, emporte mon péché et reviens avec moi afin que j'adore le Seigneur.

26. Et Samuel dit à Saül : Je ne reviendrai pas avec toi, parce que tu as repoussé la parole du Seigneur, et le Seigneur t'a repoussé pour que tu ne sois plus roi sur Israël.

23. Quoniam quasi peccatum ariolandi est repugnare; et quasi scelus idolatriæ, nolle acquiescere. Pro eo ergo quod abjecisti sermonem Domini, abjecit te Dominus ne sis rex.

24. Dixitque Saul ad Samuelem : Peccavi, quia prævaricatus sum sermonem Domini, et verba tua, timens populum, et obediens voci eorum.

25. Sed nunc porta, quæso, peccatum meum, et revertere mecum, ut adorem Dominum.

26. Et ait Samuel ad Saul : Non revertar tecum; quia projecisti sermonem Domini, et projecit te Dominus, ne sis rex super Israel.

---

des animaux dénués de raison, tandis que par l'obéissance on immole sa propre volonté. C'est ce que nous dit excellemment S. Grégoire. Moral., l. XXXIII. « Obedientia victimis jure præponitur; quia p r victimas aliena caro, per obedientiam vero voluntas propria mactatur. Tanto igitur quisque Deum citius placat, quanto ante ejus oculos, repressa arbitrii sui superbia, gladio præcepti se immolat. » Les Septante ont traduit : ἰδοὺ ἀκοὴ ὑπὲρ θυσίαν ἀγαθὴν « et l'obéissance est préférable aux victimes de choix », sens qui n'est justifié ni par le contexte ni par le parallélisme.

23. — *Quoniam quasi peccatum ariolandi.* S. Isidore, l. VIII, Étymol., nous donne l'étymologie suivante d'*ariolus* et par suite d'*ariolare* : « Arioli vocati, propterea quod circa aras dæmonum nefarias preces emittunt, et funesta sacrificia offerunt, iisque celebritatibus dæmonum responsa accipiunt. » S. Grégoire s'appuie sur cette étymologie pour commenter ce passage. « Quasi peccatum ariolandi, dit-il, est repugnare; quia velut contempto divino altari, ad aras dæmonum responsa percipiunt, dum cordis sui prestigiosis ac superbis adinventionibus credunt, et salubribus Prælatorum consiliis, contraria sentiendo refragantur. Nolle autem acquiescere, idololatriæ sceleri simile dicitur; quia nimirum in inobedientia sua obstinatione nemo perciperet, si propositi sui figmentum in corde, quasi idolum non gestaret. Dum enim agenda in corde concepit, quasi idolum facit. — *Et quasi scelus idololatriæ.* Hébreu : « et lès idoles et les Théraphim », c'est-à-dire, résister à Dieu c'est servir les idoles et les dieux domestiques. Pour les Théraphim, voir Gen., XXXI, 19. Désobéir à Dieu, c'est dans la réalité une sorte d'idolâtrie, car c'est lui préférer sa volonté propre, » par conséquent se déifier soi-même. — *Ne sis rex.* Saül ne tarda pas à perdre la royauté avec la vie, et son trône ne passa point à ses descendants.

24. — *Peccavi.* C'est un aveu forcé, car évidemment il lui a été arraché par la terreur. La sentence qu'il vient d'entendre l'a complètement abattu... — *Timens populum.* Le repentir de Saül n'est pas sincère et il cherche maintenant à amoindrir sa faute. Si en réalité le peuple lui eût demandé d'épargner le meilleur du butin, son devoir était de s'y opposer, et si, par faiblesse, il y avait consenti, sa faute restait la même, car c'était à lui de commander et non pas d'obéir. L'aveu de Saül est donc sans franchise et inspiré uniquement par la crainte de se voir rejeté : « non vera et seria (confessio), ex vero cordis dolore ab Deum offensum profecta, sed labialis dumtaxat et oralis ex metu perdendi regni et infamiæ publicæ promanans », Corn. a Lap.

25. — *Porta.* C'est-à-dire, pardonne. — *Et revertere mecum.* Non-seulement Saül désire que le prophète intercède pour lui et demande son pardon; mais il veut avant tout que le peuple n'apprenne pas qu'il est réprouvé, V. ỳ. 30.

27. — *Et conversus est Samuel.* C'était la

CHAPITRE XV

27. Et conversus est Samuel, ut abiret; ille autem apprehendit summitatem pallii ejus, quæ scissa est.
28. Et ait ad eum Samuel : Scidit Dominus regnum Israel a te hodie, et tradidit illud proximo tuo meliori te.

Infr. 28, 17.

29. Porro Triumphator in Israel non parcet et pœnitudine non flectetur; neque enim homo est ut agat pœnitentiam.
30. At ille ait : Peccavi, sed nunc honora me coram senioribus populi mei, et coram Israel et revertere mecum, ut adorem Dominum Deum tuum.
31. Reversus ergo Samuel secutus est Saulem; et adoravit Saul Dominum.
32. Dixitque Samuel : Adducite

27. Et Samuel se tourna pour s'en aller. Mais lui saisit l'extrémité de son manteau qui se déchira.
28. Et Samuel lui dit : Le Seigneur aujourd'hui a séparé de toi le royaume d'Israël, et l'a donné à ton prochain meilleur que toi.
29. Or, le triomphateur en Israël ne pardonnera pas, il sera inflexible et ne se repentira pas, car il n'est pas un homme pour se repentir.
30. Et Saül lui dit : J'ai péché, mais honore-moi devant les anciens de mon peuple et devant Israël, et reviens avec moi afin que j'adore le Seigneur ton Dieu.
31. Et Samuel, se retournant, suivit Saül et Saül adora le Seigneur :
32. Et Samuel dit : Amenez-moi

---

preuve que Dieu se détournait de Saül et c'en était aussi la conséquence. — *Quæ scissa est.* C'était pour signifier que la royauté se séparait de Saül et de sa postérité, ainsi que l'indique le verset suivant.

28. — *Meliori te.* C'est-à-dire, qui sera obéissant et marchera dans les voies du Seigneur. Une première fois, il avait été annoncé que le trône ne resterait pas dans la famille de Saül. c. XIII. Malgré son rejet définitif, Saül continuera à régner, mais il ne sera plus l'instrument des volontés du Seigneur qui ne lui communiquera plus ni son esprit ni ses dons.

29. — *Et pœnitudine non flectetur.* Tertullien, l. II. contra Marcion., nous enseigne ce que l'on doit entendre par le repentir de Dieu et cite ce passage à ce propos : « Quæ (pœnitentia) sane non nascitur, sicut in homine, ex recordatione delicti aut ex alicujus operis ingratia. In quantum enim Deus nec malum admittit, nec bonum damnat, in tantum nec pœnitentiæ boni et mali apud eum locus est. Nam et hoc tibi eadem Scriptura determinat, dicente Samuele Sauli : Discedit Deus..... Quis ergo erit mos pœnitentiæ divinæ? Jam relucet, si non ad humanas conditiones referas. Nihil enim aliud intelligitur, quam simplex conversio sententiæ prioris, quæ etiam sine reprehensione ejus possit admitti etiam in homine, nedum in Deo, cujus omnis sententia culpa caret. Nam et in græco sono pœnitentiæ nomen non ex delicti confessione, sed ex animi demutatione compositum est. »

— *Nequaquam homo est...* Ces paroles expriment très-exactement la doctrine de l'immutabilité divine, tandis que le ⱴ. 11 renferme un langage approprié à l'intelligence de l'homme.

30. — *Sed nunc honora me.* Saül dévoile ici le fond de sa pensée; avant tout, il tient à sauvegarder son autorité et à conserver son prestige. « Ad quid tibi, dit S. Bernard, in Declam. sub. fin. hæc honoratio, mirer? Hæccine tota erat illa supplicatio : Peccavi, ora Dominum pro me? Merito sane non pepercit, qui intuebatur cor, falsa non poterat supplicatione moveri. »

31. — *Reversus ergo Samuel.* Samuel cède non pas par compassion pour Saül, mais dans l'intérêt du bien public et du bon ordre. En même temps, il pouvait avoir en vue d'achever l'accomplissement des ordres de Dieu. Enfin, c'était peut-être le moyen d'empêcher Saül de se porter à de fâcheuses extrémités, ainsi que nous l'explique S. Grégoire dans les termes suivants : « Fortasse si abjectus rex secum ad adorandum Dominum prophetam non cerneret, dœmonum simulacra adoraret. Et projicit ergo eum, et cum eo revertitur; quia in potentibus hujus sæculi damnanda iniquitas, ut bonum quod habent exasperati non perdant. » Il est probable que Saül fut rejeté dès la septième année de son règne, puisque nous voyons au ch. suivant que David est sacré la huitième.

34. — *Pinguissimus.* L'hébreu מעדנת, *maadonnoth,* doit être traduit : « avec gaieté »,

Agag, roi d'Amalec. Et Agag, très-gras et tremblant, lui fut présenté. Et Agag dit : Est-ce ainsi que sépare l'amère mort?

33. Et Samuel dit : Comme ton glaive a rendu les femmes sans enfants, ainsi ta mère sera sans enfants parmi les femmes. Et Samuel le coupa en morceaux devant le Seigneur à Galgala.

34. Et Samuel s'en alla ensuite à Ramatha et Saül monta dans sa maison à Gabaa.

35. Et Samuel ne vit plus Saül jusqu'au jour de sa mort. Cependant Samuel pleurait Saül, de ce que le Seigneur se repentait de l'avoir établi roi sur Israël.

ad me Agag, regem Amalec. Et oblatus est ei Agag pinguissimus et tremens. Et dixit Agag : Siccine separat amara mors?

33. Et ait Samuel : Sicut fecit absque liberis mulieres gladius tuus, sic absque liberis erit inter mulieres mater tua. Et in frusta concidit eum Samuel coram Domino in Galgalis.

34. Abiit autem Samuel in Ramatha : Saul vero ascendit in domum suam in Gabaa.

35. Et non vidit Samuel ultra Saul usque ad diem mortis suæ : verumtamen lugebat Samuel Saulem, quoniam Dominum pœnitebat quod constituisset eum regem super Israel.

---

en donnant à ce mot le sens adverbial. Dans un passage des Proverbes XXIX, 17, il a évidemment le sens de joie. — *Tremens*. Ce mot n'est pas dans l'hébreu et a été emprunté aux Septante qui ont rendu מעדנת par τρέμων. — *Siccine separat...* Hébreu : « ainsi s'est éloignée l'amertume de la mort. » Il n'est pas probable que ce soit là un acte d'héroïsme. Il est plus naturel en effet d'admettre que le roi amalécite espérait échapper à la mort, puisqu'il avait été épargné jusque là et qu'on le conduisait devant le prophète. Il s'imagine donc qu'il n'a plus rien à craindre. Quant au sens de la Vulgate, il est clair et indique bien le regret de la vie et de ses jouissances.

33. — *Sicut fecit absque liberis...* On voit par là à quels actes de cruauté s'était porté Agag. — *Et in frusta concidit.* Il n'y a rien d'étonnant à ce que Samuel ait mis à mort Agag de sa propre main, car il était en cette occasion l'instrument de la volonté divine. — *Coram Domino.* C'est-à-dire, devant l'autel élevé à Galgala ; le meurtre d'Agag en effet était un acte en l'honneur de Dieu, mais non un sacrifice.

34. — *Ramatha* V. I, 4. *Gabaa.* V. x, 5 et 26.

35. — *Et non vidit Samuel...* Samuel cessa tout rapport avec Saül, parce qu'il était rejeté de Dieu. — *Lugebat Samuel Saulem.* Sans doute parce qu'il le voyait abandonné de Dieu et qu'il prévoyait ses malheurs et même sa ruine éternelle. — *Quoniam Dominus prœmittebat...* Hébreu : « et le Seigneur se repentait... »

CHAPITRE XVI

Le Seigneur ordonne à Samuel d'aller à Bethléhem sacrer l'un des fils d'Isaï, et pour éviter la colère de Saül, l'engage à s'y rendre comme pour y offrir un sacrifice (✝✝. 1-3). — Le prophète arrive à Bethléhem, annonce son projet aux anciens, et invite Isaï et ses fils à assister au sacrifice (✝✝. 4-5). — Il vit d'abord Eliab, mais le Seigneur lui fit connaître qu'il n'était pas son élu (✝✝. 6-7). — Isaï amène ensuite successivement tous ses fils jusqu'au septième, et le Seigneur n'en agrée aucun (✝✝. 8-10). — Enfin Samuel se fit conduire le plus jeune qui gardait les troupeaux, et sur qui le choix du Seigneur s'arrêta (✝✝. 11-12). — Le prophète donc le sacra, et depuis ce jour l'Esprit de Dieu fut avec David, mais s'éloigna de Saül qui fut tourmenté par l'esprit malin (✝✝. 13-14). — Les serviteurs de Saül lui conseillèrent alors de chercher un homme sachant jouer de la cithare afin de le calmer (✝✝. 15-16). — On proposa au roi un des fils d'Isaï, dont on lui vanta l'habileté, le courage et la prudence (✝✝. 17-18). — Saül fit donc demander David à son père, et David vint, et il lui plut, et il en fit son écuyer (✝✝. 19-21). — Il obtint ensuite que David restât auprès de lui, et chaque fois que l'esprit mauvais s'emparait de Saül, David le soulageait en jouant de la cithare (✝✝. 22-23).

1. Dixitque Dominus ad Samuelem : Usquequo tu luges Saul, cum ego projecerim eum ne regnet super Israel? Imple cornu tuum oleo, et veni, ut mittam te ad Isai Bethlehemitem; providi enim in filiis ejus mihi regem.

2. Et ait Samuel : Quomodo vadam? audiet enim Saul, et interficiet me. Et ait Dominus : Vitulum

1. Et le Seigneur dit à Samuel : Jusques à quand pleureras-tu Saül, lorsque je l'ai rejeté pour qu'il ne règne pas sur Israël. Remplis d'huile ta corne et viens pour que je t'envoie à Isaï de Bethléhem, car je me suis choisi un roi parmi ses fils.

2. Et Samuel dit : Comment irai-je? Car Saül l'apprendra et me tuera. Et le Seigneur dit : Tu pren-

I. **Chute de Saül et élection de David, ou histoire de Saül depuis sa réprobation jusqu'à sa mort, XVI-XXXI.**

1° **Commencements de David, xvi.**

A. Election et sacre de David, xvi, 1-13.

CHAP. XVI. — 1. — *Usquequo tu luges Saul*. Ces paroles ressemblent à un reproche et paraîtraient indiquer que Samuel n'était pas au courant des avis et des plans du Seigneur, puisque la réprobation de Saül lui faisait craindre pour son peuple et pour le royaume de Dieu. Le prophète pleurait encore en Saül les dons qu'il avait reçus et qu'il avait rendus inutiles par sa désobéissance. On peut même supposer que son affection personnelle pour le roi qu'il avait sacré de ses mains ajoutait encore à sa tristesse. Mais Dieu veut lui faire comprendre qu'il ne faut pas se lamenter plus longtemps sur le sort de Saül, puisqu'il veut lui substituer un autre roi meilleur que lui. — *In filiis ejus*. Dieu ne les nomme pas, et S. J. Chrysost. en donne la raison en ces termes : « Attende diligenter. Non dixit ad Samuelem : Vade, ac Davidem mihi unge; sed vade, unge mihi unum ex filiis Jesse. Ne videlicet idem Davidi accideret, quid prius Josepho. » Theodoret Quæst. XXXVII, parle à peu près dans le même sens. « Si enim, dit ce Père, ad Davidem recto esset profectus (Samuel); venisset in suspicionem, quod hoc fecisset ex aliqua subornatione. Quoniam autem venit ad primum, secundum et tertium, et deinceps ad septimum, cognoverunt quod Deus esset, qui hos quidem secerneret, illum vero eligeret. Nam cum etiam, sic facta electione, aperuerunt fratres invidiam, fratrem conspicati in acie, quid non fecissent, si non facta esset hoc modo? »

2. — *Audiet enim Saul...* Les uns pensent que Saül était déjà tourmenté par l'esprit malin et qu'il y avait tout à redouter s'il apprenait que Saül avait sacré un autre roi. D'autres font simplement remarquer que Saül était encore roi de fait, malgré sa réprobation et qu'il aurait pu considérer le prophète comme un traître et le châtier en conséquence. Il nous semble préférable d'adopter le second sentiment, attendu qu'en définitive

dras un veau du troupeau en tes mains et tu diras : Je suis venu pour immoler au Seigneur.

3. Et tu appelleras Isaï au festin de la victime et je te montrerai ce que tu devras faire et tu oindras celui que je te montrerai.

4. Samuel fit donc comme le Seigneur lui avait dit : Et il vint à Bethléhem et les anciens de la ville furent dans l'admiration, et ils allèrent au-devant de lui et lui dirent : Est-ce que ton entrée est pacifique ?

5. Et il dit : Pacifique. Je suis venu pour immoler au Seigneur. Sanctifiez-vous et venez avec moi pour que j'immole. Il sanctifia donc Isaï et ses fils et les appela au sacrifice.

6. Et lorsqu'ils furent entrés, il vit Eliab et dit : Est-il son Christ devant le Seigneur ?

7. Et le Seigneur dit à Samuel :

de armento tolles in manu tua, et dices : Ad immolandum Domino veni.

3. Et vocabis Isai ad victimam, et ego ostendam tibi quid facias, et unges quemcumque monstravero tibi.

4. Fecit ergo Samuel, sicut locutus est ei Dominus. Venitque in Bethlehem, et admirati sunt seniores civitatis, occurrentes ei, dixeruntque : Pacificusne est ingressus tuus ?

5. Et ait : Pacificus; ad immolandum Domino veni, sanctificamini, et venite mecum ut immolem. Sanctificavit ergo Isai et filios ejus, et vocavit eos ad sacrificium.

6. Cumque ingressi essent, vidit Eliab, et ait : Num coram Domino est Christus ejus ?

7. Et dixit Dominus ad Samue-

Saül n'aurait eu pour lui que les apparences du droit et de la justice, puisqu'il avait été averti qu'il était rejeté et qu'il eût compris sans peine que Samuel, en pareille occurrence, n'était que l'instrument divin. Il n'est peut-être pas non plus nécessaire de supposer que Saül était déjà en proie à l'esprit mauvais, car depuis que Dieu l'avait réprouvé, son naturel avait dû prendre le dessus et la jalousie eût suffi pour l'armer contre le prophète. En tout cas les craintes de Samuel étaient justifiées, puisque le Seigneur, au lieu de le blâmer, lui indique le moyen d'éviter le ressentiment de Saül. — *Ad immolandum...* En parlant ainsi, Samuel disait la vérité, car il fit réellement un sacrifice, et c'est même en cette circonstance qu'il sacra Saül. Il y avait là une raison de ne pas dire toute la vérité, car le sacre du nouveau roi devait rester secret. On voit aussi en cette occasion que Samuel ne sacrifiait pas seulement en certaines localités fixées d'avance, comme, par exemple, dans les villes où il s'arrêtait pour juger le peuple, VII, 16, mais tantôt dans un endroit, tantôt dans un autre, puisque sa déclaration ne devait pas surprendre et ne surprit pas les habitants de Bethléem.

3. — *Et vocabis Isai...* La famille seule d'Isaï devait assister au repas qui suivrait le sacrifice et avoir connaissance de l'élection de David.

4. — *Pacificusne est......* Cette question anxieuse des anciens de la ville prouve que Samuel, même pendant le règne de Saül, faisait çà et là des apparitions à l'improviste dans le but de redresser les torts et de corriger les abus.

5. — *Sanctificamini*. C'est la purification des corps et des vêtements, symbole de celle de l'âme. Elle était d'ailleurs prescrite par la loi, Ex., XIX, 10, 22. S. Grégoire dit à ce sujet : « Si interesse sacrificiis non audent nisi sanctificati, quid de sacrificantibus censendum ?... Quantum ergo purus debet esse Pontifex, ubi invitatæ ad sacrificium, non nisi sanctificatæ, admittendæ sunt plebes ? »
— *Ut immolem*. Le prophète devait habituellement utiliser ses visites pour édifier le peuple par des sacrifices solennels. Depuis que le tabernacle était vide et restait isolé à Silo, les sacrifices et les offrandes, autant que nous pouvons en juger, se faisaient en différents lieux. — *Sanctificavit ergo...* Samuel fait à Isaï et à ses fils une recommandation spéciale, et les invite non-seulement au sacrifice, mais au repas qui le suivit, V. ⁊. 11.

6. — *Num coram...* Hébreu : certainement devant le Seigneur c'est... »

7. — *Et dixit Dominus...* Il s'agit sans doute d'une communication intérieure. — *Ea quæ parent*. Hébreu : « d'après les yeux ». On peut en effet, d'après les yeux, c'est-à-dire,

CHAPITRE XVI

lem : Ne respicias vultum ejus; neque altitudinem staturæ ejus; quoniam abjeci eum, nec juxta intuitum hominis ego judico; homo enim videt ea quæ parent, Dominus autem intuetur cor.

Ne regarde pas son visage ni la hauteur de sa taille, parce que je l'ai rejeté et je ne juge pas suivant le regard de l'homme, car l'homme voit ce qui paraît, mais le Seigneur voit le cœur.

Ps. 7, 10.

8. Et vocavit Isai Aminadab, et adduxit eum coram Samuele. Qui dixit : Nec hunc elegit Dominus.

8. Et Isaï appela Aminadab et l'amena devant Samuel qui dit : Le Seigneur n'a pas non plus choisi celui-là.

9. Adduxit autem Isai Samma, de quo ait : Etiam hunc non elegit Dominus.

9. Et Isaï amena Samma. Il dit de lui : Le Seigneur encore n'a pas choisi celui-là.

10. Adduxit itaque Isai septem filios suos coram Samuele; et ait Samuel ad Isai : Non elegit Dominus ex istis.

10. Isaï amena donc ses sept fils devant Samuel, et Samuel dit à Isaï : Le Seigneur n'a pas choisi parmi ceux-là.

11. Dixitque Samuel ad Isai : Numquid jam completi sunt filii? Qui respondit : Adhuc reliquus est parvulus, et pascit oves. Et ait Samuel ad Isai : Mitte, et adduc eum; nec enim discumbemus priusquam huc ille veniat.

11. Et Samuel dit à Isaï : Est-ce que tes fils sont ici au complet? Il répondit : Il reste encore le plus jeune et il paît les brebis. Et Samuel dit à Isaï : Envoie vers lui et amène-le, car nous ne nous mettrons pas à table avant qu'il vienne ici.

12. Misit ergo, et adduxit eum. Erat autem rufus, et pulcher aspectu, decoraque facie; et ait Dominus : Surge, unge eum, ipse est enim.

12. Il envoya donc et l'amena. Or, il était roux et beau d'aspect et d'un visage gracieux. Et le Seigneur dit : Lève-toi, oins-le, car c'est lui.

13. Tulit ergo Samuel cornu olei, et unxit eum in medio fratrum ejus; et directus est spiritus Domini a die

13. Samuel prit donc la corne d'huile et l'oignit au milieu de ses frères. Et depuis ce jour-là et par la

---

avec ses yeux, ou peut-être dans les yeux, discerner jusqu'à un certain point les pensées de l'homme: mais Dieu ne juge pas seulement d'après l'extérieur et les apparences, mais pénètre jusqu'à l'intérieur, jusqu'au cœur, le centre et le siège de la vie. Il voit donc que le cœur de David est meilleur que celui d'Eliab.

11. — *Adhuc reliquus est parvulus.* Il ne suit pas de ces paroles que David n'était encore qu'un enfant, car nous voyons au ⱱ. 48, qu'il est appelé *fortissimus robore, vir bellicosus et prudens in verbis*. On pense donc qu'il avait environ vingt ans. Il succéda d'ailleurs à Saül à l'âge de trente ans et ce dernier ne régna guère que dix ans à dater de l'époque où nous sommes. — *Nec enim discumbemus.* Hébreu : « nous n'entourerons pas » sous-entendu la table. Tel est le sens que l'on donne généralement a נסב *nasab*.

12. — *Rufus.* Dans les pays chauds, les cheveux sont généralement noirs; aussi la couleur rousse ou blonde passe pour une marque de beauté. — *Et pulcher aspectu, decoraque facie.* Aux qualités extérieures qui distinguaient ses frères, David unissait aussi ce que Dieu seul pouvait voir et apprécier.

13. — *In medio fratrum ejus.* Ses frères sont donc présents à la cérémonie; toutefois on peut supposer qu'ils n'en comprennent pas le sens, car, dans son intérêt et dans celui de David, Samuel devait tenir la chose aussi secrète que possible. C'est peut-être pour cette raison que nous ne voyons pas que le prophète adresse la parole à David au moment de la consécration. Néanmoins, il n'est pas

suite l'esprit du Seigneur descendit sur David. Et Samuel se levant s'en alla à Ramatha.

14. Mais l'esprit du Seigneur s'éloigna de Saül, et un esprit mauvais l'agitait, le Seigneur le permettant.

15. Et les serviteurs de Saül lui dirent : Voilà qu'un mauvais esprit envoyé de Dieu vous agite.

16. Que Notre Seigneur l'ordonne et vos serviteurs, qui sont devant vous, chercheront un homme sachant toucher de la harpe, afin qu'il en touche de sa main et que vous soyez soulagé lorsque l'esprit mauvais envoyé par le Seigneur vous saisira.

17. Et Saül dit à ses serviteurs : Cherchez-moi donc quelqu'un qui joue bien, et amenez-le moi.

18. Et un des serviteurs répon-

illa in David, et deinceps; surgensque Samuel abiit in Ramatha.

II *Reg.* 7, 8; *Ps.* 77, 70, 88, 21; *Act.* 7, 46, 13, 22.

14. Spiritus autem Domini recessit a Saul, et exagitabat eum spiritus nequam, a Domino.

15. Dixeruntque servi Saul ad eum : Ecce spiritus Dei malus exagitat te.

16. Jubeat Dominus noster, et servi tui qui coram te sunt, quærent hominem scientem psallere cithara, ut quando arripuerit te spiritus Domini malus, psallat manu sua, et levius feras.

17. Et ait Saul ad servos suos : Providete ergo mihi aliquem bene psallentem, et adducite eum ad me.

18. Et respondens unus de pue-

---

probable que David et Isaï n'aient pas été instruits de la signification d'un pareil acte et n'aient pas été mis dans la confidence. Mais, tout en sachant qu'il venait d'être élevé à la royauté, le successeur de Saül n'en continuera pas moins à garder les troupeaux, comme auparavant, sans doute parce qu'il ne jugeait pas à propos de faire valoir immédiatement ses droits et qu'il attendait avec confiance et résignation le moment où Dieu lui-même lui ouvrirait la voie et le conduirait au trône. D'ailleurs, la réprobation de Saül n'équivalait pas précisément à une déposition. S. Grégoire fait au sujet du sacre de David les réflexions suivantes : « Cornu olei tollitur, ut in excellenti liquore magister Ecclesiæ vir esse studeat magnæ misericordiæ. Oleo ungitur caput regis, quia lucere super candelabrum debet per flammam verbi... Oleo quippe in medio aliorum ungitur, quia qui in aliorum exemplum positus est, nullam sui partem habere obscuram debet, ut hunc omnes aspiciant, et ab eo lucis exemplum sumant. » — *Et deinceps.* C'est-à-dire avec continuité. David devint ainsi de plus en plus capable de remplir le rôle qui lui était assigné, grâce à ces communications incessantes de l'Esprit de Dieu.

2. David calme les agitations de Saül en jouant de la harpe, ꝗꝗ. 14-23.

43. — *Recessit a Saul.* C'était la conséquence de sa réprobation, mais aussi très-probablement le châtiment de son orgueil et

de sa désobéissance. Au lieu de s'humilier sous la main de Dieu et d'accepter avec soumission la sentence portée contre lui, Saül se laisse aller au mécontentement et s'éloigne de plus en plus des voies du Seigneur. — *Et exagitabat eum.* C'est-à-dire le tourmentait et l'effrayait en même temps, ainsi que l'indique le verbe hébreu בעת, *baath*. Théodoret compare le sort de Saül à celui de Judas. « Cum divinus recessisset spiritus, locum est sortitus malignus spiritus; sic cum apostolica gratia Judam reliquisset, in eum ingressus est diabolus. » — *Spiritus nequam.* Saül n'était pas seulement dans un état de tristesse et de mélancolie voisin de la folie, mais il était réellement sous l'empire d'une puissance supérieure qui n'était autre que le démon lui-même qui s'était emparé de son âme. — *A Domino.* Dieu avait envoyé le mauvais esprit pour châtier Saül, ou plus simplement encore l'auteur veut faire entendre que le mauvais esprit était l'exécuteur des vengeances divines. En tout cas, il ne s'agit nullement de l'Esprit de Dieu qui ne peut opérer par son essence même que des œuvres de bonté et de sagesse.

45. — *Servi Saul.* Les officiers de sa cour.

46. — *Scientem psallere cithara.* Les anciens connaissaient l'influence de la musique sur les sentiments et les affections de l'âme.

48. — *Et virum bellicosum.* David n'avait pas encore eu l'occasion de montrer sa valeur à la guerre; mais déjà il s'était mesuré avec les ours et les lions, XVII, 34, et l'on voit que sa réputation de courage était bien établie.

ris, ait : Ecce vidi filium Isai Bethlehemitem scientem psallere, et fortissimum robore, et virum bellicosum, et prudentem in verbis, et virum pulchrum; et Dominus est cum eo.

Infr. 25, 28.

19. Misit ergo Saul nuntios ad Isai, dicens : Mitte ad me David filium tuum, qui est in pascuis.

20. Tulit itaque Isai asinum plenum panibus, et lagenam vini, et hœdum de capris unum, et misit per manum David filii sui Sauli.

21. Et venit David ad Saul, et stetit coram eo; at ille dilexit eum nimis, et factus est ejus armiger.

22. Misitque Saul ad Isai, dicens: Stet David in conspectu meo; invenit enim gratiam in oculis meis.

23. Igitur quandocumque spiritus malus arripiebat Saul, David tollebat citharam, et percutiebat manu sua, et refocillabatur Saul, et levius habebat; recedebat enim ab eo spiritus malus.

dit : Moi, j'ai vu un fils d'Isaï de Bethléhem qui sait jouer, et il est fort et robuste, c'est un homme belliqueux et prudent en paroles, et un bel homme, et le Seigneur est avec lui.

19. Saül envoya donc des messagers à Isaï et lui dit : Envoie-moi David ton fils qui est aux pâturages.

20. Isaï prit donc un âne chargé de pains et une bouteille de vin et un chevreau de ses chèvres et l'envoya à Saül par la main de David son fils.

21. Et David vint à Saül et se tint devant lui. Et lui l'aima beaucoup et il en fit son écuyer.

22. Et David envoya à Isaï et lui dit : Que David reste en ma présence, car il a trouvé grâce à mes yeux.

23. Chaque fois donc que l'esprit mauvais envoyé par le Seigneur s'emparait de Saül, David prenait la harpe et en jouait de sa main, et Saül était ranimé et se trouvait soulagé, car l'esprit mauvais s'éloignait de lui.

On peut supposer que, comme Samson, Jug., XIV, 6, 19, XV, 14, il terrassa les lions et les ours sous l'influence du nouvel esprit qui habitait en lui. La bravoure était en tout cas une grande recommandation auprès de Saül, V. XIV, 52.

20. — *Asinum plenum panibus.* Les Septante ont lu חמור, *khomer*, au lieu de חמור, *khamor*, et ont traduit γόμορ ἄρτων, leçon évidemment fautive puisque le pain ne se mesure pas au boisseau. L'hébreu חמור לחם, *khamor lékhem*, litt. « un âne de pain » doit malgré sa concision être conservé, mais interprété à peu près comme l'a fait le traducteur latin. On cite à ce propos une expression semblable du poëte tragique Sosibius, ἄρτων τρεῖς ὄνους litt. « trois ânes de pains » pour trois charges d'ânes. Les présents qu'envoie Isaï sont un témoignage précieux de la simplicité des mœurs de l'époque et une preuve de l'authenticité du livre.

21. — *Et stetit coram eo.* C'est-à-dire, David servit Saül en jouant devant lui de son instrument. — *Et dixit eum nimis.* V. XVII, 55, 58.

22. — *Stet David...* C'est-à-dire, que David reste à mon service.

23. — *David tollebat citharam.* David resta donc auprès de Saül sans qu'on soupçonnât le choix que Dieu avait fait de sa personne. Il eut ainsi l'occasion non-seulement de se former à la connaissance des hommes et de s'initier aux affaires de l'Etat, mais aussi de développer les dons qui lui avaient été communiqués par l'Esprit de Dieu et de s'attirer par suite la faveur du peuple. Les épreuves par lesquelles il dut passer servirent aussi à en faire un homme selon le cœur de Dieu et à le rendre capable de fonder la royauté véritable en Israël. — *Recedebat enim...* L'effet naturel de la musique est de dissiper la mélancolie; mais en cette circonstance il faut voir là quelque chose de plus.

CHAPITRE XVII

Or, les Philistins, s'étant assemblés à Socho, campèrent entre Socho et Azéca, tandis que les Israélites vinrent se placer en face d'eux (𝖛𝖛. 1-3). — Et chaque jour un géant, nommé Goliath, venait provoquer les Israélites en combat singulier, proposant de terminer ainsi la querelle ; mais personne n'osait se mesurer avec lui (𝖛𝖛. 4-11). — Or, les trois frères de David avaient suivi l'armée ; mais lui, étant le plus jeune, était retourné près de son père pour garder les troupeaux (𝖛𝖛. 12-15). — Depuis quarante jours, Goliath insultait les Israélites, lorsqu'Isaï envoya David son fils porter des provisions à ses frères, et savoir de leurs nouvelles (𝖛𝖛. 16-19). — David arriva à l'armée, au moment où les Israélites et les Philistins étaient en présence ; il courut alors au lieu du combat, et s'informa de ses frères (𝖛𝖛. 20-22). — Pendant qu'il parlait, Goliath apparut, et les Israélites furent terrifiés (𝖛𝖛. 23-24). — David apprit alors que le roi promettait d'enrichir le vainqueur de ce Philistin, et de lui donner sa fille, et il chercha à s'assurer que la chose était vraie (𝖛𝖛. 25-27). — Eliab, son frère aîné, l'entendant, s'irrita contre lui, et lui reprocha son orgueil et sa curiosité ; mais David alla plus loin pour se renseigner (𝖛𝖛. 28-30). — Cette circonstance est rapportée à Saül, et David, mandé devant lui, s'offre pour combattre Goliath (𝖛𝖛. 31-32). — Aux observations que lui fait Saül, David répond qu'il a lutté avec les ours et les lions, et qu'il avait la confiance que Dieu le délivrerait du Philistin, comme il l'avait délivré des animaux féroces (𝖛𝖛. 33-37). — Saül alors le revêt de ses armes, mais David n'en ayant pas l'habitude, les dépose et se contente de prendre son bâton et sa fronde avec cinq pierres (𝖛𝖛. 38-40). — Il s'avança donc contre son ennemi, mais Goliath le prit en mépris, le maudit par ses dieux, et le menaça de livrer son cadavre aux bêtes de proie (𝖛𝖛. 41-44). — David lui répondit qu'il venait au nom du Seigneur qui le livrerait en ce jour entre ses mains, pour que tout le monde connût que c'est Dieu qui sauve (𝖛𝖛. 45-47). — Le Philistin s'avançant, David aussi s'avança, et prenant sa fronde atteignit au front le géant qui tomba à terre (𝖛𝖛. 48-49). — David vainqueur, prit l'épée de Goliath, acheva son ennemi et lui coupa la tête, ce que voyant, les Philistins s'enfuirent et furent poursuivis par les Israélites qui s'emparèrent ensuite de leur camp (𝖛𝖛. 50-53). — David porta la tête de Goliath à Jérusalem, et garda ses armes (𝖛. 54). — Or, pendant que David s'avançait contre Goliath, Saül avait demandé à Abner de quelle famille il était (𝖛𝖛. 55-56). — Aussi, comme David revenait après sa victoire, Abner le présenta à Saül, qui apprit de la bouche même du héros, qu'il était le fils d'Isaï de Bethléhem (𝖛𝖛. 57-58).

1. Or, les Philistins, réunissant leurs troupes pour le combat, se rassemblèrent à Socho de Juda, et campèrent entre Socho et Azeca, sur les frontières de Dommim.

1. Congregantes autem Philisthiim agmina sua in prælium, convenerunt in Socho Judæ; et castrametati sunt inter Socho et Azeca, in finibus Dommim.

2° **Nouvelle guerre de Saül contre les Philistins. Exploits de Saul et conséquences qui en résultent**, xvii-xviii.

A. Goliath provoque les Israélites au combat, xvii, 1-11.

Chap. xvii. — 1. — *Congregantes autem Philisthiim.* C'est apparemment peu de temps après que David fût entré au service de Saül que les Philistins cherchèrent de nouveau à remettre les Israélites sous le joug. David n'était plus alors à la cour ; il était retourné chez son père et on peut, en conséquence, supposer que Saül était redevenu plus calme et n'avait pas besoin de lui pour le moment. — *In Socho Judæ.* Un autre Socho se trouvait aussi en Juda, mais dans la montagne, Voir Jos. xv, 48, tandis que celle-ci était dans la Chéphélah, Jos., xv, 35. C'est aujourd'hui le khirbet ech-Choueikeh, à quatre milles au sud-ouest de Jérusalem. — *Et Azeca.* Azéca n'a pas été retrouvée. D'après l'Onomasticon, elle se trouvait entre Jérusalem et Eleuthéropolis. En tout cas, elle ne pouvait pas être bien éloignée de Socho. — *In finibus Dommim.* Hébreu : באפס דמים, *beephès dammim*, « à Ephès Dammim ». Il est vrai que אפס, signifie aussi *frontière*. Ephès Dammim serait aujourd'hui le khirbet Damoum, à une heure et demie du khirbet ech-Choueikeh.

2. — *In vallem Terebinthi.* C'est sans doute

CHAPITRE XVII

2. Porro Saul et filii Israel congregati venerunt in vallem Terebinthi, et direxerunt aciem ad pugnandum contra Philisthiim.

3. Et Philisthiim stabant super montem ex parte hac, et Israel stabat supra montem ex altera parte; vallisque erat inter eos.

4. Et egressus est vir spurius de castris Philisthinorum, nomine Goliath, de Geth, altitudinis sex cubitorum et palmi.

5. Et cassis ærea super caput ejus, et lorica squamata induebatur; porro pondus loricæ ejus, quinque millia siclorum æris erat.

6. Et ocreas æreas habebat in cruribus; et clypeus æreus tegebat humeros ejus.

2. Or, Saül et les enfants d'Israël, s'étant rassemblés, vinrent dans la vallée de Térébinthe et déployèrent leur armée pour combattre contre les Philistins.

3. Et les Philistins étaient d'un côté sur une montagne, et Israël était d'un autre côté sur une autre montagne. Et il y avait entre eux une vallée.

4. Et il sortit du camp des Philistins, un batard nommé Goliath, de Geth, ayant six coudées et une palme de haut.

5. Il avait sur la tête un casque d'airain et il était revêtu d'une cuirasse écaillée, et le poids de sa cuirasse était de cinq mille sicles d'airain.

6. Et il avait aux jambes des cuissards d'airain, et un bouclier d'or couvrait ses épaules.

---

l'un des oueds qui sont dans le voisinage de Socho, soit l'oued Soueinit, soit l'oued Sour.

3. — *Supra montem*. C'est-à-dire sur les pentes qui dominaient la vallée du Térébinthe. Tobler, Trois. Voy. p. 442, pense que l'oued Soueinit séparait l'armée des Philistins de celle des Israélites, lesquels avaient dressé leur camp entre Beit Nettif et l'entrée de l'oued Soueinit.

4. — *Vir spurius*. Hébreu : איש הבנים, *isch habénaïm*, litt. *vir medius*, c'est-à-dire l'homme qui termine la querelle par un combat singulier. Dans la version d'Aquila, cette expression a été rendue par ὁ μεσάζων, et dans les Septante par ὁ ἀμεσσαῖος, ce qui est certainement pour ὁ μεσαῖος. Maurer interprète בנים, *bénaïm*, « intervallum inter duas res », c'est-à-dire ici, « inter duas acies medium ». Ce serait alors l'équivalent du mot grec μεταιχμία dont s'est servi Euripide, Phœn. 1285, et que le scholiaste interprète ainsi : ὁ τόπος ὁ μεταξὺ τοῦ πολέμου, ἔνθα ἦν τὸ μονομαχεῖον, litt. « l'espace entre la guerre (les armées) où avait lieu le combat singulier. — *Altitudinis...* On estime que la taille de Goliath était de neuf pieds deux pouces. Les historiens anciens parlent de géants qui ne le cédaient en rien au géant philistin, Cfr. Plin., Hist., Nat., VII, 46.

5. — *Squamata*. C'est bien là le sens du mot קשקשים, *kaskncim* (écailles), sens qui est certain et confirmé par trois autres passages, Levit., XI, 9; Deut., XIV, 7; Esd.,

XXIX, 4. Les Septante portent θώρακα ἁλυσιδωτόν, c'est-à-dire, « cuirasse formée d'anneaux enchaînés comme celles dont on se servait dans les armées des Séleucides, I Mac. VI, 35. Dans la version d'Aquila on lit φολιδωτόν « écailleuse ». En résumé, on doit conclure que cette cuirasse était formée de petites plaques de métal superposées, comme on en voit sur les monuments assyriens, où les guerriers qui combattent sur des chars autour du roi sont revêtus de cottes d'armes recouvertes d'écailles de métal et qui leur descendent jusqu'aux chevilles. Cfr. Layard, Ninive et ses ruines, p. 364. — *Quinque millia siclorum*. Le poids du sicle étant à peu près de quatorze grammes et demie, selon l'opinion générale, on voit que la cuirasse de Goliath pouvait peser à peu près 150 livres, ce qui n'est point exagéré vu la taille du personnage, et surtout si l'on réfléchit qu'elle devait descendre presque jusqu'aux pieds et couvrir non-seulement la poitrine et le dos, mais aussi le bas des jambes.

6. — *Et clypeus*. Le mot כידון, *kidón*, a été aussi traduit dans les Septante par bouclier, ἀσπὶς χαλκῆ, mais à tort, semble-t-il, car on lui donne généralement le sens de *pique* ou *lance*. D'après le y. 45 d'ailleurs, il est bien à croire qu'il s'agissait en réalité d'une arme offensive. — *Tegebat humeros ejus*. Hébreu : « (était suspendue) entre ses épaules », ce qui précise encore la nature de l'arme, et ne permet guère de penser que c'était un bou-

7. La hampe de sa lance était comme l'ensouple des tisserands, et le fer de sa lance pesait six cents sicles de fer, et son écuyer marchait devant lui.

8. Et il se tenait devant les phalanges d'Israël, et criait vers elles, et leur disait : Pourquoi êtes-vous venus préparés pour une bataille? Est-ce que je ne suis pas Philistin, et vous, serviteurs de Saül? Choisissez un homme parmi vous et qu'il descende pour un combat singulier.

9. S'il peut lutter contre moi et s'il me bat, nous serons vos esclaves, si au contraire je suis vainqueur et si je le bats, vous serez esclaves et nous servirez.

10. Et le Philistin disait : Aujourd'hui j'ai porté ce défi aux bataillons d'Israël : Donnez-moi un homme et qu'il engage avec moi un combat singulier.

11. Et Saül et tous les Israélites en entendant les paroles de ce Philistin, étaient dans la stupeur et pleins d'une crainte excessive.

12. Or, David était fils d'un homme d'Ephrata dont il a été parlé ci-dessus, de Bethléhem de Juda, qui se

7. Hastile autem hastæ ejus, erat quasi liciatorium texentium ; ipsum autem ferrum hastæ ejus, sexcentos siclos habebat ferri : et armiger ejus antecedebat eum.

8. Stansque clamabat adversum phalangas Israël, et dicebat eis : Quare venistis parati ad prælium? Numquid ego non sum Philisthæus, et vos servi Saul? Eligite ex vobis virum, et descendat ad singulare certamen.

9. Si quiverit pugnare mecum, et percusserit me, erimus vobis servi; si autem ego prævaluero, et percussero eum, vos servi eritis, et servietis nobis.

10. Et aiebat Philisthæus : Ego exprobravi agminibus Israel hodie : Date mihi virum, et ineat mecum singulare certamen.

11. Audiens autem Saul, et omnes Israelitæ sermones Philisthæi hujuscemodi, stupebant, et metuebant nimis.

12. David autem erat filius viri Ephrathæi, de quo supra dictum est, de Bethlehem Juda, cui nomen erat

---

clier. Les anciens devaient porter leur épée de cette sorte, car Homère Il. II, 45, nous dit en parlant d'Agamemnon : ἀμφὶ δ' ἄρ' ὤμοισιν βάλετο ξίφος ἀργυρόηλον, « il jeta donc autour de ses épaules, l'épée aux clous d'argent. »

7. — *Sexcentos siclos*. A peu près 46 à 48 livres, ce qui est bien en rapport avec le reste. — *Et armiger ejus*. Hébreu : « et le porteur du bouclier ». Apparemment il s'agit d'un vaste bouclier protégeant toute la personne.

8. — *Numquid ego non sum... Goliath* veut dire qu'il représente l'armée des Philistins et leur puissance. — *Et descendat*. Goliath était au fond de la vallée, tandis que les deux armées étaient sur les pentes en face l'une de l'autre.

B. David et Goliath, ⅞. 12-54.

12. — *David autem erat...* Dans le texte hébreu, il n'y a pas de verbe et la phrase, restant alors interrompue, n'est reprise qu'au

ⓥ. 45. C'est un anacoluthe. L'auteur, après avoir mentionné le père de David, a cru utile, pour mettre en lumière les circonstances mémorables qui vont suivre, de profiter de l'occasion pour rapporter certaines particularités concernant la famille de son héros. — *De qua supra dictum est.* Cette réflexion ne se trouve pas dans le texte hébreu. — *Et grandævus inter viros.* Sept. : ἐληλυθὼς ἐν ἀνδράσιν, ce qui est la même chose. L'hébreu בא באנשים, *ba baanaschim*, litt. « il était parmi les hommes », n'a pas de sens. On a essayé diverses explications; mais la meilleure et la plus naturelle nous semble de supposer que le texte a été altéré en cet endroit. Peut-être faudrait-il lire שנים, *schanim*, « années », au lieu de אנשים, mais c'est pour le moins douteux. Cette réflexion sur le grand âge d'Isaï est destinée à faire comprendre pourquoi il n'était pas allé à la guerre et s'était contenté d'y envoyer ses trois aînés. C'est ici le lieu de faire remarquer que les Septante du manuscrit du Vatican ne contiennent pas les ⓥⓥ. 12 à 31.

Isaï, qui habebat octo filios, et erat vir in diebus Saul senex, et grandævus inter viros.

Supr 16, 1.

13. Abierunt autem tres filii ejus majores post Saul in prælium; de nomina trium filiorum ejus, qui perrexerunt ad bellum, Eliab primogenitus, et secundus Abinadab, tertiusque Samma.

14. David autem erat minimus. Tribus ergo majoribus secutis Saulem,

15. Abiit David, et reversus est a Saul, ut pasceret gregem patris sui in Bethlehem.

16. Procedebat vero Philisthæus mane et vespere, et stabat quadraginta diebus.

17. Dixit autem Isai ad David filium suum : Accipe fratribus tuis ephi polentæ, et decem panes istos, et curre in castra ad fratres tuos.

18. Et decem formellas casei has

nommait Isaï, qui avait huit fils et qui, aux jours de Saül, était un vieillard chargé de jours parmi les hommes.

13. Et ses trois fils aînés suivirent Saül au combat, et ses trois fils qui allèrent à la guerre se nommaient, l'aîné Eliab, le second Abinabab et le troisième Samma.

14. Et David était le plus jeune. Lorsque les trois ainés eurent suivi Saül,

15. David s'en alla et quitta Saül pour mener paître le troupeau de son père à Bethléhem.

16. Mais le Philistin se présentait matin et soir et il se tint là quarante jours.

17. Or, Isaï dit à David son fils : Prends pour tes frères un éphi de farine et ces dix pains et cours au camp vers tes frères.

18. Et tu porteras au tribun ces

Plusieurs critiques, Houbigant, Kennicott, Dissert. II super rat. text. hebr. p. 402 sqq., Michælis, Eichhorn, Dathe, Bertheau et autres, expliquent cette omission par l'interpolation du texte original D'autres, parmi lesquels de Wette, Thénius, Ewald, Gesch. des Volk. Is. III, 96 et suiv., n'admettent point que le texte ait été interpolé, mais supposent que les ch. XVII et XVIII, vu les contradictions apparentes qui s'y trouvent, ne sont pas de l'auteur du ch. XVI et qu'il en ignorait le contenu. Or, en premier lieu, l'autorité des Septante est loin d'être suffisante pour permettre de conclure à l'interpolation du texte, et, en second lieu, rien ne nous oblige à penser que les ch. XVII et XVIII ne sont pas de l'auteur du ch. XVI. Le verset précédent prouve même le contraire, car on y lit : « or David, le fils de cet Ephrathéen » (text. hébr.), ce que S. Jérôme a commenté par *de quo supra dictum est.* Quant aux prétendues contradictions, il en sera question en son lieu dans l'explication du texte. Il est donc probable que l'omission des Septante a justement pour but de les éviter et il faut en dire autant de l'absence des ⱴⱴ. 55-XVII, 5.

43. — *Abier unt.* Da ns l'hébreu la répétition du verbe וילכו.... הלכו, *halcou, vaïelkou...* indique qu'il faudrait traduire par le pl. q. parf. *abierant.*

15. — *Abiit David et reversus est...* Hébreu, « et David allait et venait d'auprès de Saül ». David ne restait donc pas continuellement auprès de Saül, mais retournait chez son père, lorsque les fureurs du roi se calmaient et que ses services n'étaient plus alors nécessaires. Le contexte nous apprend qu'il était précisément absent au moment de la guerre.

16. — *Procedebat...* L'auteur reprend ici le fil de sa narration interrompue, après le ⱴ. 10, par les explications qu'il a fournies sur Isaï et ses fils.

17. — *Polentæ.* Le mot קליא, *kâli*, traduit par *polenta*, signifie proprement *épis rotis.* V. Levit., XXIII, 14.

18. — *Et decem formellas casei.* L'hébreu חריצי החלב, *kharitsé hěkhalab*, est généralement interprété : « tranches de fromage mou. » — *Ad tribunum.* Hebreu : « au commandant sur mille. » Cette recommandation d'Isaï est un trait de mœurs de cette époque. — *Et fratres tuos visitabis.* « Isaï, dit S. Augustin, serm. CXCVII, gessit typum Dei Patris. Isaï misit David ut requireret fratres suos ; et Deus Pater misit unigenitum suum, ex cujus persona scriptum est : Narrabo nomen tuum fratribus meis. Ad requirendos enim fratres suos venerat Christus, quando dicebat : Non sum missus nisi ad oves per-

dix rondelles de fromage, et tu visiteras tes frères, et tu sauras s'ils se conduisent bien et avec qui ils sont enrégimentés.

19. Or, Saül et eux et tous les enfants d'Israël combattaient dans la vallée de Térébinthe contre les Philistins.

20. David se leva donc matin et confia le troupeau à un gardien et s'en alla chargé comme Isaï le lui avait ordonné. Et il vint au lieu nommé Magala, et à l'armée qui, sortie pour le combat, avait poussé des cris de guerre.

21. Car Israël avait rangé son armée, et, de l'autre côté, les Philistins s'étaient préparés.

22. David donc, abandonnant les objets qu'il avait apportés aux mains d'un gardien des bagages courut au lieu du combat et demanda si tout allait bien pour ses frères.

23. Pendant qu'il parlait encore, se montra ce batard Philistin nommé Goliath, de Geth, venant du camp des Philistins, et redisant les mêmes paroles, et David les entendit.

deferes ad tribunum; et fratres tuos visitabis, si recte agant; et cum quibus ordinati sunt, disce.

19. Saul autem, et illi, et omnes filii Israel in valle Terebinthi pugnabant adversum Philisthiim.

20. Surrexit itaque David mane, et commendavit gregem custodi; et onustus abiit, sicut præceperat ei Isai. Et venit ad locum Magala, et ad exercitum qui egressus ad pugnam vociferatus erat in certamine.

21. Direxerat enim aciem Israel, sed et Philisthiim ex adverso fuerant præparati.

22. Derelinquens ergo David vasa quæ attulerat, sub manu custodis ad sarcinas, cucurrit ad locum certaminis, et interrogabat si omnia recte agerentur erga fratres suos.

23. Cumque adhuc ille loqueretur eis, apparuit vir ille spurius ascendens, Goliath nomine, Philisthæus, de Geth, de castris Philisthinorum; et loquente eo hæc eadem verba audivit David.

---

ditas domus Israel. » — *Si recte agant.* Hébreu : לשלום. *leschalom,* « pour la santé », c'est-à-dire pour l'informer de leur santé. — *Et cum quibus ordinati sunt, disce.* Hébreu : « et prends leur gage », gage qui devait témoigner par lui-même que David avait visité ses frères, et devait être pour le père l'assurance certaine que ses fils vivaient encore. Il suffira, pour en faire justice, de citer l'inconvenante interprétation suivante d'Ed. Reuss : « Le père demande qu'on lui rapporte n'importe quel signe qui atteste que David a fait sa commission et n'a pas mangé les fromages (*sic*), etc., en route, sans aller au camp. » Comme on le voit sans effort, le style est tout juste à la hauteur de la pensée. Le mot ערבתם, *arubatham,* (leur gage), qui a beaucoup embarrassé les anciens commentateurs, et traducteurs, et en particulier S. Jérôme qui a eu recours à une périphrase et a commenté plutôt que traduit, est maintenant entendu comme ci-dessus.

19. — *Saul autem, et...* Ce verset tout entier paraît dans l'hébreu faire encore partie du discours d'Isaï qui indiquerait alors à David où se trouve l'armée des Israélites.

20. — *Ad locum Magala..* Il ne paraît pas que l'hébreu מגלה. *maggalah,* doive être pris pour un nom de localité, et on le traduit généralement par *retranchement.* Les Septante l'ont rendu par στρογγύλωσις, « rondeur, rond », ce qui fait penser naturellement à la forme d'un camp.

21. — *Direxerat enim...* Hébreu : « Et Israël s'était mis en ordre de bataille ainsi que les Philistins, armée contre armée. »

23. — *Vir ille spurius.* V. ⅴ. 4. — *Ascendens.* Il remontait un peu la pente de la vallée pour s'approcher des Israélites campés sur la hauteur. — *Philisthæus.* Ce nom de Philistin a ici la valeur d'un nom propre ou d'un surnom. Goliath devait être souvent appelé le Philistin sans autre dénomination. — *De castris..* On a pensé que l'hébreu ממערות *mimmaaroth,* était une corruption pour ממערכות, *mimmaarcoth,* et c'est dans ce

24. Omnes autem Israelitæ, cum vidissent virum, fugerunt a facie ejus, timentes eum valde.
25. Et dixit unus quispiam de Israel : Num vidistis virum hunc qui ascendit? ad exprobrandum enim Israeli ascendit. Virum ergo qui percusserit eum, ditabit rex divitiis magnis, et filiam suam dabit ei, et domum patris ejus faciet absque tributo in Israel.
26. Et ait David ad viros qui stabant secum, dicens : Quid dabitur viro, qui percusserit Philisthæum hunc, et tulerit opprobrium de Israel? quis enim est hic Philisthæus incircumcisus, qui exprobravit acies Dei viventis?
27. Referebat autem ei populus eumdem sermonem, dicens : Hæc dabuntur viro, qui percusserit eum.
28. Quod cum audisset Eliab frater ejus major, loquente eo cum aliis, iratus est contra David, et ait : Quare venisti, et quare dereliquisti

24. Et tous les Israélites, lorsqu'ils virent cet homme, fuirent devant lui, le craignant beaucoup.
25. Et chacun des Israélites disait : Avez-vous vu cet homme qui est monté? Il est monté pour insulter Israël. Or, le roi enrichira de grandes richesses l'homme qui le frappera, et il lui donnera sa fille, et il exemptera de tout tribut en Israël la maison de son père.
26. Et David dit aux hommes qui étaient avec lui : Que donnera-t-on à l'homme qui frappera ce Philistin et délivrera de l'opprobre Israël? Car quel est ce Philistin incirconcis qui a insulté l'armée du Dieu d'Israël?
27. Et le peuple lui répétait la même parole disant : Voilà ce qu'on donnera à l'homme qui le frappera.
28. Lorsqu'Eliab, son frère aîné, l'entendit parler avec les autres, il s'irrita contre David et lui dit : Pourquoi es-tu venu, et pourquoi as-tu

---

sens que l'on a corrigé les éditions modernes, et adopté la leçon de la Vulgate et des Septante.

24. — *Fugerunt a facie ejus.* « Stabant Hebræi, dit S. Augustin, Domin. I post. Trin. serm. II, et pugnare cum adversariis non audebant. Quare non audebant? Quia David, qui Christi typum gerebat, nondum venerat. Verum est, fratres charissimi; quis enim contra diabolum pugnare poterat, antequam Christus Dominus genus humanum de potestate diaboli liberaret?... Ante adventum Christi, fratres charissimi, solutus erat diabolus; veniens Christus fecit de eo, quod in Evangelio dictum est, Matth., XII, 29 : *Nemo potest intrare in domum fortis, et vasa ejus diripere, nisi prius alligaverit fortem.* Venit ergo David, et invenit Judæorum populum contra diabolum præliantem; et cum nullus esset, qui præsumeret ad singulare certamen accedere, ille qui figuram Christi gerebat, processit ad prælium, tulit baculum in manu sua, et exiit contra Goliath. Et in illo quidem tunc figuratum est, quod in Domino Jesu Christo completum est. Venit enim verus David Christus, qui contra spiritualem Goliath, id est, contra diabolum pugnaturus, crucem suam ipse portavit. »

25. — *Ditabit rex...* Parce que ces promesses ne furent pas suivies d'exécution il n'en faudrait pas conclure que Saül ne les avait pas faites. Le ⅴ. 27 prouve bien qu'il ne s'agissait pas seulement d'une simple rumeur. Saül a bien pu, vu la mobilité de son caractère, changer plus tard d'avis et prétexter, pour se dispenser de remplir des promesses onéreuses, qu'elles ne concernaient pas expressément David.

26. — *Quid dabitur...* Ces paroles de David donnaient évidemment à entendre qu'il désirait non-seulement se mesurer avec le Philistin, mais aussi effacer l'opprobre d'Israël. C'est ce qu'indiquent les mots « quis enim est...? » — *Acies Dei viventis.* Il faut que Goliath apprenne qu'il a affaire non aux hommes, mais à Dieu et au Dieu vivant.

28. — *Quare venisti.* Hébreu : « Pourquoi es-tu descendu? » ce qui fait allusion à la position élevée de Bethléhem. Selon S. Augustin, serm. 197, « Frater autem senior qui David typum Christi gerentem per malitiam increpavit, significavit populum Judæorum, qui per invidiam Christo Domino, qui pro salute humani generis venerat, detraxerunt, et multis frequenter injuriis affecerunt. » — *Et quare...* Hébreu : « Et à qui...? » Eliab cherche à prendre David en faute et lui reproche de négliger ses devoirs. Toutes les

abandonné ces quelques brebis dans le désert? Je connais ton orgueil et la méchanceté de ton cœur; c'es pour voir le combat que tu es descendu.

29. Et David dit : Qu'ai-je fait? N'est-ce pas seulement une parole?

30. Et il s'écarta un peu de lui, vers un autre, et tint le même langage; et le peuple lui répondit la même parole qu'auparavant.

31. Or, les paroles que David disait furent entendues et répétées en présence de Saül.

32. Lorsqu'il eut été amené devant lui, David lui dit : Que personne n'ait le cœur défaillant à cause de lui, moi, votre serviteur, j'irai et je combattrai contre le Philistin.

33. Et Saül dit à David : Tu ne peux résister à ce Philistin, ni combattre contre lui, car tu es un enfant, et cet homme est un guerrier depuis sa jeunesse.

34. David dit à Saül : Votre serviteur paissait le troupeau de son père, et il venait un lion ou un ours et il emportait un bélier du milieu du troupeau;

pauculas oves illas in deserto? ego novi superbiam tuam, et nequitiam cordis tui; quia ut videres prælium, descendisti.

29. Et dixit Davit : Quid feci? numquid non verbum est?

30. Et declinavit paululum ab eo ad alium; dixitque eumdem sermonem. Et respondit ei populus verbum sicut prius.

31. Audita sunt autem verba, quæ locutus est David et annuntiata in conspectu Saul.

32. Ad quem cum fuisset adductus, locutus est ei : Non concidat cor cujusquam in eo : ego servus tuus vadam, et pugnabo adversus Philisthæum.

33. Et ait Saul ad David : Non vales resistere Philisthæo isti, nec pugnare adversus eum : quia puer es, hic autem vir bellator est ab adolescentia sua.

34. Dixitque David ad Saul : Pascebat servus tuus patris sui gregem, et veniebat leo, vel ursus, et tollebat arietem de medio gregis.

Eccli. 47, 3.

---

paroles qu'il lui adresse, respirent, dirait-on, la jalousie et la haine. — *Pauculas oves illas*. La perte d'une seule des brebis de ce petit troupeau eût fait un tort sensible à la famille. Eliab ne sait point élever ses pensées au niveau de celles de son frère et ne se préoccupe que des intérêts matériels. — *Ego novi superbiam tuam*. Selon Eliab, David n'aurait pas été content de son modeste sort et aurait désiré monter plus haut. — *Et nequitiam cordis tui*. C'est-à-dire, tu veux prendre ton plaisir à voir couler le sang. Les reproches qu'Eliab fait à David, il aurait pu se les adresser à lui-même, car ses paroles sont certainement empreintes d'orgueil et de méchanceté.

29. — *Numquid non verbum est?* N'était-il pas permis de prendre des informations? interprétation qui paraît préférable à cette autre : n'avais-je pas un ordre? car le sens de cette réponse eût été peu intelligible. On remarquera que le ton des paroles de David est aussi calme que ferme, et contraste singulièrement avec le langage peu mesuré d'Eliab. « Vide hujus prudentiam et mansuetudinem, dit S. Chrysostôme, hom. XLVI, in Genes. Nihil temerarium vel asperum iis loquitur, sed reprimens eorum flammam et demulcens invidiam, inquit : Numquid vidistis me arma arripere? »

32. — *In eo*. A cause du Philistin.

34. — *Et veniebat*. Il semblerait, d'après cet imparfait et les autres, que le lion et l'ours attaquaient assez fréquemment les troupeaux et que les faits racontés ici se sont plusieurs fois reproduits. Cependant dans l'hébreu les verbes sont au présent et il est au moins douteux qu'il faille les traduire par l'imparfait. Il s'agirait donc peut-être d'une seule rencontre avec le lion et l'ours, ou plutôt de deux, car il n'est pas probable qu'ils aient attaqué le troupeau de David tous deux ensemble. — *Vel ursus*. L'ours devait paraître aux Hébreux plus redoutable que le lion; aussi

35. Et persequebar eos, et percutiebam, eruebamque de ore eorum; et illi consurgebant adversum me, et apprehendebam mentum eorum, et suffocabam, interficiebamque eos.

36. Nam et leonem et ursum interfeci ego servus tuus; erit igitur et Philisthæus hic incircumcisus, quasi unus ex eis. Nunc vadam, et auferam opprobrium populi; quoniam quis est iste Philisthæus incircumcisus, qui ausus est maledicere exercitui Dei viventis?

37. Et ait David: Dominus qui eripuit me de manu leonis, et de manu ursi, ipse me liberabit de manu Philisthæi hujus. Dixit autem Saul ad David: Vade, et Dominus tecum sit.

38. Et induit Saul David vestimentis suis, et imposuit galeam æream super caput ejus, et vestivit eum lorica.

39. Accinctus ergo David gladio ejus super vestem suam, cœpit tentare si armatus posset incedere; non enim habebat consuetudinem. Dixitque David ad Saul: Non possum sic incedere quia non usum habeo. Et deposuit ea,

40. Et tulit baculum suum, quem

35. Et je les poursuivais et les frappais et l'arrachais de leur gueule; et ils se levaient contre moi, et je les saisissais à la gorge, et je les suffoquais, et je les tuais.

36. Car moi, ton serviteur, j'ai tué le lion et l'ours, et ce Philistin inconcircis sera donc comme un d'entre eux. Maintenant j'irai et j'enlèverai l'opprobre du peuple, car quel est ce Philistin incirconcis qui a osé maudire l'armée du Dieu vivant?

37. Et David dit: Le Seigneur qui m'a délivré de la main du lion, et de la main de l'ours, me délivrera lui-même de la main de ce Philistin. Et Saül dit à David: Va, et que le Seigneur soit avec toi.

38. Et Saül revêtit David de ses vêtements, et plaça un casque d'airain sur sa tête, et le revêtit d'une cuirasse.

39. David donc, ceint d'un glaive sur son vêtement, commença à essayer s'il pouvait marcher avec ces armes, car il n'en avait pas l'habitude. Et David dit à Saül: Je ne puis marcher ainsi, parce que je n'en ai pas l'habitude. Et il les déposa.

40. Et il prit son bâton qu'il avait

---

faut-il voir ici une sorte de gradation, et c'est pourquoi il faudrait traduire: « et même l'ours. »

36. — *Nam et leonem et ursum...* « David id est Christus, dit S. Augustin, serm. CXCVII, tum leonem et ursum strangulavit, quando ad inferna descendens omnes de eorum faucibus liberavit. Denique audi prophetam ex persona Domini supplicantem: Erue a framea animam meam et de manu canis unicam meam; libera me ex ore leonis. Et quia ursus in manu fortitudinem habet, et leo in ore, in istis duabus bestiis idem diabolus figuratus est. » — *Qui ausus est maledicere...* C'est une des raisons qui inspirent de la confiance à David.

37. — *Dominus qui eripuit me...* David espère que Dieu l'assistera, et c'est là le principe même de sa confiance.

38. — *Vestimentis suis.* C'étaient sans doute des vêtements qui allaient avec l'armure et autour desquels on ceignait l'épée.

39. — *Non enim habebat consuetudinem.* Hébreu: « Car il n'avait pas essayé. » On peut trouver cette réflexion étrange, après avoir vu que Saül avait fait David son écuyer. Mais si David était écuyer de Saül, il ne s'en suit pas qu'il se fût illustré déjà par ses exploits guerriers, et qu'il eût réellement, avant cette guerre, rempli les fonctions de sa charge qui pouvait bien être simplement honoraire. D'ailleurs, si Joab avait dix écuyers, II Rois, VIII, 15, Saül aussi devait en avoir d'autres et de plus expérimentés. Enfin, il n'est pas dit au ch. XVI, que Saül, dès le commencement, prit formellement, effectivement et d'une manière stable, David à son service, mais seulement qu'il demanda à Isaï de le mettre à sa disposition, ibid. ⁊. 22. Rien ne s'oppose donc à ce que David fût retourné chez son père, après que les fureurs de Saül eurent cessé.

40. — *Et fundam manu tulit.* En faisant son métier de pasteur, David avait eu le temps

toujours à la main, et il se choisit cinq cailloux du torrent très lisses et les mit dans la besace de berger qu'il portait avec lui, et il prit sa fronde à la main et marcha contre le Philistin.

41. Or, le Philistin allait s'avançant et s'approchant de David, et son écuyer était devant lui.

42. Et lorsque le Philistin eut regardé et qu'il eut vu David, il le méprisa, car c'était un jeune homme roux et beau de visage

43. Et le Philistin dit à David : Est-ce que je suis un chien, que tu viens à moi avec un bâton? Et le Philistin maudit David par ses Dieux.

44. Et il dit à David : Viens à moi et je donnerai ta chair aux oiseaux du ciel et aux bêtes de la terre.

45. Et David dit au Philistin : Tu viens à moi avec un glaive et une lance et un bouclier, et moi je viens à toi au nom du Seigneur des armées, du Dieu des troupes d'Israël que tu as insultées

46. Aujourd'hui ; et le Seigneur te livrera à mes mains et je te frap-

semper habebat in manibus; et elegit sibi quinque limpidissimos lapides de torrente, et misit eos in peram pastoralem, quam habebat secum, et fundam manu tulit; et processit adversum Philisthæum.

41. Ibat autem Philisthæus incedens, et appropinquans adversum David, et armiger ejus ante eum.

42. Cumque inspexisset Philisthæus, et vidisset David, despexit eum. Erat enim adolescens, rufus, et pulcher aspectu.

43. Et dixit Philisthæus ad David: Numquid ego canis sum, quod tu venis ad me cum baculo? Et maledixit Philisthæus David in diis suis.

44. Dixitque ad David : Veni ad me, et dabo carnes tuas volatilibus cœli et bestiis terræ.

45. Dixit autem David ad Philisthæum : Tu venis ad me cum gladio, et hasta, et clypeo; ego autem venio ad te in nomine Domini exercituum, Dei agminum Israel, quibus exprobrasti

46. Hodie, et dabit te Dominus in manu mea et percutiam te, et aufe-

---

et l'occasion de s'exercer et pouvait avoir acquis l'habileté des Benjaminites, V. Jug. xx, 16. Toutefois nous ne voulons pas dire que Dieu ne dirigea pas son bras et ne lui prêta pas une assistance efficace. — *Et processit*. Selon S. Augustin, serm. cxcvii, David est ici la figure du Christ. « David gessit typum Christi. Quis enim contra Goliath, id est diabolum, pugnare poterat, antequam Christus Dominus genus humanum de potestate diaboli liberaret?... Quadraginta dies... vitam præsentem significat, in qua contra Goliath et exercitum ejus, id est, contra diabolum et angelos ejus, Christianorum populus pugnare non desinit. Nec tamen vincere posset, nisi verus David, Christus, cum baculo, id est, cum crucis mysterio, descendisset... David tulit baculum, Christus portat crucem.

41. — *Despexit eum*. Lorsque Goliath fut assez près de David pour pouvoir le distinguer plus facilement, il le méprisa, car au lieu de voir en lui un héros, il ne vit qu'un jeune homme en qui rien n'annonçait la force. Ici encore David est la figure de Jésus-Christ,

« Gerebat enim (David) typum ejus, dit S. Amb., serm. xvii, in Ps. cxviii, qui quasi despectus venturus esset in terras, et sine legato, sine adjutore, sine nuntio totum populum mundi hujus crucis suæ prælio liberaret; cui applauderent animæ sanctorum per baptismatis Sacramentum renovatæ, quod verum illum Goliam revelatum nobis ac proditum, verbi sui gladio trucidasset. »

43. — *In diis suis*. En se servant du nom de ses dieux dans ses imprécations contre David. Hébreu : « Par son Dieu », c'est-à-dire en employant le nom de Jéhovah. Par conséquent Goliath aurait maudit à la fois David et son Dieu.

44. — *Veni ad me*... C'est ainsi que se menacent les héros dans Homère, Ib. xiii, 34 et suiv.

45. — *Dei agminum Israel*. Cette expression ne doit pas être synonyme de *Dieu des armées*, mais indique que Dieu est le véritable chef des armées d'Israël, que les Israélites combattent en son nom et dans la force de celui qui est le chef de la milice céleste.

ram caput tuum a te ; et dabo cadavera castrorum Philisthiim hodie volatilibus cœli et bestiis terræ; ut sciat omnis terra, quia est Deus in Israel.

47. Et noverit universa ecclesia hæc, quia non in gladio, nec in hasta salvat Dominus; ipsius enim est bellum, et tradet vos in manus nostras.

48. Cum ergo surrexisset Philisthæus, et veniret, et appropinquaret contra David, festinavit David, et cucurrit ad pugnam, ex adverso Philisthæi.

49. Et misit manum suam in peram, tulitque unum lapidem, et funda jecit, et circumducens percussit Philisthæum in fronte; et infixus est lapis in fronte ejus, et cecidit in faciem suam super terram.

50. Prævaluitque David adversum Philisthæum in funda et lapide, percussumque Philisthæum interfecit. Cumque gladium non haberet in manu David,

Eccli. 47, 4; I Mach. 4, 30.

51. Cucurrit, et stetit super Philisthæum, et tulit gladium ejus, et eduxit eum de vagina sua, et interfecit eum ; præciditque caput ejus.

perai et je t'arracherai la tête, et je donnerai aujourd'hui les cadavres du camp des Philistins aux oiseaux du ciel et aux bêtes de la terre, afin que toute la terre sache qu'il y a un Dieu en Israël,

47. Et que toute cette assemblée reconnaisse que Dieu ne sauve point par le glaive ni par la lance, car la guerre est à lui et il vous livrera entre nos mains.

48. Lorsque le Philistin se fut levé et fut venu et se fut avancé vers David, David se hâta et courut au combat contre le Philistin.

49. Et il mit sa main dans la besace et prit une pierre, et la lança avec la fronde et, la fesant tournoyer, frappa le Philistin au front. Et la pierre s'enfonça dans son front et il tomba la face contre terre

50. Et David triompha du Philistin avec une fronde et une pierre, et il frappa le Philistin et le tua. Et comme David n'avait pas de glaive à la main,

51. Il courut et se jeta sur le Philistin et prit son glaive et le tira de son fourreau, et il le tua et il trancha sa tête. Et les Philistins,

---

46. — *Quia est Deus in Israel.* Israël a un Dieu qui punit ceux qui le méprisent et qui méprisent son peuple.

47. — *Ipsius enim est bellum.* Il est le maître de la guerre, et c'est de lui que dépend le succès.

48. — *Festinavit David.* Ce détail fait ressortir davantage le courage de David. On remarquera d'ailleurs que la scène est habilement représentée et que le récit ne manque ni de vivacité ni de couleur.

49. — *In fronte.* L'addition des Septante διὰ τῆς περικεφαλαίος « au travers du casque », est une explication superflue. On peut d'ailleurs supposer que Goliath, se croyant sûr de la victoire, ne prit pas même la peine de se protéger la figure et le front. « Quod David prostravit Goliam, dit S. Augustin, in Psal., LXIII, conc., 1, Christus est qui diabolum occidit. Quid est autem Christus qui diabolum occidit? humilitas occidit superbiam... Viam enim nobis fecit per humilitatem, quia per superbiam recesseramus a Deo, redire ad Deum nisi per humilitatem non poteramus, et quem nobis præponeremus ad imitandum non habebamus. » Ailleurs, serm. CXCVII, de Temp., le même Père voit le Christ dans la pierre qui frappa Goliath : « Sicut enim baculus crucis typum habet, ita etiam et lapis ille de quo percussus est (Goliath), Christum Dominum figurabat. Ipse est enim lapis vivus, de qua scriptum est : Lapidem quem reprobaverunt ædificantes, hic factus est in caput anguli. »

50. — *Eumque gladium...* Hébreu : « Et il n'avait pas dans la main... », ce qui alors fait suite à ce qui précède et continue l'idée commencée. C'est comme si l'on disait : Sans avoir d'épée à la main.

51. — *Et tulit gladium ejus.* « Quod David non habens gladium ascendit super Goliath,

voyant que le plus fort d'entre eux était mort, prirent la fuite.

52. Et les hommes d'Israël et de Juda se levèrent et poussèrent de grands cris et poursuivirent les Philistins jusqu'à ce qu'ils furent venus dans la vallée et jusqu'aux portes d'Accaron; et les Philistins tombèrent blessés dans le chemin de Saraïm et jusqu'à Geth et jusqu'à Accaron.

53. Et après qu'ils eurent poursuivi les Philistins, les Israélites, revenant, envahirent leur camp.

54. Et David prenant la tête du Philistin, la porta à Jérusalem, mais il plaça ses armes dans sa tente.

Videntes autem Philisthiim, quod mortuus esset fortissimus eorum, fugerunt.

52. Et consurgentes viri Israel et Juda vociferati sunt, et persecuti sunt Philisthæos usque dum venirent in vallem, et usque ad portas Accaron, cecideruntque vulnerati de Philisthiim in via Saraim, et usque ad Geth, et usque ad Accaron.

53. Et revertentes filii Israel, postquam persecuti fuerant Philisthæos, invaserunt castra eorum.

54. Assumens autem David caput Philisthæi, attulit illud in Jerusalem; arma vero ejus posuit in tabernaculo suo.

---

et eum proprio interfecit gladio, designatum est quod in adventu Christi, suo gladio diabolus victus est, qui per nequitiam suam et injustam persecutionem, quam exercuit in Christum, omnium in eum credentium perdidit principatum. »

52. — *In vallem.* On ne comprend pas bien qu'elle peut être cette vallée. En tout cas, il ne s'agit pas de celle qui séparait les deux armées, car l'article manque dans l'hébreu et il n'est nullement vraisemblable que les Philistins eussent gagné la hauteur qui leur faisait face. On suppose donc qu'il y a là une faute de copiste et que au lieu de גיא *gaïe*, il faudrait lire גת *Geth*, ce que la fin du verset rend tout à fait probable. C'est ainsi d'ailleurs que les Septante ont lu et traduit. Quant à Josèphe, il dit que les Israélites poursuivirent leurs ennemis jusqu'aux frontières de Geth et aux portes d'Ascalon, διώχουσιν ἄχρι τῶν Γίττης ὁρίων καὶ τῶν πυλῶν τῶν Ἀσκάλωνος. Ant. J. l. VI, c. IX, § 5. Mais il a certainement fait erreur au sujet d'Ascalon. — *In via Saraim.* La ville de Saraïm était dans la pleine de Juda. V. Jos. XV, 37. Les Philistins s'enfuirent d'abord jusque là en suivant la vallée, c'est-à-dire l'Oued Soueinit; puis ils se divisèrent, et les uns se dirigèrent du côté de Geth, les autres du côté d'Accaron. Les Septante ont traduit בדרך שערים, *bédérke Schaaraïm*, par ἐν τῇ ὁδῷ τῶν πυλῶν « sur le chemin des portes. Mais outre le manque de l'article en hébreu, la répétition de ועד, *vead* « et usque » ועד.... ne permet pas d'adopter cette interprétation.

54. — *In Jerusalem.* La citadelle de Jérusalem était au pouvoir des Jébuséens, II Rois, V, 6, mais la ville elle-même appartenait aux Israélites, Jos., XV, 63; Jug., Jug. I, 24. Il n'est pas même certain qu'elle portât déjà le nom de Jérusalem qui peut avoir été mis ici par anticipation. De même l'historien ne nous dit pas à quelle époque David transporta la tête de Goliath à Jérusalem et l'on n'est pas forcé d'admettre que ce fut immédiatement après sa victoire. Si ce récit est de Samuel lui-même, on peut supposer que plus tard on l'a complété, afin de réunir tout ce qui concernait l'exploit de David. — *In tabernaculo.* Il n'est pas dit que David garda les armes de Goliath dans sa maison, car nous voyons plus loin XXI, 9, que l'épée du géant était conservée à Nob, dans le tabernacle, où David l'avait sans doute déposée pour rendre hommage à Dieu de la victoire qu'il avait remportée. Mais pour dire, comme le fait Ed. Reuss, qu'il y a une contradiction évidente entre notre passage et celui que nous avons cité, XXI, 9, il faut avoir le désir bien arrêté de trouver l'auteur en défaut. C'est un procédé contraire à toutes les règles de la critique que de chercher à plaisir à relever des contradictions au lieu de s'étudier à les faire disparaître, lorsque la chose est possible. Enfin s'il est dit au ch. suivant, ✝. 2, que Saül ne permit plus à David de retourner chez son père, on doit entendre qu'il ne lui permit plus de longues absences comme auparavant, ce qui n'exclut pas de courtes visites.

CHAPITRE XVII

55. Eo autem tempore, quo viderat Saul David egredientem contra Philisthæum, ait ad Abner principem militiæ : De qua stirpe descendit hic adolescens, Abner? dixitque Abner : Vivit anima tua, rex, si novi.

56. Et ait rex : Interroga tu, cujus filius sit iste puer.

57. Cumque regressus esset David, percusso Philisthæo, tulit eum Abner, et introduxit coram Saule, caput Philisthæi habentem in manu.

58. Et ait ad eum Saul : De qua progenie es, o adolescens? Dixitque David : Filius servi tui Isai Bethlehemitæ ego sum.

55. Or, au moment où Saül vit David marcher contre le Philistin, il dit à Abner, prince de la milice : De quelle famille descend ce jeune homme, Abner? Et Abner dit : Vrai comme vit votre âme, roi, je ne le sais pas.

56. Et le roi lui dit : Demande, toi, de qui ce jeune homme est fils.

57. Et lorsque David fut revenu, après avoir frappé le Philistin, Abner le prit et l'introduisit devant Saül, tenant à la main la tête du Philistin.

68. Et Saül lui dit : Jeune homme, de quelle famille es-tu ? Et David lui dit : Je suis le fils de votre serviteur Isaï de Bethléhem.

C. David à la cour de Saül; son amitié avec Jonathas; Saül prend David en haine et attente à sa vie, XVII, 55-XVIII, 30.

55. — *De qua stirpe descendit...* Hébreu : « De qui est fils ce jeune homme ? » On se demande pourquoi Saül fait cette question, puisqu'il savait bien que David était fils d'Isaï, V. XVI, 18, 22. Toutefois l'intention de Saül était-elle bien d'apprendre simplement le nom du père du héros? et ne pourrait-on pas interpréter ainsi : Quel homme est donc le père de ce jeune homme qui a eu le courage...? ou encore : De quelle race descend ce jeune homme...? A la vérité David se contente de répondre : « Filius servi tui... »; mais on peut supposer que Saül l'entretint plus au long sur sa famille, comme on peut le conclure d'après ces paroles : « et factum est cum complesset loqui » XVIII, 1. Enfin, il se peut très bien que Saül n'eût vu que quelques fois David, car il n'est pas dit XVI, 21 et suiv., que celui-ci resta longtemps à la cour et d'une manière continue; il avait donc pu l'oublier de manière à ne pas le reconnaître. De quelque façon que l'on résolve la difficulté, il n'en est pas moins inadmissible que l'historien ou *le rédacteur*, comme le désignent les hypercritiques, se soit grossièrement contredit à quelques pages de distance.

CHAPITRE XVIII

Depuis le jour où Saül s'attacha définitivement à David, Jonathas et David se lièrent d'amitié, et firent entre eux un pacte (ϒϒ. 1-4). — David se conduisit d'ailleurs avec prudence dans ses entreprises, et Saül le mit à la tête de ses guerriers (ϒ. 4). — Toutefois au retour de la guerre, Saül fut irrité des louanges qui furent décernées à David, et, depuis ce jour, ne le vit plus d'un œil favorable (ϒϒ. 6-9). — Quelque temps après, il essaya même d'attenter à sa vie, mais sans succès (ϒϒ. 10-11). — Voyant alors que le Seigneur était avec David, il l'éloigna de lui en lui donnant la charge de tribun, et David se conduisit en tout avec prudence (ϒϒ. 12-14). — Saül commença alors à le redouter, tandis que tout le peuple lui était favorable, et il lui promit sa fille ainée, s'il continuait à être vaillant, parce qu'il espérait qu'il succomberait sous les coups des Philistins, car plus tard il la donna à un autre (ϒϒ. 15-19). — Or, Michol, autre fille de Saül, aima David, et Saül, conjurant la perte de ce dernier, lui promit de le prendre pour gendre, s'il lui apportait cent prépuces de Philistins, comptant qu'il périrait certainement (ϒϒ. 20-25). — La proposition plut à David qui peu après tua deux cents Philistins, et Saül lui donna Michol (ϒϒ. 26-27). — Saül vit donc que le Seigneur était avec David, et il commença à le craindre, et il fut son ennemi jusqu'à la fin (ϒϒ. 28-29). — Sur ces entrefaites, les Philistins s'étant mis en campagne, David se conduisit avec prudence, et son nom devint célèbre (ϒ. 30).

1. Et il arriva que lorsqu'il eut achevé de parler à Saül, l'âme de Jonathas fut agglutinée à celle de David et Jonathas l'aima comme son âme.

2. Et Saül le prit ce jour-là et ne lui permit pas de retourner dans la maison de son père.

3. Et David et Jonathas contractèrent alliance, car il l'aimait comme son âme.

4. Car Jonathas se dépouilla de la tunique dont il était revêtu et la donna à David, ainsi que ses autres vêtements, jusqu'à son glaive et à son arc, et jusqu'à son baudrier.

1. Et factum est cum complesset loqui ad Saul, anima Jonathæ conglutinata est animæ David, et dilexit eum Jonathas quasi animam suam.

2. Tulitque eum Saul in die illa, et non concessit ei ut reverteretur in domum patris sui.

3. Inierunt autem David et Jonathas fœdus ; diligebat enim eum quasi animam suam.

4. Nam expoliavit se Jonathas tunica, qua erat indutus, et dedit eam David, et reliqua vestimenta sua, usque ad gladium et arcum suum, et usque ad balteum.

---

1. — *Anima Jonathæ...* L'auteur a eu particulièrement en vue de faire ressortir l'amitié de Jonathas et de David, puisqu'il en parle avant de dire que Saül s'attacha le héros définitivement, et qu'il y revient ensuite avec plus de détails. On peut comparer à cette amitié célèbre celle de S. Basile et de S. Grégoire de Nazianze : « Una utrique anima, dit ce dernier, orat. 20 in fun. S. Basil, videbatur duo corpora ferens. Quod si minor fides iis habenda est, qui omnia in omnibus posita esse dicent : at nobis certe credendum est, quod uterque in altero, et apud alterum positi eramus. »

2. — *Tulitque eum.* C'est-à-dire, le prit à son service, ce qui ne veut pas dire que ce fut immédiatement au sortir de cette audience. — *Et non concessit ei...* Ne lui permit plus de longues absences comme auparavant.

4. — *Nam expoliavit se...* Jonathas veut donner à David un gage de son amitié et lui prouver qu'il n'a contre lui aucune jalousie. Si l'initiative vient de Jonathas, c'est grâce à sa situation de fils de roi ; il était dans la nature qu'il dût faire les avances à celui qui jusque là n'avait été qu'un simple berger. On peut comparer dans Homère, Il. vi, 230, l'échange que firent de leurs armes Glaucus et Diomède. On peut en conclure que cet usage était alors généralement répandu. — *Tunica*.

5. Egrediebatur quoque David ad omnia quæcumque misisset eum Saul, et prudenter se agebat, posuitque eum Saul super viros belli, et acceptus erat in oculis universi populi, maximeque in conspectu famulorum Saul.

6. Porro cum reverteretur percusso Philisthæo David, egressæ sunt mulieres de universis urbibus Israel, cantantes, chorosque ducentes in occursum Saul regis, in tympanis lætitiæ, et in sistris.

7. Et præcinebant mulieres ludentes, atque dicentes : Percussit Saul mille, et David decem millia.

Eccli. 47, 7.

8. Iratus est autem Saul nimis, et displicuit in oculis ejus sermo iste; dixitque : Dederunt David decem millia, et mihi mille dederunt ; quid ei superest, nisi solum regnum?

9. Non rectis ergo oculis Saul

5. Et David allait partout où Saül l'envoyait, et se conduisait prudemment. Et David le mit à la tête des hommes de guerre, et il était bien accueilli aux yeux de tout le peuple et surtout aux yeux des serviteurs de Saül.

6. Or, lorsque David revint, après avoir tué le Philistin, les femmes de toutes les villes d'Israël sortirent en chantant, et en conduisant des chœurs au-devant du roi Saül, avec des tambours de réjouissance et des sistres.

7. Et les femmes chantaient et jouaient et disaient : Saül en a tué mille, et David dix mille.

8. Or, Saül s'irrita beaucoup et cette parole déplut à ses yeux. Et il dit : Elles ont donné à David dix mille, et à moi elles ont donné mille. Que lui reste-t-il, sinon de régner?

9. Depuis ce jour-là et désormais,

L'hébreu מְעִיל, *mehil*, signifie proprement manteau.

5. — *Egrediebatur...* C'est-à-dire, entreprenait des expéditions guerrières, comme le prouve l'emploi qui lui fut donné. — *Posuitque eum...* Saül l'investit définitivement d'un commandement dans son armée. — *Maximeque in conspectu...* David savait si bien gagner les cœurs, qu'il s'attacha même les courtisans et n'excita point leur envie.

6. — *Porro cum revertebatur percusso Philisthæo.* Ce passage ne se trouve pas dans les Septante, non plus que les ȳ. 9, 10 et 11. Mais on n'est pas en droit d'en conclure, avec certains auteurs, que toute la partie qui s'étend du ȳ. 6 au ȳ. 13 inclusivement, est d'un autre auteur et provient d'une autre source, car les contradictions que l'on a cru y relever ne sont qu'apparentes, comme nous le verrons plus loin. David revint en même temps que l'armée, après que la guerre eut pris fin; s'il est seul mentionné, c'est que la défaite de Goliath eut une influence décisive sur le résultat de la campagne dont l'heureux succès pouvait à bon droit lui être attribué. — *In tympanis lætitiæ.* Hébreu : « avec des tambours, avec la joie. » On doit entendre par là que les chants de triomphe se mêlaient aux instruments. — *Et in sistris.* Le mot hébreu שָׁלִשִׁים, *schalischim*, dérivé de שָׁלֹש,

schalosch, « trois », doit désigner soit un triangle, soit un instrument à trois cordes. Les Septante ont traduit : ἐν κυμβάλοις « avec des cymbales. »

7. — *Percussit Saül...* C'était probablement le refrain d'un hymne que les femmes chantaient en chœur en alternant, comme dans l'Exode, xv, 21. V. infr. xxi, 11 et Eccli. XLVII, 7. — *Et David decem millia.* La défaite de Goliath avait entraîné la fuite et la destruction de l'armée des Philistins. Rupert l. II, in lib. Reg. c. vi, dit à cette occasion : « David, id est Christus, maledicti hostis (peccati et diaboli), caput amputavit, id est, principatum abstulit, et exinde resurgens ex mortuis in Hierusalem cœlestem victor ascendit. Hoc audito excitatæ per fidem occurrunt animæ nostræ victori publice et privatim cantantes et ducentes choros lætitiæ. Quid canimus? quid confitemur? Percussit Saul mille et David decem millia in millibus suis, id est, universitatem peccati destruxit in suis virtutibus : suis, inquam, quia non aliunde petitis. »

8. — *Quid ei superest...* Saül commence à soupçonner que son trône passera à ce jeune homme que la multitude acclame avec tant d'enthousiasme.

9. — *Non rectis ergo oculis...* C'est-à-dire Saül, depuis ce jour, vit David d'un mauvais

Saül ne voyait pas David de bon œil.

10. Et après un autre jour, l'esprit mauvais envoyé de Dieu envahit Saül, et il prophétisait, au milieu de sa maison. Or, David de sa main touchait la harpe, comme tous les autres jours, et Saül tenait sa lance.

11. Et il l'envoya, croyant qu'il pourrait transpercer David et le mur. Mais David se détourna de sa face une seconde fois.

12. Et Saül craignit David, parce que le Seigneur était avec lui et s'était retiré de lui-même.

13. Saül l'éloigna donc de soi et le fit tribun, chef de mille hommes;

aspiciebat David a die illa, et deinceps.

10. Post diem autem alteram, invasit spiritus Dei malus Saul, et prophetabat in medio domus suæ : David autem psallebat manu sua, sicut per singulos dies; tenebatque Saul lanceam.

11. Et misit eam, putans quod configere posset David cum pariete; et declinavit David a facie ejus secundo.

12. Et timuit Saul David, eo quod Dominus esset cum eo, et a se recessisset.

13. Amovit ergo eum Saul a se, et fecit eum tribunum super mille vi-

---

œil, le regarda de travers, comme nous dirions. Ce que nous lisons dans ce verset et le suivant paraît être en contradiction avec les ʏʏ. 2 et 5. En effet, puisque Saül, dès les premiers jours, se trouva mal disposé pour David, on ne comprend pas comment il a voulu l'attacher à son service et comment il lui confia plusieurs missions et lui conféra un commandement. Toutefois, il est bon de remarquer, en premier lieu, que les faits racontés dans les ʏʏ. 2 à 5 et 6 à 11 n'ont pas eu entre eux l'enchaînement que leur donne le récit ; et secondement que l'ordre chronologique n'a pas été rigoureusement suivi. Ainsi on peut donc admettre que Saül prit David à son service avant la fin de la guerre et que la fête pendant laquelle s'éveilla la jalousie de Saül n'eut lieu tout naturellement qu'après la fin de la campagne. Nous ne savons pas combien de temps la guerre a duré; mais, comme les Israélites poursuivirent les Philistins jusqu'à Geth et Accaron, puis revinrent piller le camp ennemi, xvII, 52 et suiv., il en résulte qu'il dut s'écouler plusieurs jours, sinon plusieurs semaines, entre la mort de Goliath et le retour de l'armée dans ses foyers. D'autre part, l'ordre chronologique n'ayant pas été rigoureusement suivi, il en résulte nécessairement quelque confusion. Ce qu'on peut supposer, c'est que les conséquences des faits ont été rattachées aux faits eux-mêmes, bien qu'elles aient duré plus longtemps. Par exemple, Saül a bien pu confier plusieurs missions à David ʏ. 5, pendant la durée même de la guerre et continuer à user de ses services, même après que la jalousie se fût emparée de son cœur. En suivant cet ordre d'idées on est conduit à admettre que le ʏ. 5 contient des réflexions générales destinées à dépeindre un des côtés de la situation de David par rapport à Saül, et que, à partir du ʏ. 6 jusqu'au ʏ. 11, on nous met au courant de certaines particularités qui ont été également la conséquence du triomphe de David.

10. — *Et prophetabat.* Sous l'influence du mauvais esprit, Saül devait se trouver dans un état qui a quelque ressemblance avec celui du prophète au moment où il est sous le coup de l'inspiration. Il s'agit donc, sinon d'actes de fureur, ce que l'auteur aurait difficilement pu caractériser par le verbe *prophétiser*, mais tout au moins d'actes de folie plus ou moins caractérisée, d'une surexcitation peu ordinaire. — *Tenebatque Saul...* Saül tenait sans doute sa lance ou son javelot en guise de sceptre.

11. — *Et misit eam.* Il est possible qu'il ait fait seulement le geste de lancer son arme, qu'il se soit contenté de l'étendre du côté de David sans qu'elle quittât sa main. Le fait n'étant pas raconté comme plus loin xix, 10, où il est dit que la lance atteignit le mur, il est à bon droit permis de supposer qu'il ne s'est pas passé de la même manière. Autrement, d'ailleurs, on ne comprendrait pas le *secundo*, en hébreu *deux fois*, si, dès la première fois, Saül eût lancé son arme. Enfin on peut encore ajouter que les mots *putans quod configere posset...* viennent à l'appui de notre opinion.

13. — *Amovit ergo eum...* Si David, après cet attentat, ne s'éloigna pas de son propre mouvement, c'est sans doute parce qu'il vit là un accès de furie passagère et qu'il ne voulait pas abandonner le poste où Dieu l'avait placé avant d'être convaincu que Saül avait l'intention formelle et bien arrêtée de

CHAPITRE XVIII

ros; et egrediebatur, et intrabat in conspectu populi.

14. In omnibus quoque viis suis David prudenter agebat, et Dominus erat cum eo.

Sap. 16, 13.

15. Vidit itaque Saul quod prudens esset nimis, et cœpit cavere eum.

16. Omnis autem Israel et Juda diligebat David; ipse enim ingrediebatur et egrediebatur ante eos.

17. Dixitque Saul ad David : Ecce filia mea major Merob, ipsam dabo tibi uxorem; tantummodo esto vir fortis, et præliare bella Domini. Saul autem reputabat, dicens : Non sit manus mea in eum, sed sit super eum manus Philisthinorum.

Infr. 25, 28.

18. Ait autem David ad Saul : Quis ego sum, aut quæ est vita mea, aut cognatio patris mei in Israel, ut fiam gener regis?

et il sortait, et il entrait en présence du peuple.

14. Et, dans toutes ses voies, David agissait prudemment et le Seigneur était avec lui.

15. Et Saül vit qu'il était très prudent et il commença à se défier de lui.

16. Mais tout Israël et tout Juda aimaient David, car il entrait, et sortait devant eux.

17. Et Saül dit à David : Voilà ma fille aînée, Mérob, je te la donnerai pour femme, seulement sois un homme vaillant et combats les guerres du Seigneur. Et Saül en lui-même disait : Que ma main ne soit pas sur lui, mais que sur lui soit la main des Philistins.

18. Et David dit à Saül : Qui suis-je, et quelle est ma vie, et la famille de mon père en Isrrël pour que je devienne gendre du roi?

---

le faire périr, V. xix, 4. — *Et egrediebatur et intrabat*. Il s'agit d'expéditions guerrières que David entreprit à la tête de ses gens.

15. — *Et cœpit cavere eum*. Les succès de David ne firent qu'accroître les craintes de Saül, parce qu'il comprenait de plus en plus qu'il était rejeté.

17. — *Ipsam dabo tibi uxorem*. Le peuple étant favorable à David, Saül se crut obligé de remplir la promesse qu'il avait faite précédemment, mais il voulut profiter de l'occasion pour perdre celui qu'il regardait comme son rival. — *Tantummodo cito...* La condition essentielle avait été remplie; il ne s'agit donc ici que d'un engagement que Saül veut imposer à David en lui faisant l'honneur de l'accepter pour gendre. On peut même trouver qu'il abuse de sa situation et qu'il outrepasse ses droits. — *Et præliare bella Domini*. Les guerres du Seigneur, ce sont les guerres contre les Philistins pour la défense du royaume de Dieu en Israël. C'est ainsi que Saül cache ses véritables desseins sous une apparence de zèle pour la gloire du Seigneur. Il pouvait espérer de donner facilement le change à David et c'est ce qui arriva, si nous nous contentons d'en juger d'après les faits. Cependant nous sommes très porté à croire que David ne fut point dupe, mais qu'il se conduisit comme s'il n'avait rien soupçonné.

Fort de sa foi et de sa confiance en Dieu, et poussé par un instinct surnaturel, il n'hésita pas à s'exposer au danger, persuadé qu'il sortirait vainqueur de toutes ses entreprises. — *Non sit manus mea...* Saül, ayant recouvré son bon sens, mais non revenu à de meilleurs sentiments, se décide à ne pas renouveler la tentative qu'il avait faite précédemment et à recourir à la ruse et à l'hypocrisie.

18. — *Quis ego sum...* La simplicité et la modestie de David contrastent grandement avec la conduite de son ennemi. S. Chrysostôme, interprétant ces mêmes paroles, s'exprime ainsi : « Quis sum ego, Domine mi, quod talem gratiam invenerim ante faciem tuam ? Ego enim minimus fui in tribu mea et elegisti me ex omnibus et assumpsisti me. Videte quomodo subjunxit humilitati innocentiam, ut cum esset homo, diceret : elegisti me ex ovibus... Quod dixit : Minimus fui in tribu mea, significabat perfectam Domini humilitatem in mundum venientis, qui formam non ingenui, sed servi assumere voluit. Quid humilius servo? Tamen hoc Dominus esse dignatus est, ut ex servis liberos faceret, ut servitus ipsius nobis ingenuitatem donaret. Hoc significabat quod dixit : Minimus fui in tribu mea. Eia, nunc erigite mentes, genus electum, et nolite esse pigri, neque superbi. » — *Aut quæ est vita mea*. C'est-à-dire, quelle est ma

19. Or, le temps vint où Mérob, fille de Saül, devait être donnée à David; elle fut donnée à Hadriel le Molathite.

20. Mais Michol, l'autre fille de Saül, aima David. On l'annonça à Saül, et il en fut content.

21. Et Saül dit : Je la lui donnerai afin qu'elle soit pour une cause de ruine et que la main des Philistins soit sur lui. Et Saül dit à David : Pour deux choses, tu seras mon gendre aujourd'hui.

22. Et Saül donna cet ordre à ses serviteurs : Parlez en secret à David et dites-lui : Voilà que tu plais au roi et tous ses serviteurs t'aiment. Maintenant donc, sois le gendre du roi.

23. Et les serviteurs de Saul dirent toutes ces paroles à l'oreille de David. Et David dit : Est-ce qu'être le gendre du roi vous paraît peu de chose? Pour moi, je suis pauvre et mince de biens.

19. Factum est autem tempus, cum deberet dari Merob filia Saul David, data est Hadrieli Molathitæ uxor.

20. Dilexit autem David Michol filia Saul altera. Et nuntiatum est Saul, et placuit ei,

21. Dixitque Saul : Dabo eam illi, ut fiat ei in scandalum, et sit super eum manus Philisthinorum. Dixitque Saul ad David : In duabus rebus gener meus eris hodie.

22. Et mandavit Saul servis suis : Loquimini ad David clam me, dicentes : Ecce places regi, et omnes servi ejus diligunt te. Nunc ergo esto gener regis.

23. Et locuti sunt servi Saul in auribus David omnia verba hæc. Et ait David : Num parum videtur vobis, generum esse regis? Ego autem sum vir pauper et tenuis.

situation, ma position? Toutefois l'hébreu חיים, khaïm, vu la particule בו qui s'emploie toujours pour les personnes et jamais pour les choses, doit être interprété dans le sens de *famille, parenté*.

19. — *Factum est autem*... Les ₮₮. 17, 18 et 19 ont été omis par les Septante, parce que l'on ne voit pas que Saül ait rempli sa promesse. Mais il ne faut pas s'étonner, vu le caractère changeant et capricieux de ce prince, qu'il ait manqué à sa parole. Quel prétexte mit-il en avant? nous ne le savons. Toutefois la comparaison des ₮₮. 17-19 avec le ₮. 20, ferait supposer qu'il fit valoir que Mérob n'aimait pas David. — *Data est Hadrieli*... Les cinq fils issus de cette union périrent par la main des Gabaonites, II Rois XXI, 8. Hadriel était probablement d'Abelmehula, V. Jug. VII, 23.

21. — *In duabus rebus*. C'est-à-dire de deux manières; Saül a pu parler ainsi, soit avant, soit après le mariage de Mérob. Dans le premier cas, il aurait voulu dire : en épousant l'une ou l'autre de mes filles, tu seras mon gendre; et dans le second : si Mérob avait été déjà donnée à un autre : si tu n'as pas obtenu Mérob, cependant tu peux encore devenir mon gendre, car j'ai deux filles. Toutefois le mot hébreu בשתים, *bischthaïm*, peut se prêter encore à un autre sens et nous serions assez porté à traduire comme les modernes: « pour la seconde fois », ce qui coupe court à toute difficulté. Par la première fois, il faut entendre les fiançailles avec Mérob, et par la seconde, le mariage effectif avec Michol. Si David ne répond rien à cette proposition, c'est sans doute parce qu'il avait appris à se défier des paroles de Saül.

22. — *Et mandavit Saul*... Saül fait engager David par ses courtisans à accepter l'offre de sa fille. Ce verset n'est donc pas en contradiction avec le précédent, comme l'ont peut-être cru les Septante qui ont supprimé le ₮. 21. — *Clam me*. Ils devaient faire semblant d'agir à l'insu du roi. — *Ecce places*... Ces paroles flatteuses montrent combien Saül tenait à la réussite de son plan.

23. — *Num parum videtur*... David est absolument sincère dans sa réponse. Il se croit indigne de l'honneur d'être le gendre du roi, et d'autant plus que la rupture de la première union projetée pouvait lui faire craindre que sa personne ne fût en médiocre estime. Enfin il lui était difficile d'ignorer que les sentiments de Saül à son égard n'étaient pas très bienveillants. — *Vir pauper*. David ne peut supposer que le roi n'exigera pas de sa part l'apport d'une dot considérable.

25. — *Centum præputia*. Six cents têtes,

24. Et renuntiaverunt servi Saul, dicentes : Hujuscemodi verba locutus est David.

25. Dixit autem Saul : Sic loquimini ad David : Non habet rex sponsalia necesse, nisi tantum centum præputia Philisthinorum, ut fiat ultio de inimicis regis. Porro Saul cogitabat tradere David in manus Philisthinorum.

26. Cumque renuntiassent servi ejus David, verba quæ dixerat Saul, placuit sermo in oculis David, ut fieret gener regis.

27. Et post paucos dies surgens David, abiit cum viris qui sub eo erant. Et percussit ex Philisthiim ducentos viros, et attulit eorum præputia, et annumeravit ea regi, ut esset gener ejus. Dedit itaque Saul ei Michol filiam suam uxorem.

28. Et vidit Saul, et intellexit quod Dominus esset cum David. Michol autem filia Saul diligebat eum.

29. Et Saul magis cœpit timere David ; factusque est Saul inimicus David cunctis diebus.

30. Et egressi sunt principes Philisthinorum ; a principio autem egressionis eorum, prudentius se gerebat David quam omnes servi Saul, et celebre factum est nomen ejus nimis.

Supr. 14.

24. Et les serviteurs de Saül lui rapportèrent cette réponse : David a dit telles paroles.

25. Et Saül dit : Parlez ainsi à David : Le roi n'a pas besoin de douaire, il ne veut que cent prépuces de Philistins, pour être vengé des ennemis du roi. Or, Saül pensait livrer David aux mains des Philistins.

26. Et lorsque ses serviteurs eurent rapporté à David les paroles que Saül avait dites, la condition pour devenir gendre du roi plut aux yeux de David.

27. Et peu de jours après David se leva et alla avec les hommes qui étaient avec lui. Et il tua aux Philistins deux cents hommes, et apporta leurs prépuces et les compta au roi pour devenir son gendre. Saül lui donna donc pour femme Michol sa fille.

28. Et Saül vit et comprit que le Seigneur était avec David. Et Michol, fille de Saül, l'aimait.

29. Et Saül commença à craindre davantage David. Et Saül fut l'ennemi de David tous les jours de sa vie.

30. Et les princes des Philistins sortirent en campagne, et, dès le commencement de leur sortie, David se conduisit avec plus de prudence que tous les serviteurs de Saül, et son nom devint très-célèbre.

---

selon Josèphe, Ant. j. l. VI, c. X § 2, ce qui est contraire à toute vraisemblance. — *Ut fiat ultio...* Ces paroles laisseraient entendre que les Philistins avaient recommencé leurs attaques contre Israël.

26. — *Placuit sermo...* Cette proposition plut à David qui ne soupçonnait pas la ruse, car elle répondait d'ailleurs à ses instincts guerriers et la haute récompense qui devait être le prix de ses exploits était de nature à le tenter.

27. — *Et post paucos dies.* Hébreu : « et les jours n'étaient pas remplis », c'est-à-dire le temps fixé pour la livraison de la dot et pour les noces n'était pas encore arrivé.

29. — *Factusque est Saul...* Saül, ayant vu échouer son plan, fut convaincu que le Seigneur était avec David et le protégeait. Comme de plus sa fille aimait le jeune héros, sa fureur s'en accrut et il devint irrévocablement l'ennemi de David.

30. — *Et egressi sunt...* C'est probablement à la suite des entreprises de David que les Philistins se mirent en campagne.

CHAPITRE XIX

Saül ayant révélé ses intentions à l'égard de David, Jonathas avertit son ami de se cacher, et promet de chercher à apaiser son père (ɣɣ. 1-3). — En effet, le lendemain, Jonathas fit valoir auprès de Saül les services de David, lui représenta son injustice et parvint à le fléchir (ɣɣ. 4-6). — Sur l'avis de Jonathas, David revint alors auprès de Saül, et s'illustra par de nouveaux exploits (ɣɣ. 7-8). — Mais Saül, saisi de nouveau par l'esprit malin, cherche à percer David de sa lance ; celui-ci évite le coup et s'enfuit (ɣɣ. 9-10). — Saül veut ensuite surprendre David dans sa maison ; mais Michol fait descendre son mari par la fenêtre, et lui donne le temps de s'enfuir en trompant les satellites du roi (ɣɣ. 11-16). — Pour s'excuser auprès de son père, elle prétendit ensuite que David avait menacé de la tuer (ɣ. 17). — Or, David s'enfuit à Ramatha auprès de Samuel, lui raconta les faits, et tous deux se fixèrent à Naïoth (ɣ. 18). — Saül envoie des émissaires pour se saisir de David ; mais ceux-ci ayant rencontré Samuel à la tête des prophètes, se mirent à prophétiser (ɣɣ. 19-20). — Saül envoya encore par deux fois de nouveaux émissaires qui firent comme les premiers ; enfin, irrité, il se mit en chemin pour Ramatha, puis se rendit à Naïoth de Ramatha. Mais l'esprit du Seigneur descendit sur lui, et il prophétisa et resta étendu à terre tout le jour et toute la nuit (ɣɣ. 21-24).

1. Or, Saül parla à Jonathas son fils, et à tous ses serviteurs, pour qu'ils tuassent David. Mais Jonathas, fils de Saül, aimait beaucoup David.

2. Et Jonathas avertit David et lui dit : Saül mon père cherche à te tuer, veille donc sur toi, je t'en prie, demain matin, demeure en un lieu secret et cache-toi.

3. Pour moi, je sortirai et je me tiendrai près de mon père, en quelque champ que tu sois, et je parlerai de toi à mon père, et tout ce que je verrai, je te l'annoncerai.

4. Jonathas donc dit de bonnes

1. Locutus est autem Saul ad Jonatham filium suum, et ad omnes servos suos, ut occiderent David. Porro Jonathas filius Saül diligebat David valde.

2. Et indicavit Jonathas David, dicens : Quærit Saul pater meus occidere te ; quapropter observa te, quæso, mane, et manebis clam, et absconderis.

3. Ego autem egrediens stabo juxta patrem meum, in agro ubicumque fueris ; et ego loquar de te ad patrem meum ; et quodcumque videro, nuntiabo tibi.

4. Locutus est ergo Jonathas de

3° Fuite de David devant Saül qui le persécute, xix-xxvii, 12.

A. Jonathas intercède pour David auprès de son père. Nouvelles tentatives de Saül contre David qui s'enfuit à Ramatha auprès de Samuel, xix.

Chap. xix. — 1. — *Ut occiderent David.* L'hébreu להמית את־דוד, *lehamîth eth David.* litt. : « pour tuer David », indique simplement que Saül avait l'intention de tuer David ; mais ce n'est ni un ordre ni un conseil qu'il donne à Jonathas et à ses serviteurs.

2. — *Et indicavit Jonathas David.* Non seulement Jonathas aimait David, mais il estimait que sa conservation était le salut de son père et d'Israël, ɣ. 4.

3. — *In agro ubicumque fueris.* Le champ où David devait se cacher était peut-être un endroit où Saül avait l'habitude d'aller souvent, peut-être même tous les jours. Si Jonathas conseille à David de se cacher en ce lieu, ce n'est pas pour que son ami soit à portée d'entendre la conversation qu'il aura avec son père, mais pour que lui-même ait la faculté de lui communiquer promptement le résultat de l'entretien, sans être obligé de s'éloigner trop longtemps. ce qui aurait pu éveiller les soupçons de Saül. — *Et quodcumque videro.* Hébreu : « et je verrai quelque chose », c'est-à-dire, ce qu'il dira. Peut-être aussi, sans rien sous-entendre. pourrait-on traduire : « et je verrai quelque chose je t'annoncerai » ou « j'aurai à t'annoncer. »

David bona ad Saul patrem suum; dixitque ad eum : Ne pecces, rex, in servum tuum David, quia non peccavit tibi, et opera ejus bona sunt tibi valde.

5. Et posuit animam suam in manu sua, et percussit Philisthæum, et fecit Dominus salutem magnam universo Israeli : vidisti, et lætatus es. Quare ergo peccas in sanguine innoxio, interficiens David, qui est absque culpa?

6. Quod cum audisset Saul, placatus voce Jonathæ, juravit : Vivit Dominus! quia non occidetur.

7. Vocavit itaque Jonathas David, et indicavit ei omnia verba hæc; et introduxit Jonathas David ad Saul, et fuit ante eum, sicut fuerat heri et nudiustertius.

8. Motum est autem rursus bellum; et egressus David, pugnavit adversum Philisthiim; percussitque eos plaga magna, et fugerunt a facie ejus.

9. Et factus est spiritus Domini malus in Saul; sedebat autem in domo sua, et tenebat lanceam : porro David psallebat manu sua.

10. Nisusque est Saul configere David lancea in pariete, et declinavit David a facie Saul, lancea autem, casso vulnere perlata est in parietem, et David fugit, et salvatus est nocte illa.

paroles de David à Saül son père, et il lui dit : Roi, ne péchez pas contre votre serviteur David, car il n'a pas péché contre vous et ses actions sont très bonnes pour vous.

5. Il a exposé sa vie ouvertement et il a tué le Philistin, et le Seigneur a opéré un grand salut pour tout Israël. Vous l'avez vu et vous vous êtes réjoui. Pourquoi donc péchez-vous contre le sang innocent en tuant David, qui n'est coupable de rien?

6. En entendant cela, Saül, apaisé par la voix de Jonathas, jura : Vrai comme vit le Seigneur, David ne sera pas tué.

7. Jonathas appela donc David et lui rapporta toutes ces paroles. Et Jonathas introduisit David auprès de Saül et il fut devant lui comme il avait été hier et avant hier.

8. Or, la guerre éclata de nouveau, et David sortit et combattit contre les Philistins et les frappa d'un grand désastre, et ils s'enfuirent devant lui.

9. Et l'esprit mauvais, envoyé par le Seigneur, s'empara de Saül. Il était assis dans sa maison et il tenait sa lance et David, de sa main, jouait de la harpe.

10. Et Saül s'efforça de clouer David contre le mur avec sa lance, et David se détourna devant Saül, et la lance, inutile blessure, s'enfonça dans le mur, et David s'enfuit et il fut sauvé cette nuit là.

---

4. — *Locutus est ergo Jonathas...* Jonathas sait concilier les devoirs de l'amitié avec le respect filial. Aussi verrons-nous que Saül se laissa apaiser par la voix de son fils, 6.

5. — *Et posuit animam suam...* Pour cette expression, V. Jug., XII, 2. Il y a peut-être là une allusion à la manière dont David avait triomphé de Goliath, lorsqu'il avait pris sa fronde en main et avait confié sa vie à l'habileté de cette même main.

9. *Et factus est...* La mélancolie de Saül ne fait qu'augmenter, ce qui est un signe qu'il était tombé dans l'endurcissement en punition de son impénitence. L'esprit mauvais du Seigneur, c'est l'esprit malin qui, d'après l'ordre ou la permission du Seigneur, vient tourmenter Saül.

10. — *Nisusque est Saul...* Les derniers succès de David ont de nouveau irrité Saül et excitent davantage sa jalousie. — *Et David fugit.* Malgré le mauvais vouloir de Saül et ses perfidies, David n'abandonna son poste que lorsque le moment fut venu, apparemment lorsque Dieu lui en eut communiqué l'ordre, Cfr. XX, 24, 25, 43. — *Et salvatus est nocte illa.* L'auteur anticipe sur les événe-

11. Saül envoya donc ses satellites à la maison de David pour le garder, et pour qu'il fût tué le lendemain matin. Et lorsque Michol, sa femme, l'eut annoncé à David en lui disant : Si tu ne te sauves pas cette nuit, demain tu mourras ;

12. Elle le descendit par la fenêtre, et il s'en alla, et s'enfuit et fut sauvé.

13. Et Michol prit une statue, et la plaça sur le lit, et mit autour de sa tête une peau de chèvre avec ses poils, et la couvrit de vêtements.

14. Et Saül envoya des gardes pour prendre David, et il fut répondu qu'il était malade.

15. Et de nouveau Saül envoya des messagers pour voir David, disant : Apportez-le moi dans son lit, pour qu'il soit tué.

16. Et lorsque les messagers furent venus, on trouva la statue sur

11. Misit ergo Saul satellites suos in domum David, ut custodirent eum, et interficeretur mane. Quod cum annuntiasset David Michol uxor sua, dicens : Nisi salvaveris te nocte hac, cras morieris ;

12. Deposuit eum per fenestram ; porro ille abiit et aufugit, atque salvatus est.

13. Tulit autem Michol statuam, et posuit eam super lectum, et pellem pilosam caprarum posuit ad caput ejus, et operuit eam vestimentis.

14. Misit autem Saul apparitores, qui raperent David : et responsum est quod ægrotaret.

15. Rursumque misit Saul nuntios ut viderent David, dicens : Afferte eum ad me in lecto, ut occidatur.

16. Cumque venissent nuntii, inventum est simulachrum super le-

---

nements et nous fait connaître tout de suite le dénouement.

11. — *Nocte hac.* David se réfugia d'abord dans sa maison, et c'est dans la nuit qui suivit qu'il s'échappa, grâce au dévouement de Michol. Selon Josèphe, Ant. J. l. VI, c. xi, § 4, Saül avait l'intention de s'emparer de David, pour le faire passer devant un tribunal et le faire condamner, afin de se donner ainsi l'apparence de la justice.

12. — *Atque salvatus est.* Le Ps. LVIII, qui commence ainsi : « Eripe me de inimicis meis, Deus meus, et ab insurgentibus in me libera me, » doit certainement son origine à cette circonstance de la vie de David, comme en fait foi l'inscription suivante : « Victori, ut non disperdat David humilem et simplicem, quando misit Saül ut custodiret domum, ut occideret eum (texte hébreu) ». Mais il n'est pas probable que ce psaume ait été composé dans le moment même ; à en juger d'après le contenu, il doit être destiné à rappeler les diverses embûches auxquelles le psalmiste échappa par la protection divine.

13. — *Statuam.* Hébreu : תְּרָפִים, *theraphim,* c'est-à-dire, le simulacre d'un dieu domestique. On voit donc que les restes de l'ancienne idolâtrie subsistaient encore, bien que la famille de Jacob eût rejeté ses idoles à son entrée dans le pays de Chanaan, Gen. xxxv, 2

et suiv. et malgré la défense de la Loi, Jug., xvii, b, xviii, 14 et suiv. et le zèle de Samuel. — *Et pellem pilosam caprarum.* L'hébreu כְּבִיר הָעִזִּים, *kebir haïzim,* offre quelque difficulté ; cependant on admet généralement la traduction : « tissus (litt. entrelacements) de poils de chèvre. » On ne voit pas bien d'ailleurs à quoi pouvait servir cette peau de chèvre ou ce tissu ; peut-être à donner l'apparence d'une tête humaine à la tête du simulacre, peut-être simplement à la cacher. Les Septante ont remplacé כְּבִיר, *kebir,* par כָּבֵד, *kabid,* « foie » et ont traduit par ἧπαρ. Aussi Josèphe raconte que Michol mit dans le lit un foie de chèvre encore palpitant pour simuler la respiration d'un homme. Ant. J. l. VI, cap. xi, § 4. Bien entendu, le fait ne mérite guère créance. S. Jérôme, Ep. c iii, ad Manuel, dit à ce propos : « Venerunt nuntii, et ecce κενοτάφια in lecto, pro cœnotaphiis in Hebræo teraphim, id est, μορφώματα (juxta Aquilæ interpretationem), posita sunt, et non jecur caprarum, ut nostri Codices habent, sed pulvillus de caprarum pelle consutus qui, intonsis pilis, caput involuti in lectulo hominis mentiretur. » — *Vestimentis.* L'hébreu בֶּגֶד, *begned,* signifie proprement *couverture,* ce qui, dans les pays de l'Orient, peut-être représenter simplement une sorte de drap.

16. — *Et pellis caprarum...* Évidemment

CHAPITRE XIX

ctum, et pellis caprarum ad caput ejus.

17. Dixitque Saul ad Michol : Quare sic illusisti mihi, et dimisisti inimicum meum ut fugeret? Et respondit Michol ad Saul : Quia ipse locutus est mihi : Dimitte me, alioquin interficiam te.

18. David autem fugiens, salvatus est, et venit ad Samuel in Ramatha, et nuntiavit ei omnia quæ fecerat sibi Saul; et abierunt ipse et Samuel, et morati sunt in Naioth.

19. Nuntiatum est autem Sauli a dicentibus : Ecce David in Naioth in Ramatha.

20. Misit ergo Saul lictores, ut raperent David, qui cum vidissent cuneum prophetarum vaticinantium, et Samuelem stantem super eos, factus est etiam Spiritus Domini in illis, et prophetare cœperunt etiam ipsi.

21. Quod cum nuntiatum esset Sauli, misit et alios nuntios; prophetaverunt autem et illi. Et rursum misit Saul tertios nuntios; qui et ipsi prophetaverunt. Et iratus iracundia Saul,

22. Abiit etiam ipse in Ramatha

le lit, et une peau de chèvre à sa tête.

17. Et Saül dit à Michol : Pourquoi m'as-tu trompé ainsi, et as-tu laissé partir mon ennemi pour qu'il s'enfuît? Et Michol répondit à Saül : C'est parce qu'il m'a dit : Laisse-moi partir, autrement je te tuerai.

18. Et David s'enfuit et se sauva, et vint chez Samuel à Ramatha et lui raconta tout ce que Saül lui avait fait. Et lui et Samuel s'en allèrent et ils demeurèrent à Naïoth.

19. Et on l'annonça à Saül et on lui dit : Voilà que David est à Naïoth en Ramatha.

20. Saül envoya donc des licteurs pour saisir David. Lorsqu'ils virent la troupe des prophètes qui prophétisaient et Samuel qui était à leur tête, l'esprit du Seigneur descendit aussi en eux, et ils commencèrent eux aussi à prophétiser.

21. Lorsqu'on l'eut annoncé à Saül, il envoya d'autres messagers, mais ils prophétisèrent aussi. Et Saül envoya encore de troisièmes messagers qui, eux aussi, prophétisèrent. Et Saül outré de colère,

22. S'en alla aussi lui-même à Ra-

---

cette peau de chèvre dût servir à tromper les envoyés de Saül.

17. — *Dimitte me, alioquin...* Michol cherche à faire croire qu'elle ne voulait pas laisser partir David, mensonge officieux qu'elle se crut permis de faire. Hébreu : « Pourquoi te tuerai-je?... »

18. — *Et venit ad Samuel.* Sans doute pour demander conseil au prophète, et aussi pour puiser auprès de lui les encouragements dont il avait besoin. — *In Ramatha.* V. 1, 4. — *In Naioth.* Naïoth, en hébreu, נוית ou נויות *Nevaioth,* d'après le Chetib, signifie « habitation ». Ces habitations doivent être les maisons qui étaient occupées par l'école des prophètes. Elles formaient sans doute un quartier à part, connu sous cette dénomination. Comme le mot est au pluriel, on peut supposer qu'elles étaient assez nombreuses. Peut-être aussi étaient-elles entourées d'une clôture à peu près comme un monastère.

20. — *Qui cum vidissent.* L'hébreu וירא *vayare,* « et il vit, » est assez étrange. On

peut supposer que le texte a été corrompu et qu'il faudrait lire le pluriel, à moins d'admettre que le sujet soit le chef des satellites, ou leur troupe elle-même considérée comme une simple unité. — *Cuneum.* Vu le contexte, le mot hébreu, להקת, *lahakath,* signifie certainement *assemblée, réunion,* comme l'ont compris les anciens traducteurs. Aussi, comme il ne se rencontre pas ailleurs, les rabbins supposent qu'il est pour קהלת, *kahalath,* dont les trois premières consonnes auront été transposées. L'erreur du copiste aura été d'autant plus facile, que l'on rencontre dès les premiers mots du verset, le mot לקחת, *hakakhath,* qui, pour la forme, se rapproche sensiblement de להקת. — *Et Samuelem stantem super eos.* Samuel était à la tête des prophètes, que ce fût un collège de prophètes ou une école comme du temps d'Elie et d'Elisée, IV Rois, IV, 28, VI, 1. V. Préface.

22. — *Usque ad cisternam magnam, quæ est in Socho.* Les Septante ont traduit : « jusqu'à la fontaine de l'aire », parce qu'ils ont

matha, et il vint jusqu'à la grande citerne qui est à Socho. Et il interrogea et dit : En quel lieu sont Samuel et David? Et on lui dit : Voilà qu'ils sont à Naïoth en Ramatha.

23. Et il alla à Naïoth en Ramatha et l'esprit du Seigneur descendit aussi sur lui, et il s'en allait et il prophétisait jusqu'à ce qu'il fût arrivé à Naïoth en Ramatha.

24. Et il se dépouilla lui-même aussi de ses vêtements et il prophétisa avec les autres devant Samuel, et il tomba, ainsi dépouillé, tout ce jour-là et toute la nuit. De là, vint le proverbe : Est-ce que Saül est aussi du nombre des prophètes.

et venit usque ad cisternam magnam, quæ est in Socho, et interrogavit, et dixit : In quo loco sunt Samuel et David? Dictumque est ei : Ecce in Naioth sunt, in Ramatha.

23. Et abiit in Naioth in Ramatha; et factus est etiam super eum spiritus Domini, et ambulabat ingrediens, et prophetabat usquedum veniret in Naioth in Ramatha.

24. Et expoliavit etiam ipse se vestimentis suis, et prophetavit cum ceteris coram Samuele, et cecidit nudus tota die illa et nocte. Unde et exivit proverbium : Num et Saül inter prophetas?

Supr. 10, 11.

---

lu הגרן, *haggoren*, au lieu de הגדול, *haggadol* et בשפי, *baschphi*, au lieu de בשכן, *baschkou*. Quant à la position de Socho, elle est restée inconnue.

23. — *Et factus est etiam...* Saül eut le même sort que ses envoyés, avec cette différence que l'esprit du Seigneur le saisit en chemin et avec beaucoup plus de violence.

24. — *Etiam ipse.* Ces mots, en hébreu גם הוא, *gam-hou,* montrent que les serviteurs de Saül avaient fait la même chose, imitant sans doute en cela les prophètes, qui, dans la chaleur de leur enthousiasme et de leur extase, se dépouillèrent en partie de leurs vêtements. Il faut remarquer d'ailleurs que *etiam ipse* ne sont point après *cecidit nudus*, ce qui indique que Saül seul se trouva dans cet état, c'est-à-dire que son extase dura beaucoup plus longtemps que celle des autres. Une première fois, Saül avait été saisi de l'Esprit de Dieu et changé en un autre homme, x, 6 et suiv. Cette fois, le même fait se renouvelle, non pour changer Saül en un autre homme, mais dans le but de l'empêcher de s'emparer de David. Toutefois il nous est permis de voir plus loin et de penser que Saül et les exécuteurs de ses volontés sont destinés à nous montrer, par leur exemple, que Dieu dirige le cœur des hommes selon son bon plaisir. A cette occasion, les serviteurs du roi étaient à même de comprendre que la fureur de leur maître contre David n'était autre chose qu'une lutte contre Dieu même, ce qui aurait dû les amener à de meilleurs sentiments. — *Nudus.* Il ne faut pas prendre ce mot à la lettre mais entendre que Saül se dépouilla seulement de ses habits de dessus. — *Tota die illa ac nocte.* Il resta ainsi sans connaissance dans son état d'extase. S'il est saisi plus fortement, c'est qu'il résistait plus fortement à la grâce. S'il continue à résister, il tombera dans l'endurcissement et sa perte sera inévitable. — *Unde et exivit..,* Ce n'est pas en cette circonstance que ce proverbe prit naissance, V. x. 12; mais il fut confirmé de nouveau et reçut une nouvelle consécration.

CHAPITRE XX

Or, David s'enfuit de Ramatha et alla trouver Jonathas qui essaya de le rassurer, et promit de faire tout ce qu'il lui dirait (vv. 1-4). — Alors David lui indique le moyen de reconnaître si la malice de Saül était complète, et son cœur tout à fait endurci, et en même temps il proteste de son innocence (vv. 5-8). — Jonathas promet de lui faire savoir ce qui se passerait, et lui jure ensuite solennellement de lui faire connaître si son père est bien ou mal disposé à son égard (vv. 9-13). — Il conjure ensuite David de lui faire miséricorde pendant sa vie, et, après sa mort, d'avoir pitié de sa famille, et il le lui fait promettre par serment (vv. 16-17). — Enfin il lui indique le moyen qu'il emploiera pour l'instruire de ce qu'il aura à faire, et lui recommande de garder le secret (vv. 18-23). — David donc se cacha dans la campagne, et le lendemain Saül remarqua son absence, mais toutefois ne dit rien, l'attribuant à une cause accidentelle (vv. 24-26). — Mais le jour suivant, Saül interrogea Jonathas, et Jonathas alors répondit que David l'avait supplié de lui permettre d'aller à Bethléhem pour assister à un sacrifice solennel (vv. 27-29). — Saül alors s'irrite contre son fils, et lui ordonne de lui amener David pour le faire mourir (vv. 30-31). — Jonathas lui demanda ce qu'avait fait David, et Saül ayant pris sa lance pour le frapper, il comprit que son père avait résolu la mort de David (vv. 32-33). — Il sortit de table très attristé, et le lendemain se rendit à la campagne, comme il en était convenu avec David, accompagné de son serviteur (vv. 34-35). — Il lança une flèche qu'il ordonna à son serviteur de rapporter, puis une autre plus loin, et le serviteur les rapporta, sans comprendre la signification de ce qu'il faisait (vv. 36-39). — Jonathas l'ayant ensuite renvoyé à la ville, David se montra, s'approcha de Jonathas et tous deux pleurèrent (vv. 40-41). Jonathas rappela alors à David le traité qu'ils avaient conclu entre eux, lui donna congé et tous deux s'en allèrent chacun de leur côté (42-43).

1. Fugit autem David de Naioth, quæ est in Ramatha, veniensque locutus est coram Jonatha : Quid feci? quæ est iniquitas mea, et quod peccatum meum in patrem tuum, quia quærit animam meam?

2. Qui dixit ei : Absit, non morieris; neque enim faciet pater meus quidquam grande vel parvum, nisi

1. Et David s'enfuit de Naïoth qui est en Ramatha, et il vint et dit devant Jonathas : Qu'ai-je fait? Quel est mon crime et quel est mon péché contre ton père, qu'il requiert ma vie?

2. Il lui dit : Loin de là, tu ne mourras pas, car mon père ne fera rien de grand, ni de petit sans me

---

B. *Jonathas tente de nouveau, mais sans succès de réconcilier son père avec David*, xx.

CHAP. XX. — 1. — *Fugit autem David...* David profite de l'état dans lequel se trouvait Saül pour s'échapper de Naïoth, et retourner à la cour auprès de Jonathas, afin de s'entendre avec lui et protester de son innocence. Nous ne voyons rien là que d'assez naturel et rien ne nous oblige à admettre que ce morceau provient d'une autre source, ou qu'il y a ici une lacune. Il faut voir les choses comme elles sont et considérer que les fureurs de Saül n'étaient que passagères et pouvaient passer pour les caprices d'un esprit malade. Il n'est donc pas absolument étrange ni que David retourne à Gabaa, ni que Saül l'attende au repas du jour de la nouvelle lune. Savons-nous d'ailleurs ce qui se passa entre Saül et Samuel?

Nous aimerions sans doute être mieux renseignés, mais ce n'est point une raison pour accumuler à plaisir les contradictions, comme le fait par exemple Ed. Reuss, le professeur déjà souvent cité, sans chercher à les faire disparaître, quand la chose est possible. Le devoir de l'interprète n'est point d'exagérer les difficultés, mais de les résoudre.

2. — *Non morieris*. Cette parole a quelque chose de prophétique, bien que Jonathas ait simplement pour but de prouver à David que son père n'a pas formé le projet de le faire mourir. — *Quidquam grande vel parvum.* C'est-à-dire absolument rien. — *Nisi prius indicaverit mihi.* Ces paroles donneraient à penser que Saül ne connaissait pas l'intimité qui existait entre David et son fils, si le verset suivant ne venait contredire cette hypo-

l'avoir indiqué auparavant. Mon père me cacherait-il donc seulement ce projet? Il n'en sera point ainsi.

3. Et il jura de nouveau à David qui lui dit : ton père assurément sait que j'ai trouvé grâce à tes yeux, et il dira : Que Jonathas ne sache pas cela de peur qu'il ne soit attristé. Car vrai comme vit le Seigneur et comme vit ton âme, moi et la mort nous ne sommes séparés pour ainsi dire que par un pas.

4. Et Jonathas dit à David : Tout ce que me dira ton âme je le ferai pour toi.

5. Et David dit à Jonathas : Voilà que c'est demain la nouvelle lune, et je dois m'asseoir selon la coutume près du roi pour manger. Laisse-moi donc aller pour que je me cache dans la campagne jusqu'au soir du troisième jour.

6. Si ton père, regardant autour de lui, me cherche, tu lui répondras : David m'a demandé d'aller

prius indicaverit mihi; hunc ergo celavit me pater meus sermonem tantummodo? nequaquam erit istud.

3. Et juravit rursum Davidi. Et ille ait : Scit profecto pater tuus quia inveni gratiam in oculis tuis, et dicet : Nesciat hoc Jonathas, ne forte tristetur. Quinimo vivit Dominus, et vivit anima tua, quia uno tantum (ut ita dicam) gradu, ego morsque dividimur.

4. Et ait Jonathas ad David : Quodcumque dixerit mihi anima tua, faciam tibi.

5. Dixit autem David ad Jonathan : Ecce calendæ sunt crastino, et ego ex more sedere soleo juxta regem ad vescendum : dimitte ergo me ut abscondar in agro usque ad vesperam diei tertiæ.

6. Si respiciens requisierit me pater tuus, respondebis ei : Rogavit me David, ut iret celeriter in Beth-

---

thèse. Au reste, pour bien comprendre cette réponse, il faut se représenter exactement la situation. Saül avait jadis, xix, 1, révélé à son fils ses projets à l'endroit de David ; mais Jonathas avait fait jurer à son père de ne pas attenter à la vie de son ami, xix, 6. Il est vrai que Saül avait attenté à la vie de David ; toutefois Jonathas était en droit d'attribuer ces nouvelles tentatives à des accès de fureur passagère, et c'était même son devoir. Il pouvait et devait même, jusqu'à preuve absolue du contraire, se refuser à reconnaître là un plan combiné d'avance et de sang-froid. Jusque-là Saül avait mis son fils au courant de tous ses projets ; mais, comme il ne lui avait pas parlé de nouveau de sa haine persistante pour David et de ses intentions homicides, Jonathas était donc autorisé à croire que son père avait agi sans connaissance de cause. A la rigueur, on pourrait même supposer que Jonathas ignorait les derniers événements qui s'étaient passés, parce qu'il était absent, et qu'en tout cas il ne s'en rendait pas compte très-exactement.

3. — *Quia uno tantum...* David se croit aussi près de la mort, que s'il n'était séparé de l'abîme que d'un pas.

5. — *Calendæ.* Hébreu : « La nouvelle lune. » A l'occasion de la nouvelle lune, on célébrait une fête, Nomb., x, 10, xxviii, 11-15 qui pouvait être à la fois civile et religieuse, ce qu'expliquerait pourquoi elle durait deux jours, ibid. et y. 27. En tout cas, nous voyons, par différents passages, que cette solennité était un jour de réjouissances, et qu'elle était accompagnée d'un festin solennel, Cfr. IV Rois, iv, 23 ; Ps. lxxxi. 3 ; II Paral., ii, 4, xxx, 3 ; Is., i, 13, 14 ; Col., ii, 16, etc. — *Et ego ex more sedere soleo.* On peut se demander comment David, après ce qui venait de se passer, pouvait penser à reprendre sa place à la table de Saül et comment celui-ci pouvait s'étonner de son absence. Mais, comme nous l'avons déjà fait remarquer, les entreprises de Saül contre David avaient eu lieu dans des accès de fureur et presque de folie, de sorte qu'on ne pouvait savoir au juste quels étaient au fond ses véritables sentiments à l'égard de celui qu'il poursuivait, V. y. 1. — *Dimitte me ergo.* David prie Jonathas de ne pas insister pour le retenir.

6. — *Victimæ solemnes.* En hébreu : « Victimes annuelles ». On voit par là que les familles avaient l'habitude de faire en commun chaque année des offrandes solennelles accompagnées d'une fête et d'un repas. D'après la loi, Deut., xii, 5 et suiv., cette cérémonie aurait dû avoir lieu auprès du tabernacle ;

lehem civitatem suam; quia victimæ solemnes ibi sunt universis contribulibus suis.

Luc. 2, 4.

7. Si dixerit : Bene! pax erit servo tuo; si autem fuerit iratus, scito quia completa est malitia ejus.

8. Fac ergo misericordiam in servum tuum; quia fœdus Domini me famulum tuum tecum inire fecisti; si autem est iniquitas aliqua in me, tu me interfice, et ad patrem tuum ne introducas me.

9. Et ait Jonathas : Absit hoc a te; neque enim fieri potest, ut si certe cognovero completam esse patris mei malitiam contra te, non annuntiem tibi.

10. Responditque David ad Jonathan : Quis renuntiabit mihi, si quid forte responderit tibi pater tuus dure de me.

promptement à Béthléhem, sa cité, parce qu'il y a des sacrifices solennels pour tous ceux de sa tribu.

7. S'il dit : C'est bien! Il y aura la paix pour ton serviteur; mais s'il est irrité, sache que sa mauvaise intention est complète.

8. Fais donc miséricorde à ton serviteur, car tu m'as fait contracter avec toi, moi ton serviteur, l'alliance du Seigneur. Mais s'il y a quelque iniquité en moi, tue-moi toi-même et ne m'introduis pas auprès de ton père.

9. Et Jonathas dit : Loin de toi pareille chose, car si je connais d'une manière certaine que la mauvaise intention de mon père contre toi est complète, il ne peut pas se faire que je ne te l'annonce pas.

10. Et David répondit à Jonathas : Qui me fera savoir si ton père t'a répondu quelque dureté à mon sujet?

---

mais à cette époque le sanctuaire national était à peu près abandonné, et l'on se réunissait en différents endroits où se trouvaient des autels consacrés à Dieu, comme, par exemple, à Bethléem, xvi, 2 et suiv. L'ensemble du récit montre bien que David a recours au mensonge pour faire excuser son absence, mais il faut bien constater que l'écrivain sacré relate le fait sans le juger.

7. — *Si dixerit : Bene...* On voit par ce verset que David n'était pas encore absolument sûr des dispositions de Saül envers lui. — *Quia completa est malitia ejus.* C'est-à-dire, que ses résolutions sont définitivement arrêtées, qu'il veut formellement ma mort. Tel est en effet le sens de l'hébreu כי־כלתה הרעה מעמו, *ki calthah haraah meïmmo*, « que le mal est consommé de sa part », c'est-à-dire décrété.

8. — *Fac ergo misericordiam.* On peut penser que David demande à Jonathas, non pas seulement de lui rendre le service dont il lui a parlé, ⅴ. 6, mais aussi de l'aider de tout son pouvoir à échapper au malheur qui le menace. C'est ce que le verset suivant peut servir à prouver. — *Fœdus Domini.* David nomme ainsi l'alliance faite avec Jonathas, parce qu'elle avait été conclue et jurée au nom du Seigneur, xviii. 3.

9. — *Absit hoc a te.* Ce n'est pas moi qui te mettrai à mort ou te livrerai à mon père. La même expression se retrouve ailleurs, Gen., xviii, 25; Jos., xxii, 29; I Rois xxiv, 6, xxvi, 11 etc. — *Neque enim...* Hébreu : « Si je sais que le mal est résolu de la part de mon père contre toi, et si je ne te l'indique pas. » On voit que la phrase est elliptique et qu'il faudrait suppléer la formule qui se trouve plus loin, ⅴ. 13, « hæc faciat Dominus... »

10. — *Quis renuntiabit...* Hébreu : « Qui m'annoncera? ou que te répondra ton père de dur ? » Il faut sans doute, après *qui m'annoncera?* ajouter : ce que ton père aura dit, ou quelque chose d'approchant, pour obtenir un sens. Quant à la seconde question, le Dr Keil propose, pour la compléter, de sousentendre : « si tu voulais toi-même remplir cette mission », c'est-à-dire m'avertir. Mais il n'est point probable que Jonathas aurait mis son père au courant de ce qu'il allait faire. Il ne faut pas non plus comprendre qu'il est fait allusion aux menaces que Saül proférera contre David, mais bien plutôt au mécontentement qu'il éprouvera contre son fils au moment où celui-ci s'acquittera de la mission que David lui a confiée. Quoi qu'il en soit, que l'on s'en tienne à la Vulgate, ou que l'on suive la leçon de l'hébreu, on voit par cette

11. Et Jonathas dit à David : Viens et sortons dans la campagne. Et lorsqu'ils furent sortis tous les deux dans la campagne,

12. Jonathas dit à David : Seigneur, Dieu d'Israël, si je découvre le dessein de mon père demain ou après demain, et s'il y a quelque chose de bon pour David, et si je n'envoie pas aussitôt vers toi, et si je ne te le fais pas connaître,

13. Que le Seigneur fasse ceci à Jonathas et ajoute cela. Mais si la mauvaise intention de mon père persévère contre toi, je le révèlerai à ton oreille, et je te laisserai partir pour que tu ailles en paix, et que le Seigneur soit avec toi, comme il a été avec mon père.

14. Et si je vis, tu m'accorderas la miséricorde du Seigneur; mais si je meurs,

11. Et ait Jonathas ad David : Veni, et egrediamur foras in agrum. Cumque exissent ambo in agrum,

12. Ait Jonathas ad David : Domine Deus Israel, si investigavero sententiam patris mei crastino vel perendie; et aliquid boni fuerit super David, et non statim misero ad te, et notum tibi fecero,

13. Hæc faciat Dominus Jonathæ, et hæc addat. Si autem perseveraverit patris mei malitia adversum te, revelabo aurem tuam, et dimittam te, ut vadas in pace, et sit Dominus tecum, sicut fuit cum patre meo.

14. Et si vixero, facies mihi misericordiam Domini; si vero mortuus fuero,

---

question, ou cette double question, que David craint que personne ne puisse l'avertir au cas où Jonathas en serait empêché par son père, et que tout au moins celui-ci s'exposerait à un grave danger, danger auquel son ami eût voulu le soustraire.

11. — *In agro*. C'était pour éviter d'être observés pendant qu'ils feraient leurs conventions. Il est probable aussi que Jonathas voulait montrer à David la localité qu'il jugeait appropriée au but qu'il se proposait, et où il pourrait lui indiquer ce qui s'était passé entre lui et son père, V. 19-24.

12. — *Domine Deus Israel*. Cette invocation du nom du Seigneur montre que la circonstance est grave et solennelle. Le moment est décisif, car désormais ou David et Saül suivront la même voie, ou ils seront définitivement séparés l'un de l'autre. Les Septante ont suppléé οἶδεν, « le Seigneur Dieu d'Israël sait », et on peut encore supposer que le sens est interrompu et reprend avec le commencement du verset suivant *hæc faciat...* mais il nous semble tout aussi naturel de voir là, avec le traducteur de la Vulgate, une sorte d'exclamation ou d'invocation à laquelle d'ailleurs on peut donner la force d'un serment. D'autres sous-entendent עֵד, *ed*, « testis » ou חַי, *khaï*, « vint », mais sans nécessité, croyons-nous.

13. — *Si autem perseveraverit...* L'hébreu כִּי יֵיטִב אֶל־אָבִי אֶת־הָרָעָה עָלֶיךָ, *ki retib el abi eth haraah aléka*, se traduit généralement ainsi : « si à mon père le mal contre toi plaît », litt. : « s'il plait à mon père à l'égard du mal contre toi ». Il faut alors donner à אֶת, *eth*, la particule de l'accusatif, le sens du latin *quoad*. On peut se dispenser de suppléer לְהָבִיא, *lehabi*, « pour amener » après אָבִי, ce qui légitimerait l'emploi de l'accusatif. Pour justifier cette addition on ne saurait d'ailleurs s'appuyer sur le texte des Septante ὅτι ἀνοίσω τὰ κατὰ ἐπ'σέ, « j'annoncerai les maux contre toi », car ce qu'ils ont traduit par ἀνοίσω ne peut pas être לְהָבִיא, mais bien plutôt אָבִי, *abi*, (mon père), qu'ils ont lu ou interprété comme אָבִיא, ainsi que dans III Rois, xxi, 29, parce que וישב אל, *ietab el*, manquait dans leurs manuscrits. — *Et sit Dominus tecum, sicut...* Ces paroles indiquent bien que Jonathas pressent qu'elle est la destinée future de David.

14. — *Et si vixero...* Le texte massorétique des ⅴⅴ. 14 et 15 n'offrant aucun sens, on propose généralement de changer les deux particules négatives ולא, *velo*, en ולוּ, *velou*, « plut au ciel », et on traduit ainsi : « Puisses-tu, si je vis encore, puisses-tu exercer envers moi la miséricorde du Seigneur, et ne pas, si je meurs, retirer ta faveur de ma maison éternellement, pas même, quand le Seigneur extirpera les ennemis de David, chacun de la terre. » Jonathas comprend que la maison de David supplantera celle de Saül et s'établira sur ses ruines, et c'est pourquoi, après avoir fait des vœux pour l'exaltation future de son ami, il en fait d'autres que la

CHAPITRE XX

15. Non auferes misericordiam tuam a domo mea usque in sempiternum, quando eradicaverit Dominus inimicos David, unumquemque de terra; auferat Jonathan de domo sua, et requirat Dominus de manu inimicorum David.

16. Pepigit ergo Jonathas fœdus cum domo David; et requisivit Dominus de manu inimicorum David.

17. Et addidit Jonathas dejerare David eo quod diligeret illum; sicut enim animam suam, ita diligebat eum.

18. Dixitque ad eum Jonathas: Cras calendæ sunt, et requireris.

19. Requiretur enim sessio tua usque perendie. Descendes ergo festinus, et venies in locum ubi celandus es in die qua operari licet, et sedebis juxta lapidem, cui nomen est Ezel.

15. Tu ne retireras jamais ta miséricorde à ma maison, lorsque le Seigneur aura déraciné de terre chacun des ennemis de David : que le Seigneur arrache Jonathas de sa maison, et se venge des ennemis de David.

16. Jonathas contracta donc alliance avec la maison de David; et le Seigneur se vengea des ennemis de David.

17. Et Jonathas conjura encore une fois David, parce qu'il l'aimait, car il l'aimait comme son âme.

18. Et Jonathas lui dit : C'est demain la nouvelle lune, et on demandera après toi.

19. Car jusqu'après demain, on te cherchera où tu t'assieds. Tu descendras donc en toute hâte et tu viendras au lieu où tu dois être caché, le jour où il est permis de travailler, et tu resteras près de la pierre nommée Ezel.

---

circonstance rend si touchants, pour lui et sa postérité, au nom de leur amitié commune et des services qu'il va rendre à David.

15. — *Auferat Jonathan...* Ce souhait imprécatif ne se trouve pas dans l'hébreu et ne se comprend guère. C'est évidemment un emprunt fait au Septante où on lit : καὶ εἰ μὴ, ἐν τῷ ἐξαίρειν Κύριον τοὺς ἐχθροὺς Δαυίδ ἕκαστον ἀπὸ τοῦ προσώπου τῆς γῆς, εὑρεθῆναι τὸ ὄνομα τοῦ Ἰωνάθαν ἀπὸ τοῦ οἴκου Δαυίδ, « et sinon lorsque le Seigneur détruira les ennemis de David chacun de la face de la terre, que le nom de Jonathas soit recherché par la maison de David. » Il semblerait, dans la Vulgate au moins, que c'est une traduction fautive du verset suivant où le verbe כרת, *karath*, aurait été pris dans son sens primitif de *couper, détruire*. On comprendrait à la rigueur que Jonathas désire le triomphe de David et qu'il fasse abnégation de sa personne et de son nom, mais il n'en est pas moins vrai que les mots « auferat Jonathan de domo sua » sont peu d'accord avec ce qui précède.

17. — *Eo quod diligeret eum.* Jonathas fait valoir son amitié pour David, afin de l'engager à remplir sa promesse.

19. — *Requiretur... perendie.* L'hébreu שִׁלַּשְׁתָּ, *veschilluschtha*, est traduit généralement : « et tu feras le troisième jour », et avec le verbe suivant : « tu feras le troisième jour que tu descendes », ou encore : « tu descendras le troisième jour. » Le grec τρισσεύσεις « tertium facies », ainsi que la Vulgate montrent bien que tel est le sens du verbe précité. — *Festinus.* Hébreu : מְאֹד, *meod*, « beaucoup » ce qui paraît un peu étrange. Aussi le Dr Erdmann propose de lire מוֹעֵד, *moed*, « au lieu fixé », c'est-à-dire à l'endroit dont ils étaient convenus. On pourrait encore supposer qu'il a disparu quelque mot dans le texte original. — *Ubi celandus es.* Hébreu : « Où tu t'es caché. » — *In die qua operari licet.* Hébreu : « Au jour de l'action. » Vu les mots qui précèdent : « où tu t'es caché », il est impossible de donner au texte original le sens que lui attribue la Vulgate. Évidemment il y a là une allusion à ce qui s'était passé précédemment, XIX, 3 et suiv.; par conséquent on pourrait peut-être penser que le jour de l'action, c'est le jour où Jonathas avait fait promettre à son père de ne pas attenter à la vie de David, ibid. Il s'agit évidemment en tout cas de quelque chose que David connaissait bien. — *Juxta lapidem.* C'était apparemment un rocher où il était facile de se cacher et où il y avait peut-être une caverne.

20. — *Juxta eum.* C'est-à-dire du côté de

20. Et moi, j'enverrai trois flèches près d'elle, et je les lancerai comme si je m'exerçais au but.

21. Et j'enverrai un enfant en lui disant : Va et apporte-moi les flèches.

22. Si je dis à l'enfant : Voilà que les flèches sont en deçà de toi, prends-les; toi, viens à moi, parce que la paix est avec toi, et qu'il n'y a point de mal, vive le Seigneur! Mais si je dis à l'enfant : Voilà que les flèches sont au-delà de toi, vas en paix, car le Seigneur t'a laissé aller.

23. Et de la parole que nous avons dite, toi et moi, que le Seigneur en soit témoin entre toi et moi à tout jamais.

24. David se cacha donc dans la campagne, et la nouvelle lune arriva et le roi s'assit pour manger le pain.

25. Et lorsque le roi se fut assis, (selon la coutume) sur son siège qui était contre la muraille, Jonathas se leva et Abner s'assit à côté de Saül, et la place de David apparut vide.

26. Et Saül ne dit rien ce jour-là, car il pensait que peut-être il lui était arrivé de ne pas être pur ni purifié.

20. Et ego tres sagittas mittam juxta eum, et jaciam quasi exercens me ad signum.

21. Mittam quoque et puerum, dicens ei : Vade, et affer mihi sagittas.

22. Si dixero puero : Ecce sagittæ intra te sunt, tolle eas : tu veni ad me, quia pax tibi est, et nihil est mali, vivit Dominus. Si autem sic locutus fuero puero : Ecce sagittæ ultra te sunt; vade in pace, quia dimisit te Dominus.

23. De verbo autem quod locuti sumus ego et tu, sit Dominus inter me et te usque in sempiternum.

24. Absconditus est ergo David in agro, et venerunt calendæ, et sedit rex ad comedendum panem.

25. Cumque sedisset rex super cathedram suam (secundum consuetudinem) quæ erat juxta parietem, surrexit Jonathas, et sedit Abner ex latere Saul, vacuusque apparuit locus David.

26. Et non est locutus Saul quidquam in die illa; cogitabat enim quod forte evenisset ei, ut non esset mundus, nec purificatus.

---

la pierre ou du rocher. — *Quasi exercens me ad signum.* C'est-à-dire, comme pour m'exercer à tirer sur un but.

22. — *Quia dimisit te Dominus.* Parce que le Seigneur l'ordonne de t'en aller.

23. — *Sit Dominus inter me et te...* Que Dieu soit témoin et juge entre nous, en cas que l'un des deux manque à son serment, Cfr. Gen., xxxi, 48 et 49.

25. — *Juxta parietem.* La place d'honneur en Orient est vis à vis la porte, Cfr. Harmar, Observation sur l'Orient, ii, 66 et suiv. — *Surrexit Jonathas.* On ne comprend pas bien pourquoi Jonathas s'est levé. Peut-être, était-ce pour faire honneur à Abner son oncle, ou pour lui laisser sa place auprès de Saül. On a essayé de corriger le texte hébreu, mais sans beaucoup de succès, et, somme toute, autant vaut le laisser tel qu'il est. Cependant on peut faire remarquer, avec le Dr Erdmann, que וַיֵּשֶׁב, *vaiescheb*, pourrait être à la forme hiphil בשי, *vaischeb*, comme dans le second livre des Paralipomènes, x, 2. On devrait alors traduire : « Et Jonathas se leva et fit placer Abner à côté de Saül. » Ce serait supposer que Jonathas s'était assis après Saül et que, s'étant aperçu que la place de David était inoccupée, il y avait fait mettre Abner. Les Septante ont traduit καὶ προέφθασε τὸν Ἰωνάθαν, « et il prévint Jonathas », c'est-à-dire Saül prit place avant Jonathas, et Josèphe, Ant., j. l. vi, c. xii, § 9, dit que Jonathas était à la droite de Saül et Abner à gauche.

27. — *Cogitabat enim...* La fête de la nouvelle lune était une fête religieuse et la chair des victimes pacifiques devait faire les frais du repas; or l'on ne pouvait assister à une fête de ce genre, si l'on avait contracté

CHAPITRE XX

27. Cumque illuxisset dies secunda post calendas, rursus apparuit vacuus locus David. Dixitque Saul ad Jonathan filium suum : Cur non venit filius Isai, nec heri, nec hodie, ad vescendum?

28. Responditque Jonathas Sauli : Rogavit me obnixe, ut iret in Bethlehem,

29. Et ait : Dimitte me, quoniam sacrificium solemne est in civitate, unus de fratribus meis accersivit me : nunc ergo si inveni gratiam in oculis tuis, vadam cito, et videbo fratres meos. Ob hanc causam non venit ad mensam regis.

30. Iratus autem Saul adversum Jonathan dixit ei : Fili mulieris virum ultro rapientis, numquid ignoro quia diligis filium Isai, in confusionem tuam, et in confusionem ignominiosæ matris tuæ?

31. Omnibus enim diebus, quibus filius Isai vixerit super terram, non stabilieris tu, neque regnum tuum. Itaque jam nunc mitte, et adduc eum ad me; quia filius mortis est.

32. Respondens autem Jonathas Sauli patri suo, ait : Quare morietur? quid fecit?

27. Et lorsque brilla le second jour après la nouvelle lune, la place de David apparut encore vide. Et Saül dit à Jonathas son fils : Pourquoi le fils d'Isaï, ni hier, ni aujourd'hui, n'est-il venu manger?

28. Et Jonathas répondit à Saül : Il m'a demandé avec instances d'aller à Bethléhem.

29. Et il m'a dit : Laisse-moi aller parce qu'il y a dans la ville un sacrifice solennel, un de mes frères m'y a invité. Maintenant donc si j'ai trouvé grâce à tes yeux, j'irai promptement et je verrai mes frères. Voilà pourquoi il n'est pas venu à la table du roi.

30. Saül, irrité contre Jonathas, lui dit : Fils d'une femme courant après les hommes, est-ce que j'ignore que tu aimes le fils d'Isaï pour ta honte et pour la honte de ton ignominieuse mère?

31. Car tous les jours que vivra le fils d'Isaï sur la terre, ni toi ni ton règne ne serez solidement établis. Maintenant donc, envoie après lui et amène-le moi, car il est fils de la mort.

32. Et Jonathas, répondant à Saül, son père, lui dit : Pourquoi mourra-t-il? Qu'a-t-il fait?

---

quelque impureté légale. Aussi Josèphe, dans sa paraphrase l. c., raconte que Saül se purifia avant d'aller au banquet.

27. — *Cur non venit filius Isai?* Peut-être est-ce à dessein que Saül désigne David de cette sorte, dans le but de faire remarquer la bassesse de sa naissance.

29. — *Unus de fratribus meis.* Hébreu : « Mon frère », c'est-à-dire le frère aîné qui, en sa qualité de chef de famille, était chargé de faire les préparatifs de la fête. Le traducteur de la Vulgate à quelque peu imité les Septante qui, ne pouvant s'expliquer le singulier, on écrit : οἱ ἀδελφοί μου « mes frères. » La mention du fils aîné, comme chef de famille, est en effet un peu étrange puisque le père de David vivait encore, xxii, 3.

30. — *Fili mulieris virum ultro rapientis.* Hébreu : « Fils d'une pervertie de révolte », c'est-à-dire d'une femme pervertie, remplie de contradictions et de révoltes, injure qui de la mère rejaillit sur le fils. Le traducteur de la Vulgate au lieu de מרדות, *mardouht*, « rébellion » aura lu : המרדף, *hammardoph*, (persequens). Le grec des Septante υἱὲ κορασίων αὐτομολούντων « fils d'une fille échappée » doit avoir à peu près la même origine. — *In confusionem tuam... Et in confusionem.* Hébreu : « Et pour la confusion de la honte de ta mère », c'est-à-dire pour faire rougir ta mère de honte à ton sujet.

31. — *Quia filius mortis est.* Le fils d'Isaï doit mourir, mérite de mourir. Saül accuse David de vouloir lui ravir son royaume, ou au moins d'avoir l'intention d'en déposséder sa famille. C'est pour cela qu'il entend le traiter comme un rebelle et un criminel de lèse-majesté ; mais, comme on le comprend aisément par ce qui a précédé, il est tout à fait dans son tort.

33. Et Saül saisit sa lance pour le frapper. Et Jonathas comprit que son père était résolu à tuer David.

34. Jonathas se leva donc de la table dans une colère furieuse, et il ne mangea pas de pain le lendemain de la nouvelle lune, car il était contristé au sujet de David, parce que son père l'avait outragé lui-même.

35. Et lorsque brilla le matin Jonathas vint dans la campagne selon ses accords avec David, et un petit enfant avec lui.

36. Et il dit à l'enfant : Va et apporte-moi les flèches que je lance. Et, lorsque l'enfant eut couru, il lança une autre flèche au-delà de l'enfant.

37. L'enfant vint donc à l'endroit où était la flèche que Jonathas avait lancée. Et Jonathas cria derrière l'enfant et lui dit : Vois, la flèche est là, plus loin que toi.

38. Et Jonathas cria de nouveau derrière l'enfant, disant : Hâte-toi, ne reste pas là. Et l'enfant ramassa les flèches de Jonathas et les porta à son maître.

39. Et il ignorait entièrement ce qui se faisait ; car David et Jonathas seulement connaissaient la chose.

40. Jonathas donna donc ses armes à l'enfant et lui dit : Va et porte-les à la ville.

41. Et lorsque l'enfant s'en fut

33. Et arripuit Saul lanceam ut percuteret eum. Et intellexit Jonathas quod definitum esset a patre suo, ut interficeret David.

34. Surrexit ergo Jonathas a mensa in ira furoris, et non comedit in die calendarum secunda panem. Contristatus est enim super David, eo quod confudisset eum pater suus.

35. Cumque illuxisset mane, venit Jonathas in agrum juxta placitum David, et puer parvulus cum eo,

36. Et ait ad puerum suum : Vade, et affer mihi sagittas, quas ego jacio. Cumque puer cucurrisset, jecit aliam sagittam trans puerun.

37. Venit itaque puer ad locum jaculi, quod miserat Jonathas : et clamavit Jonathas post tergum pueri, et ait : Ecce ibi est sagitta porro ultra te.

38. Clamavitque iterum Jonathas post tergum pueri, dicens : Festina velociter, ne steteris. Collegit autem puer Jonathæ sagittas et attulit ad dominum suum.

39. Et quid ageretur, penitus ignorabat ; tantummodo enim Jonathas et David rem noverant.

40. Dedit ergo Jonathas arma sua puero, et dixit ei : Vade et defer in civitatem.

41. Cumque abiisset puer, sur-

---

33. — *Et arripuit Saul...* Pour se porter devant toute sa cour et contre son fils à de tels actes de violence, il fallait que Saül fût complètement aveuglé par la fureur.

34. — *Eo quod confudisset Saul.* Saül avait outragé gravement David en le traitant de rebelle et en le déclarant digne de mort. Il faut admirer à cette occasion la générosité d'âme de Jonathas qui est plus affligé du tort fait à son ami que de l'injure qui lui a été faite à lui-mbme.

35. — *Juxta placitum David.* L'hébreu למועד דוד, *lemoed David*, peut encore être traduit : « Au temps convenu avec David », ou : « Pour rencontrer David. » — *Et puer parvulus...* Cette circonstance est à noter. Un enfant devait naturellement être moins soupçonneux.

36. — *Aliam sagittam.* C'est l'interprétation du texte hébreu où on lit : « une flèche ». Il est à présumer que Jonathas a lancé ses trois flèches l'une après l'autre ; mais l'auteur a seulement mentionné celle qui devait indiquer à David quelle était la situation.

38. — *Festina velociter.* Jonathas cherchait à ne pas attirer l'attention de son serviteur.

40. — *Arma sua.* C'est-à-dire l'arc, le carquois et les flèches.

41. — *Qui vergebat ad austrum.* Les faits dont on vient de parler s'étaient passés au

rexit David de loco, qui vergebat ad austrum, et cadens pronus in terram, adoravit tertio; et osculantes se alterutrum, fleverunt pariter, David autem amplius.

42. Dixit ergo Jonathas ad David : Vade in pace; quæcumque juravimus ambo in nomine Domini, dicentes : Dominus sit inter me et te, et inter semen meum et semen tuum usque in sempiternum.

43. Et surrexit David, et abiit; sed et Jonathas ingressus est civitatem.

allé, David se leva du lieu où il était et qui regardait le midi et se prosternant contre terre, il adora trois fois. Et ils s'embrassèrent l'un l'autre et pleurèrent ensemble, et David plus encore.

42. Jonathas donc dit à David : Vas en paix, gardons tout ce que nous avons juré tous les deux, au nom du Seigneur, disant : Que le Seigneur soit entre moi et toi, et entre ma race et ta race à tout jamais.

43. Et David se leva et s'en alla, et Jonathas rentra dans la ville.

CHAPITRE XXI

Or, David s'en alla à Nobé, auprès du grand-prêtre Achimélech, auquel il dit qu'il avait une mission secrète, et auquel il demanda quelque secours, ne fut-ce que cinq pains (vv. 4-3). — Achimélech n'ayant que du pain sanctifié, le lui donna néanmoins sur l'assurance que que lui et ses gens étaient purs (vv. 4-6). — Or, en ce moment l'Iduméen Doëg, un des serviteurs de David, se trouvait dans le tabernacle (v. 7). — David demanda encore une arme, et le grand-prêtre lui donna l'épée de Goliath (vv. 8-9). — David se réfugia ensuite auprès d'Achis, roi de Geth ; mais les serviteurs du roi l'ayant reconnu et ayant rappelé ses exploits contre les Philistins, il craignit pour sa vie et, pour échapper au danger, contrefit l'insensé. Achis alors reprocha à ses serviteurs de lui avoir amené un homme privé de raison, et défendit de laisser entrer David dans sa maison (vv. 14-15).

1. Venit autem David in Nobe ad Achimelech sacerdotem; et obstupuit Achimelech, eo quod venisset

1. Et David vint à Nobé auprès du prêtre Achimélech. Et Achimélech fut très étonné de ce que David

nord de l'endroit où David était caché. Il se trouvait donc du côté sud du rocher dont il a été question, v. 19 et c'est la direction qu'il prit pour aller à Nobé. — *Adoravit tertio.* En témoignage de reconnaissance pour le service que lui rend Jonathas, ainsi que l'explique Josèphe : Προσκυνῶν σωτῆρα, αὐτοῦ τῆς ψυχῆς ἀπεκάλει, « en l'adorant il l'appelait le sauveur de son âme », Avit. j. l. vi, c, xii, § 40. — *David autem amplius.* Hébreu : « Jusqu'à ce que David pleurât fort », c'est-à-dire pleurât tout haut.

42. — *Vade in pace.* Il se pourrait que cette séparation ait été précédée d'un entretien ; mais il ne dut pas être long, car Jonathas avait sans doute à cœur de faire éviter

au plus vite à David les dangers qui le menaçaient.

C. David s'enfuit à Nobé auprès d'Achimélech, puis à Geth, auprès d'Achis, roi des Philistins, xxi.

CHAP. XXI. — *In Nobe.* La ville de Nobé ou Nob, en hébreu. נב, *Nob*, en grec Νομβά, Νοβά, Ναβάθ et Νόβ, est aussi appelée Ναβά par Josèphe, Ant. j. l. vi, c, xii, § 4. La position n'en a pas été reconnue avec certitude. D'après un passage d'Isaïe, Is., x, 30-32, elle était située tout près de Jérusalem, au sud d'Anathoth. D'autre part, S. Jérôme, dans son Epitaphe de Ste Paule, la place près de Lydda et d'Arimathie. Quoi qu'il en soit, M. V. Guérin, Judée, I, 285 et suiv., l'identifie, mais avec

était venu. Et il lui dit : Pourquoi es-tu seul, et aucun homme n'est-il avec toi?

2. Et David dit au prêtre Achimélech : Le roi m'a donné un ordre et m'a dit : Que personne ne sache pourquoi tu es envoyé par moi, et quels commandements je t'ai donnés. Ainsi j'ai divisé mes serviteurs çà et là.

3. Maintenant donc si tu as quelque chose sous la main, ou cinq pains, ou tout ce que tu trouveras, donne-le moi.

4. Et le prêtre, repondant à David, lui dit : Je n'ai pas sous la main des pains ordinaires, mais seulement un pain sacré. Est-ce que vos serviteurs sont purs, surtout des femmes?

2. Et ait David ad Achimelech sacerdotem : Rex præcepit mihi sermonem, et dixit : Nemo sciat rem, propter quam missus es a me, et cujusmodi præcepta tibi dederim; nam et pueris condixi in illum et illum locum.

3. Nunc ergo si quid habes ad manum, vel quinque panes, da mihi, aut quidquid inveneris.

4. Et respondens sacerdos ad David, ait illi : Non habeo laicos panes ad manum, sed tantum panem sanctum : si mundi sunt pueri, maxime a mulieribus.

---

doute, avec le village actuel de Beil-Nouba, et plus loin, ibid, 314, le même auteur propose encore Beit-Annabeh. Les deux villages sont d'ailleurs dans le voisinage de Lydda. Il est encore question dans Néhémie, Neh. XI, 31 et 32, d'une ville de Nob qui est placée à côté d'Anathoth et qui est certainement celle dont parle Isaïe. Nous verrons plus loin que Saül fit détruire Nob, XXII, 19. — *Ad Achimelech.* Achimélech et Achias XIV, 3 sont probablement une seule et même personne. — *Et obstupuit Achimelech, eo quod venisset David.* Hébreu : « Et Achimélech accourut effrayé audevant de David. » En voyant arriver, seul et comme un fugitif, David, le gendre du roi, Achimélech soupçonna que quelque danger le menaçait, car il n'était pas sans savoir la haine que Saül portait à David. Angelomus compare ainsi David à Jésus-Christ : « David ad Achimelech solus venit ; et Christus in passione sua solus relictus est. Quod autem ait David, in illum et in illum locum condixi pueris meis, hoc indicabat quod Dominus Apostolos suos ante passionem suam informans ait : Postquam resurrexero, præcedam vos in Galilæam. »

2. — *Rex præcepit mihi sermonem...* David ne veut pas faire connaître à Achimélech les derniers événements, ni lui avouer qu'il fuit devant Saül, sans doute dans la crainte que le grand-prêtre, pour ne pas attirer sur lui la colère du roi, ne lui refuse aide et protection. Ce mensonge, que la nécessité ne saurait excuser, causa plus tard la mort d'Achimélech et des prêtres, XXII, 9-19 et Davd reconnut lui-même qu'il en était indirectement l'auteur, XXII, 22. — *Nam et pueris condixi...* David voulant s'entretenir seul à seul avec le grand-prêtre et attirer l'attention le moins possible avait laissé ses compagnons en arrière. On ne voit pas que David fût accompagné au moment de sa fuite XX, 43 ; mais ce n'est pas une raison suffisante pour supposer, avec le Dr Erdmann, qu'il était seul en réalité et qu'il eut recours à un mensonge pour faire croire plus facilement à Achimélech qu'il était réellement chargé d'une mission secrète de la part du roi. Dans le fait, aucun motif ne peut nous faire douter de la véracité de David et nous avons même dans l'Évangile de S. Marc, II, 25 et 26 et aussi dans celui de S. Matthieu, XII, 5 et suiv., un témoignage irrécusable en sa faveur, celui de Jésus-Christ lui-même qui mentionne ceux qui se trouvaient avec David.

3. — *Vel quinque panes.* David demande cinq pains, parce qu'il n'était pas seul et que d'ailleurs il voulait avoir des provisions pour quelques jours.

4. — *Sed tantum panem sanctum.* Il s'agit des pains de proposition que l'on venait de remplacer par des pains chauds, ꝟ. 7 ; Cfr. Levit., XXIV, 8. Or, ils étaient considérés comme une chose sainte et ne devaient être mangés que par les prêtres. Levit., XXIV, 9. Mais la question que fait Achimélech montre bien qu'il y avait exception à la règle, en cas de nécessité et moyennant certaines conditions. Or, David en cette occasion était supposé avoir une mission importante à remplir et qui ne souffrait pas de délais. Le Seigneur,

5. Et respondit David sacerdoti, et dixi ei : Equidem si de mulieribus agitur; continuimus nos ab heri et nudiustertius, quando egrediebamur, et fuerunt vasa puerorum sancta; porro via hæc polluta est, sed et ipsa hodie sanctificabitur in vasis.

6. Dedit ergo ei sacerdos sanctificatum panem; neque enim erat ibi panis, nisi tantum panes propositionis, qui sublati fuerant a facie Domini, ut ponerentur panes calidi.

Matth. 12, 3, 4.

7. Erat autem ibi vir quidam de servis Saul, in die illa, intus in ta-

5. Et David repondit au prêtre et lui dit : Assurément, s'il s'agit des femmes. Nous avons été continents hier, et avant hier, quand nous sommes partis, et les corps des serviteurs ont eté saints. Ce chemin sans doute est impur, mais il sera lui-même purifié aujourd'hui, quant à nos corps.

6. Le prêtre lui donna donc du pain sanctifié, car il n'y avait pas de pain, sinon des pains de proposition qu'on avait otés de devant le Seigneur, pour y mettre des pains chauds.

7. Or, il y avait là, ce jour-là, à l'intérieur du tabernacle du Sei-

---

en S. Matthieu, cite l'exemple d'Achimélech pour montrer qu'il ne faut pas toujours s'attacher à la lettre de la Loi, Matt. XII, 5 et suiv. Dans l'Evangile de S. Marc, l'événement dont nous parlons est placé sous Abiathar, Marc., II, 26. Peut-être y a-t-il là une confusion de noms dont nous ne connaissons pas l'origine. Cependant on pourrait encore supposer que le grand-prêtre Achimélech avait deux noms, ou même qu'il était remplacé en certaines occasions par son fils Abiathar. — *Maxime a mulieribus.* Cfr. Levit., xv, 18.

5. — *Equidem, si de mulieribus... quando egrediebamur.* Hébreu : « Mais les femmes ont été fermées hier et avant-hier à ma sortie. » La question d'Achimélech pourrait être ainsi formulée : « Pourvu que les serviteurs ne soient pas impurs » ce à quoi David répond : « Ce n'est pas le cas, mais... » — *Et fuerunt vasa puerorum sancta.* Le mot *vasa*, en hébreu כלי, *keli*, peut signifier les armes, et toute sorte d'ustensiles quelconques qui auraient été atteints d'une impureté légale, Levit., XI, 32 et suiv., XIII, 57 et suiv., XV, 18. Les pains de proposition qui, en cas de nécessité, pouvaient être mangés par d'autres personnes que des prêtres, pourvu qu'elles n'eussent contracté aucune souillure lévitique, ne devaient pas non plus être mis en contact avec des objets impurs. Voilà pourquoi David répond : « Et fuerunt vasa... » Nous ne pensons donc pas qu'il faille, avec le Dr Keil, entendre par là uniquement *les habits,* et d'autant plus que le mot כלי n'est jamais pris dans ce sens. — *Porro via hæc...* Corneille Lapierre interprète ce passage difficile ainsi : Il n'est pas habituellement permis aux laïques de manger les pains de proposition; mais ces pains ne seront pas souillés, car ils seront

reçus dans des corps saints et la nécessité nous sert d'excuse. Les auteurs modernes ont imaginé des explications plus ingénieuses et plus subtiles, mais qui nous paraissent moins satisfaisantes. Les uns pensent que David fait allusion à la demande que vient de faire Achimélech et l'on pourrait alors interpréter avec le Dr Erdmann : « Si cette manière d'agir n'est pas sainte, elle le deviendra aujourd'hui par l'instrument », c'est-à-dire par Achimélech qui me livre les pains de proposition. Selon le Dr Keil, il est question de la prétendue mission confiée à David et, dans ce cas, le sens serait le suivant : « Si l'entreprise qui m'a été confiée par le roi n'est pas sainte, elle sera sanctifiée aujourd'hui par les instruments, c'est-à-dire par ceux qui sont chargés de la mettre à exécution. On sait d'ailleurs que le mot כלי, *keli,* s'emploie aussi des hommes, Is., XIII, 5; Jer. L, 25. Quoi qu'il en soit, il est certain qu'en pareil cas David avait une excuse légitime dans la nécessité; mais de plus il était l'élu du Seigneur et, en cette qualité, il possédait évidemment des privilèges plus étendus que le commun du peuple.

6. — *Qui sublati fuerant...* On fait remarquer comme circonstance atténuante que les pains qui furent livrés à David n'étaient pas ceux qui se trouvaient en ce moment sur la table de proposition, mais ceux qu'on venait d'en retirer pour les remplacer par d'autres, selon les prescriptions de la Loi, Levit., XXIV, 6-9.

7. — *Intus in tabernaculo.* Hébreu : Enfermé dans le tabernacle ». Nous ne savons pour quelle raison Doëg se trouvait là. Ce pouvait être parce qu'il avait besoin d'être purifié, ou parce qu'il était soupçonné d'avoir la lèpre,

gneur, un des serviteurs de Saül, un iduméen nommé Doëg le plus puissant des bergers de Saül.

8. Et David dit à Achimélech : As-tu sous la main une lance ou un glaive? Car je n'ai pas pris avec moi mon glaive et mes armes, parce que l'ordre du roi pressait.

9. Et le prêtre lui dit : Il y a là le glaive de Goliath le Philistin que tu as tué dans la vallée de Térébinthe. Il est enveloppé d'un manteau derrière l'Ephod. Si tu veux le prendre, prends-le, car ici il n'y en a pas d'autre que lui. Et David dit : Aucun autre ne lui est semblable, donne-le moi.

10. David se leva donc et s'enfuit ce jour là loin de Saül, et vint chez Achis roi de Geth.

11. Et les serviteurs d'Achis lui dirent, lorsqu'ils eurent vu David : N'est-ce pas ce David roi du pays?

bernaculo Domini; et nomen ejus Doeg Idumæus, potentissimus pastorum Saul.

8. Dixit autem David ad Achimelech : Si habes hic ad manum hastam, aut gladium? quia gladium meum, et arma mea non tuli mecum; sermo enim regis urgebat.

9. Et dixit sacerdos : Ecce hic gladius Goliath Philisthæi, quem percussisti in valle Terebenthi, est involutus pallio post ephod; si istum vis tollere, tolle; neque enim hic est alius absque eo. Et ait David: Non est huic alter similis, da mihi eum.

10. Surrexit itaque David, et fugit in die illa a facie Saul; et venit ad Achis regem Geth :

11. Dixeruntque servi Achis ad eum cum vidissent David : Numquid non iste est David rex terræ? nonne

---

Cfr. Levit., XIII, 4. — *Potentissimus pastorum Saul.* C'est-à-dire, le chef des pasteurs de Saül, en hébreu « le puissant des pasteurs » אבור הרעים *abir haroim*. Les Septante ont traduit: νέμων τὰς ἡμιόνους, « faisant paître les mulets » de Saül; mais ils sont en contradiction avec toutes les versions et du reste ce n'est que sous le règne de David que les mulets nous sont signalés comme servant de monture aux princes, Cfr. II Rois XIII, 29; XVIII, 9. C'est aussi à la même époque qu'ils sont mentionnés pour la première fois avec les bêtes de somme, c'est-à-dire les ânes, les chameaux et les bœufs. Avant le règne de David, ou tout au moins du temps des Juges, les fils des rois montaient des ânesses Cfr. Jug., X, 4, XII, 14.

9. — *In valle Terebinthi.* Cfr. XVII, 2. — *Est involutus pallio.* C'était sans doute pour préserver cette épée de la poussière et de la rouille. — *Post ephod.* On voit par là l'importance que l'on attachait à ce trophée.

10. — *Et fugit in die illa.* Il ne faut pas entendre ces mots en ce sens que la fuite de David n'a réellement commencé qu'au moment où il sortit de Nob, où il était déjà arrivé en fugitif après avoir pris congé de Jonathas. — *Et venit ad Achis.* Achis est appelé Achimélech dans le Ps., XXXIV (hebreu), Abimélech dans la Vulgate (XXXIII). C'était sans doute le titre habituel des satrapes de Geth. Si David quitte si promptement le pays et se réfugie chez les Philistins, c'est sans doute parce que les renseignements que lui avait donnés Jonathas l'avaient jeté dans un grand trouble. Quelques années apparemment s'étaient écoulées depuis qu'il avait vaincu Goliath; c'est pourquoi il pouvait espérer rester ignoré et ne pas attirer l'attention, puisqu'il n'était connu que de peu de Philistins, mais il se trompait. Certains critiques élèvent des doutes sur la véracité de ce passage et voudraient confondre cette fuite avec celle du ch. XXVII, mais en réalité sans aucune preuve. Les circonstances évidemment ne sont pas les mêmes. Si l'on fait remarquer qu'il n'est pas vraisemblable que, dès le commencement de sa fuite, David ait pris le parti extrême de se réfugier chez les Philistins, il suffira de répondre que l'ensemble du verset montre bien que David se trouvait sous le coup d'une violente émotion, ce qui explique suffisamment qu'il ait pu prendre une pareille détermination. Quant à l'épée de Goliath qui aurait dû le trahir et dont on tire prétexte pour faire une objection, il convient de faire observer que l'Ecriture ne dit pas que David l'ait emportée chez les Philistins. Il en avait besoin sans doute pour atteindre la frontière; mais pendant la route il put se procurer une autre arme.

11. — *Rex terræ.* Les serviteurs d'Achis désignent ainsi David, non sans doute parce

huic cantabant per choros, dicentes : Percussit Saul mille, et David decem millia?

12. Posuit autem David sermones istos in corde suo, et extimuit valde a facie Achis regis Geth.

13. Et immutavit os suum coram eis, et collabebatur inter manus eorum, et impingebat in ostia portæ, defluebantque salivæ ejus in barbam.

14. Et ait Achis ad servos suos : Vidistis hominem insanum : quare adduxistis eum ad me?

15. An desunt nobis furiosi, quod introduxistis istum, ut fureret, me præsente? hiccine ingredietur domum meam?

Est-ce qu'on ne lui chantait pas en chœur en disant : Saül en a tué mille, et David dix mille?

12. Or, David plaça ces paroles dans son cœur, et craignit extrêmement devant Achis, roi de Geth.

13. Et il contrefit son visage devant eux, et il tombait entre leurs mains, et il se heurtait contre les poteaux des portes, et sa salive coulait sur sa barbe.

14. Et Achis dit à ses serviteurs : Vous avez vu que cet homme était insensé, pourquoi me l'avez-vous amené?

15. Est-ce qu'il nous manque des furieux, que vous avez introduit celui-ci, pour qu'il entre en fureur en ma présence? Cet homme entrera-t-il dans ma maison?

---

qu'ils connaissent son élection et son sacre, mais à cause de sa victoire sur Goliath et de ses autres exploits. Il est aussi permis de penser que la gloire de David avait plus ou moins relégué dans l'ombre la personne de Saül. En tout cas, il est difficile de savoir si les serviteurs du satrape philistin avaient l'intention d'honorer le fugitif et de lui faire fête, ou s'ils voulaient simplement le représenter comme un homme dangereux. Le contexte rend la seconde supposition plus vraisemblable.

12. — *Posuit autem David...* Probablement David entendit les paroles du verset précédent au moment même où il parut au milieu des courtisans et il dut immédiatement prendre la résolution de simuler la folie. Autrement on aurait pu s'apercevoir que ce n'était qu'une feinte. L'histoire de la fuite de David chez les Philistins et de sa délivrance forme le fond du Ps., XXXIII qui porte pour titre : « Davidi cum immutavit vultum suum coram Achimelech, et dimisit eum et abiit. » Comme nous l'avons déjà fait remarquer ỷ. 10, le nom d'Achimélech ou d'Abimélech était le nom générique des satrapes de Geth. Il est d'ailleurs assez naturel que le vrai nom se rencontre dans l'histoire plutôt que dans la poésie.

13. — *Et immutavit os suum.* C'est-à-dire il simula la folie. — *Et impingebat.* D'après l'hébreu, « il faisait des signes, il écrivait sur les portes »; mais il est probable qu'au lieu de lire ויתו, *vaïtav*, on devrait lire ויתף, *vaïathoph*, « il battait du tambour (sur les portes », ἐτυμπάνιζεν, comme ont traduit les Septante.

15. — *Ut fureret me præsente.* Achis croit que David est réellement fou et craint qu'il ne lui arrive malheur à lui-même. — *Hiccine ingredietur...* Achis refuse d'admettre David dans sa maison, mais on ne voit pas qu'il l'ait fait expulser du territoire.

CHAPITRE XXII

David quitta donc le pays des Philistins, et se réfugia dans la caverne d'Odollam où il fut rejoint par sa famille, et environ quatre cents hommes (❣❣. 1-2). — Il partit ensuite de là, arriva à Maspha chez les Moabites, et confia à leur roi son père et sa mère ; puis, averti par le prophète Gad, passa dans la terre de Juda (❣❣. 3-5). — Saül, apprenant que David avait reparu, se plaignit à ses serviteurs, et leur reprocha de favoriser son ennemi (❣❣. 6-8). — Alors Doëg l'informa qu'il avait vu David à Nobé auprès d'Achimélech qui avait consulté le Seigneur pour lui, et lui avait donné l'épée de Goliath (❣❣. 9-10). — Saül envoya donc chercher Achimélech avec sa famille, et les prêtres qui étaient à Nobé, et l'accusa de l'avoir trahi (❣❣. 11-13). — Pour se justifier, Achimélech fit l'éloge de David, et affirma qu'il ne comprenait rien à l'accusation formulée contre lui (❣❣. 14-15). Mais Saül le condamne à mourir avec toute sa famille, et commande à ses émissaires de masacrer les prêtres ; sur le refus des émissaires, l'Iduméen Doëg, mit à mort tous les prêtres (❣❣. 16-18). — Saül fit ensuite détruire la ville de Nobé et périr ses habitants (❣. 19). — Toutefois Abiathar, fils d'Achimélech, parvint à s'échapper et s'enfuit auprès de David, auquel il raconta ce qui venait d'arriver (❣❣. 20-21). — David lui répondit qu'il avait prévu que Doëg révèlerait tout à Saül, et qu'il était la cause de la ruine de sa famille ; puis il l'engagea à rester près de lui (❣❣. 22-23).

1. David s'en alla donc et s'enfuit dans la caverne d'Odollam. Lorsque ses frères et toute la maison de son père l'eurent appris, ils descendirent auprès de lui.

2. Et vers lui accoururent tous ceux qui étaient dans le besoin et pressés pour l'argent d'autrui, et

1. Abiit ergo David inde, et fugit in speluncam Odollam. Quod cum audissent fratres ejus, et omnis domus patris ejus, descenderunt ad eum illuc.

2. Et convenerunt ad eum omnes qui erant in angustia constituti, et oppressi aere alieno, et amaro animo ;

D. Course fugitive de David dans le pays de Juda et dans le pays de Moab. Saül massacre les prêtres de Nobé, xxii.

Chap. xxii. — 1. — *In speluncam Odollam.* Cette caverne est identifiée par plusieurs avec la grotte appelée Merharet kharitoun située à 8 kil. de Bethléhem, et non a 16, comme nous l'avons dit par erreur dans Josué, xii, 16. La même opinion régnait au moyen âge. Toutefois il convient de remarquer que la ville d'Odollam est mentionnée parmi les cités de la plaine de Juda, Jos., xv, 35 et que d'après l'Onomasticon elle était à dix milles d'Eleuthéropolis vers l'ouest Ἀδολὰμ φυλῆς Ἰούδα, κώμη νῦν ἐστι μεγίστη πρὸς ἀνατολὰς Ἐλευθεροπόλεως ὡς ἀπὸ σημείων ι, « Adolam de la tribu de Juda est maintenant un très gros bourg à l'orient d'Eleuthéropolis, à la distance d'environ dix milles. » En ce cas, il est impossible de placer la ville d'Odollam au Khirbet Kharitoun et de voir dans la grotte qui l'avoisine celle où se réfugia David. Robinson II, 610 et suiv., propose la caverne de Deir Doullam près d'Iarmouk, et Tobler reconnaît la grotte d'Odollam près du village de Bat-Doula. En résumé, il est difficile de se

former une opinion sur la question. Le Ps. LVI qui a pour titre : « Ne disperdas, David inscriptionem, cum fugeret a facie Saul in speluncam », peut se rapporter soit à la fuite de David dans la caverne d'Odollam, soit à son autre fuite dans la caverne d'Engaddi, c. xxiv. En tout cas la situation est la même, et chaque fois David éprouve que sa confiance en Dieu ne l'a pas trompé. — *Descenderunt ad eum.* La famille de David avait tout à craindre de Saül qui pouvait se porter envers elle aux dernières extrémités et lui faire ressentir les effets de la haine qu'il portait à l'un de ses membres. Aussi les frères et toute la famille du fugitif vont chercher un refuge auprès de lui.

2. — *In angustia constituti.* Probablement ceux qui avaient été persécutés par Saül a cause de David. — *Et oppressi aere alieno.* Ceux qui sous le mauvais gouvernement de Saül étaient opprimés par leurs créanciers au mépris de la Loi, Ex., xxii, 25 ; Levit., xxv, 36 ; Deut., xxiii, 19. — *Et amaro animo.* Les hommes mécontents du gouvernement de Saül, et qui, pour cette raison, s'attachaient à un chef sur lequel ils fondaient les plus grandes espérances. — *Quasi*

et factus est eorum princeps, fueruntque cum eo quasi quadringenti viri.

3. Et profectus est David inde in Maspha, quæ est Moab, et dixit ad regem Moab : Maneat, oro, pater meus et mater mea, vobiscum, donec sciam quid faciat mihi Deus.

4. Et reliquit eos ante faciem regis Moab; manseruntque apud eum cunctis diebus, quibus David fuit in præsidio.

5. Dixitque Gad propheta ad David : Noli manere in præsidio, proficiscere, et vade in terram Juda.

avaient le cœur aigri, et il devint leur chef, et il eut avec lui environ quatre cents hommes.

3. Et David partit de là pour Maspha qui est en Moab; et il dit au roi de Moab : Je vous en prie, que mon père et ma mère demeurent avec vous, jusqu'à ce que je sache ce que Dieu fera de moi.

4. Et il les laissa chez le roi de Moab, et ils demeurèrent chez lui tout le temps que David resta dans la forteresse.

5. Et le prophète Gad dit à David : Ne reste pas dans la forteresse, pars et va dans la terre de

---

quadringinti viri. Ce nombre se monta bientôt à six cents, xxiii, 13. Cette troupe avait un chef, était soumise à l'autorité d'un seul et ne saurait être comparée à un ramassis de gens sans aveu, car rien dans l'Ecriture n'autorise une pareille supposition. Il est donc tout à fait faux d'assimiler David à un chef de brigands, à un *condottiere* du moyen âge. C'est méconnaître complètement la situation, et faire abstraction de la position que la nation juive occupait vis à vis des peuples voisins et en particulier des Philistins. Nous ne voyons point d'ailleurs que David et ses gens se soient mis en révolte contre Saül. Enfin, on trouve ailleurs, I Paral., xii, la liste des plus braves de ces guerriers, qui, sous la conduite de David et au milieu des épreuves qu'ils subirent, devinrent des héros d'un courage indomptable.

3. — *In Maspha, quæ est Moab.* La position de Maspha de Moab n'est point connue, mais comme le mot מצפה, *mitspeh,* signifie *observatoire,* on est porté à conclure que cette ville se trouvait sur une hauteur. On pense aussi qu'elle n'était point sur le territoire proprement dit des Moabites, au sud de l'Arnon, mais beaucoup plus au nord. En effet, il est à supposer que les Moabites occupaient à cette époque la partie méridionale du territoire des tribus transjordaniques, d'autant plus que nous voyons David leur faire la guerre, xiv, 47. Maspha était vis-à-vis de Jéricho, de façon qu'il fut facile de passer d'un territoire à l'autre. Plusieurs proposent donc, mais avec doute, le Djebel Attarus comme l'emplacement de Maspha. — *Ad regem Moab.* Il faut se rappeler que Ruth, l'aïeule de David, était Moabite et c'est sans doute pour cette raison que David cherche et trouve un asile dans le pays de Moab. — *Pater meus et mater mea.* Si David confie son père et sa mère au roi de Moab, c'est sans doute parce que la position était devenue trop dangereuse dans les environs d'Odollam. — *Donec sciam...* David est convaincu de la justice de sa cause et par conséquent il espère que Dieu mettra un terme à sa vie errante.

4. — *In præsidio.* L'hébreu מצודה, *metsoudah,* désigne proprement le sommet d'une montagne, et par suite une citadelle ou un château-fort. Il s'agit donc de la ville de Maspha elle-même et non pas d'une hauteur quelconque dans le voisinage d'Odollam et sur laquelle David se serait retranché, encore moins de la caverne d'Odollam. Le verset suivant le prouve, car nous y voyons que le prophète Gad enjoint à David de ne pas rester *in præsidio,* mais de s'en aller dans le pays de Juda.

5. — *Gad propheta.* C'est la première fois que ce prophète est mentionné. Il appartenait probablement à l'école de Samuel et il ne serait pas invraisemblable qu'il fût venu de sa part pour avertir David de ne pas rester où il était. Nous ne savons pas si, depuis cette époque, il resta auprès de David pour l'aider de ses conseils. Ailleurs, il est appelé le Voyant de David, I Paral. xxi, 9 et c'est lui qui annonce à ce roi le châtiment qui lui sera infligé pour avoir recensé le peuple, II Rois, xxiv, 11 et suiv., et qui écrivit son histoire, I Paral., xxix, 29. — *Et vade in terram Juda.* David ne devait pas chercher un refuge en dehors du pays, afin de ne pas se rendre étranger à sa patrie et à son peuple, et aussi afin d'apprendre à mettre en Dieu toute sa confiance. On pourrait supposer que les Philistins avaient envahi de nouveau la partie méridionale du pays de Juda, et que l'inter-

Juda. Et David partit et vint dans le bois de Haret.

6. Et Saül apprit que David et les hommes qui étaient avec lui, s'étaient montrés. Et Saül, pendant qu'il demeurait à Gabaa et qu'il était dans le bois qui est à Rama, tenant à la main sa lance, et tous ses serviteurs étant rangés autour de lui,

7. Dit à ses serviteurs, qui étaient auprès de lui : Ecoutez maintenant, fils de Jémini! Est-ce que le fils d'Isaï vous donnera à tous des champs et des vignes, et vous fera-t-il tous tribuns et centurions,

8. Pour que vous soyez tous conjurés contre moi, sans qu'il y ait personne qui m'instruise, surtout lorsque mon fils a contracté alliance avec le fils d'Isaï? Il n'y a personne parmi vous qui pleure mon malheur et qui m'avertisse, parce que mon fils a suscité contre moi mon serviteur, qui me tend des embuches jusqu'à ce jour.

9. Et Doëg l'iduméen qui était présent et qui était le premier parmi les serviteurs de Saül répondit : J'ai vu le fils d'Isaï à Nobé chez le prêtre Achimélech fils d'Achitob.

Et profectus est David, et venit in saltum Haret.

6. Et audivit Saul quod apparuisset David, et viri qui erant cum eo. Saul autem cum maneret in Gabaa, et esset in nemore, quod est in Rama, hastam manu tenens, cunctique servi ejus circumstarent eum,

7. Ait ad servos suos qui assistebant ei : Audite nunc, filii Jemini; numquid omnibus vobis dabit filius Isai agros et vineas, et universos vos faciet tribunos, et centuriones,

8. Quoniam conjurastis omnes adversum me, et non est qui mihi renuntiet, maxime cum et filius meus fœdus inierit cum filio Isai? Non est qui vicem meam doleat ex vobis, nec qui annuntiet mihi; eo quod suscitaverit filius meus servum meum adversum me, insidiantem mihi usque hodie.

9. Respondens autem Doeg Idumæus, qui assistebat, et erat primus inter servos Saul : Vidi, inquit, filium Isai in Nobe, apud Achimelech filium Achitob sacerdotem,

---

vention de David et de sa troupe était nécessaire pour délivrer la contrée. — *In saltum Hareth.* On ne sait au juste où se trouvait cette forêt.

6. — *In nemore.* Hébreu : « Sous le tamarin », תחת האשל. *thakhath haëschel.* — *Quod est in Rama.* Hébreu : ברמה, *baramah,* ce qui sans aucun doute peut se traduire : « Sur la hauteur ». — *Hastam manu tenens.* Saül tenait sa lame ou son épée en guise de sceptre. — *Cunctique servi ejus.* On voit qu'il s'agit d'une sorte de grand conseil ou de cour plénière, où l'on délibère sur les affaires de l'Etat.

7. — *Audite me, filii Jemini.* Saül avait choisi dans sa propre tribu les principaux officiers de la cour. — *Numquid omnibus vobis.* Hébreu : « Aussi (גם *gam*) à vous tous », c'est-à-dire, David qui n'est point de votre tribu ne favorisera-t-il pas davantage la sienne? Saül s'adresse à ceux qu'il a comblés d'honneurs et de biens et qui ne peuvent espérer autant d'un autre côté.

8. — *Quoniam conjurastis omnes.* Saül se figure faussement que tous, y compris son fils, ont conjuré sa perte. — *Maxime cum et filius meus...* Saül était donc au courant, au moins dans une certaine mesure, de ce qui est raconté plus haut, xx, 12-17. — *Eo quod suscitaverit.* Saül accuse injustement son fils d'avoir suscité quelqu'un contre lui et tout aussi injustement David de chercher à le supplanter et à lui enlever son royaume.

9. — *Primus inter servos.* D'après cela, on peut donc supposer que Doëg remplissait en quelque sorte les fonctions de maréchal du palais. Il n'y a pas là contradiction avec ce qui est dit plus haut, xxi, 8, et l'on ne doit pas traduire נצב על, *nittsab al,* par, « était assis parmi », car cette expression hébraïque indique toujours une prééminence. — *In Nobe.* V. xxi, 1.

CHAPITRE XXII

10. Qui consuluit pro eo Dominum, et cibaria dedit ei, sed et gladium Goliath Philisthæi dedit illi.

11. Misit ergo rex ad accersendum Achimelech sacerdotem, filium Achitob et omnem domum patris ejus, sacerdotum, qui erant in Nobe, qui universi venerunt ad regem.

12. Et ait Saul ad Achimelech : Audi, fili Achitob. Qui respondit : Præsto sum, domine.

13. Dixitque ad eum Saul : Quare conjurastis adversum me, tu et filius Isai, et dedisti ei panes et gladium, et consuluisti pro eo Deum, ut consurgeret adversum me, insidiator usque hodie permanens.

14. Respondensque Achimelec regi, ait : Et quis in omnibus servis tuis, sicut David fidelis, et gener regis, et pergens ad imperium tuum, et gloriosus in domo tua?

10. Il a consulté pour lui le Seigneur, et lui a donné de la nourriture, et il lui a donné aussi le glaive de Goliath le Philistin.

11. Le roi envoya donc quérir le prêtre Achimélech, fils d'Achitob, et toute la maison de son père, les prêtres qui étaient à Nobé. Ils vinrent tous auprès du roi.

12. Et Saül dit à Achimélech : Ecoute, fils d'Achitob. Il lui répondit : Me voici, Seigneur.

13. Et Saül lui dit : Pourquoi avez-vous conjuré contre moi, toi et le fils d'Isaï, et lui as-tu donné des pains et un glaive, et as-tu consulté Dieu pour lui, afin qu'il s'élevât contre moi, continuant à me tendre des embûches jusqu'à ce jour.

14. Et Achimélech, répondant au roi, lui dit : Et qui parmi tous tes serviteurs est aussi fidèle que David, et gendre du roi, et marchant à ton commandement, et illustre dans ta maison?

---

10. — *Qui consuluit.* Au chapitre précédent, la consultation du Seigneur n'a pas été mentionnée ; mais néanmoins elle a pu avoir lieu, car Achimélech semblerait confirmer plus loin, ỷ. 15, les dires de Doeg. Il ne serait donc pas exact de penser que Doeg s'était trompé, et avait cru que le grand-prêtre avait pris l'éphod pour consulter le Seigneur au moment où il alla chercher l'épée de Goliath qui était *derrière l'éphod*. On pourrait plutôt admettre qu'il a menti, Cfr. ỷ. 15.

11. — *Et omnem domum patris ejus.* C'est-à-dire tous les prêtres qui étaient à Nobé avec Achimélech.

14. — *Et qui in omnibus...* Achimélech, pour montrer qu'il a agi sans arrière-pensée, fait valoir la position que David occupait près du roi. Ses paroles révèlent une conscience pure et sans reproche. Le discours d'Achimélech ne suppose point absolument, comme le prétend Ed. Reuss, « que rien avant l'arrivée de David à Nob, n'avait transpiré sur les sentiments de Saül, de manière à arriver jusqu'au prêtre. » En effet, le ỷ. 1 du chap. précédent prouverait le contraire. On comprend d'ailleurs que le grand-prêtre ne connaissait pas toute la vérité et qu'il put ajouter foi aux paroles de David qui, jusqu'a-lors, avait conservé sa position auprès du roi. L'auteur précité n'est donc point fondé à affirmer qu'il y a peu de suite dans les traditions qui ont servi à composer ces récits. D'autre part, la justification d'Achimélech était donc parfaitement légitime. — *Et pergens ad imperium tuum.* Les mots וְסָר אֶל־מִשְׁמַעְתֶּךָ, *veçar el mischmatéka*, sont généralement traduits : « Ayant accès à ton audience (secrète). » En effet, le sens de מִשְׁמַעַת est déterminé par d'autres passages, II Rois, XXIII, 23 ; I Paral., XI, 25, où le traducteur de la Vulgate l'a entendu comme nous le faisons. Quant au verbe סוּר, *sour*, il signifie proprement *se détourner pour entrer chez quelqu'un, pour voir quelque chose*. Ex. III, 3 ; Ruth, IV, 1, et ici, « avoir accès, être introduit. » Si telle avait été en réalité la situation de David à l'époque dont il est question, le grand-prêtre n'avait commis aucune injustice et s'était conduit en sujet fidèle. Or, Achimélech disait vrai, car David, malgré les accès de fureur intermittente de Saül, avait joui en effet des prérogatives de gendre du roi et de l'influence que lui donnaient et sa position et ses exploits militaires.

15. — *Num hodie cæpi...* Si l'on admet que Doeg a dit vrai, V. ỷ. 10, on devrait

15. Est-ce aujourd'hui que j'ai commencé à consulter Dieu pour lui? Loin de moi chose pareille! Que le roi ne soupçonne pas de pareille chose ton serviteur dans toute la maison de mon père. Car ton serviteur n'a rien su de cette affaire ni beaucoup, ni peu.

16. Et le roi dit : Tu mourras de mort, Achimélech, toi et toute la maison de ton père.

17. Et le roi dit aux émissaires qui l'environnaient : Tournez-vous et tuez les prêtres du Seigneur, car leur main est avec David. Ils savaient qu'il avait fui, et ils ne me l'ont pas indiqué. Mais les serviteurs du roi ne voulurent pas étendre leurs mains sur les prêtres du Seigneur.

18. Et le roi dit à Doëg : Tourne-toi et jette-toi sur les prêtres. Et Doëg l'Iduméen se tourna et se jeta sur les prêtres, et il égorgea ce jour-là quatre-vingt-cinq hommes revêtus de l'éphod de lin.

19. Et il frappa de la pointe du

15. Num hodie cœpi pro eo consulere Deum? absit hoc a me; ne suspicetur rex adversus servum suum rem hujuscemodi, in universa domo patris mei; non enim scivit servus tuus quidquam super hoc negotio, vel modicum vel grande.

16. Dixitque rex : Morte morieris Achimelech, tu, et omnis domus patris tui.

17. Et ait rex emissariis, qui circumstabant eum : Convertimini, et interficite sacerdotes Domini : nam manus eorum cum David est : scientes quod fugisset, et non indicaverunt mihi. Noluerunt autem servi regis extendere manus suas in sacerdotes Domini.

18. Et ait rex ad Doeg : Convertere tu, et irrue in sacerdotes. Conversusque Doeg Idumæus, irruit in sacerdotes, et trucidavit in die illa octoginta quinque viros vestitos ephod lineo.

19. Nobe autem civitatem sacer-

---

interpréter ainsi : Ce n'est pas la première fois que j'ai consulté le Seigneur au sujet des entreprises de David et des missions dont le roi l'avait chargé. Cependant, tout bien considéré, le contexte ne semble pas permettre une interprétation de ce genre, et donne plutôt à entendre qu'Achimélech repousse une accusation injuste et nie avoir jamais consulté le Seigneur pour David. En ce cas, le sens serait l'équivalent de ceci : « Je n'ai jamais interrogé le Seigneur pour David; est-ce aujourd'hui que j'aurais commencé? » — *Absit hoc a me.* Loin de moi la pensée d'avoir voulu conspirer contre mon souverain, ainsi que j'en suis accusé. — *Non enim scivit...* Ton serviteur ne comprend absolument rien à l'accusation et aux reproches dont il est l'objet, ou mieux encore : ton serviteur n'a jamais rien entendu dire au sujet de la conspiration dont tu parles. Au reste, le discours d'Achimélech suppose qu'il ignorait quels étaient au fond les véritables sentiments de Saül à l'égard de David, et la chose n'est point en soi invraisemblable.

17. — *Emissariis.* Hébreu : « Aux coureurs », c'est-à-dire soit aux hommes que le roi employait pour être les ministres de sa justice, soit aux gardes qui couraient devant lui ou à côté quand il paraissait en public. Cfr. ix, 11 et II Rois, x, 25. — *Noluerunt autem.* C'était par respect pour le caractère sacerdotal, ainsi que l'indique l'expression *sacerdotes Domini.* On peut voir à cette occasion que la rage aveugle de Saül avait affaibli la discipline et amené le mépris de l'autorité.

18. — *Et trucidavit...* Il n'est pas invraisemblable de supposer que Doeg tua tous les prêtres de sa main. Il pouvait avoir sous ses ordres des hommes de nationalité étrangère comme lui, et qui n'eurent garde de se refuser à l'assister dans son odieuse tâche. — *Vestitos ephod lineo.* Nous apprenons par là que les simples prêtres portaient un éphod façonné sur le modèle de celui du grand-prêtre. La mention de cette circonstance sert à montrer l'énormité du crime de Saül et de l'iduméen Doëg. Le vêtement sacré que portaient les prêtres aurait dû suffire pour les protéger et pour écarter d'eux la main de leurs bourreaux.

19. — *Nobe autem...* Saül traite la ville de Nobé comme une ville vouée à l'anathème,

dotum percussit in ore gladii, viros et mulieres, et parvulos, et lactentes, bovemque et asinum, et ovem in ore gladii.

20. Evadens autem unus filius Achimelech, filii Achitob, cujus nomen erat Abiathar, fugit ad David,
21. Et annuntiavit ei quod occidisset Saul sacerdotes Domini.
22. Et ait David ad Abiathar : Sciebam in die illa, quod cum ibi esset Doeg Idumæus, procul dubio annuntiaret Sauli : ego sum reus omnium animarum patris tui.
23. Mane mecum, ne timeas : si quis quæsierit animam meam, quæret et animam tuam, mecumque servaberis.

glaive Nobé la ville des prêtres, hommes et femmes, et enfants et nourrissons; et les bœufs et les ânes et les brebis tombèrent sous le glaive.
20. Mais un fils d'Achimélech, fils d'Achitob, nommé Abiathar, s'échappa et s'enfuit vers David.
21. Et il lui annonça que Saül avait tué les prêtres du Seigneur.
22. Et David dit à Abiathar : Je savais ce jour-là que, puisque Doëg l'Iduméen y était, il l'annoncerait sans doute à Saül. Je suis coupable de tout ce qui est mort à ton père.
23. Demeure avec moi, ne crains rien. Si quelqu'un demande ta vie, il demandera aussi ma vie, et tu seras sauvé avec moi.

Cfr. Deut., xii, 13 et suiv., et prétend venger la cause de Dieu, même en châtiant les fauteurs présumés d'une prétendue conjuration contre sa personne, comme s'il s'agissait d'un attentat contre Dieu.

20. — *Abiathar*. C'est la première fois qu'il est fait mention de ce personnage. Il resta fidèle à David pendant tout son règne, XXIII, 9xxx, 7; II Rois, xv, 24, 29, 35; III Rois, II, 26 ; mais, plus tard, il prit parti pour Adonias et fut dépouillé par Salomon de la dignité sacerdotale, III Rois, II, 26-27; Cfr. II Rois, VIII, 17. On ne sait comment il échappa au massacre ; peut-être était-il resté a Nobé pour remplir les fonctions sacerdotales. — *Ad David*. Hébreu : « Après David », ce qui fait allusion à sa vie errante.

22. — *Ego sum reus*... David avoue qu'il a causé la mort de tant de personnes, en allant à Nobé et en s'y arrêtant, bien qu'il connût la présence de l'Iduméen Doeg.

Comme on le voit, il se juge très-sévèrement.

23. — *Mane mecum*. Depuis ce moment le grand-prêtre suit David et reste attaché à sa cause sans que David ait rien fait pour obtenir un pareil résultat. — *Si quis quæsierit*... Voici le sens de ce passage : Saül, qui en veut à ta vie, en veut aussi à la mienne ; or, tu peux rester auprès de moi sans crainte, car je suis assuré de la protection divine. Il faut en quelque sorte renverser la proposition. David en parlant ainsi a la ferme confiance que Dieu le mettra à l'abri des attaques de son ennemi. Le crime de Saül ne pouvait d'ailleurs que confirmer sa foi, car il devait y voir la marque de l'endurcissement qui était de nature à accélérer sa chute. Les Septante pour tourner la difficulté ont traduit : « Quelque endroit que je cherche pour moi, je le chercherai aussi pour toi », ὅτι οὖν ἐὰν ζητησῶ τῇ ψυχῇ μου τόπον ζητήσω καὶ τῇ ψυχῇ σοῦ.

CHAPITRE XXIII

David, apprenant que la ville de Céila est assiégée, consulte le Seigneur qui lui ordonne d'aller la secourir (vv. 1-2). — Mais ses gens, craignant de le suivre, il consulte de nouveau le Seigneur qui lui répond qu'il triomphera des Philistins (vv. 3-4). — Il partit donc, battit l'ennemi, et délivra Céila (v. 5). — Or, Abiathar avait emporté l'éphod, et David, sur la nouvelle que Saül se préparait à l'assiéger dans Céila, lui ordonna de prendre l'éphod et de consulter le Seigneur, pour savoir si les habitants de la ville le livreraient à son ennemi; et le Seigneur répondit qu'ils le livreraient (vv. 6-12). — David sortit donc de Céila, et s'en alla dans le désert de Ziph, toujours poursuivi par Saül (vv. 13-14). — Pendant qu'il était dans une forêt de ce désert, Jonathas vint le trouver, le rassura sur son avenir, renouvela alliance avec lui, puis s'en retourna (vv. 15-18). — Or, les habitants de Ziph vinrent révéler à Saül la retraite de David, et lui proposèrent de le lui livrer (vv. 19-20). — Saül les remercia et les engagea à bien s'assurer de l'endroit où était réfugié son ennemi pour qu'il pût s'en emparer (vv. 21-23). — Les habitants de Ziph s'en retournèrent; David, qui était dans le désert de Maon, se réfugia dans les rochers lorsqu'il apprit que Saül le poursuivait (vv. 24-25). — Or, David avec ses gens, était d'un côté de la montagne et Saül de l'autre, et il désespérait d'échapper, lorsque le roi apprit que les Philistins avaient envahi le pays (vv. 26-27). — Saül s'arrêta donc, et marcha à la rencontre de l'ennemi (v. 28).

1. Et on donna cette nouvelle à David; on lui dit : Voilà que les Philistins assiègent Ceïla et pillent les aires.	1. Et annuntiaverunt David, dicentes : Ecce Philisthiim oppugnant Ceilam, et diripiunt areas.
2. David consulta donc le Seigneur et dit : Irai-je et frapperai-je ces Philistins ? Et le Seigneur dit à	2. Consuluit ergo David Dominum, dicens : Num vadam, et percutiam Philisthæos istos ? Et ait Dominus

---

2. David délivre Céila. Par la protection divine il échappe ensuite à la trahison des habitants de Ziph et aux embûches de Saül dans le désert de Maon, XXIII.

CHAP. XXIII. — 1. — *Et annuntiaverunt David...* L'importance de David, tout fugitif qu'il était, allait sans cesse en augmentant puisque l'on fait appel à son secours, aussitôt que l'ennemi envahit le territoire. David trouve donc l'occasion, sans l'avoir cherchée, de se rendre utile à son peuple et d'accroître sa renommée militaire par un nouvel exploit. On doit en effet remarquer qu'il se met humblement sous la conduite de Dieu et n'agit que d'après ses ordres. — *Ecce Philisthiim.* Le rappel de David dans le pays de Juda par le ministère du prophète Gad coïncida avec une nouvelle invasion des Philistins. Dieu sans doute voulait lui ménager l'occasion d'être le sauveur de son peuple et de montrer qu'il était bien l'élu du Seigneur, malgré l'état de misère auquel il paraissait réduit. — *Ceilam.* Céila est mentionnée parmi les villes de la plaine, Jos., xv, 44; par conséquent on doit la reconnaître dans le Khirbet Kila à sept milles à l'est d'Eleuthéropolis. Eusèbe, dans l'Onomasticon, la place à dix-sept milles de cette dernière : « Céila de la tribu de Juda où s'arrêta David, aujourd'hui le bourg de Kéla à l'est d'Eleutheropolis du côté d'Hebron, à environ dix-sept milles. On y montre le tombeau d'Habacuc ». Mais Eusèbe aura confondu avec la ville délivrée par David, le village de Kéla, qui selon M. V. Guérin, doit être identifié avec Beit-Kahel. En effet, le village de Beit-Kahel se trouve dans le district montagneux entre des gorges profondes peu favorables à la culture et à la distance indiquée par l'historien, tandis que le Khirbet-Kila est dans la plaine et dominant une riche vallée, ce qui explique pourquoi Céila devait être très exposée aux incursions des Philistins. Enfin l'expression *descendre*, plusieurs fois employée, vv. 6, 8, 11, indique bien que cette ville se trouvait dans la Chéphélah, Cfr. Guérin, Judée, III, 341 et suiv., 350 et suiv.

2. — *Consuluit ergo...* Sans doute par le

CHAPITRE XXIII

ad David : Vade, et percuties Philisthæos, et Ceilam salvabis.

3. Et dixerunt viri, qui erant cum David, ad eum : Ecce nos hic in Judæa consistentes timemus ; quanto magis si ierimus in Ceilam adversum agmina Philisthinorum ?

4. Rursum ergo David consuluit Dominum. Qui respondens ait ei : Surge, et vade in Ceilam : ego enim tradam Philisthæos in manu tua.

5. Abiit ergo David, et viri ejus in Ceilam, et pugnavit adversum Philisthæos, et abegit jumenta eorum, et percussit eos plaga magna ; et salvavit David habitatores Ceilæ.

6. Porro eo tempore, quo fugiebat Abiathar, filius Achimelech, ad David in Ceilam, ephod secum habens descenderat.

7. Nuntiatum est autem Sauli quod venisset David in Ceilam ; et ait Saul : Tradidit eum Deus in manus meas, conclususque est, introgressus urbem, in qua portæ et seræ sunt.

8. Et præcepit Saul omni populo ut ad pugnam descenderet in Cei-

David : Va et tu battras les Philistins, et tu délivreras Ceïla.

3. Et les hommes qui étaient avec David lui dirent : Voilà que nous craignons en restant ici en Judée, combien plus, si nous allions à Céila contre les troupes des Philistins.

4. David consulta donc de nouveau le Seigneur qui lui répondit : Lève-toi et va à Céila, car je livrerai les Philistins entre tes mains.

5. David alla donc avec ses hommes à Céila, et il combattit contre les Philistins, et emmena leurs troupeaux, et les frappa d'un grand désastre, et David sauva les habitants de Céila.

6. Or, au moment où Abiathar, fils d'Achimélech, fuyait vers David à Céila, il était descendu ayant avec lui l'éphod.

7. Or, on annonça à Saül que David était venu à Céila. Et Saül dit : Dieu l'a livré entre mes mains, il est enfermé, il est entré dans une ville où il y a des portes et des serrures.

8. Et Saül ordonna à tout le peuple de marcher au combat contre

---

ministère du grand-prêtre Abiathar et avec l'Urim et le Tummim, et non point par le prophète Gad, Cfr. ⱱ. 6.

3. — *Quanto magis si ierimus...* Humainement parlant, les craintes de David étaient fondées. Poursuivis et persécutés dans leur propre pays et obligés de fuir d'un lieu à un autre, il leur paraissait à bon droit téméraire de se commettre avec les Philistins et d'accroître ainsi les dangers qui les menaçaient.

4. — *Vade in Ceilam.* Hébreu : « Descends à Ceila », ce qui montre que David était encore dans la montagne de Juda et que Céila était dans la plaine.

6. — *Ad David in Ceilam.* Il ne faut point supposer qu'Abiathar ne rejoignit David qu'à Céila, puisque précédemment ⱱ. 3, nous avons vu ce dernier consulter le Seigneur, ce qui implique nécessairement la présence du grand-prêtre. Abiathar avait donc seulement suivi David quand il se préparait à aller délivrer Céila. Il est vrai que le texte hébreu aussi bien que la Vulgate semblent contredire cette hypothèse ; mais d'autre part on

peut faire remarquer que l'expression שאל ביהוה, *schaal ba Jehovah,* est une expression technique et ne s'emploie jamais pour indiquer l'interrogation du Seigneur par le ministère d'un prophète. Il est donc à peu près nécessaire de détourner quelque peu *fugiebat* de son sens ordinaire. Pour tourner la difficulté les Septante ont traduit : « Et il arriva lorsque Abiathar le fils d'Abimélech s'enfuit auprès de David, qu'il descendit avec David à Céila, ayant l'éphod dans sa main », Καὶ ἐγένετο ἐν τῷ φεύγειν Ἀβιάθαρ υἱὸν Ἀβιμέλεχ πρὸς Δαυίδ, καὶ αὐτὸς μετὰ Δαυίδ εἰς Κεϊλὰ κατέβη ἔχων ἐφὸδ ἐν τῇ χειρὶ αὐτοῦ.

7. — *Tradidit eum Deus.* Saül s'imagine que Dieu a rejeté David et se regarde déjà comme l'instrument de la Providence. L'hébreu נכר, *nikkar,* signifie proprement *a aliéné,* c'est-à-dire Dieu a rejeté ou répudié David. Il est probable que les Septante et la Vulgate auront lu מכר *macar,* « vendidit », comme dans Jug., IV, 2.

8. — *Ut ad pugnam descenderet.* L'appel aux armes était une des prérogatives de la

Céila et d'assiéger David et ses hommes.

9. Lorsque David eut appris que Saül se préparait en secret à lui faire du mal, il dit au prêtre Abiathar : Applique l'éphod.

10. Et David dit : Seigneur, Dieu d'Israël, ton serviteur à entendu dire que Saül se dispose à venir à Céila pour détruire la ville à cause de moi.

11. Les habitants de Céila me livreront-ils entre ses mains? Et Saül descendra-t-il, comme ton serviteur l'a ouï dire? Seigneur Dieu d'Israël, révèle-le à ton serviteur. Et le Seigneur dit : Il descendra.

12. Et David dit : Les habitants de Céila me livreront-ils avec les hommes qui sont avec moi, aux mains de Saül? Et le Seigneur dit : Ils te livreront.

13. David se leva donc avec ses hommes au nombre d'environ six cents, et ils sortirent de Céila et ils errèrent çà et là incertains. Et on annonça à Saül que David s'était enfui de Céila et s'était sauvé, c'est pourquoi il ne parla plus d'y aller.

14. Or, David demeurait dans le désert en des lieux très-fortifiés; et il demeura sur la montagne du désert de Ziph, montagne très-boisée. Saül cependant le cherchait toujours, et Dieu ne le livra pas entre ses mains.

lam; et obsideret David, et viros ejus.

9. Quod cum David rescisset, quia præpararet ei Saul clam malum, dixit ad Abiathar sacerdotem : Applica ephod.

10. Et ait David : Domine Deus Israel, audivit famam servus tuus, quod disponat Saul venire in Ceilam, ut evertat urbem propter me;

11. Si tradent me viri Ceilæ in manus ejus; et si descendet Saul, sicut audivit servus tuus, Domine Deus Israel, indica servo tuo. Et ait Dominus : Descendet.

12. Dixitque David : Si tradent me viri Ceilæ, et viros qui sunt mecum, in manus Saul? Et dixit Dominus : Tradent.

13. Surrexit ergo David et viri ejus quasi sexcenti, et egressi de Ceila, huc atque illuc vagabantur incerti : nuntiatumque est Sauli quod fugisset David de Ceila, et salvatus esset; quam ob rem dissimulavit exire.

14. Morabatur autem David in deserto in locis firmissimis, mansitque in monte solitudinis Ziph, in monte opaco; quærebat eum tamen Saul cunctis diebus; et non tradidit eum Deus in manus ejus.

---

royauté. En cette occasion, Saül convoqua le peuple en apparence pour combattre les Philistins, en réalité pour s'emparer de David; c'est ce que font entendre les paroles du verset suivant : « Quia præparaverat ei (David) Saul clam malum. »

10. — *Domine Deus Israel*. On voit par là que celui qui interrogeait le Seigneur commençait par se mettre en prière.

11. — *Si tradent me...* Logiquement la première question devrait être après la seconde. On peut voir là, si l'on veut, un indice du trouble dans lequel se trouvait David; mais il ne nous semble pas nécessaire d'admettre que le texte a besoin d'être corrigé.

— *Descendet*. D'après ce verset et le suivant, il paraîtrait que l'on n'obtenait à la fois qu'une réponse à une question bien déterminée, lorsqu'on consultait le Seigneur.

12. — *Tradent*. Les habitants de Céila se préparaient à se conduire envers David, comme jadis les hommes de Juda à l'égard de Samson, leur sauveur, Jug., xv, 10-13.

13. — *Huc atque illuc vagabantur incerti.* Hebreu : « Ils allaient où ils allaient », c'est-à-dire ils allaient devant eux sans plan arrêté, suivant les chemins qui se présentaient et se dirigeant selon les circonstances.

14. — *In deserto*. Dans le désert de Juda limité par les montagnes de Juda et la Mer

15. Et vidit David quod egressus esset Saul ut quæreret animam ejus. Porro David erat in deserto Ziph in silva.

16. Et surrexit Jonathas filius Saul, et abiit ad David in silvam, et confortavit manus ejus in Deo, dixitque ei :

17. Ne timeas : neque enim inveniet te manus Saul patris mei, et tu regnabis super Israel, et ego ero tibi secundus, sed et Saul pater meus scit hoc.

18. Percussit ergo uterque fœdus coram Domino ; mansitque David in silva, Jonathas autem reversus est in domum suam.

19. Ascenderunt autem Ziphæi ad Saul in Gabaa, dicentes : Nonne ecce David latitat apud nos in locis tutissimis silvæ, in colle Hachila, quæ est ad dexteram deserti?

Infr. 26, 1.

15. Et David sut que Saül était sorti pour le perdre. Or, David était au désert de Ziph, dans la forêt.

16. Et Jonathas, fils de Saül, se leva et s'en alla vers David dans la forêt ; et il fortifia ses mains en Dieu, et il lui dit :

17. Ne crains point, car la main de Saül, mon père, ne te trouvera pas, et tu règneras sur Israël, et je serai le second après toi, et Saül mon père le sait.

18. L'un et l'autre donc contractèrent alliance devant le Seigneur. Et David demeura dans la forêt et Jonathas retourna dans sa maison.

19. Mais les Ziphéens montèrent vers Saül à Gabaa et lui dirent : Ne voila-t-il pas que David se cache chez nous dans les lieux les plus surs de la forêt, sur la colline d'Hachila, qui est à la droite du désert ?

Morte sur toute sa longueur depuis les frontières septentrionales de la tribu jusqu'à l'Oued Fikreh au sud. Il portait différents noms, selon les villes qui étaient dans le voisinage. — *In monte solitudinis Ziph*. Le désert de Ziph était la partie du désert de Juda qui se trouvait aux environs de la ville de Ziph, qui est aujourd'hui le Tell Zéph, Cfr. Jos., xv, 55. — *Cunctis diebus*. C'est-à-dire continuellement et non pas tous les jours de sa vie.

15. — *In silva*. Le mot hébreu, חרשה, *khareschah*, est probablement un nom propre ; cependant il signifie bien *forêt*. C'est peut-être un des fourrés de chênes verts qui couvrent les montagnes des environs. Le pays a d'ailleurs été déboisé en grande partie.

16. — *Et confortavit...* Jonathas releva l'esprit abattu de Saül par la considération des promesses divines, des grands desseins que le Seigneur avait sur lui et de la protection qu'il lui avait accordée jusque là.

17. — *Et tu regnabis...* Jonathas est à présent convaincu de ce qu'il ne faisait autrefois que pressentir, Cfr. xx, 13 et suiv. Cependant il n'est point nécessaire de supposer qu'il avait connaissance du sacre de David, car Dieu a pu l'éclairer et, en outre, la conduite de David et celle de son père vis-à-vis l'un de l'autre ont pu suffire à lui faire comprendre que son ami ne succomberait pas et occuperait un jour le trône. — *Et ego ero tibi secundus*. Bel exemple de désintéressement et d'abnégation. Toutefois la Providence ne permit pas que les nobles sentiments de Jonathas fussent mis à l'épreuve et que son amitié pour David courût le risque de faire naufrage.

18. — *Percussit ergo...* Jonathas et David renouvellent l'alliance qu'ils avaient déjà contractée, xx, 16 et suiv., 42.

19. — *Ascenderunt autem Ziphæi...* Le Ps. LIII a été inspiré par cette circonstance, ainsi que l'indique son titre : « *In carminibus David, cum venissent Ziphæi et dixissent ad Saul : nonne David absconditus est apud nos.* » — *Nonne ecce David latitat...* De la colline sur laquelle s'élevait la ville de Ziph on pouvait apercevoir au loin les mouvements de Saül et de ses gens. — *In colle Hachila*. Cette colline devait se trouver entre Ziph et Maon, puisqu'en partant de là, David se dirigea vers le désert de Maon qui confinait au sud au désert de Ziph ; mais elle n'a pas été reconnue avec certitude. — *Quæ est ad dexteram deserti*. C'est-à-dire sur la rive occidentale de la mer Morte. L'expression הישימון, *haïschimôn*, n'a donc pas le même sens que dans les Nombres, xxi, 20, xxiii, 28, où elle désigne le désert qui est au nord-est de la mer Morte.

20. — *Sicut desideravit...* Le langage des

20. Maintenant donc, descends comme ton âme a désiré de descendre, et ce sera à nous à le livrer aux mains du roi.

21. Et Saül dit : Bénis soyez-vous par le Seigneur, parce que vous avez compati à mon malheur.

22. Allez donc, je vous prie, et préparez-vous avec plus de soin et agissez avec plus de sagacité, et considérez le lieu où est posé son pied et si quelqu'un l'a vu; car il pense bien que je lui dresse d'habiles embûches.

23. Considérez et voyez toutes les retraites où il se cache et retournez vers moi, quand vous serez bien certains, pour que j'aille avec vous. Quand il se serait caché au fond de la terre, je le rechercherai avec tous les milliers d'hommes de Juda.

24. Et ils se levèrent et s'en allèrent à Ziph avant Saül. Or, David et ses hommes étaient dans le désert de Maon, dans la plaine, à droite de Jésimon.

25. Saül et tous ceux qui l'accompagnaient allèrent donc l'y chercher, et on l'annonça à David et aussitôt il descendit vers le rocher et demeura dans le désert de Maon. Saül l'ayant appris, poursuivit David dans le désert de Maon.

26. Et Saül allait sur le flanc de la montagne d'un côté, et David et

20. Nunc ergo, sicut desideravit anima tua, ut descenderes, descende; nostrum autem erit ut tradamus eum in manus regis.

21. Dixitque Saul : Benedicti vos a Domino, quia doluistis vicem meam.

22. Abite ergo, oro, et diligentius præparate, et curiosius agite, et considerate locum ubi sit pes ejus, vel quis viderit eum ibi; recogitat enim de me, quod callide insidier ei.

23. Considerate et videte omnia latibula ejus, in quibus absconditur; et revertimini ad me ad rem certam, ut vadam vobiscum; quod si etiam in terram se abstruserit, perscrutabor eum in cunctis millibus Juda.

24. At illi surgentes abierunt in Ziph ante Saul : David autem et viri ejus erant in deserto Maon, in campestribus, ad dexteram Jesimon.

25. Ivit ergo Saul et socii ejus ad quærendum eum; et nuntiatum est David, statimque descendit ad petram, et versabatur in deserto Maon quod cum audissst Saul, persecutus est David in deserto Maon.

26. Et ibat Saul ad latus montis parte una : David autem et viri ejus

---

habitants de Ziph montrerait qu'ils mettaient une certaine passion à servir David et qu'ils entraient parfaitement dans ses vues.

22. — *Locum ubi sit pes ejus.* C'est-à-dire, les endroits où il s'arrête et se cantonne après ses courses. — *Recogitat enim de me quod...* Hébreu : « Car on m'a dit qu'il est très rusé. » Par conséquent, on ne saurait, voulait dire Saül, prendre trop de précaution pour le surprendre. Dans la traduction de la Vulgate, on arrive à peu près à la même conclusion, car il est tout naturel que David se tienne sur ses gardes et ait même recours à la ruse, s'il pense qu'on lui tend des embûches.

23. — *Ad rem certam.* Quand vous aurez appris quelque chose de certain. — *In cunctis millibus Juda.* C'est-à-dire, parmi toutes les familles de Juda, car les *mille* en hébreu אלפים, *alaphim*, sont les grandes divisions de la tribu, Cfr. Nomb, ı, 16, x, 4 (hébreu).

24. — *In deserto Maon.* Maon, aujourd'hui Tell Maïn, est à deux heures au sud de Ziph, Cfr. Jos., xv, 55 et on l'apercevait de cette dernière localité. — *Jesimon.* C'est la reproduction du mot hébreu הישימון, *haischimôn*, traduit plus haut, ẏ. 49, par *désert*.

25. — *Descendit ad petram.* Hébreu : « Descendit le rocher », probablement pour aller se cacher dans les vallées ou les cavernes qui étaient au pied de la montagne de Maon.

26. — *Desperabat se posse evadere a facie*

CHAPITRE XXIV

erant in latere montis ex parte altera; porro David desperabat se posse evadere a facie Saul; itaque Saul et viri ejus in modum coronæ cingebant David et viros ejus, ut caperent eos.

27. Et nuntius venit ad Saul, dicens : Festina, et veni, quoniam infuderunt se Philisthiim super terram.

28. Reversus est ergo Saul desistens persequi David, et perrexit in occursum Philisthinorum ; propter hoc vocaverunt locum illum : Petram Dividentem.

ses hommes étaient sur les flancs de la montagne de l'autre côté. Or, David désespérait de pouvoir s'évader devant Saül; car Saül et ses hommes entouraient comme d'une couronne David et ses hommes pour les prendre.

27. Et un messager vint à Saül et lui dit : Hâtez-vous et venez, car les Philistins se sont répandus dans le pays.

28. Saül retourna donc, cessant de poursuivre David, et alla à la rencontre des Philistins. C'est pourquoi on appela ce lieu, le rocher de la séparation.

Saul, Hébreu : Et David se hâtait d'échapper à Saül. »

27. — *Et nuntius venit...* Dieu vient à propos au secours de David. A ce sujet S. Chrysostôme hom. XLVI in Genes., fait les réflexions suivantes : « Maxima securitas et inexpugnabilis murus est gratia Dei. Videamus quomodo David de loco in locum transiens, et quasi erraticus vagans, manu superna munitus fuerit; Saul autem cum esset in mediis civitatibus, et tantum secum duceret exercitum; et satellites habens et armigeros, quotidie timebat et tremebat inimicorum insidias. Et ille quidem, qui solus erat, non indigebat humano præsidio; hic vero coronatus, purpura indutus, illius auxilio indigebat; et regi opus erat pastoris opera; et diademate redimito, privati adjumentum. » — *Quoniam infuderunt se.....* Les Philistins avaient peut-être profité du moment où David se trouvait éloigné vers le sud, pour envahir le pays par un autre côté. Dieu permit cette invasion afin que David pût échapper à son ennemi.

28. — *Petram dividentem.* L'hébreu סלע המחלקות, *séla hammaklekhoth,* est aussi traduit par « pierre de l'évasion », car le verbe חלק, *khalah,* signifie non-seulement *dévier,* mais aussi *être glissant,* par suite *échapper, s'évader.* Cependant grand nombre d'interprètes adoptent le sens de la Vulgate, « pierre des divisions ». C'est là en effet que Saül et David furent séparés l'un de l'autre.

CHAPITRE XXIV

David s'étant réfugié dans les environs d'Engaddi, Saül, à son retour de la guerre, vint le poursuivre avec trois mille hommes (ỹỹ. 4-3). — Or, Saül étant entré seul dans une caverne où se trouvait David, celui-ci, sans écouter les conseils de ses gens, se contenta de couper le bord du manteau de son ennemi, affirmant qu'il ne toucherait point à l'oint du Seigneur, et empêcha les siens de se jeter sur Saül (ỹỹ. 4-8). — David ensuite suivit Saül, lui reprocha l'injustice de sa conduite, et lui protesta qu'il prenait Dieu pour juge, mais qu'il n'étendrait pas sa main sur lui (ỹỹ. 9-14). — Il lui représenta encore qu'il ne poursuivait qu'un chien mort, et de nouveau invoqua la justice de Dieu (ỹỹ. 45-46). — En entendant ces paroles, Saül pleura, reconnut que David s'était conduit avec générosité, et lui souhaita d'être récompensé de sa bonne action (ỹỹ. 47-20). — Il lui demanda ensuite, lorsqu'il était certain qu'il règnerait sur Israël, de lui promettre de ne pas détruire le nom de sa famille, ce que David lui jura, puis il s'en retourna, et David de son côté regagna les hauteurs (ỹỹ. 24-23).

1. David monta donc de là, et il habita dans les lieux les plus surs d'Engaddi.

2. Et lorsque Saül fut de retour, après avoir poursuivi les Philistins, on le lui annonça et on lui dit : Voilà que David est dans le désert d'Engaddi.

3. Saül, prenant donc trois mille hommes choisis dans tout Israël, alla chercher David même sur les rochers les plus sauvages, où les chèvres sauvages trouvent seules un chemin.

4. Et il vint à des parcs de brebis qui se rencontraient sur le chemin. Et il y avait là une caverne où

1. Ascendit ergo David inde; et habitavit in locis tutissimis Engaddi.

2. Cumque reversus esset Saul, postquam persecutus est Philisthæos, nuntiaverunt ei dicentes : Ecce, David in deserto est Engaddi.

3. Assumens ergo Saul tria millia electorum virorum ex omni Israel, perrexit ad investigandum David et viros ejus, etiam super abruptissimas petras, quæ solis ibicibus perviæ sunt.

4. Et venit ad caulas ovium, quæ se offerebant vianti : eratque ibi spelunca, quam ingressus est Saul,

---

F. David épargne Saül dans la caverne d'Engaddi, xxiv.

CHAP. XXIV. — 1. — *Ascendit David ergo inde.* L'épisode de la vie de David raconté dans ce chapitre parait lui avoir inspiré le Ps. vii, qui se rapporte assez à la situation telle qu'elle est indiquée ỹ. 40 et qui a pour titre : Psalmus David, quem cantavit Domino pro verbis Chusis filii Jemini. » Par Chusi, en hébreu Kousch, le fils de Jemini, c'est-à-dire le Benjaminite, il faut sans doute entendre un personnage réel, et ne pas voir là un nom symbolique pour désigner un homme d'une méchanceté profonde, et il est tout à fait invraisemblable que le Psalmiste ait voulu faire allusion à Cis le père de Saül. Chusi ou Kousch serait donc le nom d'un de ces hommes qui s'étudiaient à calomnier David et à travestir ses intentions. Le Ps. vii compléterait donc notre chapitre et en particulier le ỹ. 40. Chusi appartenait à la tribu de Benjamin dont Saül était originaire et qu'il avait comblée de faveurs. — *In locis tutissimis Engaddi.* Engaddi est aujourd'hui Ain Djidi, Cfr. Jos., xv, 62. Les approches en sont difficiles et dangereuses et les environs abondent en cavernes où David avec ses gens pouvait trouver une retraite assurée. Naturellement il n'est guère possible de reconnaitre la caverne où David s'était réfugié.

3. — *Etiam super...* Hebreu : « Parmi les rochers des bouquetins », c'est-à-dire, parmi les rochers fréquentés par les bouquetins et les chèvres sauvages.

4. — *Eratque ibi spelunca.* Selon Van de Velde, Voy. ii, 74, les étables auraient été

ut purgaret ventrem; porro David et viri ejus in interiore parte speluncæ latebant.

5. Et dixerunt servi David ad eum : Ecce dies de qua locutus est Dominus ad te : Ego tradam tibi inimicum tuum, ut facias ei sicut placuerit in oculis tuis. Surrexit ergo David, et præcidit oram chlamydis Saul silenter.

6. Post hæc percussit cor suum David, eo quod abscidisset oram chlamydis Saul,

7. Dixitque ad viros suos : Propitius sit mihi Dominus, ne faciam hanc rem domino meo Christo Domini, ut mittam manum meam in eum, quia Christus Domini est.

8. Et confregit David viros suos sermonibus, et non permisit eos ut consurgerent in Saul; porro Saul exsurgens de spelunca, pergebat cœpto itinere.

Saül entra pour purifier ses entrailles. Or, David et ses hommes étaient cachés dans l'intérieur de la caverne.

5. Et les serviteurs de David lui dirent : Voilà le jour dont le Seigneur vous a dit : Je te livrerai ton ennemi pour que tu le traites comme il plaira à tes yeux. David se leva donc, et coupa en silence le bord de la chlamyde de Saül.

6. Ensuite David frappa son cœur, parce qu'il avait coupé le bord de la chlamyde de Saül.

7. Et il dit à ses hommes : Que le Seigneur me soit propice, et que je ne fasse pas à mon maître, un Christ du Seigneur, une chose telle que de mettre ma main sur lui.

8. Et David retint ses hommes par ses paroles, et les empêcha, et ne leur permit pas de se jeter sur Saül. Or, Saül se leva de la caverne et poursuivit son chemin.

---

dans la vallée de l'Oued Kharitoun, au nord-est de Thévoa, vallée déserte et inaccessible, et quant à la caverne d'Engaddi, il serait disposé à la reconnaître dans celle qui est auprès du village de Kharitoum et dont nous avons déjà parlé plus haut au sujet de la grotte d'Odollam, XXII, 1. Mais cette conjecture paraît un peu hasardée, car cette caverne, étant assez rapprochée de Thécoa, paraît avoir fait plutôt partie du désert de Thécoa que de celui d'Engaddi.

5. — *Ecce dies de qua...* Ces paroles semblent faire allusion à une promesse que Dieu aurait faite à David par l'intermédiaire de quelque prophète; toutefois la conduite et les paroles de David prouveraient qu'il n'en était rien. Il est donc peut-être plus raisonnable de penser que les gens de David considéraient cet événement comme un avertissement de la Providence et pour cette raison engagèrent leur maître à profiter de l'occasion pour se débarrasser de son ennemi. Peut-être aussi les compagnons de David connaissaient-ils les prédictions de Samuel xv, 28, xvi, 4, 12, ainsi que les paroles de Jonathas xx, 15, xxiii, 17 et peut-être y font-ils de la sorte allusion et les commentent-ils à leur manière. — *Et præcidit...* Saül avait sans doute ôté son manteau et l'avait déposé près de lui.

6. — *Percussit cor suum David.* Son cœur le frappa, en ce sens que sa conscience lui fit des reproches, parce qu'il lui semblait avoir outragé la majesté royale. « Bonarum enim mentium, dit S. Bernard, est agnoscere culpam ubi culpa non est. » Selon S. Eucher, « David abscindens oram chlamydis Saulis significat Christum Judæos non occidisse, sed eis gloriam regni abscidisse, chlamydis enim abscissio regni amputatio. »

7. — *Propitius sit mihi Dominus.* Hébreu : « Loin de moi, du Seigneur », c'est-à-dire à cause du Seigneur. C'est à cause du Seigneur et parce que Saül est l'oint du Seigneur que David ne veut pas mettre la main sur lui. Saül, en vertu de l'onction, ayant été consacré par Dieu même, David ne pouvait avoir reçu l'autorisation de le traiter selon son bon plaisir. S. Chrysostôme hom. de Davide et Saule, célèbre ainsi la générosité de David : « Saul egressus est spelunca, egressus est autem post illum et David, liberis oculis cœlum intuens, ac tum temporis magis exultans, quam cum Goliath dejecisset, ac barbari caput amputasset. Siquidem et illa munificentia erat victoria, hæc magnificentia spolia, hæc præda illustrior, hoc gloriosius trophœum... Illustriorem tulit victoriam, servato Saule, quam si illum mactasset. »

8. — *Et confugit...* C'est-à-dire, il détourna

9. Et David aussi se leva et sortit de la caverne, et cria derrière Saül, disant : Seigneur mon roi ! Et Saül regarda derrière lui, et David, s'inclinant la face contre terre, adora.

10. Et il dit à Saül : Pourquoi écoutes-tu les paroles des hommes qui te disent : David cherche à te faire du mal?

11. Voilà qu'aujourd'hui tes yeux ont vu que le Seigneur t'a livré entre mes mains dans la caverne, et j'ai pensé à te tuer; mais mes yeux t'ont épargné, car j'ai dit : Je n'étendrai pas ma main sur mon maître, parce qu'il est le Christ du Seigneur.

12. Bien plus, mon père, vois et reconnais en ma main le bord de ta chlamyde, et que lorsque j'ai coupé l'extrémité de ta chlamyde, je n'ai pas voulu étendre ma main sur toi. Considère et vois qu'il n'y a point de mal et d'iniquité en mes mains, et que je n'ai pas péché contre toi; mais tu me dresses des embûches pour m'ôter la vie.

13. Que le Seigneur juge entre moi et toi, et que le Seigneur me venge de toi; mais que ma main ne soit pas sur toi.

14. Comme il est dit dans un ancien proverbe : Des impies sortira

9. Surrexit autem et David post eum; et egressus de spelunca, clamavit post tergum Saul, dicens : Domine mi rex. Et respexit Saul post se; et inclinans se David pronus in terram, adoravit,

10. Dixitque ad Saul : Quare audis verba hominum loquentium : David quærit malum adversum te?

11. Ecce hodie viderunt oculi tui, quod tradiderit te Dominus in manu mea in spelunca : et cogitavi ut occiderem te, sed pepercit tibi oculus meus; dixi enim : Non extendam manum meam in dominum meum, quia Christus Domini est.

12. Quin potius, pater mi, vide, et cognosce oram chlamydis tuæ in manu mea; quoniam cum præscinderem summitatem chlamydis tuæ, nolui extendere manum meam in te; animadverte, et vide, quoniam non est in manu mea malum neque iniquitas, neque peccavi in te; tu autem insidiaris animæ meæ ut auferas eam.

13. Judicet Dominus inter me et te, et ulciscatur me Dominus ex te; manus autem mea non sit in te.

14. Sicut et in proverbio antiquo dicitur; AB IMPIIS egredietur im-

---

ses hommes de se jeter sur Saül. Hébreu : « Il déchira... »

9. — *Domine mi rex.* David appelle Saül son maître, parce qu'il se regarde comme un sujet fidèle et soumis, et il le nomme roi, parce qu'il voit en lui l'oint du Seigneur. Ce sont précisément les deux titres dont David qualifie Saül qui expliquent sa conduite.

11. — *Quod tradiderit te Dominus...* David dit expressément que c'est le fait de la Providence, si Saül s'est trouvé entre ses mains. Nous avons déjà fait remarquer, XXII, 1 que le Ps. LVI peut se rapporter soit aux faits du ch. XXII, soit à ceux de celui-ci; mais en tout cas les ỿỿ. 4 et 7, conviennent merveilleusement à la situation telle qu'elle nous est dépeinte ici. Nous lisons en effet, ỿ. 4. : « Misit de cœlo et liberavit me; dedide in opprobrium conculcantes me »; et ỿ. 7 : « Foderunt ante faciem meam foveam et inciderunt in eam. » N'est-ce pas le commentaire des paroles que David adresse à Saül?

12. — *Pater mi.* David nomme ainsi Saül, non parce qu'il est son beau-père, mais pour honorer en lui l'onction qui l'a fait roi. — *Tu autem insidiaris.* Hébreu : « Tu fais la chasse », ce qui était vrai dans le sens propre du mot. — *Ut auferas eam.* Hébreu : « Pour la prendre », expression qui répond bien à la précédente.

14. — *Ab impiis egredietur impietas.* Celui

CHAPITRE XXIV

pietas; manus ergo mea non sit in te.

15. Quem persequeris, rex Israel? quem persequeris? canem mortuum persequeris, et pulicem unum.

16. Sit Dominus judex, et judicet inter me et te; et videat, et judicet causam meam, et eruat me de manu tua.

17. Cum autem complesset David loquens sermones hujuscemodi ad Saul, dixit Saul : Numquid vox hæc tua est, fili mi David? Et levavit Saul vocem suam et flevit;

18. Dixitque ad David : Justior tu es quam ego; tu enim tribuisti mihi bona; ego autem reddidi tibi mala.

19. Et tu indicasti hodie quæ feceris mihi bona; quomodo tradiderit me Dominus in manum tuam et non occideris me.

20. Quis enim cum invenerit inimicum suum, dimittet eum in via bona? Sed Dominus reddat tibi vicissitudinem hanc pro eo quod hodie operatus es in me.

l'impiété. Que ma main donc ne soit pas sur toi.

15. Qui poursuis-tu, roi d'Israël, qui poursuis-tu? Tu poursuis un chien mort et une puce.

16. Que le Seigneur soit juge, et qu'il juge entre moi et toi, et qu'il voie et juge ma cause, et me délivre de tes mains.

17. Et lorsque David eut achevé de dire de telles paroles à Saül, Saül dit : Est-ce que cette voix est la tienne, ô mon fils David? Et Saül éleva sa voix et pleura :

18. Et il dit à David : Tu es plus juste que moi; car tu m'as fait du bien, et moi je t'ai rendu du mal.

19. Et tu m'as montré aujourd'hui le bien que tu m'as fait, comment le Seigneur m'a livré entre tes mains, et tu ne m'as pas tué.

20. Car quel est celui qui, lorsqu'il rencontre son ennemi, le laisse aller en paix son chemin? Mais que le Seigneur te rende ce bienfait, et ce que tu as fait pour moi aujourd'hui.

---

qui fait le mal, c'est parce que ses pensées sont mauvaises. Un impie donc voudrait se venger; mais moi je ne me vengerai pas.

15. — *Canem mortuum*... David veut faire entendre qu'il est un homme insignifiant et hors d'état de nuire, qu'il est par conséquent au-dessous de la dignité du roi de le poursuivre, que c'est même chose inutile, puisqu'un aussi chétif personnage ne saurait porter ombrage. En effet, un chien mort ne peut ni mordre ni même aboyer, et les morsures d'une puce ne sauraient être dangereuse. Elle peut d'ailleurs s'échapper et la capture serait un maigre butin.

17. — *Et levavit vocem suam et flevit*. Le langage de Saül et ses larmes témoignent d'une émotion sincère. Il avait été touché des marques de respect et d'affection que lui avait données David, et immédiatement, cédant à l'impression du moment, il laisse un libre cours aux sentiments dont son âme est pénétrée. S. Chrysostôme, hom. « Quod David magnificentius » etc., en conclut qu'il est en notre pouvoir de nous réconcilier avec notre ennemi, si nous nous humilions devant lui comme David et si nous en usons envers lui avec charité, selon ces paroles des Proverbes, xv, 1 : « Responsio mollis frangit iram », et il ajoute : « In nobis ergo situm est, ut vel extinguatur ira inimicorum, vel ad majus irritetur incendium, si verbis asperis eum invadamus. »

18. — *Tu enim tribuisti*... La force de la vérité arrache à Saül cet aveu accablant; mais malheureusement pour lui le repentir n'est point dans son cœur. Néanmoins l'exemple de Saül est à imiter en ce qu'il a de bon. « Vides, dit S. Chrysostôme, hom. cit., ut suam ipsius damnat malitiam, ac justi virtutem prædicet, nulloque cogente sese purgat. Idem tu facito; cum hostis incident in manus tuas: noli accusare illum, sed teipsum purga, ut illum perpellas ad sui ipsius condemnationem. »

19. — *Quomodo tradiderit me*... Saül reconnaît que c'est la main de Dieu qui l'a livré à David seul et sans défense. — *Et non occideris me*. C'est justifier David et confirmer la sincérité de toutes les protestations qu'il avait faites.

20. — *Quis enim*... Cette question demanderait une réponse; mais il est facile d'y suppléer. — *Sed Dominus reddat*... Ces paroles ont tout l'accent de la vérité et de la sincé-

21. Et maintenant puisque je sais que très certainement tu dois régner, et que tu dois avoir en main le royaume d'Israël,

22. Jure-moi par le Seigneur que tu ne détruiras pas ma race après moi et que tu n'enlèveras pas mon nom de la maison de mon père.

23. Et David le jura à Saül. Saül s'en alla donc en sa maison, et David et ses hommes montèrent dans les lieux les plus sûrs.

21. Et nunc quia scio quod certissime regnaturus sis, et habiturus in manu tua regnum Israel :

22. Jura mihi in Domino, ne deleas semen meum post me, neque auferas nomen meum de domo patris mei.

23. Et juravit David Sauli. Abiit ergo Saul in domum suam ; et David et viri ejus ascenderunt ad tutiora loca.

---

rité. Saül, ne pouvait d'ailleurs souhaiter mieux à David, que Dieu seul pouvait récompenser dignement. « Quid enim, dit S. Chrysostôme, hom. cit. poterat Saul reponere dignum meritis, etiamsi regnum dedisset cum omnibus oppidis? Neque enim oppida modo, et regnum, verum et vitam ipsam donarat illi David ; ille vero non habebat alteram vitam quam rependeret, eoque illum relegat ad Deum, et ab illo maturis præmiis honorat, pariter et hunc laudans, et universos erudiens, quod tum majora nobis apud Deum præmia reposita sunt, cum pro innumeris beneficiis in hostem collatis diversa recipimus. »

21. — *Et nunc quia scio...* Encore une fois Saül est parmi les prophètes ; il confirme de sa propre bouche les prédictions de Samuel, xv, 28, 29, dont il reconnaissait bien avant déjà la vérité, xxiii, 17. D'ailleurs l'insuccès de ses entreprises contre David et la conscience de sa réprobation suffisaient pour lui faire comprendre quel serait le résultat final, et c'est précisément à cause de cette conviction qu'il est porté à persécuter son rival, lorsqu'il est sous l'empire de l'esprit malin.

22. — *Nomen meum.* Le nom d'une famille disparaît lorsque toute sa descendance est détruite. En Orient, les meurtres politiques n'ont jamais été rares à chaque changement de dynastie.

23. — *Et juravit David Sauli.* David fit plus qu'il n'avait promis, ainsi que le remarque S. Chrysostôme, hom. cit. : « Quid igitur David? Num vel leviter dissimulatione et ironia ad hæc usus est? Nequaquam, sed protinus annuit, quodque petebatur, concessit ; ac mortuo Saule non modo non occidit illius posteros, sed tum plura præstitit quam erat pollicitus ; siquidem filium ejus, cum esset claudus ac debilis auribus, in suam ipsius domum induxit, suæque mensæ fecit participem, summo illum honore dignatus, nec erubuit, nec occultavit, nec arbitratus est regiam mensam claudicatione pueri dehonestari... » — *Et David et viri ejus...* Il ne semble point que Saül ait invité David à retourner à Gabaa, ni même qu'il lui ait donné quelque gage pour lui prouver qu'il pouvait le faire en toute sécurité. Aussi David comprit facilement que la réconciliation n'était que momentanée et que les mauvais sentiments de Saül reprendraient bientôt le dessus, que la situation en somme n'avait pas changé.

CHAPITRE XXV

A l'époque où Samuel mourut, David se retira dans le désert de Pharan (⍦. 1). — Or, il y avait un homme de Maon, fort riche, nommé Nabal, qui était avare et méchant, tandis que sa femme Abigaïl était prudente et sage (⍦⍦. 2-3). — David envoya à cet homme dix jeunes gens pour le saluer et lui demander quelque secours, au moment où Nabal tondait ses troupeaux, faisant valoir les services qu'il lui avait rendus (⍦⍦. 4-9). — Mais Nabal répondit durement aux envoyés, et David arma alors ses gens et se mit en route avec quatre cents hommes (⍦⍦. 10-13). — Sur ces entrefaites, Abigaïl apprit d'un de ses serviteurs les services que David avait rendus à son mari et à elle, et selon le conseil de ce serviteur, elle se hâta d'envoyer des provisions au-devant de David, suivant elle-même le convoi (⍦⍦. 14-19). — A sa rencontre, David menaça d'abord de détruire les biens de Nabal; mais Abigaïl descendit de sa monture, chercha à excuser son mari à cause de sa stupidité, et implora son pardon (⍦⍦. 20-26). — Elle le pria ensuite d'accepter ce qu'elle lui offrait, lui souhaita de triompher de ses ennemis, et le conjura de l'épargner et de s'éviter ainsi le remords d'avoir répandu le sang innocent (⍦⍦. 28-31). — David alors bénit le Seigneur et bénit Abigaïl, parce qu'elle l'avait empêché de se venger de sa main (⍦⍦. 32-34). — Il accepta ensuite l'offrande d'Abigaïl, et la renvoya en paix (⍦. 34). — Abigaïl à son retour trouva son mari plongé dans l'ivresse d'un festin, et ne lui apprit que le lendemain ce qui s'était passé; à cette nouvelle, Nabal fut frappé d'une maladie soudaine, et mourut dix jours après (⍦⍦. 36-38). — Or, David, apprenant la mort de Nabal, bénit le Seigneur de l'avoir vengé, puis il épousa Abigaïl, et plus tard Achinoam de Jezrahel (⍦⍦. 39-42). — Quant à Michol, Saül, la donna à Phalti, fils de Saïs, de Gallim (⍦. 43).

1. Mortuus est autem Samuel, et congregatus est universus Israel, et planxerunt eum, et sepelierunt eum	1. Or, Samuel mourut et tout Israël se rassembla et ils le pleurèrent et l'ensevelirent dans sa mai-

G. **Mort de Samuel. Histoire de Nabal et d'Abigaïl** xxv.

Chap. I. — 1. — *Mortuus est autem Samuel*. L'auteur mentionne ici la mort de Samuel, parce qu'elle coïncida avec les événements dont il est question dans ce chapitre. — *Et planxerunt eum*. Samuel avait été à la fois prophète et réformateur; il avait fondé la monarchie, restauré la théocratie et, depuis Moïse, aucun homme n'avait eu sur le peuple hébreu une aussi grande influence et ne méritait autant les regrets. S. Jérôme nous explique ainsi la signification du mot *plangere*: « Stephano fecerunt Hierosolymis fratres planctum magnum. Et utique planctus magnus non in plangentium examinatione, ut tu putas, sed in pompa funeris, et exequiarum frequentia intelligendus est », Epist., xxv, ad Paulam. — *In domo sua*. C'est-à-dire dans le terrain y attenant, dans la cour ou le jardin. On dit de même que Manassé fut enseveli dans sa maison, II Paral., xxxiii, 20, ce qui veut dire dans son jardin, comme nous le voyons, iv. Rois, xxi, 18. Le tombeau de Notre-Seigneur Jésus-Christ se trouvait également dans un jardin, Jean, xix, 41. — *In Ramatha*. Cfr. i, 1. Samuel ne doit pas avoir reçu la sépulture dans la maison qu'il possédait à Ramatha, puisqu'il était défendu aux Juifs d'ensevelir dans l'intérieur des villes, mais bien dans l'habitation qu'il avait sur le haut de la colline. C'est bien là au reste que la tradition place son tombeau, et, selon les musulmans, les restes eux-mêmes du prophète seraient renfermés dans un sarcophage qui se trouve dans une ancienne église chrétienne transformée depuis longtemps en mosquée, et connue sous le nom de Djama en-Neby Samouïl. Toutefois nous savons par le passage suivant de S. Jérôme, que les ossements de Samuel furent transportés en Thrace, en l'an 406 de l'ère chrétienne. « Augustus Arcadius, qui ossa beati Samuelis, longo post tempore, de Judæa transtulit in Thraciam, omnes episcopi non solum sacrilegi, sed et fatui judicandi, qui rem vilissimam et dissolutos cineres in serico et vase aureo portarunt? Stulti omnium Ecclesiarum populi, qui occurrerunt sanctis reliquiis et tanta lætitia sunt jucundati, quasi præsentem viventemque cernerent, atque suspicerent ut de Palestina usque Chalcedonem, jungerentur populorum examina et in Christi laudes una voce resonarent », Lib.,

son à Ramatha. Et David se leva et descendit dans le désert de Pharan.

2. Et il y avait un homme dans le désert de Maon et ses possessions étaient sur le Carmel. Et cet homme était très riche ; il avait trois mille brebis et mille chèvres. Et il arriva que son troupeau fut tondu sur le Carmel.

3. Le nom de cet homme était Nabal et le nom de sa femme Abigaïl. Et cette femme était très prudente et très belle, et son mari était dur et brutal et méchant. Et il était de la race de Caleb.

4. David donc, ayant appris dans le désert que Nabal tondait son troupeau,

5. Envoya dix jeunes hommes et

in domo sua in Ramatha. Consurgensque David descendit in desertum Pharan.

Infr. 23, 3 ; *Eccli.* 46, 23.

2. Erat autem vir quispiam in solitudine Maon, et possessio ejus in Carmelo et homo ille magnus nimis ; erantque ei oves tria millia, et mille capræ : et accidit ut tonderetur grex ejus in Carmelo.

3. Nomen autem viri illius erat Nabal ; et nomen uxoris ejus Abigail ; eratque mulier illa prudentissima et speciosa ; porro vir ejus durus, et pessimus, et malitiosus ; erat autem de genere Caleb.

4. Cum ergo audisset David in deserto quod tonderet Nabal gregem suum,

5. Misit decem juvenes, et dixit

---

contr. Vigilant. t. II, p. 343, édit. Migne. D'autre part. Nicéphore Calliste nous apprend que les restes de Samuel furent transférés plus tard de Chalcédoine à Constantinople et déposés dans une église près du palais de l'Hebdomon, Niceph. Callist., Hist., eccl., l. XIV, c. x. Il est peut-être bon de noter en passant que Chalcédoine se trouvait près de l'entrée du Bosphore, presque en face de Constantinople, sur l'emplacement occupé aujourd'hui par la ville toute moderne de Kadi-Keni. — *In desertum Pharan.* On lit dans le manuscrit des Septante du Vatican *Maon* au lieu *Pharan*, et plusieurs, entre autres Ewald, Thénius et Bunsen, pensent que c'est la vraie leçon. Selon ces auteurs, il est improbable que David se soit transporté tout à coup sur les frontières de l'Egypte. Le désert de Pharan était trop éloigné pour qu'il s'y retirât et qu'il envoyât de là des messagers à Nabal, ỳ. 5. Mais il suffit de remarquer que le désert de Pharan confinait au nord à celui de Juda et que la ville de Cadès, qui s'y trouvait, Nomb. xiii, 4 et 26, n'était éloignée d'Hébron, selon le géographe arabe Makdisi, cité par Delitsch, Gen., 375, que d'une journée de marche. Il est probable, du reste, que David se retira dans le désert de Pharan, parce qu'il ne trouvait plus de quoi subsister dans le désert de Juda.

2. — *Maon.* Cfr. Jos., xv, 55. — *In Carmelo.* Il s'agit de la ville de ce nom et point de la montagne du Carmel. Eusèbe nous apprend qu'elle existait encore de son temps et la nomme Χαρμήλη. Il la place à dix milles à l'est d'Hébron. Mais dans un autre endroit, il l'appelle Χαρμὰλ et la dit située au sud d'Hébron, ce qui est plus exact, puisque le Khirlet Karmel est au sud-sud-est de cette dernière ville, Cfr. Jos. xv, 55. Le Khirlet Karmel se trouve sur un plateau ; on comprend donc comment Nabal, tout en habitant Maon, avait ses possessions, principalement ses pâturages, sur le territoire du Carmel. — *Et accidit ut tonderetur...* Cette opération était accompagnée d'une sorte de fête et d'un festin, comme cela se pratique encore quelquefois, Cfr. II Rois, xiii, 24.

3. — *Nabal.* Le mot hébreu נָבָל, *Nabal* signifie insensé. — *De genere Caleb.* Dans l'hébreu le Kéri porte כָּלִבִּי, *Calébi* « de la descendance de Caleb » ; mais dans le Chétib on lit *Kélibo*, כְּלִבוֹ, « selon son cœur », c'est-à-dire porté à suivre ses inclinations. Les Septante faisant dériver כָּלִבּוֹ de כֶּלֶב *Kéleb*, « chien » ont traduit : ἄνθρωπος κυνικός, « homme cynique », et la version arabe ainsi que la version syriaque ont suivi la même voie. Josèphe dit de même de Nabal qu'il avait des mœurs cyniques, ἐκ κυνικῆς ἀσκήσεως πεποιημένος τὸν βίον, Ant. J. vi, c. xiii, § 6. Toutefois la leçon du Keri et de la Vulgate mérite la préférence et est généralement adoptée. Maon d'ailleurs était tout près d'Hébron dont Caleb s'était emparé et qui lui était échu en héritage, Jos., xv, 13 et suiv.

5. — *Misit decem juvenes.* Le nombre des ambassadeurs indique que leur mission avait

CHAPITRE XXV

eis : Ascendite in Carmelum, et venietis ad Nabal, et salutabitis eum ex nomine meo pacifice.

6. Et dicetis : Sit fratribus meis, et tibi pax, et domui tuæ pax, et omnibus quæcumque habes, sit pax.

7. Audivi quod tonderent pastores tui, qui erant nobiscum in deserto; nunquam eis molesti fuimus, nec aliquando defuit quidquam eis de grege, omni tempore quo fuerunt nobiscum in Carmelo.

8. Interroga pueros tuos, et indicabunt tibi. Nunc ergo inveniant pueri tui gratiam in oculis tuis; in die enim bona venimus; quodcumque invenerit manus tua, da servis tuis, et filio tuo David.

9. Cumque venissent pueri David, locuti sunt ad Nabal omnia verba hæc ex nomine David, et siluerunt.

10. Respondens autem Nabal pue-

leur dit : Montez au Carmel et vous irez auprès de Nabal et vous le saluerez pacifiquement en mon nom.

6. Et vous lui direz : Que la paix soit avec mes frères et avec toi, et que la paix soit en ta maison et que la paix soit sur tout ce que tu as.

7. J'ai appris que tes pasteurs, qui étaient avec nous dans le désert, tondaient. Est-ce que nous les avons molestés? Est-ce qu'il leur a jamais manqué quoi que ce soit de leur troupeau, pendant tout le temps qu'ils ont été avec nous sur le Carmel?

8. Interroge tes serviteurs et ils te le diront. Maintenant donc que tes serviteurs trouvent grâce à tes yeux, car nous sommes venus dans un bon jour. Tout ce que ta main trouvera donne-le à tes serviteurs et à ton fils David.

9. Et lorsque les serviteurs de David furent venus, ils dirent à Nabal toutes ces paroles au nom de David, et ils se turent.

10. Mais Nabal, répondant aux

---

une certaine importance et répond d'ailleurs à la puissance du personnage auquel s'adressait David. Voici comment Ed. Reuss apprécie ici la conduite de David : « David rôdait toujours dans ces contrées de pâturages avec sa bande avide de butin. La tonte du bétail était une grande affaire et l'occasion d'une fête de famille. David en profite pour en avoir sa part. » En vérité, il est difficile de travestir plus audacieusement la vérité au mépris du texte que nous avons sous les yeux. Ne voyons-nous pas que David représente à Nabal qu'il lui a rendu des services, et qu'il lui demande en échange, avec toutes sortes d'égards, de lui venir en aide? Est-ce ainsi qu'aurait agi un chef de bande, un aventurier? Assurément, il eût pu trouver un moyen plus expéditif et plus sûr pour en arriver à ses fins.

6. — *Sit fratribus meis.* Hébreu : לחי, *lékhaï* « pour la vie », ce qui est probablement une formule de salut : soyez heureux pour la vie. La traduction *fratribus meis* suppose évidemment que le traducteur a lu לאחי, *leakhaï*, au lieu de לחי, *lekhaï*. — *Et tibi pax.* C'est encore un souhait ; mais nous

ferons remarquer que le mot שלום, *schalom*, signifie plus particulièrement, *santé, bien-être*.

7. — *Nec aliquando defuit...* Non-seulement David et ses gens avaient respecté le bien d'autrui, et n'avaient pas touché aux troupeaux de Nabal, mais de plus, ils les avaient probablement protégés en éloignant les Arabes et les Bédouins maraudeurs, ainsi que les ₥₥. 16 et 20 le donnent à entendre.

8. — *In die enim bona.* C'est-à-dire, en un jour de fête. — *Quodcumque inveneris...* Ce que tu as sous la main, ce que tu peux donner.

9. — *Et siluerunt.* L'hébreu וינוחו, *vaianoukhou*, paraît devoir être traduit : « Et ils s'assirent. » Sans doute c'était pour attendre la réponse et parce que tel était l'usage en pareille occasion. A ce point de vue, ce détail ne serait donc pas superflu. On lit dans les Septante : ἐνεπήδησε, « et Il (Nabal) se leva en sursaut », comme si le texte hébreu avait jadis porté : ויקם, *vakaïm*.

10. — *Hodie increverunt...* Pour donner le change et déguiser son avarice, Nabal feint de ne pas connaître David et le compare à un vagabond, injure qui atteint aussi les mes-

serviteurs de David, leur dit : Qui est David? Et qui est le fils d'Isaï? Aujourd'hui se sont multipliés les serviteurs qui fuient leurs maîtres.

11. Prendrai-je donc mes pains et mon eau et la chair des animaux que j'ai tués pour mes tondeurs, et les donnerai-je à des hommes qui sont je ne sais d'où?

12. Les serviteurs de David refirent donc leur chemin, et de retour ils vinrent et lui rapportèrent toutes les paroles qu'il avait dites.

13. David dit alors à ses serviteurs : Que chacun se ceigne de son glaive. Et tous se ceignirent de leurs glaives, et David aussi se ceignit de son glaive, et quatre cents hommes environ suivirent David, et deux cents restèrent auprès des bagages.

14. Et Abigaïl, femme de Nabal, l'apprit d'un de ses serviteurs qui lui dit : Voilà que David a envoyé du désert des messagers pour bénir notre maître et il les a repoussés.

15. Ces hommes ont été très bons pour nous, et ne nous ont pas molestés; jamais rien ne s'est perdu pendant tout le temps que nous avons vécu avec eux dans le désert.

16. Ils étaient pour nous comme

ris David, ait : Quis est David? et quis est filius Isaï? hodie increverunt servi qui fugiunt dominos suos.

11. Tollam ergo panes meos, et aquas meas, et carnes pecorum, quæ occidi tonsoribus meis, et dabo viris quos nescio unde sint?

12. Regressi sunt itaque pueri David per viam suam, et reversi venerunt, et nuntiaverunt ei omnia verba quæ dixerat.

13. Tunc ait David pueris suis : Accingatur unusquisque gladio suo. Et accincti sunt singuli gladiis suis, accinctusque est et David ense suo; et secuti sunt David quasi quadringenti viri; porro ducenti remanserunt ad sarcinas.

14. Abigaïl autem uxori Nabal nuntiavit unus de pueris suis, dicens : Ecce David misit nuntios de deserto, ut benedicerent domino nostro; et aversatus est eos.

15. Homines isti, boni satis fuerunt nobis, et non molesti; nec quidquam aliquando periit omni tempore, quo fuimus conversati cum eis in deserto.

16. Pro muro erant nobis tam in

---

sagers. Nabal n'aurait pas osé sans doute répondre de la sorte, s'il eût eu affaire à un chef de bande habitué à vivre de maraude. La conduite précédente de David lui faisait donc penser qu'il n'avait rien à craindre. Nous sommes donc loin des allégations injurieuses que nous citions précédemment, ỹ. 5.

11. — *Panes meos et aquas meas.* C'est-à-dire, ce que je mange et ce que je bois. Le pain et l'eau sont la figure de ce qui est indispensable à la vie. C'est l'explication que nous préférons, car il ne nous semble pas qu'il soit fait allusion à la rareté de l'eau dans la contrée. Évidemment David n'était pas obligé d'aller chercher l'eau si loin de son cantonnement actuel. Les Septante ont traduit: τὸν οἶνόν μου « mon vin. » Mais c'est certainement une correction tout arbitraire faite au texte orignal qu'ils n'ont pas compris.

13. — *Accingatur unusquisque...* On comprend la colère de David; mais toutefois elle était illégitime devant le Seigneur. S'il eût mis son projet à exécution, il aurait péché envers son peuple. Heureusement le Seigneur le préserva de cette faute par l'intermédiaire d'Abigaïl, la femme de Nabal, Cfr. ỹỹ. 31, 33.

14. — *Et aversatus est eos*: Hébreu : « Et il les assaillit », c'est-à-dire leur adressa des paroles outrageantes. Les Septante portent : ἐξέκλινεν ἀπ' αὐτῶν, « il se détourna d'eux. »

15. — *Boni satis fuerunt...* C'est précisément ce qu'avaient fait valoir, au nom de leur maître, les messagers de David.

nocte quam in die, omnibus diebus quibus pavimus apud eos greges.

une muraille, tant la nuit que le jour, pendant tout le temps que nous avons fait paître les troupeaux parmi eux.

17. Quamobrem considera, et recogita quid facias; quoniam completa est malitia adversum virum tuum, et adversum domum tuam, et ipse est filius Belial, ita ut nemo possit ei loqui.

17. C'est pourquoi considérez et pensez à ce que vous devez faire, car un malheur est résolu contre votre mari et contre votre maison. Et lui est fils de Bélial, de telle sorte que personne ne peut lui parler.

18. Festinavit igitur Abigail, et tulit ducentos panes, et duos utres vini, et quinque arietes coctos, et quinque sata polentæ, et centum ligaturas uvæ passæ, et ducentas massas caricarum, et posuit super asinos;

18. Abigaïl donc se hâta et prit deux cents pains, et deux outres de vin, et cinq béliers cuits, et cinq mesures de farine, et deux cents paquets de raisins secs, et deux cents mesures de figues sèches, et les plaça sur des ânes.

19. Dixitque pueris suis : Præcedite me; ecce ego post tergum sequar vos; viro autem suo Nabal non indicavit.

19. Et elle dit à ses serviteurs : Précédez-moi, je resterai en arrière et vous suivrai. Mais elle n'en dit rien à Nabal, son mari.

20. Cum ergo ascendisset asinum, et descenderet ad radices montis, David et viri ejus descendebant in occursum ejus; quibus et illa occurrit.

20. Et lorsqu'elle fut montée sur un âne, et qu'elle descendit au pied de la montagne, David et ses hommes descendaient au-devant d'elle, et elle les rencontra.

21. Et ait David : Vere frustra servavi omnia quæ hujus erant in deserto, et non periit quidquam de cunctis quæ ad eum pertinebant; et reddidit mihi malum pro bono.

21. Et David dit : Vraiment, c'est en vain que j'ai gardé tout ce qui était à lui dans le désert, et que rien ne s'est perdu de tout ce qui lui appartenait; il m'a rendu le mal pour le bien.

22. Hæc faciat Deus inimicis Da-

22. Que Dieu fasse ceci et ajoute

---

16. — *Pro muro.* C'est-à-dire, ils étaient pour nous une défense efficace, un rempart inébranlable contre les maraudeurs.

17. — *Quoniam completa est...* Hébreu, « Parce que le malheur est résolu contre sa maison. » — *Et ipse est filius Belial.* C'est un si méchant homme qu'on ne peut même lui adresser la parole.

18. — *Sata.* En hébreu סאים, *seim.* Trois *seas*, valaient un épha. Les Septante ont écrit *cinq ephas*, sans doute, parce que cinq seas ne leur ont pas paru une provision suffisante. — *Polentæ.* L'hébreu קלי, *kali* signifie *épis rôtis.* — *Et centum ligat uras.* Des sortes de gâteaux de raisins secs. — *Centum massas...* Ce sont des figues serrées et pressées et formant aussi des gâteaux.

19. — *Ego post tergum...* Abigaïl suivra le convoi, probablement pour mieux exercer la surveillance.

20. — *Ad radices montis* En hébreu : « Dans un endroit caché de la montagne », בסתר ההר, *beséther hahar*, apparemment dans une dépression de terrain.

21. — *Et ait David* Mieux vaudrait, pour l'intelligence du récit, traduire par l'imparfait. — *Vere frustra.* C'est sans utilité pour lui que David a conservé les biens de Nabal, et cependant il pouvait légitimement s'attendre à en être récompensé. Hébreu : « Seulement pour la tromperie », c'est-à-dire j'ai été trompé dans mes espérances.

22. — *Hæc faciat Deus...* Il faut remarquer que dans ce serment, la malédiction, contrairement à l'ordinaire, est appelée non pas sur celui qui fait le serment, mais sur d'autres,

cela aux ennemis de David, si je laisse vivre jusqu'à demain tout ce qui lui appartient, et urine à la muraille.

23. Et lorsqu'Abigaïl eut vu David, elle se hata et descendit de l'âne, et se prosterna devant David la face contre terre, et adora.

23. Et elle tomba à ses pieds et dit : Qu'elle soit sur moi, mon seigneur, cette iniquité; que ta servante, je t'en prie, parle à ton oreille, et écoute les paroles de ta servante.

25. Que le roi mon maître ne mette pas son cœur sur cet homme inique, Nabal, parce que, suivant son nom, il est insensé et la folie est avec lui. Pour moi, votre servante, je n'ai pas vu, mon seigneur, vos jeunes hommes.

26. Maintenant donc, mon maître, vive le Seigneur, et vive votre âme; il vous a empêché d'en venir au sang, et vous a sauvé votre main. Et maintenant que vos ennemis et ceux qui veulent du mal à mon seigneur, deviennent comme Nabal.

vid, et hæc addat, si reliquero de omnibus quæ ad ipsum pertinent usque mane, mingentem ad parietem.

23. Cum autem vidisset Abigail David, festinavit, et descendit de asino, et procidit coram David super faciem suam, et adoravit super terram.

24. Et cecidit ad pedes ejus, et dixit : In me sit, domine mi, hæc iniquitas : loquatur, obsecro, ancilla tua in auribus tuis : et audi verba famulæ tuæ.

25. Ne ponat, oro, dominus meus rex cor suum super virum istum iniquum Nabal; quoniam secundum nomen suum stultus est, et stultitia est cum eo; ego autem ancilla tua non vidi pueros tuos, domine mi, quos misisti.

26. Nunc ergo, domine mi, vivit Dominus, et vivit anima tua, qui prohibuit te ne venires in sanguinem, et salvavit manum tuam tibi : et nunc fiant sicut Nabal inimici tui, et qui quærunt domino meo malum.

---

sur les ennemis de David. Faut-il en conclure que le texte est corrompu et que c'est là une variation inintelligible de la formule signalée, Ruth, I, 17; I Rois, XX, 13, etc? Nous ne le pensons pas. Le sens, en effet, parait être celui-ci : Que Dieu punisse Nabal, si moi-même je ne me venge pas, ou : autant il est certain que je ne laisserai pas... Les Septante ont adopté la formule usuelle : Τάδε ποιήσαι ὁ Θεὸς τῷ Δαυὶδ καὶ τάδε προσθείη... « Hæc faciat Deus David, et hæc addat... » Assuré qu'il souffre et qu'il combat pour la cause de Dieu même, David considère l'outrage que lui a fait Nabal comme fait à Dieu même et il se prépare à le châtier en conséquence. Selon Corn. Lap. David emploie une sorte d'euphémisme pour faire contre lui-même un serment imprécatoire, opinion qui semble peu admissible. Mieux vaudrait admettre que le texte a souffert. — *Mingentem ad parietem...* Cette expression désigne simplement les individus mâles. David se proposait donc d'anéantir la famille de Nabal en en faisant périr tous les mâles.

23. — *Et adoravit*. Abigaïl, par sa conduite envers David, montre qu'elle connaissait la haute position à laquelle il avait droit, car, sans doute, on savait aussi parmi le peuple, ce qui depuis longtemps n'était plus un secret à la cour, V. ⚜. 30.

24. — *In me sit...* En prenant la faute sur elle, Abigaïl compte que David lui pardonnera. Elle est d'ailleurs en contradiction avec elle-même, puisque plus loin elle affirme qu'elle n'a pas vu les messagers de David et par conséquent n'a pas eu connaissance de la conduite de son mari. Mais c'est justement pour cela que sa conduite est des plus habiles; en prenant la faute sur elle et en prouvant ensuite qu'elle est innocente, c'était un moyen assuré de se mettre à couvert de la vengeance de David.

25. — *Quoniam secundum...* Comme nous l'avons signalé, ⚜. 3. *Nabal* signifie *insensé*.

26. — *Nunc ergo...* Avant d'implorer son pardon, Abigaïl cherche à disposer favorablement David, premièrement, en lui faisant remarquer que c'est Dieu qui l'a envoyée à

27. Quapropter suscipe benedictionem hanc, quam attulit ancilla tua tibi domino meo; et da pueris qui sequuntur te dominum meum.

28. Aufer iniquitatem famulæ tuæ; faciens enim faciet Dominus tibi domino meo domum fidelem, quia prælia Domini, domine mi, tu præliaris; malitia ergo non inveniatur in te omnibus diebus vitæ tuæ.
<small>Supr. 16, 18 et 17, 17.</small>

29. Si enim surrexerit aliquando homo persequens te, et quærens animam tuam, erit anima domini mei custodita quasi in fasciculo viventium apud Dominum Deum tuum; porro inimicorum tuorum anima rotabitur, quasi in impetu et circulo fundæ.

30. Cum ergo fecerit Dominus tibi domino meo omnia quæ locutus est bona de te, et constituerit te ducem super Israel,

31. Non erit tibi hoc in singultum, et in scrupulum cordis domino meo, quod effuderis sanguinem innoxium, aut ipse te ultus fueris; et cum benefecerit Dominus domino meo, recordaberis ancillæ tuæ.

27. C'est pourquoi recevez cette bénédiction que votre servante vous a apportée à vous, mon seigneur, et donnez-la aux serviteurs qui vous suivent, vous, mon seigneur.

28. Enlevez l'iniquité de votre servante, car assurément le Seigneur donnera à vous, mon maître, une maison fidèle, parce que vous combattez, mon maître, les combats du Seigneur; qu'aucun mal donc ne soit trouvé en vous tous les jours de votre vie.

29. Car si jamais un homme se lève et vous poursuit et cherche votre vie, la vie de mon maître sera gardée comme dans le faisceau des vivants par le Seigneur votre Dieu, mais la vie de vos ennemis sera roulée comme dans le jet et les cercles d'une fronde.

30. Et lorsque le Seigneur aura fait à mon maître tous les biens qu'il a prédits de vous, et qu'il vous aura établi roi sur Israël,

31. Vous n'aurez pas à gémir, et à vous repentir dans votre cœur, ô mon maître, d'avoir répandu le sang innocent, et de vous être vengé vous-même. Et lorsque le Seigneur aura comblé de biens mon maître, vous vous souviendrez de votre servante.

---

sa rencontre pour lui épargner un meurtre; secondement, en souhaitant que ses ennemis soient châtiés; troisièmement, en lui offrant les présents qu'elle lui apporte. — *Et nunc fiant sicut Nabal...* C'est-à-dire, que les ennemis deviennent insensés comme Nabal et tombent sous les coups de la justice divine; qu'ils soient obligés d'implorer ton pardon. Ce verset suppose que la folie est toujours associée à la méchanceté.

28. — *Faciens enim faciet...* Les promesses que fait Abigaïl à David, au cas où il exaucera sa prière, ont quelque chose de prophétique. — *Prælia Domini.* Cfr. XVI, 17. — *Malitia ergo...* D'après l'hébreu, « que le mal », c'est-à-dire le malheur, « ne t'atteigne pas... » Dans la Vulgate il semble plutôt être question du péché.

29. — *Quasi in fasciculo...* On enveloppe les objets précieux afin de mieux les préserver. Quant à l'expression *fasciculum viventium, apud Dominum...* elle désigne la société des bons qui pendant leur vie sont sous la protection spéciale de Dieu et qui, après leur mort, sont reçus dans le ciel. Selon Corn. Lap. ce n'est pas autre chose que le livre de vie, le catalogue, l'assemblée des saints qui sont unis par les liens de la charité. — *Rotabitur.* Hébreu : « Il (Dieu) la lancera. » — *Quasi in impetu...* Hébreu : « Au milieu de la cavité où l'on met la pierre. »

30. — *Et constituit te ducem...* Il est à présumer que l'épouse de Nabal avait appris de source certaine que David avait été élu de Dieu et consacré roi, probablement grâce à ses relations avec Samuel ou quelque prophète de son école.

31. — *In singultum.* Hébreu : « En achop-

32. Et David dit à Abigaïl : Béni soit le Seigneur Dieu d'Israël qui t'a envoyée aujourd'hui au-devant de moi, et bénie soit ta parole.

33. Et bénie sois-tu, toi qui m'as empêché aujourd'hui d'aller jusqu'au sang, et de me venger de ma main.

34. Autrement, vrai comme vit le Seigneur Dieu d'Israël qui m'a empêché de te faire du mal, si tu n'étais promptement venue au-devant de moi, il ne serait pas resté à Nabal, jusqu'à l'aurore matinale, ce qui urine à la muraille.

35. David reçut donc de sa main, tout ce qu'elle lui avait apporté et lui dit : Vas en paix dans ta maison, voilà que j'ai écouté ta voix et que j'ai honoré ta face.

36. Et Abigaïl vint vers Nabal. Et voilà qu'il y avait un festin dans sa maison, comme le festin d'un roi. Et le cœur de Nabal était joyeux, car il était très ivre. Et elle ne lui dit pas un mot, petit ou grand, jusqu'au matin.

37. Mais au point du jour, lorsque Nabal eut digéré son vin, sa femme lui apprit toutes ces choses, et son cœur fut mourant au-dedans de lui-même, et il devint comme une pierre.

38. Et lorsque dix jours se furent écoulés, le Seigneur frappa Nabal, et il mourut.

39. Et lorsque David eut appris que Nabal était mort, il dit : Béni

32. Et ait David ad Abigail : Benedictus Dominus Deus Israel, qui misit hodie te in occursum meum, et benedictum eloquium tuum.

33. Et benedicta tu, quæ prohibuisti me hodie ne irem ad sanguinem, et ulciscerer me manu mea.

34. Alioquin vivit Dominus Deus Israel, qui prohibuit me ne malum facerem tibi ; nisi cito venisses in occursum mihi, non remansisset Nabal usque ad lucem matutinam, mingens ad parietem.

35. Suscepit ergo David de manu ejus omnia quæ attulerat ei, dixitque ei : Vade pacifice in domum tuam, ecce audivi vocem tuam, et honoravi faciem tuam.

36. Venit autem Abigail ad Nabal : et ecce erat ei convivium in domo ejus, quasi convivium regis, et cor Nabal jucundum ; erat enim ebrius nimis ; et non indicavit ei verbum pusillum aut grande usque mane.

37. Diluculo autem cum digessisset vinum Nabal, indicavit ei uxor sua verba hæc, et emortuum est cor ejus intrinsecus, et factus est quasi lapis.

38. Cumque pertransissent decem dies, percussit Dominus Nabal, et mortuus est.

39. Quod cum audisset David mortuum Nabal, ait : Benedictus

---

pement, *in offendiculum*. — *Aut.* Il y a dans l'hébreu la particule ו *et*.

32. — *Benedictus Dominus...* Même dans ses fautes, David sait se soumettre à la conduite de Dieu et à sa direction.

36. — *Et non indicavit ei...* Elle ne dit rien à son mari, parce qu'il était en ce moment hors d'état de comprendre.

37. — *Et emortuum est...* L'ensemble du texte paraît indiquer que Nabal fut frappé d'une attaque d'apoplexie. Il est probable que cet homme dur et colère se trouva très irrité qu'on eût traité sans lui son affaire. Au

reste, le danger qui l'avait menacé et qui, dans sa pensée le menaçait encore, pouvait aussi lui causer une très vive émotion ; mais il ne faut pas en voir la cause dans la perte qu'il venait de faire. En tout cas on doit voir là un châtiment du ciel, ainsi que le verset suivant nous le fait connaître.

38. — *Percussit Dominus Nabal.* Nabal fut apparemment frappé d'une nouvelle attaque et en mourut.

39. — *De manu Nabal.* C'est-à-dire, contre Nabal. Dieu a châtié celui qui avait été condamné. — *Custodivit a malo.* L'a empêché de

Dominus, qui judicavit causam opprobrii mei de manu Nabal, et servum suum custodivit à malo, et malitiam Nabal reddidit Dominus in caput ejus. Misit ergo David, et locutus est ad Abigail, ut sumeret eam sibi in uxorem.

40. Et venerunt pueri David ad Abigail in Carmelum, et locuti sunt ad eam, dicentes : David misit nos ad te, ut accipiat te sibi in uxorem.

41. Quæ consurgens adoravit prona in terram, et ait : Ecce famula tua sit in ancillam, ut lavet pedes servorum domini mei.

42. Et festinavit, et surrexit Abigail, et ascendit super asinum, et quinque puellæ ierunt cum ea, pedissequæ ejus, et secuta est nuntios David, et facta est illi uxor.

43. Sed et Achinoam accepit David de Jezrael; et fuit utraque uxor ejus.

44. Saul autem dedit Michol filiam suam, uxorem David, Phalti filio Lais, qui erat de Gallim.

soit le Seigneur qui a jugé l'outrage que m'avait fait Nabal, et a préservé du mal son serviteur; et le Seigneur a fait retomber la méchanceté de Nabal sur sa tête. David envoya donc et fit parler à Abigaïl afin de la prendre pour sa femme.

40. Et les serviteurs de David, vinrent à Abigaïl sur le Carmel, et lui parlèrent et lui dirent : David nous a envoyés vers vous, afin de vous prendre pour sa femme.

41. Elle se leva et se prosterna la face contre terre, et dit : Voilà votre servante prête à servir, et à laver les pieds des serviteurs de mon maître.

42. Et Abigaïl se hâta et se leva et monta sur un âne et cinq jeunes filles ses servantes, allèrent à pied avec elle, et elle suivit les messagers de David, et devint sa femme.

43. Mais David épousa aussi Achinoam de Jezraël; et l'une et l'autre fut sa femme.

44. Mais Saül donna Michol sa fille, femme de David, à Phalti, fils de Laïs, qui était de Gallim.

---

de se venger par lui-même. — *Ut sumeret eam...* Selon S. Ambroise ep. xxxv ad Iren., Abigaïl représente l'Eglise des Gentils que le Sauveur a prise pour épouse : « Hæc enim amisso viro cui ante juncta fuerat, transiit ad Christum, censu pio dives, humilitatis et fidei, misericordiæ quoque dotata patrimonio, etc., cui sponsus jucunditatem confert et gratiam, emundans eam ab omnibus pulchritudinis ejus impedimentis. »

41. — *Ecce famula tua...* Abigaïl est la figure de la Ste Vierge qui répond à l'ange : « Ecce ancilla Domini, fiat mihi secundum verbum tuum », Luc I, 38. — *Ut lavet pedes...* Formule orientale qui équivaut à celle-ci : « Je suis prête à rendre à mon maître les services les plus humiliants.

43. — *De Jezrael.* C'est la ville de ce nom qui se trouvait dans la montagne de Juda, Cfr. Jos., xv, 56.

44. — *Dedit Michol...* Après la mort de Saül, David se fit rendre Michol, II Rois III, 12 et suiv. — *De Gallim.* Gallim, d'après un passage d'Isaïe, x, 30, se trouvait entre Gabaa et Jérusalem. Sa position exacte n'est pas connue.

CHAPITRE XXVI

Averti par les habitants de Ziph, Saül va poursuivre David sur la colline d'Hachila et y campe ; mais David l'avait abandonnée pour se retirer dans le désert (vv. 1-3). — Or, David, ayant appris où se trouvait Saül, vint pendant la nuit, et vit qu'il était endormi ainsi que ses gens (vv. 4-5). — Il descendit alors avec Abisaï, et ils trouvèrent tout le camp plongé dans le sommeil (vv. 6-7). — Abisaï voulait tuer Saül, mais David l'en empêcha, et se contenta d'emporter la lance et la coupe du roi, puis tous deux se retirèrent sans que personne les aperçût (vv. 8-12). — Lorsque David fut assez loin, il appela Abner, lui reprocha de ne pas garder son roi, et lui demanda où étaient la lance et la coupe de Saül (vv. 13-16). — Or, Saül reconnut la voix de David, et il l'interpella ; et David lui demanda pourquoi il le poursuivait, puis il maudit ceux qui engageaient le roi à le persécuter, bien qu'il fût hors d'état de lui porter ombrage (vv. 17-20). — Saül ayant avoué ses torts, David lui demanda d'envoyer un de ses serviteurs pour reprendre la lance, et lui révéla qu'en ce jour il l'avait épargné (vv. 21-24). — Saül alors bénit David, et tous les deux s'en allèrent, chacun de son côté (v. 25).

1. Et les Ziphéens vinrent vers Saül à Gabaa et lui dirent : Voilà que David est caché dans la colline d'Hachila, qui est vis-à-vis le désert.

2. Et Saül se leva et descendit dans le désert de Ziph, ayant avec lui trois mille hommes de l'élite d'Israël, pour chercher David dans le désert de Ziph.

3. Et Saül campa à Gabaa-Hachila qui était vis-à-vis le désert, sur le chemin. Or, David habitait dans le désert et, voyant que Saül était venu le poursuivre dans le désert,

4. Il envoya des espions et il apprit que très certainement il était venu.

5. Et David se leva en secret et

1. Et venerunt Ziphæi ad Saul in Gabaa, dicentes : Ecce David absconditus est in colle Hachila, quæ est ex adverso solitudinis.

Supr. 23, 19.

2. Et surrexit Saul, et descendit in desertum Ziph, et cum eo tria millia virorum de electis Israel, ut quæreret David in deserto Ziph.

3. Et castrametatus est Saul in Gabaa Hachila quæ erat ex adverso solitudinis in via : David autem habitabat in deserto. Videns autem quod venisset Saul post se in desertum,

4. Misit exploratores, et didicit quod illuc venisset certissime.

5. Et surrexit David clam, et ve-

H. Nouvelle trahison des habitants de Ziph. David épargne de nouveau Saül, xxvi.

CHAP. — XXVI. 1. — *Et venerunt Ziphæi.* Certains critiques pensent que ce récit fait double emploi avec les événements rapportés plus haut, XXIII, 19, XXIV, 23, et qu'il s'agit d'un seul et même fait raconté ici avec des variantes qui seraient le produit de la tradition orale. Mais nous avons étudié la question et montré que les deux épisodes sont tout à fait différents et indépendants l'un de l'autre. — *David absconditus est.* Les Ziphéens trahissent pour la seconde fois David ; ils l'avaient

trahi une première fois à l'époque où il avait épousé Abigaïl et était venu du désert de Pharan dans celui de Juda, Cfr. XXIII, 19. — *Ex adverso solitudinis.* Hébreu : « En face du désert », c'est-à-dire au sud.

2. — *Tria millia virorum.* C'est sans doute la troupe qui formait la garde de Saül, XIII, 2.

3. — *In via.* C'est-à-dire sur une route bien connue qui traversait la colline. — *David autem...* David avait quitté la colline d'Hachila et s'était retiré dans un endroit plus élevé, v. 6.

5. — *Et venit ad locum.* David partit sur le soir pour reconnaître le camp de Saül,

nit ad locum ubi erat Saul; cumque vidisset locum, in quo dormiebat Saul, et Abner filius Ner, princeps militiæ ejus, et Saulem dormientem in tentorio, et reliquum vulgus per circuitum ejus,

6. Ait David ad Achimelech Hethæum et Abisai filium Sarviæ, fratrem Joab, dicens : Quis descendet mecum ad Saul in castra? Dixitque Abisai : Ego descendam tecum.

7. Venerunt ergo David et Abisai ad populum nocte, et invenerunt Saul jacentem et dormientem in tentorio, et hastam fixam in terra, ad caput ejus; Abner autem et populum dormientes in circuitu ejus.

8. Dixitque Abisai ad David : Conclusit Deus inimicum tuum hodie in manus tuas; nunc ergo perfodiam eum lancea in terra, semel, et secundo opus non erit.

9. Et dixit David ad Abisai : Ne interficias eum : quis enim extendet manum suam in Christum Domini; et innocens erit?

10. Et dixit David : Vivit Dominus ! quia nisi Dominus percusserit

vint à l'endroit où était Saül. Et lorsqu'il eut vu le lieu où dormait Saül, ainsi qu'Abner, fils de Ner, prince de sa milice, et Saül dormant dans sa tente et le reste du peuple à son entour,

6. David dit à Achimélech l'héthéen et à Abisaï, fils de Sarvia, frère de Joab : Qui descendra avec moi jusqu'à Saül, dans le camp? Et Abisaï dit : Moi je descendrai avec toi.

7. David et Abisaï vinrent donc au milieu du peuple la nuit, et ils trouvèrent Saül étendu et dormant sous sa tente, et sa lance plantée en terre près de sa tête, et Abner et le peuple dormant tout à l'entour.

8. Et Abisaï dit à David : Aujourd'hui Dieu a livré ton ennemi entre tes mains; je m'en vais donc le clouer à terre avec ma lance d'un seul coup, et il n'y aura pas besoin d'un second.

9. Et David dit à Abisaï : Ne le tue pas, car qui étendra sa main sur le Christ du Seigneur et sera innocent?

10. Et David dit : Vive le Seigneur? A moins que le Seigneur ne

---

accompagné des deux personnes mentionnées au verset suivant. — *In tentorio*. Hébreu : « Dans le rempart des chars. »

6. — *Ad Achimelech Hethæum*. Il n'est plus question désormais de l'Héthéen Achimélech. Les Héthéens, déjà fixés en Palestine du temps d'Abraham, Gen. xv, 23, étaient établis dans la montagne de Juda, à côté des Amorrhéens, au moment de l'invasion de la Palestine par les Israélites, Jug., II, 26. Ceux-ci avaient détruit leur puissance, mais ne les avaient pas exterminés. Une partie même d'entre eux avait conservé une certaine indépendance, Cfr. IX, 20, X, 29; II Rois VII, 6. Il est probable que du temps de Saül les rapports entre les Israélites et les restes des Chananéens avaient notablement changé; c'est ainsi qu'on peut s'expliquer comment un Héthéen pouvait occuper auprès de David un poste de confiance. Urie aussi était Héthéen, II Rois XI, 6, XXIII, 39. — *Et Abisai*. Abisaï fut avec Joab, son frère, un des meilleurs capitaines de David, II Rois XVI, 9, XVIII, 2, XXI, 17.

Il était fils de Sarvia, sœur de David, I Paral., II, 16.

7. — *Et hastam fixam...* La lance plantée en terre indiquait la place où le roi dormait. Saül, comme nous l'avons vu, XVIII, 10, se servait de sa lance ou de son épée en guise de sceptre.

8. — *Et secundo opus non erit*. Hébreu : « Et je ne lui en donnerai pas un second », litt. « je ne lui réitérerai pas. »

9. — *Ne interficias eum*. David ne nie pas que Dieu lui a livré son ennemi, car il sait en effet que c'est là une disposition de la Providence; mais il sait aussi que ce n'est pas dans le but de faire périr Saül, mais plutôt pour lui donner à lui-même l'occasion de vaincre son ennemi par ses bienfaits. — *Quis enim...* Par sa consécration Saül était devenu inviolable; il appartenait au Seigneur en toute propriété. C'est pourquoi la main seule de Dieu pouvait mettre fin à ses jours et c'est ce que David exprime au verset suivant.

11. — *Propitius sit mihi...* C'est-à-dire,

le frappe, et que vienne le jour où il mourra, ou que, descendant au combat, il ne périsse;

11. Que le Seigneur me soit propice, et que je n'étende pas ma main sur l'oint du Seigneur. Maintenant donc, prends la lance qui est près de sa tête, et la coupe d'eau et allons!

12. David prit donc la lance et la coupe d'eau qui était près de la tête de Saül, et ils s'en allèrent. Et il n'y eut personne qui les vit et comprit et s'éveilla, mais tous dormaient parce qu'un sommeil du Seigneur s'était emparé d'eux.

13. Et lorsque David eut passé de l'autre côté et qu'il fut sur le sommet de la montagne, au loin, et qu'il y eut un grand intervalle entre eux,

14. David cria au peuple et à Abner, fils de Ner, et dit : Ne répondras-tu pas, Abner? Et Abner répondit : Qui es-tu toi qui cries et troubles le repos du roi?

15. Et David dit à Abner : N'es-tu pas vraiment un homme, et qui est semblable à toi en Israël? Pourquoi donc n'as-tu pas gardé le roi ton maître? Car quelqu'un du peuple

eum, aut dies ejus venerit ut moriatur, aut in prælium descendens perierit.

11. Propitius sit mihi Dominus ne extendam manum meam in Christum Domini; nunc igitur tolle hastam, quæ est ad caput ejus, et scyphum aquæ, et abeamus.

12. Tulit igitur David hastam, et scyphum aquæ, qui erat ad caput Saul, et abierunt; et non erat quisquam, qui videret, et intelligeret, et evigilaret; sed omnes dormiebant, quia sopor Domini irruerat super eos.

13. Cumque transisset David ex adverso, et stetisset in vertice montis de longe, et esset grande intervallum inter eos,

14. Clamavit David ad populum, et ad Abner filium Ner, dicens : Nonne respondebis, Abner? Et respondens Abner, ait : Quis es tu qui clamas, et inquietas regem?

15. Et ait David ad Abner : Numquid non vir tu es? et quis alius similis tui in Israel? quare ergo non custodisti dominum tuum regem? ingressus est enim unus de turba,

---

que Dieu m'accorde la grâce de ne pas céder à la tentation d'avoir la pensée de tuer Saül, malgré les persécutions auxquelles je suis en butte. — *Scyphum aquæ*. Non pas une clepsydre, mais simplement un vase où il y avait de l'eau, pour servir aux ablutions, τὸν φακὸν τοῦ ὕδατος, « le flacon de l'eau », *lenticulam aquæ*, nous dit Josèphe, Avit, j. l. VI, c. XIII, § 9.

12. — *Qui videret, et intelligeret, et vigilaret.* Ces trois verbes servent à peindre exactement la situation. — *Quia sopor Domini...* C'est Dieu lui-même qui avait envoyé ce sommeil profond.

13. — *Cumque transisset...* David en cette occasion a été la figure de Jésus-Christ. « Venit David, dit S. Eucher, id est Christus ad Judæos hostes suos dormientes in sua infidelitate; non eos occidit, sed tulit ab eis scyphum aquæ, id est, gratiam legis, tulit et sceptrum regale, regni scilicet potestatem, quam pro magno habebant, et unde se protegebant temporaliter, et quam adversus

David per incredulitatem gerebant. Deinde victor noster David de castris eorum regressus, transcendit in altitudinem montis cœlorum. » — *In vertice montis.* Saül devait avoir établi son camp sur la pente de la colline d'Hachila et se trouvait alors séparé par une vallée de la montagne où David était venu observer la position, ⱽ. 5, et où il avait dû se retirer. — *De longe.* Si cette fois David se met à distance, c'est qu'il ne comptait pas, comme dans la première rencontre, XXIV, 9, sur un changement dans l'esprit de son persécuteur. Il craignait plutôt que Saül, à peine éveillé, n'essayât de s'emparer de lui.

14. — *Quis es tu, qui clamas, et...* Hébreu : « Qui es-tu, toi qui appelles le roi », c'est-à-dire qui troubles son repos, comme l'interprète la Vulgate.

15. — *Numquid non vir tu es?* N'es-tu pas un homme vaillant, chargé de la garde du roi? Il y a là une sorte d'ironie. — *Et quis alius similis...* Après la mort d'Abner, II Rois III, 31-34, 38, David rendra de nouveau plei-

ut interficeret regem, dominum tuum.

16. Non est bonum hoc, quod fecisti : vivit Dominus! quoniam filii mortis estis vos, qui non custodistis dominum vestrum, Christum Domini ; nunc ergo vide ubi sit hasta regis, et ubi sit scyphus aquæ, qui erat ad caput ejus.

17. Cognovit autem Saul vocem David, et dixit : Numquid vox hæc tua, fili mi David? et ait David : Vox mea, domine mi rex.

18. Et ait : Quam ob causam dominus meus persequitur servum suum? Quid feci? aut quod est malum in manu mea?

19. Nunc ergo audi, oro, domine mi rex, verba servi tui : Si Dominus incitat te adversum me, odoretur sacrificium ; si autem filii hominum, maledicti sunt in conspectu Domini ; qui ejecerunt me hodie, ut non ha-

est entré pour tuer le roi ton maître.

16. Ce n'est pas bien, ce que tu as fait. Vive le Seigneur! Vous êtes fils de la mort, vous qui n'avez pas gardé votre maître, l'oint du Seigneur. Maintenant donc, vois où est la lance du roi, et où est la coupe d'eau qui était près de sa tête.

17. Or, Saül connut la voix de David et dit : Est-ce que cette voix n'est pas la tienne, mon fils David? Et David dit : C'est ma voix, Seigneur mon roi.

18. Et il dit : Pour qu'elle cause, mon Seigneur persécute-t-il son serviteur? Qu'ai-je fait et quel mal y a-t-il en mes mains?

19. Maintenant donc écoutez, je vous en prie, Seigneur mon roi, les paroles de votre serviteur. Si le Seigneur vous excite contre moi, que l'odeur du sacrifice s'exhale. Mais si ce sont des enfants des hommes,

---

nement hommage à sa vaillance. Ce verset rapproché du ŷ. 19, pourrait faire penser qu'Abner était un ennemi personnel de David, ce que confirmerait sa conduite après la mort de Saül, II Rois II, 8.

16. — *Nunc ergo vide...* Ces reproches que David fait à Abner et que Saül entendait, devaient montrer à ce dernier que l'homme qu'il traitait en ennemi, était le gardien le plus fidèle de ses jours et son plus zélé serviteur.

17. — *Cognovit autem...* Saül probablement ne voyait pas David, puisque c'était au milieu de la nuit ou tout au moins pendant le crépuscule, mais il reconnut sa voix.

19. — *Si Dominus incitat te...* Dieu ne peut exciter directement au mal, mais il peut fournir au méchant l'occasion de satisfaire ses mauvais penchants. C'est dans ce sens que nous lisons que Dieu excita David à faire le recensement du peuple, et que David affirme que Séméi avait reçu du Seigneur l'ordre de le maudire, II Rois, XXIV, 1, XVI, 10 et suiv. Ainsi ces passages prouvent seulement que Dieu donne au pécheur la facilité et l'occasion de commettre de nouvelles fautes, afin qu'il se convertisse, ou que, si son cœur est endurci, il soit désormais mûr pour la justice divine. De cette façon Dieu corrige ou punit le pécheur par ses propres fautes. Si en cette

circonstance David suppose véritablement que Dieu excite directement Saül contre lui, ce serait s'avouer lui-même pécheur, et c'est ce que l'on pourrait admettre sans inconvénient ; mais on peut aussi l'entendre autrement, c'est-à-dire comme nous l'avons expliqué en premier lieu. — *Odoretur sacrificium.* On peut interpréter de plusieurs manières : Je consens à être mis à mort et à être immolé à Dieu, comme une victime qui lui soit agréable, ou : que le sacrifice que j'offrirai à Dieu pour expier la faute que j'ai commise puisse l'apaiser. Mais les modernes l'interprètent tout autrement : Puisses-tu apaiser la colère de Dieu par des offrandes qu'il agrée ; ou : Implore Dieu pour qu'il éloigne de toi la tentation. En ce cas il faut admettre que David ne s'avoue pas pécheur mais veut faire entendre que Saül est excité indirectement à le poursuivre, en punition de ses propres fautes. Cependant, tout bien considéré, il nous paraît vraisemblable que David s'humilie, et que tout en ayant conscience de la justice de sa cause, il se considère néanmoins comme un pécheur devant Dieu. — *Qui ejecerunt me hodie...* Mes ennemis ont fait en sorte qu'ils m'ont obligé de fuir de mon pays, pour pourvoir à ma sûreté, et de m'éloigner du sanctuaire où Dieu veut être exclusivement honoré. Ce sanctuaire naturellement n'est pas

ils sont maudits devant le Seigneur, ils m'ont rejeté aujourd'hui pour que je n'habite pas dans l'héritage du Seigneur, en disant : Va, sers des dieux étrangers.

20. Et maintenant que mon sang ne soit pas répandu sur la terre devant le Seigneur ; car le roi d'Israël est sorti pour chercher une puce, comme on poursuit une perdrix dans les montagnes.

21. Et Saül lui dit : J'ai péché ! Retourne, mon fils David, car jamais plus je ne te ferai de mal, parce que ma vie aujourd'hui a été précieuse à tes yeux. Il paraît bien que j'ai agi follement et que j'ai ignoré beaucoup trop de choses.

22. Et David répondit : Voilà la lance du roi, qu'un des serviteurs du roi vienne ici et la prenne.

23. Mais le Seigneur rendra à chacun suivant sa justice et sa foi. Car le Seigneur aujourd'hui t'a livré entre mes mains, et je n'ai pas voulu étendre ma main sur l'oint du Seigneur.

24. Et comme ton âme a paru

bitem in hæreditate Domini dicentes : Vade, servi diis alienis.

20. Et nunc non effundatur sanguis meus in terram coram Domino ; quia egressus est rex Israel ut quærat pulicem unum, sicut persequitur perdix in montibus.

21. Et ait Saul : Peccavi ; revertere, fili mi, David : nequaquam enim ultra tibi malefaciam, eo quod pretiosa fuerit anima mea in oculis tuis hodie ; apparet enim quod stulte egerim, et ignoraverim multa nimis.

22. Et respondens David, ait : Ecce hasta regis ; transeat unus de pueris regis, et tollat eam.

23. Dominus autem retribuet unicuique secundum justitiam suam et fidem ; tradidit enim te Dominus hodie in manum meam, et nolui extendere manum meam in Christum Domini.

24. Et sicut magnificata est ani-

---

autre chose que le tabernacle ou l'endroit où était déposée l'arche. — *Servi diis alienis.* Ce ne sont point sans doute là les paroles des ennemis de David, mais c'est le sens qu'on pouvait donner à leurs actes. En effet, c'est dans la terre d'Israël que Dieu avait sa demeure, et qu'il voulait être exclusivement honoré ; donc en chassant David de son pays, ils l'ont obligé à se réfugier sur le territoire des dieux étrangers. C'était pour ainsi dire l'inviter à leur rendre un culte, puisqu'il ne pouvait plus rendre ses devoirs à son Dieu.

20. — *Coram Domino.* Hébreu : « Loin de la présence du Seigneur », c'est-à-dire sur une terre étrangère, ce qui cadre mieux avec le contexte. — *Ut quærat pulicem unum.* David veut faire entendre que, dans sa faiblesse et son impuissance, il ne mérite pas d'être poursuivi, et aussi qu'il lui est, précisément pour cette raison, plus facile de s'échapper, ce qui répond bien au vœu qu'il forme. — *Sicut persequitur perdix.* Cette comparaison ne se rapporte pas nécessairement à la première et n'en est pas le développement. Chassé de son pays, éloigné de

son peuple et fugitif, David ressemble à une perdrix séparée de sa bande et qui s'est réfugiée seule dans la montagne où on la poursuit à outrance pour la capturer ou la tuer, tandis qu'il serait plus raisonnable de la laisser en repos, puisque, dans la plaine, il y en a beaucoup d'autres qu'il serait plus facile d'atteindre. Les paroles si touchantes de David étaient d'ailleurs bien propres à éveiller la conscience de Saül.

21. — *Peccavi.* Les bons sentiments que manifeste ici Saül ne furent qu'un éclair dans sa vie, car il ne tarda pas à oublier ce qu'il avait promis. C'était un aveu sincère mais forcé, qui par conséquent n'était pas accompagné de repentir et qui ne pouvait produire aucun résultat durable.

23. — *Dominus autem...* Il ne faut pas voir dans ce discours l'éloge de David par lui-même, mais considérer ses paroles comme le témoignage d'une bonne conscience, en présence de Dieu et de son ennemi qui avoue ses torts.

24. — *Et sicut magnificata est...* De même que la vie de l'oint du Seigneur m'a paru

ma tua hodie in oculis meis, sic magnificetur anima mea in oculis Domini, et liberet me de omni angustia.

25. Ait ergo Saul ad David : Benedictus tu, fili mi David; et quidem faciens facies, et potens poteris. Abiit autem David in viam suam, et Saul reversus est in locum suum.

grande aujourd'hui à mes yeux, qu'ainsi mon âme paraisse grande aux yeux du Seigneur, et qu'il me délivre de toute angoisse.

25. Saül donc dit à David : Béni sois-tu, mon fils David. Et en vérité tu feras beaucoup de choses et tu seras très-puissant. Et David poursuivit son chemin et Saül s'en retourna de son côté.

CHAPITRE XXVII

David, craignant d'être pris, s'en alla auprès d'Achis, roi de Geth, où il s'établit avec ses gens et toute sa maison (ÿÿ. 1-3). — Saül alors cessa de le poursuivre (ÿ. 4). — Or, David obtint d'Achis la permission de se fixer à Siceleg, qui depuis ce temps appartint aux rois de Juda (ÿÿ. 5-6). — David resta quatre mois chez les Philistins, et profita de son séjour pour dévaster les pays d'alentour, le territoire de Gessuri, de Gerzi et celui des Amalécites, massacrant la population et emmenant les troupeaux (ÿÿ. 7-9). — Il répondait ensuite à Achis qu'il avait fait irruption dans le pays d'Israël, tantôt d'un côté, tantôt de l'autre, mais il n'amenait pas de prisonnier pour ne pas être trahi, et le roi de Geth, persuadé que son hôte faisait la guerre à son peuple, espérait qu'il lui serait toujours attaché (ÿÿ. 10-12).

1. Et ait David in corde suo : Aliquando incidam una die in manus Saul : nonne melius est ut fugiam, et salver in terra Philisthinorum, ut

1. Et David dit dans son cœur : Quelque jour je tomberai entre les mains de Saül; ne vaut-il pas mieux que je m'enfuie et que je me sauve

---

trop précieuse et trop sainte pour me permettre d'y toucher, de même Dieu me le rendra en jugeant ma vie digne d'être conservée et mise à l'abri de tout danger. — *Et liberet me de omni angustia.* David n'avait à craindre que de la part de Saül, qui cependant avait formellement promis de ne plus attenter à sa vie; mais, connaissant la versatilité du caractère de son ennemi et l'inconstance de ses résolutions, il ne pouvait ajouter grande confiance aux paroles qu'il avait entendues.

25. — *Et quidem faciens facies, et potens poteris.* C'est-à-dire, tu seras heureux dans tes entreprises. Ces paroles de Saül ne prouvent point d'ailleurs que son cœur était changé; elles expriment seulement l'impression du moment. — *In locum suum.* Comme il n'est pas dit que Saül rentra chez lui, on peut en conclure qu'il ne tarda pas à reprendre sa poursuite, d'autant plus que nous voyons plus loin, c. XXVII, David obligé de

chercher un refuge à l'étranger. Le Ps. XVII a directement rapport au temps de la persécution de Saül et spécialement aux faits contenus dans ce chapitre et le ch. XXIV. Le Psalmiste invoque la justice de Dieu, ÿÿ. 1, 2, 5, et signale l'injustice de ses persécuteurs; enfin il exprime sous toutes les formes sa confiance en Dieu et en son secours. Le Psaume a d'ailleurs pour titre : « In finem puero Domino David, qui locutus est Domino verba cantici hujus, in die qua eripuit eum Dominus de manu omnium inimicorum ejus, et de manu Saul. »

I. David se réfugie dans le pays des Philistins et s'établit à Siceleg, XXVII.

CHAP. XXVII. — 1. — *Et ait David in corde suo.* Hébreu : « Et David parla à son cœur, c'est-à-dire prit conseil de lui-même pour savoir ce qu'il devait faire. — *Aliquando incidam...* La dernière rencontre que David avait eue avec Saül ne lui avait pas donné l'espérance

dans le pays des Philistins, pour que Saül désespère et cesse de me chercher dans toutes les frontières d'Israël? Je fuirai donc ses mains.

2. Et David se leva et il s'en alla, ayant avec lui six cents hommes, chez Achis, fils de Maoch, roi de Geth.

3. Et David demeura chez Achis à Geth, lui et ses hommes, chacun avec sa maison, et David avait avec lui ses deux femmes, Achinoam de Jezraël, et Abigaïl, femme de Nabal du Carmel.

4. Et l'on annonça à Saül que David s'était enfui à Geth, et il ne continua plus à le chercher.

5. Or, David dit à Achis : Si j'ai trouvé grâce à tes yeux, qu'un lieu me soit donné dans une des villes de cette contrée, pour que j'y habite. Car pourquoi ton serviteur reste-t-il avec toi dans la ville du roi?

desperet Saül, cessetque me quærere in cunctis finibus Israel? fugiam ergo manus ejus.

2. Et surrexit David, et abiit ipse, et sexcenti viri cum eo, ad Achis filium Maoch, regem Geth.

3. Et habitavit David cum Achis in Geth, ipse et viri ejus; vir et domus ejus; et David et duæ uxores ejus, Achinoam, Jezraelitis, et Abigail uxor Nabal Carmeli.

4. Et nuntiatum est Sauli quod fugisset David in Geth, et non addidit ultra quærere eum.

5. Dixit autem David ad Achis : Si inveni gratiam in oculis tuis, detur mihi locus in una urbium regionis hujus, ut habitem ibi; cur enim manet servus tuus in civitate regis tecum?

---

que son ennemi sortirait de son endurcissement. Il semblerait même que cette fois Saül ne cessa pas la poursuite. ỳ. 4, ou au moins que l'intervalle ne fut pas long. — *Fugiam ergo manus ejus.* C'est-à-dire, je lui échapperai, car l'hébreu doit être traduit ainsi : « Et je serai délivré de sa main. »

2. — *Ad Achis filium Maoch.* Achis est sans doute le même qui a été mentionné plus haut, xxi, 11, et peut-être aussi doit être assimilé à Achis, fils de Maacha, III Rois, II, 39, car il ne serait pas impossible qu'il eût régné cinquante ans. En ce cas, מעוך et מעכה, *Maoch* et *Maacah* seraient les deux formes du même nom. En se présentant comme une victime de Saül, son ennemi personnel, David espérait être bien accueilli. Selon Erdmann, David fit une faute en se réfugiant dans le pays des Philistins et montra peu de foi en cette occasion, appréciation qui nous parait aussi sévère que peu justifiée. Il est bien vrai que précédemment le prophète Gad lui avait ordonné de retourner dans sa patrie, xxii, 5 ; mais nous ne voyons pas qu'il lui eût défendu d'en sortir. Il est encore vrai que l'auteur ne nous dit pas que David ait consulté le Seigneur avant de prendre une pareille détermination, toutefois il est non moins certain que bien des détails nous manquent et, à tout prendre, personne mieux que David ne saurait juger l'état de la situation. Bien qu'il fût l'oint du Seigneur, qu'il eût reçu les promesses divines et qu'il eût éprouvé jusqu'ici les plus merveilleux effets de l'assistance d'en Haut, il n'en était pas moins obligé de fuir devant son adversaire et d'avoir recours à toutes les précautions que peut suggérer la prudence humaine. Nous ferons de plus remarquer en passant que ce récit ne fait pas double emploi avec celui du ch. xxi. Cette fois, en effet, David arrive à Geth avec une petite armée et ne ressemble plus à un vagabond; il n'est plus obligé de contrefaire l'insensé pour conserver sa vie. Les deux épisodes sont donc parfaitement distincts, et il est impossible de les confondre et de n'en faire qu'un seul.

3. — *Vir et domus ejus.* C'est-à-dire chacun avec sa famille. C'était comme une véritable émigration et l'établissement de David dans le pays des Philistins ressemblait à une colonie.

5. — *Detur mihi locus...* David, se sentant trop à l'étroit, semble-t-il, dans la capitale, demande à Achis de lui donner une ville de province. En réalité, son but était d'échapper à tout contrôle, et tout en jouant le rôle d'ennemi de Saül, de pouvoir conformer sa conduite à ses sentiments et à son devoir.

CHAPITRE XXVII

6. Dedit itaque ei Achis in die illa Siceleg; propter quam causam facta est Siceleg regum Juda, usque in diem hanc.

7. Fuit autem numerus dierum, quibus habitavit David in regione Philisthinorum, quatuor mensium.

8. Et ascendit David, et viri ejus, et agebant prædas de Gessuri, et de Gerzi, et de Amalecitis; hi enim pagi habitabantur in terra antiquitus, euntibus Sur usque ad terram Ægypti.

9. Et percutiebat David omnem terram, nec relinquebat viventem

6. Achis lui donna donc ce jour-là Siceleg. C'est pourquoi Siceleg a appartenu aux rois de Juda jusqu'à ce jour.

7. Or, le nombre des jours que David demeura dans le pays des Philistins fut de quatre mois.

8. Et David et ses hommes montaient et faisaient des déprédations du côté de Gessuri et de Gerzi et des Amalécites, car ces bourgs étaient habités dans le pays anciennement depuis le chemin de Sur jusqu'à la terre d'Egypte.

9. Et David frappait tout le pays et ne laissait en vie ni homme ni

---

— *Cur enim manet...* Il ne convient pas que j'habite dans la même ville que le roi. On reconnaît là la subtilité orientale.

6. — *Siceleg.* Cette ville avait été attribuée à Siméon, Jos., xix, 5; mais plus tard elle fut évidemment reconquise par les Philistins, bien que mentionnée après le retour de la captivité, Néh., xi, 28; sa position exacte n'est pas connue. On voit seulement par xxx, 9-21 qu'elle était au sud de Juda. — *Propter quam causam...* Achis semble donc avoir donné à David la ville de Siceleg en toute propriété.

7. — *Quatuor mensium.* En hébreu, « une année et quatre mois. » L'expression ימים, *iamim* « jours » qui désigne un certain espace de temps, signifie ici *un an*, comme dans plusieurs autres passages, Cfr. I, 3 II 49; Deut., xxv, 29; Jug., xvii, 10, etc. Selon Josèphe, David resta à Siceleg quatre mois et vingt jours, Ant., l. VI, c. xiv, §10.

8. — *Et ascendit David.* L'expression ויעל, *vaïal,* indique parfois simplement qu'une armée se met en marche, Jos., xiii, 4. Cependant il se peut que les peuples mentionnés ici fussent établis sur les plateaux au nord du désert de Pharan. — *De Gessuri.* Ce ne peut pas être le pays de Gessuri qui était au nord du pays de Galaad, Cfr. Jos. xiii, 2. — *Et de Gerzi.* Selon Bonfrère et Le Clerc, les Gerzites seraient les mêmes que les Gerréniens Γερρηνοί, II Mach. xiii, 24, qui habitaient la Gerra (Strabon, xvi, 760) ou Gerron (Ptolem. iv, 5), qui était située entre Rhinocoloura et Péluse. Cette supposition est assez vraisemblable, mais en tout cas il faut remarquer que ce peuple était dans le désert d'Arabie. — *Et de Amalecitis.* C'étaient les restes de ce peuple qui avaient échappé à la guerre d'extermination que leur avait faite Saül,

xv, 8 et suiv. — *Hi enim pagi habitabantur in terra* : Hébreu : « par ceux qui habitaient la terre. » *Antiquitus.* L'hébreu : אשר מעולם, *ascher meolam* offre quelque difficulté. S. Jérôme a traduit comme si אשר, *ascher,* (qui) ne s'était pas trouvé dans le texte. Il n'est cependant pas à présumer qu'il y ait là une faute de copiste. Quoi qu'il en soit, les uns, comme Ewald, Erdmann, etc., regardent ces deux mots comme une sorte de parenthèse et traduisent : « qui habitaient là de toute antiquité », interprétation qui nous paraît devoir être admise de préférence à toute autre. La traduction du Dr Keil : « ou de toute antiquité vers à Sur... », est peut-être encore plus bizarre qu'ingénieuse. On ne comprendrait pas à quoi servirait cette remarque; elle supposerait qu'il n'existait pas d'autre chemin pour aller dans cette direction. Les Septante portent : ἀπὸ Γελάμ « de Gélam », comme si, au lieu de מעולם, *meolam,* les traducteurs avaient lu מעילם, *méelam,* leçon évidemment fautive — *Euntibus Sur...* C'est-à-dire, du côté du désert de Sur et jusqu'à l'Egypte. Les Amalécites, en effet, étendaient leurs possessions depuis la Palestine jusqu'à l'Arabie Pétrée, Ex., xvii, 8 et suiv., Nomb., xiii, 29. Nous ne croyons donc pas devoir admettre l'opinion de ceux qui, comme Ewald et Erdmann, comprennent que David, dans ses expéditions, s'avançait jusqu'au désert de Sur et à l'Egypte, et encore moins l'interprétation du Dr Keil, citée plus haut. Le désert de Sur serait aujourd'hui le désert de Djifar.

9. — *Et percutiebat David...* Un auteur déjà cité, Ed. Reuss, traite agréablement David de *flibustier* et ne craint pas d'écrire la phrase suivante : « La tradition, en conservant ce trait de sauvage cruauté et de

femme; et prenant les brebis et les bœufs, et les ânes et les chameaux, et les vêtements, il retournait et venait auprès d'Achis.

10. Et Achis lui disait : Sur qui es-tu tombé aujourd'hui? David répondait : Contre le midi de Juda, et le midi de Jéraméel et le midi de Céni.

11. David ne laissait en vie, ni homme ni femme, et n'en amenait point à Geth, disant : Afin qu'ils ne parlent pas contre nous. Voilà ce que fit David, et ce qu'il résolut tout le temps qu'il habita dans le pays des Philistins.

12. Achis crut donc à David et dit : Il a fait beaucoup de mal à Israël son peuple; il sera donc mon serviteur éternellement.

10. Dicebat autem ei Achis : In quem irruisti hodie? Respondebat David : Contra meridiem Judæ, et contra meridiem Jerameel, et contra meridiem Ceni.

11. Virum et mulierem non vivificabat David, nec adducebat in Geth, dicens. Ne forte loquantur adversum nos : Hæc fecit David : et hoc erat decretum illi omnibus diebus quibus habitavit in regione Philisthinorum.

12. Credidit ergo Achis David, dicens : Multa mala operatus est contra populum suum Israel : erit igitur mihi servus sempiternus.

---

mensonge impudent, n'a sans doute pas voulu rendre son héros odieux. » En effet, ce rôle était réservé au professeur de Strasbourg, et sans doute il y réussirait, si ses assertions étaient acceptées sans contrôle. Heureusement il ne saurait en être ainsi. Traiter David de *flibustier* paraît au moins étrange et ne s'accorde guères ni avec le texte sacré, ni avec la tradition. Quant à accuser David de *cruauté sauvage*, c'est sans doute ne tenir aucun compte de la position d'Israël vis-à-vis des peuples voisins. Autant vaudrait faire le même reproche à Dieu qui avait ordonné l'extermination des Chananéens. Enfin pour ce qui est de la question du mensonge, nous verrons, ỳ. 10, ce qu'il faut en penser. — *Tollensque oves...* Les peuples dont on a parlé étaient nomades et avaient de grands troupeaux. David pratiquait donc ce que nous nommerions aujourd'hui des razzias, tant pour satisfaire à ses propres besoins, que pour affaiblir les ennemis de son peuple et en même temps gagner la faveur d'Achis, à l'aide d'un habile subterfuge. — *Et veniebat ad Achis.* David allait trouver Achis pour lui rendre compte de ses expéditions et lui porter une part du butin.

10. — *In quem irruisti hodie?* Hébreu : « N'as-tu pas fait irruption aujourd'hui? » Cette question semble indiquer que le roi Achis ne supposait pas que la réponse pût être négative. Cependant, comme la particule אל, *al,* ne se trouve nulle part ailleurs employée dans le sens interrogatif, bon nombre d'interprètes supposent que le texte a été corrompu et qu'il faudrait lire על מי ou אל מי, « contre qui », ce qui est la leçon de la Vulgate et aussi des Septante où on lit ἐπὶ τίνα. La réponse de David convient bien d'ailleurs à une question faite en ces termes. — *Contra meridiem Judæ.* Les peuples contre lesquels David portait ses coups confinaient au territoire d'Israël, et il était ainsi facile de donner le change à Achis tout en ayant l'air de lui dire la vérité. Une réponse amphibologique ne saurait être taxée *d'impudent mensonge,* comme se le permet l'auteur dont nous avons parlé au ỳ. précédent. — *Jerameel,* Jéraméel était le premier-né d'Hesron, II Paral., II, 9 26 et suiv. Ses descendants formaient donc, dans la tribu de Juda, une des trois grandes familles issues d'Hesron. — *Ceni.* Les Cinéens étaient les alliés des Israélites, xv, 6 et Jug., I, 16.

11. — *Hæc fecit David.* C'est la suite des paroles de David et non pas une réflexion de l'auteur. — *Et hoc erat decretum illi.* Le mot משפט, *mischpath,* signifie encore *conduite, genre de vie.* On pourrait donc aussi traduire d'après l'hébreu : « Et telle était sa conduite », ou « sa manière d'agir ».

12. — *Multa mala operatus est...* Hébreu : « Il s'est rendu odieux parmi son peuple, en Israël. »

CHAPITRE XXVIII

En ce temps-là, les Philistins se disposèrent à marcher contre Saül, et David feignit d'accepter l'offre d'Achis qui lui proposa de le suivre (ÿÿ. 1-2). — Or, après la mort de Samuel, Saül avait chassé les magiciens et les devins (ÿ. 3). — Les Philistins se rassemblent donc, et campent à Socho, tandis que Saül s'établit sur le Gelboé (ÿ. 4). — Effrayé, il consulta le Seigneur qui ne lui répondit pas (ÿÿ. 5-6). — Alors ayant appris qu'il y avait une pythonisse à Endor, il partit la nuit déguisé pour lui demander de faire paraître celui qu'il voudrait (ÿÿ. 7-8). — Cette femme lui rappela que Saül avait exterminé les mages et les devins, mais Saül la rassura et lui demanda de faire paraître Samuel (ÿÿ. 9-11). — En voyant Samuel, la Pythonisse reconnut Saül qui de nouveau la rassura ; elle lui indiqua alors ce qu'elle voyait, et Saül se prosterna devant Samuel (ÿÿ. 12-14). — Il demanda ensuite à Samuel ce qu'il devait faire, puisque Dieu ne lui avait pas répondu, et Samuel lui annonça que son royaume passerait à David, que le lendemain il périrait avec ses fils, et que le camp des Israélites tomberait aux mains des Philistins (ÿÿ. 15-19). — A ces paroles Saül, effrayé et affaibli par le manque de nourriture, tomba à terre, et ce ne fut que sur les instances réitérées de la pythonisse qu'il consentit à prendre quelque nourriture (ÿÿ. 20-23). — Cette femme prépara donc un repas pour Saül et ses serviteurs, lesquels, après avoir mangé, s'en allèrent et marchèrent toute la nuit (ÿÿ. 24-25).

1. Factum est autem in diebus illis, congregaverunt Philisthiim agmina sua, ut præpararentur ad bellum contra Israel, dixitque Achis ad David : Sciens nunc scito, quoniam mecum egredieris in castris tu, et viri tui.

2. Dixitque David ad Achis : Nunc scies quæ facturus est servus tuus. Et ait Achis ad David : Et ego custodem capitis mei ponam te cunctis diebus.

3. Samuel autem mortuus est, planxitque eum omnis Israel, et se-

1. Il arriva qu'en ce temps là les Philistins rassemblèrent leurs troupes pour se préparer à la guerre contre Israël. Et Achis dit à David : Sache bien maintenant que tu iras au camp avec moi, toi et tes hommes.

2. Et David dit à Achis : Maintenant tu sauras ce que doit faire ton serviteur. Et Achis dit à David : Et moi je t'établirai tous les jours de ma vie, gardien de ma tête.

3. Or, Samuel était mort et tout Israël le pleura, et ils l'ensevelirent

---

4. **David succombe dans sa lutte contre les Philistins,** xxviii-xxxi.

A. David dans l'armée des Philistins. Saül effrayé consulte la pythonisse d'Endor, xxviii.

Chap. XXVIII. — 1. — *Nunc scies...* Cette réponse est équivoque, et ce qui est dit au ch. suiv. ÿ. 8, ne prouve nullement que David ait eu l'intention de combattre avec les Philistins contre ses compatriotes. En cet endroit, en effet, il ne fait aucune promesse de ce genre, mais il proteste seulement n'avoir rien fait qui mérite qu'on lui enlève toute confiance et qu'on l'exclue de l'armée. A en juger par sa conduite précédente, David aurait regardé comme un crime de faire la guerre à son peuple. Toutefois, la position dans laquelle il se trouvait étant très-dangereuse, il n'osa pas décliner exactement les offres d'Achis et fit la réponse que nous voyons dans l'espérance que Dieu l'aiderait à résoudre la difficulté, c'est-à-dire à concilier ses convictions intimes avec les obligations qu'il avait contractées envers le roi des Philistins. Il dut sans doute en même temps implorer le secours divin et demander au Seigneur de faire en sorte que le roi de Geth regardât sa déclaration comme une promesse de fidélité absolue. — *Et ego...* La particule *et* doit être prise dans le sens de *aussi*, comme l'indique l'hébreu לָכֵן, *lakeu*, « c'est pourquoi », c'est-à-dire, en ce cas.

3. — *Samuel autem...* Ce verset qui est à peu près la reproduction du ÿ. 1 du ch. xxv, sert d'introduction à ce qui va suivre, ÿ. 6 et suiv. — *In urbe sua.* Hébreu : Et dans sa ville. — *Magos.* Le mot hébreu אֹבוֹת, *both,*

402 LES LIVRES DES ROIS

dans sa ville à Ramatha. Et Saül avait chassé du pays les magiciens et les devins.

4. Et les Philistins se rassemblèrent et vinrent camper à Sunam. Or, Saül aussi rassembla tout Israël et vint à Gelboé.

5. Et Saül vit le camp des Philistins et il craignit, et son cœur eut excessivement peur.

6. Et il consulta le Seigneur, et il ne lui répondit, ni par des songes, ni par des prêtres, ni par des prophètes.

7. Et il dit à ses serviteurs : Cher-

pelierunt cum in Ramatha urbe sua. Et Saul abstulit magos et ariolos de terra.

Supr. 25, 1; *Eccli.* 46, 23.

4. Congregatique sunt Philisthiim, et venerunt, et castrametati sunt in Sunam; congregavit autem et Saul universum Israel, et venit in Gelboe.

5. Et vidit Saul castra Philisthiim, et timuit, et expavit cor ejus nimis.

6. Consuluitque Dominum, et non respondit ei, neque per somnia, neque per sacerdotes, neque per prophetas.

7. Dixitque Saul servis suis :

---

signifie *nécromanciens*. Les Septante ont traduit par εγγαστριμύθους : « les ventriloques ». — *Et ariolos.* En hébreu « les sages », litt. « ceux qui savent », ידענים, *idômim*. Saül, en chassant les devins et les magiciens n'avait fait que se conformer à la Loi, Levit. xix, 31, xx, 27; Deut. xviii, 10 et suiv.

4. — *In Sunam.* Sunam ou Sunem est aujourd'hui Solam ou Sulem, V. Jos., xix, 18, à deux heures du mont Gelboé. — *In Gelboe.* Le Gelboé est reconnu généralement aujourd'hui pour être la montagne appelée Djébel Foukou'ah. Le nom antique s'est conservé dans le village de Djelbom dont parle Eusèbe et qu'il nomme Gelbous Γελβους. Selon M. V. Guérin, Sam., i, 225, le massif du Djébel Foukou'ah s'étend sur une longueur de 13 à 14 kil. avec une largeur qui varie de 5 à 8.

5. — *Et timent.* Ce n'est pas le nombre des ennemis qui aurait pu effrayer Saül dont la bravoure était éprouvée; mais sa conscience le trouble et il se sent abandonné du Seigneur.

6. — *Neque per somnia.* Les songes étaient un des moyens par lesquels le Seigneur se manifestait, et on pouvait l'interroger de cette manière, soit par le ministère des prophètes, V. Nomb., xii, 6, et Cfr. Jér., xxiii, 25, 32 et Deut., xiii, 2 et suiv., soit par d'autres personnes, Joël, iii, 1. — *Neque per sacerdotes.* Hébreu : « Ni par l'Urim. » Le grand-prêtre était dans le camp de David avec l'éphod, et par conséquent avec l'Urim et le Tummim, 20 et suiv., xxiii, 6 xxx, 7. Mais il est à présumer qu'après le meurtre des prêtres à Nobé, Saül fit faire un autre éphod avec les ornements qui lui convenaient. Nous savons en effet qu'après cette catas-

trophe le service divin ne fut pas interrompu auprès du tabernacle, puisque, dans les premières années de David, le tabernacle était à Gabaon et qu'il était desservi par Sadoc, fils d'Achitob, de la descendance d'Eléazar, en qualité de grand-prêtre, 1 Paral., xvi, 39. Il y avait donc à la fois deux grands-prêtres et on les mentionne souvent ensemble, II Rois, viii, 17, xv, 24, xxix, 35; I Paral., xv, 11, xvii, 16. Après la destruction de Nobé, le tabernacle avait donc été transporté à Gabaon où le service divin continuait à se faire. Il est à remarquer que plus loin, ỳ. 15, Saül lui-même ne mentionne pas le mode d'interrogation par les prêtres ou l'Urim. De plus, il est dit ailleurs, I Paral., x, 14, que Saül fut mis à mort par le Seigneur, parce qu'il n'avait pas interrogé Dieu. Mais la contradiction n'est qu'apparente, car on peut dire que Saül ne consulta pas le Seigneur comme il le devait, c'est-à-dire avec le repentir de ses fautes et avec persévérance. Au lieu de rentrer en lui-même, de s'humilier et de chercher à éloigner les causes de son abandon, il perdit patience et préféra aller trouver une pythonisse, ce qui était manquer gravement à la Loi. Il est donc légitime de dire que Saül périt pour n'avoir pas consulté le Seigneur, c'est-à-dire pour avoir eu recours à la nécromancie et à la divination. — *Neque per prophetas.* Depuis que Saül avait commencé à persécuter David, il avait cessé toute relation avec les prophètes; mais, en cette circonstance, il se vit forcé d'avoir recours à eux. S'il ne parvint néanmoins à n'obtenir de Dieu aucune réponse, c'est que son impiété et son endurcissement dans le mal l'en rendaient indigne.

7. — *Dixitque Saul...* Saül plutôt que de

Quærite mihi mulierem habentem Pythonem, et vadam ad eam, et sciscitabor per illam. Et dixerunt servi ejus ad eum : Est mulier Pythonem habens in Endor.

8. Mutavit ergo habitum suum; vestitusque est aliis vestimentis, et abiit ipse, et duo viri cum eo, veneruntque ad mulierem nocte, et ait illi : Divina mihi in pythone, et suscita mihi quem dixero tibi.

9. Et ait mulier ad eum : Ecce, tu nosti quanta fecerit Saul, et quomodo eraserit magos et ariolos de terra; quare ergo insidiaris animæ meæ, ut occidar ?

10. Et juravit ei Saul in Domino, dicens : Vivit Dominus! quia non eveniet tibi quidquam mali propter hanc rem.

11. Dixitque ei mulier : Quem suscitabo tibi? Qui ait : Samuelem mihi suscita.

12. Cum autem vidisset mulier Samuelem, exclamavit voce magna,

chez-moi une femme pythonisse et j'irai à elle, et par elle je consulterai. Et ses serviteurs lui dirent : Il y a une femme pythonisse à Endor.
Lev. 20, 27; *Deut.* 18, 11; *Act.* 16, 16.

8. Il changea donc son extérieur, et se vêtit d'autres vêtements, et il alla ayant deux hommes avec lui. Et ils vinrent chez cette femme la nuit. Et il lui dit : Fais-moi une divination par l'esprit de Python et évoque-moi qui je te dirai.

9. Et la femme lui dit : Vois, tu sais tout ce que Saül a fait et comment il a extirpé du pays les magiciens et les devins. Pourquoi donc tends-tu un piège à mon âme, pour que je sois tuée?

10. Et Saül jura par le Seigneur, disant : Vrai comme vit le Seigneur, il ne t'arrivera rien de mauvais pour ceci.

11. Et la femme lui dit : Qui t'évoquerai-je? Il dit : Evoque-moi Samuel.

12. Mais dès que la femme eut vu Samuel, elle cria d'une voix forte et

---

s'humilier et de reconnaître la justice de Dieu préfère avoir recours à des moyens éprouvés par la Loi, Levit., XIX, 31. — *Habentem pythonem.* Hébreu : « Possesseur d'un esprit qui évoque les morts », בעלת אוב, *baalath ôb*. — *In Endor.* Endor ou Dor est aujourd'hui le village de même nom à peu de distance du Djébel Foukou'ah (Gelboé) où était campé Saül.

8. — *Vestitusque est...* Il se dépouilla de tous les insignes de la royauté afin de ne pas être reconnu par la pythonisse qui autrement n'eût pas voulu exercer pour lui son art. — *Nocte.* Saül fit le voyage la nuit pour ne pas être vu de son peuple et n'être pas remarqué par les postes ennemis qui n'étaient pas loin.

9. — *Quare ergo insidiaris...* La pythonisse craint que cet inconnu ne lui tende un piège, et ne la fasse condamner à mort, car tel était le châtiment porté dans la Loi contre les enchanteurs, Ex. XXII, 18, Levit., XIX, 31, XX, 27, Deut., XVIII, 10, 11. Le contexte semble indiquer bien positivement que dès l'abord elle ne reconnut pas Saül, ce qui est d'ailleurs vraisemblable, puisque Saül s'était déguisé et qu'on était au milieu de la nuit.

10. — *Et Juravit.* Ce serment montre bien à quel point Saül était endurci.

11. — *Quem suscitabo.* En hébreu : « Qui ferai-je monter ? » expression qui suppose que les âmes des morts sont toutes sans distinction renfermées sous terre, dans le vaste espace nommé Scheol, Cfr. Prov., XXVII, 20; Ps. VI, 6. Par contre le ciel est représenté comme le séjour de Dieu, des anges et des bienheureux. L'erreur consistait à croire que l'on pouvait faire sortir ces âmes du Scheol et les faire reparaître à la surface de la terre, pour répondre aux questions qu'on leur adressait.

12. — *Cum autem vidisset...* C'est après qu'elle eût fait ses conjurations que Samuel apparut. — *Exclamavit voce magna.* Elle ne s'attendait peut-être pas à une semblable apparition, car il se pourrait bien que tout son art ne fût que charlatanisme. Ce qui est certain c'est qu'elle fut étonnée et que son étonnement paraît sincère. Si donc réellement elle avait le pouvoir, grâce à l'assistance du démon, d'évoquer les morts, on peut supposer que cette apparition ne ressemblait pas aux autres et sortait de l'ordinaire. On pourrait encore admettre que la pythonisse, ayant

dit à Saül : Pourquoi m'en as-tu imposé ? Car tu es Saül.

13. Et le roi lui dit : Ne crains pas, qu'as-tu vu ? Et la femme dit à Saül : J'ai vu des dieux montant de la terre.

14. Et il lui dit : Quelle est sa forme ? Elle dit : Un vieillard est monté, et il est couvert d'un manteau. Et Saül comprit que c'était Samuel, et il s'inclina la face contre terre, et il adora.

15. Et Samuel dit à Saül : Pourquoi as-tu troublé mon repos en me faisant évoquer ? Et Saül dit : Je suis dans une angoisse extrême, car les Philistins combattent contre moi et Dieu s'est éloigné de moi et n'a pas voulu m'exaucer, ni par le ministère des prophètes, ni par des songes. Je t'ai donc appelé pour que tu me montres ce que je dois faire.

et dixit ad Saul : Quare imposuisti mihi ? Tu es enim Saul.

13. Dixitque ei rex : Noli timere ; quid vidisti ? Et ait mulier ad Saul : Deos vidi ascendentes de terra.

14. Dixitque ei : Qualis est forma ejus ? Quæ ait : Vir senex ascendit, et ipse amictus est pallio. Et intellexit Saul quod Samuel esset, et inclinavit se super faciem suam in terra, et adoravit.

15. Dixit autem Samuel ad Saul : Quare inquietasti me ut suscitarer ? Et ait Saul : Coarctor nimis ; siquidem Philisthiim pugnant adversum me, et Deus recessit a me, et exaudire me noluit, neque in manu prophetarum, neque per somnia ; vocavi ergo te, ut ostenderes mihi quid faciam.

Eccli. 46, 23.

---

reconnu Saül, soit par intuition, soit par une révélation intérieure, soit par Samuel lui-même, fut grandement effrayée en pensant au danger qu'elle courait et poussa un cri d'épouvante. En l'absence d'autres données, il est difficile de choisir entre l'une ou l'autre de ces deux opinions. Ce que nous pouvons conclure, c'est que Saül ne voyait pas Samuel, puisqu'il demande à la femme ce qu'elle aperçoit. Cependant ce n'est pas une raison suffisante pour penser que cette apparition ne fut pas extérieure, mais fut une simple vision intérieure qui se passa tout entière dans l'âme de la pythonisse. La plupart des Pères sont d'avis que Samuel apparut véritablement, et que ce ne fut pas un spectre ou un fantôme.

13. — *Deos.* Le mot אלהים, *élohim*, serait mieux traduit par « être surnaturel », puisque dans la réalité il ne s'agit que de la personne seule de Samuel. Cependant, d'après la plupart des versions, on serait porté à croire qu'il s'agit de plusieurs apparitions, de plusieurs spectres ou de plusieurs démons parmi lesquels se trouvait Samuel. Les Septante ont aussi traduit par le pluriel θεούς.

14. — *Et ipse amictus est pallio.* Ce manteau est le manteau des prophètes que Samuel portait pendant sa vie. — *Et intellexit Saul.* Saül ne paraît donc pas avoir vu l'apparition, mais comme nous l'avons déjà dit, il n'en faudrait pas conclure qu'elle ne fut pas réelle, et encore moins que la magicienne ait trompé Saül en faisant semblant de voir ce qu'elle ne voyait pas. — *Et inclinavit se.* Pour témoigner son respect.

15. — *Dixit autem Samuel.* Le texte semble indiquer bien clairement que Saül s'entretint avec Samuel, sans l'intermédiaire de la magicienne ; cependant la chose n'est pas absolument certaine. Mais nous nous refusons à admettre avec certains interprètes juifs et protestants que tout ce discours soit l'œuvre de la magicienne qui, en contrefaisant la voix de Samuel, fit croire à Saül que le prophète lui parlait. Il nous semble en effet que le texte ne permet pas une pareille supposition. — *Quare inquietasti me...?* C'est-à-dire, pourquoi m'as-tu fait sortir de mon repos ? Est-ce l'art de la magicienne qui a fait apparaître Samuel ? ou plutôt, est-ce Dieu qui a opéré ce prodige ? La question reste indécise, mais toutefois, vu l'ensemble du texte, nous sommes portés à admettre ici l'intervention divine. En tout cas ces paroles contredisent l'opinion de ceux qui veulent que Samuel ait apparu avant que la magicienne eût commencé ses conjurations. — *Neque in manu...* Si Saül ne parle pas de la consultation par les prêtres ou par l'Urim (texte hébreu), ỳ. 6, c'est sans doute par oubli, ou plutôt pour être plus bref. — *Vocavi ergo te.* Le Seigneur interrogé directement ne lui ayant pas répondu, comment Saül pourrait-il espérer quelque révélation divine par l'intermédiaire d'une magicienne ? Il y a là une

16. Et ait Samuel : Quid interrogas me, cum Dominus recesserit a te, et transierit ad æmulum tuum?

17. Faciet enim tibi Dominus sicut locutus est in manu mea, et scindet regnum tuum de manu tua, et dabit illud proximo tuo David;

18. Quia non obedisti voci Domini, neque fecisti iram furoris ejus in Amalec; idcirco quod pateris, fecit tibi Dominus hodie.

19. Et dabit Dominus etiam Israel tecum in manus Philisthiim; cras autem tu et filii tui mecum eritis, sed et castra Israel tradet Dominus in manus Philisthiim.

20. Statimque Saul cecidit porrectus in terram, extimuerat enim verba Samuelis, et robur non erat in eo, quia non comederat panem tota die illa.

21. Ingressa est itaque mulier illa ad Saul (conturbatus enim erat valde), dixitque ad eum : Ecce obedi-

16. Et Samuel dit : Pourquoi m'interroges-tu lorsque le Seigneur s'est retiré de toi et a passé à ton rival?

17. Car le Seigneur te traitera comme il l'a dit par ma bouche et il arrachera ton royaume de ta main, et il le donnera à ton prochain David;

18. Parce que tu n'as pas obéi à la voix du Seigneur, et que tu n'as pas agi selon sa colère et sa fureur contre Amalec. Voilà pourquoi ce que tu souffres, le Seigneur te l'a fait aujourd'hui.

19. Et le Seigneur livrera même Israël avec toi aux mains des Philistins. Et demain, toi et tes fils vous serez avec moi. Mais le Seigneur livrera même le camp d'Israël aux mains des Philistins.

20. Et aussitôt Saül tomba étendu contre terre, car les paroles de Samuel l'avaient épouvanté. Et il n'y avait plus de force en lui, car il n'avait rien mangé de tout ce jour-là.

21. Cette femme s'approcha donc de Saül (car il était troublé) et elle lui dit : Voilà que votre servante a

---

espèce de contradiction, contradiction que Samuel fait ressortir au verset suivant.

16. — *Quid interrogas me, si...* Comment peux-tu, en ce cas, obtenir une réponse d'un prophète du Seigneur. — *Et transtulit ad æmulum tuum.* Hébreu : « Et qu'il est devenu ton ennemi. » Le sens du mot עָר, *ar*, (ennemi) est bien déterminé par d'autres passages Ps. cxxxix, 20 (hébreu) et Dan. ıv, 16. Cependant on fait remarquer que עָרְךָ, *aréca*, devrait être précédé de la particule לְ. Les Septante ont traduit : καὶ γέγονε μετὰ τοῦ πλησίον σου, et comme on le voit ont été suivis par la Vulgate. C'est comme si on lisait עִם עָרְךָ, *im aréca*, « avec ton prochain ». Il est possible que les traducteurs grecs aient paraphrasé le texte ou que לְרֵעֲךָ, *leréaca*, du verset suivant ait égaré l'œil du lecteur.

17. — *Tibi.* Dans l'hébreu « a soi », לוֹ, *lo*, ce qui formerait alors une sorte de pléonasme, bien qu'on puisse l'interpréter ainsi : « pour montrer la vérité de ses paroles. »

18. — *Quod pateris.* En hébreu « cette chose » c'est-à-dire l'embarras dans lequel tu te trouves avec toutes ses conséquences.

19. — *Et dabit Dominus...* Saül entraîne le peuple d'Israël dans sa chute; il y a donc solidarité entre le roi et ses sujets. — *Cras autem...* Il n'est pas certain que Saül ait livré bataille aux Philistins dès le lendemain; aussi il n'est pas nécessaire de donner au mot *cras* le sens précis qu'il a d'ordinaire. Ici évidemment il désigne simplement le futur comme Ex., xııı, 14. mais vu les circonstances un futur peu éloigné. — *Mecum eritis.* C'est-à-dire vous serez dans le Scheol, vous serez parmi les morts, ce qui suppose la croyance à l'immortalité de l'âme. Mais comme le dit S. Augustin, quæst., xLIV, ad Simplic. l. II, il faut que les paroles du prophète « non ad æqualitatem felicitatis, sed ad parem conditionem mortis referantur. » — *Sed et castra Israel...* Non-seulement les Israélites seront vaincus, mais leur camp sera pillé par les Philistins.

20. — *Cecidit porrectus.* Il tomba évanoui. — *Quia non comederat panem...* L'angoisse dans laquelle il se trouvait, l'avait empêché de prendre aucune nourriture.

21. — *Ingressa est.* On ne saurait inférer

obéi à votre voix, et j'ai exposé ma vie en mes mains, et j'ai écouté les paroles que vous m'avez dites.

22. Maintenant donc écoutez, vous aussi, la voix de votre servante, et je mettrai devant vous une bouchée de pain, afin que vous mangiez et que vous repreniez des forces et que vous puissiez vous mettre en chemin.

23. Il refusa et dit : Je ne mangerai pas. Mais ses serviteurs et cette femme le contraignirent, et enfin, écoutant leur voix, il se leva de terre, et s'assit sur un lit.

24. Or, cette femme avait dans sa maison un veau gras, et elle se hâta de le tuer, et prenant de la farine, elle la mêla et fit cuire des pains sans levain.

25. Et elle les mit devant Saül, et devant ses serviteurs. Lorsqu'ils eurent mangé, ils se levèrent et marchèrent pendant toute cette nuit.

vit ancilla tua voci tuæ, et posui animam meam in manu mea; et audivi sermones tuos, quos locutus es ad me.

22. Nunc igitur audi et tu vocem ancillæ tuæ, et ponam coram te buccellam panis, ut comedens convalescas, et possis iter agere.

23. Qui renuit, et ait : Non comedam. Coegerunt autem eum servi et mulier, et tandem audita voce eorum, surrexit de terra, et sedit super lectum.

24. Mulier autem illa habebat vitulum pascualem in domo, et festinavit, et occidit eum; tollensque farinam, miscuit eam, et coxit azyma,

25. Et posuit ante Saul et ante servos ejus. Qui cum comedissent, surrexerunt, et ambulaverunt per totam noctem illam.

---

de cette expression que la magicienne s'était retirée dans un autre appartement pendant l'entretien de Saül et de Samuel. Elle se trouvait sans doute à quelque distance, et lorsqu'elle vit Saül tomber, elle s'approcha pour lui parler. — *Et posui animam...* J'ai exposé ma vie pour faire ta volonté.

22. — *Nunc igitur audi...* Puisque j'ai exposé ma vie pour toi, condescends à suivre mon conseil. — *Ut comedens...* Ces paroles sont dictées par un sentiment de compassion bien naturel, et il ne faudrait pas penser que la magicienne parlait ainsi, parce qu'elle craignait que Saül ne mourût chez elle, ou que sa prédiction ne s'accomplît pas.

23. — *Super lectum.* Il s'agit sans doute d'une espèce de divan dressé contre le mur, comme ceux qui sont en usage dans tout l'Orient.

24. — *Vitulum pascualem.* C'est-à-dire un veau engraissé à l'étable.

25. — *Et posuit ante Saul.* La conduite de la magicienne n'a rien que de très naturel et lui est inspirée par la compassion. Ce n'est donc pas pour écarter de l'esprit de Saül tout soupçon d'avoir été trompé qu'elle agit ainsi, car en réalité elle ne l'avait pas trompé. — *Et ambulaverunt...* Saül ne fait entendre aucune plainte sur son sort ni sur celui de ses enfants, n'exprime aucun regret, ne manifeste aucun repentir, marque d'un endurcissement profond. Il s'en va, le désespoir dans l'âme.

CHAPITRE XXIX

Les Philistins se rassemblent à Aphec, et David se trouve à l'arrière-garde avec Achis (vv. 1-2). — Les princes des Philistins expriment leur défiance au sujet de David; mais Achis fait valoir la fidélité qu'il a montrée jusque là (v. 3). — Cette réponse les irrite et ils s'opposent à ce que David combatte avec eux de crainte de quelque trahison (vv. 4-5). — Achis alors engage David à se retirer tout en lui rendant bon témoignage (vv. 6-7). — David demande des explications, mais Achis l'engage, vu l'opposition des princes, à partir le lendemain de bonne heure (vv. 8-10). — David fit donc ses préparatifs, et le lendemain retourna dans le pays des Philistins (v. 11).

1. Congregata sunt ergo Philisthiim universa agmina in Aphec : sed et Israel castrametatus est super fontem, qui erat in Jezrael.

2. Et satrapæ quidem Philisthiim incedebant in centuriis et millibus; David autem et viri ejus erant in novissimo agmine cum Achis.

3. Dixeruntque principes Philisthiim ad Achis : Quid sibi volunt Hebræi isti? Et ait Achis ad principes Philisthiim : Num ignoratis David, qui fuit servus Saul regis Israel, et est apud me multis diebus, vel annis, et non inveni in eo quidquam, ex die qua transfugit ad me, usque ad diem hanc?

1. Toutes les troupes des Philistins se réunirent donc à Aphec, et Israël campa près de la fontaine qui était à Jezraël.

2. Et les satrapes des Philistins marchaient avec leurs centaines et leurs milliers d'hommes. Mais David et ses hommes étaient dans la dernière troupe avec Achis.

3. Et les princes des Philistins dirent à Achis : Que prétendent ces Hébreux? Et Achis dit aux princes des Philistins : Est-ce que vous ne connaissez pas David qui fut serviteur du roi Saül et qui est chez moi depuis plusieurs jours, et plusieurs années, et je n'ai rien eu à reprendre en lui, depuis le jour où il s'est réfugié chez moi, jusqu'à ce jour?

B. Les Philistins éloignent David de leur armée; il retourne dans leur pays, XXIX.

CHAP. XXIX. — 1. — *In Aphel.* Cette ville d'Aphec est différente de toutes celles de même nom mentionnées jusqu'ici, Jos., XIII, 4, XIX, 30; Jug., I, 31 et 1 Rois IV, 4. Dans l'Onomasticon il est dit qu'elle était *juxta Endor Jezraelis, ubi dimicavit Soul*; mais il y a là une erreur ou plutôt c'est la reproduction de l'erreur des Septante, qui ont traduit בעין, *baain*, « près de la fontaine », par ἐν Ἐνδώρ. — *Super fontem.* C'est probablement la même que la fontaine d'Harad, Jug., VII, 1 l'Ain Djaloud de nos jours. Toutefois M. V. Guérin fait remarquer que la source nommée A'in el-Maïteh est plus rapprochée de Zéraïn, l'ancienne Jezraël; mais comme elle est moins abondante, il est à présumer que Saül choisit la première pour y établir son camp.

— *In Jezrael.* Aujourd'hui Zeraïn, V. Jos., XV, 56.

2. — *In centuriis et millibus.* Par compagnies et par bataillons, ainsi que nous dirions aujourd'hui; avec les officiers en tête. Ils s'avançaient donc dans la direction du nord dans la plaine de Jezraël, avec l'espérance sans doute de pouvoir livrer là une grande bataille et d'en finir d'un seul coup.

3. — *Quid sibi volunt Hebræi isti?* L'armée des Philistins était déjà entrée sur le territoire israélite, lorsque les princes s'opposèrent à ce que David prit part à la guerre. Cfr. v. 11 et XXX, 1. — *Multis diebus, vel annis.* David ne demeura auprès d'Achis que quatre mois, XXVII, 7; par conséquent le roi de Geth compte comme années pleines la fin d'une année et le commencement de l'autre. — *Ex die qua transfugit ad me.* Hébreu : « Depuis le jour de sa défection. »

4. Mais les princes des Philistins s'irritèrent contre lui et lui dirent : Que cet homme retourne et demeure à sa place, là où tu l'as établi, et qu'il ne descende pas au combat avec nous, de peur qu'il ne devienne notre ennemi lorsque nous aurons commencé à combattre. Car comment pourra-t-il apaiser son maître autrement que par nos têtes ?

5. N'est-ce pas ce David auquel on chantait en chœur et l'on disait : Saül a tué ses mille, et David a tué ses dix mille ?

6 Achis appela donc David et lui dit : Vrai comme vit le Seigneur, tu es bon et droit en ma présence, et ta sortie et ton entrée dans le camp me sont agréables, et je n'ai rien trouvé de mal en toi depuis le jour où tu es venu chez moi jusqu'à ce jour ; mais tu ne plais pas aux satrapes.

7. Retourne donc, et vas en paix, et ne blesse pas les yeux des satrapes des Philistins.

8. Et David dit à Achis : Qu'ai-je donc fait, et qu'as-tu trouvé en moi ton serviteur, depuis le jour où j'ai paru en ta présence, jusqu'à ce jour pour que je n'aille pas et ne combatte pas contre les ennemis du roi mon maître ?

4. Irati sunt autem adversus eum principes Philisthiim, et dixerunt ei : Revertatur vir iste, et sedeat in loco suo, in quo constituisti eum, et non descendat nobiscum in prælium, ne fiat nobis adversarius, cum præliari cœperimus ; quomodo enim aliter poterit placare dominum suum, nisi in capitibus nostris ?
I Par. 12, 19.

5. Nonne iste est David, cui cantabant in choris, dicentes : Percussit Saul in millibus suis, et David in decem millibus suis ?

6. Vocavit ergo Achis David, et ait ei : Vivit Dominus ! quia rectus es tu, et bonus in conspectu meo ; et exitus tuus, et introitus tuus, mecum est in castris ; et non inveni in te quidquam mali, ex die qua venisti ad me, usque in diem hanc ; sed satrapis non places.

7. Revertere ergo, et vade in pace, et non offendas oculos satraparum Philisthiim.

8. Dixitque David ad Achis : Quid enim feci, et quid invenisti in me servo tuo, a die qua fui in conspectu tuo usque in diem hanc, ut non veniam, et pugnem contra inimicos domini mei regis ?

---

4. — *Principes Philisthiim.* Ces princes des Philistins ce sont les quatre autres satrapes et voilà pourquoi ils se permettent de revenir à la charge, et pourquoi Achis finit par céder. — *Nisi in capitibus nostris.* Hébreu : « Sinon avec les têtes des hommes », c'est-à-dire avec les têtes des hommes que vous conduirez au combat.

6. — *Vivit Dominus.* C'est à la vérité une formule propre aux Israélites. Mais faut-il dire comme le fait Ed. Reuss que l'habitude de l'écrivain l'a emporté sur l'exactitude historique ? Nous croyons que la chose est au moins contestable, et que l'on peut légitimement supposer que le roi philistin a voulu ainsi donner plus de crédit à ses paroles et convaincre plus efficacement David de la sincérité des assurances qu'il lui donne. L'auteur du livre n'a donc pas remplacé le nom des faux dieux par celui du Dieu véritable. Ne l'oublions pas, d'ailleurs, les païens n'étaient pas exclusifs et il n'y a rien d'étonnant à ce que le roi Achis se soit conformé au langage de David, dont il connaissait l'horreur pour les dieux étrangers. Mais on ne peut guère supposer qu'il ait eu l'intention d'honorer le Dieu des Israélites. — *Sed satrapis non places.* C'est-à-dire, les satrapes se défient de toi.

8. — *Quid enim feci.* David veut en apparence se justifier des soupçons qui pèsent sur lui et en même temps s'assurer de la sincérité des déclarations d'Achis. — *Contra inimicos domini mei regis.* Ces paroles sont équivoques. Par son maître et son roi David peut désigner tout aussi bien Saül qu'Achis. David veut cacher sans doute la satisfaction qu'il éprouve de ne pas être obligé de combattre

9. Respondens autem Achis locutus est ad David : Scio quia bonus es tu in oculis meis, sicut angelus Dei ; sed principes Philisthinorum, dixerunt : Non ascendet nobiscum in prælium.

II *Reg.* 16, 17 *et* 20; *Item.* 19, 27.

10. Igitur consurge mane tu, et servi domini tui, qui venerunt tecum ; et cum de nocte surrexeritis, et cœperit dilucescere, pergite.

11. Surrexit itaque de nocte David ipse, et viri ejus, ut proficiscerentur mane, et reverterentur ad terram Philisthiim ; Philisthiim autem ascenderunt in Jezrael.

9. Mais Achis, répondant à David, lui dit : Je sais que tu es bon à mes yeux comme un ange de Dieu, mais les princes des Philistins on dit : Il ne montera pas avec nous au combat.

10. Lève-toi donc demain, toi et les serviteurs de ton maître qui sont venus avec toi ; et lorsque vous vous serez levés de nuit et que le jour commencera à poindre, partez.

11. David se leva donc de nuit avec ses hommes pour partir dès le matin et retourner dans le pays des Philistins. Et les Philistins montèrent à Jezraël.

CHAPITRE XXX

En l'absence de David, les Amalécites avaient pris et incendié Siceleg, et en avaient emmené les habitants (**♥♥.** 1-2). — A son retour, ce fut une douleur immense, et ses partisans voulaient le lapider (**♥♥.** 3-4). — Mais il reprit courage, et consulta le Seigneur qui lui répondit de poursuivre les brigands, lui promettant qu'il les attiendrait (**♥♥.** 5-8). — David partit donc avec six cents hommes, dont deux cents s'arrêtèrent au torrent de Bésor (**♥♥.** 9-10). — On trouva ensuite sur le chemin l'esclave d'un Amalécite abandonné par son maître, et David le décida de le conduire au campement des Amalécites, en lui promettant de lui laisser la vie sauve et de ne pas le livrer à son maître (**♥♥.** 11-15). — Cet esclave servit donc de guide à David qui surprit les Amalécites, les extermina presque entièrement, et reprit leurs prisonniers et tout le butin qu'ils avaient fait (**♥♥.** 16-20). — Au retour, les deux cents hommes qui étaient restés au torrent de Bésor, vinrent à sa rencontre, et David leur accorda part égale au butin, parce qu'ils avaient gardé les bagages, ce qui devint ensuite une loi en Israël (**♥♥.** 21-25). — David revint donc à Siceleg et envoya une part du butin aux anciens de Juda dans plusieurs villes voisines, et à ceux des localités où il avait séjourné avec ses partisans (**♥♥.** 26-31).

1. Cumque venissent David et viri ejus in Siceleg die tertia, Ama-

1. Et lorsque David et ses hommes furent arrivés le troisième jour

---

contre son peuple, et la subtilité de ses réponses le sert à merveille.

9. — *Sicut angelus Dei.* C'est-à-dire, tu t'es conduit envers moi comme un ange de Dieu.

10. — *Et servi domini tui.* Les partisans de David avaient été et étaient encore les sujets de Saül. Cependant ces paroles n'en sont pas moins étranges dans la bouche d'Achis ; aussi il serait possible qu'il veuille désigner particulièrement les transfuges de Manassé qui en ce moment même avaient rejoint David, I Paral. XII, 19-21.

11. — *Surrexit itaque nocte.* Plusieurs auteurs supposent que David lui-même avait en secret cherché à exciter les soupçons des satrapes, afin de se tirer d'embarras et d'éviter d'être obligé de prendre part à la guerre dans les rangs des Philistins ; mais dans le texte rien ne le fait pressentir.

C. David venge sur les Amalécites le pillage et l'incendie de Siceleg, xxx.

Chap. xxx. — 1. — *Die tertia.* C'est-à-dire, le troisième jour après que David se fut sé-

à Siceleg, les Amalécites avaient fait irruption sur Siceleg du côté du midi, et avaient pillé Siceleg et l'avaient incendié.

2. Et ils avaient emmené ses femmes captives, et du plus petit au plus grand, et ils n'avaient tué personne, mais ils les avaient emmenés avec eux, et ils poursuivaient leur chemin.

3. Et lorsque David et ses hommes furent arrivés à la ville et qu'ils la trouvèrent consumée par le feu, et ses femmes et ses fils et ses filles emmenés captifs,

4. David et le peuple qui était avec lui élevèrent leurs voix et pleurèrent jusqu'à ce qu'ils n'eurent plus de larmes.

5. Car les deux femmes de David avaient été aussi emmenées captives, Achinoam de Jezraël et Abigaïl femme de Nabal du Carmel.

6. Et David fut extrêmement contristé, car le peuple voulait le lapider, parce que l'âme de chaque homme était remplie d'amertume à cause de ses fils et de ses filles. Mais David se ranima dans le Seigneur son Dieu.

7. Et il dit au prêtre Abiathar, fils d'Achimélech : Applique pour

lecitæ impetum fecerant ex parte australi in Siceleg, et percusserant Siceleg, et succenderant eam igni.
I Par. 12, 20.

2. Et captivas duxerant mulieres ex ea, a minimo usque ad magnum; et non interfecerant quemquam, sed secum duxerant, et pergebant itinere suo.

3. Cum ergo venissent David et viri ejus ad civitatem, et invenissent eam succensam igni, et uxores suas, et filios suos, et filias ductas esse captivas,

4. Levaverunt David et populus qui erat cum eo voces suas, et planxerunt donec deficerent in eis lacrymæ.

5. Siquidem et duæ uxores David captivæ ductæ fuerant, Achinoam Jezraelites, et Abigail uxor Nabal Carmeli.

6. Et contristatus est David valde; volebat enim eum populus lapidare, quia amara erat anima uniuscujusque viri super filiis suis et filiabus; confortatus est autem David in Domino Deo suo.

7. Et ait ad Abiathar sacerdotem filium Achimelech : Applica ad me

---

paré des Philistins. Comme David avait quitté Geth avec Achis et qu'il ne fut congédié qu'après que tous les satrapes eurent été réunis, on comprend qu'il lui avait bien fallu trois jours de marche pour revenir à Siceleg. En tout cas les Amalécites avaient pillé et incendié la ville trois jours avant qu'il se mît à leur poursuite, ⅴ. 11. — *Ex parte australi.* Hébreu : « Dans le sud », dans la partie sud de Juda qui était au nord du pays des Amalécites. — *Et percusserunt Siceleg.* Ils profitèrent de l'absence de David pour se venger de ses incursions et de ses déprédations.

2. — *Mulieres.* Les femmes sont ici seules mentionnées pour ne pas nuire sans doute à la rapidité du récit, car nous voyons que toute la population fut emmenée, ⅴⅴ. 3 et 6. Il faut remarquer que la presque totalité des hommes avait suivi David. Les Septante ont ajouté καὶ πάντα « et tout »; mais cette addi-

tion n'est pas nécessaire au sens. — *A minimo usque ad magnum.* Les Amélicites, outre les femmes, emmenèrent donc aussi les enfants et les vieillards. — *Et non interfecerunt quemquam.* Ils voulaient garder leurs prisonniers pour en faire des esclaves.

6. — *Volebat enim eum…* On rendait David responsable du malheur qui était arrivé et on lui en voulait de s'être attaché à Achis. — *Confortatus est autem…* David se fortifia par la prière et mit en Dieu toute sa confiance. Il interrogea le Seigneur et sur la réponse qu'il en reçut, il releva le courage de ses partisans et parut devant eux sans crainte.

7. — *Applica ad me ephod.* C'est-à-dire apporte-moi l'éphod, ce qui ne signifie pas que ce fut David lui-même qui s'en servit pour interroger le Seigneur. On pourrait le supposer à première vue; mais il est cependant infiniment plus probable que ce fut

ephod. Et applicavit Abiathar ephod ad David.

8. Et consuluit David Dominum, dicens : Persequar latrunculos hos, et comprehendam eos, an non ? Dixitque ei Dominus : Persequere ; absque dubio enim comprehendes eos, et excuties prædam.

9. Abiit ergo David ipse, et sexcenti viri qui erant cum eo, et venerunt usque ad torrentem Besor : et lassi quidam substiterunt.

10. Persecutus est autem David ipse et quadringenti viri ; substiterant enim ducenti, qui lassi transire non poterant torrentem Besor.

11. Et invenerunt virum Ægyptium in agro, et adduxerunt eum ad David ; dederuntque ei panem ut comederet, et biberet aquam,

12. Sed et fragmen massæ caricarum et duas ligaturas uvæ passæ. Quæ cum comedisset, reversus est spiritus ejus, et refocillatus est ; non enim comederat panem, neque biberat aquam, tribus diebus, et tribus noctibus.

13. Dixit itaque ei David : Cujus es tu ? vel unde ? et quo pergis ? Qui ait : Puer Ægyptius ego sum ; servus viri Amalecitæ ; dereliquit au-

moi l'Ephod. Et Abiathar appliqua l'Ephod pour David.

8. Et David consulta le Seigneur, disant : Poursuivrai-je ces pillards, et les saisirai-je ou non ? Et le Seigneur lui dit : Poursuis ; car, sans aucun doute, tu les saisiras et tu leur enlèveras leur proie.

9. David alla donc avec les six cents hommes qui étaient avec lui, et ils vinrent jusqu'au torrent de Bésor, et quelques-uns s'arrêtèrent fatigués.

10. Et David poursuivit sa route avec quatre cents hommes, car deux cents hommes s'étaient arrêtés fatigués et n'avaient pu passer le torrent de Bésor.

11. Et ils trouvèrent dans les champs un Egyptien et ils l'amenèrent à David ; et ils lui donnèrent du pain à manger, et de l'eau à boire,

12. Et une partie d'une mesure de figues sèches, et deux paquets de raisins secs. Lorsqu'il les eut mangés, ses esprits revinrent, et il fut ranimé, car il n'avait pas mangé du pain ni bu de l'eau depuis trois jours.

13. David donc lui dit : De qui es-tu, et d'où es-tu, et où vas-tu ? Il dit : Je suis un esclave égyptien, serviteur d'un Amalécite. Mon

---

Abiathar qui servit d'intermédiaire et revêtit l'éphod pour consulter le Seigneur. Nulle part en effet nous ne voyons les choses se passer autrement, ni l'éphod servir à d'autres qu'aux prêtres.

9. — *Ad torrentem Besor.* C'est probablement l'Oued Bazzeh de nos jours, qui se jette dans la mer un peu au-dessous de l'ancienne Gaza, aujourd'hui Rhazzeh. L'Oued Chériah, qui n'est qu'un de ses affluents, est parfois confondu à tort avec lui. Josèphe désigne le torrent de Bézor sous le nom de Βάσελος, Avit, j. l. vi, c, xv, § 6. — *Et lassi quidam subsisterunt.* En rentrant à Siceleg David avait trouvé la ville pillée et dévastée, de sorte que les provisions durent sans doute lui manquer. La traduction de la Vulgate est une paraphrase de l'hébreu où on lit : « Et les autres s'arrêtèrent », ce que l'on pourrait rattacher à la phrase suivante en traduisant : « pendant que les autres s'arrêtaient ».

11. — *Virum Ægyptium.* Le territoire des Amalécites avoisinant l'Egypte, on s'explique qu'ils eussent des esclaves égyptiens.

13. — *Dereliquit autem me...* « Quid est, dit S. Eucher, quod Ægyptius Amalecita puer in itinere lassatus residet, nisi quod amator præsentis sæculi peccati sui nigredine opertus sæpe ab eodem sæculo informis despectusque relinquitur, ut cum eo nequaquam currere valeat, sed fractus adversitate torpescat ?... Quem tamen David invenit, eique cibum et potum præbuit, quia manu fortis Dominus abjecta mundi non despicit,

maître m'a abandonné parce que j'ai commencé avant hier à être malade.

14. Car nous avons fait une irruption du côté méridional de Céréthi et contre Juda, et au midi de Caleb, et nous avons livré aux flammes Siceleg.

15. Et David lui dit : Peux-tu me conduire vers cette troupe? Il lui dit : Jure-moi par Dieu que tu ne me tueras pas, et que tu ne me livreras pas aux mains de mon maître, et je te conduirai vers cette troupe. Et David le lui jura.

16. Et lorsqu'il l'eut conduit, voilà qu'ils étaient tous assis couvrant la plaine, mangeant et buvant et célébrant comme un jour de fête à cause de tout le butin et des dépouilles qu'ils avaient pris sur la terre des Philistins et sur la terre de Juda.

17. Et David les battit depuis le soir jusqu'au soir du jour suivant, et aucun d'entre eux ne s'échappa, si ce n'est quatre cents jeunes hom-

14. Siquidem nos erupimus ad australem plagam Cerethi, et contra Judam, et ad meridiem Caleb, et Siceleg succendimus igni.

15. Dixitque ei David : Potes me ducere ad cuneum istum? Qui ait : Jura mihi per Deum, quod non occidas me, et non tradas me in manus domini mei, et ego ducam te ad cuneum istum. Et juravit ei David.

16. Qui cum duxisset eum, ecce illi discumbebant super faciem universæ terræ, comedentes et bibentes, et quasi festum celebrantes diem, pro cuncta præda et spoliis quæ ceperant de terra Philisthiim, et de terra Juda.

17. Et percussit eos David a vespere usque ad vesperam alterius diei, et non evasit ex eis quisquam, nisi quadringenti viri adolescentes,

---

et plerumque eos qui mundum sequi minime valentes quasi in via remanent, ad amoris sui gratiam convertit, eisque verbi sui cibum porrigit, et quasi sibi duces in via dirigit, dum suos etiam prædicatores facit. »

14. — *Ad australem plagam Cerethi.* Le mot כרתי, *Cerethi*, est le même que כרתים, *Cerèthim* ou *Chrétim*, Ezéch., xxv, 16 et Soph., II, 5 ; il est synonyme de Philistins et désigne les tribus de cette nation qui habitaient au sud-ouest du pays de Chanaan. On pourrait d'après l'étymologie suppposer que ces tribus étaient originaires de l'île de Crète. Etienne de Bysance au mot Gaza rapporte qu'une tradition voulait que Minos eût envoyé une expédition sur la côte de Gaza, Cfr. II Rois, VIII, 18. — *Et ad meridiem Caleb.* Caleb avait obtenu pour lui et sa descendance la ville d'Hébron et ses dépendances, Jos., XIV, 13 suiv. et bien que la ville eût été concédée aux prêtres, Jos., XXI, 11 et suiv., cependant la campagne environnante lui était restée. On voit d'ailleurs, par cette énumération, que les Amalécites étaient partis pour ravager tout le sud du pays de Chanaan et non pas seulement pour s'emparer de Siceleg.

17. — *A vespere.* En hébreu, « depuis le crépuscule », ce qui est équivoque et peut s'entendre indifféremment du crépuscule du matin et du crépuscule du soir, car le mot נשף, *nescheph*, signifie l'un et l'autre. Il paraît tout d'abord plus vraisemblable que le combat n'a duré qu'une journée ; cependant, les circonstances dans lesquelles David surprit les Amalécites prouveraient plutôt qu'on était vers le soir, car on ne commence pas des repas de ce genre de grand matin, avant le lever du soleil. Il faut admettre que David employa toute la nuit et le jour suivant à livrer bataille, ce qui peut s'expliquer aisément. Il est probable, en effet, que plusieurs corps cherchèrent à s'enfuir dans différentes directions, avec une partie des esclaves ou du butin. Nécessairement, il fallut donc un certain temps pour les atteindre et reprendre tout ce qui avait été enlevé. Le texte hébreu est évidemment susceptible d'une autre interprétation, et peut aussi être traduit : « depuis le crépuscule (du matin) jusqu'au soir ». En ce cas, David aurait donc attendu, avant de commencer l'attaque, que les Amalécites eussent terminé leurs festins et fussent plongés dans le sommeil qui suit ces sortes de dé-

qui ascenderant camelos, et fugerant.

18. Eruit ergo David omnia quæ tulerant Amalecitæ, et duas uxores suas eruit.

19. Nec defuit quidquam a parvo usque ad magnum, tam de filiis quam de filiabus, et de spoliis, et quæcumque rapuerant, omnia reduxit David.

20. Et tulit universos greges et armenta, et minavit ante faciem suam; dixeruntque: Hæc est præda David.

21. Venit autem David ad ducentos viros, qui lassi substiterant, nec sequi potuerant David, et residere eos jusserat in torrente Besor; qui egressi sunt obviam David et populo qui erat cum eo. Accedens autem David ad populum, salutavit eos pacifice.

22. Respondensque omnis vir pessimus et iniquus, de viris qui ierant cum David, dixit: Quia non dabimus eis quidquam de præda, quam eruimus; sed sufficiat unicuique uxor sua et filii; quos cum acceperint, recedant.

23. Dixit autem David: Non sic facietis, fratres mei, de his quæ tra-

mes, qui étaient montés sur des chameaux et s'étaient enfuis.

18. David recouvra donc tout ce que les Amalécites avaient pris, et il recouvra ses deux femmes.

19. Et rien ne manqua, depuis le plus petit jusqu'au plus grand, tant des fils que des filles et des dépouilles et David ramena tout ce qu'ils avaient enlevé.

20. Et il prit tous les troupeaux de moutons et de bœufs, et les mena devant lui, et ils dirent: C'est le butin de David.

21. Et David vint aux deux cents hommes qui s'étaient arrêtés fatigués et n'avaient pu suivre David, qui leur avait ordonné de rester près du torrent de Bésor. Ils allèrent au-devant de David et du peuple qui était avec lui. Et David s'approcha d'eux et les salua pacifiquement.

22. Et tous ceux qui étaient méchants et injustes, parmi les hommes qui etaient allés avec David, répondirent en disant: Puisqu'ils ne sont pas venus avec nous, nous ne leur donnerons rien du butin que nous avons pris. Qu'il suffise à chacun d'eux d'avoir sa femme et ses fils; lorsqu'ils les auront reçus qu'ils s'en aillent.

23. Mais David dit: Vous ne disposerez pas ainsi, mes frères, de ce

---

bauches. Cependant le mot למחרתם, *lemarharatham* « postridie », jusqu'au lendemain, semble s'opposer à cette manière de voir. Aussi certains commentateurs proposent de changer une lettre et de lire למחרותם, *lemakhotam*, « pour les détruire »; mais ce changement n'est point suffisamment justifié.

20. — *Et tulit...* Voici la traduction littérale de ce verset dans l'hébreu : « Et David prit toutes les brebis et les bœufs; ils les conduisirent devant ce troupeau et ils disaient: Voici le butin de David. » Pour obtenir un sens on est obligé d'entendre par *les brebis et les bœufs* le butin enlevé aux Amalécites, et par *ce troupeau*, le bétail qui appartenait à David et qui avait été repris sur l'ennemi. Il faut alors supposer qu'on faisait passer les troupeaux conquis sur les Amalécites devant ceux qui appartenaient à David et à ses partisans, et qui venaient d'être repris. Cependant plusieurs interprètes proposent de changer לפני, *lipné* en לפניו, *lepanav*, « devant lui », ce qui donne alors le sens de la Vulgate: « ils menèrent devant lui ce troupeau », c'est-à-dire les troupeaux conquis sur l'ennemi. En ce cas, *hæc est præda David* signifie bien, *voici le butin de David*, c'est-à-dire conquis par David, et non pas *voici le butin qui appartient à David*, c'est-à-dire qui avait été enlevé à David.

23. — *Fratres mei*, David parle avec douceur et cherche à persuader au lieu de faire

que nous a donné le Seigneur, qui nous a protégés, et a livré entre nos mains les pillards qui avaient fait irruption contre nous.

24. Et personne ne vous écoutera sur ce point. Car il y aura une part égale pour celui qui descend au combat et pour celui qui reste près des bagages, et ils partageront de la même manière.

25. C'est ce qui fut fait dès ce jour là, et fut établi et défini par la suite et fut comme une loi en Israël, jusqu'à ce jour.

26. David vint donc à Siceleg et, sur le butin, envoya des dons aux anciens de Juda, ses proches, en disant : Recevez cette bénédiction sur le butin des ennemis du Seigneur;

27. A ceux qui étaient à Béthel, et à ceux qui étaient à Ramoth, vers le midi, et à ceux de Jéther,

28. Et à ceux d'Aroër, et à ceux de Séphamoth, et à ceux d'Esthamo,

29. Et à ceux de Rachal et à ceux

24. Nec audiet vos quisquam super sermone hoc; æqua enim pars erit descendentis ad prælium, et remanentis ad sarcinas, et similiter divident.

25. Et factum est hoc ex die illa et deinceps constitutum et præfinitum, et quasi lex in Israel usque in diem hanc.

26. Venit ergo David in Siceleg, et misit dona de præda senioribus Juda proximis suis, dicens : Accipite benedictionem de præda hostium Domini.

27. His qui erant in Bethel, et qui in Ramoth ad meridiem, et qui in Jether.

28. Et qui in Aroer, et qui in Sephamoth, et qui in Esthamo,

29. Et qui in Rachal, et qui in ur-

---

valoir son autorité. — *De his, quæ tradidit nobis...* La construction est un peu embarrassée. Il semble pourtant que la pensée soit celle-ci : « Puisque Dieu a tant fait pour nous, c'est-à-dire, nous a livré tout ce butin, nous a conservé... ne vous conduisez pas ainsi envers vos frères.

24. — *Nec audiet vos...* Hébreu : « Et qui écoutera votre parole ? » Par ce second argument David engage ses hommes à se désister de leurs prétentions. Sa conduite en cette occasion montre combien il avait l'esprit de justice, et de quelle fermeté il était capable pour imposer ses idées à ses compagnons qui, en somme, lui obéissaient librement. Polybe, x, xxi, 5, raconte de même que Scipion, après la prise de Carthage, partagea également le butin entre tous ses soldats, mettant sur le même pied ceux qui avaient été occupés ailleurs ou qui étaient malades.

25. — *Constitutum et præfinitum...* Hébreu : « Et il (David) le posa en loi et en décret pour Israël... »

26. — *Et misit dona...* Ces dons étaient sans doute destinés à lui concilier la faveur des anciens et du peuple des villes énumérées plus bas. Peut-être plusieurs de ces cités avaient-elles été pillées par les Amalécites.

— *Accipe benedictionem.* C'est grâce à l'assistance du Seigneur que ce butin avait été enlevé sur l'ennemi; le terme de *bénédiction* le désigne donc convenablement. — *De præda hostium Domini.* Les Amalécites sont les ennemis de Dieu, parce qu'ils sont les ennemis de son peuple.

27. — *In Béthel.* Ce n'est pas Béthel de la tribu de Benjamin, mais Béthel déjà citée ailleurs, Jos., xix, 4; Cfr. ibid. xv. 30. Le mot בית־אל, *Beth-el* est en effet l'abréviation de Béthonel בתואל. — *In Ramoth ad meridiem.* L'hébreu רמית־נגב, *Ramsth-négel* signifie *les hauteurs du Sud.* Pour la position de cette ville, V. J. xv, 24. — *In Jether.* Cfr. Jos., xv, 48.

28. — *In Aroer.* Les ruines de cette ville seraient sur les bords de l'Oued Arara au sud d'Hébron, Cfr. Bobuis. Pal. iii, 480, et Van de Velde, p. 288. En tout cas, ce n'est pas Aroer des rives de l'Arnon. — *In Sephamoth.* Restée inconnue. — *Esthamo.* Cfr. Jos., xv, 50.

29. — *In Rachal.* Ville non mentionnée ailleurs et inconnue. Les Septante portent ἐν Καρμήλῳ. Plusieurs autres noms de la traduction grecque sont encore différents, outre qu'ils sont plus nombreux. — *Et qui in ur-*

bibus Jerameel, et qui in urbibus Ceni,

30. Et qui in Arama, et qui in lacu Asan, et qui in Athach,

31. Et qui in Hebron, et reliquis qui erant in his locis, in quibus commoratus fuerat David ipse, et viri ejus.

des villes de Jéraméel, et à ceux des villes de Céni,

30. Et à ceux d'Arama et à ceux du lac d'Asan et à ceux d'Athach.

31. Et à ceux d'Hébron, et aux autres qui étaient dans les lieux où David avait demeuré avec ses hommes.

CHAPITRE XXXI

Or, les Philistins vainquirent les Israélites sur le Mont Gelboé, et Saül, après avoir vu périr ses fils, blessé et pressé par les ennemis, se jeta sur son glaive, après que son écuyer eut refusé de l'achever (**ỳỳ. 1-4**). — Son écuyer se perça de son épée (**ỳ. 5**). — Saül donc périt avec ses fils et tous ses serviteurs (**ỳ. 6**). — A cette nouvelle, les habitants d'au-delà de la plaine et d'au-delà du Jourdain s'enfuirent, et les Philistins occupèrent leur territoire (**ỳ. 7**). — Le lendemain, les Philistins coupèrent la tête de Saül, emportèrent ses armes dans le temple d'Astaroth, et suspendirent son cadavre aux murailles de Bethsan (**ỳỳ. 6-10**). — Mais les habitants de Jabès Galaad, vinrent enlever les corps de Saül et de ses fils, et les emportèrent chez eux pour leur rendre les honneurs funèbres (**ỳỳ. 11-13**).

1. Philisthiim autem pugnabant adversum Israel; et fugerunt viri Israel ante faciem Philisthiim, et ceciderunt interfecti in monte Gelboe.

2. Irrueruntque Philisthiim in Saul, et in filios ejus, et percusserunt Jonathan, et Abinadab, et Melchisua, filios Saul.
I Par. 10, 3.

3. Totumque pondus prælii ver-

1. Or, les Philistins combattaient contre Israël, et les hommes d'Israël s'enfuirent devant les Philistins, et ils tombèrent tués sur la montagne de Gelboé.

2. Et les Philistins se précipitèrent sur Saül et sur ses fils, et ils frappèrent Jonathas et Abinadab et Melchisua, fils de Saül.

3. Et tout le poids du combat se

---

bibus Jerameel, et qui... Les villes des Jéraméélites et des Cinéens étaient dans le sud de Juda, le Négeb, V. xxvii, 16; mais leurs noms ne sont pas connus.

30. — *Arama.* Le texte hébreu prouve que ce nom est ici pour Horma, Harma ou Herma, ville qui est identique à Séphath, V. Jos., xii, 14, xv, 30 et Jug., i, 17. — *In lacu Asan.* Hébreu : *A Cor-Aschan,* בכור־אשן, *becor-Aschan,* lit.. « dans la fournaise ardente. » S. Jérôme a traduit la première partie du nom propre et reproduit la seconde, Cfr. Jos., xv, 42. — *In Athach.* Ville inconnue.

31. — *In Hebron.* V. Jos., x, 3.

D. Mort de Saül et de ses fils dans le combat livré aux Philistins; leur sépulture, xxxi.

CHAP. XXXI. — 1. — *Philisthiim autem...* On reprend ici la suite du récit commencé précédemment, xxix, 1. Le sens voudrait que l'on traduisît : « Lorsque les Philistins combattirent contre Israël... etc. — *In monte Gelboe...* La bataille se livra dans la plaine ; mais les Israélites ayant été vaincus et mis en déroute, ils se réfugièrent sur le mont Gelboé où ils succombèrent en masse. Cfr. xxviii, 4.

2. — *Filios ejus.* Cfr. xiv, 49.

3. — *Et vulneratus est...* Hébreu : « Et il fut grandement effrayé des archers. » Saül fut

tourna vers Saül. Et des archers l'atteignirent, et ils fut gravement blessé par les archers.

4. Et Saül dit à son écuyer : Tire ton glaive du fourreau et frappe-moi, de peur que ces incirconcis ne viennent et ne me tuent, en se moquant de moi. Et son écuyer ne le voulut pas, car il était saisi d'une trop grande terreur. Saül donc prit son glaive et se jeta sur lui.

5. Lorsque son écuyer eut vu que Saül était mort, il se jeta lui aussi sur son glaive et mourut avec lui.

6. Saül mourut donc et ses trois fils, et son écuyer et tous ses hommes pareillement ce jour là.

7. Or, les hommes d'Israël qui étaient au-delà de la vallée et au-delà du Jourdain, voyant que les Israélites avaient fui et que Saül et ses fils étaient morts, abandonnèrent leurs villes et s'enfuirent. Et les Philistins vinrent et y habitèrent.

sum est in Saul; et consecuti sunt eum viri sagittarii, et vulneratus est vehementer a sagittariis.

4. Dixitque Saul ad armigerum suum : Evagina gladium tuum, et percute me; ne forte veniant incircumcisi isti, et interficiant me, illudentes mihi. Et noluit armiger ejus; fuerat enim nimio terrore perterritus; arripuit itaque Saul gladium, et irruit super eum.

I Par. 10, 4.

5. Quod cum vidisset armiger ejus, videlicet quod mortuus esset Saul, irruit etiam ipse super gladium suum et mortuus est cum eo.

6. Mortuus est ergo Saul, et tres filii ejus, et armiger illius, et universi viri ejus in die illa pariter.

7. Videntes autem viri Israel, qui erant trans vallem, et trans Jordanem, quod fugissent viri Israelitæ, et quod mortuus esset Saul, et filii ejus reliquerunt civitates suas, et fugerunt; veneruntque Philisthiim, et habitaverunt ibi.

---

effrayé parce qu'il ne voyait plus aucun moyen de s'échapper et qu'il se trouvait maintenant seul avec son écuyer. Les Septante qui ont traduit : ἐτραυμάτισαν εἰς τὰ ὑποχόνδρια « ils le blessèrent au bas ventre », ont, comme le traducteur latin, fait dériver לחל, iakhel de חלל, khalal; mais il est plus probable qu'il faut voir là le verbe חיל, Khail ou חול Khoul « trembler », « être effrayé. » On lit ailleurs, I Paral., x, 3 : καὶ ἐπόνεσεν ἀπὸ τῶν τόξων « et il souffrit des arcs »; dans la Vulgate : « et vulneraverunt jaculis.

4. — *Et noluit armiger ejus.* L'écuyer de Saül était chargé de veiller sur sa vie, même au péril de la sienne; il craignait donc qu'on ne le rendit responsable de la mort de son maître.
— *Et irruit supra eum.* Il s'appuya sur la pointe de son épée ou plutôt de sa lance dont la poignée reposait sur le sol, de tout le poids de son corps. Il est évident que Saül fit mal de se donner la mort et malheureusement, vu les circonstances, il est assez probable qu'il mourut dans son péché.

5. — *Irruit etiam...* L'écuyer se donna la mort, parce qu'il redoutait la responsabilité qui pesait sur lui.

6. — *Et universi viri ejus.* On lit I Paral.,

x, 6 : « toute sa maison. » Il s'agit tout au moins des membres de sa famille qui étaient attachées à sa personne, et peut-être de tous ceux qui formaient son entourage particulier. Toutefois, Isboseth et Abner échappèrent, l'un parce qu'il n'assistait pas à la bataille, l'autre, sans doute, parce qu'il n'appartenait pas à la maison militaire de Saül, bien qu'il fût son parent. xiv, 15 et suiv., et l'un de ses généraux, et précisément peut-être en raison de cette importante fonction.

7. — *Qui trans vallem, et trans Jordanem.* La vallée est celle de Jezraël. Si nous supposons que l'historien prenne là son point de départ, les expressions *trans vallem* et *trans Jordanem*, désigneraient l'une la contrée à l'ouest de la vallée de Jezraël, et l'autre le pays à l'ouest du Jourdain, entre le Gelboé et ce fleuve. L'expression בעבר, béer, eût été plus exactement rendue par *vis à vis.* En résumé, les Philistins s'emparèrent de tout le territoire qui environnait la plaine de Jezraël. — *Et habitaverunt ibi.* Ils s'établirent dans les villes et fondèrent des colonies de sorte que tout le pays, sauf la Pérée et le territoire de Juda, tomba en leur pouvoir.

8. — *Facta autem die altera.* Le lendemain

CHAPITRE XXXI

8. Facta autem die altera, venerunt Philisthiim, ut spoliarent interfectos, et invenerunt Saul et tres filios ejus jacentes in monte Gelboe.

9. Et præciderunt caput Saul, et spoliaverunt eum armis; et miserunt in terram Philisthinorum per circuitum, ut annuntiaretur in templo idolorum, et in populis.

10. Et posuerunt arma ejus in templo Astaroth, corpus vero ejus suspenderunt in muro Bethsan.

11. Quod cum audissent habitatores Jabes Galaad, quæcumque fecerant Philisthiim Saul,
  II *Reg.* 2, 4.
12. Surrexerunt omnes viri fortissimi, et ambulaverunt tota nocte, et tulerunt cadaver Saul, et cadavera filiorum ejus, de muro Bethsan; veneruntque Jabes Galaad, et combusserunt ea ibi.

8. Et le jour suivant, les Philistins vinrent pour dépouiller les morts et ils trouvèrent Saül et ses trois fils gisant sur la montagne de Gelboé.

9. Et ils coupèrent la tête de Saül, et ils le dépouillèrent de ses armes, et ils envoyèrent dans le pays des Philistins tout à l'entour, pour le faire annoncer dans le temple des idoles, et parmi le peuple.

10. Et ils mirent ses armes dans le temple d'Astaroth, et ils suspendirent son corps à la muraille de Bethsan.

11. Lorsque les habitants de Jabès Galaad, eurent appris tout ce que les Philistins avaient fait à Saül,

12. Tous les hommes les plus vaillants se levèrent et marchèrent toute la nuit et enlevèrent le cadavre de Saül et les cadavres de ses fils des murs de Bethsan, et ils vinrent à Jabès Galaad, et là ils les brûlèrent.

---

de la bataille, très-probablement. Comme elle s'était prolongée sans doute jusqu'au soir, les Philistins n'avaient pas eu le temps de dépouiller les morts, ni peut-être même de se rendre compte de toute l'étendue de leur victoire.

9. — *Et miserunt...* Ils firent promener la tête et les armes de Saül par tout le pays, comme des trophées, et les témoins irrécusables du succès décisif qu'ils avaient remporté. — *In templo idolorum.* Pour annoncer aux prêtres le triomphe des armes des Philistins.

10. — *In templo Astaroth.* Cfr. Jug., II, 13. s'agit probablement du temple de Vénus Ascalon, mentionné par Hérodote, I, 105, ame le plus ancien temple des Philistins. *Corpus vero ejus...* Le ỳ. 12 nous apprend les Philistins traitèrent les cadavres des comme celui du père, bien qu'il ne soit question que de Saül. — *In muro Bethsan.* auteur des Paralipomènes ne parle pas de tte circonstance et mentionne seulement que les Philistins placèrent la tête de Saül dans le temple de Dagon, I Paral., x, 10. L'un complète l'autre. Quant à Bethsan, c'est aujourd'hui Beïsan, l'ancien Scythopolis, Cfr. Jos., XVII, 11.

11. — *Jabes Galaad.* V. Jug., 8.

12. — *Et comblusserunt ea ibi.* Ce détail et plusieurs autres ont été omis dans les Paralipomènes, I Paral., x, 11 et 12. Selon le Dr Keil, l'auteur des Paralipomènes a passé ce fait sous silence, parce qu'il considérait la combustion des corps de Saül et de ses fils comme un outrage qui leur avait été fait; Cfr. Levit., xx, 14, xxi, 9. Il serait peut-être plus vrai de penser que cette pratique était seulement contraire à l'usage et paraissait choquante par cela même. Ce n'était pas en effet la coutume des Israélites de brûler les cadavres sauf ceux des grands criminels; Cfr. Levit. xx, 14, mais de les confier à la terre. Dans le cas présent, les habitants de Jabès Galaad crurent sans doute devoir agir ainsi parce que les corps de Saül et de ses fils étaient mutilés et qu'il n'était plus possible de les ensevelir selon les règles ordinaires. Le Dr Keil pense qu'ils voulaient en même temps soustraire ces cadavres aux outrages des Philistins, au cas où ils s'empareraient de leur ville, supposition qui nous paraît peu vraisemblable.

13. — *Et tulerunt ossa eorum.* On voit donc que la combustion ne fut pas complète et que les chairs furent seules consumées.

13. Et ils prirent leurs ossements et ils les ensevelirent dans le bois de Jabès et ils jeûnèrent sept jours.	13. Et tulerunt ossa eorum, et sepelierunt in nemore Jabes, et jejunaverunt septem diebus.

— *In nemore Jabes.* Hébreu : « Sous le tamarin de Jabès. » Ce devait être un arbre très-connu, ainsi que l'indique l'emploi de l'article. Dans les Paralipomènes on lit : « sous le chêne », en hébreu : « sous le térébinthe », I Paral., x, 13. Plus tard, David fit enlever de là les ossements de Saül et de ses fils et les fit ensevelir à Séla, dans le pays de Benjamin, II Rois, xxii, 14 et suiv. — *Et jejunaverunt...* Cet hommage rendu à la mémoire de Saül était un témoignage de reconnaissance, car Saül autrefois les avait délivrés. Mais les honneurs que les habitants de Jabès rendirent aux restes de Saül ne sont point la condamnation du juste jugement de Dieu, mais seulement de la cruauté des Philistins. On ne voit pas en effet que Saül qui fut constamment en guerre avec ce peuple se soit jamais conduit envers les blessés et les morts de manière à justifier l'outrage fait à son cadavre. Quoi qu'il en soit, la fin ignominieuse de Saül fut la punition méritée de son endurcissement, et doit à jamais servir d'exemple à ceux qui ne craignent pas d'être infidèles à leur vocation et de se soustraire à la direction légitime qui leur est imposée.

FIN DU PREMIER LIVRE DES ROIS.

TABLE DES LIVRES DES ROIS

(*Tome premier*)

PRÉFACE

PREMIÈRE PARTIE
LES LIVRES DE SAMUEL, OU LES DEUX PREMIERS LIVRES DES ROIS

Pages.
- I. — Sujet, contenu et but des livres de Samuel. 1
- II. — Authenticité des livres de Samuel. 31
- III. — Intégrité, véracité, canonicité des livres de Samuel. . . . 38
- IV. — Sources et monuments. . . . 53
- V. — Les écoles des prophètes et l'évocation de Samuel. . . . 67
  - § 1. Les écoles des prophètes. . 67
  - § 2. De l'évocation de Samuel et de son apparition à Saül. . 75
- VI. — Commentateurs. 82

DEUXIÈME PARTIE
LES LIVRES DES ROIS, OU LES IIIe ET IVe LIVRES DES ROIS

Pages
- I. — Sujet, but, divisions et contenu des deux derniers livres des rois 84
- II. — Authenticité, véracité, intégrité, canonicité des livres des rois. 105
- III. — Les sources. 117
- IV. — Etude et solution de plusieurs questions importantes. . . 126
  - I. Le temple de Salomon. . . . 126
  - II. Ophir. 147
  - III. Le culte des veaux d'or. . . 154
  - IV. Elie et Elisée. 160
    - § 1. Vie et miracles d'Elie. . . 167
    - § 2. Les miracles d'Elisée. . . 177
  - V. La chronologie des rois. . . 187
- VI. Appendice. 216

PREMIER LIVRE DE SAMUEL

ou

PREMIER LIVRE DES ROIS

TEXTE, TRADUCTION, COMMENTAIRES.

PREMIÈRE PARTIE
Samuel, ou histoire du peuple d'Israël sous la conduite du prophète Samuel.

- CHAPITRE I. 223
- CHAPITRE II. 232
- CHAPITRE III 244
- CHAPITRE IV 248
- CHAPITRE V. 254
- CHAPITRE VI. 258
- CHAPITRE VII 263

DEUXIÈME PARTIE
Histoire de Saül et de son règne.

- CHAPITRE VIII. 269
- CHAPITRE IX. 273
- CHAPITRE X. 280
- CHAPITRE XI. 283
- CHAPITRE XII 292
- CHAPITRE XIII. 298
- CHAPITRE XIV. 305
- CHAPITRE XV. 317

CHAPITRE XVI.	325	CHAPITRE XXIV.	378
CHAPITRE XVII.	330	CHAPITRE XXV.	383
CHAPITRE XVIII.	342	CHAPITRE XXVI	392
CHAPITRE XIX.	348	CHAPITRE XXVII.	397
CHAPITRE XX.	353	CHAPITRE XXVIII.	404
CHAPITRE XXI.	364	CHAPITRE XXIX.	407
CHAPITRE XXII.	366	CHAPITRE XXX	409
CHAPITRE XXIII	372	CHAPITRE XXXI.	415

FIN DE LA TABLE DU PREMIER VOLUME DES ROIS

PARIS. — IMP. E. GOUPY ET JOURDAN, RUE DE RENNES, 71.

P. LETHIELLEUX, Éditeur, 4, rue Cassette, Paris.

En souscription jusqu'à la fin de la publication

LA SAINTE BIBLE

TEXTE LATIN DE LA VULGATE, TRADUCTION FRANÇAISE EN REGARD

AVEC INTRODUCTIONS GÉNÉRALE ET PARTICULIÈRES

Et **COMMENTAIRES** théologiques, moraux, philologiques, historiques, etc., rédigés d'après les meilleurs travaux anciens et contemporains, par MM. LE HIR, DRACH, BAYLE, FILLION, CLAIR, CRELIER, TROCHON, GILLET, LESÊTRE, etc.

BREFS de Pie IX et de Léon XIII, approbations et IMPRIMATUR de l'Ordinaire.

CONDITIONS DE LA SOUSCRIPTION

Cette publication paraît dans le format grand in-8 raisin à deux colonnes, sur papier *fort et collé*. — Le souscripteur paie les volumes au *prix de faveur* indiqué ci-dessous, déterminé par le nombre de feuilles. — Quelques exemplaires sur papier vergé se vendent *le double*. — On ne livre que des parties *complètes*, contenant des matières *indépendantes*, en volumes brochés, ou reliés, et l'on ne paye que les parties reçues. — Les volumes parus pourront ainsi se vendre à part, sans engagement ultérieur pour l'acquéreur, mais plus cher, *d'un tiers environ*, comme ci-dessous.

LES VOLUMES DONT LE PRIX EST INDIQUÉ CI-DESSOUS ONT DÉJÀ PARU

Tous les volumes sous presse seront distribués en 1882.

	Prix pour les souscripteurs	séparément		Prix pour les souscripteurs	séparément
Introduction générale, etc.	*En préparation.*		LESÊTRE. — L'Ecclésiastique	net 4 20	net 6 00
LEBLANC. — Langage symbolique (partie de l'Introd.)	net 3 70	net 5 50	TROCHON. — Isaïe	— 4 40	— 6 60
FILLION. — Le Pentateuque.			— Jérémie et Baruch	— 6 60	— 9 40
Genèse.			— Ezéchiel	— 5 40	— 7 80
Exode.	*En préparation.*		— Daniel	— 4 00	— 6 60
Lévitique.			— Les Petits Prophètes	*Sous presse.*	
Nombres.			GILLET. — Les Machabées	— 4 60	— 6 80
Deutéronome.			FILLION. — S. Matthieu	— 9 00	— 13 00
CLAIR. — Josué	— 1 80	— 2 70	— S. Marc	— 3 60	— 5 00
— Juges et Ruth	— 2 40	— 3 60	— S. Luc	— 6 60	— 9 40
— Les Rois, 2 vol.	— 15 40	— 22 00	— S. Jean	*En préparation.*	
— Les Paralipomènes	— 6 00	— 8 60	— Synopsis Evangelica	— 2 40	— 3 60
— Esdras et Néhémias	— 2 30	— 3 40	CRELIER. — Actes des Apôtres	*Sous presse.*	
GILLET. — Tobie, Judith et Esther	— 3 50	— 5 00	DRACH. — S. Paul	— 11 40	— 17 10
FILLION. — Le Livre de Job	*En préparation.*		— Épîtres catholiques	— 3 20	— 4 50
LESÊTRE. — Les Psaumes	*Sous presse.*		— L'Apocalypse	— 2 20	— 3 30
— Les Proverbes	— 3 70	— 5 40	MERZ. — Table homilétique, ou Thesaurus biblicus	— 8 00	— 10 00
MOTAIS. — L'Ecclésiaste	— 2 40	— 3 60	Tables générales, — Analytique, — Chronologique, etc.	*En préparation.*	
LE HIR. — Le Cantique des Cantiques	— 2 00	— 2 80			
LESÊTRE. — La Sagesse	— 2 60	— 3 80			

ATLAS GÉOGRAPHIQUE et ARCHÉOLOGIQUE, pour l'étude de l'Ancien et du Nouveau Testament; 20 cartes géographiques imprimées en plusieurs couleurs et 20 planches archéologiques teintées, avec *Dictionnaire spécial* pour chaque partie, par M. l'abbé ANCESSI. In-4 broché, net 12 00 ; relié, net, 15 00.

ATLAS BIBLIQUE, partie géographique seule du précédent, 20 cartes et *Dictionnaire*, broché, net, 7 50.

www.ingramcontent.com/pod-product-compliance
Lightning Source LLC
Chambersburg PA
CBHW060546230426
43670CB00011B/1705